Archäologische Nachrichten

Schleswig-Holstein 2020

V Ausgrabungen weltweit 226

VII Kooperationsprojekte 296

VI Verbundprojekte 274

VIII Archäologie und Öffentlichkeit 318

Impressum

Herausgeber des 26. Heftes
© Archäologisches Landesamt Schleswig-Holstein (ALSH), Schleswig
www.schleswig-holstein.de/archaeologie

Zentrum für Baltische und Skandibavische Archäologie sowie Museum für Archäologie der Stiftung Schleswig-Holsteinische Landesmuseen Schleswig-Holstein Schloss Gottorf
www.zbsa.eu
www.museum-fuer-archaeologie.de

Institut für Ur- und Frühgeschichte der Christian-Albrechts-Universität zu Kiel
www.ufg.uni-kiel.de

Archäologische Gesellschaft Schleswig-Holstein e. V. (AGSH)
www.agsh.de

Redaktion
Birte Anspach und Leonie Hellmayr
Layout
Science Communication Lab
Abbildungen
Alle Karten basieren auf den Kartengrundlagen des LVermGeoSH. Farben und Veränderungen an Karten, Plänen und Schaubildern sind von Science Communication Lab angepasst. Alle nicht gekennzeichneten Abbildungen sind ebenfalls von Science Communication Lab angefertigt.

Herstellung
Wachholtz/Murmann Publishers, Kiel/Hamburg (Printed in Germany)

ISSN 0942-9107
ISBN 978-3-529-01442-0

Für den Inhalt der Beiträge sind die Autoren verantwortlich.

Vorwort

Sehr geehrte Damen und Herren, liebe Freunde der Landesarchäologie,

der diesjährige Band der Archäologischen Nachrichten aus Schleswig-Holstein ist etwas Besonderes und bildet zugleich eine Ausnahme. Nach mehrjähriger Vorbereitungszeit sollte er eigentlich pünktlich zum Deutschen Archäologiekongress 2020 erscheinen. Durch diese Großveranstaltung wäre die schleswig-holsteinische Landesarchäologie mehr in den Fokus der deutschen und internationalen archäologischen Fachwelt gerückt. Dabei hätten wir unsere unterschiedlichen Institutionen, Aufgaben und Arbeitsebenen sowie Themen und Ansätzen einem großen Publikum vorstellen können. Es wäre zu einem breiten, persönlichen Austausch gekommen. Doch die uns noch immer fesselnde weltweite Pandemie veränderte alles und Vieles muss heute neu gedacht werden.

Nunmehr erreichen Sie die Archäologischen Nachrichten zum gewohnten Termin und auf gewohntem Weg. Der Deutsche Archäologiekongress 2020 wurde erstmals in digitaler Form durchgeführt. Dabei erwies sich die Notlösung als ein praktisches Surrogat, das zwar einen echten Kongress nicht ersetzen kann, aber in dieser schwierigen Zeit zumindest ein Mindestmaß an ›persönlichem‹ Austausch ermöglichte. An dieser Stelle möchte ich mich nochmals auch im Namen der Mitveranstalter, Prof. Dr. Dr. h.c. Claus von Carnap-Bornheim für die Stiftung Schleswig-Holsteinische Landesmuseen (Schleswig) und Prof. Dr. Johannes Müller für das Institut für Vor- und Frühgeschichte der Christian-Albrechts-Universität (Kiel), bei den Mitgliedern des Organisationskomitees für die großartige Vorbereitungsarbeit und zuverlässige Umsetzung bedanken.

Der Titel des Kongresses und dieses Bandes ›Horizonte‹ könnte nicht geeigneter sein, um den Inhalt zu skizzieren. Konkret benennt er drei unterschiedliche Aspekte. Er bezeichnet die scheinbare Trennlinie zwischen Himmel und Erde bzw. Meer. Sie bildet zu allen Zeiten eine ideelle Herausforderung, die bezwungen und überwunden werden will. Maritime und Schiffsarchäologie sind beredtes Zeugnis für die Bemühungen, sich der Aufforderung nach dem ›Dahinter‹ zu stellen. Die Anstrengungen der Entdecker, Händler, aber auch der Eroberer und Plünderer der Vergangenheit hinterließen zu Wasser und an Land ihre Spuren. Archäologische Forschung, auch die der Ehrenamtlichen, bringt diese immer wieder zutage. Sie ist gleich an zwei Welterbestätten, nämlich im Bereich des Grenzkomplexes Haithabu und Danewerk sowie der Hansestadt Lübeck, zu erfahren. Die den Funden zugrunde liegenden Fahrten und Reisen führen zum zweiten Aspekt. Sie verändern Erfahrungen und Sichtweisen und zugleich auch Weltsichten und Lebensweisen, also den geistigen Horizont und damit den Bereich, den jemand überblickt und über den er zu urteilen vermag. Diesen Prozess verfolgt die archäologische Landesforschung seit ihrer fachlichen Etablierung und trägt mit ihren Inhalten einerseits zwar im 19. Jh. zur Modernisierung der europäischen Gesellschaften genauso bei, wie sie zu Beginn des 20. Jh. den Glauben an die eigene kulturelle und rassische Überlegenheit als ideelle Grundlage des NS-Regimes befördert. Insbesondere die Arbeit am Grenzkomplex Danewerk, der etwa von der Völkerwanderungszeit bis ins 19. Jh. eine entstehende nationalstaatliche Grenze darstellt, zeigt, wie auch die damit verbundene Sichtfeldverengung und Ausgrenzungen durch archäologische Forschung aufgebrochen werden kann. Sie lässt alte stereotype Vorstellungen revidieren und kann sie durch neue, gemeinsame Perspektiven ersetzen: Alte Grenzen – auch die in den Köpfen – sind überwindbar!

Nicht zuletzt bezeichnet der Begriff Horizont, und das ist der dritte Aspekt, in der Geologie die kleinste Einheit innerhalb einer Formation. In dieser Hinsicht übernahm ihn die sich fachlich etablierende Prähistorische Archäologie und bezeichnet eine kulturelle oder kulturhistorische (Zeit-)Einheit. Diese Zeitscheiben werden in zahlreichen Beiträgen insbesondere in den Kapiteln IV »Archäologische Highlights« und V »Ausgrabungen weltweit« angesprochen. Der inhaltliche Rahmen reicht von der Altsteinzeit bis in die Moderne. Grundlagen stellen die archäologische Forschung, die museale Praxis sowie die denkmalpflegerische Arbeit dar.

Allerdings sind diese Ergebnisse nur über die organisatorischen Zusammenhänge und deren Entstehungsprozess oder den Moment der Datenerhebung zu verstehen. Diese Wechselbeziehungen und Wirkzusammenhänge werden in den Kapiteln II zur »Forschungsgeschichte« und zum »chronologischen Rahmen« sowie III »Auswahl Ausgrabungen« im Überblick erläutert. Da archäologische Forschung seit ihrer Entstehung immer auf gemeinsame Erkenntnisse und internationale Kooperation ausgelegt war und ist, wird diese Arbeit in den Kapiteln VI »Wissenschaftliche Verbundprojekte« und VII »Kooperationen« dargestellt. Sie verdeutlichen sowohl die gemeinsamen Anstrengungen der Forschung mit neuen innovativen Methoden, diese Kompetenzen nicht nur ins Denkmalpflegemanagement und in internationales Umweltmanagemant einfließen zu lassen, sondern auch im Rahmen von Forschungsprojekten international zu validieren. Archäometrie, Geophysik, Paläobotanik und Archäozoologie spielen in Schleswig-Holstein traditionell dabei eine wichtige Rolle.

Das letzte Kapitel VIII »Archäologie und Öffentlichkeit« ist einer weiteren Besonderheit der Landesarchäologie geschuldet. Sie stand in Schleswig-Holstein schon immer in ›öffentlichem‹ Interesse. Das Ziel des damaligen Museums Vaterländischer Alterthümer unter Zuhilfenahme der Laienforschung, systematisch Funde und Fundstellen zu erfassen, fand bereits im 19. Jh. in Form von Erlassen rechtliche Absicherung. Neben diesem vor allem privaten Engagement, das das 19. Jh. prägte, richteten 1923 zunächst einige Kreise neben der staatlichen Verwaltungsstruktur die archäologische Landesaufnahme ein und die damalige Provinz etablierte 1933 dann das Landesamt für schleswig-holsteinische Vorgeschichte. Seit dieser Zeit erhielt der für diese Arbeiten notwendige wissenschaftliche Nachwuchs seine Ausbildung am Kieler Institut. Dieser Entwicklung folgend, war Schleswig-Holstein dann auch das erste Land der Bundesrepublik Deutschland, das nach dem Zweiten Weltkrieg ein bundesdeutsches Denkmalschutzgesetz erließ und bis in die letzte Neufassung dem damit verbundenen Selbstanspruch gerecht wird, indem es, wiederum als erstes Land, den Schutz der historischen Kulturlandschaften mit berücksichtigt. Dabei wird kooperativ mit den Akteuren vor Ort oder der archäologischen Laienforschung zusammengearbeitet. Das gilt sowohl für den Bereich der planungsorientierten Denkmalpflege und den dort vorhandenen Partizipationsmöglichkeiten in der Regionalentwicklung, als auch z. B. in der Detektorarchäologie. Das sog. Schleswiger Modell ist Produkt der intensiven Zusammenarbeit von Hobbyarchäologen, Sondlern und eben der archäologischen Denkmalpflege. Von diesem Allem erzählen Ihnen die Kolleginnen und Kollegen auf den nächsten über 350 Seiten.

Abschließend bleibt mir nur, allen Unterstützern zu danken. Dies ist zunächst das Ministerium für Bildung, Wissenschaft und Kultur des Landes Schleswig-Holstein, das die Tagung und das Erscheinen dieses Bandes erst ermöglichte. Daneben stehen die unterschiedlichen Kolleginnen und Kollegen Angelika Abegg-Wigg, Ralf Bleile, Claus von Carnap-Bornheim, Berit Valentin Eriksen, Sönke Hartz, Volker Hilberg, Ingo Lütjens und Maria Wunderlich, die bereitwillig die Koordinierung der einzelnen Kapitel übernahmen. Zu nennen sind auch die vielen Autorinnen und Autoren, die von ihrer Arbeit berichteten. Mein besonderer Dank gilt meiner Kollegin Birte Anspach, die mit ihrem Engagement erst das Erscheinen dieses Bandes möglich machte und in Zusammenarbeit mit Stephan Schakulat von Science Communication Lab auch dieses wundervolle Layout entwickelt hat. Vielen Dank Ihnen allen!

Ulf Ickerodt
im Oktober 2020

Geleitwort der Herausgeber

Diese Publikation stellt eine Gemeinschaftsleistung der die schleswig-holsteinische Landesarchäologie tragenden Einrichtungen dar: dem Archäologischen Landesamt Schleswig-Holstein, dem Institut für Ur- und Frühgeschichte der Christian-Albrechts Universität zu Kiel, dem Museum für Archäologie Schloss Gottorf in der Stiftung Schleswig-Holsteinische Landesmuseen Schloss Gottorf und dem Zentrum für Baltische und Skandinavische Archäologie, ebenfalls in der Stiftung Schleswig-Holsteinische Landesmuseen Schloss Gottorf. Die sie vertretenden Kolleg*innen aus Kiel und Schleswig befassten sich über mehr als zwei Jahre mit der Vorbereitung des Deutschen Archäologiekongresses 2020 (DAK 2020) in Kiel sowie mit dieser Ihnen vorliegenden Publikation und bewältigten diese Mammutaufgabe. Trotz der detaillierten Vorbereitung war seit Februar dieses Jahres abzusehen, dass die Corona-Pandemie alle Beteiligten zum Umdenken und zur Neuorganisation zwingen würde. Am DAK 2020 als erster digitaler Konferenz der Altertumsverbände nahmen schließlich über vier Tage über 650 Teilnehmer*innen teil. Das stellt durchaus einen großen Erfolg dar und erweist die virtuelle Konferenz als einen praktischen Ersatz, der allerdings ein echtes Treffen und den damit verbundenen persönlichen Austausch nicht ersetzen kann. Jedoch galt es, trotz der Corona-Restriktionen und dem damit verbundenen Aufwand, diesen den Kongress ursprünglich zu begleitenden Gemeinschaftsband fertigzustellen. Das Gute im Unbequemen war, dass dessen Erscheinungsdatum verschoben werden konnte. Im Gegensatz zur Tagung, die naturgemäß flexibel auf laufende wissenschaftliche Diskussion reagieren muss, erfüllt der Band ein anderes Desiderat der Landesarchäologie: Seit geraumer Zeit besteht die Notwendigkeit eines populärwissenschaftlichen Übersichtswerkes, das sowohl die praktische Arbeit der einzelnen Institutionen darstellt sowie Einblicke in deren Arbeitsergebnisse als auch einen chronologischen Überblick zur Archäologie in Schleswig-Holstein gibt, der auch die organisatorischen Zusammenhänge im Blick behält.

Das für den DAK 2020 und auch für diesen Band gefundene Leitthema ›Horizonte‹ umfasst gleichermaßen die Arbeit der Landesarchäologie selbst und umschreibt die Wirkung dieser Arbeit. ›Horizonte‹ wird von drei Aspekten getragen, die in einem Wort den zu erforschenden Inhalt mit der gesellschaftlichen Wirkung von Forschung verbinden:

Der ›Horizont‹ formuliert als scheinbare und nie zu erreichende Trennlinie zwischen Himmel und Meer für alle am Meer lebenden Gesellschaften zu allen Zeiten eine Herausforderung. Diese Grenze galt es schon immer zu bezwingen und zu überwinden. Schiffwracks und andere nautische Rest sind genauso beredtes Zeugnis für die Bemühungen, wie die an Land verzeichneten Handelswaren, Depots, Geschenke oder auch Diebesgut, das seinen Weg über die Meere oder aus dem Süden in den Norden fand. Archäologische Forschung, auch die ehrenamtliche, bringt diese Zeugnisse immer wieder zutage, die z. B. gleich an zwei Welterbestätten zu besuchen sind, nämlich im Bereich des Grenzkomplexes Haithabu und Danewerk sowie der Hansestadt Lübeck.

Seefahrten und Handelsreisen verändern Erfahrungen und Sichtweisen und zugleich auch Weltsichten und Lebensweisen. Der hierdurch veränderte geistige ›Horizont‹ ist also der zweite Aspekt des Wortes, der für den Bereich steht, den jemand überblickt und über den er zu urteilen vermag. Dies umschreibt die Wirkung, die von der archäologischen Landesforschung seit ihrer fachlichen Etablierung ausgeht. Sie trägt neben dem Erkenntnisgewinn im 19. Jh. zur Modernisierung der europäischen Gesellschaften bei. Diese grundsätzlich horizonterweiternde Wirkung muss etwas eingeschränkt werden, da die Prähistorische Archäologie als gesellschaftspolitische Leitwissenschaft zunächst im 19. Jh. im Wettkampf der Nationen und dann zu Beginn des 20. Jh. den Glauben an die eigene kulturelle und rassische Überlegenheit mit legitimierte. Eine Botschaft, die bis heute völkisches und sozialdarwinistisches Denken befördert. Die Arbeit am Grenzkomplex Danewerk als einem in der Völkerwanderungszeit begonnenen und bis ins 20. Jh. immer wieder ausgebauten Bauwerk zeigt, dass aus wissenschaftlichen Fehldeutungen oder Überinterpretationen resultierende Sichtfeldverengung und Ausgrenzungen durch die laufende Forschung aufgebrochen werden können. Sie mahnt uns aber auch zur Gewissenhaftigkeit im Umgang mit den politischen Botschaften, die die archäologische Forschung und Arbeit in der Lage ist zu transportieren.

Nicht zuletzt bezeichnet ›Horizont‹ als dritter Aspekt in der Geologie die kleinste Einheit innerhalb einer Formation. Die sich fachlich etablierende und damals eng mit der Geologie verwobene Prähistorische Archäologie übernahm diesen Begriff schon mit Blick auf das gemeinsame historische Bezugsystem der geologischen Schichten. Archäologisch bezeichnet dieser dritte Aspekt eine kulturelle oder kulturhistorische (Zeit-)Einheit innerhalb eines größeren Komplexes. Die damit verbundene Arbeit ist Thema zahlreicher Beiträge, wie die der Kapitel »Archäologische Highlights« und »Ausgrabungen weltweit«. Die heutige archäologische Landesforschung beschäftigt sich über die sie tragenden Institutionen inhaltlich mit einem von der Altsteinzeit bis in die Moderne reichenden Rahmen. Dabei sind die etablierten Strukturen des Museums für Archäologie Schloss Gottorf als Archiv des dinglichen kulturellen Erbes, der archäologischen Denkmalpflege mit dem Archäologischen Landesamt Schleswig-Holstein als obere Landesbehörde und dem Institut für Ur- und Frühgeschichte mit universitärer sowie dem Zentrum für Baltische und Skandinavische Archäologie und mit außeruniversitärer Forschung durch eine sie auszeichnende Innovationsbereitschaft, fachliche Vernetzung und eine klare Organisationsstruktur geprägt. Die besondere fachliche Leistungsfähigkeit der universitären und außeruniversitären Landesforschung zeigt sich in Schleswig-Holstein jeweils an den Standorten Kiel und Schleswig sowie auch in der archäologisch-historischen Forschung der Denkmalpflege in Lübeck.

Unter den vielen, auch internationalen Projekten ragen insbesondere die von der Deutschen Forschungsgemeinschaft getragene Exzellenzinitiative »ROOTS – Konnektivität von Gesellschaft, Umwelt und Kultur in vergangenen Welten« und der Sonderforschungsbereich »TransformationsDimensionen – Mensch-Umwelt Wechselwirkungen in Prähistorischen und Archaischen Gesellschaften« heraus. Sie basieren auf einem dezidiert inter- und transdisziplinären Ansatz der Johanna-Mestorf-Akademie, der in internationalen Netzwerken vielfältig und methodisch innovativ dauerhaft weiterentwickelt wird. Die Kombination aus kultur-, natur- und lebenswissenschaftlichen Ansätzen für die archäologische und paläoökologische Forschung steht hier im Vordergrund. Wichtiger Partner dieser universitären Verbundprojekte ist das vom Land eingerichtete Forschungszentrum Zentrum für Baltische und Skandinavische Archäologie, das sich als außeruniversitäre Forschungseinrichtung seit 2008 erfolgreich und nachhaltig etabliert hat und äußerst erfolgreich u. a. im Kaliningrader Gebiet und damit im ehemaligen Ostpreußen tätig ist. Das Archäologische Landesamt Schleswig-Holstein engagiert sich in internationalem Rahmen u. a. im BalticRim-Projekt, das sich mit maritimer Raumplanung im Ostseeraum zwischen dem finnischen Meerbusen und dem Kattegat innovativ federführend betätigt.

An dieser Stelle möchten wir uns bei den Mitgliedern des Organisationskomitees für die gute Vorbereitungsarbeit und zuverlässige Durchführung bedanken. Dass der DAK 2020 nicht wie geplant stattfinden konnte, war unabwendbar. Stellvertretend für alle Beteiligten am Kongress danken wir Ruth Blankenfeldt, Birte Anspach, Christian Weltecke sowie für die digitale Durchführung Hendrik Raese. Unser besonderer Dank gilt Birte Anspach, da wir Ihnen in Anbetracht ihrer bewährten Arbeit den vorliegenden Band ›Horizonte‹ überreichen können.

Claus von Carnap-Bornheim, Ulf Ickerodt und Johannes Müller
Schleswig und Kiel im Oktober 2020

[1] Keyvisual des DAK2020.

I

Forschungs-geschichte

AUTOREN
Ulf Ickerodt
Claus von Carnap-Bornheim
Ulrich Müller

Eine kurze Geschichte der Archäologie in Schleswig-Holstein

Trotz älterer Bestrebungen können die Anfänge der vor- und frühgeschichtlichen Archäologie in Schleswig-Holstein in der zweiten Hälfte des 17. Jh. verortet werden. In dieser Zeit führen Universalgelehrte wie Johann Daniel Major (1634–1693) und Jakob von Melle (1659–1743) unter Förderung der Gottorfer Herzöge unter anderem auch antiquarische Forschungen im Lande durch. Dabei knüpfen sie an die in der Renaissance einsetzende Tradition der historisch-geografischen Landschaftserfassung an. Diese Forschung ist allerdings noch subjektiv und wenig systematisch.

Der Umbruch der antiquarischen zur wissenschaftlichen Archäologie findet an der Wende vom 18. zum 19. Jh. in Dänemark statt. Die schleswig-holsteinische Landesarchäologie – und dies ist zweifellos eine deutsche Besonderheit – hat hier ihre Wurzeln. Stellvertretend gilt Christian J. Thomsen (1788–1865) mit seinem Ledetraat til Nordisk Oldkyndighet (Leitfaden zur Nordischen Altertumskunde) als methodologischer Wegbereiter und organisatorischer Begründer der modernen Archäologie. Diese umfasst neben der Feldforschung auch die systematische Erfassung von Fundstellen und Funden sowie deren museale Bearbeitung. Daneben stehen als Ergebnis denkmalpflegerischer Ziele erste Unterschutzstellungen.

Bis 1864 ist das Dänische Nationalmuseum, trotz auch zu verzeichnender regionaler Bestrebungen, für den heutigen nördlichen Landesteil die zuständige Stelle. In Kopenhagen laufen Denkmalpflege, Forschung und museale Vermittlung zusammen. Es erwirkt erste Unterschutzstellungen von Denkmalen. Objekte wie der sog. Poppo-Stein werden per königlichem Dekret aus der Nutzung genommen. Wissenschaftlich wegweisend und von europaweiter Bedeutung sind die ersten Untersuchungen der kaiserzeitlichen »Opfermoore«, die ihre unmittelbare Umsetzung in Ausstellungen finden. Gleiches gilt für die Präsentation des Nydam-Schiffes auf dem Dachboden der Flensburger Sammlung Conrad Engelhardts. Auch sie ist in Nordeuropa in dieser Zeit ganz ohne Vergleich.

Im südlichen Landesteil übernimmt von 1834 bis 1866 die Königlich Schleswig-Holstein-Lauenburgische Gesellschaft für die Sammlung und Erhaltung vaterländischer Alterthümer die Aufgaben der archäologischen Denkmalpflege. Ab 1864 wird nach dem Sieg bei Düppel Schleswig-Holstein preußische Provinz und erhält wenige Jahre später die preußische Verwaltungsstruktur. Bereits im Jahr vor dieser Übernahme erhält Heinrich Handelmann (1827–1891) 1866 die Stelle des Conservators der vaterländischen Alterthümer in den Herzogthümern Schleswig und Holstein. Die preußischen Bestimmungen zur Denkmalpflege werden wirksam und das Museum vaterländischer Altertümer in Kiel erhält seine zentrale Funktion bei der Verwaltung des archäologischen Erbes.

Diese Entwicklung wird von der besonderen gesellschaftlichen Funktion der Prähistorischen Archäologie getragen, die ihr bei der Entstehung der europäischen Nationalstaaten zukommt. Insbesondere im deutsch-dänischen Grenzgebiet wird das archäologische Erbe gesellschaftspolitisch bereits vor 1864 instrumentalisiert. Es kommt, wie die dänische Archäologin Stine Wiell schreibt, zum Kampf um die Vorgeschichte. Dieses zeigt sich auf deutscher Seite z. B. in der Umwidmung von Großsteingräbern oder bronzezeitlichen Grabhügeln zu Erinnerungsorten an die eigenen Gefallenen, wie z. B nach der Schlacht bei Idstedt 1848 und eben 1864 in Missunde oder am Königshügel bei Busdorf (jeweils Kr. Schleswig-Flensburg).

Im Hintergrund dieser Entwicklung steht Oscar Montelius Artikel Om våra förfäders invandring till Norden (1884). Bereits der Titel verdeutlicht die Rolle der prähistorischen Archäologie als Werkzeug bürgerlicher Rückversicherung. Den deutschen Sprachraum erreicht der Beitrag nur wenige Jahre später in einer Übersetzung Johanna Mestorfs (1828–1909). Sie legt ihn unter dem Titel »Über die Einwanderung unserer Vorfahren in den Norden« (1888) vor. Daher fällt die Entstehungsphase der staatlichen Denkmalpflege im 19. Jh. und frühen 20. Jh. im Deutschen Reich mit dem Prozess der Etablierung eines staatlichen Geschichtsbildes zusammen. Aus Relikten der Vorzeit werden zunächst »vaterländische Altertümer«. Diese dienen in der folgenden gesellschaftspolitischen Umstrukturierungsphase vom 19. zum 20 Jh. und darüber hinaus auch weiterhin als identitätsstiftende Ankerpunkte, Erinnerungsorte oder Gedenkstätten.

Mestorf wird 1891 als erste Frau Direktorin des Schleswig-Holsteinischen Museums vaterländischer Alterthümer und schließlich nach langem Ringen auch Professorin. Sie ist in ihrer erwähnten Rolle als Vermittlerin, Organisatorin und Forscherin von entscheidender Bedeutung für die Entstehung der Prähistorischen Archäologie der Provinz und schließlich der deutschsprachigen Archäologie insgesamt. Ihre Kernthemen sind Inventarisierung, archäologische Systematik, Denkmalschutz und wissenschaftliche Teilhabe. Da sie zumeist im Hintergrund wirkte, wird die Bedeutung ihrer Rolle häufig verkannt, wie Dagmar Unverhau in ihrer Mestorf-Biografie »Ein anderes Frauenleben« herausgearbeitet hat.

[1] Das Nydam-Schiff gehört zu den Ikonen der schleswig-holsteinischen Landesarchäologie. Seine Entdeckung, Bergung und Konservierung im Jahr 1863 ist dem dänischen Archäologen Conradt Engelhardt zu verdanken. ZEICHNUNG aus Leipziger Illustrierte Zeitung (4.11.1865) REPRO Museum für Archäologie Schloss Gottorf, Landesmuseen Schleswig-Holstein

[2] Der Poppo-Stein, Gem. Sieverstedt, Kr. Schleswig-Flensburg; mit seiner Unterschutzstellung bereits im Jahr 1859 stellt er das erste unter Schutz gestellte Denkmal in Schleswig-Holstein dar. FOTOGRAFIE Ulf Ickerodt, Schleswig

Der Erste Weltkrieg bildet eine Zäsur. Die Situation der Landesarchäologie ist in den 1920er Jahren außerordentlich schwierig. Das Kieler Museum muss neben seinen musealen auch die Aufgabe einer staatlichen Denkmalpflege erledigen. Allerdings ist nicht ganz klar, inwieweit die Museumsleitung für die Wahrnehmung dieser Verwaltungstätigkeit bereit war und entsprechende finanzielle Mittel überhaupt zur Verfügung standen. Dies ändert sich auch nicht, als Gustav Schwantes (1881–1960) 1929 Direktor des Kieler Museums für Vaterländische Altertümer wird.

Schwantes hat zuvor drei Jahre lang als Kustos am Hamburger Museum für Völkerkunde und Vorgeschichte gearbeitet und wird zwei Jahre später, nach seiner Habilitation 1928, der erste Dozent für Vorgeschichte an der Universität Hamburg. 1931 erhält er eine außerplanmäßige Professur in Kiel. Trotz dieser eigentlich guten Voraussetzungen kann er parallel zu seinen musealen Aufgaben und der Lehrtätigkeit keine archäologische Denkmalpflege etablieren. Grund hierfür ist sicherlich die damalige prekäre Situation des Kieler Museums. Tatsächlich fehlt eine geeignete Schnittstelle zwischen einer angestrebten archäologischen Denkmalpflege und der Provinzverwaltung. Dennoch soll das archäologische Erbe im Rahmen des durch die Modernisierung der Städte und den Infrastrukturausbau verursachten Flächenverbrauchs angemessen berücksichtigt werden, sodass gemäß dem Beschluss der Kommission für Bildung und Heimatpflege vom 14. Juli 1933 ein Landesamt für schleswig-holsteinische Vorgeschichte gegründet wird.

1937 kommt es zur Einrichtung eines ordentlichen Lehrstuhls für Vor- und Frühgeschichte an der Christian-Albrechts-Universität zu Kiel, dessen erster Lehrstuhlinhaber dann Schwantes wird. Damit entwickelt sich neben dem Museum und der Denkmalpflege eine dritte selbstständige Institution der Landesarchäologie, die naturgemäß der Forschung und Lehre verpflichtet ist.

Zweifellos wird diese Gesamtentwicklung der 1920er und 1930er Jahre durch die Bedeutung der Prähistorischen Archäologie als Legitimationswissenschaft im Nationalsozialismus getragen. Mit ihren Deutungsmustern unterstützt sie entscheidend die Rechtfertigung der Rasse- und Siedlungspolitik des »Dritten Reiches«. In diesem Zusammenhang ist auch die Rolle der schleswig-holsteinischen Archäologen Herbert Jankuhn (1905–1990), Karl Kersten (1909–1992) und Alfred Rust (1900–1983) sowie deren Engagement in der Wissenschaftsorganisation der NSDAP, dem SS-Ahnenerbe, zu

1

4

6

7

[3] Persönlichkeiten der schleswig-holsteinischen Landesarchäologie: 1. Michael Müller-Wille 2. Herbert Jankuhn (Vierter von links), 3. Gustav Schwantes, 4. Georg Kossack, 5. Johanna Mestorf, 6. Joachim Reichstein, 7. Kurt Schietzel, 8. Karl Wilhelm Struve, 9. Alfred Rust

FOTOGRAFIEN 1 © Institut für Ur- und Frühgeschichte, Kiel; 2–5, 7–8 © Stiftung Landesmuseen Schleswig-Holstein Schloss Gottorf; 6 und 9 © ALSH

sehen. Sowohl Forschung als auch Denkmalpflege profitieren bis heute von den Flächengrabungen und Flächenankäufen.

Nach dem Zweiten Weltkrieg zieht das Museum für Vor- und Frühgeschichte 1947 von Kiel nach Schleswig, ist doch das Museum in der Kattenstraße durch Bombardierungen zerstört. Glücklicherweise wird der ganz überwiegende Teil der Sammlung durch Auslagerung gerettet, darunter auch das bereits erwähnte Nydam-Schiff. Damit etabliert sich nun die räumliche Trennung in zwei Hauptstandorte, die die schleswig-holsteinische Landesarchäologie heute prägt.

Im gleichen Jahr findet auch das Landesamt für Vor- und Frühgeschichte von Schleswig-Holstein auf Schloss Gottorf in Schleswig seine neue Heimat. Grund ist die Verzahnung von Landesmuseum und archäologischer Denkmalpflege in der Reichsverwaltung nach preußischem Vorbild. Das zunächst auch nach dem Zweiten Weltkrieg gültige preußische Ausgrabungsgesetz von 1914 wird 1958 durch ein Denkmalschutzgesetz abgelöst. Das damals noch junge Schleswig-Holstein ist das erste Bundesland, das sich ein solches Gesetz gibt. Bis einschließlich Mitte der 1970er Jahre folgen die meisten anderen Bundesländer diesem Beispiel. Das verwaltungsrechtliche Alleinstellungsmerkmal des Amtes ist bis heute seine Aufgabe als obere Denkmalschutzbehörde. Seit Anfang der 1990er Jahre beherbergt das Herrenhaus Annettenhöh in Schleswig das zwischenzeitlich umbenannte Archäologische Landesamt Schleswig-Holstein. Zentrale Aufgaben und Themen sind neben der archäologischen Forschung insbesondere Verursacherprinzip, Digitalisierung, Bürgerbeteiligung oder Detektorarchäologie. Wichtiges Steuerungswerkzeug ist der Ansatz der planungsorientierten Denkmalpflege, über die Ziele des Denkmalschutzes, der archäologischen Forschung und Verursacherarchäologie gelenkt werden.

Parallel und stets in enger Verbindung zur Landesarchäologie betreibt auch nach dem Krieg das Institut für Ur- und Frühgeschichte der Christian-Albrechts-Universität zu Kiel (CAU) weiter Landesforschung. So entwickelt Georg Kossack (1923–2004) während seiner Kieler Zeit nicht nur die naturwissenschaftliche Archäologie weiter, sondern baut gezielt auch die Siedlungsarchäologie in einem Schwerpunkt an der Westküste aus. Neben Ole Harck (*1940) ist es vor allem Herrmann Hinz (1916–2000) zu verdanken, dass in übergreifenden Projekten verstärkt mittelalterarchäologische Themen aufgegriffen werden. Unter Michael Müller-Wille (1938–2019) erfolgt eine auf das frühgeschichtliche Nord- und Osteuropa ausgerichtete Forschung, die von einer starken internationalen Vernetzung lokaler Projekte getragen wird (z. B. Starigard/Oldenburg, Novgorod). In der aktuellen archäologischen Forschung an der CAU ist einerseits auf die Schwerpunktbildung in der jüngeren Steinzeit und der Bronzezeit, andererseits in dem Mittelalter und der Moderne hinzuweisen.

Einen weiteren integralen Bestandteil der schleswig-holsteinischen Landesarchäologie stellt das 2008 gegründete Zentrum für Baltische und Skandinavische Archäologie in Schleswig dar, das die Landesarchäologie mit dem weitgespannten Forschungsraum zwischen nördlichem Atlantik, Skandinavien und dem nördlichen Osteuropa verbindet. Es hat seinen Forschungsschwerpunkt in den frühen Steinzeiten sowie im 1. Jt. n. Chr. Sein Forschungsprogramm ist komplementär zu jenen gedacht, die sich am Institut für Ur- und Frühgeschichte in Kiel nachhaltig etablierten.

Schleswig-Holstein bietet aufgrund seiner Landesnatur und Positionierung zwischen Nord- und Ostsee, zwischen Skandinavien und dem Kontinent und nicht zuletzt aufgrund des außerordentlich reichen archäologischen Erbes ein breites Potenzial und Aufgabengebiet für Museen, Universität, die archäologische Denkmalpflege und die Forschungsinstitutionen. Dass wir dabei einerseits eine jeweilige Zeitgeistgebundenheit sehen und diese auch kritisch bewerten, ist eine grundlegende Voraussetzung für jede Zukunftsperspektive. Zusammen mit einer ausgeprägten Innovationsbereitschaft und dem Blick in die Archäologien benachbarter Regionen und internationaler Forschungsfelder ergibt sich so ein facettenreiches Bild einer Landesarchäologie, deren Bezugsrahmen weitaus breiter gespannt ist, als es der kleine Landstrich am südlichen Ansatz der jütischen Halbinsel auf den ersten Blick vermuten lässt.

LITERATUR

R. Bleile und C. v. Carnap-Bornheim (Hrsg.), 175 Jahre Archäologisches Landesmuseum (Schleswig 2011).

Festschrift zur Hundertjahrfeier des Museums vorgeschichtlicher Altertümer in Kiel (Neumünster 1936).

H. Handelmann, Rückblick auf die Bestrebungen für prähistorische Archäologie in Schleswig-Holstein. Schr. Naturwiss. Ver. Schlesw.-Holst. 2(1), 1876, 3–14.

U. Ickerodt, 90 Jahre Landesaufnahme und 80 Jahre staatliche Denkmalpflege in Schleswig-Holstein. Die Heimat. Natur- und Landeskunde. Nr. 1–3, 121 Jahrgang, 2014, 1–13.

U. Ickerodt, Karl Kersten und die archäologische Landesaufnahme Schleswig-Holsteins. ANSH 20, 2014, 12–15.

U. Müller, Das Kieler Institut im Nationalsozialismus. In: C. Cornelißen und C. Mish (Hrsg.), Wissenschaft an der Grenze. Die Universität Kiel im Nationalsozialismus (Essen 2009) 295–322.

U. Müller, Die »Kieler Schule« – Archäologie zwischen 1927 und 1945. Das Altertum 55, 2010, 105–126.

D. Unverhau, Ein anderes Frauenleben. Schriften des Archäologischen Landesmuseums Bd. 13 (Neumünster 2016).

S. Wiell, Kampen om oldtiden – nationale oldsager siden 1864/Der Kampf um die Vorgeschichte – Nationale Altertümer seit 1864. Skr. Museumsrådet for Sønderjyllands Amt 7 (Aabenraa 2000).

II Chronologie

Das heutige Schleswig-Holstein bildet seit jeher eine Brücke zwischen Nord- und Mitteleuropa und zwischen Nord- und Ostsee. Die Menschen aller Zeiten hinterließen hier ihre Spuren, die die Region einerseits als Peripherie, andererseits als Kommunikations- und Transformationsraum charakterisieren. Das seit dem 19. Jahrhundert fachlich etablierte Chronologiesystem nebst seinen Unterteilungen ermöglicht die Verknüpfung mit den Nachbarräumen Europas und darüber hinaus. Es verband, dank der Bemühungen Oscar Montelius', die Vor- und Frühgeschichte mit der Geschichte. Heute reicht der zu erforschende Rahmen vom Neanderthaler bis in die Zeitgeschichte. Er hat gleichermaßen regionale Themen sowie die spezifischen Entwicklungen in Nordeuropa und im Ostseeraum im Blick. Die chronologischen Horizonte umfassen unterschiedliche Richtungen und erschließen das archäologische Erbe der unterschiedlichen Felder.

Claus von Carnap-Bornheim und Ulf Ickerodt

AUTOR*INNEN
Ingo Clausen
Mara-Julia Weber
Sonja B. Grimm

BEDEUTENDE GRABUNGSORTE
Schalkholz LA 66
Ahrensburg LA 79 (Meiendorf 2)
Klein Nordende LA 37
Ahrensburg LA 78.1 (Stellmoor)

MERKMALE
Eiszeitalter, Neanderthaler, anatomisch moderner Mensch, Nordseefestland, Jäger/Sammler in Tundra und Wald, saisonale Lagerplätze

105.000 v. Chr. | 9600 | 4100 | 1 | 2020

Paläolithikum | Mesolithikum | Neolithikum

Das Paläolithikum in Schleswig-Holstein

Während des quartären Eiszeitalters prägten mehrere Eisvorstöße und die ihnen zwischengelagerten Warmzeiten das heutige Gebiet Schleswig-Holsteins. So überfuhren die Gletscher der Elster- und Saalekaltzeit das gesamte Land, während jene der Weichselvereisung lediglich die östlichen Landesteile bedeckten. Schmelzwasser überspülte die dem Weichseleis vorgelagerten westlichen Regionen, die zum Großteil unter die flächige Bedeckung mächtiger Schwemmablagerungen aus Sanden und Kiesen gerieten. Die heutige Nordsee und Teile der südlichen Ostsee waren begehbar und zählten zu den damaligen Aufenthaltsgebieten von Tieren und Menschen. Durch die dynamischen, in der nördlichen Hemisphäre besonders ausgeprägten Entwicklungen ist die Erschließung der ältesten Menschheitsgeschichte Schleswig-Holsteins stark beeinträchtigt und z. T. sogar unmöglich.

Mittelpaläolithikum (in Schleswig-Holstein: 105.000–40.000 v. Chr.)
Die ältesten Spuren menschlicher Anwesenheit stammen aus dem westlichen (saalezeitlichen) Altmoränengebiet Schleswig-Holsteins. Sie stellen seltene, fragmentarisch erhaltene Belege einer mittelpaläolithischen Besiedlung dar, deren reale Dimension und räumliche Verbreitung jedoch unbekannt sind. Der verlässlichste Fundbeleg entstammt einer Kiesentnahmegrube in Schalkholz LA 66 (Kr. Dithmarschen), in der einige, in einer frühweichseleiszeitlichen Bodenbildung eingelagerte Feuersteinartefakte geborgen werden konnten. Die geologisch bestimmbare Fundschicht entstammt dem etwa 90.000–105.000 Jahre alten Brörup-Interstadial (Zwischenwarmzeit). Zusätzliche Belege einer frühen Besiedlung, welche vermutlich während der ersten Hälfte der Weichsel-Kaltzeit erfolgte, sind die Oberflächenfunde von Steinartefakten aus Drelsdorf, LA 50 (Kr. Nordfriesland). Räumlich weit gestreut, fanden sich auf dem dortigen »Schmallacker« diverse Feuersteinartefakte (u. a. Faustkeile). Deren Alter ist aufgrund technologischer Merkmale, besonders aber wegen der auffälligen Überprägungen der Artefaktoberflächen infolge von Permafrost und Sanddrift, älter als das Weichselhochglazial anzusprechen. Die Funde werden einer bislang unbestimmten Phase des Mittelpaläolithikums zugewiesen und zählen zu den nördlichsten Nachweisen des Neanderthalers. Die wissenschaftliche Bearbeitung der vermeintlich mittelpaläolithischen Funde Dänemarks durch Trine Kellberg Nielsen erbrachte, dass diese Artefakte keinen Hinweis für die ehemalige Präsenz des Neanderthalers bieten.

Den von der Insel Sylt (Morsum, Kr. Nordfriesland) stammenden Steinfunden, welche vormals als altpaläolithisch und somit als die ältesten archäologischen Funde Schleswig-Holsteins galten, wird in der aktuellen Forschung keine Bedeutung mehr zugemessen.

Hamburger Kultur (12.700–12.000 v. Chr.)
Während der Hauptvereisungsphase der Weichsel-Kaltzeit überfuhren Gletscher den östlichen Landesteil, und im westlichen Landesteil herrschten über Jahrtausende unwirtliche Lebensbedingungen. Daher kam es in Schleswig-Holstein zu einer Besiedlungslücke, die nach aktueller Fundlage das gesamte ältere und mittlere Jungpaläolithikum umfasste. Erst um 12.700 v. Chr., d. h. kurz vor oder mit Beginn des Spätglazials, erreichten anatomisch moderne Menschen Schleswig-Holstein. Ihre archäologischen Hinterlassenschaften werden als »Hamburger Kultur« definiert und repräsentieren die Pionierphase einer nach Norden gerichteten, späteiszeitlichen Besiedlung.

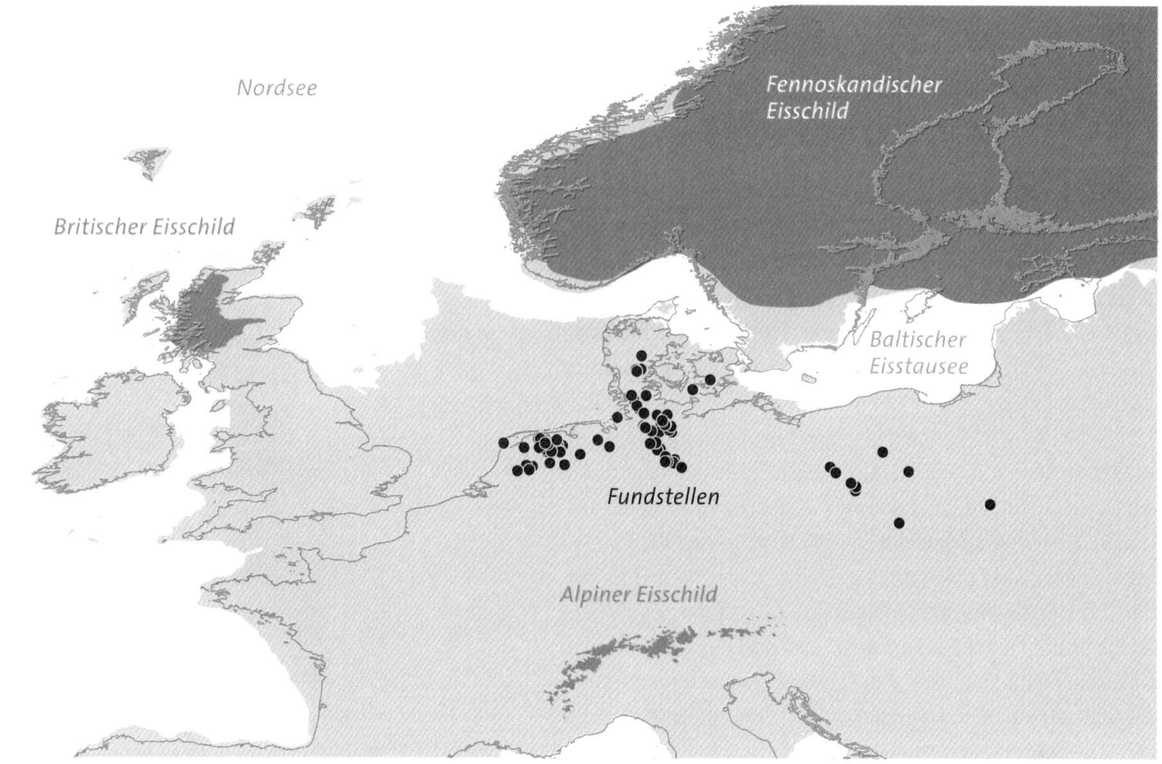

[1] Das Verbreitungsgebiet der Hamburger Kultur in der Landschaft des frühen Spätglazials. Aufgrund des niedrigen Meeresspiegels war der heutige Nordseegrund begehbar.
KARTE www.epha.zbsa.eu Meiendorf-Karte

Seit Alfred Rusts Ausgrabungen im Ahrensburger Tunneltal in den 1930er bis 1950er Jahren erweiterten die Neubearbeitung älteren Fundmaterials sowie die Ergebnisse neuer Ausgrabungen den Kenntnisstand zur Hamburger Kultur. Archäozoologische Neubewertungen belegen sowohl herbstliche Treibjagden auf Rentiere direkt vor Ort als auch vom Lagerplatz entfernte Pirschjagden, wobei die Beute umfänglich genutzt wurde. Technologische Untersuchungen zur Rengeweih- und Feuersteinbearbeitung weisen darauf hin, dass die Hamburger Kultur trotz typologischer Unterschiede in der Tradition des Magdaléniens steht. Kunst- und Schmuckobjekte, die typisch für diese letzte jungpaläolithische Kultur sind, liegen vereinzelt vor. Das prominenteste Stück ist ein verzierter Rengeweihstab vom Fundplatz Poggenwisch (Ahrensburg LA 101, Kr. Stormarn). In den 1990er Jahren konnte diese Artefaktkategorie durch Bernsteinschmuck aus der Grabung Ahrenshöft LA 73 (Kr. Nordfriesland) ergänzt werden. Dort überlagerte eine von Stielspitzen des Haveltetyps geprägte Kulturschicht eine ältere, von Kerbspitzen dominierte Fundschicht. Die Stapelung der Fundschichten übereinander erlaubt, zusammen mit den Ergebnissen der Pollenanalysen, eine Gliederung der Hamburger Kultur in zwei Phasen.

Federmesser-Gruppen und Bromme-Kultur (12.000–10.800 v. Chr.)

Mit der zweiten Warmphase des Spätglazials (in Schleswig-Holstein als Allerød-Interstadial bezeichnet) etablierte sich zunehmend ein flächendeckender Pionierwald, den überwiegend Birken-, später auch Kieferbestände bildeten. In dieser Zeit treten erstmals Funde der Federmesser-Gruppen (FMG) auf. Unklar ist, ob diese Gruppen die Nachfahren der vorangegangenen Hamburger Kultur repräsentieren. Die Verwendung der typologisch und technologisch nun andersartigen Steinartefakte, welche Grundlage zur Definition der FMG wurden, könnte allein in der damaligen Reaktion auf die sich verändernden Lebensbedingungen zu verstehen sein. Ebenso ist die Einwanderung von Kulturgemeinschaften aus dem Süden zu erwägen. Derzeit sind etwa 80 Stationen der FMG in Schleswig-Holstein nachgewiesen. Überwiegend durch Oberflächenfunde von Steinartefakten markiert, finden sie beinahe in allen Landesteilen ihre Verbreitung.

In den 1970er Jahren erfolgte die archäologische Untersuchung einiger, am Ufer eines spätglazialen Sees gelegenen Stationen der FMG in Klein Nordende LA 37 (Kr. Pinneberg). Während eine obere Fundschicht den Nachweis erbrachte, dass Elche gejagt und zerlegt wurden, entstammt der unteren Fundschicht das bislang älteste Inventar der FMG aus Schleswig-Holstein. Die technologischen Merkmale der geborgenen Feuersteinartefakte unterscheiden sich deutlich von jenen der Hamburger Kultur. Gleichzeitig zeigen sie Unterschiede zum zweitältesten, direkt datierten Fundvorkommen von Alt Duvenstedt LA 120b (Kr. Rendsburg-Eckernförde). Dieses gilt als das Relikt eines kurzzeitig genutzten Lagers mit Feuerstelle. Erfolgreiche und wechselseitige Zusammenpassungen mit Steinartefakten aus der benachbarten Station Alt Duvenstedt LA 120a belegen die Gleichzeitigkeit beider Ensembles. Eiszeitliche Flugsande hatten die Stationen bedeckt und erhielten sie ungestört. Dank der detaillierten Grabungsdokumentation und mithilfe der zahlreich erfolgten Zusammenpassungen der Steinartefakte lassen sich räumliche Bewegungen und Aktivitäten einzelner altsteinzeitlicher Personen rekonstruieren. Mittels Artefaktzusammenpassungen erfolgte vor Kurzem auch eine Neubewertung der Ausgrabungsbefunde des sog. Magdalénien-Zeltes von Borneck-Ost, Ahrensburg LA 76 (Kr. Stormarn). Dieses kann, so das Ergebnis, in der vorgeschlagenen Form nicht bestanden haben.

Die heute von der Nordsee bedeckten Flächen lagen trocken und waren begehbar. Die damaligen Menschen der FMG nutzten wohl auch diese Gebiete, wie einzelne Artefakte aus rotem Helgoländer Feuerstein nahelegen, welche, weitab der lokalen Lagerstätte, als Oberflächenfunde an mehrfach während der Steinzeit aufgesuchten Plätzen entdeckt wurden.

Gerätschaften aus organischen Materialien sind äußerst selten erhalten. Die mit doppelt abgeschrägter Basis versehene Geschossspitze aus Lasbek-Dorf LA 14 (Kr. Stormarn) passt in typo-technologischer Hinsicht gut in die Hamburger Kultur, datiert jedoch überraschenderweise in das letzte Drittel des spätglazialen Allerød-Interstadials. Fragen wirft auch das etwas älter datierte Rengeweihbeil aus Klappholz LA 63 (Kr. Schleswig-Flensburg) auf. Üblicherweise unterliegen derartige Beile der Assoziation mit der Ahrensburger Kultur, wohingegen dieses Artefakt wohl eher von Angehörigen der FMG oder der Bromme-Kultur hergestellt worden ist. Zur Bromme-Kultur in Schleswig-Holstein und deren Verhältnis zu den FMG besteht Forschungsbedarf, da erstere nicht gesichert in Reinform auftritt.

Ahrensburger Kultur (10.800–9.600 v. Chr.)

Die harschen und rapide einsetzenden Kältebedingungen der Jüngeren Dryaszeit drängten den bestehenden Pionierwald zurück und ersetzten ihn durch eine Parktundra. Die periglazialen Bedingungen führten u. a. zu starker Erosion, Ablagerung von Flugsanden und Bodenrutschungen. Diese Deformationen wirkten nicht nur landschaftsprägend, sondern sie vernichteten zugleich viele der bereits bestehenden archäologischen Fundstätten, welche in den vorhergegangenen Phasen des Jung- und Spätpaläolithikums entstanden waren.

Im zeitlichen Übergang vom Allerød-Interstadial in die Jüngere Dryaszeit etablierte sich die von kleinen Stielspitzen dominierte Ahrensburger Kultur. Sie wird mit der bevorzugten Jagd auf Rentiere in Verbindung gebracht, welche besonders durch die nachgewiesenen Massenanreicherungen von Beuteresten in einem verlandeten See (Ahrensburg LA 78.1, Kr. Stormarn) am Fuß des prominenten Stellmoorhügels (Ahrensburg LA 78) begründet ist. Dort sind zyklische Treibjagden nachgewiesen, welche besonders in der Spätphase der Jüngeren Dryaszeit und auch noch im beginnenden Präboreal stattfanden. Dass die jagdlichen Intensitäten weitaus umfangreicher waren, als bislang angenommen, zeigen aktuelle Untersuchungen im näheren Umfeld der prominenten Fundstätte. Die zur Jagd verwendeten Holzpfeile wurden anlässlich der 1935/36 durchgeführten Grabungen geborgen; sie gingen jedoch in den Wirren des 2. Weltkrieges verloren. Ein kürzlich im Nachlass des Ausgräbers A. Rust entdecktes Pfeilschaftfragment stellt das einzig erhaltene Originalteil dieser innovativen Fernwaffe aus der späten Eiszeit dar. Die räumlich zweigeteilte Station Alt Duvenstedt LA 121; LA 123 (Kr. Rendsburg-Eckernförde), gilt aktuell als ältester gesicherter Nachweis der Ahrensburger Kultur und gehört zeitlich ganz an den Beginn der Jüngeren Dryaszeit. Unter metermächtigen Flugsanden verschüttet lagen dort steinerne Artefakte in originaler Fundposition zusammen mit zwei Feuerstellen. Aufgrund der zahlreichen Zusammenpassungen der Funde ist die Geschlossenheit des Ensembles authentisch und ermöglicht die Rekonstruktion des ehemaligen Lagergeschehens im Detail. Der Befund zeigt, im Gegensatz zu Stellmoor, das Bild eines kurzfristig und von wenigen Menschen genutzten Lagerplatzes.

[2] RECHTS Die Herstellung und Verzierung des zur Hamburger Kultur gehörenden Poggenwischstabs aus kompaktem Rengeweih wurde kürzlich von Markus Wild im Rahmen seiner Doktorarbeit untersucht. Die magentafarbenen Bereiche weisen Hobelspuren auf, die hellblauen zeigen das Einrillen einer Kerbe und die ockerfarbenen das Polieren der Oberfläche. FOTOGRAFIE Claudia Janke, © Landesmuseen Schleswig-Holstein GRAFIK Markus Wild, Jürgen Schüller, © Landesmuseen Schleswig-Holstein

[3] Anhand von Artefaktzusammenpassungen lassen sich die Methoden der Feuersteinbearbeitung nachvollziehen. Diese Beispiele aus Alt Duvenstedt LA 120 (1) und Klein Nordende LA 37 (2) zeigen, dass die Steinschläger der FMG flexibel mit den Feuersteinknollen umgegangen sind. FOTOGRAFIEN Claudia Janke, © Landesmuseen Schleswig-Holstein

AMS-Datierungen bearbeiteter Rentierknochen aus Nahe LA 11 (Kr. Segeberg) belegen, dass sich Vertreter der Ahrensburger Kultur auch während der mittleren Phase dieser Kaltzeit im Land aufhielten. Die Renknochen stammen aus den Ablagerungen eines ehemaligen Sees, der einem mit tausenden Steinartefakten der Ahrensburger Kultur belegten Hügel vorgelagert war und der den Jägern wiederholt als Lagerstandort gedient hatte. Deren Anwesenheit auch während einer späten Phase der Jüngeren Dryaszeit belegen zusätzliche Radiokarbondatierungen. Ob die besonders auffälligen, aus Feuerstein gefertigten Riesenklingen allgemein repräsentativ für die Ahrensburger Kultur sind oder ob sie als späte Entwicklungen nur im zeitlichen Übergang zum Präboreal ihre Verwendung fanden, ist derzeit unbestimmt. Deren kombiniertes Vorkommen mit einem Kernbeil und einer einfachen mikrolithischen Spitze im Inventar der Oberflächenfunde von Klein Nordende LA 46 (Kr. Pinneberg) könnte die junge frühmesolithische Altersstellung andeuten. Ein dort gefundener Abschlag aus Helgoländer Feuerstein beweist, dass das trocken liegende heutige Nordseegebiet weiterhin zum Schweifgebiet der damaligen Menschen gehörte. Mit knapp 180 Fundstellen stellt die Ahrensburger Kultur die am besten vertretene paläolithische Tradition in Schleswig-Holstein dar.

LITERATUR

M. Baales und T. Terberger (Hrsg.), Welt im Wandel – Leben am Ende der Eiszeit. Sonderheft Archäologie in Deutschland 10 (Darmstadt 2016).

I. Clausen, Das allerødzeitliche Rengeweihbeil aus Klappholz LA 63, Kreis Schleswig-Flensburg. Ein Relikt der Federmesser-, der Bromme- oder der Ahrensburger Kultur? Offa 59/60, 2002/2003, 15–39.

I. Clausen, Roter Helgoländer Flint in einer Station der Ahrensburger Kultur bei Klein Nordende, Kr. Pinneberg (Schleswig-Holstein). In: Niedersächsisches Institut für historische Küstenforschung Wilhelmshaven (Hrsg.), Marschenratskolloquium 2012, Flint von Helgoland. Siedlungs- und Küstenforschung im südlichen Nordseegebiet 37 (Rhaden 2014) 103–112.

I. Clausen und B. Schaaf, Zwanzig Jahre nach der Ausgrabung: Zusammengefügte Artefakte erzählen erstaunliche Geschichte(n). Aktuelle Forschungsergebnisse zu den spätaltsteinzeitlichen Stationen der Ahrensburger Kultur von Alt Duvenstedt, Kreis Rendsburg-Eckernförde (LA 121 und LA 123). ANSH 21, 2015, 9–17.

S. Hartz und M. Segschneider, Eiszeitliche Jäger in Drelsdorf. Auf den Spuren der frühesten Besiedlung in Schleswig-Holstein. ANSH 24, 2018, 16–23.

M.-J. Weber, Late Upper and Late Palaeolithic reindeer hunting in the Ahrensburg tunnel valley – Differences between Hamburgian and Ahrensburgian hunting tactics. In: O. Grimm und U. Schmölcke (Hrsg.), Hunting in Northern Europe until 1500 AD – Old traditions and regional developments, continental sources and continental influences. Schriften des Archäologischen Landesmuseums Ergänzungsreihe 7 (Neumünster 2013) 207–222.

M. Wild und M.-J. Weber, Ein schräger Typ. Eine Geweihspitze aus Lasbek (Kr. Stormarn) und ihr Verhältnis zum europäischen Jung- und Spätpaläolithikum. In: B. V. Eriksen, A. Abegg-Wigg, R. Bleile und U. Ickerodt (Hrsg.), Interaktion ohne Grenzen. Beispiele archäologischer Forschungen am Beginn des 21. Jahrhunderts. Band 1 (Schleswig 2017) 23–34.

AUTOREN
Sönke Hartz
Daniel Groß
Harald Lübke

BEDEUTENDE GRABUNGSORTE
Duvensee LA 21 und 23
Satrup LA 2
Grube-Rosenhof LA 58
Neustadt LA 156

MERKMALE
Nacheiszeit, Wiederbewaldung, Jäger, Fischer und Sammler, saisonale Lagerplätze, Meeresspiegelanstieg, Küstensiedlungen, älteste Keramik

105.000 v. Chr. | 9600 | 4100 | 1 | 2020

Paläolithikum | Mesolithikum | Neolithikum

Das Mesolithikum in Schleswig-Holstein
Jäger, Sammler und Fischergruppen im Wald und an der Küste

Die rapide Erwärmung des Klimas zu Beginn der heutigen Warmzeit, dem Holozän, wirkte umfassend auf die Umwelt. Große Nadel- und Laubbäume wanderten aus ihren Refugien in Süd- und Mitteleuropa wieder in die nordeuropäische Tiefebene ein und entsprechend breiteten sich wieder Wälder aus. Damit einhergehend zogen die Rentiere, als klassische Vertreter der eiszeitlichen Tundra, in neue Lebensräume, und Elche, Hirsche, Rehe und Wildschweine nahmen ihren Platz ein. Zugleich gab es wesentliche Transformationen in der Sozialstruktur und dem Verhalten der Menschen. Kleinere Schweifgebiete und die Erschließung neuer Nahrungsquellen unterscheiden das Mesolithikum im Ostseeraum markant von der vorhergehenden Epoche, dem Spätpaläolithikum.

Lange wurde in der Forschung die Mittelsteinzeit als dadurch gekennzeichnet gesehen, dass die klimatische Erwärmung und die Wiederbewaldung eine gleichmäßige Entwicklung darstellt und auch die Kulturentwicklung relativ gleichförmig ablief. Neuere Untersuchungen zeigen jedoch, beides ging bei Weitem nicht so stabil vonstatten, wie bisher angenommen. Im Verlauf des Mesolithikums kam es wiederholt zu kurzen klimatischen Schwankungen, die von unterschiedlichen Intensitäten und Dauern gekennzeichnet waren und während derer sich die Temperatur deutlich abkühlte. Manche Autoren sehen diese Events als ursächlich für massive kulturelle Transformationen, wie bspw. den Beginn von Ackerbau. Neue, detaillierte Studien zeigen hingegen, dass diese Phasen zwar einschneidend, jedoch in der Regel nicht auslösend für kulturelle Wandel zu sein scheinen.

[2] Frühmesolithisches Kernbeil. Wohnplatz 10, Duvensee LA 21.
FOTOGRAFIE Museum für Archäologie Schloss Gottorf, Landesmuseen Schleswig-Holstein

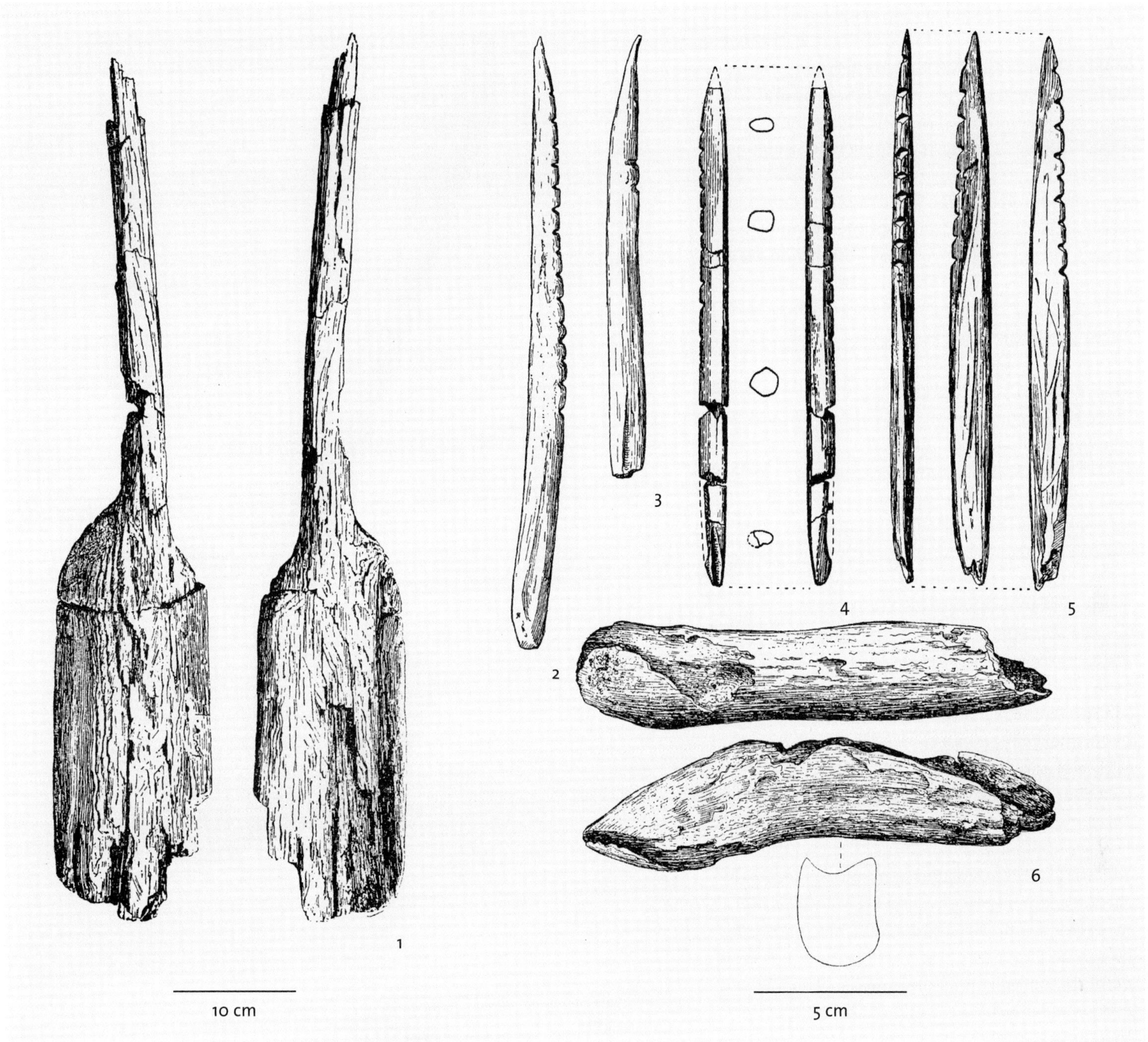

[1] RECHTS Organische Artefakte aus dem Duvenseer Moor. 1 Paddel, 2–5 (feingezähnte) Knochenspitzen, 6 Geweihaxtklinge.
ZEICHNUNG © Archiv Museum für Archäologie Schloss Gottorf, Landesmuseen Schleswig-Holstein

Für den norddeutschen Raum rückte im Jahr 1925 das Mesolithikum in den Fokus der Forschung, als im Duvenseer Moor steinzeitliche Siedlungsplätze gefunden wurden. Bis heute bestimmen sie wesentlich das Bild der Mittelsteinzeit mit, da sie durch hervorragende Erhaltungsbedingungen ermöglichen, auch teils nur kurzfristig genutzte Lagerplätze in hervorragender Detailgenauigkeit zu untersuchen. Herauszuheben ist, dass für die auf kleinen Inseln am Westufer des ehemaligen Sees angelegten Plätze sich oft nur sehr kurzfristige Nutzungsphasen von wenigen Tagen oder gar einer Nacht nachweisen lassen. Für die Erforschung der Mittelsteinzeit repräsentieren die Plätze daher selten entdeckte einmalige »Zeitkapseln«. Im Duvenseer Moor wurden über 20 verschiedene Siedlungsplätze gefunden, die zu wesentlichen Teilen in das Frühmesolithikum, ca. 9600–6200 v. Chr. datieren. Insofern ist dies eine Fundregion und nicht nur ein Fundplatz.

Siedlungsnachweise aus dem darauffolgenden Zeitabschnitt des Spätmesolithikums sind eher rar. Zwar finden sich wiederholt umfangreiche Inventare der sog. Kongemosekultur auf Oberflächenfundplätzen, ausgegrabene Fundplätze ohne Durchmischung verschiedener Zeitstufen kommen hingegen selten vor. Eine solche Situation wurde bei Nachuntersuchungen auf dem Fundplatz Satrup LA 2 entdeckt. Auch wegen seines Fundinventars aus der Erteb⌀llekultur bekannt, zeigten Untersuchungen des Museums für Archäologie Schloss Gottorf und des Archäologischen Landesamtes Schleswig-Holstein jedoch, dass eine mächtige Fundschicht aus der Kongemosekultur erhalten geblieben ist.

[3] Paddel aus der Erteb⌀llekultur vom Fundplatz Rüde LA 2.

In die Zeit zwischen 5500 und 4100 v. Chr. fällt die jüngste mittelsteinzeitliche Jäger-, Sammler- und Fischerkultur, die Erteb⌀llekultur (EBK). In Südskandinavien und Norddeutschland zählt sie zu den sehr gut erforschten steinzeitlichen Epochen. Archäologen und Naturwissenschaftler können inzwischen ein detailliertes Bild der Umweltverhältnisse, Ernährungsstrategien und Jagdmethoden anhand umfangreicher organischer Hinterlassenschaften submariner Siedlungsinventare zeichnen. Die Menschen der EBK besiedelten hauptsächlich die Meeresküsten. Die ältesten Nachweise stammen aus der Zeit um 5500 v. Chr. von Fundstellen in der Wismarbucht (Jäckelberg-Nord) im angrenzenden Mecklenburg-Vorpommern, etwas jünger sind die um 5200 v. Chr. entstandenen ersten Siedlungen am Ausgang der Kieler Förde (Strande). Um 5000 v. Chr. datieren Fundplätze am Rande der Neustädter Bucht (Wintershagen) und im östlichen Oldenburger Graben (Grube-Rosenfelde). Die Vielfalt an marinen Ressourcen lockte die Menschen aus dem Inland an die Küsten, und das Meer mit seinem Reichtum an Fischen, Mollusken, marinen Säugern und Wasservögeln war über Jahrtausende eine nahezu unerschöpfliche Nahrungsquelle. Verschiedene Fanggeräte wie der Aalstecher und der Nachweis von Einbäumen und Paddeln belegen die intensive Nutzung der damaligen Ostsee.

[4] Spitzbodige Kruke und Lampe der Erteb⌀llekultur von den Fundplätzen Wangels LA 505 bzw. Neustadt LA 156. FOTOGRAFIEN © Museum für Archäologie Schloss Gottorf, Landesmuseen Schleswig-Holstein

Lange Zeit wurde vermutet, dass das gesamte Binnenland zwischen Ost- und Nordsee aus unwegsamem Urwald aus Eichen- und Lindenwäldern bestand. Tatsächlich dürfte das überwiegend für die lehmigen und lehmig-sandigen Böden der östlichen Jungmoräne zutreffen, im Westen auf den nährstoffarmen und sandigen Böden der Geest hingegen herrschte ein ganz anderes Landschaftsbild vor. Dort war der Wald offener und durch eine artenreiche Gras- und Krautvegetation gekennzeichnet, teilweise nur unterbrochen von einzelnen Heideflächen. An trockenen Standorten stockten Birken, Kiefern und Hasel, an etwas feuchteren Stellen standen auch Eichen und Linden. Alle spätatlantischen Landsäugetiere, Süßwasserfische und Vögel waren bereits in der Klimaphase des Boreals im heutigen Schleswig-Holstein verbreitet, und die an tierischen und pflanzlichen nahrungsressourcenreichen Urwälder boten reichlich Jagdbeute und Sammelreviere für die damaligen Jägergruppen. Als Nahrungsreste lassen sich ihre Hinterlassenschaften in den Abfallschichten der küstennahen Ertebøllesiedlungen nachweisen und stellen doch nur eine kleine, allerdings für den Menschen existenzielle Auswahl der damaligen Tierwelt dar. Die Menge pflanzlicher Nahrung ist in den Fundschichten stark unterrepräsentiert. Ein pflanzlicher Kalorienanteil von 20-30 %, wie in Jäger- und Sammlergesellschaften historisch belegbar, lässt sich nicht annähernd auf irgendeiner der ertebøllezeitlichen Küstensiedlungen nachweisen. Angesichts der seinerzeit zweifelsfrei vorhandenen Ressourcen wird dies vor allem auf schlechtere Erhaltungsbedingungen zurückzuführen sein.

Mit der Verlangsamung des Meeresspiegelanstiegs am Ende des Atlantikums kam es zu Erosionsprozessen an den Ostseeufern und es bildeten sich Ausgleichs-, Buchten- und Fördeküsten. Küstenparallele Strömungen förderten die Bildung von Strandwällen, die nach und nach die Buchten abriegelten und Lagunen und Strandseen bildeten. Solche an den Uferstreifen vegetationsarmen Gewässer boten einen optimalen Siedlungsraum mit einem breit gefächerten Nahrungsangebot und gleichzeitig Schutz vor der Unberechenbarkeit des offenen Meeres. Besonders beliebt waren Plätze, an denen Bachläufe oder kleine Flüsse in die Lagunen mündeten. Dort am Schnittpunkt zwischen den Fanggebieten an der Küste und den Jagdterritorien im Hinterland entstanden die stationären Basissiedlungen, zu denen die Jäger und Fischergruppen immer wieder zurückkehrten.

Eine bedeutende Innovation der EBK ist die Nutzung von Tongefäßen, die über viele Jahrtausende nicht zum traditionellen Hausrat der hiesigen Jäger- und Sammlergruppen gehörten. Vieles spricht dafür, dass die Töpferei offenbar um 4600 v. Chr. von jägerisch lebenden Küstengruppen im östlichen Baltikum übernommen wurde. Zwei Gefäßformen sind charakteristisch: die spitzbodige Kruke und das ovale Schälchen, das wohl als Lampe diente. Mit dieser Neuerung und den gegen 4000 v. Chr. vereinzelt in den Küsteninventaren auftretenden Knochen domestizierter Tiere wie Schaf, Ziege, Rind und Schwein zeigen sich in der späten EBK die ersten Vorboten eines Prozesses, der in der archäologischen Forschung als Neolithisierung bezeichnet wird und der die Jungsteinzeit mit Ackerbau und Viehhaltung als Ernährungsgrundlage einläutete.

LITERATUR

Glykou, J. Goldhammer und S. Hartz, Versunkene Steinzeit – Taucharchäologische Untersuchungen an der schleswig-holsteinischen Ostseeküste. In: F. Huber, S. Kleingärtner (Hrsg.), gestrandet-versenkt-versunken. Faszination Unterwasserarchäologie (Kiel 2104) 76–97.

D. Groß und H. Lübke, Neuer Wert aus alten Schätzen. Archäologie in Deutschland 5, 2017, 26–29.

D. Groß, H. Lübke, U. Schmölcke und M. Zanon, Early Mesolithic activities at ancient Lake Duvensee, Germany. The Holocene 29, 2018, 197–208.

AUTOR
Jan Piet Brozio

BEDEUTENDE GRABUNGSORTE
Bad Oldesloe-Wolkenwehe LA 154
Büdelsdorf LA 1
Oldenburg LA 77
Wangels LA 69

MERKMALE
Großsteingräber, Grabenwerke, Grabhügel

9600 v. Chr.	4100	1700	1	2020
Mesolithikum	Neolithikum	Bronzezeit		

Das Neolithikum

Die letzte Phase der Steinzeit mit der Übernahme von Ackerbau und Viehzucht sowie den damit verbundenen einschneidenden Veränderungen der Art und Weise des Lebens setzt in Norddeutschland um ca. 4100/4000 v. Chr. ein. In Schleswig-Holstein entwickelt sich dabei am Übergang vom Mesolithikum zum Frühneolithikum ein Kulturphänomen, welches aufgrund eines markanten Gefäßtyps als Trichterbecherkultur bezeichnet wird.

Die neue Wirtschaftsform des Ackerbaus und der Viehzucht wirkt sich anfangs nur gering auf die Landschaft aus und ist zunächst mit kleinräumigem Gartenbau in kleinen Rodungsinseln verbunden. Eine zunehmende Öffnung der Landschaft beginnt um ca. 3750 v. Chr. verbunden mit der Einführung des Pfluges und der Anlage größerer Äcker. Eine Entwicklung bis ca. 3500 v. Chr., die ihren Ausdruck in einer Kulturlandschaft findet, die sich aus großen Feldern, gezieltem Getreideanbau und einem Netz aus unterschiedlich großen Siedlungen auszeichnet. Während zu Beginn noch mit einer Vielzahl von Sorten wie Einkorn, Emmer, Gerste und Hartweizen experimentiert wird, erfolgt mit der Einführung des Hakenpfluges eine Konzentration auf Einkorn und Emmer sowie Gerste. Hinzu kommen im Gartenbau kultivierte Ölpflanzen wie Lein/Flachs und später Mohn. Die Siedlungsplätze bestanden aus Einzelhöfen, wie beispielsweise der 18 m lange und 7 m breite Hausgrundriss von Rastorf, in deren unmittelbarer Nähe sich die bewirtschafteten Ackerflächen befanden. Obwohl Bestattungen in einfachen Erdgruben, teilweise wie in Rastorf auch eingebunden in das Siedlungsareal, vorgenommen wurden, beginnen ab dem 39. Jh. v. Chr. Bestattungen in 40 bis 50 m langen, nichtmegalithischen Langhügeln, wie im Sachsenwald südlich von Hamburg, die Landschaft zu prägen. Ein Phänomen, welches in weiten Teilen Nord- und Mitteleuropas verbreitet ist. Hierzu gehören auch die Grabenwerke, wie Albersdorf-Diecksknöll oder Büdelsdorf in Schleswig-Holstein, die etwa im 38. Jh. v. Chr. angelegt wurden (s. Beitrag Kap. IV, 164–167, Kap. III, 80–81). Diese aus mehreren Grabensegmenten mit dahinterliegenden Holzpalisaden gestalteten Anlagen weisen mehrfache Ausgrabungs- und Verfüllereignisse der Gräben auf, wohingegen die eingefassten Innenflächen während der Nutzung der Anlagen als Grabenwerke keine oder kaum Hinweise auf Aktivitäten widerspiegeln. Eine sichtbare Aneignung der Landschaft zeichnet sich auch durch die Errichtung der vielgestaltigen Megalithgräber aus. Diese Entwicklung beginnt ab ca. 3650 v. Chr. mit den sog. Dolmen, die nach einfachen, erweiterten und Polygonaldolmen zu differenzieren sind. Ein Beispiel stellt das Megalithgrab Albersdorf LA 5 »Brutkamp« dar, ein Polygonaldolmen mit einem Kammerinnenraum von 3,3 m² und einem Deckstein von 18 t, dem schwersten Schleswig-Holsteins (s. Beitrag Kap. IV, 164–167). Insgesamt handelt es sich bei dem Phänomen der Megalithik um eine komplexe Erscheinung. So sind megalithische Einbauten in vormals nichtmegalithische Langbetten, wie in Borgstedt, oder Erweiterungen bestehender megalithischer Grabanlagen, wie in Flintbek, hier zudem verbunden mit den ältesten nordeuropäischen Wagenspuren um 3450 v. Chr., bekannt (s. Beitrag Kap. III, 88–89).

Eine Veränderung in der Megalithik beginnt um ca. 3350 v. Chr. mit der explosionsartigen Errichtung von Ganggräbern im Mittelneolithikum. Diese weisen in vielen Fällen Unterteilungen der Grabkammer auf, wurden über Jahrhunderte immer wieder genutzt und deuten auf eine kollektive Identität innerhalb der Gemeinschaften. Dabei nahmen qualitativ hochwertige Beigaben, wie Rindfleischprodukte in Wangels LA 69 (s. Beitrag Kap. III, 86–87), eine wichtige Rolle ein und zeigen nicht

[1, 2] Zeitliche Entwicklung des norddeutschen Neolithikums. Abkürzungen: SN Spätneolithikum; JN Jungneolithikum; MN Mittelneolithikum; FN Frühneolithikum; SG Einzelgrabgruppen; KA Kugelamphoren. Dunkles Ocker: Trichterbecher-Hauptgruppen. Dazu typische Becher der jeweiligen Periode: 1 Spitznackiger Ertebølle-Becher aus Wangels; 2 FN I-Trichterbecher aus Flintbek; 3 FN II-Trichterbecher aus Bad Oldesloe-Wolkenwehe; 4 MN II-Trichterbecher aus dem Denghoog auf Sylt; 5 Einzelgrabbecher aus Flintbek.
SCHAUBILD Jan Piet Brozio, Kiel; ZEICHNUNGEN Holger Dietrich, Kiel

cal B.C.	*Periode*	*Nördliches Jütland*	*Seeland / Schonen*	*Südliches Jütland / Mecklenburg*	*Niederlande / NW Deutschland*
2000	SN 1	**Frühe Dolchgruppen**			
	JN 3	**Späte Einzelgrabgruppen**			
2500	JN 2	**Mittlere Einzelgrabgruppen**			
	JN 1	**Frühe Einzelgrabgruppen**			
	Mn V	**Store Valby**		**KA**	**Brindley 7**
3000	MN III–IV	**Bundsø / Lindø**		**Bostholm**	**Brindley 6**
	MN II	**Blandebjerg**		**Oldenburg**	**Brindley 5**
	MN Ib	**Klintebakke**		**Wolkenwehe 2**	**Brindley 4**
	MN Ia	**Troldebjerg**			**Brindley 3**
	FN II	**Fuchsberg**	**Fuchsberg / Virum**	**Wolkenwehe 1**	**Brindley 1/2**
3500	FN Ib	**Oxie / Volling**	**Oxie / Svenstorp**	**Satrup / Siggeneben-Süd**	**Spätes Swifterbant / Hazendonk 3**
	FN Ia	**Volling**	**Svaleklint**	**Wangels / Flintbek**	**Mittleres Swifterbant**
4000	End-Mesolithikum	**Spätes Ertebølle**			

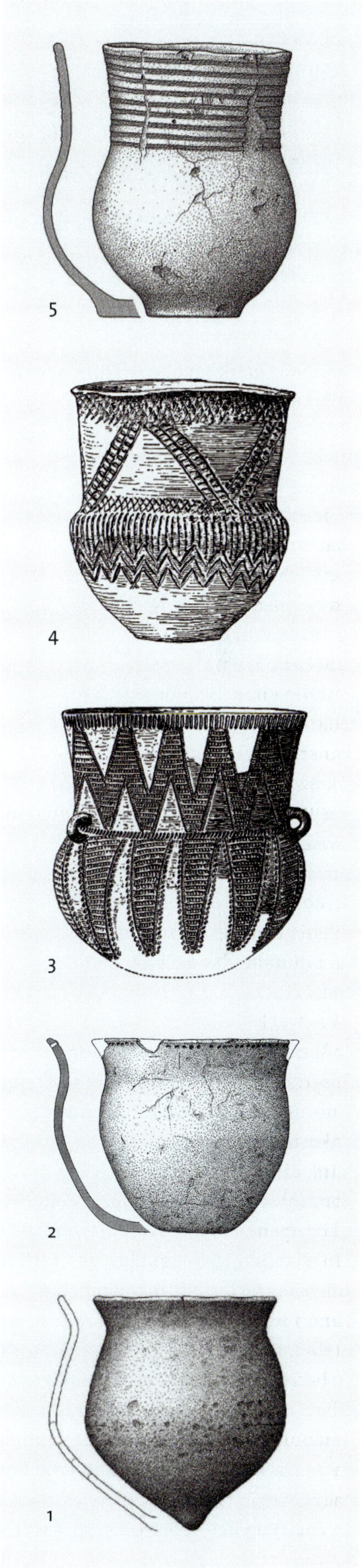

nur die Bedeutung des Hausrindes an, welches ca. 90 % der Haustieranteile in den Siedlungen einnahm, sondern auch die wirtschaftliche Fähigkeit einzelner Personen oder Gruppen, diese Produkte zu opfern. Insgesamt zeichnen sich komplexe Rituale innerhalb und außerhalb der Kammern ab, wie Gefäßdeponierungen am Eingang des Denghoogs auf Sylt verdeutlichen, die wohl nicht zuletzt auch der Vermittlung gesellschaftlicher Normen und Regeln innerhalb der komplexer werdenden Gruppen dienten. Gleichzeitig entstanden Dörfer mit über 100 Einwohnern in Landschaften wie dem Oldenburger Graben, in dem sich Siedlungen, wie auch der Platz Oldenburg LA 77, in direkter Nachbarschaft befanden (s. Beitrag Kap. IV, 160–163). Möglicherweise sind es diese Bevölkerungsagglomerationen sowie neue Impulse durch die Kugelamphoren- und Einzelgrabkultur, die ab ca. 3000 v. Chr. zu einem Ende des Phänomens der Trichterbecherkultur und einem deutlichen Rückgang des Einflusses auf die Landschaft führen.

Mit der Einzelgrabkultur ab ca. 3000 v. Chr., als Teil des schnurkeramischen Phänomens, ist zugleich eine neue Form gesellschaftlicher Organisation und materieller Ausdrucksformen im Jungneolithikum verbunden. Prägend wird die Errichtung von Grabhügeln mit Einzelbestattungen. Im Vordergrund stehen nicht mehr Schmuckbeigaben und aufwendig verzierte Grabgefäße mit Fleischbeigaben, sondern geschliffene Äxte aus Felsgestein sowie Becher, die möglicherweise mit dem Konsum alkoholischer Getränke im Zusammenhang stehen. Im Gegensatz zu den größeren Ansiedlungen der Trichterbecherkultur ist nun ein Muster aus verstreut liegenden Siedlungen, eine Aufsuchung von Mooren oder Feuchtgebieten sowie eine allgemein mobilere Lebensweise festzustellen. Verbunden mit einem Anstieg der Landöffnung sind dies wahrscheinlich Wirtschaftsformen, in denen der Viehtrieb eine stärkere Rolle einnahm.

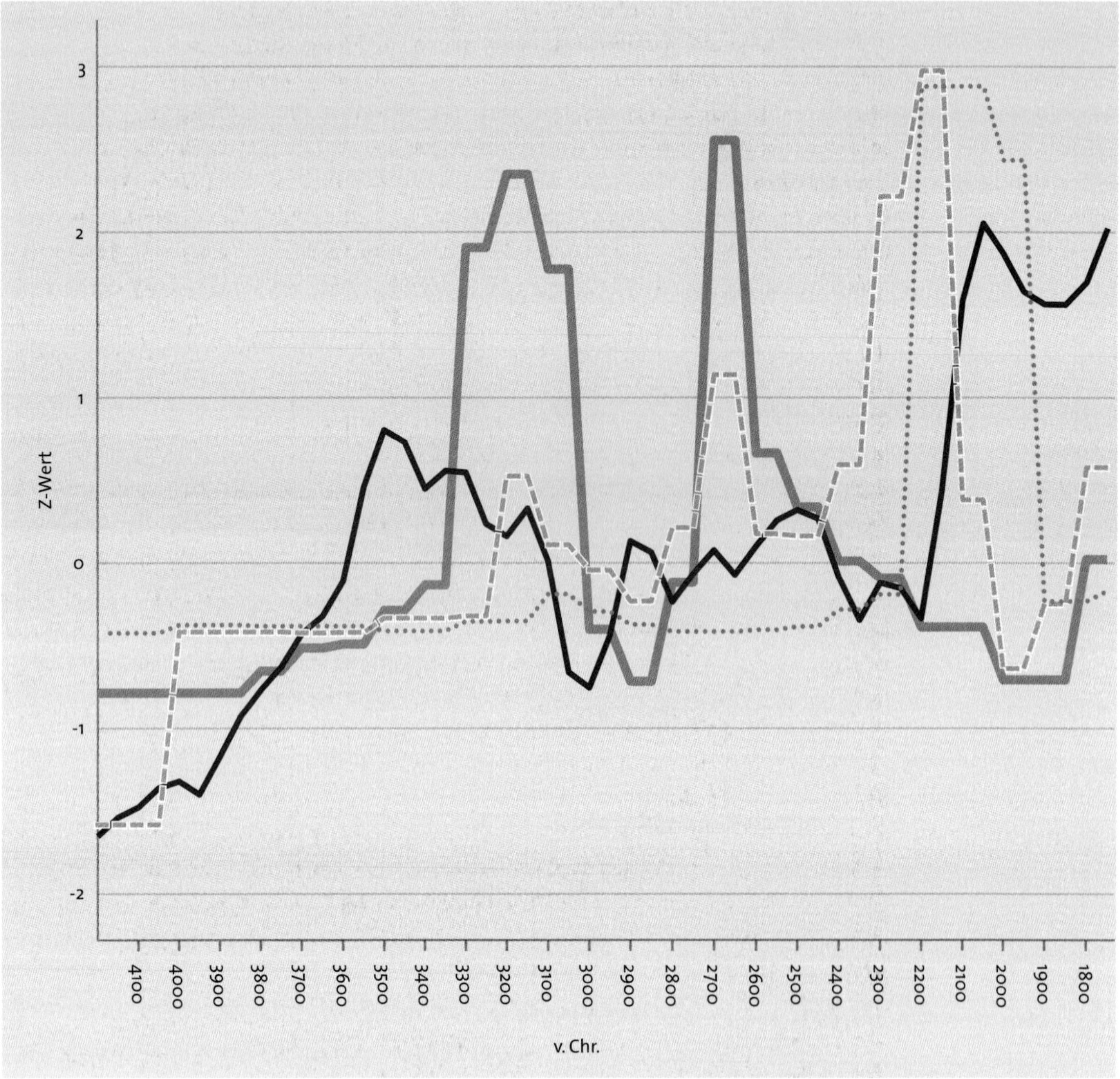

- Monumente in Schleswig-Holstein und Mecklenburg-Vorpommern
- Artefakte in Schleswig-Holstein und Mecklenburg-Vorpommern
- Median der palynologischen Proxies vom Belauer und Woseriner See
- Emmer-Dinkel/frei-dreschende Gerste und ein-/mehrjährige Unkräuter

[3] Durch Proxy-Definierung können ausgewählte Aspekte wie Monumentalität, Anzahl von Artefakten, Subsistenzwirtschaft und palynologische Analysen durch statistische Standardisierungen diachron im Neolithikum Schleswig-Holsteins und Mecklenburg-Vorpommerns miteinander verglichen werden.
TABELLE Jan Piet Brozi, Kiel

Um ca. 2350 v. Chr. beginnt mit dem Spätneolithikum die letzte Phase des Neolithikums und zugleich der Höhepunkt des Flinthandwerks. Das dominierende Artefakt ist nun der Flintdolch, der häufig als Beigabe in Einzelgräbern in Grabhügeln niedergelegt wird. Beigaben von Gefäßen oder Schmuck spielen nun hingegen kaum noch eine Rolle. Neben einer massiven Öffnung der Landschaft verweist auch der explosionsartige Getreideanbau auf eine intensive Form der Subsistenzwirtschaft hin. Eine Beobachtung, die auch im Erscheinen des neuen Gerätetyps, der flächenretuschierten Flintsichel, seinen Ausdruck findet. Das Aufkommen von Kupferartefakten in Form von Flachbeilen oder Spiralen verweist darüber hinaus auf die Teilhabe an Austauschnetzwerken, die zwischen Südskandinavien und Mitteleuropa seit dem Mesolithikum in unterschiedlicher Intensität bestanden, aber nun intensiv betrieben werden. Um ca. 1750 v. Chr. beginnt die Metallurgie, sich in den Gesellschaften nachdrücklich durchzusetzen und das Neolithikum geht in die Ältere Bronzezeit über.

LITERATUR

J. P. Brozio, J. Müller, M. Furholt, W. Kirleis, S. Dreibrodt, I. Feeser, W. Dörfler, M. Weinelt, H. Raese und A.-L. Bock, Monuments and Economies - What Drove their Variability in the Middle Holocene Neolithic? The Holocene 29, 10, 2019, 1–14.

J. P. Brozio, J. Müller, D. Filipović, W. Kirleis, U. Schmölcke und J. Meyer, The Dark Ages in the North? A transformative phase at 3000 – 2750 BCE in the western Baltic: Brodersby-Schönhagen and the Store Valby phenomenon. Journal of Neolithic Archaeology 21, 2019, 103–146.

A. Glykou, Neustadt LA 156 – ein submariner Fundplatz des späten Mesolithikums und des frühesten Neolithikums in Schleswig-Holstein. Untersuchungen und Materialien zur Steinzeit in Schleswig-Holstein und im Ostseeraum 7 (Kiel/Hamburg 2016).

S. Hartz, Frühbäuerliche Küstenbesiedlung im westlichen Teil der Oldenburger Grabenniederung (Wangels LA 505): ein Vorbericht. Offa 54/55, 1997/98 (1999), 19–41.

J. Müller, Großsteingräber, Grabenwerke, Langhügel. Frühe Monumentalbauten Mitteleuropas. Archäologie in Deutschland, Sonderheft 11 (Darmstadt 2017).

J. Müller, Boom and bust, hierarchy and balance: From landscape to social meaning – Megaliths and societies in Northern Central Europe. In: J. Müller, M. Hinz und M. Wunderlich (Hrsg.), Megaliths – Societies – Landscapes. Early monumentality and social differentiation in Neolithic Europe. Megaliths – societies – landscapes. Frühe Monumentalität und soziale Differenzierung 18 (Bonn 2019) 29–74.

S. Schultrich, Das Jungneolithikum in Schleswig-Holstein. Scales of Transformation 1 (Leiden 2018).

AUTOR*INNEN
Jutta Kneisel
Mechtild Freudenberg
Dietrich Meier

BEDEUTENDE GRABUNGSORTE
Hüsby LA 23
Brekendorf LA 40
Todesfelde LA 33
Bornhöved LA 117

MERKMALE
Intensivierung von Netzwerken, Hierarchisierung der Gesellschaft, Bestattungswandel

4100 v. Chr. | 1700 | 600 | 1 | 2020

Neolithikum | Bronzezeit | Vorrömische Eisenzeit

Schleswig-Holstein in der Bronzezeit

Schleswig-Holstein gehört zur südlichen Randzone des Nordischen Kreises. Die noch heute in der Landschaft sichtbaren großen Hügelgräber mit reichen Beigaben und die Hortfunde prägen das Bild der Bronzezeit. Siedlungsspuren sind dagegen selten überliefert.

Chronologie
Die Bronzezeit Schleswig-Holsteins lässt sich in zwei Abschnitte gliedern: die Ältere und die Jüngere Bronzezeit. Schleswig-Holstein folgt weitgehend dem Periodensystem O. Montelius, das nach wie vor Gültigkeit besitzt. Die Ältere Bronzezeit umfasst dabei die Perioden Ib bis III, die jüngere Periode IV bis VI. Die Per. Ia wird noch als Übergangszeit zwischen dem Spätneolithikum und der Bronzezeit verstanden und endet spätestens 1750/1700 v. Chr. Dagegen setzt die eigentliche Bronzezeit erst ab der Per. II ab 1500 v. Chr. ein und geht mit einem deutlichen Fundanstieg in den Gräbern und Horten einher. Der Übergang zur Jüngeren Bronzezeit ist ein langsamer und steter Wandel, der in der Per. III einsetzt und sich durch einen Wechsel der Bestattungssitte und Rückgang der Hortfunde abzeichnet. Die Jüngere Bronzezeit beginnt spätestens um 1100 v. Chr. und endet gegen 550 v. Chr.

Gräber der Älteren Bronzezeit
Mit der Einzelgrabkultur begann am Ende des Neolithikums die Entwicklung von den Kollektivgräbern hin zu Individualgräbern. In der Älteren Bronzezeit in Schleswig-Holstein deuten die Gräber auf hierarchische Strukturen innerhalb der Gesellschaft. Im Totenritual vereinigen sich religiöse Pflichten mit gesellschaftlicher Repräsentation. Die Hügel werden wiederholt für Nachbestattungen genutzt und vergrößert, Steinsetzungen um den Hügelfuß und gelegentlich Pfostenkränze sowie andere Holzkonstruktionen kennzeichnen sie als Bestattungsplätze. Die bis zu 9 m hohen und bis zu 30 m durchmessenden Grabhügel dominieren die Landschaft und zeugen mit ihren Gräbern von Macht und Bedeutung der Verstorbenen und ihrer Nachkommen (siehe Beitrag in diesem Band). Im Südwesten des Landes bildet sich bereits um 1600 v. Chr. in der Per. I eine eigenständige Gruppe heraus (Sögel-Wohlde Kreis), bestimmt durch kennzeichnende Grabbeigaben wie frühe Schwertformen mit Kontakten zum westlichen Nordeuropa. Statussymbole in den älterbronzezeitlichen Männergräbern sind Waffen, vor allem Schwerter, aber auch goldener Schmuck, Sakralgerät oder Klappschemel kommen in einzelnen Gräbern vor. Zu den kennzeichnenden Beigaben und Prestigeobjekten der Frauen gehören Schmuck wie Halskragen, Gürtelscheiben und Glasperlen, gelegentlich auch Dolche. Dominieren in der Per. II noch Körpergräber das Totenritual, werden in der Per. III die Toten immer häufiger verbrannt. Ganz offenbar unterlag die Vorstellung vom Übergang von der Welt der Lebenden in die Welt der Toten vom 14. Jh. v. Chr. an einer grundlegenden Veränderung. Dennoch bleibt die Baumsargbestattung bis zum Ende der Per. III bestehen.

Holzschwerter mit Feuersteinklingen ahmen die Bronzeschwerter aus dem karpatenländischen Raum nach. Neben einzelnen Klingen blieb in Åtte, Sonderjylland, ein vollständiger Klingensatz eines solchen Schwertes erhalten. Dolchklingen aus Feuerstein belegen als Imitationen von Vollgriffdolchen den Einfluss der Aunjetitzer Kultur. Die fremden Objekte sind Statussymbole der hierarchisch gegliederten Gesellschaften im Süden, die sich offenbar in dieser Zeit auch im Norden entwickeln. In der Älteren Bronzezeit gelangen auch vereinzelt Importschwerter in den Norden und folgen ihren Besitzern in das Grab (Rastorf, Kr. Plön; Fahrenkrug, Kr. Segeberg). Offensichtlich existieren Fernbeziehungen, die über einen umfangreichen Fernhandel mit Rohstoffen wie Kupfer, Zinn und Gold hinausgehen. Im Gegenzug gelangt Bernstein in den Süden. Das importierte Gut besteht nicht nur aus Material, sondern auch aus Ideen zu Gesellschaftsstrukturen, Selbstdarstellung und dem Konzept von Religion.

Mit dem Beginn der Bronzezeit nimmt im Norden der Bronzeguss einen großen Aufschwung. Das Wachsausschmelzverfahren erlaubte hochkomplexe Gussformen. Offenbar fand eine Spezialisierung im Metallbereich statt, die exzellente Handwerker hervorbrachte. Die Tasse von Löptin, Kr. Plön, kann als Beispiel für ein Produkt eines herausragenden Spezialisten gelten. Entsprechende Stücke, im Gussverfahren hergestellt, entstanden nur im Norden, im Süden wurden Gefäße aus Blechen getrieben.

Gräber der Jüngeren Bronzezeit

Mit Beginn der Jüngeren Bronzezeit endet die Sitte der Baumsargbestattungen und großen Hügelgräber. Die Beisetzung Verstorbener erfolgt nun in Brandschüttungsgruben und Urnen an und um die Hügel der Älteren Bronzezeit. Die Grabhügel werden jedoch nicht völlig aufgegeben. In der Per. V finden sich besonders in den Landesteilen Dithmarschen und südlich des Nord-Ostsee-Kanals weiterhin kleinere Hügel über einzelnen Urnenbestattungen. Die Bestattungsgemeinschaften bleiben weiterhin klein und lokal und entsprechen den Siedlungsgrößen. Mit dem Ende der Bronzezeit entstehen am Südrand des Nordischen Kreises die großen Urnenfriedhöfe, die in der Eisenzeit weiterhin belegt werden. Insgesamt steigt die Zahl der Bestatteten, während die Beigabenanzahl und die Artefaktgrößen abnehmen. Es bildet sich ein Beigabenmuster heraus: Rasiermesser und Pinzetten werden der männlichen Sphäre zugerechnet, Armringe und Knochenschmuck gehören zur weiblichen Ausstattung. Unterschiedliche Nadelformen kommen in Gräbern beider Geschlechter vor. Erste Eisenfunde treten vom Ende der Per. V an in den Inventaren auf. Zu Beginn der Per. VI wandelt sich die Beigabenausstattung und Formen aus dem südlichen Hallstattraum dominieren.

Ausgehend von Nordjütland, breitet sich in der Per. IV im Ostseeraum eine spezielle Grabsitte heraus, bei der einzelne Urnen mit Gesichtern verziert werden oder Türöffnungen aufweisen.

Der soziale Umbruch an der Wende zur Jüngeren Bronzezeit führt zu einer egalitäreren Beigabensitte und einer Nivellierung der Gesellschaft.

[1] LINKS Dörphof, Kr. Rendsburg-Eckernförde, Fischschwanzdolch aus Feuerstein, Einzelfund Sammlung Marxsen (Spätneolithikum – Periode I). FOTOGRAFIE © Landesmuseen Schleswig-Holstein, Schloss Gottorf

[2] OBEN Löptin, Kr. Plön, Schale aus dem Grabhügel 1, Grab J. FOTOGRAFIE Sara Jagiolla, Kiel

Hortfunde

Deponierungen der Bronzezeit sind vor allem aus der Per. II und der Per. V geläufig, während die Anzahl der Horte in den anderen Perioden sehr viel geringer ausfällt. Typisch für die Per. II sind Waffen- und Gerätehorte mit Beilen, Lanzen, Schwertern und Sicheln, mehrheitlich aus Feuchtgebieten. In der Jüngeren Bronzezeit liegen in Einstückhorten zumeist einzelne Beile oder Schwerter, bei den Mehrstückhorten sind es verschiedene Fundgruppen wie Schmuck, Geräte, Waffen und Kultgegenstände in unterschiedlicher Kombination. Es lässt sich ein Wechsel von den eher waffen- und gerätdominierten Horten der Per. IV bzw. dem Übergang zur Per. IV-V zu Schmuckdeponierungen der Per. V und VI feststellen, wobei die Halsringe in der letzten Periode überwiegen. Fast ausschließlich aus Hortkontexten stammen die reich verzierten Hängebecken. Während die Einstückhorte meist in feuchtem Milieu niedergelegt wurden, überwiegt bei den Mehrstückhorten in der Jüngeren Bronzezeit das trockene Milieu. Ebenfalls aus der Jüngeren Bronzezeit stammen zahlreiche Importe wie die Bronzebecken von Norderstapel, Kr. Schleswig-Flensburg (s. Beitrag Kap. III, 98–99). Der Fundort war an einer markanten Stelle am Übergang zweier Geestrücken niedergelegt, offensichtlich an einem Handelsweg, der die Westküste entlang verlief. Herausragend ist auch das bronzene Zierband von Kronshagen, Kr. Rendsburg-Eckernförde, das mit seinen Verzierungen in den sakralen Bereich weist. Vergleichbare Stücke kommen in Mecklenburg vor.

Siedlungen

Zu Beginn der Bronzezeit sind die Siedlungsplätze fest in die von den Niederlanden bis nach Südskandinavien reichende nordwesteuropäische Hausbautradition eingebunden. Bereits während der Per. I lässt sich eine Abkehr von der zweischiffigen Bauweise hin zu dreischiffigen Konstruktionen beobachten, gekennzeichnet vor allem in der Per. III durch eine Zunahme der Hausinnenfläche. Damit verbunden war mehr Platz für Wohnraum und die Möglichkeit, Vieh aufzustallen, größere Vorräte anzulegen sowie Tierfutter im Obergeschoss zu lagern. Lineare Wandverläufe und halbkreisförmige Abschlüsse bestimmen die typische Hausform der Älteren Bronzezeit. Bekannt sind streng schematisch konstruierte Pfostenbauten und solche mit Wandgräbchen, die als Stabbauten errichtet wurden (z. B. Brekendorf, Kr. Rendsburg-Eckernförde). Es zeichnen sich zumindest für die Südzone der nordeuropäischen Bronzezeitkultur zwei Bebauungsmuster ab. In der Älteren Bronzezeit kommen vor allem Einzelhöfe mit wiederholt erneuerten Häusern vor. Andere Siedlungen weisen verstreut und in unterschiedlichen Abständen zueinander befindliche Häuser auf, evtl. eine Abfolge von Einzelhöfen oder gelegentlich auch zwei Wirtschaftseinheiten am selben Platz. Es fehlen bisher Erkenntnisse zu Neben- oder Wirtschaftsgebäuden. Bekannt sind lediglich unspezifische Gruben und gelegentlich kommen Vierpfostenspeicher vor. Spärliches Fundgut rundet das schüttere Bild älterbronzezeitlicher Siedlungen ab.

Größere Siedlungsplätze, denen mehrere zeitgleiche Höfe über einen längeren Zeitraum am selben Platz angehörten, wurden bisher nicht entdeckt.

Die wenigen erfassten Siedlungsplätze, die Baustrukturen der Jüngeren Bronzezeit erbrachten, lassen eine Fortführung der Tradition des Hausbaus der Älteren Bronzezeit während der Per. IV und V erkennen. Belege für die Existenz weilerartiger oder gar dörflicher Strukturen sind nicht bekannt. Jedoch zeigen sich einige Besonderheiten. Hierzu zählen Agglomerationen zahlreicher Gruben im Nahbereich von Siedlungsplätzen (z. B. Borgdorf-Seedorf, Kr. Rendsburg-Eckernförde). Ferner sind Kochsteingruben in unterschiedlichen Anordnungen und hoher Zahl zu beobachten. Ihre Deutung als profane oder ausschließlich rituelle Nutzung wird in der Fachliteratur kritisch diskutiert. Gegenüber der Älteren Bronzezeit ist in den Siedlungen der Jüngeren Bronzezeit ein deutlich höheres und vielfältigeres Fundaufkommen festzustellen. Dies gilt auch für die Endphase der Jüngeren Bronzezeit, der Per. VI, in der bereits Anfänge der Vorrömischen Eisenzeit erkennbar werden. Siedlungsareale sind nun klarer in Wohn-, Arbeits- und Speicherbereiche untergliedert.

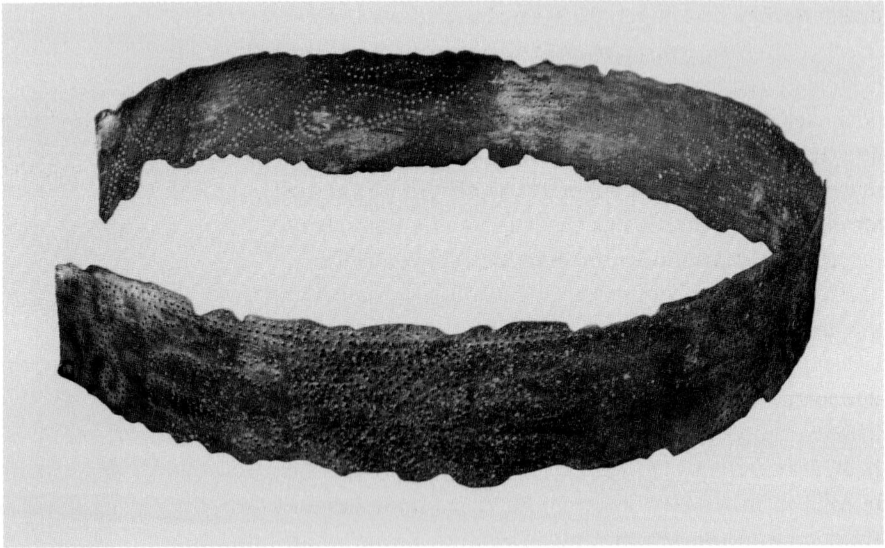

[3] Kronshagen, Kr. Rendsburg-Eckernförde, Zierband aus dem Hortfund Per. V.
FOTOGRAFIE Sara Jagiolla, Kiel

Kosmologie

Erste Hinweise auf eine Kosmologie treten in den Sonnensymbolen der Älteren Bronzezeit auf, die sich auf den Sonnenscheiben und Goldgefäßen, aber auch im sog. Sonnenwagen von Trundholm in Dänemark spiegeln. Die als abstrakte Sonnendarstellungen gedeuteten Radsymbole kommen auf Schmuckstücken, aber auch im inneren Aufbau von Grabhügeln vor und belegen ihre Bedeutung in rituellen Kontexten. Nicht nur für den Transport von Gütern, sondern auch in der Mythologie sind Schiffe von großer Bedeutung und auf zahlreichen Bronzeobjekten zu finden. Figürliche Abbildungen auf Metallfunden der Jüngeren Bronzezeit entsprechen dem skandinavischen Repertoire der Felsbilder sowie Stein- und Keramikritzungen. Besonders die Darstellungen auf den Rasiermessern lassen auf eine komplexe Kosmologie schließen: Verschiedene, teils tierische Wesen und Transportmittel wie Schiffe leiten die Sonne auf ihrem Weg durch Tag und Nacht.

Landwirtschaft – Umwelt

Im Norden ist Ackerbau seit dem Neolithikum nachgewiesen. Zahlreiche Pflugspuren unter bronzezeitlichen Hügel zeugen von intensiver Landnutzung zu dieser Zeit. Pollenanalysen zeigen eine zunehmende Öffnung der Landschaft seit dem Neolithikum und eine Intensivierung der Weidewirtschaft ab 1300 v. Chr. auf. Die dominierenden Getreidearten sind Gerste und Emmer. Wildkräuter in Sammelfunden mit Getreide belegen die Ernte der Ähren ohne den Halm. Der Anbau von Dinkel findet bereits im frühen Abschnitt der Bronzezeit im Norden statt, während die Rispenhirse erst mit dem Übergang von Per. II zu III in Schleswig-Holstein aufkommt. Allererste Anzeichen deuten auf die Wintersaat von Getreide hin, die dominierende Anbaustrategie bleibt jedoch weiterhin dem Sommerfeldbau vorbehalten. Neben den Getreiden sind Ölfrüchte wie Lein und Hülsenfrüchte wie Erbse und Linse vertreten. In der Jüngeren Bronzezeit ist generell eine zunehmende Diversität der Anbaupflanzen zu beobachten. Als Sammelfrüchte spielen Wildäpfel und in der Älteren Bronzezeit insbesondere auch Eicheln eine bedeutende Rolle.

Reichtumszentren und Fernkontakte

In der Bronzezeit bilden sich Fernkontakte quer durch Europa heraus und der Norden intensiviert seine Beziehungen in den Süden. Bereits in der Älteren Bronzezeit sticht die Westküste Schleswig-Holsteins durch Gräber mit besonders reichen Beigaben wie Gold hervor. Auch im Osten Holsteins kumulieren herausragende Beigaben wie Goldschalen oder Importwaffen. Seltene bronzezeitliche Langhügel wie der vom Lockstedter Lager weisen auf Kontakte nach Nordjütland hin. In der Per. V entsteht an der Westküste in Dithmarschen erneut ein Reichtumszentrum. Die Hügelgrabsitte wird in kleinerer Form wieder aufgenommen, auch Gold, Bernstein und Gesichtsurnen konzentrieren sich dort. Der Großgrabhügel von Albersdorf, Kr. Dithmarschen, mit seinen reichen Beigaben steht in einer Tradition mit vergleichbaren Fundstellen auf Fünen und in Brandenburg.

LITERATUR

E. Aner, K. Kersten und K.-H. Willroth, Die Funde der älteren Bronzezeit des nordischen Kreises in Dänemark, Schleswig-Holstein und Niedersachsen. Band 4-7; 9; 17–21 (Neumünster 1979–2017).

A. Endrigkeit, Bronzezeitliche Depotfunde in Schleswig-Holstein. Eine kulturhistorische Studie. Universitätsforsch. Prähist. Arch. 178 (Bonn 2010).

M. Freudenberg, Grab und Kultanlage der älteren Bronzezeit von Hüsby, Kreis Schleswig-Flensburg – rituelle Landschaft oder eine Demonstration der Macht am Verbindungsweg zwischen Jütischer Halbinsel und Norddeutschland? In: D. Bérenger, J. Bourgeois, M. Talon und S. Wirth (Hrsg.), Gräberlandschaften der Bronzezeit. Internationales Kolloquium zur Bronzezeit. 15.–18. Okt. 2008 in Herne. Bodenaltertümer Westfalens (Darmstadt 2012) 619–639.

M. Freudenberg, Eliten in der Provinz. Überlegungen zu einigen reich ausgestatteten Gräbern der älteren Bronzezeit in Schleswig-Holstein. In: T. Kienlin und A. Zimmermann (Hrsg.), Beyond Elites. Alternatives to Hierarchical Systems in Modelling Social Formations. International Conference at the Ruhr-Universität Bochum, Germany, October 22–24, 2009. Universitätsforsch. prähist. Arch. 215 (Bonn 2012) 403–411.

M. Kähler Holst und M. Rasmussen, Skelhøj and the Bronze Age Barrows of Southern Scandinavia: Vol. I. The Bronze Age barrow tradition and the excavation of Skelhøj. Jysk Arkæologisk Selskabs Skrifter (Højbjerg 2013).

J. Kneisel, Face-urns in different social context. Patriarchate against Equality? In: S. Boddum, M. Mikkelsen und N. Terkildsen (Hrsg.), Status og samfundsstruktur i yngre bronzealders kulturlandskab. Arkæologisk seminar 2.–3. marts Viborg7 (Viborg 2018) 183–200.

J. Kneisel, W. Dörfler, S. Dreibrodt, S. Schaefer-Di Maida und I. Feeser, Cultural change and population dynamics during the Bronze Age: Integrating archaeological and palaeoenvironmental evidence for Schleswig-Holstein, Northern Germany. In: K. Fuchs, W. Kirleis und J. Müller (Hrsg.), Scales of Transformation – Human-Environmental Interaction in Prehistoric and Archaic Societies. Holocene 2019) 1607–**1621**.

D. Meier, Eine Siedlung der älteren Bronzezeit in Schleswig-Holstein. In: K.-H. Willroth (Hrsg.), Siedlungen der älteren Bronzezeit. Beiträge zur Siedlungsarchäologie und Paläoökologie des zweiten vorchristlichen Jahrtausends in Südskandinavien, Norddeutschland und den Niederlanden. Workshop vom 7. bis 9. April 2011 in Sankelmark. Studien zur nordeuropäischen Bronzezeit 1 (Neumünster 2013) 91–118.

M. Menke, Die jüngere Bronzezeit in Holstein Offa-Bücher 25 (Neumünster 1972).

M. Pahlow, Gold in der Bronzezeit in Schleswig-Holstein. Universitätsforsch. Prähist. Arch. 137 (Bonn 2006).

J.-P. Schmidt, Studien zur jüngeren Bronzezeit in Schleswig-Holstein und dem nordelbischen Hamburg. Universitätsforsch. prähist. Arch. 15 (Bonn 1993).

U. Steffgen, Die Gräber der frühen und älteren Bronzezeit in Schleswig-Holstein und Dänemark. Studien zu Grabbau und Grabeinrichtung. Offa 54/55, 1997/98, 97–219.

K. W. Struve, H. Hingst und H. Jankuhn, Von der Bronzezeit bis zur Völkerwanderungszeit. Geschichte Schleswig-Holsteins 2 (Neumünster 1979).

K.-H. Willroth, Untersuchungen zur Besiedlungsgeschichte der Landschaften Angeln und Schwansen von der älteren Bronzezeit bis zum frühen Mittelalter: eine Studie zur Chronologie, Chorologie und Siedlungskunde. Offa-Bücher 72 (Neumünster 1992).

AUTOR
Ingo Lütjens

BEDEUTENDE GRABUNGSORTE
Archsum (-Melenknop) LA 65
Schwissel LA 1
Groß Timmendorf LA 17

MERKMALE
Urnengräber, Steinsetzungen, Celtic Fields, kaum Hausgrundrisse, viele Gruben

1700 v. Chr.	600	1	700	1100	1500	2020
Bronzezeit	**Vorrömische Eisenzeit**	Römische Kaiserzeit/Völkerwanderungszeit	Frühmittelalter	Mittelalter	Neuzeit	

Zur Vorrömischen Eisenzeit in Schleswig-Holstein

Schleswig-Holstein zählte während der Vorrömischen Eisenzeit (ca. 600 v. Chr. – 0) zum Kerngebiet der sog. »Jastorfkultur«. Diese in erster Linie aufgrund der Verwendung ähnlich geformter Keramikgefäße und Metallgegenstände und der gemeinsamen Sitte der Brandbestattung bestimmte archäologische Kulturgruppe war in großen Teilen des nördlichen Mitteleuropas und in Südskandinavien verbreitet. Fundplätze dieser Zeitstellung sind mit einer Ausnahme aus allen Großlandschaften Schleswig-Holsteins bekannt. Neben den verhältnismäßig häufigen Bestattungsplätzen und Siedlungen liegen darüber hinaus auch Hinweise auf mögliche Kultplätze in Form von Deponierungen in Gewässern und/oder Mooren vor (z. B. Süderbrarup, Kr. Schleswig-Flensburg, »Thorsberger Moor«, und Braak, Kr. Ostholstein, »Holzfiguren von Braak«) [s. a. Beitrag Thorsberger Moor, Kap.IV, 181–183]. Allein die Marschen wurden nach derzeitigem Forschungsstand erst in der folgenden Römischen Kaiserzeit besiedelt.

Klima, Landschaft und Wirtschaft

Klimageschichtlich gehört die Vorrömische Eisenzeit in die Anfangsphase des bis heute andauernden Subatlantikums, das bereits in der ausgehenden Bronzezeit etwa um 700 v. Chr. begann; mit ihm kühlte das Klima ab. Die wichtigste wirtschaftliche Grundlage bildeten Ackerbau und Viehzucht. Handwerk und Handel spielten sicherlich auch eine bedeutende Rolle, sind aber nur schwer zu fassen. Strittig ist der Beginn einer eigenen vorrömischen Eisenproduktion, da für diese Zeit bislang konkrete Belege von Verhüttungsanlagen fehlen. Überregional lässt sich gegen Ende der Bronzezeit bzw. zu Beginn der Eisenzeit (etwa 7.–5. Jh. v. Chr.) eine starke Auflichtung der Landschaft feststellen. Die Ursache hierfür wird in einem deutlichen wirtschaftlichen Umbruch vermutet, welcher zu einer erheblichen Ausdehnung der Siedlungs- und Wirtschaftsflächen führte. Ein Zusammenhang mit einer verstärkten Ausbreitung der sog. »celtic fields« liegt nahe. Auf den leichten sandigen Böden Norddeutschlands ist zeitgleich mit der Landschaftsöffnung zu Beginn der Vorrömischen Eisenzeit auch eine Ausbreitung der Heideflächen zu beobachten. Der Höhepunkt dieser Verheidungsphase lag jedoch am Beginn der Römischen Kaiserzeit. Heideflächen entstehen durch die Übernutzung leichter Böden durch Beweidung, Ackerbau und Plaggenabtrag. Insofern ist die Verheidung als Folge der intensiven landwirtschaftlichen Nutzung während der Vorrömischen Eisenzeit aufzufassen. In dieser Zeit wurden sowohl Nackt- als auch Spelzgerste als Hauptgetreide angebaut. Eine geringere Rolle spielten Rispenhirse und Saathafer. Verschiedene Weizenarten wie Emmer, Dinkel und Saatweizen kamen nur noch selten vor. An Ölpflanzen sind Lein und Leindotter stetig nachzuweisen, dazu kamen Pferdebohnen, Erbsen und Linsen.

Als Überbleibsel des vorrömisch eisenzeitlichen Ackerbaus gilt nach aktuellem Forschungsstand ein Großteil der vor allem in Altwäldern erhaltenen »celtic fields«, wabenartig miteinander verbundene, bis über 15 m breite Wälle mit Längen zwischen zumeist 10 und 50 m. Die heute noch in günstigen Fällen bis zu einer Höhe von knapp einem Meter erhaltenen Wälle setzen sich aus Humus und Mineralboden zusammen. Die oben erwähnte große Landschaftsöffnung am Übergang von der Jüngeren Bronze- zur Vorrömischen Eisenzeit könnte auf den erheblichen Platzbedarf für das teils weit über 100 ha umfassende wabenartige System zurückzuführen sein. Entsprechende »Flursysteme« sind bereits seit Langem grundsätzlich bekannt und hauptsächlich in Westeuropa und dem nördlichen Mitteleuropa sowie Südskandinavien verbreitet. Erst die mittlerweile seit über zehn Jahren zur Verfügung stehenden Laserscandaten mit den daraus zu berechnenden Höhenmodellen lassen jetzt auch diese heute häufig nur noch sehr schwach erhaltenen Objekte umfassender erkennen. Eine erste systematische Aufnahme dieser Strukturen in Schleswig-Holstein unternahm Volker Arnold. Auf Grundlage dieser Erfassung kommen entsprechende Strukturen, abgesehen von der Marsch, in allen Landschaften Schleswig-Holsteins vor. Es handelt sich um »die bei weitem flächengrößten urgeschichtlichen Bodendenkmale« unserer Region. Die ältesten »celtic fields« stammen spätestens aus der Jüngeren Bronzezeit, möglicherweise auch schon aus der Älteren Bronzezeit. Deren Nutzung endete überwiegend während der ausgehenden Vorrömischen Eisenzeit, reichte zuweilen aber auch noch bis in die Römische Kaiserzeit. Über den Einsatz der teilweise mehrere Meter breiten Wälle herrschen unterschiedliche Ansichten vor. Aufgrund hoher Phosphatwerte beprobter Wälle in Nordwestniedersachsen wird dort davon ausgegangen, dass sie das eigentliche Ackerland darstellten und nicht als Parzellengrenzen aufzufassen sind. Ist diese Meinung bei den breiten Exemplaren nachvollziehbar, fällt dies bei schmalen Beispielen sehr viel schwerer. Nach modellhaften Experimenten Arnolds können die randlichen Wälle auch bei beständig bestehender Parzellierung, die dann auch verbindlich gekennzeichnet sein musste, durch die kreuzweise Nutzung eines Hakenpfluges entstehen. Die erhöhten Phosphatwerte im Bereich der Wälle ließen sich auch durch konzentrierte Ablagerungen organischer Materialien am Ackerrand (z. B. störende Wurzelreste, Gehölzschnitt oder größere zusammenhängende Klumpen aus Dung, die mit dem Pflug an den Randbereich gelangten) erklären. Gedüngt werden mussten diese Ackerflächen auf jeden Fall, da ansonsten eine längere Nutzung nicht denkbar wäre. Arnold nimmt für einen von ihm untersuchten Wall in Dithmarschen eine etwa 600-jährige Nutzungsdauer an. Zur Düngung könnten sowohl Plaggen als auch der in den Ställen der Wohnstallhäuser angefallene Mist gedient haben.

Gräber

In Schleswig-Holstein wurden die Verstorbenen während der Vorrömischen Eisenzeit ausschließlich verbrannt und die Überreste – der Leichenbrand – zumeist in einem Grabgefäß niedergelegt. Bestattungsplätze der Vorrömischen Eisenzeit waren und sind in Schleswig-Holstein relativ häufig Gegenstand archäologischer Untersuchungen. Einige von ihnen konnten weitgehend vollständig ausgegraben werden. Vor allem dank des Einsatzes H. Hingsts liegen zahlreiche Gräberfelder innerhalb der

[1] Darstellung der Celtic Fields im Ausselbeker Gehege bei Ülsby, Kr. Schleswig-Flensburg, auf der Grundlage modellierter Laserscandaten. GRAFIK Volker Arnold, Albersdorf

200 m

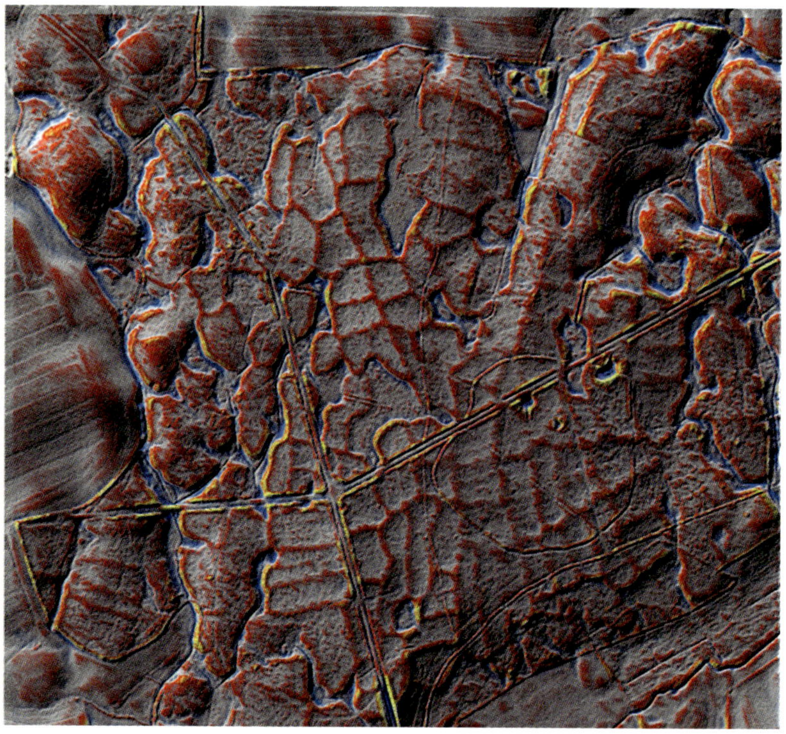

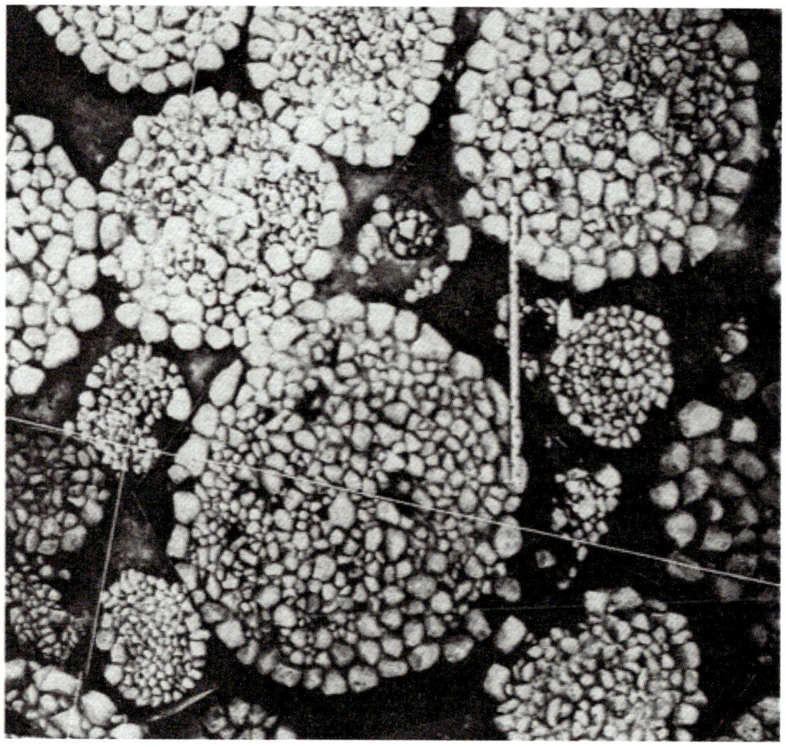

[2] Groß Timmendorf, Kr. Ostholstein. Ausschnitt aus den Steinpflastergräbern. Aus: H. Hingst, Urnenfriedhöfe der vorrömischen Eisenzeit aus Südholstein. Offa-Bücher 67 (Neumünster 1989).

Sonderreihe der Offa-Bücher »Urnenfriedhöfe aus Schleswig-Holstein« veröffentlicht vor. Am bekanntesten sind die beiden sehr großen Gräberfelder von Schwissel, Kr. Segeberg, mit über 2800 Bestattungen und Groß Timmendorf, Kr. Ostholstein, mit über 1000 Bestattungen. Neben diesen Plätzen gibt es mehrere mittelgroße mit 500–1000 und zahlreiche kleine mit deutlich unter 100 nachgewiesenen Bestattungen. Die zuweilen erhebliche Gräberanzahl relativiert sich durch die Berücksichtigung der zeitlichen Belegung der jeweiligen Bestattungsplätze. So sind die über 2800 Bestattungen der Vorrömischen Eisenzeit in Schwissel relativ gleichmäßig auf mindestens vier Jahrhunderte (ca. 500–100 v. Chr.) verteilt. Es ist hier immerhin an etwa 200 gleichzeitig lebende Individuen sowohl in der älteren als auch der jüngeren Vorrömischen Eisenzeit zu denken (in Groß Timmendorf etwa 70–100). Nach dem aktuellen Kenntnisstand über das Siedlungswesen wird davon ausgegangen, dass sich die Bestattungsgemeinschaften dieser sehr großen Gräberfelder aus mehreren Siedlungen zusammensetzten. Bislang ungeklärt ist die zeitgleiche Existenz mehrerer kleinerer Bestattungsplätze in der Nachbarschaft. Die kleineren Gräberfelder bestanden in der Regel über einen vergleichsweise kurzen Zeitraum von etwa 50–200 Jahren. Dies gilt allerdings auch für einzelne größere Gräberfelder.

Das Grabwesen während der Vorrömischen Eisenzeit zeigt sich insgesamt sehr verschiedenartig mit bisweilen regional unterschiedlichen Schwerpunkten. An Grabformen sind neben den bei Weitem am häufigsten vorkommenden Flachgräbern vor allem im älteren Abschnitt Nachbestattungen in älteren Grabhügeln sowie Erstbestattungen unter kleineren Grabhügeln von nur wenigen Metern Durchmesser bekannt. Oberhalb der einzelnen Gräber wurden hauptsächlich im Osten und Süden des Landes unterschiedliche Grabmarkierungen angelegt: Steinsetzungen, -pflaster, -ringe, -kreise und selten Gräben in etwa kreisrunden, zuweilen aber auch eckigen Formen. Beim überwiegenden Teil der Gräber sind heutzutage aufgrund tiefgreifender Störungen jedoch keine Markierungen mehr nachzuweisen. In diesen Fällen muss offenbleiben, ob dort jemals eine entsprechende Steinkennzeichnung vorhanden war oder nicht. Allerdings war eine solche auf der Oberfläche nicht zwingend notwendig. Dies zeigen zahlreiche Gräber ohne Steinkonstruktion in unmittelbarer Nähe zu Gräbern mit Steinmarkierung. In diesen Fällen müsste aufgrund der Nähe und gleicher Tiefe eine solche ebenfalls erhalten geblieben sein. Aufgrund häufig zu beobachtender enger Belegung der Gräberfelder ist bei fehlenden Überschneidungen eine oberflächliche Kennzeichnung auch für diese Gräber stark anzunehmen bzw. vorauszusetzen. Möglicherweise bestand sie auch aus leicht vergänglichem Material (Holzpflock, Hecke, Busch etc.). Eine Besonderheit für ganz Norddeutschland stellt der oberflächennahe Erhalt größerer Gräberfelder mit Steinstrukturen in mehreren Wäldern im östlichen Landesteil Holsteins dar. Vor allem im älteren Abschnitt der Vorrömischen Eisenzeit umgab die Keramikurne in der Grabgrube seitlich eine geschlossene oder lockere Steinpackung. Sie stand häufig auf einem oder mehreren Bodensteinen und ein Deckstein schloss sie nach oben ab. Bisweilen diente auch eine keramische Abdeckung direkt auf der Urne (Schale, größeres Gefäßteil) demselben Zweck. In den meisten Fällen fand während der

[3] Büchen, Kr. Herzogtum Lauenburg. Holsteiner Gürtel aus einem Grab.

Vorrömischen Eisenzeit eine kontinuierliche Abnahme der Verwendung von Steinen im Grabbau statt, sodass Pflasterungen und Steinpackungen in der ausgehenden Phase nur noch Ausnahmen darstellten.

Typisch für die Gräber vor allem der älteren Vorrömischen Eisenzeit ist ihre Beigabenarmut. Die meisten enthalten nur den Leichenbrand der Verstorbenen. Abgesehen von einzelnen Nadeln und Gürtelteilen aus Bronze (selten Eisen), finden sich aus dieser Zeit nur sehr wenige weitere Gegenstände (z. B. Ösenringe, Spiralschmuck, Plattenfibeln). Während der jüngeren Vorrömischen Eisenzeit traten häufiger Metallbeigaben auf. Im Gegensatz zur älteren Phase spielten nun Objekte aus Eisen eine größere Rolle als solche aus Bronze. Dies waren zunächst hauptsächlich Nadeln, die im Laufe der Zeit Fibeln ablösten, sowie weiterhin unterschiedliche, jetzt komplexere Gürtelgarnituren (z. B. »Holsteiner Gürtel«). Eisenmesser, Glättsteine und Knochennadeln gehören am Ende der Vorrömischen Eisenzeit regelmäßiger zu den Grabinventaren. In dieser Zeit finden sich auch einzelne Waffenbeigaben. Daneben gibt es vor allem in der älteren Phase der jüngeren Vorrömischen Eisenzeit immer noch zahlreiche beigabenlose Bestattungen. Abgesehen von einem Wagengrab aus Husby, Kr. Schleswig-Flensburg, welches neben Wagenteilen auch einen Bronzekessel enthielt, sind wegen der insgesamt einheitlich ärmlichen Beigaben keine deutlichen sozialen Unterschiede auf der Grundlage der Grabinventare festzustellen. Auch die Grabarchitektur wirkt trotz aller Verschiedenartigkeit auf den einzelnen Bestattungsplätzen gleichförmig.

Im Laufe der Vorrömischen Eisenzeit entwickelte sich in der Jastorfkultur eine schwer zu erklärende »Eigenart«: Es entstanden erste geschlechtsspezifische Bestattungsplätze, d. h. Frauen und Männer wurden in einigen Fällen getrennt voneinander auf unterschiedlichen Plätzen bestattet bzw. bestenfalls ein sehr geringer Anteil des jeweils anderen Geschlechts befindet sich dort. Dieses Phänomen ist sowohl durch anthropologische Bestimmungen als auch durch geschlechtsspezifische Beigaben belegt und schwerpunktmäßig in der folgenden älteren Römischen Kaiserzeit verbreitet. Den »Normalfall« bildeten während der Vorrömische Eisenzeit allerdings weiterhin die gemischtgeschlechtlichen Bestattungsplätze.

Geradezu »exotisch« wirken insgesamt zehn auf der Außenseite bemalte Keramikurnen der älteren Vorrömischen Eisenzeit (s. a. Beitrag Todesfelde, Kap. III 90–91), welche alle aus dem nördlichen und mittleren Holstein stammen (allein sechs von einem Gräberfeld in Jevenstedt, Kr. Rendsburg-Eckernförde). Bemalung auf Keramikgefäßen ist aus der Vorrömischen Eisenzeit Norddeutschlands kaum bekannt und nur noch in Niedersachsen sehr selten belegt. In der südlich angrenzenden Mittelgebirgszone Nordhessens war diese Sitte häufiger verbreitet. Möglicherweise bestanden hier direkte Beziehungen.

Siedlungen

Im Gegensatz zu den zahlreichen untersuchten Gräberfeldern ist der Kenntnisstand zu den Siedlungen der Vorrömischen Eisenzeit eher gering und dies, obwohl entsprechende Siedlungen relativ häufig bei unterschiedlichen archäologischen Untersuchungen erfasst werden. Dabei handelt es sich allerdings nahezu ausschließlich um Grubenkonzentrationen und/oder einzelne Gruben, deren Füllungen mehr oder weniger zahlreiche Funde enthalten. Die ursprüngliche Funktion dieser zuletzt häufig offensichtlich als Abfallgruben genutzten Eingrabungen ist schwer bestimmbar. Zuweilen sind Ofengruben nachzuweisen, zumeist dienten sie vermutlich ursprünglich der Materialgewinnung. Hin und wieder kommen auf solchen Fundplätzen einzelne oder auch mehrere Pfostengruben vor, die in der Regel zu keiner klaren Baustruktur gehören. Insgesamt verfügen nur sehr wenige Siedlungen aus der Vorrömischen Eisenzeit über klare Baustrukturen wie Häuser, Speicher usw. In diesen Fällen bleibt dann die zeitliche Zuordnung der Baustrukturen problematisch, da sich die Strukturen nur sehr schwer datieren lassen. Das erfahrungsgemäß sehr rare Fundmaterial aus den zugehörigen Pfostengruben könnte auch als ältere Beimengung des ältereisenzeitlichen Fundplatzes in den Befunden einer jüngeren Zeitphase zu erklären sein. So ist eine einfache zeitliche Gleichsetzung gut datierter Grubeninventare mit benachbarten Baustrukturen nicht unproblematisch. Siedlungen, welche kaum oder gar nicht durch spezifisches Fundgut auffallen (z. B. Siedlungen der Jüngeren Kaiser- u. Völkerwanderungszeit), lassen sich dementsprechend kaum über die in der Nähe befindlichen Grubenfunde datieren. Es muss immer auch eine mögliche mehrfache oder langfristige Nutzung ein und derselben Örtlichkeit Berücksichtigung finden.

Unter diesen quellenkritischen Erwägungen kann im Augenblick nur eine Siedlung auf Sylt (Archsum LA 65, Melenknop) mit Baustrukturen aufgrund der dortigen stratigrafischen Verhältnisse eindeutig in die Vorrömische Eisenzeit datiert werden. Dort reichte die Siedeltätigkeit an der Geestgrenze zur Marsch ohne längere Unterbrechungen von der jüngeren Vorrömischen Eisenzeit bis in die Völkerwanderungszeit. Da bei der Anlage einer neuen Siedlung oft keine oder eine nicht vollstän-

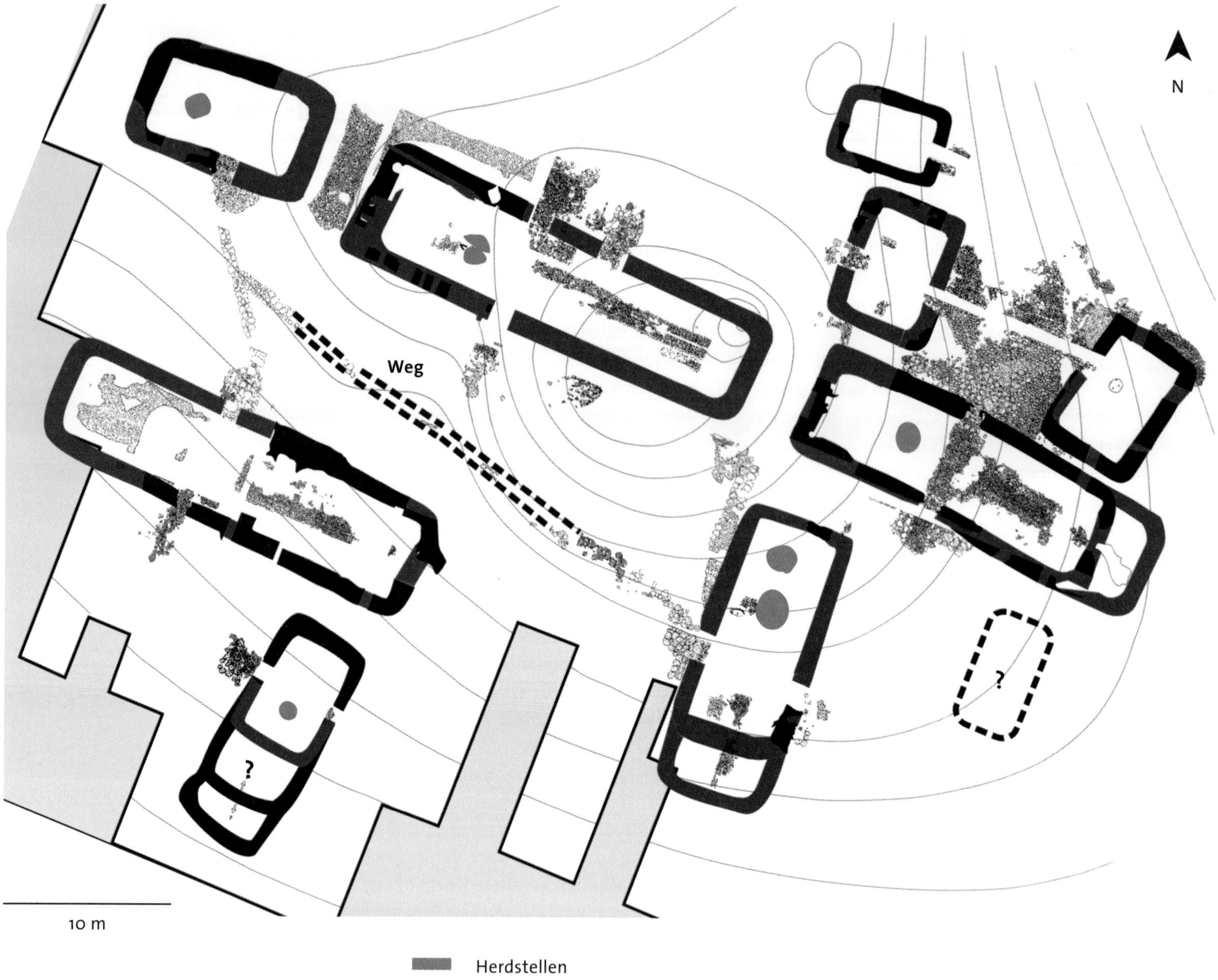

[4] Archsum/Sylt, Kr. Nordfriesland. Grundriss einer Siedlung aus der späten Vorrömischen Eisenzeit. Aus: I. Lütjens, Archsum-Melenknop, Schichtpaket A. Eine Siedlung der jüngeren Vorrömischen Eisen- bis frühen Römischen Kaiserzeit. Universitätsforschungen zur Prähistorischen Archäologie 149 (Bonn 2008).

dige Ausräumung der älteren Untergründe stattfand, sondern stattdessen sie Planierschichten bedeckten, blieben viele Siedlungsphasen in mehr oder weniger großen Teilen mit ihren Baustrukturen erhalten. Der auf diese Weise entstandene Siedlungshügel mit einer Ausdehnung von etwa 1,1 ha erreichte am Ende eine Höhe von etwa 3 m. In den Jahren 1967 bis 1972 wurde er innerhalb eines durch die Deutsche Forschungsgemeinschaft (DFG) geförderten Projektes nahezu vollständig ausgegraben. Während in den älteren Phasen der jüngeren Vorrömischen Eisenzeit dort eher einzelne Langhäuser nachzuweisen sind, erweist sich die Siedlungsstruktur zum Ende der Periode immer komplexer. Um die Zeitenwende entstand eine kleine dorfartige Siedlung aus mindestens sechs über gepflasterte Wege miteinander verbundenen Langhäusern. In einem Fall ist sogar ein von einem Langhaus im Süden und drei kleineren Nebengebäuden im Westen und Osten umgebener gepflasterter Hofplatz überliefert. Bei den Langhäusern handelte es sich um bis 22 m lange und 4–5 m breite Wohnstallhäuser, deren Wände im Regelfall aus Kleisoden bestanden. Die Stallteile besaßen z. T. einen gepflasterten Mittelgang. Während auch die Diele zwischen den beiden, etwa in der Gebäudemitte auf den Langseiten gegenüberliegenden Eingängen ebenfalls mit Steinen gepflastert sein konnte, bedeckte den Wohnbereich eine Lehmtenne. Die auf der Insel Sylt beobachteten Verhältnisse können aufgrund der peripheren Lage gewiss nicht ohne Weiteres auf das übrige Schleswig-Holstein übertragen werden. Siedlungshügel auf der Geest sind in Schleswig-Holstein derzeit nur von den Nordfriesischen Inseln bekannt. Um vergleichbare Siedlungshügel handelt es sich bei den Warften der See- und Flussmarschen, die allerdings frühestens erst im Laufe der Römischen Kaiserzeit entstanden.

Für das schleswig-holsteinische Festland ist lediglich die Siedlung von Osterrönfeld, Kreis Rendsburg-Eckernförde, anzuführen. Hier erhielten auf der Grundlage der Datierung der Keramikfunde zwei nebeneinanderliegende Gehöfte eine Zuordnung zum Übergangshorizont von der späten Vorrömischen Eisen- zur frühen Römischen Kaiserzeit. Während das eine Gehöft nur sehr unvollständig freigelegt werden konnte, bestand das andere aus zwei dreischiffigen Langhäusern und Spuren von Zaunverläufen. Diese Bauten besaßen eine Länge von 24 bzw. mindestens 12 m und eine Breite von etwa 5 m. Reste der Hauswände waren nicht überliefert. Zumindest bei dem längeren Gebäude handelte es sich um ein Wohnstallhaus, wie grabenartige Reste der Trennwände zwischen den einzelnen Viehboxen im mittleren Gebäudeteil anzeigten. Die beiden Gebäude bildeten gemeinsam mit dem östlichen Zaungraben einen Hofplatz von mindestens 390 m² (550 m² mit Bebauung). Davon räumlich getrennt lagen mehrere, durch unterschiedliche Werk- und Abfallgruben geprägte Aktivitätszonen.Möglicherweise sind die beiden Gebäudereste des Fundplatzes Neuwittenbek, Kr. Rendsburg-Eckernförde, etwas älter in die beginnende jüngere Vorrömische Eisenzeit einzuordnen. Dafür spricht das sehr einheitliche Fundgut. Eine direkte Datierung der Grundrisse über naturwissenschaftliche Verfahren (z. B. ^{14}C-Datierungen einzelner verkohlter Getreidekörner aus mehreren Standspuren einer Baustruktur) liegt allerdings, wie auch aus Osterrönfeld, nicht vor. Spuren der Wandverläufe waren hier ebenfalls nicht überliefert. Von einem ursprünglich dreischiffigen Aufbau ausgehend, ist an eine Gebäudebreite von etwa 5 m und eine Länge von etwa 16 bzw. 19 m zu denken. Auch hier ließ sich eine räumliche Trennung zu den zuweilen sehr fundreichen Gruben beobachten.

Es fällt auf, dass bei den umfangreichen Untersuchungen im Vorwege des Ausbaus der Schienenhinterlandanbindung der festen Fehmarnbeltquerung in Ostholstein nach aktuellem Kenntnisstand kein einziger Hausgrundriss aus der Vorrömischen Eisenzeit erfasst wurde. Dies gelang hier vor allem für die jüngere Eisenzeit, aber auch in Einzelfällen für die ältere und späte Bronzezeit. Grundrisse der späten Bronzezeit sind ansonsten nur aus Burg/Fehmarn, Kr. Ostholstein, und ein weiterer aus Todesfelde, Kr. Segeberg, belegt.

Die Ursache für die im Vergleich zu den hauptsächlich im Zuge der »Verursachergrabungen« häufiger erfassten jüngereisenzeitlichen (= Römische Kaiserzeit und Völkerwanderungszeit) Siedlungen seltenen Nachweise erhaltener ältereisenzeitlicher Baustrukturen kann vermutlich auf eine geringere Größe der einzelnen vorrömischen Siedlungen und einer geringeren Größe der zugehörigen Gebäude selbst zurückzuführen sein. So wären solche Strukturen sehr viel schwerer nachzuweisen als die kompakteren Siedlungen der jüngeren Eisenzeit mit ihren häufig über 25 m langen Gebäuden. Demgemäß wird für das nördlich angrenzende Sønderjylland während der Vorrömischen Eisenzeit von kleinen, locker aufgebauten Dörfern und Einzelhöfen ausgegangen. Die zeitgleichen Häuser der niedersächsischen Tiefebene und Mecklenburg-Vorpommerns sind entsprechend durch ihre geringe Größe von zumeist unter 15 m Länge gekennzeichnet.

LITERATUR

V. Arnold, »Celtic Fields« – Stiefkinder der Archäologie. Spuren urgeschichtlicher Beackerung in West-, Mittel- und Nordeuropa. http://celtic-fields.com/[2019] [zuletzt geprüft am 24.06.2020].

H. Hingst, Die Vorrömische Eisenzeit. In: K. W. Struve, H. Hingst und H. Jankuhn, Von der Bronzezeit bis zur Völkerwanderungszeit. Geschichte Schleswig-Holsteins 2. Band (Neumünster 1979) 147–247.

I. Lütjens, Siedlungen aus der Vorrömischen Eisenzeit in Schleswig-Holstein. In: M. Meyer (Hrsg.), Haus – Gehöft – Weiler. Siedlungen der vorrömischen Eisenzeit im nördlichen Mitteleuropa. Internationale Tagung an der Freien Universität Berlin vom 20.–23. März 2009. Berliner Archäologische Forschungen 8 (Rahden/Westfalen 2010) 309–320.

AUTOR*INNEN
Angelika Abegg-Wigg
Andreas Rau

BEDEUTENDE GRABUNGSORTE
Bordesholm LA 6 (Brautberg)
Joldelund LA 14
Süderbrarup LA 53 (Thorsberger Moor)
Oldenswort LA 43 (Tofting)

MERKMALE
Brandbestattung, regionale Wirtschaftsweise, soziale Hierarchisierung

600 v. Chr.	1	700	1100	1500	2020
Vorrömische Eisenzeit	**Römische Kaiserzeit/ Völkerwanderungszeit**	Frühmittelalter	Mittelalter	Neuzeit	

Die Römische Kaiserzeit und die Völkerwanderungszeit in Schleswig-Holstein

Die mit Caesars Gallienfeldzug beginnende und dann mit der Okkupation des westgermanischen Raums unter Augustus kumulierende Expansion des Römischen Reiches nach Mitteleuropa berührte den Raum Schleswig-Holsteins nur mittelbar – wenn die als besonderes Ereignis gerühmte, mutmaßlich im Jahr 5 n. Chr. stattgefundene Explorationsfahrt einer römischen Flotte in das Skagerrak als punktuelles Ereignis außer Acht gelassen wird. Die historischen Nachrichten antik-mediterraner Autoren des 1. und 2. Jh. beschränken sich für den nordelbischen Raum zudem auf die Nennung von Einwohnerbezeichnungen. Aber wenig deckungsgleich (mit Ausnahme der Anglii bzw. Angeiloi) und zudem geografisch überaus vage, sind hieraus keine wesentlichen ereignis- und strukturgeschichtlichen Erkenntnisse zu gewinnen. Dies gilt umso mehr für die Folgezeit des 2.–6. Jh., in der keine weiteren historischen Überlieferungen das Gebiet Schleswig-Holsteins behandeln.

Die drei großen naturräumlichen Zonen des östlichen Hügellandes, des zentralen Geestrückens und der westlichen Marsch mit den vorgelagerten Inseln im Wattenmeer stellen die Grundlagen für abweichende kulturelle und siedlungsgeografische Entwicklungen und überregionale Anbindungen dar. Dabei zeigen die bis nördlich zur Eiderniederung reichenden, so bezeichneten Ostholsteinischen, Westholsteinischen und Südholsteinischen Gruppen, die freilich primär auf der Verbreitung bestimmter Keramikformen definiert wurden, deutliche Bezüge zum westmecklenburgischen und altmärkischen Raum. Dies betrifft vor allem das Sachgut in Form von Trachtbestandteilen, Waffen sowie einigen Arten von Keramikgefäßen. Der holsteinische Landesteil gilt daher oft als nördlichster Zipfel des elbgermanischen Gebiets. Inzwischen ist diese kulturelle Anbindung auch durch Wohngebäudetypen belegt, die ihre unmittelbaren Parallelen in Mecklenburg, der Altmark und dem westlichen Havelraum besitzen.

Hingegen stellt die sog. Anglische Gruppe, die im östlichen und mittleren Landesteil nördlich der Eider bis etwa auf die Höhe von Aabenraa (Dänemark) angesetzt wird, durch ihre Haustypen einen erheblich stärkeren Bezug zur jütischen Halbinsel dar. Zudem grenzt sie sich durch das Vorkommen größerer Brandgrabnekropolen deutlich gegenüber den Verhältnissen in Mittel- und Nordjütland ab, wo Körperbestattungen durchaus öfter auftreten. Es fehlt auch in jüngerer Zeit nicht an Versuchen, die »Anglische Gruppe« als ethnische und politisch stark gefestigte Gruppe zu deuten, die den historisch überlieferten Angeln entspricht – wenngleich hier erhebliche methodische Bedenken zu äußern sind.

Zu den beiden genannten Arealen tritt die zur Römischen Kaiserzeit noch regelmäßig durch hohe Tiden überflutete Marschlandschaft. Der für die Nordsee nachweisbar niedrige Meeresspiegel um Christi Geburt erlaubte hier allerdings das Entstehen von Flachsiedlungen entlang der Priele und Flüsse auf Uferwällen, die aber aufgrund von Sturmflutereignissen und dem allmählich wieder ansteigenden Meeresspiegel künstlich zu Warften (Wurten) erhöht werden mussten. So begann die Besiedlung entlang der Eidermündung im 1./2. Jh.

Mit der Dorfwarft Tofting bei Tönning bestand hier bis in das 5./6. Jh. eine größere Siedlung. Ringwallanlagen wie die Archsumburg auf Sylt stellen Einzelerscheinungen dar, deren Funktion nicht eindeutig geklärt ist. Auch entlang der Ostseeküste, deren Verlauf sich seit der Römischen Kaiserzeit nicht mehr wesentlich verlagert hat, und im Binnenland existierten bereits ab der älteren Römischen Kaiserzeit zahlreiche Siedlungen, die teilweise bis in die Völkerwanderungszeit reichten. Mit Osterrönfeld und Wittenborn (s. Beitrag Wittenborn, Kap. III, 108–109) liegen hier weitestgehend vollständig ausgegrabene Siedlungen vor, für die in der Hausbauweise Einflüsse aus nördlichen bzw. östlich angrenzenden Regionen nachzuweisen sind.

Die Bevölkerung lebte in einzeln liegenden Gehöften oder dorfartigen Strukturen, deren Höfe aus zwei- oder dreischiffigen Langhäusern mit oder ohne Stallteil bestanden. Nebengebäude wie Pfostenspeicher, Grubenhäuser sowie Werkplätze und technische Anlagen bezeugen neben einer bäuerlichen Wirtschaftsweise auch handwerkliche Tätigkeiten. Zisternen und hölzerne Schachtbrunnen aus Flechtwerk oder Spaltbohlen dienten der Wasserversorgung. Nachgewiesen sind Hofareale umgebende Zäune und mit Flechtmatten befestigte Wege.

Die Wirtschaftsgrundlage waren Viehzucht und Ackerbau, je nach Siedlungsstandort in unterschiedlicher Intensität. Hauptsächlich ist die Haltung von Rindern und Schafen sowie Schweinen als wichtigen Fleisch- und Fettlieferanten nachgewiesen. Jagd und Fischfang ergänzten die Nahrungsgrundlage. Daneben belegen für verschiedene Siedlungen Webgewichte die Textilherstellung in Grubenhäusern und auch die Metallverarbeitung ist dokumentiert. Grubenmeiler und Schachtrennöfen weisen auf eine sowohl den Eigenbedarf deckende als auch im größeren Umfang erfolgte Verhüttung heimischen Raseneisenerzes hin. Römische und frühfränkische Importfunde in den gerade an den Küsten liegenden kaiser- und völkerwanderungszeitlichen Siedlungen Schleswig-Holsteins (s. Beiträge Heiligenhafen und Amrum, Kap. III,106–107; 114–115) bezeugen überregionale Austauschaktivitäten der Bewohner.

[1] Älterkaiserzeitlicher Siedlungsbereich mit mehreren Langhäusern und Nebengebäuden bei Neustadt in Holstein (nach Irkens 2013 Abb. S. 51).

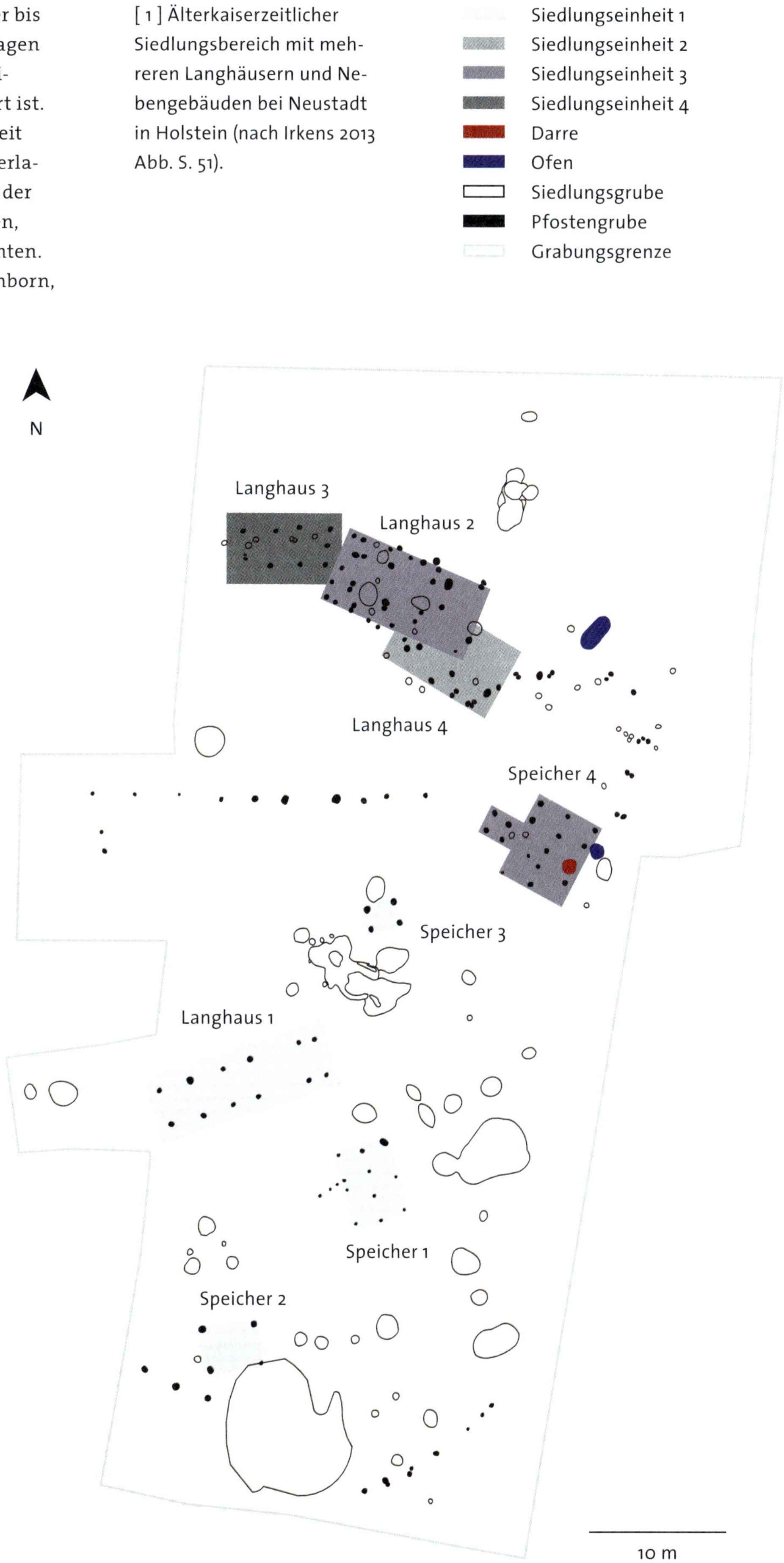

Die vorherrschende Bestattungsform der Römischen Kaiserzeit und Völkerwanderungszeit in Schleswig-Holstein war die Brandbestattung in einer Urne auf Flachgräberfeldern. Auch Nachbestattungen in älteren Hügelgräbern kamen vor. Die Urnen wurden mit oder ohne (Stein-)Schutz in den Boden gesetzt. Nur sehr vereinzelt sind Brandschüttungs- und/oder Brandgrubengräber festzustellen. Die Belegungsdauer der Friedhöfe variiert erheblich; neben kleineren Grabgruppen gibt es mittelgroße Gräberfelder mit 500 bis 1000 Bestattungen und solche mit weit über 1000 Bestattungen. Gelegentlich lassen sich Verbrennungsplätze unterschiedlicher Größe, Gruben mit Resten des Verbrennungsplatzes, sog. Brandgruben bzw. rituelle Feuerstellen, Deponierungen von v. a. Keramik, bauliche Strukturen und obertägige Kennzeichnungen nachweisen. Sie zeigen einen komplexen Ablauf der Bestattungsfeierlichkeiten, der auch nachträgliche Gedenkfeiern mit einschloss.

[2] Die in Norddeutschland und Südskandinavien größte und am besten erhaltene Schlackenhalde auf dem Eisenproduktionsplatz Joldelund während der Ausgrabung. FOTOGRAFIE Hauke Jöns © Museum für Archäologie Schloss Gottorf, Landesmuseen Schleswig-Holstein

Während der älteren Römischen Kaiserzeit waren die Gräber durchweg reichhaltig mit Beigaben versehen, ab der jüngeren Kaiserzeit nahmen Beigabenvielfalt und -anzahl merklich ab. Vielleicht speziell für den Grabbrauch hergestellt, finden sich nun oft Miniaturgeräte in den Gräbern. Eine geschlechtsspezifische Beigabenausstattung ist vorhanden, wobei eine Reihe von Gräberfeldern in gleichen Zeitphasen eine unterschiedliche Dominanz der Frauen- und Männergräber aufweist. Einige Männergräber wurden mit verschiedenen Waffen (Schwerter, Schilde, Lanzen-/Speerspitzen und Äxte) in unterschiedlichen Anteilshäufigkeiten ausgestattet. Frauengräber sind durch Nadeln, mehrere Fibeln, verschiedene Schmuckgegenstände und Spinnwirtel ausgewiesen. Sowohl unter den Männer- als auch den Frauengräbern ragen einzelne besonders reich mit römischen Importfunden ausgestattete Brandgräber heraus.

Den mehr als 15.000 bekannten Kremationen des 1.–6. Jh. stehen lediglich etwas mehr als 50 Körpergräber von 17 Fundstellen des 3.–6. Jh. gegenüber. Die weit dominierende Brandbestattungssitte erschwert eine Interpretation der Grabfunde im Hinblick auf die soziale Struktur der Bestattungsgemeinschaften, zumal anthropologische Daten des Leichenbrandes nur lückenhaft vorliegen. Vergleiche zwischen den wenigen Körpergräbern und der großen Zahl der Kremationen sind daher nur bedingt durchführbar. Im Falle der jüngerkaiserzeitlichen Holzkammergräber von Neudorf-Bornstein können diese Bestattungen aber sicherlich durch einen aufwendigen Grabbau und außergewöhnliche Beigaben wie goldener Ringschmuck und mit Glaseinlagen verzierte Prachtgürtel mit einer elitären Gesellschaftsschicht verbunden werden. Auch das völkerwanderungszeitliche Körpergrab eines Mädchens aus dem holsteinischen Bosau-Möhlenkamp mit einem durch Perlen und Silberanhängern umfangreich ausgestalteten Hals- und Brustschmuck deutet auf eine gehobene Position.

Aussagen zur funktionalen und sozialen Aufgliederung der Siedlungsverhältnisse sind bislang nur mit Blick auf besser untersuchte Nachbarregionen möglich, da die Siedlungsforschung auf Jungmoräne und Geest erst in den letzten 20 Jahren erhebliche neue Erkenntnisse erbrachte (s. Beitrag Wittenborn, Kap. III, 108–109). Nachweise großflächiger Reichtumszentren, von Siedlungen mit über den lokalen und agrarischen Bedarf hinausgehender Metallverarbeitung oder Warenumschlagplätzen sind bislang in Schleswig-Holstein lediglich in Ansätzen erkennbar (s. Beitrag Heiligenhafen, Kap. III, 106–107). Zumindest die Frühdatierung der ersten Phasen des Danewerks in die Völkerwanderungszeit und ggf. noch früher (s. Beitrag Kap. IV, 184–189) und die großen Deponierungen von Heeresausrüstungen im 3. und 4. Jh. im Thorsberger Moor (s. Beitrag Kap. IV, 180–183) werfen ein Licht auf

[3] Elemente der Bewaffnung aus Grab 302 von Hamfelde. Das römische Ringknaufschwert wurde absichtlich verbogen, bevor es als Beigabe mit in die Urne kam.
FOTOGRAFIE © Museum für Archäologie Schloss Gottorf, Landesmuseen Schleswig-Holstein

[4] Reich ausgestattetes »Fürstengrab« von Neudorf-Bornstein (Grab 7). Bronzebecken, Glasgefäß und Glasspielsteine sind römische Importfunde.
FOTOGRAFIE Claudia Janke © Museum für Archäologie Schloss Gottorf, Landesmuseen Schleswig-Holstein

eine beachtliche soziale Differenzierung und territoriale Abgrenzung militärischer und politischer Einheiten. Dabei legen Forschungen zu den dänischen Opferplätzen mit Heeresausrüstungen und vergleichbare Studien aus dem Elbegebiet nahe, dass die entsprechenden Gruppierungen des 3. und 4. Jh. selten mehr als ein Territorium von 1500 km² umfassten und im 1. und 2. Jh. mutmaßlich noch erheblich kleiner waren. Großräumige »Reichsbildungen« im südskandinavischen Raum scheinen nach Ausweis der Quellenlage erst in der entwickelten Wikingerzeit stattgefunden zu haben.

Die eingangs erwähnte römische Präsenz am Rhein zeigt sich im gesteigerten Aufkommen im Römischen Reich hergestellter Objekte außerhalb seiner Grenzen auch im Raum Schleswig-Holsteins, die in einigen Fällen auf die Anwesenheit von Einzelpersonen aus dem germanischen Barbaricum im Provinzgebiet hinweisen können, in den meisten Fällen aber gewiss das Resultat innergermanischer Distributionsnetzwerke sein dürften. Mit Ausnahme des nachweislich lokal produzierten Eisens bildeten die Waren aus dem Römischen Reich zudem die Rohmaterialien für die Produktion einheimischer Gegenstände aus Bunt- und Edelmetallen. Die Kontrolle dieser zugeflossenen Güter stellte damit eine wesentliche Grundlage einer gesteigerten Komplexität des sozialen Gefüges sowie der Ausbildung und dem Erhalt von Machtstrukturen dar.

[5] Teile des umfangreichen Hals- und Brustschmuckes aus dem Mädchengrab von Bosau-Möhlenkamp: Halskette mit Glasperlen und axtförmigen silbernen Anhängern, mit Fibeln am Gewand befestigte Glasperlenketten sowie Bernsteinperlenkette mit scheiben- und peltaförmigen, partiell vergoldeten Silberanhängern.
FOTOGRAFIE Claudia Janke © Museum für Archäologie Schloss Gottorf, Landesmuseen Schleswig-Holstein

Bereits mit dem 4. Jh. setzte der Trend eines erheblichen Populationsrückgangs ein, der im Holsteinischen bis zur Mitte des 6. Jh., im nördlichen und westlichen Teil Schleswig-Holsteins bereits im 5. Jh. seinen Höhepunkt erreichte. Fundstellen und Einzelfunde ab der Mitte des 6. bis zum Beginn des 8. Jh. bleiben in Schleswig-Holstein nach wie vor äußerst selten und werden unterschiedlich interpretiert – das traditionelle Narrativ der »Auswanderung der Angeln (und Sachsen) nach Britannien« kann dem langfristigen und über weite Teile des Landes reichenden Phänomen sicher nicht gerecht werden. Ob diese extreme Fundarmut die nahezu gänzliche Ödwerdung ganzer Landstriche spiegelt, oder es sich um eine durch eine zahlenmäßig reduzierte Restbevölkerung getragene Restrukturierung von Siedlungs- und Wirtschaftsformen (die archäologisch schwierig nachweisbar sind) handelt, ist Gegenstand aktueller Forschungen.

Eine festgestellte kleine Gruppe einzeln gefundener Goldbrakteaten der Zeit zwischen 450–550 n. Chr., die sich im Raum südlich der inneren Schlei zu konzentrieren scheint, deutet in Analogie zu südskandinavischen Funden auf die Existenz von Elitesitzen während der sonst fundarmen Zeit.

LITERATUR

R. Articus, Das Urnengräberfeld von Kasseedorf, Lkr. Ostholstein. Die Entwicklung des südöstlichen Schleswig-Holstein während der jüngeren römischen Kaiserzeit. Internat. Arch. 74 (Rahden/Westf. 2004).

J. Bemmann, Körpergräber der jüngeren Römischen Kaiserzeit und Völkerwanderungszeit aus Schleswig-Holstein. Zum Aufkommen einer neuen Bestattungssitte im überregionalen Vergleich. In: H.-J. Häßler (Hrsg.), Gedenkschrift für Albert Genrich. Stud. Sachsenforsch. 13, 1999, 5–45.

B. Irkens, Eine Siedlung der älteren Römischen Kaiserzeit bei Neustadt in Holstein. Arch. Nachr. Schleswig-Holstein 19, 2013, 47–51.

H. Jöns, Die Ergebnisse der interdisziplinären Untersuchungen zur frühgeschichtlichen Eisengewinnung in Joldelund. In: A. Haffner u. a. (Hrsg.), Frühe Eisengewinnung in Joldelund, Kr. Nordfriesland. Ein Beitrag zur Siedlungs- und Technikgeschichte Schleswig-Holsteins. Teil 2. Universitätsforsch. Prähist. Arch. 59 (Bonn 2000) 263–279.

D. Meier, From nature to culture: landscape and settlement history of the North-Sea coast of Schleswig-Holstein, Germany. In: E. Thoen u. a. (Hrsg.), Landscapes or seascapes? The history of the coastal environment in the North Sea area reconsidered. CORN Publ. Ser. 13 (Turnhout 2013) 85–110.

[6] Goldbrakteat von Geltorf mit stilisiertem Menschengesicht im Profil und Runeninschrift. FOTOGRAFIE © Museum für Archäologie Schloss Gottorf, Landesmuseen Schleswig-Holstein

T. Michel, Studien zur Römischen Kaiserzeit und Völkerwanderungszeit in Holstein. Universitätsforsch. Prähist. Arch. 123 (Bonn 2005).

K.-H. Willroth, Untersuchungen zur Besiedlungsgeschichte der Landschaften Angeln und Schwansen von der älteren Bronzezeit bis zum frühen Mittelalter: eine Studie zur Chronologie, Chorologie und Siedlungskunde. Siedlungsarch. Unters. Angeln u. Schwansen 1 = Offa-Bücher 72 (Neumünster 1992).

AUTOR*INNEN
Thorsten Lemm
Volker Hilberg
Astrid Tummuscheit
Ulrich Müller

BEDEUTENDE GRABUNGSORTE
Tönning LA 11 (Elisenhof)
Schellhorn LA 18 (Scharstorf)
Weddingstedt LA 20 (Stellerburg)
Thumby LA 81

MERKMALE
Handel, Transitraum, Kontaktzone vierer Kulturräume, Welterbe Danewerk und Haithabu, Burgenbau, Christianisierung, Veränderung der Bestattungssitten

1	700	1100	1500	2020
Römische Kaiserzeit/ Völkerwanderungszeit	**Frühmittelalter**	Mittelalter	Neuzeit	

Sachsen, Slawen, Friesen und Dänen

Das Frühmittelalter in Schleswig-Holstein

Schleswig-Holstein ist aufgrund seiner Lage im Süden der Jütischen Halbinsel seit jeher Transitraum und Kontaktzone. Die verkehrsgeografische Bedeutung des Landes zeigt am markantesten der Handelsplatz Haithabu, der, am Kreuzungspunkt zweier wichtiger Verkehrswege gelegen, einerseits die Verbindung zwischen der Nord- und Ostsee ermöglichte und andererseits die Welt Skandinaviens mit Kontinentaleuropa verband. Aufgrund des Handels und Transitverkehrs entwickelte sich der Ort seit dem frühen 9. Jh. zu einem multiethnischen Handelszentrum, an dem Händler aus aller Welt zusammenkamen (s. Beitrag Kap. IV, 190–193).

Siedlungsräume, Einwanderung und politischer Druck

Haithabu lag überdies auch in der Kontaktzone von vier Kulturräumen – dem dänischen (skandinavischen) und dem friesischen im Landesteil Schleswig sowie dem nordwestslawischen und dem sächsischen bzw. sächsisch-fränkischen in Holstein. Eine solche Situation ist nicht nur in Deutschland, sondern in ganz Europa besonders, wenn nicht sogar einzigartig. Noch heute lassen sich die ehemaligen Siedlungsgebiete der genannten vier ethnischen Gruppen, die auch unterschiedliche Sprachräume darstellen, anhand frühmittelalterlicher, bis in die Gegenwart gebräuchlicher Ortsnamen erkennen. Sie sind aber auch archäologisch im Hinblick auf Bestattungssitten, Burgenbau, Hausbau und die materielle Kultur voneinander zu unterscheiden.

Das westliche Holstein stellte im frühen Mittelalter den nördlichsten Teil des sächsischen Siedlungsgebietes dar, das sich südlich der Elbe über Niedersachsen sowie Teile Nordrhein-Westfalens und Sachsen-Anhalts erstreckte. Nach dem Ende der Sachsenkriege Karls des Großen (772–804) wurde das nordelbisch-sächsische Gebiet 810 in das Frankenreich integriert. Fortan fanden in Nordelbien dieselben gesellschaftlichen und politischen Entwicklungen statt wie im übrigen Reichsgebiet. Nach der Teilung des fränkischen Reiches 843 stellte Nordelbien den nördlichsten Teil des ostfränkischen Reiches dar.

Der Landesteil Schleswig – mit Ausnahme der Westküste und der Nordfriesischen Inseln – ist als ehemals dänisches Siedlungsgebiet aufzufassen. Grabfunde aus diesem Bereich weisen eindeutig in den skandinavischen Raum, und sowohl die Positionierung des Danewerks als auch schriftliche Quellen weisen das Gebiet nördlich der Eider als den südlichsten Teil des dänischen Königreiches aus. Allerdings schließt dies nicht aus, dass dort – vor allem im westlichen Teil und am Handelsplatz Haithabu – auch andere Bevölkerungsgruppen ansässig waren. Kriegerische Auseinandersetzungen und politischer Druck aus dem Süden hatten zur Folge, dass die Dänen im 10. Jh. zeitweise gegenüber dem ostfränkischen Reich tributpflichtig wurden.

Ab dem frühen 8. Jh. treten auf den Nordfriesischen Inseln und der Halbinsel Eiderstedt zahlreiche Brandbestattungen in Urnen auf. Bei den dafür verwendeten sog. Eitöpfen handelt es sich um eine typische Gefäßform, die aus dem südlichen Nordseeküstengebiet bekannt und demzufolge als Beleg für die Einwanderung einer friesischen Bevölkerung zu werten ist. Auch die Urnengräber aus Jagel südwestlich Haithabus und aus dem Handelsort selbst werden mit einer friesischen Bevölkerungsgruppe in Verbindung gebracht.

Etwa zur selben Zeit – um 700 bzw. in der ersten Hälfte des 8. Jh. – begann nach gegenwärtigem Forschungsstand auch die slawische Einwanderung in das östliche Holstein. Neben ^{14}C-Daten deuten hierauf dendrochronologische Datierungen beispielsweise aus dem Bohlenweg im Klempauer Moor (760/61) oder aus Alt-Lübeck (um 730). Über die genauen Prozesse der slawischen Einwanderung ist indes noch wenig bekannt. Die Etablierung der Stämme und Stammesgruppen erfolgte im Verlauf des 9. und 10. Jh. Zwischen dem sächsisch-slawischen Grenzgebiet *(limes Saxoniae)* und der unteren Warnow entstand das obodritische Herrschaftsgebiet mit einer reichsähnlichen Struktur. Hierzu gehörten in Ostholstein und an der unteren Elbe die Teilstämme der Wagrier und Polaben.

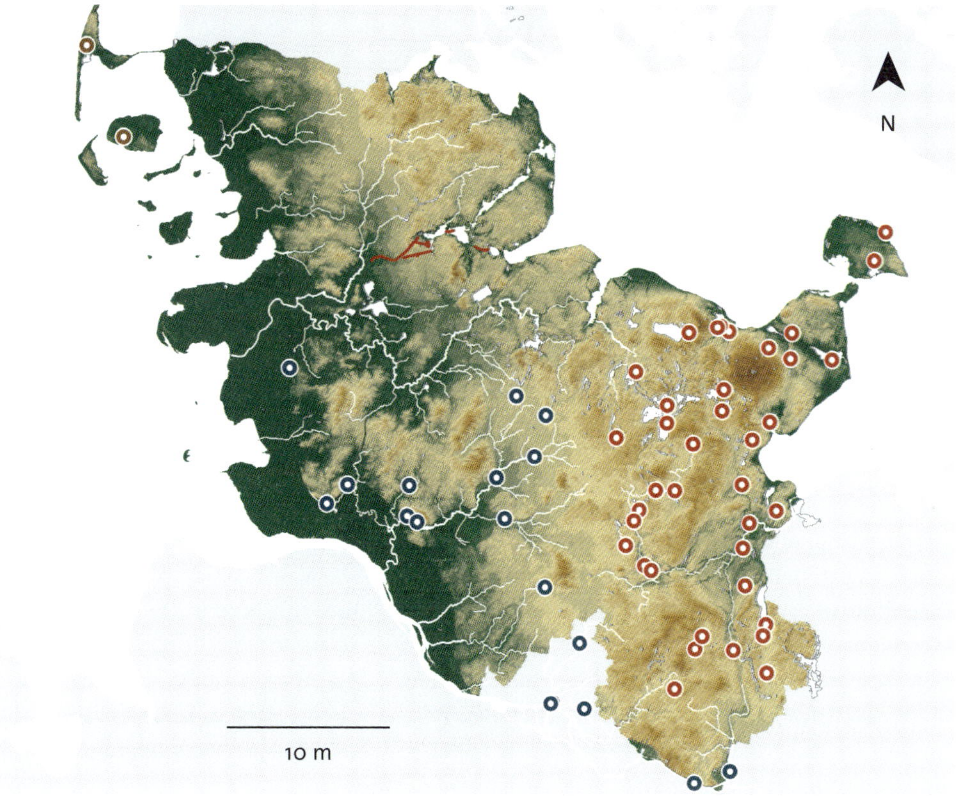

[1] Schleswig-Holstein mit den Wallzügen des Danewerks, friesischen, sächsischen (bzw. sächsisch-fränkischen) und slawischen Burgen. KARTE © Thorsten Lemm, ZBSA

Danewerk
friesische Burg
sächsische (sächsisch-fränkische) Burg
slawische Burg

Danewerk und *limes Saxoniae*

Der *limes Saxoniae* bildete im 11. Jh. eine Grenze zwischen dem ostfränkischen Reich und den obodritischen Regionen. Seinen Verlauf mit charakteristischen Landmarken beschrieb vor allem der Chronist Adam von Bremen um 1070 detailliert und stellte ihn als einen bereits in karolingischer Zeit bestehenden Grenzraum dar. Neuere Forschungen bezweifeln den Quellenwert und sehen in der Beschreibung eher den Versuch, die Diözesangrenzen zu etablieren. Archäologisch sind der *limes* und sein Umfeld erstaunlich wenig erforscht, die slawischen und die sächsisch-fränkischen Burgwälle oftmals nicht genau datiert, und agrarische Siedlungen kaum untersucht. Neuere Ansätze sehen den *limes* eher als einen Grenzraum, einen Interaktionskorridor bzw. ein *borderland* mit vielfältigen Funktionen. Diesem Konzept tragen auch die slawisch-deutschen Ortsnamen sowie Fundplätze mit sächsischer und slawischer Keramik Rechnung.

Der erstmals 808 in den fränkischen Reichsannalen genannte Grenzwall des Danewerks weist eine weit über das Frühmittelalter hinausreichende Bau- und Nutzungsgeschichte auf (s. Beitrag Kap. IV, 184–189). Aus archäologischer Sicht sind insbesondere zwei große Ausbauphasen des 8. Jh. zu erwähnen: eine dendrochronologisch um 737/740 datierte, insgesamt ca. 8,5 km lange Palisade und die Jahrzehnte später errichtete 3 km lange Feldsteinmauer. Der Ausbau des Danewerks dokumentiert dabei zum einen die Herrschaftsansprüche der Erbauer im Kontext einer beginnenden Reichseinigung, zum anderen diente es der Verteidigung und der Repräsentation nach außen. Die Hauptadressaten dieser Machtdemonstration waren die benachbarten Sachsen, aber besonders die Franken, die im späten 8. und frühen 9. Jh. unter Karl dem Großen Anstrengungen unternahmen, ihren Einfluss auch über die Elbe hinaus nach Norden auszudehnen. Das in den fränkischen Quellen als *marca* oder *limes* bezeichnete Gebiet zwischen der Eider als Flussgrenze ab 811 und dem Danewerk als dänischer Grenzbefestigung wurde dabei nicht als lineare Grenze, sondern als Flächengrenze aufgefasst.

Burgenentwicklung und Herrschaftslandschaften

Zu den markantesten archäologischen Denkmalen des Frühmittelalters in Schleswig-Holstein zählen die Burgen. Als militärische Bauwerke, Herrschaftssitze und administrative Zentren, vereinzelt auch mit einer Rolle im Warenaustausch, liefern sie am ehesten Auskunft über die sich verändernden politischen und gesellschaftlichen Strukturen. Burgwälle sind in großer Zahl im slawischen und sächsischen Gebiet und mit zwei Exemplaren auf den Nordfriesischen Inseln vertreten. Obwohl in Dänemark mit den sog. Trelleburgen des 10. Jh. beeindruckende Ringwälle bekannt sind, wurde im ehemals dänischen Gebiet im Landesteil Schleswig bislang keine entsprechende Anlage entdeckt. Das einzige Bauwerk, das mit den Burgen in den übrigen Landesteilen vergleichbar ist, stellt der im 10. Jh. um den Handelsort Haithabu errichtete Halbkreiswall dar.

Während die slawischen Obodriten bereits früh im 8. Jh. mit dem Bau von Burgen als Zentren von Siedlungskammern begannen, scheinen Burgwälle im nordelbisch-sächsischen Gebiet erst im Zuge der fränkischen Inbesitznahme im Jahre 810 und vor allem danach errichtet worden zu sein (s. Beitrag Kap. IV, 198–201). Sog. Doppelgrabenanlagen repräsentieren hier einen älteren Befestigungstyp des 7. Jh. (s. Beitrag Heiligenstedten/Aukrug-Bünzen, Kap. III, 116–117). Das den schriftlichen Quellen zu entnehmende, allem Anschein nach unentwegt gespannte Verhältnis der nordelbischen Sachsen mit den obodritischen Nachbarn mag für den Bau sowohl sächsischer – z. B. Einfeld, Wittorf und Willenscharen – als auch slawischer Burgen – z. B. Scharstorf, Nütschau und Sirksfelde – beiderseits des Grenzgebiets verantwortlich gewesen sein, die auf der Grundlage zumeist nur kleinflächiger Ausgrabungen oder Oberflächenfunden überwiegend nur grob in das 9. Jh. bzw. die frühslawische Zeit zu datieren sind.

Einhergehend mit Entwicklungen im Laufe des 9. Jh. im gesamten fränkischen bzw. ostfränkischen Reich scheint auch in Nordelbien eine Veränderung der Machtverhältnisse zugunsten lokaler Gewalten stattzufinden. Allem Anschein nach wurden fast alle bestehenden Burgen aufgegeben und durch neu errichtete Burgen ersetzt; z. B. die Kaaksburg im Kr. Steinburg und die Stellerburg im Norden Dithmarschens, erbaut in der zweiten Hälfte der 840er Jahre. Eine erneute Umstrukturierung der Administration im nordelbisch-sächsischen Gebiet erfolgte gegen Ende des 10. Jh. Aufgrund der besseren historischen Quellenlage sind die neu gegründeten und reaktivierten Burgen – z. B. die Bökelnburg in Süddithmarschen oder die Burg von Itzehoe – nun konkreter mit den Adelsfamilien der sog. Billunger und der Grafen von Stade in Verbindung zu bringen.

Auch für die Burgenentwicklung im obodritischen Gebiet wird eine zunehmende Konzentration zwischen früh- und spätslawischer Zeit als ein Hinweis auf Veränderungen der Herrschaftslandschaft gesehen. Zu den herausragenden Burgen gehören die großen Burganlagen von Starigard/Oldenburg sowie Alt-Lübeck. Letztere entstand um 730 und war in spätslawischer Zeit ein Zentralplatz mit Händler- und Handwerkersiedlung, Kirchen und dynastischen Grablegen. Darüber hinaus sind die früh- und mittelslawischen Anlagen von Bosau-Bischofswarder (um/nach 726-792; 837) und Scharstorf (835/45) sowie die spätslawische Olsborg (um 1000) archäologisch untersucht. Hierbei handelt es sich um typische Burgenstandorte auf Halbinseln und Inseln.

[2] Luftaufnahme der Borgsumburg auf Föhr.
FOTOGRAFIE Wolfgang Raabe

Die zwei gut erhaltenen Ringwälle im friesischen Gebiet – die Tinnumburg auf Sylt und die Borgsumburg auf Föhr mit Innendurchmessern um die 100 m – lagen ursprünglich auf Geestkuppen in bzw. am Rande der Marsch an zum Wattenmeer führenden Prielen, die Zugang zum Seeweg entlang der jütischen Westküste boten. Archäologische Untersuchungen der Innenräume erbrachten zahlreiches und teilweise importiertes Fundmaterial, das für eine Nutzung der Tinnumburg im 9. und 10. Jh. und der Borgsumburg vom 8. bis zum 11. Jh. spricht. Sodenmauern und eine Herdstelle stellen die Reste bis zu 5 m breiter und etwa 10–15 m langer Gebäude dar. Die 40–50 angenommenen Häuser waren, Geomagnetik- und Georadarmessungen zufolge, in der Borgsumburg radial um ein unbebautes Burgzentrum angeordnet. Beide Burgen werden im Kontext vermeintlicher Handelsplätze in ihrem direkten Umfeld gesehen.

Siedlungen und Hausbau

Das Siedlungswesen in Schleswig-Holstein prägten während des Frühmittelalters verschiedene kulturelle und landschaftliche Einflüsse. Besondere Bedingungen herrschten in den Marschen der Westküste, die im frühen Mittelalter die Errichtung künstlicher Siedlungshügel, Warften oder Wurten, erforderten. Während unter diesen besonderen Umweltbedingungen keine Grubenhäuser errichtet werden konnten, zählen diese andernorts neben ebenerdigen Langhäusern zu den typischen Elementen frühmittelalterlicher Siedlungen, wobei die Bauweisen der Häuser z. T. erheblich variieren.

Generell überwiegen Oberflächenfundplätze, die die Existenz von Siedlungen zwar anzeigen, jedoch keine weiteren Aussagen über diese erlauben. Einzelne oder kleinere Gruppen von Hausbefunden kommen häufiger vor, während komplett bzw. großflächig ausgegrabene Siedlungsplätze weiterhin die Ausnahme darstellen. Quellenlage und Forschungsstände variieren somit merklich und lassen nicht immer detaillierte Aussagen über Baustrukturen, innere Organisation und Funktion zu. Zumindest in der Region um Haithabu und auch auf den nordfriesischen Inseln zeichnet sich ab, dass auch eher agrarisch geprägte Siedlungsplätze in jeweils unterschiedlichem Umfang an handwerklicher Produktion und dem lokalen bzw. regionalen Handel teilnahmen.

Im sächsischen Siedlungsgebiet sind meist nur einzelne oder wenige Grubenhäuser als Teile ursprünglich größerer Siedlungsplätze ausgegraben, wie z. B. in Schenefeld, Kr. Steinburg, oder in Pinneberg-Eggerstedt, Kr. Pinneberg. Diese Grubenhäuser gehören zu den flächenmäßig größten ihres Typs in Schleswig-Holstein. Aufwendige und stabile Holzkonstruktionen mit Wand- und Eckpfosten, massive Bohlenwände sowie eckständige Feuerstellen oder Öfen stellen charakteristische Elemente dieser Gebäude dar.

Die hier weitaus selteneren Befunde ebenerdiger Häuser lassen derzeit eine deutlich größere Variabilität als beim Grubenhausbau erkennen. Es kommen z. B. kleine einschiffige Gebäude wie in Kükels, Kr. Segeberg, und in Neumünster-Grotenkamp vor, die kaum größer als 8–12 × 5–7 m waren. Von den Dithmarscher Warften Wellinghusen und Hassenbüttel sind sowohl einschiffige als auch dreischiffige Wohnstallhäuser mit Längen von bis zu 30 m und landschaftstypischen Kleisodenwänden bekannt. Bis über 30 m lange einschiffige Häuser, teils mit Kübbungen, aus Lutzhorn, Kr. Pinneberg, unterstreichen das derzeitig uneinheitliche Bild.

Etwas günstiger ist die Quellenlage im friesischen Siedlungsgebiet, denn dort wurden mehrfach größere Siedlungsausschnitte, wie z. B. in Witsum und Nieblum auf Föhr (s. Beitrag, Kap. III, 112–113), Tinnum oder Archsum auf Sylt oder ganze Dorfplätze wie in Elisenhof bei Tönning auf der Halbinsel Eiderstedt ausgegraben. Die vergleichsweise großen Grubenhäuser mit rechteckiger Grundform besitzen zumeist keine Feuerstelle und nur zwei dachtragende Pfosten. Die Langhäuser variieren hinsichtlich der Größen und der Konstruktionsmerkmale, die auf Einflüsse unterschiedlicher Art und Richtung hindeuten. Bei beiden Hausformen treten die landschaftstypischen Sodenwände auf. Bezüglich der Siedlungsstrukturen und Funktionen ist es derzeit kaum möglich, ein einheitliches Bild zu zeichnen. Es sind sowohl geschlossene Dorfstrukturen (z. B. Elisenhof oder Witsum auf Föhr) als auch Plätze mit eher getrennten Wohn- und Funktionsarealen, wie z. B. Handwerks- oder Hafenbereiche, bekannt (Nieblum-Goting).

Nördlich der Eider bzw. des Danewerks wurden mit Kosel-West und -Ost, Kr. Rendsburg-Eckernförde, sowie Schuby und Füsing, beide Kr. Schleswig-Flensburg, großflächig Siedlungsplätze ergraben. Weitere Niederlassungen sind bekannt, jedoch nur ausschnittsweise untersucht: Meist handelt es sich auch hier um einzelne oder kleine Gruppen von Grubenhäusern, wie z. B. in Winning, Viöl oder Gammelby. Die 2010 entdeckte und teilweise erforschte Siedlung von Ellingstedt brachte ebenfalls Grubenhäuser und Hinweise auf Langhäuser hervor (s. Beitrag, Kap. III, 118–119).

[3] Ellingstedt LA 61, Kr. Schleswig-Flensburg. Die Verfüllungen zweier Grubenhausbefunde zeichnen sich als dunkle Verfärbungen im eiszeitlichen Sand ab. Das gut erhaltene Exemplar rechts weist die Reste eines Ofens in der Nordostecke des Hauses auf.
FOTOGRAFIE © ALSH

Dort, wo ausreichend Informationen vorliegen, überwiegen im dänischen Bereich Siedlungen mit vielen Grubenhausbefunden, die sowohl mit wenigen dreischiffigen Langhäusern vergesellschaftet, als (möglicherweise) auch eigenständig vorkommen. Unbeheizte Giebelpfostenhäuser mit rundlicher Hausgrube und Wänden aus Flechtwerk sind die Regel, wobei diese Form besonders im Umfeld von Haithabu durch beheizbare Grubenhäuser in stabilerer Bauweise, wie im Gebiet südlich der Eider typisch, ergänzt wird.

Wie insgesamt im nordwestslawischen Raum sind die Nachweise agrarischer Siedlungen auch im östlichen Holstein eher schütter. Abgesehen von einigen in Ausschnitten ergrabenen Plätzen, insbesondere im Umland von Burgen, besteht hauptsächlich Kenntnis von Keramikfundplätzen. Dies dürfte auf die vorherrschende Verwendung von Blockbauten zurückzuführen sein, die keine oder nur indirekte archäologische Spuren hinterließen. Bei den wenigen beobachteten Grubenhausbefunden – z. B. jenen des 8.–10. Jh. aus Lübeck-Kücknitz oder jenen des 10.–12. Jh. aus Bosau und Kembs, Gemeinde Gremersdorf, beide Kr. Ostholstein, – herrscht eine Dominanz der pfostenlosen Konstruktionen vor, die eine Verwendung der Schwellen- oder Blockbautechnik vermuten lässt. Die Häuser wiesen zumeist eckständige Feuerstellen auf.

Einbindung in wirtschaftliche Netzwerke
Seit dem frühen 7. Jh. entstand auf beiden Seiten des südlichen Nordseeraumes eine neue Wirtschaftzone, der bis in das frühe 9. Jh. hinein eine hohe Dynamik zu eigen war. Der westliche und nördliche Teil Schleswig-Holsteins entwickelte sich zur nördlichen Peripherie dieser Region. In den Küstengebieten, oftmals in Grenznähe gelegen, entstanden mit den sog. Emporien neue Wirtschafts- und Handelszentren, die über das Meer und durch die Schifffahrt in regem Austausch standen und für die Herrscher der merowingischen und angelsächsischen Königreiche eine wichtige Einnahmequelle darstellten. Darüber hinaus gab es zahlreiche kleinere Landeplätze und Häfen, die in regelmäßigen Abständen in Küstennähe lagen. Das Austauschmedium in diesem Wirtschaftsraum stellten Silbermünzen dar – kleine Silberdenare im Frankenreich und zumeist schriftlose Silberprägungen, bei den Angelsachsen und den Friesen als Sceattas bezeichnet. Im frühen 8. Jh. erreichte dieser Wirtschaftsraum Skandinavien – als erstes *emporium* entstand im dänisch-friesischen Grenzgebiet Ribe, an dem der dänische König mit den sog. Wodan-Monster-Sceattas auch erstmals eigene Münzen prägen ließ. Diese passten sich in das Sceattasystem des angelsächsisch-friesischen Raumes ein und waren bis in die erste Hälfte des 9. Jh. in Verwendung. Vereinzelte Sceattafunde im Westen und Norden Schleswig-Holsteins – z. B. der Fund vom Goting-Kliff auf Föhr – belegen die Anbindung an das südliche Nordseegebiet. Die Münzen wurden bei Handelstransaktionen allerdings nicht abgezählt, sondern nach ihrem Gewicht bewertet. Diese Form der Gewichtsgeldwirtschaft ist auch bei dem Schatzfund vom Krinkberg bei Pöschendorf, Kr. Steinburg, festzustellen. Neben 17 Hacksilberobjekten besteht dieser Hort aus mindestens 95 karolingischen Denaren, die aus allen Teilen des Frankenreiches über Dorestad nach Holstein gelangten. Der Hort könnte noch im frühen 9. Jh. vergraben worden sein und rückt somit zeitlich in die Nähe der endgültigen Einbeziehung Nordelbiens in das Frankenreich im Jahr 810.

[4] Der in der Mitte des 8. Jh. verborgene, nur unvollständig überlieferte Schatzfund vom Goting-Kliff auf Föhr enthält neben Sceattas unterschiedlichster Typen auch merowingische Denare, die fast alle durch Einschnitte sekundär auf ihren Feinsilbergehalt geprüft waren.
FOTOGRAFIE © Landesmuseen Schleswig-Holstein, Schloss Gottorf

In den 820er und 830er Jahren kam es zu einem wirtschaftlichen Boom im Frankenreich – zu dieser Zeit entstand Haithabu als Seehandelsplatz, an dem sich die aus dem Süden kommenden fränkischen Einflüsse in besonderer Weise manifestierten. Um ca. 825 entstand dort die erste Münzstätte, deren Prägungen auf älteren Münzen Karls des Großen aus dem größten fränkischen Hafen im Nordseegebiet, Dorestad, beruhten. Mit einer Unterbrechung im 3. Viertel des 9. Jh. wurde diese Münzprägung bis in die 970er Jahre fortgeführt. Zu dieser Zeit liefen in allen Regionen Schleswig-Holsteins bereits islamische Silbermünzen um, die Dirham, die über die Ostsee ins Land gelangten und Zeugnisse eines intensivierten Handelskontaktes mit Osteuropa (Reiche der Khazaren, Wolgabulgaren und Rus) und dem abbasidischen Kalifat von Bagdad darstellen. Es herrschte ein System der Gewichtsgeldwirtschaft vor, das zum Abwiegen des Silbers Feinwaagen mit normierten Gewichtssätzen verwendete.

Elemente dieses Systems finden sich sowohl in Haithabu und seinem Umland (Einzelfunde aus Siedlungen wie Ellingstedt oder Husby, Schatzfund von Hasselberg im östlichen Angeln – terminus post quem 926/27), als auch im westslawischen Ostholstein (z. B. der Fund von Waterneverstorf – t.p.q. 976/77) oder im friesischen Nordseeraum, wo der nach 927/28 verborgene Schatz von Morsum auf Sylt (s. a. Beitrag Kap. IV, 194–197) von einem aus Nord- oder Ostengland zurückgekehrten dänischen oder friesischen Herrn stammen könnte. Vor allem die samanidischen Emire Zentralasiens waren am Handel mit den Skandinaviern im Ostseegebiet interessiert, und über die Märkte der Wolgabulgaren wurden riesige Mengen an Silber für hochwertige Pelzwaren und Sklaven von Händlern aus Zentralasien gezahlt. Seinen Niederschlag fand dieser Handel in zahlreichen Dirhamfunden nicht nur auf dem Fernhandelsplatz Haithabu, sondern auch auf zahlreichen ländlichen Siedlungen Schleswig-Holsteins. Über diesen Silberstrom ist auch das ostfränkische Interesse an dem dänischen Handelszentrum Haithabu zu erklären, das einen Zugang der ottonischen Herrscher zu diesen Silberressourcen ermöglichte. Mitte des 10. Jh. ging dieser Handel massiv zurück und brach schließlich in den 970er Jahren völlig ein. Die Handelswege und -beziehungen veränderten sich nun signifikant – der steigende Silbererzabbau in den neuen mitteleuropäischen Bergbaurevieren führte zu deutlich kürzeren Wegen im Bezug des Silbers. Erst ab der Mitte des 11. Jh. lebte der Handel nach Osten in das Gebiet der Rus wieder auf. Wirtschaft und Münzprägung blieben für das späte 10. und die erste Hälfte des 11. Jh. deutlich dominiert durch die Beziehungen nach Süden und nach Westen in das spätangelsächsische England, dessen Reichtum ab 991 maßgeblich durch regelmäßige Plünderungen nach Dänemark abfloss. Die Dominanz ostfränkischer und englischer Pfennige zeigen Schatzfunde wie der von List auf Sylt (t.p.q. ca. 1000–1003) oder der im Münzhandel zerstreute Fund von Lübeck (t.p.q. 1046–1056).

Wie die erwähnten Horte und darüber hinaus Import- und Fremdgüter sowie personelle Austauschbeziehungen (Heiraten, Allianzen, Gesandtschaften) dokumentieren, waren nicht nur das sächsische, friesische und dänische Siedlungsgebiet, sondern auch das westslawische Ostholstein sowohl in den west- und kontinentaleuropäischen Wirtschaftsraum als auch in die Austausch- und Kommunikationsnetzwerke des Ostseeraumes eingebunden. Letztere sind insbesondere anhand von Funden skandinavischen Gepräges vor allem aus nicht-agrarischen Siedlungen (Starigard, Alt-Lübeck, Göhl) materiell sichtbar. In diesem Zusammenhang wird auch die Schiffbarkeit des Oldenburger Grabens bzw. Landeplätze an der Küste diskutiert.

Wege ins Jenseits

Wie im gesamten sächsischen Stammesgebiet war auch in Nordelbien die Bestattungsart im 8. Jh. nicht einheitlich. Neben Brandbestattungen traten auf den Gräberfeldern ab dem 8. Jh. in stärkerem Maße auch S-N-gerichtete Körpergräber in Baumsärgen auf; z. T. bedeckt von flachen Grabhügeln mit geringen Durchmessern. Bis dato wurden lediglich zwei solcher Gräberfelder im nordelbisch-sächsischen Gebiet archäologisch untersucht – Immenstedt, Kr. Dithmarschen, und Bendorf, Kr. Rendsburg-Eckernförde. Daneben finden sich vereinzelt Nachbestattungen in Grabhügeln der Stein- und Bronzezeit, z. B. in Vaale, Kr. Steinburg, und Frestedt, Kr. Dithmarschen. Der Übergang von S-N- zu W-O-orientierten Körpergräbern erfolgte nördlich der Elbe erst in der 1. Hälfte des 9. Jh. Damit einhergehend, kam es nach und nach zur Aufgabe der alten Bestattungsplätze. Es ist davon auszugehen, dass in dieser Zeit neue, archäologisch bislang jedoch noch nicht nachweisbare Kirchfriedhöfe entstanden. Während die älteren S-N-ausgerichteten Gräber teilweise nennenswerte Beigaben enthalten, die häufig eine komplette Tracht- und/oder Waffenausstattung, mitunter samt Reitzubehör, repräsentieren, sind die jüngeren W-O-ausgerichteten meist beigabenlos oder arm an Ausstattung.

Obwohl bislang kein Gräberfeld auf den Nordfriesischen Inseln und in Eiderstedt vollständig untersucht wurde, ist zu erkennen, dass die Körpergrabsitte in der 1. Hälfte des 9. Jh. die Urnenbestattungen des 8. Jh., bei denen der Kugeltopf allmählich den Eitopf ersetzte, und daneben praktizierte Brandschüttungsgräber, beide in Grabhügeln niedergelegt, ablöste. Bereits seit dem Ende des 8. Jh. treten unter den Beigaben vermehrt skandinavische Objekte auf,

5 cm

[5] Unter den 1905 im Ort Tating auf der Halbinsel Eiderstedt entdeckten Gräbern enthielt eines eine Kanne aus hartgebranntem, feingemagertem, schwarzen Ton, die, mit weißer Zinnauflage in Form von drei Kreuzen versehen, als Urne Verwendung fand. Nach dem Fundort erhielten diese karolingerzeitlichen liturgischen Tongefäße ihre Bezeichnung als »Tatinger Kannen«.
FOTOGRAFIE © Landesmuseen Schleswig-Holstein, Schloss Gottorf

wie z. B. Schalenfibeln, die als Indiz für eine zunehmende Vermischung friesischer und dänischer Bevölkerungsgruppen in dieser dem dänischen König unterstehenden Region zu werten sind. Die politische Zugehörigkeit der Westküste zu Dänemark deutet auch das Danewerk des 8. Jh. an. Gräber des 10. und 11. Jh. sind nahezu unbekannt.

Die vorherrschende Grabform des 8. und 9. Jh. im dänischen Siedlungsgebiet war das Brandschüttungsgrab unter einem kleinen Hügel, gekennzeichnet durch eine spärliche Beigabenausstattung. Daneben kommen vereinzelt Körperbestattungen vor, häufig in Form von Nachbestattungen in älteren Hügeln. Die typischen Bestattungsformen des 10. Jh. sind Erd-, Sarg- und überhügelte Kammergräber, größtenteils in W-O- bzw. WSW-ONO-Ausrichtung, bei denen teilweise schon von einem christlichen Kontext auszugehen ist. Insbesondere letztere heben sich von anderen Gräbern durch den aufwendigeren Grabbau sowie eine umfassendere und regelrecht standardisierte Beigabenausstattung ab. Als Charakteristikum der weiblichen Bestattungen in Kammergräbern gilt der mit metallenen Beschlägen versehene Wagenkasten, der als Sarg Verwendung fand – z. B. in Thumby-Bienebek, Kr. Rendsburg-Eckernförde. Männliche Bestattungen in Kammergräbern, wie z. B. die Gräber Norderbrarup 4, Kr. Schleswig-Flensburg, und Thumby-Bienebek 1 und 37 A, enthalten u. a. Waffen und häufig Bestandteile der Reitausrüstung. Die in den Kammergräbern Bestatteten mögen Mitglieder von Familien der Oberschicht gewesen sein. Im zweiten Viertel des 11. Jh. endete diese Beigabensitte. Es ist davon auszugehen, dass Angehörige der Oberschicht nun in oder bei Kirchen ihre letzte Ruhe fanden.

Im Gegensatz zu den übrigen Kulturräumen sind aus dem slawischen Ostholstein kaum Bestattungsplätze außerhalb von Siedlungen bekannt. Dies ist auf die Art und Weise zurückzuführen, in der die Toten bestattet wurden. In Analogie zum übrigen slawischen Gebiet dürfte es sich im 8. bis 10. Jh. auch in Ostholstein um sehr beigabenarme bzw. -lose Brandschüttungs- bzw. Brandgrubengräber unter kleinen Grabhügeln gehandelt haben. Der Übergang zur Körpergrabsitte im 10./11. Jh. steht wohl mit der auch im slawischen Gebiet voranschreitenden Christianisierung in Verbindung. Die Grablegen und Bestattungen aus Starigard und Alt-Lübeck stellen überwiegend elitäre oder auch dynastische Grablegen dar, deren Habitus in jeder Hinsicht Ausdruck internationaler Netzwerke ist. Die zwölf Gräber aus dem Inneren der Holzkirche und dem Steinbau aus Alt-Lübeck belegen eindrucksvoll diese Elitenkommunikation zwischen slawischen (z. B. Schläfen- und Fingerringe) und dem mittel- und nordwesteuropäischen (z. B. Thebalringe, Pilgermuscheln, Alsengemme) Regionen.

Religion und Christianisierung

Die bis zur Christianisierung polytheistischen Glaubensvorstellungen der friesischen und sächsischen Bevölkerung werden der südgermanischen, die der dänischen der nordgermanischen Religion zugeordnet. Für die slawische Bevölkerung ist ebenfalls ein polytheistisches System überliefert. Archäologisch sind die jeweiligen religiösen Kulte und Riten in Schleswig-Holstein bislang jedoch kaum fassbar. Gewässerfunde – insbesondere Schwerter – im sächsischen und dänischen Gebiet mögen als Opfergaben zu deuten sein. Verschiedene Amulette wie z. B. Thorshämmer, Gesichtsdarstellungen oder auch Walkürenfibeln aus dem Landesteil Schleswig lassen sich mit Figuren und Elementen der nordischen Mythologie in Verbindung bringen. Eine Besonderheit stellen die Funde und Befunde aus Starigard dar, die konkrete Einblicke in die pagane slawische Welt erlauben. Hierzu gehört auch ein Kultplatz, der im Zuge der sog. »heidnischen Reaktion« des späten 10. Jh. eingerichtet wurde.

Während die Christianisierung im sächsischen Gebiet durch die fränkische Eroberung im frühen 9. Jh. und im friesischen und dänischen Raum durch fränkische Missionstätigkeit im Laufe des 9. und 10. Jh. erfolgte und früh durch die Errichtung von Kirchen (Heiligenstedten wahrscheinlich 810; Haithabu um 850) zum Ausdruck gebracht wurde, scheint der neue Glaube im slawischen Ostholstein relativ spät Fuß gefasst zu haben. Eine punktuelle Mission ist anhand des Bischofssitzes (um 970), der Kirchenbauten und Bestattungen in Starigard für das späte 10. Jh. zu erkennen (s. Beitrag Kap. IV, 206–209). Erst um 1060 entstehen mit Ratzeburg und Mecklenburg weitere Bistümer,

[6] Steigbügel aus Thumby-Bienebek, Zaumzeugbeschläge aus Quern und ein Schwert aus Böel. Neben persönlichen Gegenständen wie z. B. Messern, Wetzsteinen und Kämmen, Trachtbestandteilen wie Gürtelschnallen, Gewandnadeln und Fibeln oder auch Tafelgeschirr in Form von Holzeimern, Schalen aus Kupferlegierungen, Keramikgefäßen und Hornlöffeln stellen Äxte, Lanzen, Schilde, Sporen, Sättel, Trensen sowie vereinzelt Pferde und Spielbretter weitere typische Beigaben aus den dänischen Reitergräbern des 10. Jh. dar. FOTOGRAFIE © Landesmuseen Schleswig-Holstein, Schloss Gottorf

die archäologisch aber nicht erforscht sind. Die etwa 22 m lange Holzkirche aus dem Burgwallinneren von Alt-Lübeck (2. Viertel des 11. Jh. oder spätes 11. Jh.) und der dann folgende Feldsteinbau (1. Hälfte des 12. Jh.) mit Nartex zeigen für die spätslawische Zeit ein weiteres Zentrum des Glaubenswandels, das zudem zur Idee dynastischer zeitgleicher Grablegen gehört. So unterschiedlich diese einzelnen Plätze sein mögen, so ist ihnen gemeinsam, dass sie zunächst noch Ausdruck punktueller Missionsbemühungen im Umfeld der Eliteburgen und landesherrlichen Burgen sind. Erst im 12. Jh. etabliert sich die neue Religion tiefgreifend und flächendeckend.

Nicht nur im Hinblick auf die Glaubensvorstellungen – und daran geknüpft die christlichen Bestattungen auf Kirchenfriedhöfen – sondern beispielsweise auch in Bezug auf die Urbanisierung, die Übernahme eines neuen Burgentyps (Turmhügelburg, ab dem 12. Jh.), den Hausbau (Verschwinden der Grubenhäuser; einschiffige Langhäuser) und ganz allgemein die Sachkultur ist in dem hier thematisierten Zeitraum überall im Land ein starker Wandel zu verzeichnen, der den Übergang zum christlichen Mittelalter einläutet (s. Beitrag Kap. II, 58–61).

[7] Im Umkreis der 983 zerstörten Kirche von Starigard/Oldenburg wurden bei Ausgrabungen 2.800 kleine, weiß gebrannte Knochensplitter mit figürlichen und geometrischen Verzierungsresten gefunden, bei denen es sich um die geschnitzten Beschläge eines ehemals ungefähr 19 cm breiten und 23 cm hohen, hölzernen Reliquienkastens mit Walmdach handelt.
FOTOGRAFIE © Landesmuseen Schleswig-Holstein, Schloss Gottorf

LITERATUR

A. Bantelmann, Nordfriesland in vorgeschichtlicher Zeit. 3. neubearbeitete und ergänzte Auflage, durchgesehen und ergänzt von M. Segschneider. Geschichte Nordfrieslands Teil 1 (Bredstedt 2003).

S. Eisenschmidt, Grabfunde des 8. bis 11. Jahrhunderts zwischen Kongeå und Eider. Zur Bestattungssitte der Wikingerzeit im südlichen Altdänemark. Studien zur Siedlungsgeschichte und Archäologie der Ostseegebiete 5 (Neumünster 2004).

T. Lemm, Die frühmittelalterlichen Ringwälle im westlichen und mittleren Holstein. Schriften des Archäologischen Landesmuseums 11 (Neumünster 2013).

B. S. Majchczack, Die Rolle der nordfriesischen Inseln im frühmittelalterlichen Kommunikationsnetzwerk. Studien zur Landschafts- und Siedlungsgeschichte im südlichen Nordseeraum 11 (Rahden/Westf. 2020).

D. Meier, Die wikingerzeitliche Siedlung von Kosel (Kosel-West), Kreis Rendsburg-Eckernförde. Offa-Bücher 76 (Neumünster 1994).

U. Müller und D. Wehner, Wagrien im Brennpunkt der Slawenforschung. In: K. Marterior/N. Nübler (Hrsg.), Mehrsprachige Sprachlandschaften. Das Problem der slavisch-deutschen Mischtoponyme. Akten der Kieler Tagung 16. -18. Oktober 2014. Onomastica Lipsiensia 11 (Leipzig 2016) 209–260.

T. Schade, Die wikingerzeitliche Siedlung von Kosel–Ost (LA 198): Ein ländlicher Fundplatz im Kontext der altdänischen Siedlungslandschaft des 10. Jahrhunderts. Univforsch. prähist. Arch. 322 (Bonn 2018).

M. Segschneider (Hrsg.), Ringwälle und verwandte Strukturen des ersten Jahrtausends n. Chr. an Nord- und Ostsee. Schr. Arch. Landesmus. Ergänzungsr. 5 (Neumünster 2009).

A. Tummuscheit, Der frühmittelalterliche Seehandelsplatz von Groß Strömkendorf, Lkr. Nordwestmecklenburg (Wiesbaden 2011).

P. Westphalen, Die Häuser von der frühgeschichtlichen Warft Elisenhof. Offa-Bücher N. F. 87 (Kiel/Hamburg 2014).

R. Wiechmann, Edelmetalldepots der Wikingerzeit in Schleswig-Holstein. Vom »Ringbrecher« zur Münzwirtschaft. Offa-Bücher 77 (Neumünster 1996).

AUTOR
Ulrich Müller

BEDEUTENDE GRABUNGSORTE
Schwedeneck LA 201
Schinkel LA 44
Wedel LA 14
Uelvesbüll LA 103

MERKMALE
Urbanisierung, Burgen, Kirchen und Klöster, Deichbau, Etablierung der Landesherrschaften

700	1100	1500	2020
Frühmittelalter	Mittelalter	Neuzeit	

Vormoderne (Mittelalter und frühe Neuzeit) und Moderne

Die vielschichtige und nicht nur allein durch deutsche und dänische Akteure bestimmte mittelalterliche und neuzeitliche Geschichte Nordelbiens ist auch über Grenzflüsse beschreibbar. Bis zur Schlacht bei Bornhöved 1227 und der Etablierung der Herzogtümer Schleswig als dänischem und Holstein als römisch-deutschem Lehen bildete das Danewerk eine Grenze, die später die Eider als Grenzfluss zwischen dem Herzogtum Schleswig und dem Herzogtum Holstein bis 1864 ablöste. Die Königsau (Kongeåen) wiederum markierte die Grenze des dänischen Lehens nach Norden (Sønderjylland), die Elbe bildete die Grenze des holsteinischen und später auch lauenburgischen Lehens nach Süden. Einen Sonderweg zeichnet die Geschichte Dithmarschens aus, das nach der Schlacht bei Bornhöved 1227 an das Erzbistum Bremen fiel und bis weit in die Vormoderne hinein seine Eigenständigkeit bewahren konnte. Zwar umfasste das Mittelalter als eine lateineuropäische Epochengrenze in der Regel die Zeit zwischen 500 und 1500, doch trennt man aufgrund der slawischen, sächsischen und skandinavischen Herrschaften zumindest archäologisch gerne die Zeit des 5./6. bis 11. Jh. von dem darauffolgenden hohen und späten Mittelalter. Tatsächlich kennzeichnet das späte 11. bis 13. Jh. eine Phase großer Veränderungen. Unter den Schauenburger Grafen und ihrer adligen Lehnsleute gelang die Eroberung und Kolonisation des slawischen Wagriens. Einen sichtbaren Ausdruck dieser Strukturveränderungen stellte das immer dichter werdende Netz an Dörfern, Städten und Burgen dar, die sowohl lokale Ordnung als auch zentrale Herrschaft verkündeten. Hinzu kam eine zunehmende christliche Durchdringung, die bereits mit den ersten Missionsbemühungen des 10 Jh. eingeläutet, aber mit Etablierung neuer Bistümer (Ratzeburg, Lübeck), städtischer und ländlicher Pfarrkirchen sowie der Anlage von Klöstern und Konventen gefestigt worden war.

Burgen und Herrschaft: Die archäologische Burgenforschung konzentrierte sich vor allem auf die niederadligen Motten. In den holsteinischen Landesteilen sind anhand des Burgenbaus ab dem 12. Jh. zunehmend lokale und regionale Akteure fassbar. Hier ermöglichen Anlagen wie Futterkamp, Linau (s. Beitrag Linau, Kap. III, 134–135) oder Kemladen wie Travenhorst Einblicke in Lebenswelten abseits der großen Burgenlandschaften. Im dänischen Landesteil waren sie zunächst Ausdruck königlicher Interventionen, die dann aber ab dem 13./14. Jh. zugunsten einer »Selbstterritorialisierung« abgelöst wurden, bei der sowohl skandinavische als auch holsteinische Einflüsse und Vorbilder zu regionaler Innovation führten. Neben Kleinburgen zeichnen Eliten- und Lehnsburgen des dänischen Königtums bzw. Lehens der Bischöfe und weiterer hochrangiger Akteure (z. B. Hatzburg, Gottorf oder Lübeck) das Bild einer vielfältigen Burgenlandschaft, die in den letzten Jahren archäologisch wie historisch intensive Beforschung erfuhr. Themenfelder zukünftiger Forschungen sollten die Transformationsprozesse zu Beginn des hohen sowie am Ende des späten Mittelalters sein. Fragen möglicher Standort- bzw. Funktionskontinuität zwischen den sächsischen (z. B. Itzehoe) bzw. slawischen Burgen und den hochmittelalterlichen Anlagen (z. B. Oldenburg) sind kaum geklärt. Die spätmittelalterlichen »Festen Häuser« im Umfeld der späteren Gutsanlagen bilden eine wichtige Etappe im Übergang von der (niederadligen) Burg zum Herrenhaus. Hiervon zeugen nicht nur die detaillierten Darstellungen auf den sog. »Rantzauschen Tafeln« (um 1587), sondern auch zunehmend archäologische Untersuchungen (Futterkamp). Neben Burgen bilden Landwehren und Festungen ein wichtiges Thema, wie Untersuchungen an Landwehren (Lübeck) und Speerwerken (Schlei) sowie Festungen wie Kiel-Friedrichsort eindrucksvoll belegen.

Stadt und Land: Obwohl Schleswig-Holstein bis heute agrarischer Prägung unterliegt, sind archäologische Untersuchungen zur Dorfgenese oder zum ländlichen Siedlungsraum dünn gestreut. Einige gut untersuchte Siedlungen (Elisenhof, Schuby, Malente, Schinkel) erlauben Einblicke in Bauformen und Siedlungsstrukturen des ländlichen Raums im hohen und späten Mittelalter. Im Zusammenspiel mit Schriftquellen lässt sich mitunter auch eine kleinteilige Siedlungsgeschichte rekonstruieren, wobei in der Forschung vor allem die ostholsteinischen Regionen in der Zeit des Landesausbaus (z. B. Plöner Seegebiet) im Fokus standen. Auch wenn Schleswig-Holstein im Mittelalter eine vergleichsweise städtearme Region darstellt, sind gerade hier Prozesse der Stadtwerdung paradigmatisch aufzuzeigen. Der Übergang von Haithabu zu Schleswig im 11. Jh. gehört hier ebenso dazu wie der Wandel Schleswigs »um 1200« zu einer Stadt hochmittelalterlichen Zuschnitts. Lübeck wiederum gilt als ein »Prototyp« der »Gründungstadt« und als »Blaupause« für weitere Stadtwerdungen im Ostseeraum. Die inzwischen archäologisch nachgewiesene schauenburgische Stadt um 1143 sowie eine mögliche Vorbesiedlung präsentieren Referenzfunktionen über Schleswig-Holstein hinaus. Im 12./13. Jh. kam es zu einer Vielzahl an Stadtgründungen, insbesondere durch die Schauenburger. Nicht alle diese Städte behielten ihr Stadtrecht (z. B. Meldorf). Abseits der beiden stadtarchäologischen »hot spots« ist über die Entwicklung der Küstenstädte an der Ostsee (Kiel, Eckernförde, Flensburg) verhältnismäßig wenig bekannt. Dies gilt auch für die Kleinstädte im östlichen und südöstlichen Holstein (z. B. Eutin, Plön, Segeberg) und die Regionen um Hamburg (Itzehoe, Oldesloe), wobei hier insbesondere Fragen möglicher Kontinuitäten zwischen sächsisch-billungischer bzw. slawischer und hochmittelalterlicher Herrschaftszentren und Märkten (z. B. Oldenburg, Ratzeburg) von Interesse sind. An der Westküste entwickelte sich Heide zu einem zentralen Marktort des 15. und 16. Jh., der erst 1870 das Stadtrecht erhielt. Die Gottorfer Gründung Friedrichstadts (1620/24) sowie das dänische Glücksstadt (1617) als Gegenpole zu Hamburg wiederum gelten als herausragende Beispiele für städtische Utopien der frühen Neuzeit.

Kirche und Kloster: Die mehr als 1000 Kirchen in Nordelbien bezeugen eine intensive Geschichte. Ausgehend vom 832 gegründeten Missionsbistum Hamburg erfolgten erste Missionsbestrebungen im Lande bereits im 10. und frühen 11. Jh. (Holzkirchen in Starigard/Oldenburg und Alt-Lübeck). Sie waren aber in ihrer Reichweite auf die Eliten beschränkt. Allerdings kam es erst im 12. Jh. zu einem großflächigen Kirchenbau im Zuge der Neugestaltung der Bistumslandschaft, der flächendeckenden Mission im ländlichen Raum (z. B. durch Helmold von Bosau) und der damit verbundenen Konsolidierung des Pfarrkirchensystems. Diese Entwicklung ging Hand in Hand mit frühen Klostergründungen, die ab dem 12. Jh. nicht nur in Städten (Schleswig; Lübeck [s. Beiträge Kap. IV, 202–205;

[1, 2] OBEN Petrikirche, Bosau, Kr. Plön.
UNTEN Kloster Cismar, Kr. Ostholstein, Ansicht von Osten.
FOTOGRAFIEN © Linda Hermannsen, ALSH

210–213]), sondern auch im ländlichen Raum (z. B. Cismar; Lügumkloster; Reinfeld) nachweisbar sind. Die archäologisch bzw. bauhistorisch recht gut dokumentierten Anlagen der Augustinerchorherren, Benediktiner*Innen, Zisterzienser*Innen und der Bettelorden sowie Beginen in den Städten besaßen nicht nur missionarische und seelsorgerische Funktionen, sondern unterstützten tatkräftig den Landesausbau, bspw. im ehemals slawischen Ostholstein oder den Elbmarschen. Die Stifter dieser Klöster bestanden zunächst in den Landesherren – nördlich der Eider der dänische König, im Süden die Schauenburger. Darüber hinaus sind auch bischöfliche (Lübeck) und adlige Anlagen bekannt.

Architekturhistorisch besitzen die schleswig-holsteinischen Kirchen und Klöster große Bedeutung. Charakteristisch waren nicht nur die Feldsteinkirchen (Bosau), sondern die Backsteinbauten, die in Form der städtischen (Lübeck, Ratzeburg) und ländlichen Backsteingotik (Cismar) dem Norden seine ganz eigene Formensprache bescherte. Unter den Bauten der Westküste sind die »Tuffsteinkirchen« aus rheinischem Tuffstein hervorzuheben. Die »gotische Revolution«, die völlig neue architektonische, technische und gestalterische Lösungen ermöglichte, führte auch im Norden durch die Hinwendung zum »Kathedralschema« zu grundlegenden Veränderungen. Dies lassen der Dom zu Schleswig und die Lübecker Marienkirche besonders gut erkennen. Letztere arrivierte als »Bürgerkirche« zum Vorbild für zahlreiche Kirchen im Ostseeraum. Im Jahre 1542 erfolgte die Reformation, die aber kaum mit »Bilderstürmerei« in Verbindung zu bringen war, zahlreiche Kirchenbauten konnten so ihre vorreformatorische Gestalt bewahren.

Eine archäologisch besonders wichtige Region bilden die Elbmarschen sowie die Westküste Dithmarschens bis Nordfriesland. Noch heute im Gelände sichtbare mittelalterliche Warften und die im Meer liegenden Halligen künden von der Urgewalt des Meeres. Sturmfluten wie die Mandränken (1219; 1362; 1634), die u. A. auch zum Untergang des sagenhaften Rungholts (s. a. Beitrag Rungholt, Kap. III) geführt haben sollen, veränderten ebenso nachhaltig die Natur- und Kulturlandschaft, wie die stetigen Gezeiten und der Anstieg des Meeresspiegels. Das heutige Bild der Nordseeküste prägten im Wesentlichen die Katastrophenfluten des 14. und 17. Jh. mit Pegelständen von bis zu 3 m ü. NN. Den Überschwemmungen trotzten bereits früh im 12. Jh. Seedeiche und dann Ringdeiche, die schrittweise ausgebaut und erhöht wurden. Vor allem die ab dem späten Mittelalter errichteten Winterdeiche sowie die Stackdeiche boten durchweg guten Schutz und ermöglichten auch die Landgewinnung im Deichvorfeld, wie Untersuchungen an der Westküste (insbes. Dithmarschen; Halbinsel Eiderstedt) und den Elbmarschen belegen. Die intensiven landschafts- und geoarchäologischen Untersuchungen zeigen, wie sich der Naturraum durch Deichbau, Entwässerung und Marschenkultivierung ab dem 12. Jh. zu einer Kulturlandschaft mit zahlreichen landschaftsgeschichtlichen und kulturhistorischen Denkmalen wandelte. Insbesondere die Ausgrabungen an den Wurten von Elisenhof (8.–11. Jh.) oder Hasebüttel (9.–14. Jh.) zeigen beispielhaft Siedlungsstrukturen, Hausbau und Wirtschaft. Darüber hinaus liegen im nordfriesischen Wattenmeer zahlreiche Zeugnisse der vergangenen Kulturlandschaft. Deiche und Warften, aber auch Spuren des Salztorfabbaus wurden durch die Gewalten der Sturmfluten wieder Teil der Naturlandschaft, wie nicht zuletzt auch zahlreiche Wracks (z. B. Ülvesbüll) künden.

[3] Querschnitt durch den Schardeich (1200-1600), Pellworm, Kr. Nordfriesland.
FOTOGRAFIE © ALSH

Archäologische Untersuchungen an Plätzen der Neuzeit und Moderne erfolgten eher vereinzelt, sodass kaum eine systematische Neuzeitarchäologie anzusprechen ist. Dementsprechend thematisch und punktuell sind die Beispiele. Sie reichen von Barockgärten (Schloss Gottorf, Schleswig) über Schlachtfelder (Idstedt) und Hinrichtungsplätze bis zu Wracks (»Prinsessan Hedvig Sophia«[s. Beitrag Kap. IV, 222–225], Kieler Bucht; UC 71 vor Helgoland) und Festungen (Kiel, Friedrichsort). Intensiver untersucht wurden neuzeitliche Töpfereien (Heide, Plön) sowie Glashütten. Insbesondere das östliche Schleswig-Holstein besitzt eine Vielzahl an Glashütten, die in einem engen Zusammenhang mit der Ausbreitung der Gutsherrschaft stehen.

Zusammenfassend ist festzuhalten: Die archäologische Erforschung der Vormoderne konzentriert sich vor allem auf Burgen und Befestigungen sowie die Städte, unter denen Schleswig und Lübeck hot spots der Stadtarchäologie darstellen. Der ländliche Raum erfuhr mit Ausnahme der Westküste wenige Untersuchungen; sakrale Anlagen insbesondere im ländlichen Raum rückten erst in den letzten Jahren in den Fokus der Archäologie (St. Katharinen; s. Beitrag Kap. III, 144–145). Mit wenigen Ausnahmen steckt die Erforschung der Neuzeit und Moderne durch die Archäologie noch in den Anfängen.

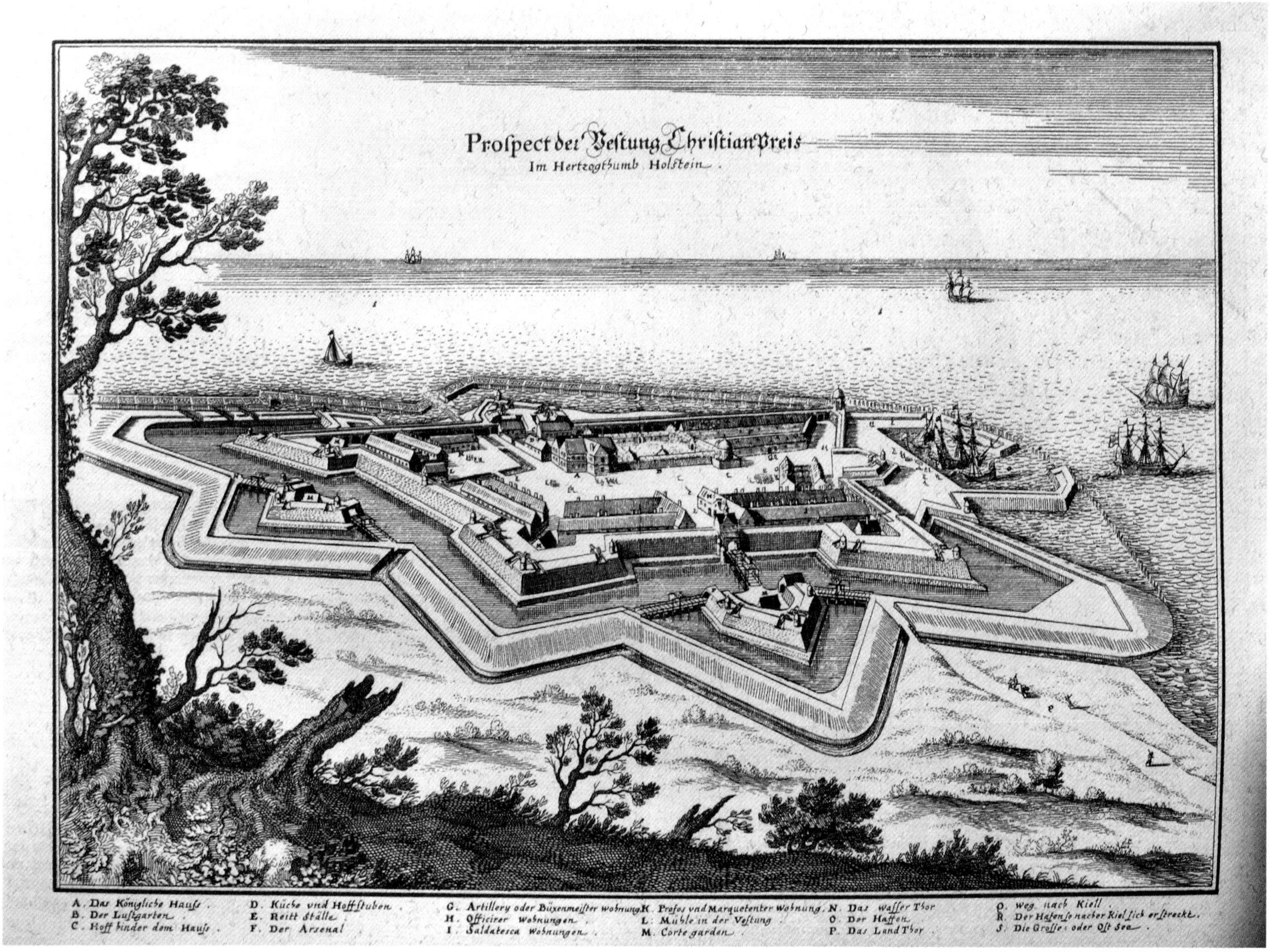

[4] Festung Christianspries, Friedrichsort, Kiel, Schleswig-Holstein. Stich von Merian, Matthäus Merian, Topographia Saxoniae Inferioris, Frankfurt am Main 1652.

LITERATUR

O. Auge (Hrsg.), Burgen in Schleswig-Holstein. Zeugen des Mittelalters einst und jetzt (Kiel 2019).

O. Auge und K. Hillebrand (Hrsg.), Klosterbuch Schleswig-Holstein und Hamburg. Klöster, Stifte und Konvente von den Anfängen bis zur Reformation (Regensburg 2019).

D. Meier, Schleswig-Holstein im Hohen und Späten Mittelalter. Landesausbau – Dörfer – Städte (Heide 2012).

D. Meier, Schleswig-Holstein - eine Landschaftsgeschichte (Heide 2019).

U. Müller, Von Oldenburg nach Lübeck – Mission, Glaubenswandel und die Institutionalisierung des Christentums vom 10. bis 13. Jahrhundert. In: F. Biermann und F. Ruchhöft (Hrsg.), Bischof Otto von Bamberg in Pommern. Historische und archäologische Forschungen zu Mission und Kulturverhältnissen des 12. Jahrhunderts im Südwesten der Ostsee (Bonn 2017) 211–232.

AUTOR
Walter Dörfler

105.000 v. Chr.	9600	4100	1700	1	2020
Paläolithikum	Mesolithikum	Neolithikum	Bronzezeit		

Umweltentwicklung
Von der Natur- zur Kulturlandschaft

1904 verfassten der Botaniker Carl Albert Weber und die Archäologin Johanna Mestorf einen Aufsatz über die *Wohnstätten der älteren neolithischen Periode in der Kieler Föhrde,* ein wegweisendes Beispiel interdisziplinärer Forschung, die in Kiel kontinuierlich weiter ausgebaut wurde. Heute kommen für die Rekonstruktion der Wechselwirkungen zwischen Mensch und Umwelt neben archäologischen vor allem paläoökologische, archäozoologische, geoarchäologische und geophysikalische Methoden zum Einsatz. Durch die Analyse von Pollen, pflanzlichen Makroresten, Tierknochen aber auch Insektenresten, Muscheln und vielen weiteren sog. Proxies lassen sich die Lebensbedingungen der Menschen rekonstruieren. Welche Ressourcen standen den Jägern, Sammlern und Fischern, welche den Ackerbauern und den Metallurgen zur Verfügung? Wie veränderten sie ihre Umwelt– sei es bewusst oder unbewusst – und wie passten sie sich an eine veränderte Umwelt an? Viele Zusammenhänge konnten geklärt werden, doch sind viele Fragen noch offen.

[1] Mit Bohrungen beginnen die Untersuchungen zur Landschaftsgeschichte.
FOTOGRAFIE Walter Dörfler, Kiel

Paläolithikum und Mesolithikum
Die eiszeitliche Steppentundra bot den Jägern und Sammlern neben Beerensträuchern vor allem zahlreiche Tierarten als Nahrungsgrundlage – von Mammut, Riesenhirsch, Rentier und Wildpferd bis zu Wisent, um nur einige zu nennen. Höhere Bäume fehlten im Norden und die Vegetation von Gräsern, Kräutern und Zwergsträuchern war an das harsche Klima angepasst. Ein saisonal sehr unterschiedliches Nahrungsangebot und Tierwanderungen, etwa der Rentiere, erforderten große Schweifgebiete und ließen nur eine geringe Bevölkerungsdichte zu. Mit der Klimaerwärmung und der einhergehenden Bewaldung im beginnenden Holozän kam es zu Anpassungen, denn es verschob und erweiterte sich das potenzielle Nahrungsangebot erheblich: Mit der Ausbreitung der Hasel im Boreal (ca. 8100 – 6800 v. Chr.) stand den mesolithischen Wildbeutern eine fettreiche und gut lagerbare Frucht zur Verfügung, die intensiv genutzt wurde. Der im Laufe des Boreals etablierte dichte Eichenmischwald bot darüber hinaus relativ wenig Nahrung für Mensch und Wild. Lichtungen und Waldränder waren dagegen besonders attraktive Jagd- und Sammelplätze,

hinzu kamen zahlreiche Fisch- und Vogelarten in und an den Gewässern. Dichte Laubwälder beherrschten auch das Atlantikum (6800 – 3800 cal. BC), aus dem nur wenige Fundplätze bekannt sind. Erst die Auflichtung der Wälder im Zuge der Neolithisierung ab 4100 cal. BC erbrachte Änderungen.

Neolithikum

Die Einführung von Haustieren ermöglichte es, deutlich höhere Erträge aus der nach wie vor dicht bewaldeten Landschaft zu erzielen. Laub konnte geschneitelt und so den Haustieren auch im relativ unterwuchsarmen Wald als Nahrung zugeführt werden. Die Bevorratung mit Laubheu als Futter erlaubte auch den winterlichen Nahrungsengpass abzupuffern und damit eine im Vergleich zur Wildtierpopulation deutlich höhere Haustierpopulation von derselben Fläche zu ernähren. Die im Zuge dieser Nutzung allmähliche Auflichtung des Waldes förderte die Ausbreitung des lichtliebenden Haselstrauches. Ackerbau ist in dieser frühen Phase kaum nachweisbar, erst zum Frühneolithikum I b wurden gegen 3600 cal. BC größere Felder angelegt und auf ihnen Gerste, Emmer und Einkorn angebaut. Die Menschen begannen die Landschaft ›aufzuräumen‹, herumliegende Findlinge dienten nun dem Bau von Megalithgräbern. Durch Beweidung über Jahrhunderte vom Baumbewuchs freigehaltene Lichtungen ließen sich mit dem Ard pflügen, ohne dass Baumstümpfe und -wurzeln dies erschwert hätten. Doch der ›Boomphase‹ folgt auch ein ›Bust‹: Zwischen 3200 und 3000 cal. BC kam es zur Waldregeneration auf aufgelassenen Wirtschaftsflächen, wie auch zwischen 2400 und 2300 cal. BC. Was genau der Auslöser der Bevölkerungsrückgänge oder Abwanderungen war, bedarf weiterer Forschungen. Interne (sozial-ökonomische) wie auch externe (klimatische oder epidemiologische) Ursachen kommen in Betracht.

Bronzezeit

Mit der allmählichen Auflichtung der Landschaft ging auch eine Bodenverarmung einher: Während unter Megalithgräbern Braunerden dominieren, finden sich unter bronzezeitlichen Grabhügeln häufig Podsole als Indikator für Heide. Diese stellt im norddeutschen Flachland eine Ersatzgesellschaft dar, verursacht durch Überweidung und den damit einhergehenden Nährstoffentzug. Der Wald nahm allerdings, wie zahlreiche Pollendiagramme belegen, nach wie vor wesentliche Teile der Landschaft ein. Waren es aber in der Bronzezeit eher große Waldinseln in einer offenen Kulturlandschaft, so befanden sich im Neolithikum einzelne Rodungsinseln und Lichtungen in den dominierenden Wald eingestreut. Ganz allmählich wanderten auch die Buche und die Hainbuche in die Eichenmischwälder ein und drängte Eichen, Ulmen, Linden und Eschen zurück. Neue Kulturpflanzen, so etwa die Hirse, und metallische Erntegeräte steigerten die Effizienz der Subsistenzwirtschaft, beförderten aber auch nachhaltige Landschaftsveränderungen. Auch diese Zeit ist von mehreren Auf- und Abschwüngen gekennzeichnet, die in den Pollendiagrammen ihren Niederschlag finden. Um 1650 bis 1500 cal. BC und um 1200 bis 1100 cal. BC wurde die Landnutzung deutlich geringer, was als Indikator für Bevölkerungsrückgänge zu werten ist.

Eisenzeit

Der Trend zur Landschaftsöffnung und Verheidung hielt auch in der Eisenzeit an. Das neue Metall schien zunächst noch ohne große Bedeutung zu sein; die örtliche Produktion aus Raseneisenerz setzte sich wohl erst nach der Zeitenwende, also in der älteren Römischen Kaiserzeit, durch. Deshalb ist weiterhin von einer agrarisch geprägten Kulturlandschaft auszugehen. In den Wäldern verschob sich allmählich das Artenspektrum zugunsten Buche und Hainbuche, Linden und Ulmen verloren immer stärker an Bedeutung. Mit der römischen Kaiserzeit setzte die intensive Verhüttung lokalen Raseneisenerzes ein. Doch auch in Gebieten, die über den lokalen Bedarf hinaus produzierten, wie z. B. bei Joldelund in Nordfriesland, hielt sich die Entwaldung in Grenzen. Die Eisenverhüttung war hier eine vergleichsweise moderate Form der Ressourcennutzung und beeinträchtigte die Wälder nur lokal. Gegen Ende der Römischen Kaiserzeit kam es überregional zu Wüstungsprozessen und zur Waldregeneration auf aufgelassenen Siedlungs- und Wirtschaftsflächen. Was diesen Zusammenbruch und die folgende Abwanderung bewirkte, ist nach wie vor nicht eindeutig geklärt. Ob etwa der Niedergang des Römischen Reiches Fernwirkungen verursachte oder ob die Klimaverschlechterung die Nahrungsversorgung beeinträchtigte, gilt es weiter zu klären. Nach einer Primärwaldphase mit hohen Anteilen an Birke und Hasel, breitete sich nunmehr die Rotbuche als dominante Art in den Wäldern aus.

Mittelalter

Die Pollendiagramme zeigen für das frühe Mittelalter deutlich eine Neubesiedlung des Gebietes Schleswig-Holsteins. Sächsische, friesische, skandinavische und slawische Bevölkerungsgruppen trafen hier auf eine stark ausgedünnte Restbevölkerung. Sie begannen den Wald erneut zu roden und Wirtschaftsflächen anzulegen. Doch auch diese Landschaftsöffnung zeigt sich moderat im Vergleich zur folgenden Umgestaltung, die mit dem Begriff ›Deutsche Ostkolonisation‹ zu verbinden ist. Besonders auf den guten Böden Ostholsteins wurde das zuvor slawisch geprägte Gebiet aufgesiedelt. Eine Intensivierung der Landwirtschaft ging einher mit der Christianisierung, einer neuen Besitzverteilung und der Anlage von Klöstern und Gutshöfen bzw. Rittersitzen. Mit diesem ökonomischen Wandel war eine Umgestaltung der Landschaft verbunden. Dies betraf sehr stark auch die Gewässerlandschaft: Durch die Anlage von Stauungen und die Umleitung von Bächen und Flüssen für Wassermühlen kam es vielfach zu Vernässungen. Besonders im Einzugsbereich der Klöster wurden Fischteiche in zuvor feuchten Niederungen angelegt und anderenorts feuchte Niederungen oder flache Seen drainiert und entwässert, um sie als Wiesen nutzen zu können. Der bereits seit der Römischen Kaiserzeit kultivierte Roggen avancierte auf den ärmeren Böden zum Hauptgetreide. Daneben erweiterten Buchweizen, Hanf und die Walnuss seit dem 14. Jh. das Kulturpflanzenspektrum. Während dieser Zeit traten die Wälder immer stärker in den Hintergrund. Lokal, etwa im Einzugsbereich von Glashütten, erfolgte starke Entwaldung. Auf den armen Sanden des Mittelrückens breiteten sich als Folge der intensiven Beweidung ausgedehnte Heideflächen aus. An Viehtriften und in Bereichen mit Plaggenhieb erodierte der Wind den Boden und es kam zur Bildung von Binnendünen.

Neuzeit

Dieser Trend zur Übernutzung der Landschaft ging in der Neuzeit weiter. Mit dem Aufblühen der Städte und des Handels setzte allerdings auch die Einbindung ländlicher Bereiche in überregionale Versorgungsnetzwerke ein. Über den Ochsenweg wurden die in den Marschen fettgefütterten Rinder in die städtischen Zentren getrieben, wo Handwerk und Handel neue Verdienstmöglichkeiten boten. Die Versorgung der Städte mit Nahrungsmitteln, Textilien, Baumaterial und Feuerholz sorgte auch auf dem Lande für eine weitere Intensivierung der Wirtschaft. Neue Kulturpflanzen, wie etwa Kartoffel und Mais, eroberten zunächst die Gärten, bevor ihre Nutzung auf dem Feld erfolgte. Doch sie schufen neue Abhängigkeiten und Versorgungsengpässe nach Fehlernten. Ausgedehnte Wälder gab es nur noch in adligem oder klerikalem Besitz, auf dem die Schonung des Baumbestandes vor allem zum Zwecke der Jagd konsequente Durchsetzung fand. Der überwiegende Betrieb der Bauernwälder als Nieder- oder Mittelwälder erzeugte auf der Geest eine ähnliche Verknappung von Bauholz wie in der von Natur aus waldfreien Marsch. Zahlreiche Mergelgruben in der Feldflur sind noch heute Anzeiger des Bedarfs, die Bodenfruchtbarkeit zu erhalten. Tatsächlich aber bot erst die Einführung des Kunstdüngers Anfang des 20. Jh. eine deutliche Steigerung der Erträge. Nun gelang es auch, die ausgedehnten Moore Schleswig-Holsteins zu kultivieren und durch Tiefpflügen und Düngen in ertragreiche Äcker und Wiesen umzuwandeln. Der Wald war 1871 auf nur noch 4 % der damaligen Landesfläche zurückgedrängt. Nach ersten Ansätzen einer planmäßigen Forstwirtschaft Ende des 18. Jh. setzte im 19. Jh. auch in Schleswig-Holstein die systematische Aufforstung ein. Besonders auf den nährstoffarmen Heideflächen kamen dabei die anspruchslosen Kiefern und Fichten zum Einsatz. Erst seit Mitte der 1990er Jahre erfolgen Versuche, mit Naturwaldreservaten Inseln zu schaffen, die sich ohne Störung durch menschliche Eingriffe entwickeln können. In Schleswig-Holstein nehmen sie insgesamt 516 ha und damit 0,3 % der Waldfläche ein, die heutzutage immerhin wieder 11 % der gesamten Landesfläche ausmacht.

[2, 3] Rekonstruktion einer bronzezeitlichen (oben) und römisch-kaiserzeitlichen (unten) Landschaft in Schleswig-Holstein.
GRAFIK Karin Winter, Kiel

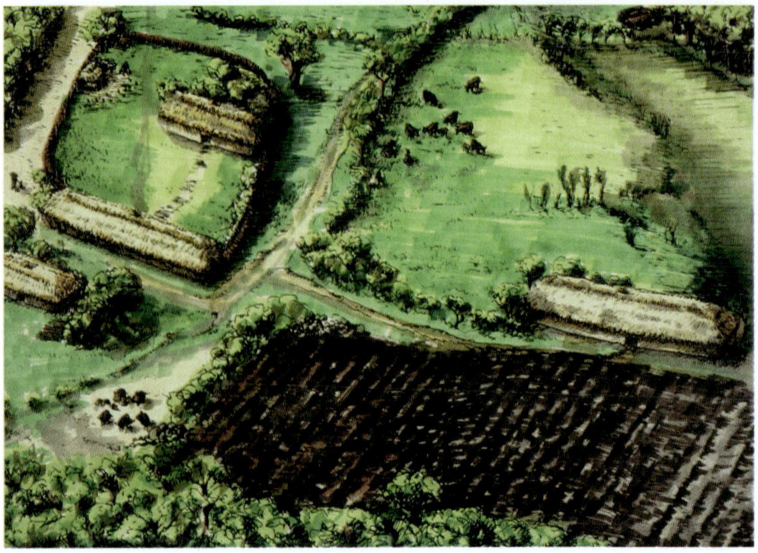

[4] Jahresgeschichtete Seesedimente aus dem Belauer See bieten ein ideales Archiv für die Umweltrekonstruktion.
FOTOGRAFIE Walter Dörfler, Kiel

LITERATUR

W. Dörfler, Palynologische Untersuchungen zur Vegetations- und Landschaftsentwicklung von Joldelund, Kr. Nordfriesland. In: A. Haffner, H. Jöns und J. Reichstein (Hrsg.), Frühe Eisengewinnung in Joldelund, Kr. Nordfriesland – Ein Beitrag zur Siedlungs- und Technikgeschichte Schleswig-Holsteins Teil 2. (Bonn 2000) 147–207.

I. Feeser, W. Dörfler, J. Kneisel, M. Hinz und S. Dreibrodt, Human impact and population dynamics in the Neolithic and Bronze Age: Multi-proxy evidence from north-western Central Europe. The Holocene 29 (10), 2019, 1596–1606.

W. Hase, Wald- und Forstchronologie Schleswig-Holsteins (Eutin 1997).

H. Jöns, Frühe Eisengewinnung in Joldelund, Kr. Nordfriesland – Ein Beitrag zur Siedlungs- und Technikgeschichte Schleswig-Holsteins. Teil 1: Einführung, Naturraum, Prospektionsmethoden und archäologische Untersuchungen (Bonn 1997).

W. Kirleis, S. Klooß, H. Kroll und J. Müller, Crop growing and gathering in the northern German Neolithic: a review supplemented by new results. Veget.Hist.Archaeobot. 21/3, 2012, 221–242.

C. A. Weber und J. Mestorf, Wohnstätten der älteren neolithischen Periode in der Kieler Föhrde. In: 43. Bericht des Museums vaterländischer Alterthümer bei der Universität Kiel (Kiel 1904) 1–25.

M. Wieckowska, W. Dörfler und W. Kirleis, Vegetation and settlement history of the past 9000 years as recorded by lake deposits from Großer Eutiner See (Northern Germany). Review of Palaeobotany and Palynology 174, 2012, 79–90.

J. Wiethold, Studien zur jüngeren postglazialen Vegetations- und Siedlungsgeschichte im östlichen Schleswig-Holstein (mit einem Beitrag von H. Erlenkeuser) (Bonn 1998).

Ladelund → 146
Hörnum → 142
Föhr → 112
Satrup → 74
Amrum → 114
Fahrdorf → 132
Ahrenshöft → 70
Schuby → 110
»Lindormen« → 140
Japsund → 142
Danewerk-Tor → 120
Strande → 76
Ellingstedt → 118
Burg/Fehmarn → 102
Süderoogsand → 142
Rungholt → 128
Husum → 138
Hüsby → 96
Haithabu → 122
Schwedeneck → 144
Heiligenhafen → 106
Norderstapel → 98
Büdelsdorf → 80
Kiel → 136
Wangels → 86
Dannau → 84
Flintbek → 88
Olsburg → 124
Schashagen → 100
Nettelsee → 104
Bad Malente-Grellenkamp → 126
Neustadt → 78
Aukrug-Bünzen → 116
Bornhöved → 92
Todesfelde → 90/94
Wittenborn → 108
Lübeck → 130
Kaltenkrichen → 146
Wolkenwehe → 82
Nahe → 72
Linau → 134

III

Ausgewählte Ausgrabungen

Die archäologische Landesaufnahme in Schleswig-Holstein registriert seit fast 100 Jahren archäologische Funde und Fundstellen. Mittlerweile umfasst der Datenbestand über 60.000 Fundstellen aus 120.000 Jahren Landesgeschichte und wird beständig erweitert. Die Einträge der Landesaufnahme und deren Darstellung im Archäologischen Atlas sind die Grundlage für planungsrechtliche Stellungnahmen und denkmalpflegerisches Arbeiten des Archäologischen Landesamtes. Sie sind gleichzeitig auch Grundlage für die wissenschaftliche Erforschung des Landes. In der Folge werden Ihnen die Ausgrabungen vorgestellt, die in den letzten Jahrzehnten immer wieder zu neuen Einblicken auf die Vielfältigkeit der Archäologie Schleswig-Holsteins geführt haben.

Claus von Carnap-Bornheim und Ulf Ickerodt

Mara-Julia Weber 70
Lagerplätze mit Seeblick
Späteiszeitliche Jäger und Sammler im nordfriesischen Ahrenshöft

Markus Wild 72
Ein zweites Stellmoor?
Späteiszeitliche Jäger an Itzstedter See und Rönne

Mirjam Briel 74
Spätmesolithische Jäger und Fischer im Satrupholmer Moor

Jonas Enzmann 76
Der Meeresboden als Archiv
Tauchgrabungen an der endmesolithischen Fundstelle Strande LA 163

Sönke Hartz 78
Urgeschichte am Ostseegrund
Steinzeitliche Jäger und Fischer bei Neustadt vor 6000 Jahren

Johannes Müller 80
Franziska Hage
Büdelsdorf/Borgstedt
Grabenwerk, nichtmegalithische und megalithische Grabbauten einer trichterbecherzeitlichen Kernregion

Doris Mischka 82
Wolkenwehe
Siedlungen im Moor an der Trave

Jan Piet Brozio 84
Neue Formen des Zusammenlebens …
Die trichterbecherzeitliche Siedlung Oldenburg-Dannau LA 77 in Ostholstein

Jan Piet Brozio 86
Monumentalität und Ahnenverehrung
Das Ganggrab Wangels LA 69 in Ostholstein, Schleswig-Holstein

Doris Mischka 88
Das Gräberfeld von Flintbek
Megalithgräber einer Siedlungskammer

Ingo Lütjens 90
Gräber und Siedlungen in Todesfelde, Kreis Segeberg

Jutta Kneisel 92
Stefanie Schaefer-Di Maida
Stefan Dreibrodt
Ingo Feeser
Dragana Filipović
Mang de Bargen – Bornhöved
Bronzezeitliche Gräberlandschaft und eine ungewöhnliche Hügelkonstruktion

Dietrich Meier 94
Siedlungsspuren unter einem Grabhügel der älteren Bronzezeit
Pfostenstandspuren belegen die Existenz zweischiffiger Häuser

Mechtild Freudenberg 96
Eine Demonstration der Macht am Ochsenweg
Grab und Kultanlage der Älteren Bronzezeit

Jens-Peter Schmidt 98
Martin Segschneider
Vier auf einen Streich
Die jungbronzezeitlichen Becken von Norderstapel, Kreis Schleswig-Flensburg

Veronika Klems
Eric Müller 100
Der Siedlungsplatz Schashagen

Veronika Klems 102
Ein Siedlungsplatz bei Burg auf Fehmarn, Kreis Ostholstein

Eric Müller 104
Nettelsee
Eine Siedlung der älteren Römischen Kaiserzeit

Erich Halbwidl 106
Ein Siedlungsplatz der Römischen Kaiserzeit in Heiligenhafen
Ein germanischer Zentralort?

Ingo Lütjens 108
Wittenborn, eine völkerwanderungszeitliche Siedlung

Veronika Klems 110
Schuby im Wandel der Zeit

Bente Majchczack 112
Der Handel der frühen Nordfriesen
Frühmittelalterliche Häfen und Handelsplätze auf Föhr

Martin Segschneider 114
Fränkisches Glas in den Amrumer Dünen
Handel und Seefahrt an der Nordseeküste in der Völkerwanderungszeit

Thorsten Lemm 116
Die Doppelgrabenanlagen von Heiligenstedten und Aukrug-Bünzen

Eicke Siegloff 118
Eliten im Hinterland
Eine neu entdeckte Siedlung zwischen Haithabu und der Treene

Astrid Tummuscheit 120
Das »einzige« Tor im Danewerk
Drehscheibe des Verkehrs zwischen Skandinavien und dem Kontinent

Sven Kalmring 122
Haithabu, Grabung 2017
Neue Untersuchungen im Flachgräberfeld von Haithabu

Ulrich Müller 124
Das castrum Plune
Eine slawische Inselburg am Rande der slawischen Welt

Felix Rösch 126
Immigranten auf der Spur
Die Wüstung Bad Malente-Grellenkamp in Ostholstein

Hanna Hadler
Stefanie Klooß
Dennis Wilken
Bente Majchczack
Ruth Blankenfeldt
Ulf Ickerodt
Claus von Carnap-Bornheim
Wolfgang Rabbel
Andreas Vött 128
Rungholt
Unsichtbares spätmittelalterliches Kulturland der Edomsharde

Manfred Schneider 130
Lübeck
Eine geplante Handelsmetropole an der Trave

Ruth Blankenfeldt
Fritz Jürgens 132
Hochmittelalterliche Wracks aus der Schlei

Eicke Siegloff 134
Wenn Steine reden können …
Eine Ritterburg des Spätmittelalters neu betrachtet

Marc Kühlborn 136
Acht Jahrhunderte auf der Schippe
Die Ausgrabungen im Kieler Schlossquartier

Eric Müller 138
Im Schatten des Schlosses
Ausgrabungen in der Husumer Altstadt

Martin Segschneider 140
Die »Lindormen« und die feste Fehmarnbelt-Verbindung

Stefanie Klooß
Daniel Zwick 142
Wracks in der Tidenzone der Nordsee

Katja Grüneberg-Wehner
Ulrich Müller 144
St. Catharina
Eine Kirchwüstung an den Gestaden der Ostsee

Ulf Ickerodt
Heiner Menzel 146
Archäologische Denkmalpflege
und Archäologie der Moderne als Beiträge zur Gedenkstättenarbeit

AUTORIN
Mara-Julia Weber

STANDORT
Nordfriesland, Ahrenshöft LA 58 und LA 73

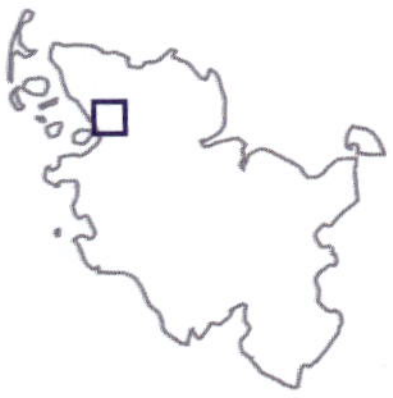

GRABUNGSZEIT
2008

ZEITL. EINORDNUNG
Jungpaläolithikum
12.300–11.850 v. Chr.
klassische Hamburger Kultur und Havelte-Gruppe

STRUKTUR
Grab
Hafen
Hort
Lager
Opferplatz
Siedlung
Weg
Wehranlage
Wrack
Anderes

FUNDE
Keramik/Gefäße
Hausbestandteile
Kleidung
Knochen
Münzen
Nahrung
Schmuck
Jagdwaffen
Werkzeuge
Andere

Lagerplätze mit Seeblick

Späteiszeitliche Jäger und Sammler im nordfriesischen Ahrenshöft

[1] Zwei Havelte-Stielspitzen aus Ahrenshöft LA 58 D, die linke weist eine Aufprallbeschädigung auf.
FOTOGRAFIE Claudia Janke
GRAFIK Jürgen Schüller,
© Schloss Gottorf, Landesmuseen Schleswig-Holstein

Im nordfriesischen Saale-Moränen-Gebiet bei Ahrenshöft liegen 21 Fundstellen der jungpaläolithischen Hamburger Kultur, wie auf einer Perlenschnur aufgereiht, entlang eines abgetorften Moores namens Witschift. Im ausgehenden Eiszeitalter handelte es sich um einen sumpfigen Flachwasserbereich, der den nordwestlichen Rand eines Binnensees bildete und unmittelbar östlich einer Engstelle zwischen zwei Moränenkuppen lag. Die ersten Fundstellen entdeckte hier Anfang der 1950er Jahre der ortsansässige Lehrer Baum, dessen Sammeltätigkeit in der Folge weitere Fundplätze der Hamburger Kultur und möglicherweise der Federmesser-Gruppen zutage brachte. Außerdem fand Peter Heinrich Andresen Mitte der 1950er Jahre während der Anpflanzung von Bäumen, beim Umbrechen des Mutterbodens, mehrere hamburgzeitliche Plätze. Die erste archäologische Ausgrabung führte 1995 Ingo Clausen am Fundplatz Ahrenshöft LA 58 D durch, woran sich anlässlich Renaturierungsarbeiten 1997 bis 1999 Ausgrabungen am Fundplatz LA 73 anschlossen. Schließlich setzte die Autorin 2008 die Ausgrabungen in LA 58 D fort.

Der Fundplatz Ahrenshöft LA 58 D stellt am Ufer des ehemaligen Flachwasserbereichs einen Lagerplatz von Jägern und Sammlern der jüngeren Hamburger Kultur, der sog. Havelte-Gruppe, dar. Im Grabungsschnitt von 1995 deutete eine Holzkohlenkonzentration in Verbindung mit schwarzem Sand und Feuersteinartefakten sowie Felsgesteinen mit Hitzespuren auf eine Feuerstelle hin. Westlich davon zeigte eine Häufung von Feuersteinartefakten einen Schlagplatz an. Das Radiokarbonalter einer Holzkohle aus der Feuerstelle fiel kalibriert in die kurze Kaltphase nach der ersten späteiszeitlichen Erwärmungsphase, wogegen die Pollenanalyse eine Einordnung der Fundschicht in die zweite Warmphase anzeigte. Diese Diskrepanz gab Anlass, 2008 die Grabungsfläche zu erweitern.

Ein weiterer Grund waren einzelne Steinartefakte, die von den auf die Havelte-Gruppe folgenden Federmesser-Gruppen stammen könnten. Die Ausgrabung erbrachte keine weiteren Hinweise auf die Federmesser-Gruppen, sondern charakteristische Steinartefakte der Havelte-Gruppe und den für diese archäologische Kultur bislang einzigen Nachweis der sog. *en éperon*-Präparation, einer für das Magdalénien typischen und in der klassischen Hamburger Kultur regelmäßig auftretenden Schlagflächenpräparation. Die pollenanalytische Untersuchung der fundführenden Schicht bestätigte nach einer zusätzlichen Überprüfung 2009 ihre Einordnung in die zweite Warmphase, und die mikromorphologische Analyse lieferte Erkenntnisse zur Fundplatzgenese und -taphonomie. Außerdem ließ sich oberhalb der Fundschicht Kryptotephra (mikroskopisch sichtbare Vulkanasche) eines Vulkanausbruchs des isländischen Katlasystems nachweisen, die jedoch nur als terminus ante quem der jungpaläolithischen Begehung dienen kann.

Für die Erforschung der Hamburger Kultur ist der Fundplatz LA 73 allerdings wichtiger, denn dort lag eine Fundschicht mit Stielspitzen der Havelte-Gruppe über einer von Kerbspitzen der klassischen Hamburger Kultur geprägten Fundschicht. Die Ergebnisse der Pollenanalyse zeigen außerdem, dass zwischen der Entstehung beider Kulturschichten mehrere Jahrhunderte lagen. Ahrenshöft LA 73 liefert somit Argumente für die Unterteilung der Hamburger Kultur in zwei Phasen. Neben einer unbefestigten Feuerstelle in der unteren Kulturschicht zeichnet das Vorkommen einiger Bernsteinstücke, die von Rohstücken über Werkabfälle bis zu durchlochten Scheiben reichen, diesen Fundplatz zusätzlich aus.

[2] Die bearbeiteten Bernsteine aus Ahrenshöft LA 73 stellen möglicherweise Schmuckobjekte dar.
FOTOGRAFIE © Ingo Clausen, ALSH

LITERATUR

I. Clausen, Neue Untersuchungen an späteiszeitlichen Fundplätzen der Hamburger Kultur bei Ahrenshöft, Kr. Nordfriesland. Ein Vorbericht. ANSH 8, 1997 (1998), 8–49.

S. Hartz, Neue spätpaläolithische Fundplätze bei Ahrenshöft, Kreis Nordfriesland. Offa 44, 1987, 5–52.

R. A. Housley, C. S. Lane, V. L. Cullen, M.-J. Weber, F. Riede, C. S. Gamble und F. Brock, Icelandic volcanic ash from the Late-glacial open-air archaeological site of Ahrenshöft LA 58 D, North Germany. Journal of Archaeological Science 39, 2012, 708–716.

H. Usinger, Pollenanalytische Datierung spätpaläolithischer Fundschichten bei Ahrenshöft, Kr. Nordfriesland. ANSH 8, 1997 (1998), 50–73.

M.-J. Weber, From technology to tradition – Re-evaluating the Hamburgian-Magdalenian relationship. Untersuchungen und Materialien zur Steinzeit in Schleswig-Holstein und im Ostseeraum 5 (Neumünster 2012).

M.-J. Weber, I. Clausen, R. A. Housley, C. E. Miller und F. Riede, unter Mitwirkung von H. Usinger, New information on the Havelte Group site Ahrenshöft LA 58 D (Nordfriesland, Germany) – Preliminary results of the 2008 fieldwork. Quartär 57, 2010, 7–24.

AUTOR
Markus Wild

STANDORT
Segeberg, Nahe LA 11

GRABUNGSZEIT
2003–2004

ZEITL. EINORDNUNG
Ausgehendes Spätpaläolithikum
11.000 bis 9.600 v. Chr.
Ahrensburger Kultur

STRUKTUR
Grab
Hafen
Hort
Lager
Opferplatz
Siedlung
Weg
Wehranlage
Wrack
Anderes

FUNDE
Keramik/Gefäße
Hausbestandteile
Kleidung
Knochen
Münzen
Nahrung
Schmuck
Waffen
Werkzeuge
Andere

Ein zweites Stellmoor?

Späteiszeitliche Jäger an Itzstedter See und Rönne

[1] Übersicht über die Ausgrabungen in Nahe. 1–4 und 1b: Ausgrabungen im trockenen Uferbereich; 1B–4B: Testgräben im noch heute feuchten Boden der Rönne. Weiße Kreuze: Bohrungen. Südlich der Ausgrabung liegt die Erhebung mit den Oberflächenfunden der Ahrensburger Kultur; östlich liegt die Furt zwischen Rönne und Itzstedter See.
PLAN Markus Wild, ZBSA, Landesmuseen Schleswig-Holstein, Schloss Gottorf

Bereits seit vielen Jahren ist der Bereich um den Itzstedter See für spätglaziale Funde bekannt. Das Absuchen der Oberflächen insbesondere im Bereich um eine leichte Anhöhe am westlichen Seeufer erbrachte tausende Steinwerkzeuge der Ahrensburger Kultur. Diese Erhebung befindet sich zwischen See und südlich der Rönne – einem westlich anschließenden ehemaligen Rinnensee – an einer schmalen Furt, die die beiden Gewässer schon im Spätglazial trennte. Die strategische Lage der Fundkonzentrationen auf einem Hügel nahe einer verengten Landfläche erinnert stark an die Situation weiterer Fundstellen der Ahrensburger Kultur. Insbesondere kam ein Vergleich zur lediglich 18 km südlich im Ahrensburger Tunneltal liegenden, für die Forschung einzigartigen Fundstelle Stellmoor infrage. Dort traten in organischen Sedimenten eines ehemals vorgelagerten Sees die Überreste von ca. 600 Rentieren auf. Diese waren vor ungefähr 10.000 Jahren in mehreren Episoden während der Herbstmigration von Jägern in eine Falle getrieben und erlegt worden.

Am Fuße der Erhebung am Itzstedter See erfolgten daher in den Jahren 2003 bis 2004 archäologische Untersuchungen im noch feuchten ehemaligen Uferbereich der Rönne. Das Ziel der Ausgrabungen war die Dokumentation möglicher intakter Stratigrafien sowie die Entdeckung datierbarer Artefakte aus Holz, Knochen und Geweih. Die Ausgrabungen des Uferbereichs ergaben dabei eine komplizierte Stratigrafie ohne diagnostische Steinartefakte. Vier zusätzliche, im noch feuchten Bereich der Rönne gezogene Suchgräben erbrachten aus über 50 m des ehemaligen Uferbereichs noch erhaltene Knochen und Geweih. Da während der Ausgrabung keine Grundwasserabsenkung stattfand, waren die Funde nur aus dem Aushub zu lesen und deshalb nicht zu stratifizieren. Insgesamt konnten neben wenigen holozänen Elementen wie Haus- und Wildschweinknochen vor allem spätglaziale Rentierknochen geborgen werden. Die Radiokohlenstoffdatierung der Knochen lässt auf eine zweiphasige Besiedlung während der ersten Hälfte und dem Ende der Jüngeren Dryas schließen. Die Knochen weisen zudem Spuren des Zerlegens und Konsumierens von Rentieren in der kalten Jahreszeit zwischen Spätherbst und Spätwinter auf. Naturwissenschaftliche Untersuchungen an den teilweise jahresgeschichteten Sedimenten des verlandeten Rinnensees in der Nähe der Fundstelle LA 11 erlaubten eine Vegetationsrekonstruktion des kompletten Spätglazials. Neben dem palynologischen Nachweis einer paläolithischen Mensch-Umwelt-Interaktion erbrachten die Untersuchungen überdies den ersten geochemisch bestätigten Fund von Vulkanaschepartikeln aus der Laacher-See-Eruption in Schleswig-Holstein.

LITERATUR

S. Krüger (in Vorber.), Of birches, smoke and reindeer dung – tracing human-environmental interactions palynologically in sediments from the Nahe palaeolake.

S. Krüger und C. van den Bogaard (in Vorber.), Small shards and long distances – three cryptotephra layers from the Nahe palaeolake including the first discovery of Laacher See Tephra in Schleswig-Holstein (Germany) doi: 10.31233/osf.io/hzcy3 [zuletzt geprüft am 23.06.2020].

S. Krüger, M. F. Mortensen und W. Dörfler (in Vorber.) Sequence completed – palynological investigations on Lateglacial/Early Holocene environmental changes recorded in sequentially laminated lacustrine sediments of the Nahe palaeolake in Schleswig-Holstein, Germany.

S. Dreibrodt , S. Krüger, M.-J. Weber und I. Feeser (in Vorber.) Limnological response to the Laacher See eruption (LSE) in an annually laminated Allerød sediment sequence from the Nahe palaeolake (northern Germany).

M. Wild, 18 km northwards – Zooarchaeological and technological analysis of the Ahrensburgian assemblage from Nahe LA 11 at Lake Itzstedt (Kr. Segeberg / D). Archäologisches Korrespondenzblatt 47, 2017, 441–460.

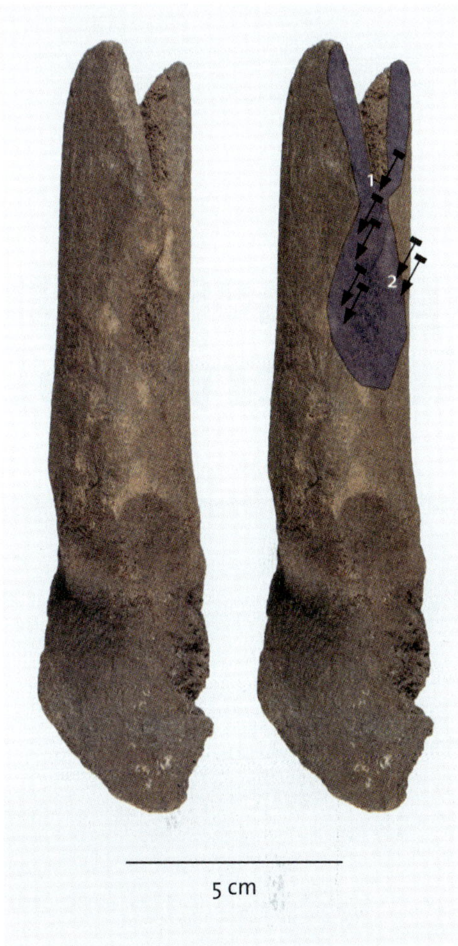

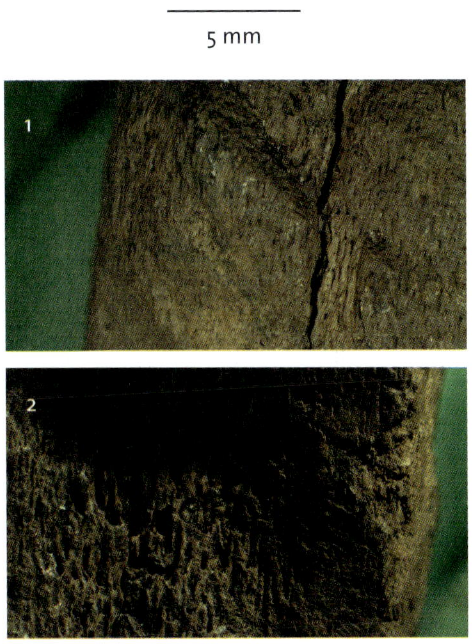

[2] Geweihwerkzeug mit nicht bekannter Funktion. Ähnliche Artefakte sind bisher nur vom Fundplatz Stellmoor bekannt. Die Pfeile markieren einzelne Hackspuren.
FOTOGRAFIE © ZBSA, Schleswig

AUTORIN
Mirjam Briel

STANDORT
Schleswig-Flensburg, Satrup LA 2

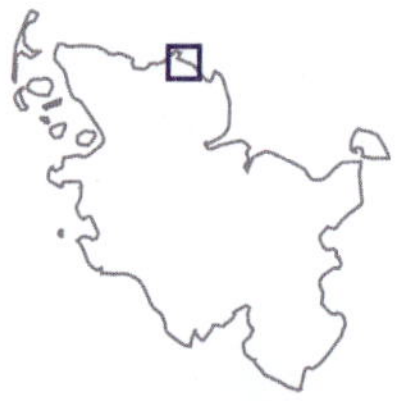

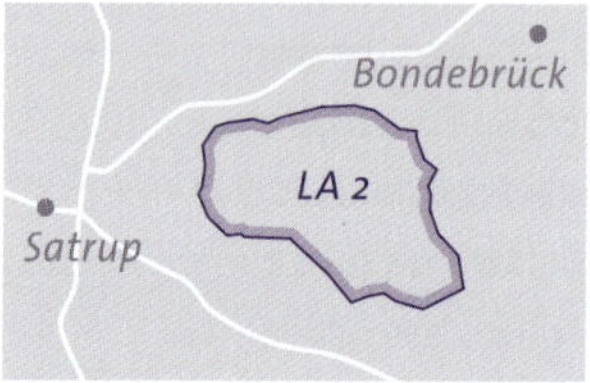

GRABUNGSZEIT
2009–2011/2016

ZEITL. EINORDNUNG
Mesolithikum und Endmesolithikum
7. und 5. Jt. v. Chr.

STRUKTUR
Grab
Hafen
Hort
Lager
Opferplatz
Siedlung
Weg
Wehranlage
Wrack
Anderes

FUNDE
Keramik/Gefäße
Hausbestandteile
Kleidung
Knochen
Münzen
Nahrung
Schmuck
Waffen
Werkzeuge
Andere

Spätmesolithische Jäger und Fischer im Satrupholmer Moor

Das Satrupholmer Moor in Zentralangeln ist seit Beginn des 20. Jh. aufgrund seiner zahlreichen steinzeitlichen Fundstellen mit ungewöhnlich guten Erhaltungsbedingungen bekannt. Das heute weitgehend verlandete Niedermoor mit intaktem Hochmoorkern bestand in der frühen Nacheiszeit aus einem etwa 2 km² großen See, an dessen Uferrändern sich in der Mittelsteinzeit Jäger und Sammler aufhielten. Große, in den 1920er Jahren gesammelte, Fundinventare enthielten neben zahlreichen Flintartefakten viele sehr gut erhaltene Geweihgeräte. Bei Ausgrabungen am Nordrand des Moores in den 1950er Jahren (Hermann Schwabedissen) wurden umfangreiche Inventare aus Flintartefakten und ausgezeichnet erhaltene Geweihgeräte und Tierknochen sowie einzigartige Holzgeräte gefunden. Jüngere archäologische Untersuchungen (Sönke Hartz, MfA, Harald Lübke, ZBSA) in den Jahren 2009 bis 2011 erbrachten zahlreiche Flintartefakte, Tierknochen, Geweihgeräte sowie vereinzelte Tonscherben, die auf eine zweiphasige Nutzung des Fundplatzes in der Kongemose- und Ertebølle-Kultur hindeuteten. Im Rahmen einer im Jahr 2016 durchgeführten Rettungsgrabung (Mirjam Briel, ALSH) konnte die Stratigrafie des Fundplatzes erstmalig verifiziert werden: Im Uferbereich des ehemaligen Seebeckens lag eine geschlossene kongemosezeitliche Fundschicht, die nahezu flächendeckend mit Flintartefakten, einer großen Anzahl gut erhaltener Tierknochen und -zähnen sowie Geweihfragmenten durchsetzt war. Hunderte kleinster Mikroklingen belegen die Produktion mikrolithischer Pfeilbewehrungen und Seiteneinsätze für Flintschneidenspeere. Diesen Fundhorizont überdeckte teilweise ein jüngerer, in welchem die für die Ertebølle-Kultur typische, dickwandige Spitzbodenkeramik, T-förmige Geweihäxte und sog. Pfeilschneiden gefunden wurden. Die Tierknochen aus der kongemosezeitlichen Schicht belegen eine gezielte Jagd auf ausgewachsene Großsäuger wie Rothirsch, Elch und Auerochse. Bodenproben ermöglichten die Rekonstruktion der Landschaftsentwicklung im unmittelbaren Umfeld des Fundplatzes. Mit seinen ausgezeichneten Erhaltungsbedingungen gehört Satrup LA 2 zu einem der wichtigsten Binnenlandfundplätze dieser Zeitstellung.

LITERATUR

M. Briel und S. Hartz, Hunters and fishermen at the Satrupholmer Moor: a late Mesolithic stratified site in Northern Germany. In: A. Zander und B. Gehlen (Hrsg.), From the Early Preboreal to the Subboreal period – Current Mesolithic research in Europe. Studies in honour of Bernhard Gramsch. Vom frühen Präboreal bis zum Subboreal – Aktuelle Forschungen zum Mesolithikum in Europa. Studien zu Ehren von Bernhard Gramsch. Mesolithic Edition/Edition Mesolithikum 5 (Kerpen-Loogh 2020) 129–147 (in Vorbereitung).

M. Briel, The fen of Satrupholm: An extraordinary site of the Trapezemesolithic. Past. The Newsletter of the Prehistoric Society 86, 2017, 1–3.

M. Briel, S. Klooß, S. Hartz, I. Feeser, U. Schmölcke und A. Müller, »Glück im Unglück« - neue Ergebnisse von einem altbekannten mittelsteinzeitlichen Fundplatz am Rande des Satrupholmer Moores, Satrup LA 2, Kr. Schleswig-Flensburg. ANSH 23, 2017, 18–29.

F. Feulner, Die spätmesolithischen und frühneolithischen Fundplätze im Satrupholmer Moor, Kr. Schleswig-Flensburg. Rekonstruktion einer Siedlungskammer (unveröff. Diss. Universität Kiel 2009).

S. Hartz, Spätmesolithische Besiedlung in Schleswig-Holstein. Vorbericht zu den Ausgrabungen auf dem Fundplatz Satrup LA 2, Kr. Schleswig-Flensburg. In: K. Gerken, D. Groß und S. Hesse (Hrsg.), Neue Forschungen zum Mesolithikum. Beiträge zur Jahrestagung der Arbeitsgemeinschaft Mesolithikum Rotenburg (Wümme), 19.–22. März 2015 (Oldenburg 2016) 3–26.

J. Röschmann, Die Vorgeschichte des Landes. In: H. Möller, Das Satrupholmer Moor. Jahrbuch des Heimatbundes Angeln, 10./11. Jahrgang, 1939/40, 162–182.

H. Schwabedissen, Die Ausgrabungen im Satrupholmer Moor. Offa 16, 1957/58, 5–28.,

[1] LINKS Eine der im Jahr 2011 gefundenen Geweihäxte.

[2, 3] Aus der ungestörten kongemosezeitlichen Fundschicht wurde eine erhebliche Anzahl Flintwerkzeuge von qualitätvoller Fertigung gefunden, darunter auch viele Stichel zur Geweihbearbeitung.
FOTOGRAFIEN © Mirjam Briel, ALSH, und Sönke Hartz, Museum für Archäologie, Landesmuseen Schleswig-Holstein, Schloss Gottorf

AUTOR
Jonas Enzmann

STANDORT
Rendsburg-Eckernförde, Strande LA 163

GRABUNGSZEIT
2011

ZEITL. EINORDNUNG
Endmesolithikum
5300–4700 v. Chr.
akeramische Ertebølle-Kultur

STRUKTUR
Grab
Hafen
Hort
Lager
Opferplatz
Siedlung
Weg
Wehranlage
Wrack
Anderes

FUNDE
Keramik/Gefäße
Hausbestandteile
Kleidung
Knochen
Münzen
Nahrung
Schmuck
Waffen
Werkzeuge
Andere

Der Meeresboden als Archiv

Tauchgrabungen an der endmesolithischen Fundstelle Strande LA 163

[1] LINKS Funde aus Strande LA 163:
a) menschlicher Beckenknochen b) Angelhaken c) verschiedene Querschneider d) Fischschwanzknochen e) Kernbeil f) Kernbohrer g) Hohlendretuschierte Klinge h) Rothirschkiefer i) Geweihaxt j) Knochenahle.
FOTOGRAFIEN Rolf Kiepe, Wilhelmshaven

[2] RECHTS Eine Forschungstaucherin beim Ausgraben mittels einer Sauglanze.
FOTOGRAFIE Jonas Enzmann, Wilhelmshaven

Im Jahr 2011 gelang ca. 1 km vor der Steilküste von Stohl in der Kieler Bucht die Entdeckung der endmesolithischen Fundstelle Strande LA 163. Die aufgrund des nacheiszeitlichen Meeresspiegelanstiegs heutzutage in 5–6 m Wassertiefe befindliche Stelle zeichnete sich durch vier massive, parallel liegende Eichenstämme aus, in deren Umgebung zahlreiche Flint-, Geweih- und Holzartefakte lagen.

Im Rahmen einer ersten Testgrabung im Sommer 2012 unter Leitung von Julia Goldhammer und Sönke Hartz konnten 5 m² ausgegraben und dokumentiert werden. Zusätzlich war es im Jahr 2014 in einem von der Deutschen Forschungsgemeinschaft (DFG) geförderten Surveyprojekt möglich, die Ausdehnung der Fundstelle zu umreißen. Das reichhaltige Fundmaterial beinhaltete keinerlei keramische Artefakte. Damit bot die Fundstelle die Chance, die in Norddeutschland kaum erfasste Phase der akeramischen Ertebølle-Kultur zu untersuchen.

Die bisherigen Erkenntnisse erlaubten es 2016 der DFG, ein größeres interdisziplinäres Grabungsprojekt unter dem Titel »Subsistenzstrategien, Siedlungsstruktur und Kommunikation im Endmesolithikum am Beispiel einer submarinen Mikroregion in der Kieler Bucht« zu fördern, das im April 2018 am Niedersächsischen Institut für historische Küstenforschung unter der Leitung Martin Segschneiders begann.

Die aktuellen Grabungen sowie Bohrungen fanden mithilfe eines interdisziplinären Teams von Forschungstauchern der Universität Kiel in vier Kampagnen in den Jahren 2018 und 2019 statt. Zusätzlich wurden von Kooperationspartnern der Universität Kiel geophysikalische Daten erhoben und ausgewertet.

Erste Ergebnisse zeichnen das Bild eines lagunären Ufers, das mit steigendem Meeresspiegel aus dem unregelmäßigen Relief der Jungmoränenlandschaft entstand. Sedimentologie und Fundspektrum deuten darauf hin, dass es sich bei der Fundstelle um eine sekundäre Lagerung von Artefakten im Zuge eines oder mehrerer Überschwemmungsereignisse handelt.

Das Fundspektrum umfasst alle klassischen Bestandteile der Ertebølle-Kultur mit herausragenden Funden wie einer dekorierten Geweihaxt, weiteren menschlichen Überresten, Einbaum-, Bogen- und Aalstecherfragmenten sowie einem Angelhaken. ^{14}C-Datierungen sowie das Fehlen von Keramik deuten auf einen engen Belegungszeitraum um 5100 v. Chr. hin.

LITERATUR

J. Enzmann, Auf der Spur der letzten Wildbeuter – Die aktuellen Ausgrabungen an der submarinen Fundstelle des Endmesolithikums, Strande LA 163. ANSH 25, 2019, 12–23.

J. Goldhammer und S. Hartz, Steinzeitliche Siedlungsreste am Ostseegrund – Ein endmesolithischer Fundplatz in der Kieler Bucht. ANSH 15, 2012, 26–29.

J. Goldhammer und S. Hartz, Der ertebølle-zeitliche Siedlungsplatz von Strande LA 163, Kr. Rendsburg-Eckernförde, und die Littorina-Transgression – Submarine Prospektionsarbeiten und Sondagen. In: E. Strahl u. a. (Hrsg.), Mensch – Landschaft – Meer: 75 Jahre Niedersächsisches Institut für historische Küstenforschung (Rahden/Westf. 2015) 29–41.

AUTOR
Sönke Hartz

STANDORT
Ostholstein, Neustadt LA 156

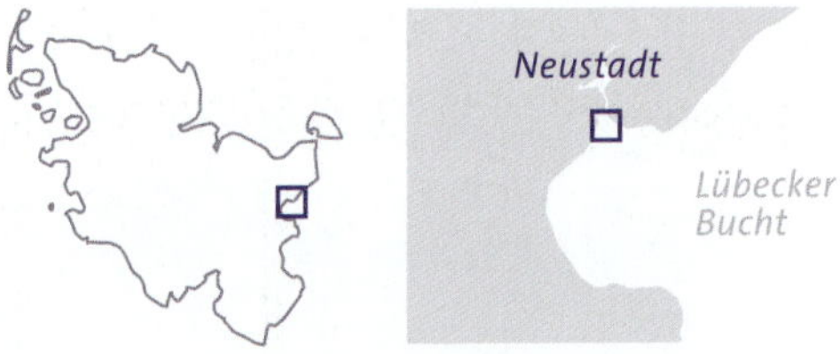

GRABUNGSZEIT
2000–2005

ZEITL. EINORDNUNG
Endmesolithikum–Frühneolithikum
4500–3800 v. Chr.
späte Ertebølle- bis frühe Trichterbecherkultur

STRUKTUR
Grab
Hafen
Hort
Lager
Opferplatz
Siedlung
Weg
Wehranlage
Wrack
Anderes

FUNDE
Keramik/Gefäße
Hausbestandteile
Kleidung
Knochen
Münzen
Nahrung
Schmuck
Waffen
Werkzeuge
Andere

Urgeschichte am Ostseegrund

Steinzeitliche Jäger und Fischer bei Neustadt vor 6000 Jahren

[1] Reichhaltiges Fundspektrum an Tierknochen, Tonscherben und Geweihgeräten.
FOTOGRAFIE Sönke Hartz, © Museum für Archäologie Schloss Gottorf, Landesmuseen Schleswig-Holstein

Von 1996 bis 2005 wurden in Ostholstein archäologische Ausgrabungen zur Erforschung der frühesten Landwirtschaft in Schleswig-Holstein durchgeführt. Ziel der Untersuchungen war es, erste Spuren von Ackerbau und Viehhaltung im 5. Jahrtausend v. Chr. auf ehemaligen Ostseeküstensiedlungen nachzuweisen. Sie sind heute aufgrund des starken nacheiszeitlichen Meeresspiegelanstiegs in Wassertiefen zwischen 3–4 Meter unter NN anzutreffen.

Ein bedeutender Fundplatz liegt im Vorhafengelände von Neustadt, in dem zwischen 2000 und 2005 submarine Ausgrabungen erfolgten. Strandfunde und organische Artefakte aus Hafenausbaggerungen ließen Wildbeuter vermuten, die dort vor über 6000 Jahren gelebt und sich hauptsächlich von Jagd und Fischfang ernährt hatten.

Die Untersuchungen zeigten, dass in den sauerstoffarmen Ostseeschlicken viele Hinterlassenschaften der Siedlung weitgehend ungestört erhalten geblieben waren.

Um diese fragilen Funde unter Wasser sicher zu bergen, waren speziell ausgebildete Forschungstaucher der Universität Kiel und taucherisch ausgebildete Archäologen im Einsatz. Mithilfe feinster Grabungsmethoden konnten Kleinstreste wie Fischknochen, Pfeilspitzen oder Pflanzensamen und Früchte aus den submarinen Fundschichten geborgen und anschließend an Land aussortiert werden.

Zu den besonderen Funden zählen größere Fragmente spitzbodiger Tongefäße, Hirschgeweihäxte, hölzerne Beilgriffe, Teile eines Einbaums sowie Beilklingen, Schaber und Bohrer aus Feuerstein. Aber auch Jagd- und Fangwaffen wie Pfeilspitzen, hölzerne Speere, Harpunen aus Geweih und Fischfanggeräte wie Angelhaken und Aalstecher gehörten zum Repertoire der Küstenbewohner. Die Bergung vieler Tausender Tierknochen zeigt ihre vielfältigen Nahrungsgewohnheiten.

[2] Taucher bei der Ausgrabung unter Wasser.
FOTOGRAFIE Sönke Hartz, © Museum für Archäologie Schloss Gottorf, Landesmuseen Schleswig-Holstein

Deren zoologische Auswertung belegt die Jagd mit Pfeil und Bogen von hauptsächlich Rothirschen, Rehen, Wildschweinen und Uren und vermutlich das Aufstellen von Fallen auf Dachs, Fuchs, Wildkatze und Baummarder. Zur Seesäugerjagd auf Robben, Seehunde und Schweinswale dienten Harpunen aus Rehgehörn. Ob auch größere Wale zur marinen Jagdbeute zählten, ist nicht gesichert, vielleicht kamen gestrandete Tiere als Nahrungs- und Rohstoffquelle in Betracht.

Eine bedeutende Nahrungskomponente bildete der Fisch. Gut 13.000 Fischwirbel und Gräten belegen hauptsächlich den Fang von Dorsch und Plattfisch, während der Aal und andere Brack- oder Süßwasserfische seltener auf dem Speiseplan standen. Für den Fischfang erfüllten Fischstecher, lange Holzspeere, Reusen und wohl in Ufernähe aufgestellte Fischzäune ihren jeweiligen Zweck.

Erste Hinweise auf eine beginnende Viehhaltung geben Knochen von Schaf und Ziege sowie Rind, die mittels der Radiokarbonmethode auf ca. 4000 v. Chr. datiert werden konnten.

LITERATUR

A. Glykou, J. Goldhammer und S. Hartz, Versunkene Steinzeit – Taucharchäologische Untersuchungen an der schleswig-holsteinischen Ostseeküste. In: F. Huber und S. Kleingärtner (Hrsg.): Gestrandet – Versenkt – Versunken. Faszination Unterwasserarchäologie (Neumünster/Hamburg 2014) 6–26.

A. Glykou, Neustadt LA 156 – ein submariner Fundplatz des späten Mesolithikums und des frühesten Neolithikums in Schleswig-Holstein. Untersuchungen zur Subsistenzstrategie der letzten Jäger, Sammler und Fischer an der norddeutschen Ostseeküste. Untersuchungen und Materialien zur Steinzeit in Schleswig-Holstein und im Ostseeraum Bd. 7 (Neumünster/Hamburg 2016).

S. Hartz und H. Kraus, Jäger und Fischer der Ertebölle-Kultur an der Ostseeküste Schleswig-Holsteins. Archäologisches Nachrichtenblatt 10, 2005, 425–435.

AUTOR*INNEN
Johannes Müller
Franziska Hage

STANDORT
Rendsburg-Eckernförde, Büdelsdorf LA 1

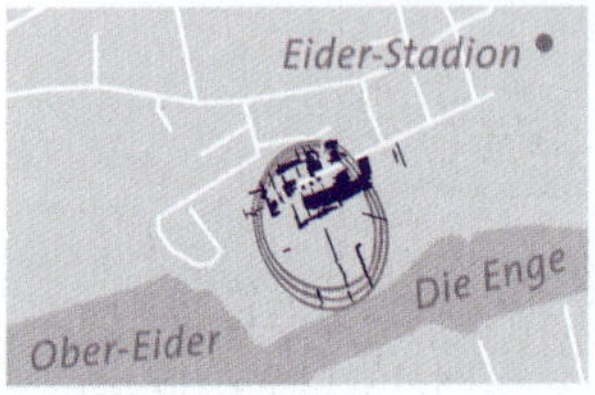

GRABUNGSZEIT
2013

ZEITL. EINORDNUNG
Neolithikum
ca. 3900–3000 v. Chr.
Trichterbecherphänomen

STRUKTUR
Grab
Hafen
Hort
Lager
Opferplatz
Siedlung
Weg
Wehranlage
Wrack
Anderes

FUNDE
Keramik/Gefäße
Hausbestandteile
Kleidung
Knochen
Münzen
Nahrung
Schmuck
Waffen
Werkzeuge
Andere

Büdelsdorf/Borgstedt

Grabenwerk, nichtmegalithische und megalithische Grabbauten einer trichterbecherzeitlichen Kernregion

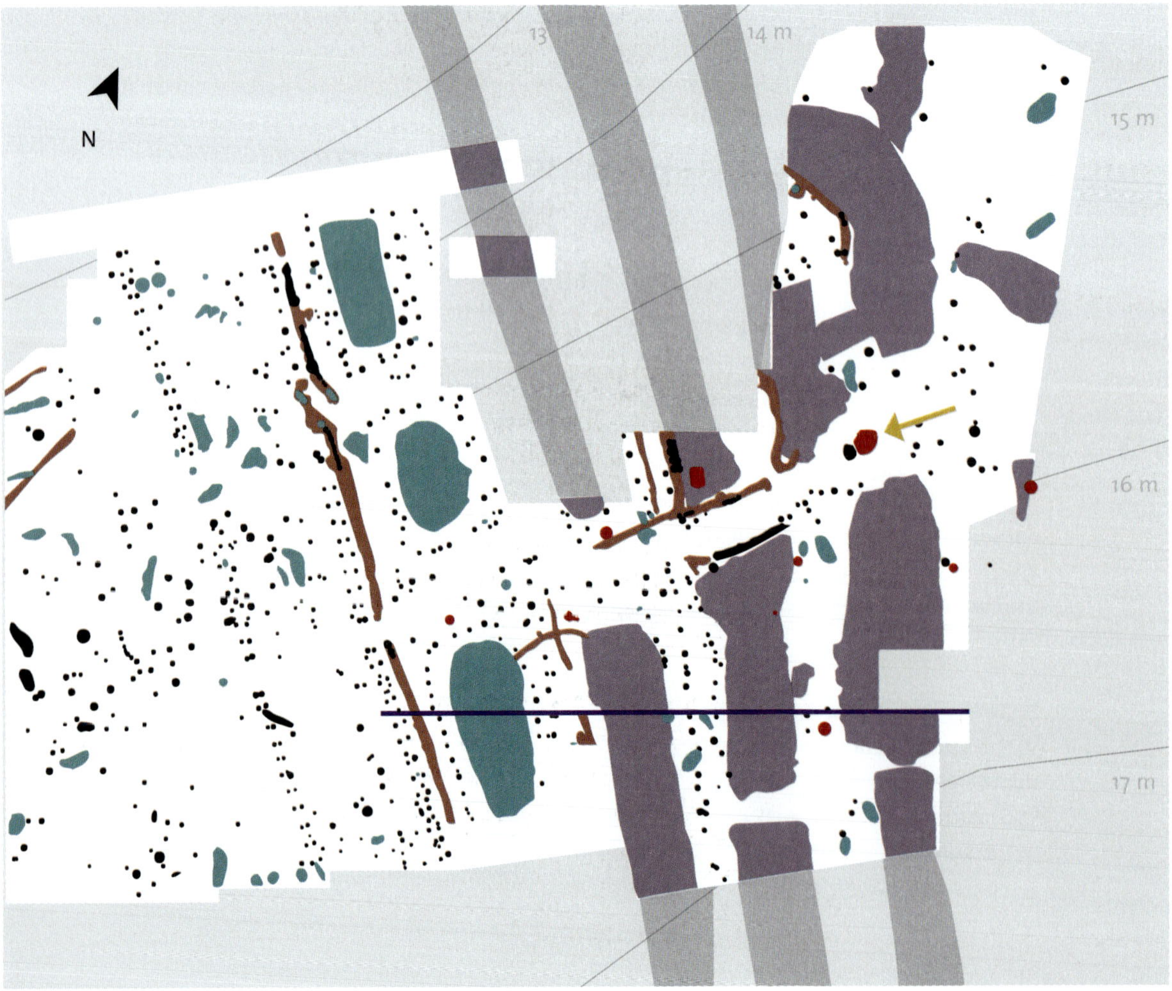

[1] Die komplexen archäologischen Kontexte der Eingangssituation sind in Abbildung 2 rekonstruiert. Der Pfeil markiert die Lage der Feuerstelle und des meterhohen Eichenpfostens.
ZEICHNUNG Franziska Hage, Am Ettersbach

[2] In Büdelsdorf war ein Eingang zum Grabenwerk mit einem hohen Eichenpfosten markiert, vor dem ein Feuerplatz der rituellen Verbrennung u. a. von Getreide diente. Im Bereich der Palisaden sind weitere rechteckige Feuergruben zu erkennen. Das Graben- und Wallsystem bildete eine hochkomplexe rituelle Trennung zwischen einem Innen- und Außenbereich der ca. 10 Fußballplätze großen Anlage.
ZEICHNUNG Franziska Hage, Am Ettersbach

Auf einem Geländesporn am nördlichen Steilufer der Eider, im südlichen Teil der Ortschaft Büdelsdorf, Kr. Rendsburg-Eckernförde, liegt das Grabenwerk Büdelsdorf LA 1. Zum Zeitpunkt seiner Entdeckung stellte es das bis dato einzig bekannte Grabenwerk der Trichterbecherkultur dar. 1968–1974 wurden 10.000 m² (20 %) der 4,5 ha großen Anlage vom Landesamt für Vor- und Frühgeschichte Schleswig-Holsteins ergraben. Hierbei kamen ein beeindruckendes mehrreihiges Grabensystem mit begleitenden Palisaden sowie zahlreiche Siedlungsspuren zum Vorschein.

Im Zuge des Schwerpunktprogramms 1400 der Deutschen Forschungsgemeinschaft (DFG) »Frühe Monumentalität und soziale Differenzierung« wurden die Grabungen ausgewertet. Um Defizite auszuräumen, die dem Notgrabungscharakter der älteren Kampagnen zuzuschulden sind, war eine Nachuntersuchung des Platzes nötig. Mit der Ausgrabung 2013 gelang es mithilfe datierender Proben und neuer Funde, Fragen zur zeitlichen Abfolge bzw. Einordnung der Graben- und Siedlungsphasen sowie zu Depositionsprozessen zu klären.

Das Grabenwerk Büdelsdorf lässt sich mithilfe der Befundinterpretation und der Analyse des keramischen Inventars als mehrphasige Anlage ansprechen, die im Laufe ihres Bestehens mehrfach eine Änderung des Nutzungscharakters erfuhr. Das bereits zum Ende des Frühneolithikums errichtete komplexe, rituelle Grabenwerk wurde nach nur sehr kurzem Bestehen wieder verfüllt. Hierauf folgte eine vermutlich profane mittelneolithische Siedlung, abgelöst von einem weiteren bis ins Jungneolithikum periodisch genutzten Grabenwerk. Tatsächlich waren die einzelnen Phasen auch zum nahen Megalithgrabfriedhof Borgstedt in Bezug zu setzen.

Im Gesamtergebnis ist die Bildung einer Kulturlandschaft 3900–3600 v. Chr. mit der Errichtung des Grabenwerkes und erster nicht-megalithischer und megalithischer Rund- und Langhügel im nahen Borgstedt nachzuvollziehen. Um 3350 v. Chr. unterbrach eine Siedlung für mehrere Generationen das rituelle Füllen und Ausgraben der Gräben in Büdelsdorf. Hier bestanden wohl ca. 40–50 Langhäuser gleichzeitig – eines der ersten Dörfer in Norddeutschland und Skandinavien. Ab 3250 v. Chr., nachdem das Dorf aufgrund einer landwirtschaftlich bedingten Verarmung der Ackerflächen wieder verlassen wurde, begann erneut der monumentale Ausbau des Grabenwerkes, das bis ca. 3000 v. Chr. intensiver Nutzung unterlag. Um 2800 v. Chr. ruhte auch das Gräberfeld Borgstedt für ca. 500 Jahre.

Büdelsdorf lag an einem Knotenpunkt der Kommunikation: Während des Neolithikums war hier die südliche kimbrische Halbinsel am schmalsten und der Übergang von der Nord- zur Ostsee am einfachsten. Die Lage in der Nähe des späteren Ochsenweges ist ebenfalls auffällig. Dementsprechend überrascht es nicht, in dieser landschaftlichen Situation eine Kleinregion vorzufinden, in der mit Grabenwerk und Friedhof eine über Generationen bewahrte rituelle Landschaft geschaffen wurde, die den umliegenden Gemeinschaften als Fixpunkt diente. Im Grabenwerk selbst ließ sich die hohe Bedeutung von Feuerplätzen für die rituellen Handlungen nachweisen. Das Innere war leer, mit Ausnahme der angesprochenen Siedlungsphase, die Eingänge kennzeichneten z. T. meterhohe Eichenpfosten. Hier bestand, z. B. auch mit der Opferung von Getreide, ein Bezug zur Ernährungswirtschaft. U. a. Votivgaben und Opferungen von Trichterbecher-Gefäßen hinterließen reichhaltiges Fundmaterial für die Archäologie.

LITERATUR

W. Bauch, Erdwerk und Megalithgräber der Trichterbecherkultur von Büdelsdorf, Kr. Rendsburg-Eckernförde. Archäologie in Schleswig/Arkaeologi i Slesvig, 1993, 13–15.

I. Feeser, W. Dörfler und F.-R. Averdieck, Palynologische Untersuchungen im Umfeld der Fundstelle Büdelsdorf LA 1. In: F. Hage (Hrsg.), Büdelsdorf/Borgstedt: eine trichterbecherzeitliche Kleinregion – Siedlung, Grabenwerk, nichtmegalithische und megalithische Grabanlagen (Bonn 2016) 204–220.

F. Hage, Büdelsdorf/Borgstedt: eine trichterbecherzeitliche Kleinregion – Siedlung, Grabenwerk, nichtmegalithische und megalithische Grabanlagen. Frühe Monumentalität und soziale Differenzierung (Bonn 2016).

J. Müller, Social memories and site biographies: construction and perception in non-literate societies. Analecta Praehistorica Leidensia 49, 2018, 9–17.

AUTORIN
Doris Mischka

STANDORT
Stormarn, Bad Oldesloe-Wolkenwehe LA 154

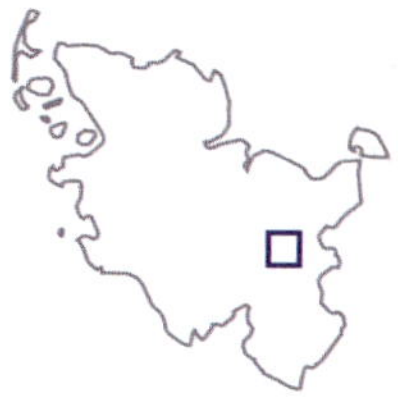

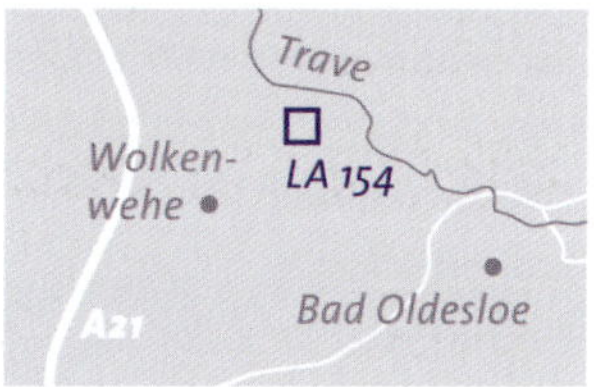

GRABUNGSZEIT
2006–2010

ZEITL. EINORDNUNG
Früh- und mittelneolithische Trichterbecher- sowie jungneolithische Einzelgrab- und Glockenbechergruppen
ca. 4000–2200 v. Chr.

STRUKTUR
Grab
Hafen
Hort
Lager
Opferplatz
Siedlung
Weg
Wehranlage
Wrack
Anderes

FUNDE
Keramik/Gefäße
Hausbestandteile
Kleidung
Knochen
Münzen
Nahrung
Schmuck
Waffen
Werkzeuge
Andere

Wolkenwehe
Siedlungen im Moor an der Trave

[1] Bad Oldesloe-Wolkenwehe LA 154. Fotografie aus dem Jahr 2008 von einem Grabungsschnitt mit Resten eines Bruchwaldes und angespitzten Pfählen.
FOTOGRAFIE Doris Mischka, Erlangen

2005 setzte das Kieler Institut für Ur- und Frühgeschichte Arbeiten von Hermann Schwabedissen an Moorsiedlungen fort, die denen des Alpenvorlands vergleichbar sind. 1950 war der Fundplatz Wolkenwehe im Brenner Moor bei Bad Oldesloe, rund 45 km nordöstlich von Hamburg, bei systematischen Begehungen entdeckt worden. Hermann Schwabedissen legte in einer zweijährigen Grabung (1951–1952) rund 900 m² zuzüglich einiger Sondagen frei. Das damals geborgene, extrem umfangreiche Fundmaterial befindet sich heute im Archäologischen Landesmuseum Schleswig-Holstein, Schloss Gottorf in Schleswig. Dort lagern 2781 Fundkartons mit einem Gesamtgewicht von 3,18 Tonnen, wobei größere Steine bei den früheren Grabungen verblieben. Die erhaltene Dokumentation erlaubt nur eingeschränkte Analysen zur räumlichen Verortung der Funde und Befunde. Im Planum sind etwa 500 Holzpfähle eingezeichnet, die heute als verschollen gelten, und Scherbenkonzentrationen sowie ein unregelmäßiges Gräbchensystem, welches möglicherweise zur Salzgewinnung diente. Unterschiedlich hoch erhaltene Pfähle interpretierte Schwabedissen als ungleichzeitig, sodass eine zumindest zweiphasige Besiedlung vorliegt. Die modernen Versuche, Hausgrundrisse eindeutig anhand der Pfähle herauszuarbeiten, sind daher nur als Veranschaulichung einer möglichen ehemaligen Bebauung zu sehen.

2006–2008 sowie 2009 und 2010 fanden Bohr- und Sondagegrabungen statt, mit deren Hilfe die alte Grabungsfläche lokalisiert und weitere Pfahlsetzungen dokumentiert werden konnten.

Als Ergebnis der jüngeren Untersuchungen, zu denen auch archäobotanische und archäozoologische Analysen gehören, lässt sich festhalten, dass die leichte Anhöhe in der Niederung der Trave wohl seit dem frühen Neolithikum, verstärkt im Mittelneolithikum und besonders im Jungneolithikum, für temporäre Aufenthalte aufgesucht worden war. Aufgrund der ^{14}C-Daten an mehreren Pfahlspitzen ist eine Bebauung, vermutlich mit Häusern, im Jungneolithikum sicher. Von der mittelneolithischen zur jungneolithischen Phase fand ein wirtschaftlicher Wechsel statt. Die anfangs dominant vorhandenen Rinder lösten nun Schweine ab. Der Haustieranteil nahm deutlich zu. Aufgrund der besseren Erhaltungsbedingungen im Oldenburger Graben sowie wegen der Wiedervernässungsmaßnahmen in der Traveniederung fanden seit 2011 keine weiteren Untersuchungen mehr entlang der Niederung statt.

[2] Bad Oldesloe-Wolkenwehe LA 154. Während der Altgrabungen 1950–1953 freigelegtes Pfahlfeld und große Steine.
Urheber unbekannt; aus der Grabungsdokumentation der 1950er Jahre. Publiziert in Hartz u. a. 2007, 12 Abb. 5

LITERATUR

J.-P. Brozio, Megalithanlagen und Siedlungsmuster im trichterbecherzeitlichen Ostholstein. Frühe Monumentalität und soziale Differenzierung 9 (Bonn 2016).

S. Hartz, D. Mischka und J. Müller, Die neolithische Feuchtbodensiedlung Bad Oldesloe-Wolkenwehe LA 154. Resultate der Untersuchungen 1950–1952. Offa 61/62, 2004 (2007) 7–24.

D. Mischka, Die Steinartefakte von Bad Oldesloe LA 154, Wolkenwehe: Ein Praktikum zum Umgang mit den Funden der Grabungen von 1950–1952. Starigard Jahresbericht des Fördervereins vom Institut für Ur- und Frühgeschichte der CAU Kiel 7, 2006, 83–91.

D. Mischka, Die Grabungskampagne 2007 auf dem neolithischen Fundplatz Bad Oldesloe-Wolkenwehe LA 154 im Brenner Moor. Starigard Jahresberichte des Fördervereins vom Institut für Ur- und Frühgeschichte der CAU Kiel 8, 2007, 55–61.

D. Mischka, Neue archäologische Ausgrabungen im Brenner Moor: Die neolithische Feuchtbodenfundstelle von Wolkenwehe. Jahrbericht 2009 Kreis Stormarn 27, 2008, 85–92.

D. Mischka, W. Dörfler, P. Grootes, D. Heinrich, J. Müller und O. Nelle, Die neolithische Feuchtbodensiedlung Bad Oldesloe-Wolkenwehe LA 154. Vorbericht zu den Untersuchungen 2006. Offa 61/62, 2004 (2007) 25–63.

H. Schwabedissen, Probegrabungen auf Moorsiedlungen der jüngeren Steinzeit. Germania 25, 1951, 310.

H. Schwabedissen, Moorsiedlung Oldesloe-Wolkenwehe, Kr. Stormarn. Germania 31, 1953, 230–231.

H. Schwabedissen, Untersuchung mesolithisch-neolithischer Moorsiedlungen in Schleswig-Holstein: In: W. Krämer (Hrsg.), Neue Ausgrabungen in Deutschland (Berlin 1958) 26–42.

H. Schwabedissen, Die jungsteinzeitlichen Wohnplätze der Trichterbecherkultur aus Sachsenwaldau und Wolkenwehe. In: H. Hingst (Hrsg.), Vorgeschichte des Kreises Stormarn. Vor- und Frühgeschichtliche Denkmäler und Funde Schleswig-Holstein 5 (Neumünster 1959) 24–27.

AUTOR
Jan Piet Brozio

STANDORT
Ostholstein, Oldenburg-Dannau LA 77

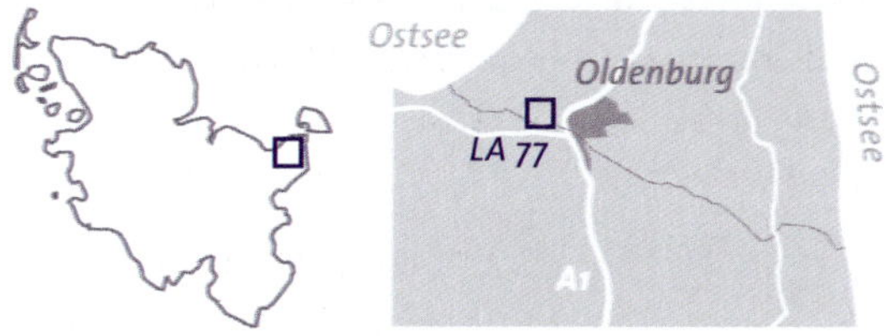

GRABUNGSZEIT
2009–2011

ZEITL. EINORDNUNG
Trichterbecherkultur
Mittelneolithikum I–III/IV
3300–2900 v. Chr.

STRUKTUR
Grab
Hafen
Hort
Lager
Opferplatz
Siedlung
Weg
Wehranlage
Wrack
Anderes

FUNDE
Keramik/Gefäße
Hausbestandteile
Kleidung
Knochen
Münzen
Nahrung
Schmuck
Waffen
Werkzeuge
Andere

Neue Formen des Zusammenlebens …

Die trichterbecherzeitliche Siedlung Oldenburg-Dannau LA 77 in Ostholstein

Im vierten Jt. v. Chr. lebten die Menschen auf dem Gebiet des heutigen Schleswig-Holsteins überwiegend auf verstreuten Einzelhöfen oder in kleineren Ansiedlungen. Eine andere Form des Zusammenlebens lässt sich hingegen durch Ausgrabungen im Rahmen des von der Deutschen Forschungsgemeinschaft (DFG) geförderten Schwerpunktprogrammes 1400 in einer Kleinregion im westlichen Oldenburger Graben nachvollziehen. In dieser durch eine Gruppe von bis zu +0,8 m NHN hohen Sandkuppen charakterisierten Landschaft innerhalb eines heutigen Feuchtgebietes entstanden unterschiedlich große Siedlungsplätze, die in Sichtweite auf verschiedenen Inseln und Halbinseln in einer Förde lagen. Die größte Siedlung Oldenburg-Dannau LA 77 befand sich auf einer ca. 3 ha großen Insel von ca. 280 m Länge und 125 m Breite. Die zwischen 3300 und 2900 v. Chr. genutzte Siedlung erreichte den Höhepunkt ihrer Besiedlungsintensität zwischen 3020–2990 v. Chr. mit bis zu 16 Häusern und 10–11 Hütten sowie 120–160 Einwohnern. Die Bewohner betrieben Ackerbau, eine frühe Form des Obstanbaus, Fischfang, Jagd sowie Viehzucht auf Wirtschaftsflächen an den Randbereichen des Oldenburger Grabens. Obwohl Rinder und Schweine den größten Anteil der Haustiere einnahmen, bestand das alltägliche Mahl vor allem aus pflanzlichen Zutaten. In der durch einen Zaun eingehegten Siedlung erfolgten einfache Bestattungen in Grabgruben oder Verstorbene fanden in der Uferzone ihre Ruhe. In der sich ab 3100 v. Chr. zunehmend zu einer Lagune wandelnden Landschaft kam es aber auch zur Anlage von Brunnen. In einem der unbrauchbar gemachten Brunnen wurde neben Siedlungsabfällen auch der Oberschenkelknochen einer Frau entsorgt, die in nur wenigen Metern Entfernung, aber bereits mehrere 100 Jahre früher, in einem einfachen Erdgrab bestattet worden war. Offenbar liegt in diesem Fall ein hier im Detail unbekanntes Ritual des Umganges mit den Ahnen in den damaligen Gesellschaften vor. Außerhalb der Siedlungen, auf den nördlich und südlich angrenzenden Moränenzügen, liegen hingegen die charakteristischen megalithischen Grabanlagen, wie beispielsweise das Ganggrab Wangels LA 69.

LITERATUR

J. P. Brozio, Megalithanlagen und Siedlungsmuster im trichterbecherzeitlichen Ostholstein. Frühe Monumentalität und soziale Differenzierung 9 (Bonn 2016).

J. P. Brozio, D. Filipovic, U. Schmölcke, W. Kirleis und J. Müller, Mittel- bis jungneolithische Siedlungshinterlassenschaften zwischen 3300–2600 v. Chr. – Der Fundplatz Oldenburg LA 232 im Oldenburger Graben, Ostholstein. Praehistorische Zeitschrift 93, 2019, 185–224.

[1] LINKS Im westlichen Oldenburger Graben prägten um 3000 v. Chr. mehrere Inseln und Halbinseln die Landschaft. Es entstand eine Nachbarschaft verschiedener zeitgleicher Siedlungsplätze, von denen die Siedlung Oldenburg-Dannau LA 77 die größte war.
ZEICHNUNG Susanne Beyer, Kiel

[2] RECHTS In einem durch die Verfüllung mit Siedungsabfällen unbrauchbar gewordenen Brunnen lag der Oberschenkelknochen einer ca. 50-jährigen Frau. Der Knochen entstammte einer bereits mehrere hundert Jahre früher erfolgten Bestattung.
FOTOGRAFIE Jan Piet Brozio, Kiel

AUTOR
Jan Piet Brozio

STANDORT
Ostholstein, Wangels LA 69

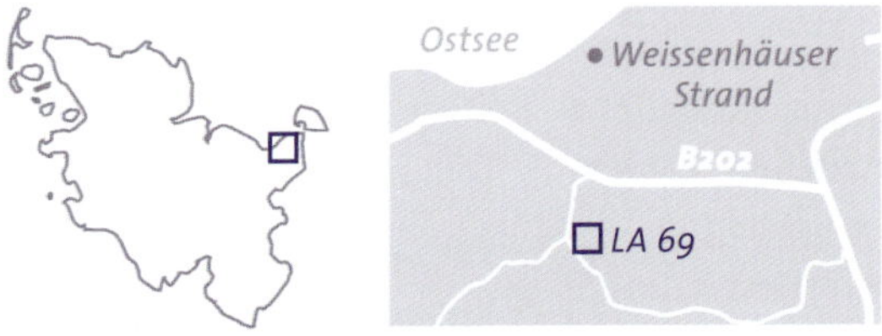

GRABUNGSZEIT
2012–2014

ZEITL. EINORDNUNG
Frühneolithikum II bis Spätneolithikum II 3650–1900 v. Chr.

STRUKTUR
Grab
Hafen
Hort
Lager
Opferplatz
Siedlung
Weg
Wehranlage
Wrack
Anderes

FUNDE
Keramik/Gefäße
Hausbestandteile
Kleidung
Knochen
Münzen
Nahrung
Schmuck
Waffen
Werkzeuge
Andere

Monumentalität und Ahnenverehrung
Das Ganggrab Wangels LA 69 in Ostholstein, Schleswig-Holstein

[1] Die Beigaben umfassen vor allem reich verzierte Gefäße. Analysen ergaben, dass diese Rindfleischprodukte, aber in einem Fall auch Sanddornöl, enthielten. FOTOGRAFIE Agnes Heitmann, Kiel

Das Phänomen der Megalithgräber der Trichterbecherkultur ist durch die Ausgrabung des Ganggrabes Wangels LA 69 im Rahmen des Schwerpunktprogrammes 1400 so detailliert wie an kaum einer anderen Fundstelle dieses Charakters nachzuvollziehen. Der Fundplatz liegt in den südlich an die Niederung des Oldenburger Grabens angrenzenden Moränenzügen auf einer natürlichen Geländeerhöhung und zeichnet sich als 32 m langer und bis zu 12 m breiter Erdkörper eines Langbetts ab. Obwohl aus einer »Holsteiner Kammer« bis auf zwei Orthostaten alle Megalithen entfernt wurden, ist der Bestattungshorizont *in situ* erhalten. Die Grabkammer weist, gekennzeichnet durch Steinpflaster, eine Unterteilung in drei Areale auf, darunter ein Quartier. Die Kammer überdeckt ein Rundhügel, der zu einem Langhügel erweitert und durch eine Steinumfassung eingehegt wurde. Unterhalb der Grabanlage traten mehrere Pflugspuren auf. Neben Steinartefakten und 69 Bernsteinobjekten liegt ein umfangreiches keramisches Inventar in Form von 57 Gefäßen der Trichterbecher- und Kugelamphorenkultur vor. Dieses setzt sich vornehmlich aus aufwendig verzierten Stücken zusammen, die teilweise vollständig und unzerscherbt erhalten sind. Analysen der Gefäße ergaben, dass diese in den meisten Fällen vor allem hoch qualitative Produkte wie bspw. Rindfleisch oder Sanddornöl als Beigaben enthielten. Eine feinchronologische Differenzierung der Grabanlage erfolgte durch 41 ^{14}C-Proben, die damit zu den am besten datierten Großsteingräbern der Trichterbecherkultur gehört. Als dessen Ergebnis lassen sich sieben einzelne Bau- und Bestattungsphasen gegeneinander abgrenzen, die absolutchronologisch zwischen 3640 und 1900 v. Chr. einzuordnen sind. So fand die Errichtung der Grabkammer mit einem Rundhügel im Zeitraum zwischen 3360 und 3280 v. Chr. statt, die Umgestaltung der Anlage zu einem Langbett und die Anlegung eines Steinkreises erfolgte anschließend zwischen 3280 und 3120 v. Chr. Als einzigartiges Phänomen gilt die Deponierung eines Gefäßes vor Baubeginn der Kammer unter einem der Orthostaten, wahrscheinlich eine Votivgabe bzw. ein Bauopfer.

LITERATUR

J. P. Brozio, Ton, Steine, Scherben – Archäologische Untersuchungen am megalithischen Langbett Wangels LA 69. ANSH 19, 2013, 28–31.

J. P. Brozio, Megalithanlagen und Siedlungsmuster im trichterbecherzeitlichen Ostholstein. Frühe Monumentalität und soziale Differenzierung 9 (Bonn 2016).

W. Dörfler, W. Kirleis und J. Müller, MEGALITHsite CAU. Ein Großsteingrab zum Anfassen (Kiel 2015).

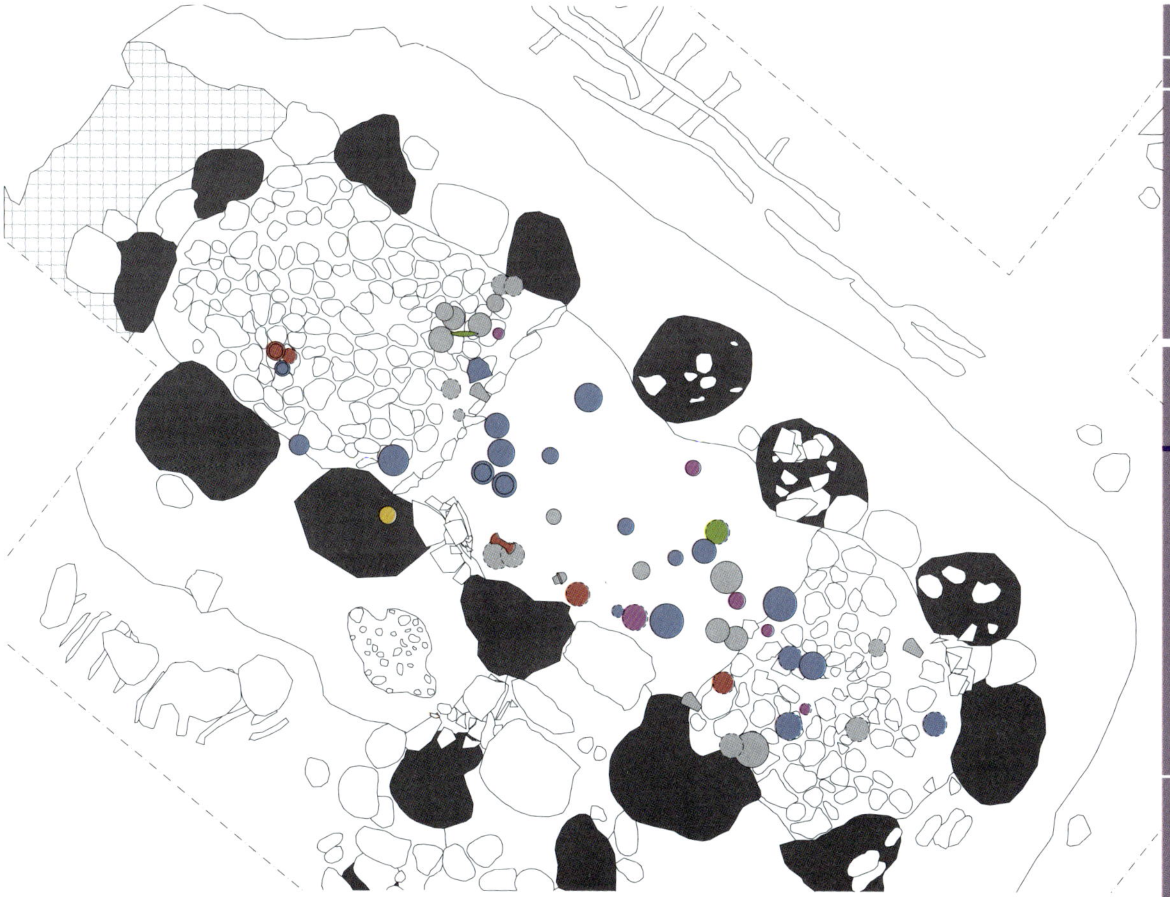

auf dem Gefäßboden stehendes Gefäß
auf der Gefäßmündung stehendes Gefäß
stark zerscherbtes Gefäß
auf der Seite liegendes Gefäß
Axt aus Basalt
Flintbeil
Flintdolch

Zeitliche Differenzierung
> 3360 v. Chr., Wangels 1 (Intentionelle Deponierung)
3360–3120 v. Chr., Wangels 2–3
3120–3000 v. Chr., Wangels 5
3000–2900 v. Chr., Wangels 6 (Kugelamphore)
2900–1900 v. Chr., Wangels 7 (Riesenbecher)
3326–3000 v. Chr., Wangels 2–5

[2] Eine Unterteilung der Grabkammer gestalteten die Erbauer mit zwei durch einen Lehmfußboden voneinander getrennten Steinpflastern. Auf diesen wurden die Beigaben in verschiedenen Bestattungsphasen deponiert.
PLAN Jan Piet Brozio, Kiel

AUTORIN
Doris Mischka

STANDORT
Rendsburg-Eckernförde, Flintbek LA 3, 4 u. w.

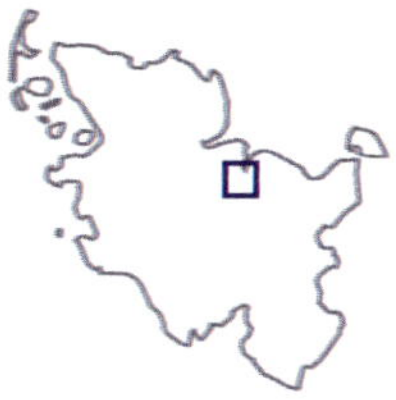

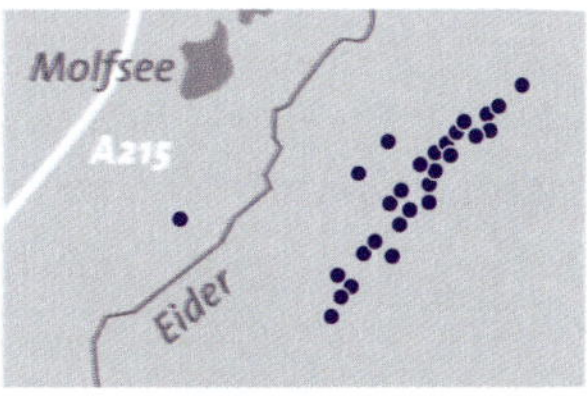

GRABUNGSZEIT
1976–1996

ZEITL. EINORDNUNG
Jungsteinzeit; Früh-, Mittel- und Jungneolithikum – Trichterbecher- und Einzelgrabkultur (auch Spätneolithikum und Bronzezeit)

STRUKTUR
Grab
Hafen
Hort
Lager
Opferplatz
Siedlung
Weg
Wehranlage
Wrack
Anderes

FUNDE
Keramik/Gefäße
Hausbestandteile
Kleidung
Knochen
Münzen
Nahrung
Schmuck
Waffen
Werkzeuge
Andere

Das Gräberfeld von Flintbek
Megalithgräber einer Siedlungskammer

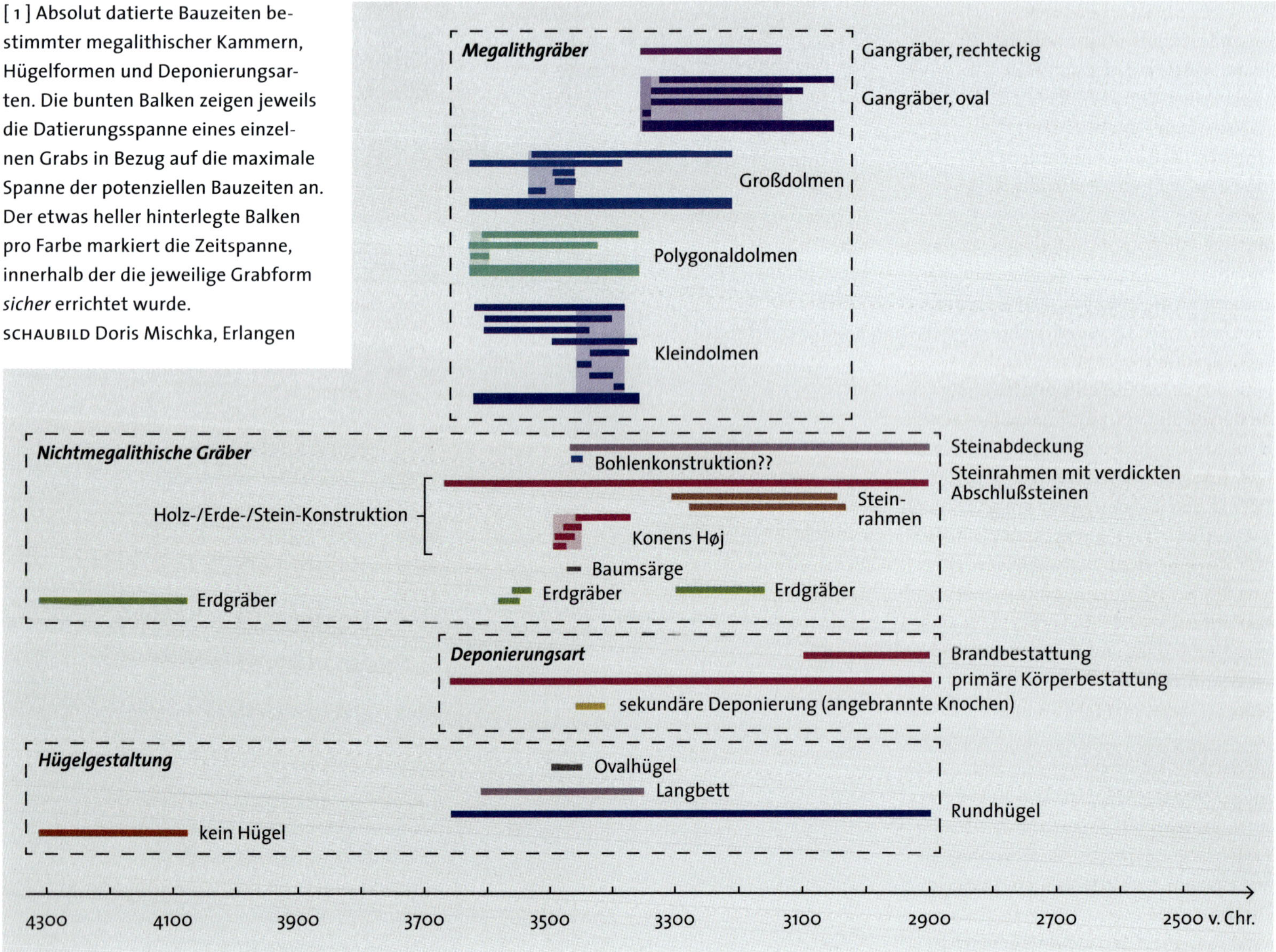

[1] Absolut datierte Bauzeiten bestimmter megalithischer Kammern, Hügelformen und Deponierungsarten. Die bunten Balken zeigen jeweils die Datierungsspanne eines einzelnen Grabs in Bezug auf die maximale Spanne der potenziellen Bauzeiten an. Der etwas heller hinterlegte Balken pro Farbe markiert die Zeitspanne, innerhalb der die jeweilige Grabform *sicher* errichtet wurde.
SCHAUBILD Doris Mischka, Erlangen

Die Ausgangslage: 1976–1996 wird im Rahmen der prophylaktischen Denkmalpflege ein ganzes Gräberfeld des Neolithikums und der Bronzezeit auf der »Flintbeker Sichel« rund 8 km südlich von Kiel ausgegraben. Unter der Leitung J. Reichsteins gräbt der Grabungstechniker D. Stoltenberg systematisch sämtliche linear aufgereihten Grabmonumente entlang des niedrigen Höhenrückens aus. Die erste wissenschaftliche Bearbeitung erfolgt durch B. Zich. Im Rahmen des von der Deutschen Forschungsgemeinschaft geförderten Projekts MI1273/1-1 »Chronologie und Chorologie der Trichterbecherkultur« können durch D. Mischka insgesamt 180 ^{14}C-AMS-Daten gemessen werden, die vor allem den Bau und die Nutzungszeit der nicht-megalithischen und megalithischen Grabanlagen betreffen. Vor den Messungen fand die anthrakologische Bestimmung und die Auswahl möglichst kurzlebiger Hölzer durch D. Jansen statt.

Erstmals konnte ein zusammenhängendes Megalithgräberfeld mit Langbetten und Rundhügeln, Klein- und Großdolmen, Polygonaldolmen und Ganggräbern datiert werden. Festzustellen war ein teilweiser Ausbau der Grabanlagen, besonders im Frühneolithikum. Außerdem ließ sich die Reihenfolge des Auftretens bestimmter Grabtypen im Gräberfeld und damit eine Mindestbauzeit für bestimmte Grabtypen herausarbeiten. Die erste Bestattung in einem Langbett konnte z. B. als nicht-megalithische oder megalithische Kammer gestaltet sein. Das Langbett LA 4 beginnt z. B. mit einer megalithischen Grabkammer, ca. 100 Jahre bevor das benachbarte Langbett LA 3 mit einer initialen nicht-megalithischen Grabkammer eingerichtet wird. Die letztgenannte Grabanlage lieferte auch die längste Bauphasensequenz mit insgesamt acht nicht-megalithischen Gräbern und vier nacheinander gebauten Dolmenkammern. Von der jüngsten Hügelerweiterung konserviert, weisen die als Rad- bzw. Wagenspur interpretierten Rillen in die Zeit um 3400 v. Chr. Als weitere Innovation aus der Mitte oder ersten Hälfte des 35. Jh. v. Chr. gilt der Hakenpflug. Spuren seines Einsatzes sind unter vier Flintbeker Langbetten konserviert, die mittels *terminus ante quem* absolut zu datieren waren und deren ältester Beleg aus LA 4 wahrscheinlich älter ist als 3560 v. Chr. Besonders in der frühneolithischen Trichterbecherkultur bis ca. 3300 v. Chr. erweist sich die Gestaltung der Grabanlagen in Bezug auf einzelne Details wie Bodenpflasterung oder Kammerform als vergleichsweise variabel, während zum Mittelneolithikum, in dem die Ganggräber typisch werden, eine größere Konformität vorherrscht.

LITERATUR

D. Mischka und K. Fuchs, Sekundäre Deponierung von Menschenresten in einem Megalithgrab des Langbettes Flintbek LA 3, Kr. Rendsburg-Eckernförde, Schleswig-Holstein. Salzmünde – Regel oder Ausnahme Salzmünde – Rule or Exception. Tagungen Landesmuseum für Vorgeschichte Halle an der Saale 16. Internationale Tagung vom 18. bis 20. Oktober 2012 (Halle/Saale 2017) 469–486.

M. Furholt und D. Mischka, The phasing of megalithic construction activities and its implications for the development of social formations in Northern-Central Germany. In: J. Müller, M. Hinz und M. Wunderlich (Hrsg.), Megaliths Societies Landscapes. Early Monumentality and Social Differentiation in Neolithic Europe. Frühe Monumentalität und soziale Differenzierung 18 (Bonn 2019) 921–938.

D. Mischka, Das Neolithikum in Flintbek, Kr. Rendsburg-Eckernförde, Schleswig-Holstein – Eine feinchronologische Studie zur Besiedlungsgeschichte einer Siedlungskammer anhand von Gräbern (unpubl. Habilitationsschrift Kiel 2011).

D. Mischka, The Neolithic burial sequence at Flintbek LA 3, north Germany, and its cart tracks: a precise chronology. Antiquity 85/329, 2011, 742–758.

D. Mischka, Temporality in the monumental landscape of Flintbek. In: M. Furholt/M. Hinz und D. Mischka (Hrsg.), »As time goes by?« Monumentality, Landscapes and the temporal perspective. Proceedings of the International Workshop »Socio-Environmental Dynamics over the last 12,000 years: The creation of landscapes II (14th–18th March 2011)« in Kiel. Universitätsforschungen zur Prähistorischen Archäologie 206 (Bonn 2012) 133–143.

D. Mischka, Die neolithische Besiedlungsgeschichte im Raum Flintbek und die Bedeutung der Wagenspuren vor dem Hintergrund neuer Datierungen. In: S. Kadrow und P. Włodarczak (Hrsg.), Environment and subsistence – forty years after Janusz Kruk´s »Settlement studies ...« Studien zur Archäologie in Ostmitteleuropa 11 (Bonn 2013) 117–138.

B. Zich, Das Hügelgräberfeld von Flintbek nach zwanzig Ausgrabungsjahren. In: Jahrbuch für das ehemalige Amt Bordesholm 1 (Bordesholm 1999) 7–58.

AUTOR
Ingo Lütjens

STANDORT
Segeberg, Todesfelde LA 31–33, 43

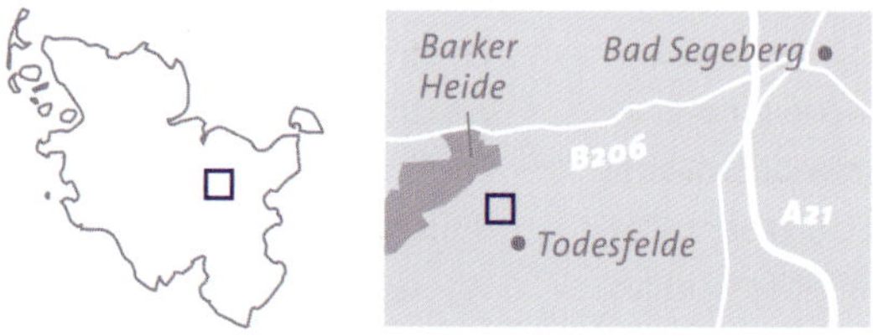

GRABUNGSZEIT
2011–2012

ZEITL. EINORDNUNG
ca. 2500 v. Chr.,
ca. 500 v. Chr.

STRUKTUR
Grab
Hafen
Hort
Lager
Opferplatz
Siedlung
Weg
Wehranlage
Wrack
Anderes

FUNDE
Keramik/Gefäße
Hausbestandteile
Kleidung
Knochen
Münzen
Nahrung
Schmuck
Waffen
Werkzeuge
Andere

Gräber und Siedlungen in Todesfelde, Kreis Segeberg

[1] Bemalte Urne der älteren Vorrömischen Eisenzeit.
FOTOGRAFIE © Linda Hermannsen, ALSH

In den Jahren 2011 und 2012 erfolgte im Vorwege des geplanten Baus der Autobahn 20 die großflächige Freilegung zweier benachbarter älterbronzezeitlicher Grabhügel im Norden der Gemeinde Todesfelde. Innerhalb der etwa 2 ha großen Grabungsfläche wurden nicht nur die damals bekannten Denkmale, sondern darüber hinaus auch einzelne Gräber aus der Einzelgrabkultur, mehrere Brandgräberfelder aus der jüngeren Bronze- und älteren Vorrömischen Eisenzeit sowie zwei spätneolithische Hausgrundrisse (s. Kap. III, 94–95), ein Hausgrundriss aus der späten Bronzezeit/frühen Eisenzeit und ein Siedlungsbereich mit Gruben aus der Vorrömischen Eisenzeit erfasst

Besondere Bedeutung ist sicherlich dem Nachweis von vier Körpergräbern der Einzelgrabkultur (ca. 2800–2200 v. Chr.) beizumessen. Dabei handelte es sich um 1,5 × 2,5 m große, in den anstehenden Untergrund eingetiefte, abgerundet rechteckige Gruben, umgeben von einem schmalen Kreisgraben mit einem Durchmesser von etwa 4 m. Aufgrund vergleichbarer Befunde ist davon auszugehen, dass diese »Untergräber« ursprünglich ein kleiner Hügel überdeckte. Die Grabgruben enthielten nur einzelne Beigaben, Knochen waren nicht überliefert. In einem Fall konnte auf Grundlage der Verteilung unterschiedlicher Phosphatgehalte (Analyse durch J. Lienemann, ABOLA) die ungefähre Lage der/des Bestatteten erschlossen werden. Demnach lag in diesem Fall das Haupt des auf seiner rechten Seite gelegenen Leichnams im Westen. Neben dem Kopf fand sich die Beigabe eines Keramikgefäßes. Entsprechende Grabresultate sind verhältnismäßig selten aufzufinden und heben allein aus diesem Grunde die besondere Bedeutung des Fundplatzes hervor.

Eine zweite außergewöhnliche Beobachtung stellt ohne Zweifel der Nachweis einer bemalten Urne aus der älteren Vorrömischen Eisenzeit dar (ca. 500 v. Chr.). Entsprechend verzierte Gefäße kommen in ganz Norddeutschland äußerst selten vor. In Schleswig-Holstein konzentrieren sich solche Belege etwa zwischen Rendsburg und Neumünster. Den südlichsten Verbreitungspunkt innerhalb des Landes stellt nun der Fund aus Todesfelde dar. Alle diese Gefäße stammen aus der frühen älteren Vorrömischen Eisenzeit. Vorher und nachher war die Sitte der Gefäßbemalung in diesem Raum nicht üblich. Auffällig ist außerdem die Lage aller schleswig-holsteinischen Nachweise in einer Übergangszone zwischen dem westlichen Jungmoränenrand und den westlich anschließenden Sandergebieten. Da in diesem Gebiet zugleich die umfangreichsten Eisenerzvorkommen des Landes zu finden sind, wird ein Bezug zur frühen Eisengewinnung erwogen. Möglicherweise gibt es einen Zusammenhang zwischen den bemalten Gefäßen und bestimmten Mittelgebirgsregionen Mitteldeutschlands (überwiegend Hessen), in denen zu jener Zeit sowohl Gefäßbemalung als auch Eisengewinnung schon seit längerer Zeit weite Verbreitung fanden. Waren es Wanderhandwerker aus dem Süden oder zurückgekehrte »Lehrlinge« aus dem Norden, welche die Kenntnis der Eisengewinnung und auch kurzfristig die Sitte der Gefäßbemalung nach Schleswig-Holstein brachten? Die bemalten Gefäße unterschieden sich allein durch ihre Bemalung vom normalen Formenspektrum früheisenzeitlicher Keramik in Schleswig-Holstein. Bislang fehlt allerdings jeder Nachweis einer derart frühen Eisenverhüttung in Schleswig-Holstein. Ein mögliches Forschungsfeld für die Zukunft!

Die Ausgrabungsergebnisse von Todesfelde belegen einmal mehr eindrucksvoll, wie wertvoll großflächige Freilegungen im Umfeld von Grabhügeln sein können. Offensichtlich wurden entsprechende Areale immer wieder ausgewählt, um dort die Toten zu bestatten und um dort außerdem zu siedeln. Auffällig und erstaunlich ist, dass diese Tradition – auch wenn sich keine direkte Kontinuität nachweisen lässt – über mehrere Jahrhunderte und sogar Jahrtausende beibehalten bzw. wiederholt stattfand.

[2] Grabbeigaben der Einzelgrabkultur.
FOTOGRAFIE © Linda Hermannsen, ALSH

LITERATUR

I. Lütjens, Frühe Häuser und viele Gräber bei Todesfelde, Kr. Segeberg. ANSH 19, 2013, 39–43.

AUTOR*INNEN
Jutta Kneisel
Stefanie Schaefer-Di Maida
Stefan Dreibrodt
Ingo Feeser
Dragana Filipović

STANDORT
Segeberg, Bornhöved LA 117

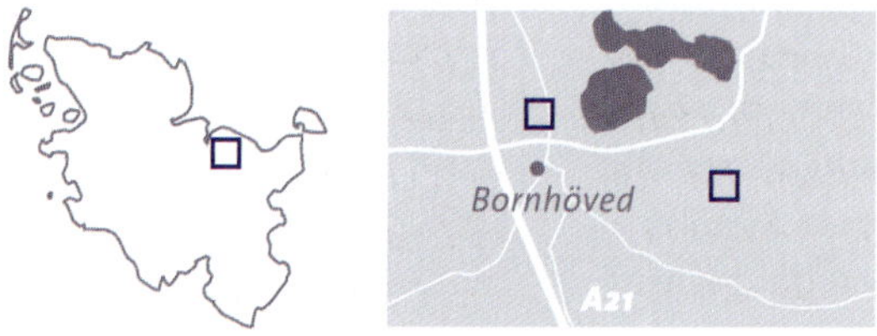

GRABUNGSZEIT
2017/2018

ZEITL. EINORDNUNG
Bronzezeit
1800–500 v. Chr.

STRUKTUR
Grab
Hafen
Hort
Lager
Opferplatz
Siedlung
Weg
Wehranlage
Wrack
Anderes

FUNDE
Keramik/Gefäße
Hausbestandteile
Kleidung
Knochen
Münzen
Nahrung
Schmuck
Waffen
Werkzeuge
Andere

Mang de Bargen – Bornhöved

Bronzezeitliche Gräberlandschaft und eine ungewöhnliche Hügelkonstruktion

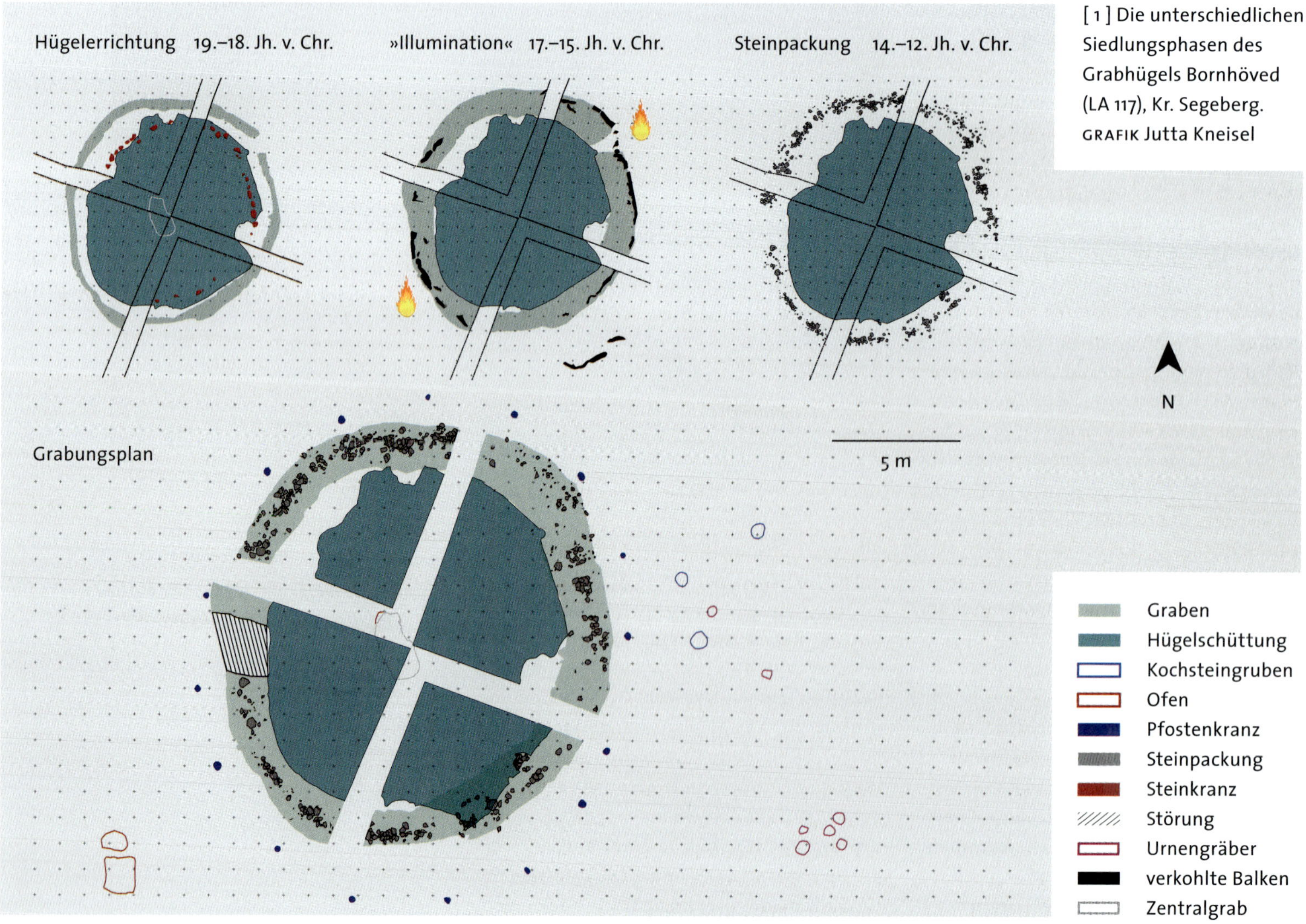

[1] Die unterschiedlichen Siedlungsphasen des Grabhügels Bornhöved (LA 117), Kr. Segeberg. GRAFIK Jutta Kneisel

Entlang der Moränenkuppen des Kreises Segeberg von Boosted bis hin zum Belauer See liegen über 280 Grabhügel zumeist der Älteren Bronzezeit (1750–1100 v. Chr.), z. T. in kleinen Gruppen angeordnet. Die meisten der Hügel sind heute kaum noch im Gelände sichtbar, nur in den Knicks blieben sie erhalten. Dem geübten Betrachter erschließen sie sich als kaum noch erkennbare runde Erhebungen im Gelände. Eine der größten Grabhügelgruppen liegt nördlich von Tarbek mit über 20 ehemals erhaltenen Hügeln, die seit dem Jahre 2005 untersucht werden. Eine Fünfergruppe liegt westlich des Bornhöveder Sees.

In den Jahren 2017 und 2018 untersuchten Archäolog*innen , Botaniker*innen und Geowissenschaftler*innen im Rahmen des Sonderforschungsbereiches 1266 »TransformationsDimensionen« an beiden Fundstellen je einen Grabhügel und umgebende Befunde. Ziel war ein besseres Verständnis der Siedlungsabläufe dieser Region von der Bronzezeit bis zum Beginn der Eisenzeit (500 v. Chr.). Zusammen mit den Umweltdaten aus dem nahegelegenen Belauer See mit seinem zeitlich hochauflösenden Pollenprofil gelang es, die Besiedlungsdynamik dieser Region trotz fehlender Siedlungen zu erfassen. Die Nutzung des Gräberareals von Mang de Bargen reichte vom Endneolithikum bis in die ältere Eisenzeit. Die jüngeren Urnengräber orientierten sich an den Grabhügeln und bildeten um diese kleine Gruppen.

Im Gegensatz dazu war der Grabhügel in Bornhöved (LA 117) Gegenstand ständiger Veränderungen und Umbauten. Genaue Datierungen der einzelnen Phasen und eine enge Zusammenarbeit mit Archäobotanikern und Geoarchäologen ergab folgende Konstruktionsphasen: Das endneolithische Zentralgrab, angelegt um 1800 v. Chr., umgaben ein Steinkreis und ein wiederholt ausgehobener Graben, der einen Durchlass nach Osten aufwies. Um 1500 v. Chr. wurde der bereits leicht verfüllte Graben mit Holzbalken und anderem brennbaren Material gefüllt. Die anthrakologische Analyse erbrachte neben Holzkohlen der Eiche auch zahlreiche Reste kleiner Zweige, u. a. von Hasel und Obstgehölzen, sowie Moosreste. Die starke Verkohlung, Zunderreste und gebrannter Boden belegen, dass die hölzerne Konstruktion im Graben vor Ort verbrannte und den Grabhügel vermutlich mit einem Feuerkranz umschloss. Die folgende Nutzung des Areals führte zur weiteren Verfüllung des Grabens durch die ursprüngliche Hügelschüttung. Zu einem späteren Zeitpunkt überdeckte eine mächtige Steinpackung den Graben. Ein Pfostenkranz aus Eichen, errichtet um 1300 v. Chr., umschloss den Hügel. Um ca. 1000 v. Chr. erfolgte die Niederlegung von sieben Urnengräbern am Rand des Hügelfußes.

Diese Art der Konstruktion und Umbaumaßnahmen eines Grabhügels wurden auf der jütländischen Halbinsel bisher nur selten beobachtet. Zwar gibt es mehrfach Hinweise auf mit Steinen abgedeckte Gräben, jedoch stellen sich diese meist flacher und nicht bis zu 1,20 m tief dar. Das wiederholte Ausnehmen des Grabens und die »Illumination« des Hügels durch Feuer sind neu für die Bronzezeit. Nachweise von Gräben und Pfostenkränzen sind dagegen vor allem aus Westeuropa, den Niederlanden und Belgien bekannt. Die Öffnung nach Osten scheint eine wichtige Funktion bei der Anlage des Grabens aufzuweisen. Sie entspricht den anderen Gräben auf der jütländischen Halbinsel. Hinzu kommt, dass die jünger bronzezeitlichen Urnenbestattungen ebenfalls mehrheitlich im östlichen bis südöstlichen Bereich der Grabhügel liegen, so auch in Bornhöved. Die Hügelschüttung war nur noch 10 cm hoch erhalten. Es ist möglich, dass die Umbaumaßnahmen am Hügel mit Nachbestattungen auf dem ersten Hügel einhergingen. Die starke mittelalterliche Nutzung des Areals machte allerdings weitere Hinweise auf Bestattungen zunichte. Kochsteingruben der Jüngeren Bronzezeit und Siedlungsspuren belegen, dass die Umgebung des Grabhügels auch für andere Aktivitäten genutzt wurde. Pollenanalysen geben Hinweise auf die Nutzung der Flächen. Im Neolithikum und während der Anlage der ersten Bestattungen bestand die Umgebung der Hügel aus Ackerland. Die Pollendaten belegen in der jüngeren Phase einen Wandel zu offenem Grünland, ab 700 v. Chr. ist eine Verheidung der Flächen zu beobachten.

LITERATUR

J. Kneisel, J. Brinkmann, E. Corradini, E. Erkul, I. Feeser, D. Panning, N. Pickartz, W. Rabbel, S. Schaefer und H. Stümpel, Mang de Bargen bei Bornhöved – Kleine Region, große Fragen. ANSH 23, 2017, 48–55.

J. Kneisel, W. Dörfler, S. Dreibrodt, S. Schaefer-Di Maida und I. Feeser, Cultural change and population dynamics during the Bronze Age: Integrating archaeological and palaeoenvironmental evidence for Schleswig-Holstein, Northern Germany. In: K. Fuchs, W. Kirleis und Johannes Müller (Hrsg.), Scales of Transformation – Human-Environmental Interaction in Prehistoric and Archaic Societies. Holocene 2019, 1607–1621.

J. Kneisel und S. Rode, Ein bronzezeitlicher Grabhügel LA 29 in Kronsburg-Glinde, Bredenbek, Kr. Rendsburg-Eckernförde. Offa 67/68, 2010/11, 129–184.

J. Kneisel, S. Schaefer-Di Maida, I. Feeser, S. Dreibrodt und D. Filipović, Leben und Ansichten von LA 117 und LA 57, Grabhügel. Vorbericht über die Ausgrabungen bronzezeitlicher Grabhügel bei Bornhöved, Kr. Segeberg (im Druck).

S. Schaefer-Di Maida, Bronzezeitliche Transformationsprozesse in Schleswig-Holstein am Beispiel vom Fundplatz von Mang de Bargen, Bornhöved (Kr. Segeberg) (Dissertation Christian-Albrechts-Universität zu Kiel 2020).

AUTOR
Dietrich Meier

STANDORT
Segeberg, Todesfelde LA 31

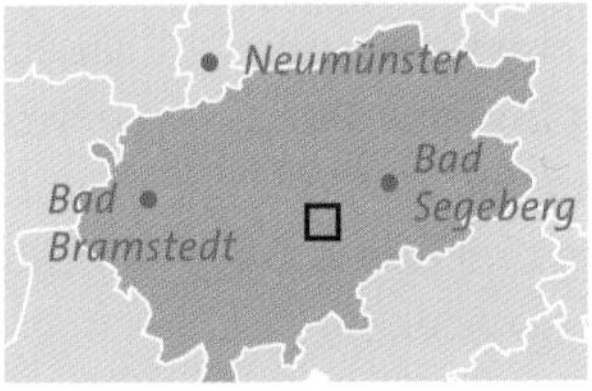

GRABUNGSZEIT
2012

ZEITL. EINORDNUNG
Spätneolithikum

STRUKTUR
Grab
Hafen
Hort
Lager
Opferplatz
Siedlung
Weg
Wehranlage
Wrack
Anderes

FUNDE
Keramik/Gefäße
Hausbestandteile
Kleidung
Knochen
Münzen
Nahrung
Schmuck
Waffen
Werkzeuge
Andere

Siedlungsspuren unter einem Grabhügel der älteren Bronzezeit

Pfostenstandspuren belegen die Existenz zweischiffiger Häuser

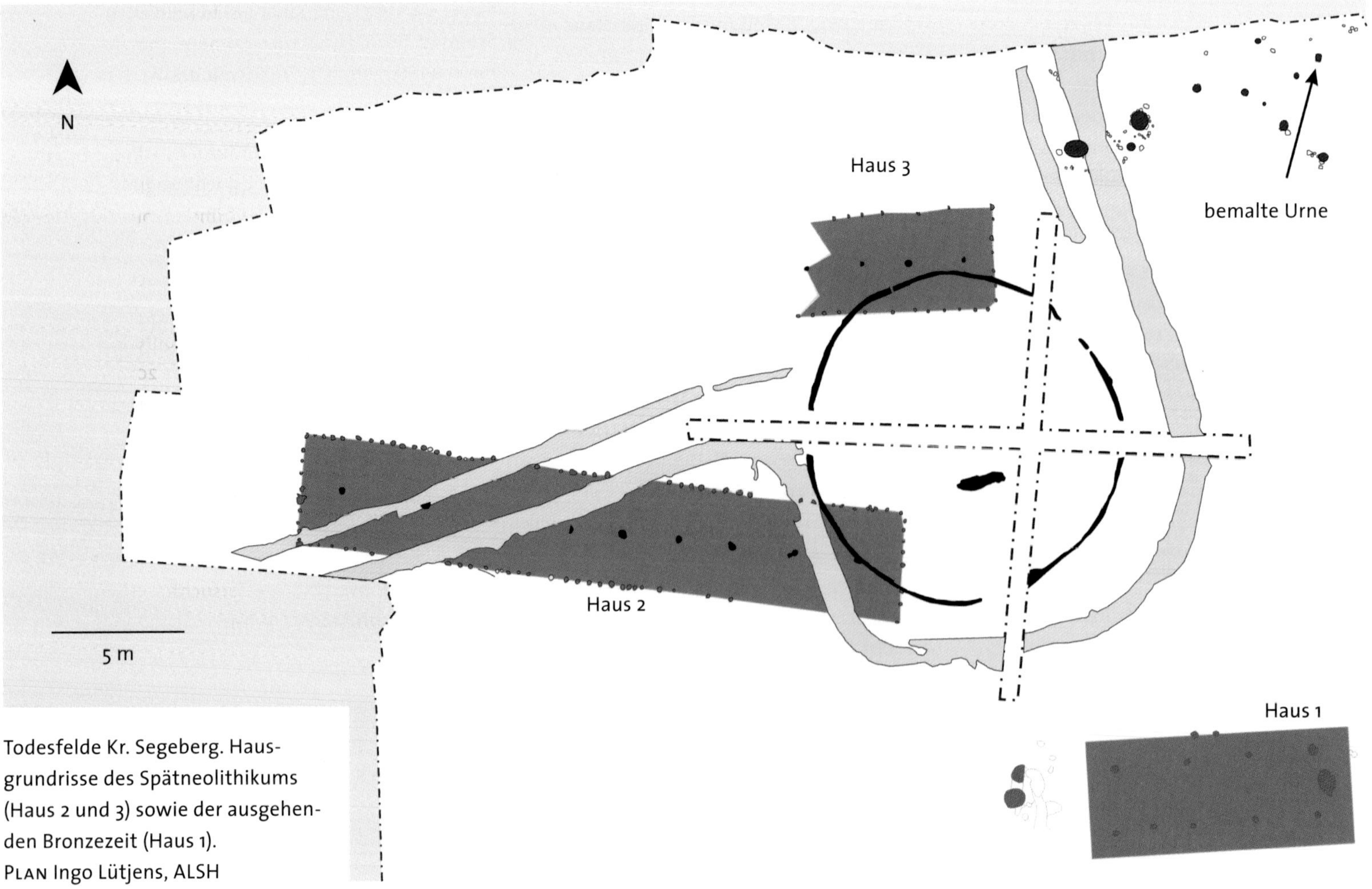

Todesfelde Kr. Segeberg. Hausgrundrisse des Spätneolithikums (Haus 2 und 3) sowie der ausgehenden Bronzezeit (Haus 1).
PLAN Ingo Lütjens, ALSH

Der Untersuchung dreier Befunde ebenerdig errichteter Pfostenbauten durch das ALSH im Jahre 2012 ging die Ausgrabung des bronzezeitlichen Grabhügels LA 31 voran (Ingo Lütjens, ALSH). Die Grabung war durch den damals geplanten und zwischenzeitlich wieder verworfenen Trassenverlauf der Autobahn 20 notwendig geworden.

Durch die Ausgrabung des von einem Kreisgraben umgebenen, mehrfach gestörten Grabhügels ließ sich nur noch eine sicher in die ältere Bronzezeit (Periode II) zu datierende Bestattung dokumentieren. Unter dem Grabhügel befindliche Ritzungen im sandigen Untergrund hatte ursprünglich ein Hakenpflug hervorgerufen. Die humosen Pfostenstandspuren im Sandboden waren jeweils im Norden und Westen des Grabhügels zu drei parallelen Reihen angeordnet. Größtenteils lagen diese außerhalb der von dem Grabhügel eingenommenen Fläche, teils jedoch auch unter der Hügelschüttung. Zu diesen zählen die östlichen Abschlüsse der Reihen, verbunden mit einer Querreihe von Pfostenspuren. Die Pfostenstandspuren bilden die Grundrisse zweier rechteckiger Gebäude ab, die dicht gesetzte Wandpfosten aufweisen und zu denen jeweils eine Reihe deutlich kräftigerer Standspuren von Mittelpfosten gehören, die sich in größeren Abständen als die der Wandpfosten zueinander befanden. Das westlich gelegene Haus stören die einem ehemaligen Knickwall vorgelagerten Gräben aus der Zeit der Verkoppelung. Wenige Meter südlich des Grabhügels wurden die Standspuren von vier Paaren dachtragender Pfosten eines weiteren, in diesem Falle dreischiffigen Gebäudes freigelegt. Bis auf zwei Standspuren im Norden, die möglicherweise den Eingang markieren, waren keine Wandpfosten nachweisbar. Der nahezu vollständig erhaltene zweischiffige Grundriss (Haus 2) wies eine Länge von 38 m und eine Breite von 6,5 m auf. Das nur mit seinem östlichen Ende nachweisbare Haus 3 war länger als 12 m und 6 m breit. Haus 1 mit dem dreischiffigen Grundriss dürfte eine Grundfläche von etwa 16 × 7 m eingenommen haben.

Die Befunde der beiden zweischiffigen Häuser sind insofern von besonderer Bedeutung, als mit ihnen ein bislang selten dokumentierter Haustyp für Schleswig-Holstein erfasst wurde. Bei dichter Folge der Wandpfosten und einer Reihe besonders kräftiger, in gleichmäßigen Abständen eingegrabener dachtragender Mittelpfosten repräsentieren diese Häuser eine entwickelte Form des langen und schmalen zweischiffigen Hauses mit streng rechteckigem Grundriss. Es liegen mehrere absolute Datierungen verkohlter Getreidekörner bzw. Haselnussschalen vor, die aus Pfostenstandspuren der beiden Häuser stammen. Diese weisen allesamt in das Spätneolithikum, beschränken sich jedoch für beide Häuser nicht auf den älteren (SN I) bzw. den jüngeren (SN II) Abschnitt der ausgehenden Jungsteinzeit, sondern decken unter Berücksichtigung der kalibrierten 2σ Daten (95,4 %) den gesamten Zeitraum des Spätneolithikums bis zum Beginn der Frühbronzezeit ab. Das südlich des Grabhügels gelegene dreischiffige Haus 1 ist dagegen mithilfe dreier AMS-Daten in die ausgehende Jüngere Bronzezeit oder in die ältere Vorrömische Eisenzeit zu datieren und korrespondiert daher mit einem Brandgräberfeld, das nordöstlich des Grabhügels untersucht wurde.

LITERATUR

H. Effenberger, Pflanzennutzung und Ausbreitungswege von Innovationen im Pflanzenbau der Nordischen Bronzezeit und angrenzender Regionen. Studien zur nordeuropäischen Bronzezeit 4 (Neumünster 2018).

I. Lütjens, Frühe Häuser und viele Gräber bei Todesfelde, Kr. Segeberg. ANSH 19, 2013, 39–43.

P. O. Nielsen, The development of the two-aisled longhouse in the Neolithic and Early Bronze Age. In: L. Reedtz Sparrevohn, O. Thirup Kastholm u. P. O. Nielsen (eds.), Houses for the Living. Two-aisled houses from the Neolithic and Early Bronze Age in Denmark. Nordiske Fortidsminder 31, 1 (Copenhagen 2019) 9–50.

H. Meller, S. Friederich, M. Küßner, H. Stäuble und R. Risch (Hrsg.), Siedlungsarchäologie des Endneolithikums und der frühen Bronzezeit. Late Neolithic and Early Bronze Age Settlement Archaeology. 11. Mitteldeutscher Archäologentag vom 18. bis 20. Oktober 2018 in Halle (Saale). 11th Archaeological Conference of Central Germany. October 18–20, 2018 in Halle (Saale). Tagungen des Landesmuseums für Vorgeschichte Halle 20, I u. II (Halle 2019).

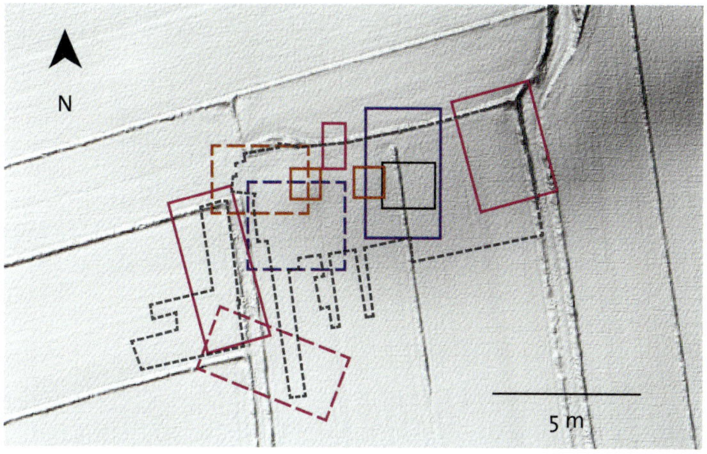

[2] Zusammen mit dem Grabhügel der Älteren Bronzezeit und Hausgrundrissen des Spätneolithikums wurden weitere Gräber und Siedlungsspuren unterschiedlicher Zeitstellung am gleichen Platz entdeckt und untersucht. SCHEMATISCH DARSTELLUNG Dietrich Meier, Busdorf

- Gräber Einzelgrabkultur
- Grabhügel Ältere Bronzezeit
- Brandgräber Jüngere Bronzezeit
- Brandgräber Vorrömische Eisenzeit
- Siedlung Spätneolithikum
- Siedlung Jüngere Bronze-/ält. Vorröm. Eisenzeit
- Siedlung Jüngere Vorrömische Eisenzeit

AUTORIN
Mechtild Freudenberg

STANDORT
Schleswig-Flensburg, Hüsby LA 23

GRABUNGSZEIT
2003–2004

ZEITL. EINORDNUNG
Ältere Bronzezeit
Periode II
1500–1250 v. Chr.

STRUKTUR
Grab
Hafen
Hort
Lager
Opferplatz
Siedlung
Weg
Wehranlage
Wrack
Anderes

FUNDE
Keramik/Gefäße
Hausbestandteile
Kleidung
Knochen
Münzen
Nahrung
Schmuck
Waffen
Werkzeuge
Andere

Eine Demonstration der Macht am Ochsenweg

Grab und Kultanlage der Älteren Bronzezeit

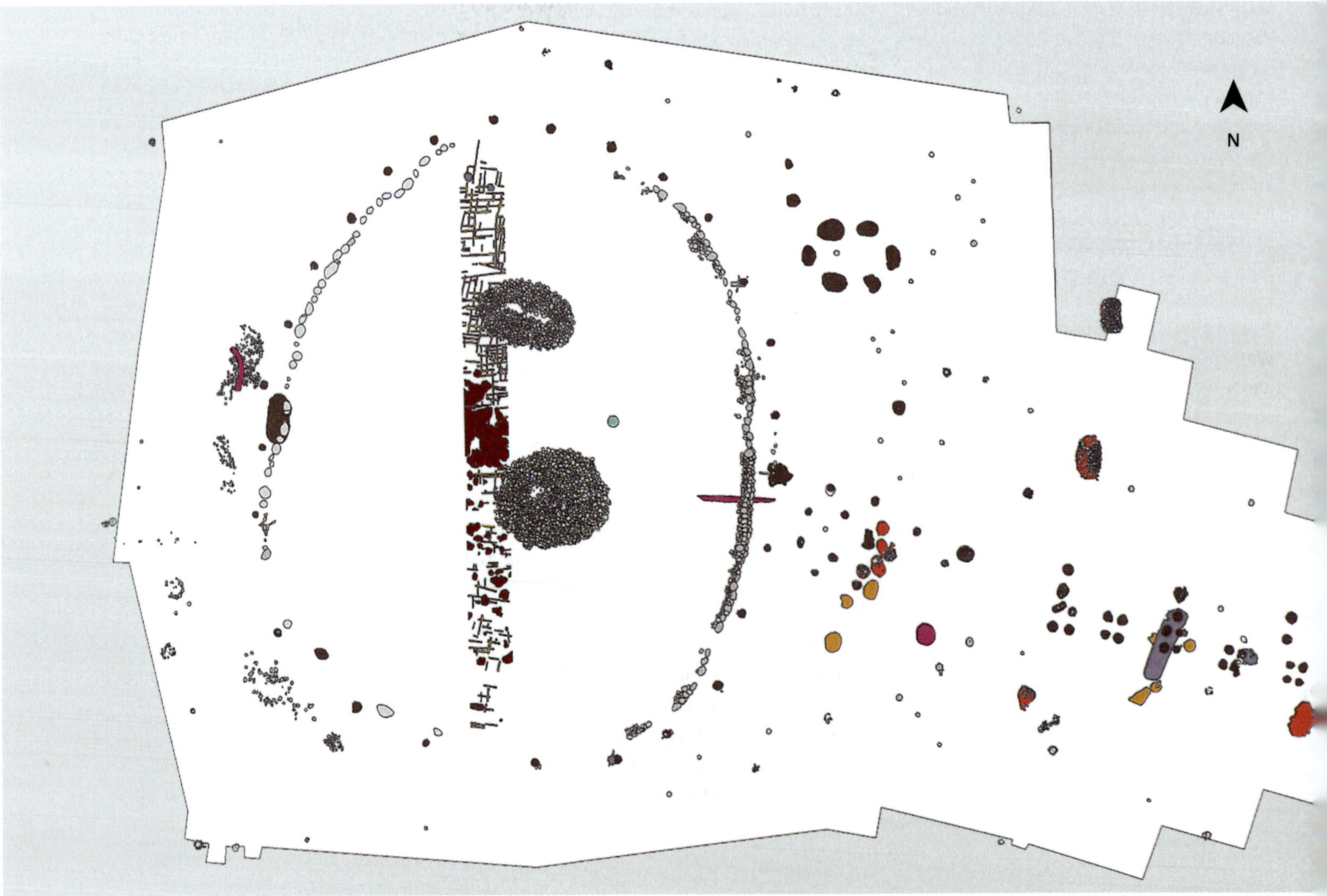

In den Jahren 2003 bis 2004 wurde der durch Feldarbeiten gefährdete Grabhügel LA 23 vom Archäologischen Landesamt Schleswig-Holstein, zusammen mit dem Institut für prähistorische Archäologie der Universität Århus und dem Museum für Archäologie der Stiftung Schleswig-Holsteinische Landesmuseen, im Rahmen eines Projektes zur Untersuchung bronzezeitlicher Grabhügel mit Nasskernen großflächig untersucht. Probebohrungen hatten auf einen noch intakten Nasskern hingewiesen, vermutlich dem letzten in Schleswig-Holstein. Grabhügel mit Nasskernen datieren in die Zeit zwischen 1500 und 1250 v. Chr. und sind eine Besonderheit in einer sich von der Jütischen Halbinsel bis in die Höhe Rendsburg erstreckenden Region. Die Ausgrabung sollte Aufschluss über die Entstehung von Nasskernen liefern und die erwarteten organischen Materialien vor dem Verfall sichern.

Das auf ebener Erde angelegte Gründergrab beinhaltete einen von einer großen Steinpackung umgebenen Baumsarg, der neben dem nur in wenigen Resten erhaltenen Toten eine Bronzenadel, einen Dolch und zwei goldene Schläfenringe enthielt. Der Hügel selbst bestand aus Soden. Die Grabkammer des zweiten Grabes wies mit Kurzschwert oder Dolch, Lanze, Absatzbeil, goldenen Armschmuck, Fibel, Gürtelhaken, Gewandnadel, Feuersteindolch, Pinzette und Rasiermesser ungewöhnlich reiche Beigaben auf. Die Kammer schützte ebenfalls eine große Steinpackung mit einem aus Soden aufgebautem Hügelkörper. Der Hügel des zweiten Grabes überlagerte teilweise den des Gründergrabes und umschloss am Ende beide Bestattungen. Organisches Material im Hügelkörper blieb durch den Nasskern erhalten, die Gräber selbst waren vermutlich durch Baumwurzeln ausgetrocknet. Den Hügel umfasste ein Kreis aus teils großen Steinen und ein Kreis aus Pfosten. Östlich davon fanden sich die Spuren von neun Pfosten eines Gebäudes mit mehreren Feuerstellen. Holzkohle in den Pfostenlöchern deuteten auf ein Niederbrennen des Baus. Ein Pfostenloch auf einer freien Fläche vor dem Gebäude wies auf einen sehr massiven Pfosten. Etwa 10 m östlich des Gebäudes lagen jeweils zwei Feuerstellen nördlich und südlich des Beginns einer Zuwegung. Diese bestand aus einer südlichen Struktur aus Pfostenverfärbungen in Vierergruppen und einer nördlichen zunächst aus Pfostenpaaren und anschließend aus Einzelpfosten. Die Anlage war vom Grabhügel nach Osten in Richtung der westlichen Trasse des Ochsenweges ausgerichtet.

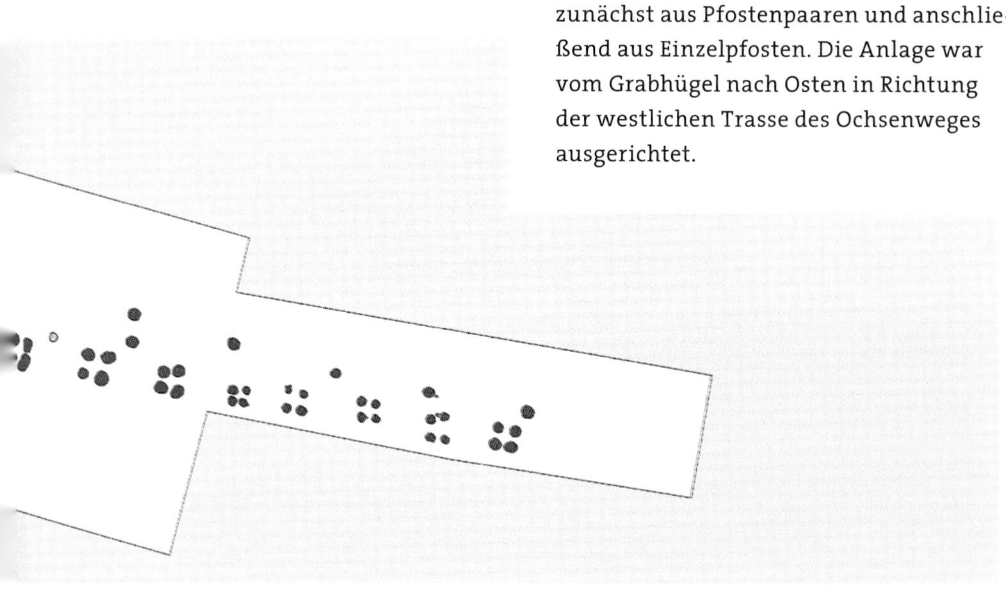

Um den Grabhügel lag ein Gräberfeld mit Urnen und Beigaben der Vorrömischen Eisenzeit.

Das Monument von Hüsby LA 23 verbindet verschiedene Traditionen miteinander: Dem in Bau und Ausstattung erkennbaren regionalen Totenritual des Grabhügels selbst stehen Holzstrukturen von Pfostenring, Gebäude und Zuwegungen gegenüber, die ihre Wurzeln im westlichen Niedersachsen und den Niederlanden haben.

LITERATUR

M. Freudenberg und M. K. Holst, Das Wässern bronzezeitlicher Grabhügel. In: C. v. Carnap-Bornheim und H. Friesinger (Hrsg.), Wasserwege: Lebensadern – Trennungslinien. 15. Internationales Symposion. Grundprobleme der frühgeschichtlichen Entwicklung im mittleren Donauraum (Neumünster 2005) 329–349

M. Freudenberg, Grab und Kultanlage von Hüsby, Kreis Schleswig-Flensburg – rituelle Landschaft oder eine Demonstration der Macht am Verbindungsweg zwischen Jütischer Halbinsel und Norddeutschland? In: Bérenger, D. (Hrsg.), Gräberlandschaften der Bronzezeit, Paysages funéraires de l'âge du Bronze (Darmstadt 2012) 619–639.

M. Freudenberg, Eliten in der Provinz – Überlegungen zu einigen reich ausgestatteten Gräbern der älteren Bronzezeit in Schleswig-Holstein. In: T. Kienlin, A. Zimmermann (Hrsg.), Beyond Elites. Alternatives to hierarchical systems in modelling social formations (Bochum 2012) 403–411.

[1] Plan der Ausgrabung Hüsby LA 23 mit den Steinpackungen der beiden bronzezeitlichen Gräber, dem Steinkranz mit Pfostenkreis und den Pfostenlöchern der Zuwegung im Osten des Grabhügels.
PLAN Mechtild Freudenberg, Museum für Archäologie Schloss Gottorf, Landesmuseen Schleswig-Holstein

10 m

AUTOREN
Jens-Peter Schmidt
Martin Segschneider

STANDORT
Schleswig-Flensburg, Stapel, OT Norderstapel LA 28

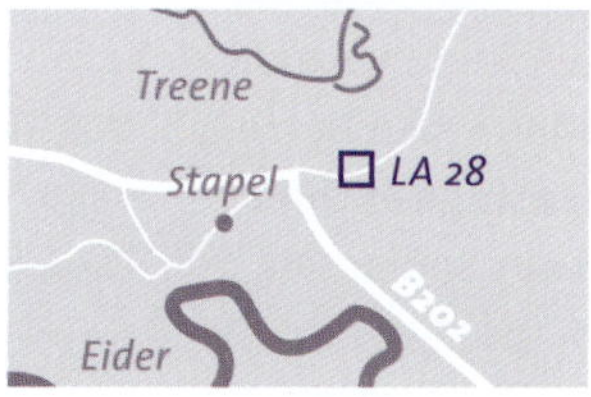

GRABUNGSZEIT
2010

ZEITL. EINORDNUNG
Jüngere Bronzezeit
Periode V
900–740 v. Chr.

STRUKTUR
Grab
Hafen
Hort
Lager
Opferplatz
Siedlung
Weg
Wehranlage
Wrack
Anderes

FUNDE
Keramik/**Gefäße**
Hausbestandteile
Kleidung
Knochen
Münzen
Nahrung
Schmuck
Waffen
Werkzeuge
Andere

Vier auf einen Streich

Die jungbronzezeitlichen Becken von Norderstapel, Kreis Schleswig-Flensburg

[1] Die hervorragend erhaltenen Becken 1 und 2.
FOTOGRAFIE © Linda Hermannsen, ALSH

Metallgefäße sind im bronzezeitlichen Fundmaterial Schleswig-Holsteins ausgesprochen selten, für die jungbronzezeitlichen Perioden IV und V fehlten sie lange Zeit sogar ganz. Letzteres änderte sich erst im Juli 2010, als der zertifizierte Detektorgänger Stephan Wieck in der Nähe von Norderstapel, Kr. Schleswig-Flensburg, auf einen Gefäßhort der Periode V stieß und dieser auf seine Nachricht hin zeitnah durch Mitarbeiter des Archäologischen Landesamtes Schleswig-Holstein (ALSH) geborgen werden konnte.

Der Fundort des Hortes liegt auf der verkehrsgeografisch günstig gelegenen Geestinsel Stapelholm, die auf allen Seiten durch Flussmarschen eingefasst und sowohl mit der Nordsee als auch dem Binnenland auf dem Wasserweg hervorragend verbunden ist. Der Fund besteht aus vier Bronzegefäßen, platzsparend niedergelegt in einer nur 60 × 50 cm großen Grube: Zwei Becken standen übereinander, mit der Mündung nach unten auf der Grubensohle, die beiden anderen waren seitlich dagegengestellt.

Die vier in Norderstapel geborgenen Bronzegefäße gehören alle zur Gruppe der nach ihrer Henkelhalterung benannten »Kreuzattaschenbecken«, einer im jungbronzezeitlichen Mitteleuropa sehr beliebten, aber auch variablen und langlebigen Gefäßform. Während die Attaschen gegossen und mittels Nieten am Gefäßrand befestigt sind, ist der Gefäßkörper stets getrieben. Dass die Fertigung jedoch nicht ganz reibungslos abgelaufen ist, belegen Risse im Randbereich, die bei drei Exemplaren Attaschen überdeckten und stabilisierten. Ansonsten haben die Becken alle einen Standboden und eine annähernd doppelkonische Form. Die Höhe variiert zwischen 12 und 15 cm, der Mündungsdurchmesser liegt relativ einheitlich bei 28–29 cm. Zwei der Gefäßkörper lassen am Rand umlaufende Rillen erkennen, die beiden anderen sind unverziert. Bemerkenswerterweise wurden zwei Gefäße ohne tordierte Henkel niedergelegt.

Alle Fundstücke gehören zum Typ B2a nach Gero von Merhart, der vornehmlich in die Stufe Ha B2/3 datiert, was im Norden der Periode V (900–740 v. Chr.) entspricht. Ihre Fertigung erfolgte vornehmlich im Karpatenbogen oder in den nördlich vorgelagerten Regionen und sie dürften von dort entlang von Oder und Elbe in den Norden gelangt sein. Norderstapel markiert aktuell den nordwestlichsten Nachweis dieses Typs. Zutage trat der Hort in einem Bereich, der sowohl für den landgestützten Nord-Süd-Handel – dessen Weg ist auf der nordfriesischen und Ditmarscher Geest durch bronzezeitliche Grabhügelketten erkennbar – als auch für die küstengebundene Schifffahrt eine wichtige Mittlerstellung besessen haben dürfte.

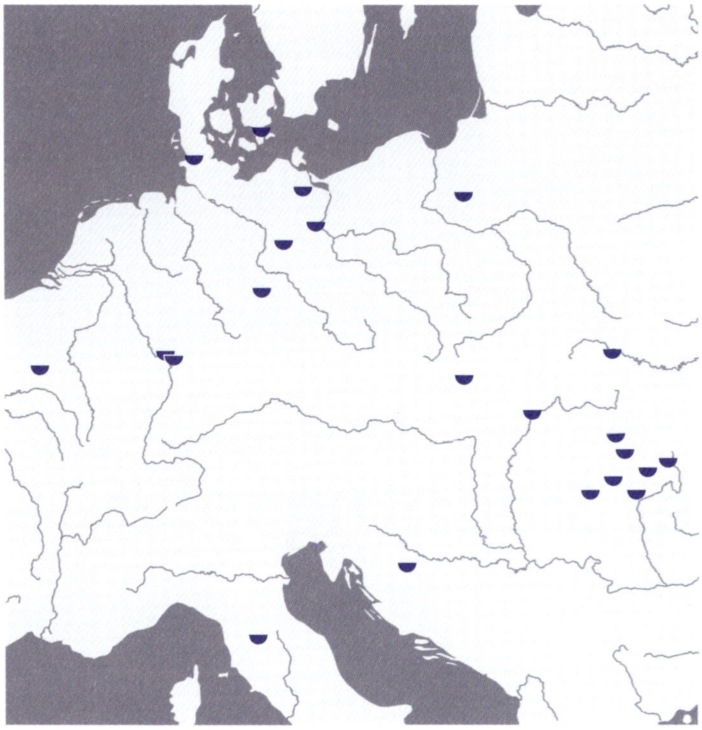

[2] Verbreitungskarte der Kreuzattaschenbecken von Typ B2a in Europa. KARTE nach Doris Schäffler, LAKD-MV

LITERATUR

J. Martin, Die Bronzegefäße in Mecklenburg-Vorpommern, Brandenburg, Berlin, Sachsen-Anhalt, Thüringen und Sachsen. PBF II, 16 (Stuttgart 2009).

G. v. Merhart, Studien über einige Gattungen von Bronzegefäßen. In: Festschrift des Römisch-Germanischen Zentralmuseums in Mainz zur Feier seines hundertjährigen Bestehens 1952. Band II (Mainz 1952) 1–71.

J.-P. Schmidt und M. Segschneider, Der jungbronzezeitliche Beckenhort von Norderstapel, Kr. Schleswig-Flensburg. Arch. Korrbl. 44, 2014, 463–482.

M. Segschneider und G. Stawinoga, Mit dem Metalldetektor in die Bronzezeit – Die Entdeckung eines Kesselstapels in Norderstapel. ANSH 17, 2011, 65–68.

AUTOR*INNEN
Veronika Klems
Eric Müller

STANDORT
Ostholstein, Groß Schlamin LA 228

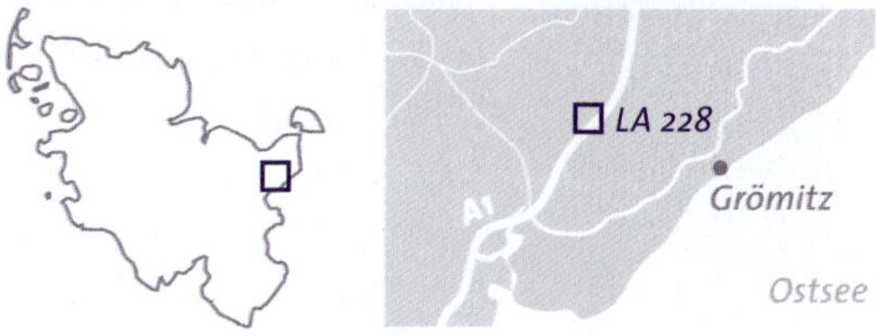

GRABUNGSZEIT
2018

ZEITL. EINORDNUNG
Späte Bronzezeit/Ältere Römische Kaiserzeit

STRUKTUR
Grab
Hafen
Hort
Lager
Opferplatz
Siedlung
Weg
Wehranlage
Wrack
Anderes

FUNDE
Keramik/Gefäße
Hausbestandteile
Kleidung
Knochen
Münzen
Nahrung
Schmuck
Waffen
Werkzeuge
Andere

Der Siedlungsplatz Schashagen

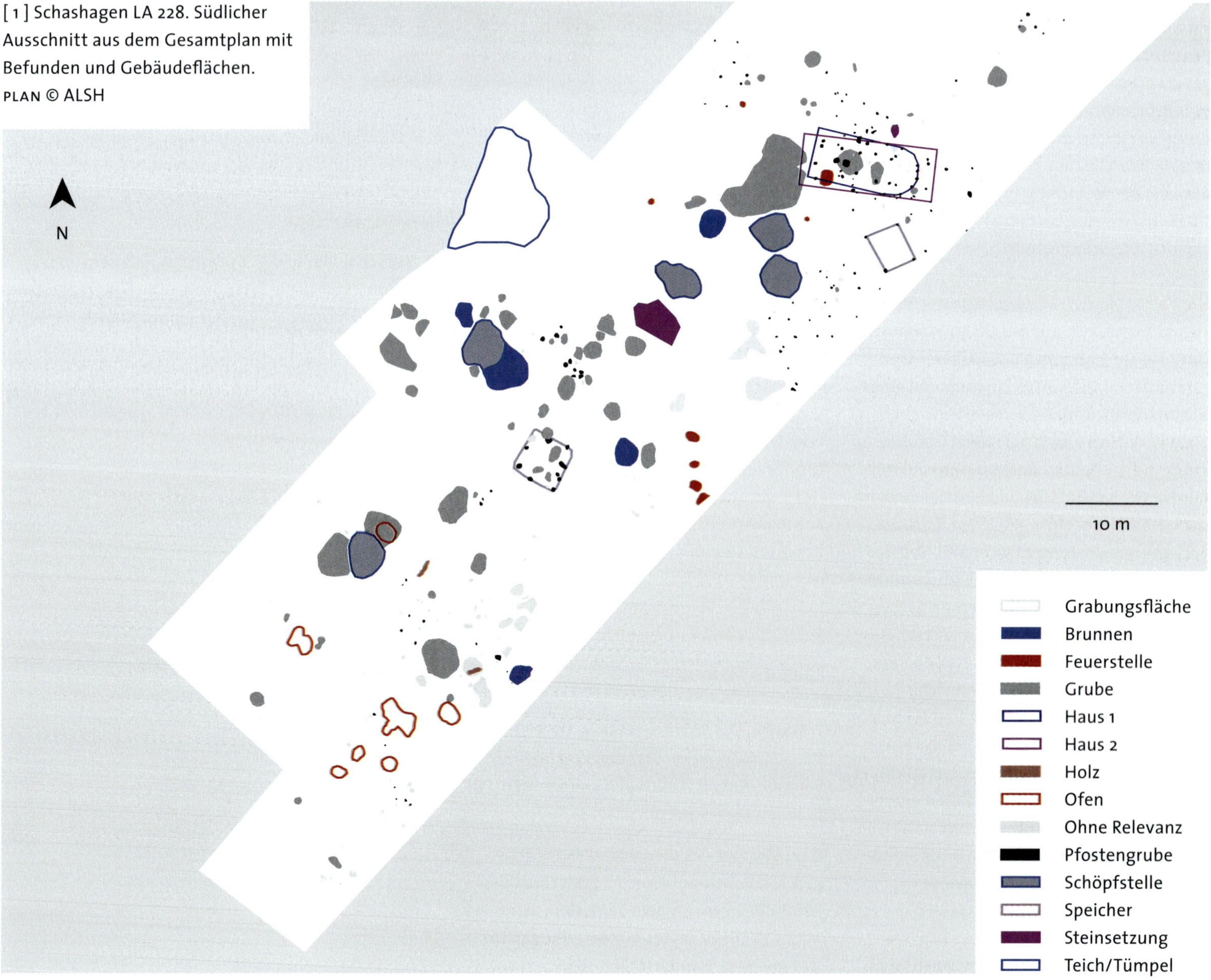

[1] Schashagen LA 228. Südlicher Ausschnitt aus dem Gesamtplan mit Befunden und Gebäudeflächen. PLAN © ALSH

Im Frühjahr und Sommer 2018 fand im Vorfeld der Schienenanbindung der festen Fehmarnbeltquerung eine Untersuchung des östlich der Gemeinde Groß Schlamin, Kr. Ostholstein, gelegenen Fundplatzes Schashagen LA 228 im Trassenbereich auf einer Fläche von 6900 m² statt. Der Fundplatz liegt auf einem Nordost-Südwest verlaufenden, sandig-lehmigen Moränenrücken in deutlich reliefiertem Gelände, welches in unmittelbarer Nähe seit den 1970er Jahren durch den Verlauf der Autobahn A 1 stark überprägt ist. In 500 bis 600 m Entfernung befinden sich kleinere Fließgewässer. Es sind vier durch weitgehend befundfreie Areale voneinander getrennte Befundkonzentrationen unterscheidbar. Insgesamt wurden 377 archäologische Befunde erfasst. Anhand des Fundmaterials sowie der typologischen Einordnung der Baustrukturen gehören die Besiedlungsphasen einerseits der Jüngeren Bronzezeit, andererseits der Römischen Kaiserzeit an. Im Zentrum der Untersuchungsfläche repräsentiert die ältere Phase ein 11 × 5 m großes, dreischiffiges Gebäude, dessen Westende nicht vollständig erfasst wurde. Erhalten sind drei Paare der dachtragenden Pfosten sowie Teile des Wandverlaufs mit gerundetem Giebelabschluss im Osten. Zahlreiche Befunde im Umfeld enthielten in größeren Mengen Keramikscherben der Jüngeren Bronzezeit. Aus einem Brunnen stammen Hölzer seiner Einfassung, die dendrochronologisch in die Mitte des 7. Jh. v. Chr. datieren. Unter den Holzfunden aus den Schöpfstellen und Brunnen, die nach Ausweis der Dendrodaten ebenfalls dem 7. Jh. v. Chr. angehören, befanden sich neben Bearbeitungsabfall auch einige Bauhölzer. Unter Letzteren ist vor allem eine noch 1,6 m lange, 0,27 m breite und 0,07 m dicke Holzbohle hervorzuheben. Sie besaß in regelmäßigen Abständen spitzbogige, ca. 0,2 m breite Durchbrechungen. Ganz ähnliche Bohlen sind von niederländischen Fundplätzen mehrfach bekannt: evtl. die Trägerbohlen höhenverstellbarer Heutrocknungsgestelle, wie sie noch in historischer Zeit konstruiert wurden. Möglicherweise gehört das beschriebene Gebäude aufgrund des räumlichen und

[2] Holzobjekt aus einer Wasserschöpfstelle.
FOTOGRAFIE © ALSH

direkten Bezuges ebenfalls in die späte Bronzezeit. Die bronzezeitlichen Befunde verteilen sich in loser Streuung nördlich des Gebäudes, während die Befunddichte unmittelbar südlich des Hauses höher ist und mit größerer Entfernung nach Süden abnimmt. Eine aus vier Befunden bestehende, Nord-Süd verlaufende Feuerstellenreihe mag wahrscheinlich ebenfalls diesem Siedlungshorizont angehören. Das bronzezeitliche Gebäude überlagerte ein Grundriss der Römischen Kaiserzeit mit erhaltenen Träger- und Türpfosten. Etwa 40 m nördlich repräsentieren weitere Baustrukturen mindestens zwei aufeinander folgende Siedlungsphasen, die aufgrund der typologischen Einordnung eines Südwest-Nordost ausgerichteten Langhauses einerseits und wegen der Ausformung einer Gehöfteinfassung andererseits beide der Römischen Kaiserzeit zugewiesen werden müssen. Dabei sind dem Langhaus vermutlich ein Vier- und ein Zwölfpfostenspeicher mit Pfostenverfärbungen etwa gleichen Durchmessers zuzuschreiben, während die Standspuren der übrigen Baustrukturen überwiegend geringere Durchmesser aufweisen. Das zeitliche Nacheinander beider Gehöfte ist nicht eindeutig zu klären. Im Umfeld der Wasserschöpfstellen, Brunnen und Öfen im Süden der Untersuchungsfläche, die z. T. aus der Jüngeren Bronzezeit, aber auch aus der Römischen Kaiserzeit stammen, fanden sich weitere, aber undatierte Pfostenstandspuren, die möglicherweise als Gebäude eines Werkareals zu interpretieren sind. Da deutlich gegliederte Siedlungsareale jedoch bisher vorwiegend aus der Römischen Kaiserzeit belegt sind, neigt eine tendenzielle Zuweisung dieser Bauten zu diesem Zeitabschnitt.

LITERATUR

K. H. Willroth (Hrsg.), Siedlungen der älteren Bronzezeit. Beiträge zur Siedlungsarchäologie und Paläoökologie des zweiten vorchristlichen Jahrtausends in Südskandinavien, Norddeutschland und den Niederlanden (Neumünster 2013).

T. Reitmaier, Chischner, rescana und talina – Trockengestelle im Schweizer Alpenraum. Harpfe, Zeitschrift für Landeskunde 3, 2011, 49–54.

E. W. Roessingh, The Westfrisian Bronze Age: a view from Enkhuizen-Kadijken. Journal of Archaeology in the low countries 4, 2013, 51–78.

J. P. Schmidt, Studien zur jüngeren Bronzezeit in Schleswig-Holstein und im nordelbischen Hamburg. Universitätsforschungen zur prähistorischen Archäologie 15 (Bonn 1993).

M. Westphal, A. Jennes und L. Koch, Jungbronze- und früheisenzeitliche Brunnen in Brandenburg unter besonderer Berücksichtigung des Brunnenbefundes von Haasow, Spree-Neiße-Kreis. In: B. Gehlen, M. Heinen und A. Tillmann (Hrsg.), Zeit-Räume. [Gedenkschrift für Wolfgang Taute] Archäologische Berichte 14.1, 2017, 121–139.

AUTORIN
Veronika Klems

STANDORT
Ostholstein, Burg auf Fehmarn LA 27

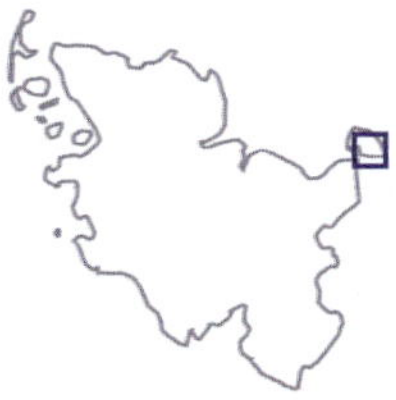

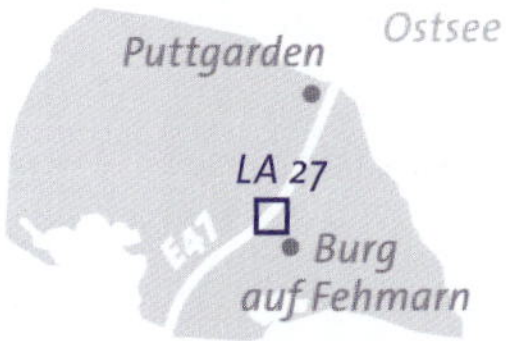

GRABUNGSZEIT
2010/2011

ZEITL. EINORDNUNG
Jüngere Bronzezeit
Vorrömische Eisenzeit
758 v. Chr.–50 v. Chr.

STRUKTUR
Grab
Hafen
Hort
Lager
Opferplatz
Siedlung
Weg
Wehranlage
Wrack
Anderes

FUNDE
Keramik/Gefäße
Hausbestandteile
Kleidung
Knochen
Münzen
Nahrung
Schmuck
Waffen
Werkzeuge
Andere

Ein Siedlungsplatz bei Burg auf Fehmarn, Kreis Ostholstein

[1] Luftbild der Grabungsfläche, Blick von Norden. Links ein Hausgrundriss mit geschnittenen Pfostengruben.
FOTOGRAFIE © ALSH

Im Herbst 2010 sowie im Frühjahr 2011 gruben Mitarbeiter des Archäologischen Landesamtes Schleswig-Holstein (ALSH) 6500 m² eines Siedlungsareals mit 205 archäologischen Befunden im Bereich einer 3 ha großen Erweiterung eines Gewerbegebietes aus. Hervorzuheben sind zwei annähernd West-Ost ausgerichtete, dreischiffige Gebäudegrundrisse mit Größen von 123 m² bzw. 72 m². Das dachtragende Gerüst bildeten bei beiden Bauten jeweils vier Pfostenpaare, wobei für das größere Haus anzunehmen ist, dass die äußeren Trägerpaare nicht vollständig erfasst wurden, wie dies eine einzelne Pfostengrube in der Nordostecke des Innenraumes erkennen lässt. Den rechteckigen Wandverlauf der Häuser kennzeichneten Verfärbungen relativ dicht gesetzter Pfosten in Abständen von ca. 0,8 m bis 1,0 m. Die Eingangsbereiche befanden sich in der Mitte ihrer Langseiten. Die Bauten folgen einem vergleichbaren Bauprinzip und sind daher wahrscheinlich derselben Zeitstufe zuzuweisen. Ob beide Häuser gleichzeitig oder nacheinander bestanden, ist jedoch nicht eindeutig. Außerdem wurden Pfostenstandspuren eines Vier- und eines Neunpfostenspeichers dokumentiert. Ansammlungen von Vorrats- und Materialentnahmegruben waren jeweils in der Nähe der Speicherbauten und ein Kuppelofen im Westen der Untersuchungsfläche zu beobachten. Zusammen mit einer weiteren Ansammlung mehrerer Gruben in der Nähe einer Wasserschöpfstelle im Südwesten der Untersuchungsfläche ergibt sich eine strukturelle Gliederung des Siedlungsareals in Wohn-, Speicher- und Arbeitsbereiche, die auf zeitlich zusammengehörige Befunde schließen lassen, wobei es möglich erscheint, jedem Wohngebäude jeweils ein Speicherareal mit zugehörigen Siedlungsgruben zuzuordnen. Die zeitliche Einordnung des Fundmaterials, die typochronologische Einordung der Hausgrundrisse, die ^{14}C- Datierungen archäobotanischer Makroreste und die dendrochronologische Datierung der Brunnenhölzer divergieren jedoch in einer Weise, die unauflösbar scheint, wenn man von einer Einphasigkeit des Fundplatzes ausgeht. Das keramische Fundgut, das überwiegend aus den Siedlungsgruben, aber auch aus einzelnen Pfostengruben der Wohngebäude stammt, lässt sich dem Formenspektrum der jüngeren Bronzezeit und nur vereinzelt dem der älteren Vorrömischen Eisenzeit zuweisen. An der Sohle der Wasserschöpfstelle kamen eichene Spalthölzer einer Brunnenkonstruktion zum Vorschein, deren Fälldatum dendrochronologisch auf das Jahr 758 v. Chr. bestimmt wurde. Obwohl für beide Wohngebäude jeweils drei ^{14}C-Datierungen archäobotanischer Proben vorliegen, ergaben diese kein klares Bild, da sie jeweils einmal in die Ältere und Jüngere Bronzezeit sowie in die Neuzeit weisen. Vor diesem Hintergrund erscheinen auch die beiden älterbronzezeitlichen Radiokarbondatierungen des Neunpfostenspeichers fraglich. Diese Radiokarbondatierungen finden jedoch ihre Entsprechungen im Fundgut. So ist die Jüngere Bronzezeit durch das Gros der Keramikfunde repräsentiert, während ein Löffelschaber aus Flint der Älteren Bronzezeit zuzuweisen ist und eine Randscherbe glasierter Irdenware eine neuzeitliche Abfallkontamination des Platzes belegt. Die Hausgrundrisse lassen sich in den bekannten Typenbestand der Vorrömischen Eisenzeit der jütischen Halbinsel einfügen, während aus der Jüngeren Bronzezeit keine überzeugenden typologischen Vergleiche beigebracht werden können. Die Ergebnisse einer jüngst veröffentlichten Publikation zur eisenzeitlichen Haustypologie im östlichen Seeland deuten jedoch an, dass dort Grundrisse, mit denen der südliche aus Burg auf Fehmarn vergleichbar ist, in Einzelfällen bereits am Ende der Jüngeren Bronzezeit vorkommen. Eine Brücke zu dem Fälldatum der Hölzer aus Burg auf Fehmarn ist über diesen Vergleich indes dennoch nicht zu schlagen, sodass sich die beschriebene Datierungsdiskrepanz auf dem Siedlungsplatz bei dem derzeitigen Quellenbestand zum Hausbau des benachbarten Festlandes nur unter der Annahme seiner Mehrphasigkeit überwinden lässt.

LITERATUR

L. Didia Boye, Den typologiske udvikling af østsjællandske huse fra førromersk til germansk jernalder: -et værktøj til udredning af bosættelses-mønstre, bebyggelsesudvikling og ressource-områder. Det Humanistiske Fakultet, Københavns Universitet (Dissertation Kopenhagen 2019). https://curis.kudk/ws/files/222258995/Ph.d_afhandling_2019_Boye_bd.1.pdf [zuletzt geprüft am 08.10.2020]

P. Donat, Häuser der Bronze- und Eisenzeit im mittleren Europa. Eine vergleichende Untersuchung. Weimarer Monographien zur Ur- und Frühgeschichte 43 (Weimar 2018).

S. Hvass, Hodde. Et vestjysk landbysamfund fra aeldere jernalder. Arkaeologiske Studier VII (Kopenhagen 1985).

J. Martens, Die vorrömische Eisenzeit in Südskandinavien. Probleme und Perspektiven. Prähistorische Zeitschrift 71, Heft 2, 1996, 217–243.

C. J. Becker, Forromersk Jernalder i Syd- og Midjylland. Nationalmus. Skr. Storre beretninger 6 (Kopenhagen 1961).

H. Hingst, Vorgeschichte des Kreises Stormarn. Veröff. Landesamt Vor- und Frühgeschichte in Schleswig-Holstein. Die vor- und frühgeschichtlichen Denkmale und Funde in Schleswig-Holstein 5 (Neumünster 1959).

S. Burkhardt, 2011-187 Burg a. Fehmarn LA27, Kreis Ostholstein. Siedlung der jüngeren Bronzezeit. Bericht über die archäologische Hauptuntersuchung 2011. Archäologisches Landesamt Schleswig-Holstein (unveröffentlichter Grabungsbericht des ALSH 2013).

AUTOR
Eric Müller

STANDORT
Plön, Nettelsee LA 22

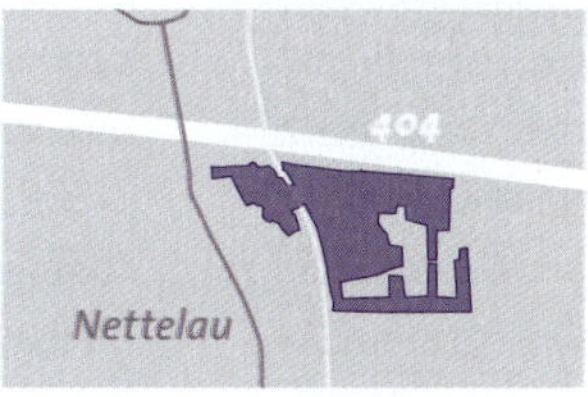

GRABUNGSZEIT
2016–2017

ZEITL. EINORDNUNG
Ältere Römische Kaiserzeit

STRUKTUR
Grab
Hafen
Hort
Lager
Opferplatz
Siedlung
Weg
Wehranlage
Wrack
Anderes

FUNDE
Keramik/Gefäße
Hausbestandteile
Kleidung
Knochen
Münzen
Nahrung
Schmuck
Waffen
Werkzeuge
Andere

Nettelsee

Eine Siedlung der älteren Römischen Kaiserzeit

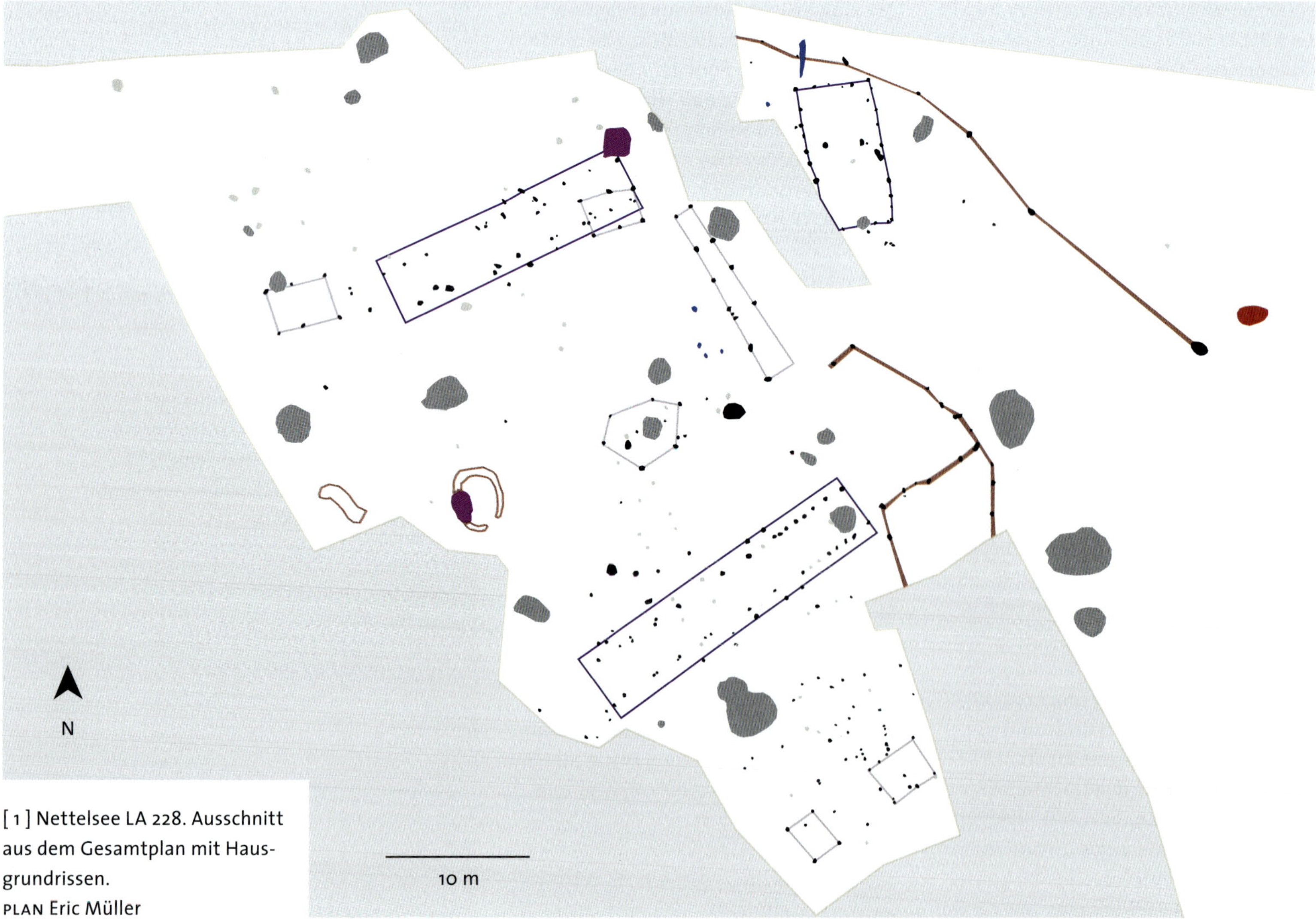

[1] Nettelsee LA 228. Ausschnitt aus dem Gesamtplan mit Hausgrundrissen.
PLAN Eric Müller

[2] Nettelsee LA 22. Langhaus mit Profilschnitten.
FOTOGRAFIE © ALSH

Von Oktober 2016 bis Mai 2017 fanden im Bereich der Fundstelle Nettelsee LA 22 im Rahmen des Ausbaus der Bundesstraße B 404 zur Autobahn A 21 umfangreiche archäologische Untersuchungen durch das Archäologische Landesamt Schleswig-Holstein (ALSH) statt. Auf einer Fläche von ca. 12.000 m² ließen sich 514 Befunde dokumentieren, die überwiegend in die ältere Römische Kaiserzeit gehören. Aus der großen Anzahl von Pfostengruben erlaubten die guten bis sehr guten Erhaltungsbedingungen die Rekonstruktion von 13 Gebäuden. Vier Grundrisse konnten aufgrund ihrer Konstruktionsmerkmale und der Größe von bis zu 26 m Länge und 5–6 m Breite als dreischiffige Langhäuser identifiziert werden. Sie bildeten die Haupthäuser von mindestens drei Gehöften. Zu jedem Gehöft gehörten ein oder mehrere Speichergebäude, zumeist einfache 4-Pfosten-Speicher. In einem Fall ließ sich ein Langspeicher, möglicherweise sogar eine zaunparallele Anlage, erfassen. Zumindest ein Gehöft war nachweislich eingezäunt. Weitere Abschnitte von Zäunen betrafen das Umfeld der beiden anderen Gehöfte, wobei unklar ist, ob es sich hierbei um Einfassungen der Gehöfte oder um Abgrenzungen zu dem abseits gelegenen Werkbereich handelte. Zwei weitere Gebäude sind als Klein- oder Nebengebäude anzusprechen: Zum einen ein Nord-Süd ausgerichtetes dreischiffiges Gebäude, welches im Zusammenhang mit einem Langhaus und zwei Speichergebäuden eine Hofeinheit bildete und als Nebengebäude fungierte; zum anderen im nordöstlichen Bereich des zu vermutenden Werkareals der Siedlung ein weiteres Kleingebäude, wohl eine Werkstatt. Daneben ließen sich ein kleines Ofenhaus, mehrere Feuerstellen, weitere Öfen und große Lehmentnahmegruben dokumentieren. In den Lehmentnahmegruben lagen große Mengen an Eisenschlacke, Ofenwandresten und Düsenöffnungen, die im Umfeld Eisenverhüttung belegen. Das Fundmaterial der Siedlung besteht vor allem aus Keramik, die aufgrund ihrer spezifischen Merkmale, wie etwa Töpfe und Schalen mit Rillen-, Sparren- und Kammstrichverzierung, in das 1./2. Jh. n. Chr. datiert. Neben verzierten Sandstein- und Tonspinnwirteln dokumentieren auch Malsteinreste und Schleifsteine das Wirtschafts- und Haushandwerk. Die Besonderheit des Siedlungsplatzes von Nettelsee ist neben den guten Erhaltungsbedingungen der Umstand, dass mit der Siedlung nicht nur der Nachweis von Häusern der älteren Römischen Kaiserzeit gelang, sondern vor allem auch Aussagen über die Organisation der Siedlung in Form von Gehöften. Eine derartige Siedlungsstruktur des 1./2. Jh. n.Chr. stellt nach wie vor eine Seltenheit im Gebiet des heutigen Schleswig-Holsteins dar.

- Baumwurf
- Feuerstelle
- Graben
- Grabungsgrenze
- Grube
- Pfostengrube
- rekonstruierte Häuserfläche
- sonstiger Befund
- Speichergebäude
- Steinsetzung
- Zäune

LITERATUR

H. Jöns, Ausgrabungen in Osterrönfeld. Ein Fundplatz der Stein-, Bronze- und Eisenzeit im Kreis Rendsburg-Eckernförde (Bonn 1993).

L. Saalow und D. Wehner, Häuser, Öfen, Buntmetall. Ein Siedlungs- und Werkplatz der älteren römischen Kaiserzeit in der Gemarkung Ahrensboek, Lkr. Parchim. Bodendenkmalpflege in Mecklenburg-Vorpommern, Jahrbuch 56, 2008, 23–67.

W. H. Zimmermann, Die Siedlungen des 1. bis 6. Jahrhunderts nach Christus von Flögeln-Eekhölten, Niedersachsen. Die Bauformen und ihre Funktionen. Probleme der Küstenforschung im südlichen Nordseegebiet 19 (Hildesheim 1992).

H. J. Nüsse, Haus, Gehöft und Siedlung im Norden und Westen der Germania magna. Berliner Archäologische Forschungen 13 (Rahden/Westphalen 2014).

AUTOR
Erich Halbwidl

STANDORT
Ostholstein, Heiligenhafen LA 28

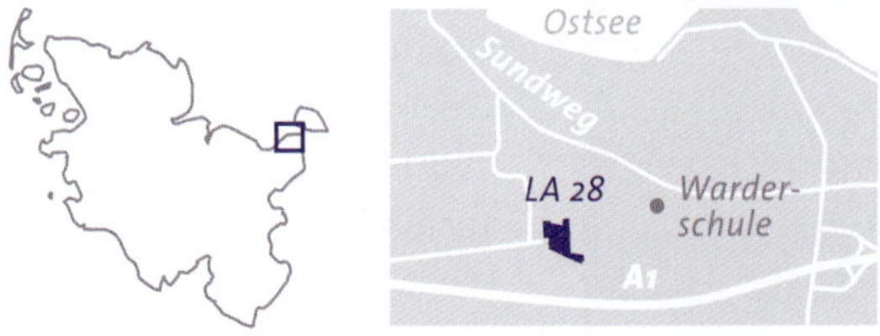

GRABUNGSZEIT
2013

ZEITL. EINORDNUNG
Römische Kaiserzeit
0–375 n. Chr.

STRUKTUR
Grab
Hafen
Hort
Lager
Opferplatz
Siedlung
Weg
Wehranlage
Wrack
Anderes

FUNDE
Keramik/Gefäße
Hausbestandteile
Kleidung
Knochen
Münzen
Nahrung
Schmuck
Waffen
Werkzeuge
Andere

Ein Siedlungsplatz der Römischen Kaiserzeit in Heiligenhafen

Ein germanischer Zentralort?

[1] Zerbrochener Gußtiegel mit Resten geschmolzener Bronze aus der Kulturschicht. Fundinventarnummer SH2013-216.167.
FOTOGRAFIE Erich Halbwidl, Schleswig

Die geplante Erweiterung eines Wohngebietes am Stadtrand von Heiligenhafen, Kr. Ostholstein, erforderte 2013 eine archäologische Untersuchung. Keramikscherben, die zu Beginn der 60er Jahre des letzten Jahrhunderts gemeldet worden waren, ließen bereits die Vermutung zu, dass dort im Untergrund Reste einer vorgeschichtlichen Siedlung lagerten. Dies ließ sich mithilfe von Suchgräben im Rahmen einer archäologischen Voruntersuchung bestätigen und hatte für fünf Monate zur Folge, auf 1,4 ha einen ehemaligen Siedlungsplatz der Römischen Kaiserzeit zu dokumentieren.

Wahrscheinlich war der Standort Heiligenhafen zu jener Zeit eine bedeutende Stätte. Das deuten zum einen die in der archäologischen Landesaufnahme verzeichneten Fundplätze des Umfeldes an, die für eine ausgedehnte großflächige Besiedlung sprechen, zum anderen traten 1941 im Stadtgebiet reiche Körpergräber der jüngeren Römischen Kaiserzeit zutage. Vergleichbare Körpergräber werden in der Forschung meist mit der gesellschaftlichen Elite in Verbindung gebracht. Wenngleich die Masse der Funde aus der untersuchten Siedlung in die ältere Phase der Kaiserzeit weist, zeigt das Keramikspektrum auch Aktivitäten noch während der jüngeren Römischen Kaiserzeit am Standort an.

Vereinzelt ließen sich auch Befunde der Stein- und Bronzezeit nachweisen. Ein Grund für die wiederkehrende Besiedlung dürfte eine natürliche Wasserquelle gewesen sein. Den Grabungsergebnissen nach, verursachte diese in der Steinzeit eine Erosionsrinne am Hang. Diese Rinne erodierte im Laufe der Zeit zu und hinterließ einen kleinräumigen Feuchtbodenbereich, der idealerweise die Anlage von Brunnen und Wasserschöpfstellen bot.

Bei der Verortung germanischer Stämme in römischen Schriftquellen, handelt es sich wohl – unter quellenkritischen Vorbehalten – bei den Siedlern aus Heiligenhafen am ehesten um Angehörige des Stammes der Reudigner. Ihre Hinterlassenschaften sind, im Vergleich zu anderen bekannten Siedlungsnachweisen dieser Zeitstellung, beachtlich, da der Fundplatz eine Fülle an Befunden und Funden anzeigt. Viele technische Anlagen wie Darren oder Öfen lassen deutlich einen ausgedehnten Werkbereich erkennen. Daneben waren mindestens 10 Langhäuser sowie Wirtschaftsgebäude innerhalb der Ausgrabungsfläche nachweisbar. Des Weiteren sind im unmittelbaren Anschluss an die Grabungsgrenzen aufgrund der Lesefunde weitere Siedlungsreste zu erwarten, sodass hier von einer ausgedehnten Besiedlung ausgegangen werden darf. Ein weiteres Indiz für die Sonderstellung zeigt die Vielzahl an Funden, die für eine intensive Siedlungstätigkeit am Ort sprechen: Fibeln, Messerklingen, Eisenschlacke, Knochennadeln, Geweihgeräte und rund 27.000 Keramikscherben.

Ein beträchtlicher Anteil des während der Ausgrabung geborgenen, über 300 kg schweren Knochenmaterials ist so stark fragmentiert, dass eine intensive Nutzung zur Nährstoffgewinnung durch Kochvorgänge infrage kommt. Eine Analyse dieses Materials wird Aussagen zur Jagd und zum Fischfang sowie zur Nutztierhaltung ermöglichen.

Die Auswertung der in den Siedlungsgruben enthaltenen Pflanzenreste ergab ein vielfältiges Spektrum angebauter Kulturpflanzen. Das Hauptgetreide bildete Gerste (üblich im Vergleich mit Siedlungen gleicher Zeitstellung), gefolgt von Hafer, während Roggen und Hirse nur eine untergeordnete Rolle spielten. Ebenso war die Kultivierung von Ölpflanzen wie Lein und Leindotter nachzuweisen.

Ausgesprochen spannend dürfte sich ein Vergleich mit der zeitgleichen Siedlung Hoby auf Lolland, Dänemark, gestalten. Hier kamen ebenfalls sehr reiche Gräber und Siedlungsreste mit deutlichem Küstenbezug zum Vorschein. Möglicherweise zeigen Befund und Fundreichtum an diesen Orten jeweils einen zentralen Standort germanischer Fürsten an.

Unabhängig von der gesellschaftlichen Bedeutung zur Besiedlungszeit öffnet sich mit den Grabungsergebnissen aus Heiligenhafen zweifelsfrei ein Fenster mit Blick auf die Siedlungsaktivitäten einer germanischen Bevölkerungsgruppe in den ersten Jahrhunderten unserer Zeitrechnung.

LITERATUR

M. Gadkari, Die Kultur- und Sammelpflanzen der älteren römisch-kaiserzeitlichen Siedlung LA 28 Heiligenhafen, Ostholstein (unpubl. Masterarbeit Univ. Kiel 2015).

E. Halbwidl, Schöne Aussichten! Ein kaiserzeitlicher Siedlungsplatz mit Meeresblick und ausgezeichneten Erhaltungsbedingungen. ANSH 20, 2014, 44–47.

R. Blankenfeldt und S. Klingenberg, The Hoby project. Arkaeologie i Slesvig/Archäologie in Schleswig. Sonderband »Det 61. Internationale Sachsensymposion 2010« Haderslev, Danmark, 2011, 187–198.

R. Blankenfeldt, Leben im Luxus? Untersuchungen zum älterkaiserzeitlichen Fundplatz Hoby auf Lolland. ANSH 24, 2018, 38–47.

2 cm

[2] Fibel der älteren Römischen Kaiserzeit aus der Kulturschicht.
FOTOGRAFIE Erich Halbwidl, Schleswig

AUTOR
Ingo Lütjens

STANDORT
Segeberg, Wittenborn LA 73

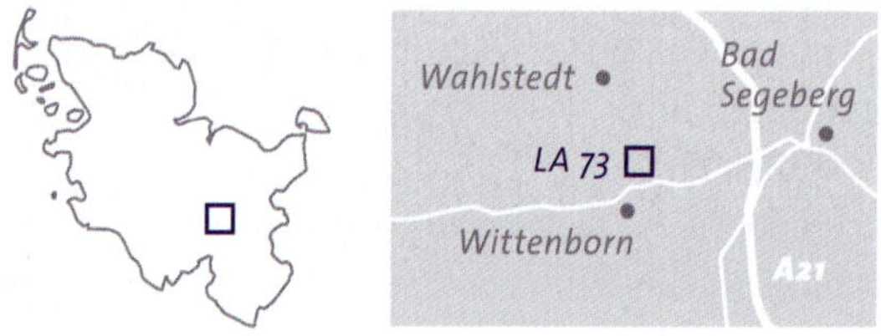

GRABUNGSZEIT
2008–2012

ZEITL. EINORDNUNG
Völkerwanderungszeit
ca. 400 – 600 n. Chr.

STRUKTUR
Grab
Hafen
Hort
Lager
Opferplatz
Siedlung
Weg
Wehranlage
Wrack
Anderes

FUNDE
Keramik/Gefäße
Hausbestandteile
Kleidung
Knochen
Münzen
Nahrung
Schmuck
Waffen
Werkzeuge
Andere

Wittenborn, eine völkerwanderungszeitliche Siedlung

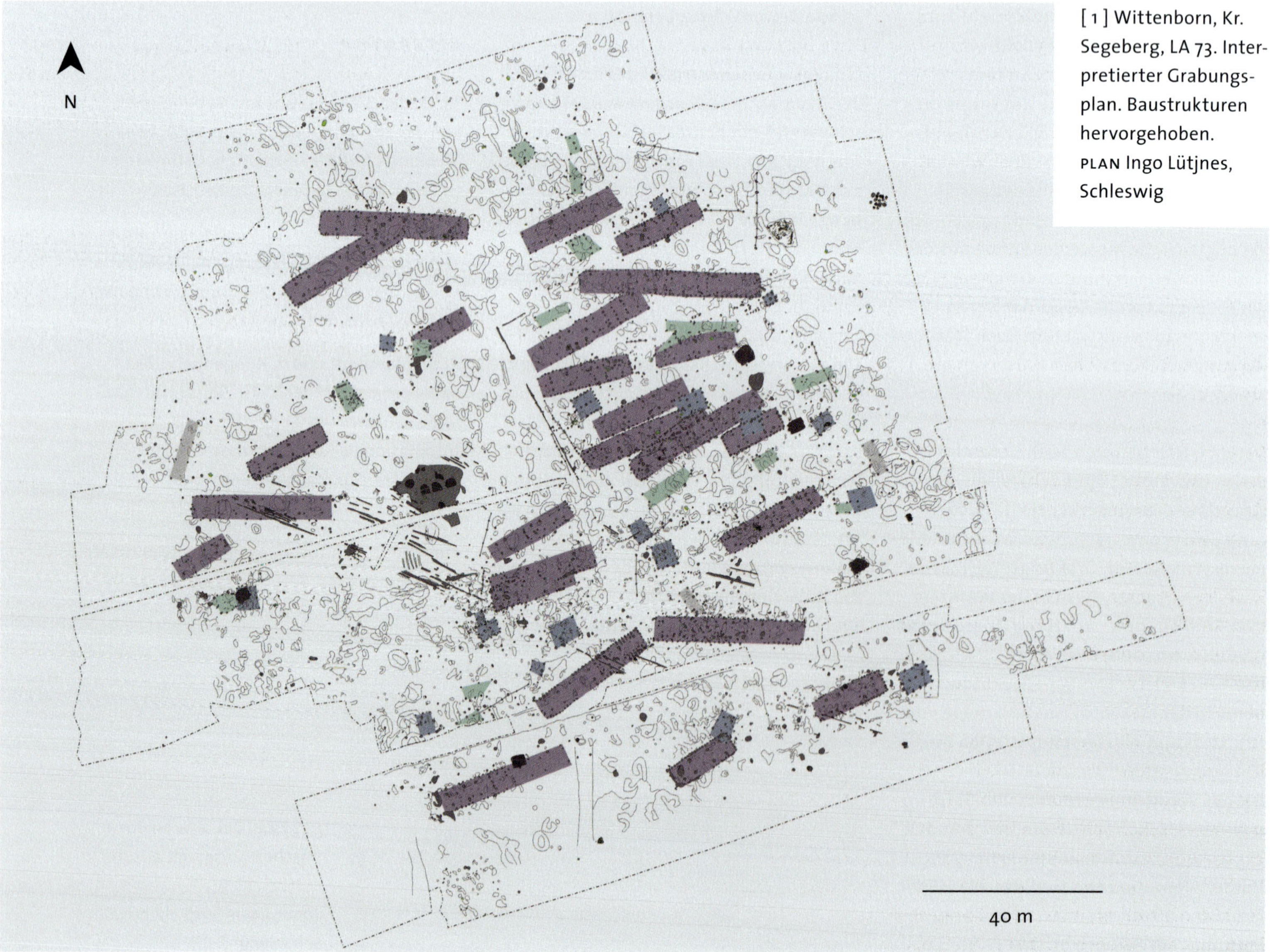

[1] Wittenborn, Kr. Segeberg, LA 73. Interpretierter Grabungsplan. Baustrukturen hervorgehoben. PLAN Ingo Lütjnes, Schleswig

Im Bereich der geplanten Autobahn-Trasse der A 20 im Raum Bad Segeberg erfolgten in den Jahren 2008–2012 zahlreiche archäologische Untersuchungen. Neben der Freilegung eines größeren Brandgräberfeldes mit einigen herausragenden Inventaren aus der Römischen Kaiserzeit und Völkerwanderungszeit in Bad Segeberg und umfangreichen Ausgrabungen in Todesfelde (s. Kap. III, 90–91; 94–95) lag ein wesentlicher Schwerpunkt der Arbeiten in der Gemeinde Wittenborn. Dort wurden im Areal einer geplanten Autobahnauf- und -abfahrt mehrere archäologische Fundplätze vollständig oder teilweise untersucht.

Von besonderer Bedeutung war die in Schleswig-Holstein erstmals vollständige Freilegung einer völkerwanderungszeitlichen Siedlung. Im Bereich der Siedlung Wittenborn LA 73 konnten insgesamt über 70 Baustrukturen nachgewiesen werden: 26 Langhäuser, 5 Grubenhäuser, 19 Speicher, Hinweise auf 18 Zaunverläufe und mehrere unklare Strukturen sowie einzelne Brunnen bzw. Zisternen.

Die sehr unterschiedlich vollständig erhaltenen Langhäuser waren bei einer Breite von etwa 5 m und einer Länge zwischen 13 und 40 m alle dreischiffig aufgebaut. Zumeist ließen sich zusätzlich zu den Gruben der Pfosten des dachtragenden Mittelgerüstes auch Reste der Wandpfostengruben dokumentieren. In einem Fall gelang der Nachweis eines Stallteils durch grabenartige Spuren der Trennwände zwischen den einzelnen Viehboxen. Die abgerundet rechteckigen Grundrisse der Grubenhäuser besaßen eine Größe von 6,5–14 m². Klare Hinweise auf deren Nutzung fehlten. Ursprünglich gestelzte Bauten auf sechs, neun, zwölf oder fünfzehn Pfosten stellten Speicher dar. Im Vergleich zu anderen zeitgleichen Siedlungen fielen bei den größeren Speichern vor allem die zusätzlichen Pfostengruben zwischen den Außenpfosten auf. Die Anlagen zur Wasserversorgung befanden sich etwa im Zentrum der Siedlung. Von einem Brunnen waren die Hölzer des Brunnenkastens noch erhalten. Nach den Ergebnissen der Dendrochronologie wurden alle sicher bestimmbaren Hölzer um das Jahr 440 n. Chr. gefällt (Untersuchungen durch das Deutsche Archäologische Institut).

Diverse Überschneidungen, die Abstände zueinander und die Ausrichtung der einzelnen Baustrukturen sprechen für eine Mehrphasigkeit der Siedlung. Die wenigen sicheren AMS-Daten (Untersuchungen durch das Leibniz-Labor für Altersbestimmung und Isotopenforschung der Christian-Albrechts-Universität zu Kiel) lassen, zusammen mit den dendrochronologischen Ergebnissen, auf eine Datierung in das 5. und vielleicht noch 6. Jh. schließen.

Derzeit erfolgt im Rahmen einer Doktorarbeit eine wissenschaftliche Aufarbeitung der Grabungsergebnisse an der Universität Hamburg. Ihr bleibt die nähere Einordnung dieser in ihrer Komplexität und aufgrund ihrer geografischen Lage zwischen den wesentlich besser erforschten Regionen Jütlands im Norden und Nordwestniedersachsens im Süden sowie dem östlich benachbarten Raum bislang einzigartigen Siedlung in Schleswig-Holstein vorbehalten.

[2] Wittenborn, Kr. Segeberg, LA 73. Blick in das Innere des rechteckigen Holzkastens eines Brunnens. Die Hölzer wurden um das Jahr 440 gefällt.
FOTOGRAFIE © ALSH

LITERATUR

I. Lütjens, Eine völkerwanderungszeitliche Siedlung bei Wittenborn, Kr. Segeberg. Archäologie in Schleswig 13, 2010, 93–99.

I. Lütjens, Ergebnisse archäologischer Ausgrabungen in Wittenborn 2008-2011. Heimatkundliches Jahrbuch für den Kreis Segeberg 2013, 19–39.

AUTORIN
Veronika Klems

STANDORT
Schleswig-Flensburg, Schuby LA 252

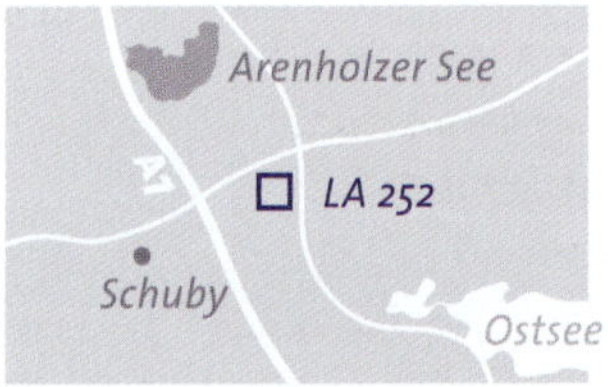

GRABUNGSZEIT
2013

ZEITL. EINORDNUNG
mehrperiodig
ca. 3650 v. Chr.–1848/51 n. Chr.

STRUKTUR
Grab
Hafen
Hort
Lager
Opferplatz
Siedlung
Weg
Wehranlage
Wrack
Anderes

FUNDE
Keramik/Gefäße
Hausbestandteile
Kleidung
Knochen
Münzen
Nahrung
Schmuck
Waffen
Werkzeuge
Andere

Schuby im Wandel der Zeit

[1, 2] Zwei Ansichten einer Mosaikmaskenperle aus Glas.
FOTOGRAFIEN © ALSH

Im Vorfeld der Erschließung eines interkommunalen Gewerbegebietes erfolgte im Jahr 2013 ca. 2 km nordöstlich der Gemeinde Schuby eine Ausgrabung der Fundstelle LA 252. Der Fundplatz liegt in verkehrsgeografisch günstiger Lage in der Nähe zu Schlei und Treene als Ost-West-Achse zwischen Nord- und Ostsee, sowie zu dem aus historischer Zeit belegten, Nord-Süd verlaufenden Ochsenweg, dessen genereller Verlauf bis in prähistorische Zeit zurückzudatieren ist. Die archäologische Hauptuntersuchung durch das Archäologische Landesamt Schleswig-Holstein (ALSH) erbrachte 398 Befunde unterschiedlicher Zeitstellung. Zu nennen sind die nur noch als Steinstandspuren erhaltenen Überreste eines bereits Mitte des 19. Jh. vollständig abgeräumten, trichterbecherzeitlichen Großsteingrabes, des Weiteren wenige Siedlungsgruben der Jüngeren Bronzezeit. Der späten Bronze- bis frühen Eisenzeit zuzuweisen ist eine Ost-West verlaufende Reihe aus sog. Feuergruben, die sich nach Osten in einer Reihe humos verfüllter Gruben fortsetzte. Am nordöstlichen Rand der Untersuchungsfläche wurde ein wikingerzeitliches Grubenhaus ausgegraben. Aus der Zeit der schleswig-holsteinischen Erhebung stammt ein Latrinengraben eines dänischen Militärlagers, dessen Lage und Struktur nur durch die Verteilung zahlreicher Bleigeschosse zu lokalisieren war. Abgesehen von diesen Befunden, erstreckte sich ein ausgedehntes Urnengräberfeld über das gesamte Untersuchungsareal. Dabei lagen im Osten einige Gräber der Vorrömischen Eisenzeit konzentriert, während das Gros der Beisetzungen durch Urnen der jüngeren Römischen Kaiserzeit und Völkerwanderungszeit repräsentiert ist. Die Bestattungen der älteren Vorrömischen Eisenzeit wiesen jeweils einen Steinschutz auf, die Urnen der jüngeren Vorrömischen Eisenzeit hingegen nicht. Die Gräber waren z. T. beigabenlos, einige enthielten jedoch Glättsteine, Fibeln oder Gürtelbestandteile. Hervorzuheben ist ein gut erhaltenes größeres Fragment eines Holsteiner Gürtels. Die Urnen der Römischen Kaiserzeit bis Völkerwanderungszeit lagen über das gesamte Grabungsgelände verteilt, mit einer höheren Dichte im Nordwesten der Untersuchungsfläche. Hier wurden zahlreiche Urnengruppen aus zwei bis vier, manchmal bis zu sieben, dicht beieinanderstehenden Urnen erfasst, während im übrigen Gräberfeld vorwiegend einzelne Grablegen vorkamen. Bei einem Grab ließen sich Spuren einer Überhügelung in Form einer kreisrunden Verfärbung aus Bleichsand erkennen. Eine andere Urne war im Zentrum des oben genannten Megalithgrabes niedergelegt worden. Die Urnengefäße entsprachen dem gängigen Repertoire der Region, hervorzuheben ist unter den ansonsten abstrakt verzierten Gefäßen eine Urne mit einer plastisch ausgeführten Tierdarstellung. Unter den Beigaben der kaiser- bis völkerwanderungszeitlichen Bestattungen besitzen die Fragmente einer Nydamfibel aus Silber, ein in Gold gefasster Schmuckstein eines Fingerringes sowie eine völlig unversehrte Mosaik-Maskenperle aus Glas Seltenheitswert. Hohlglas als provinzialrömisches Importgut ist in Fragmenten in zwei Urnen belegt, während sich das übrige Fundgut vornehmlich aus Kammfragmenten, Messern, angeschmolzenen Glasperlen, Nähnadeln und einigen bronzenen Fibeln zusammensetzt.

LITERATUR

N. Bantelmann, Süderbrarup. Ein Gräberfeld der römischen Kaiserzeit und Völkerwanderungszeit in Angeln. I. Archäologische Untersuchungen. Offa-Bücher 63 (Neumünster 1988).

H. Hingst, Die vorrömische Eisenzeit. Geschichte Schleswig-Holsteins. (Neumünster 1964).

V. Klems, Urnennester und Glasperlen – Die Ausgrabung eines Gräberfeldes bei Schuby, Kreis Schleswig-Flensburg. ANSH 20, 2014, 52–57.

B. Majchczak und J. Weise, Stets wachsam auf Posten. Ein dänisches Feldlager des Krieges von 1848/51 in Schuby-Neukrug. ANSH 21, 2015, 88–91.

K. Raddatz, Sörup I. Ein Gräberfeld der Eisenzeit in Angeln. Offa-Bücher 46 (Neumünster 1981).

K.-H. Willroth, Untersuchungen zur Besiedlungsgeschichte der Landschaften Angeln und Schwansen von der älteren Bronzezeit bis zum frühen Mittelalter. Eine Studie zur Chronologie, Chorologie und Siedlungskunde. Siedlungsarchäologische Untersuchungen in Angeln und Schwansen 1. Offa-Bücher 72 (Neumünster 1992).

[3, 4] OBEN Fragmente einer Nydamfibel aus Silber und Eisen.
UNTEN Schmuckstein in Goldfassung.
FOTOGRAFIEN © ALSH

AUTORIN
Bente Majchczack

STANDORT
Nordfriesland, Insel Föhr, Nieblum LA 67; Witsum LA 146; Nieblum-Goting LA 151

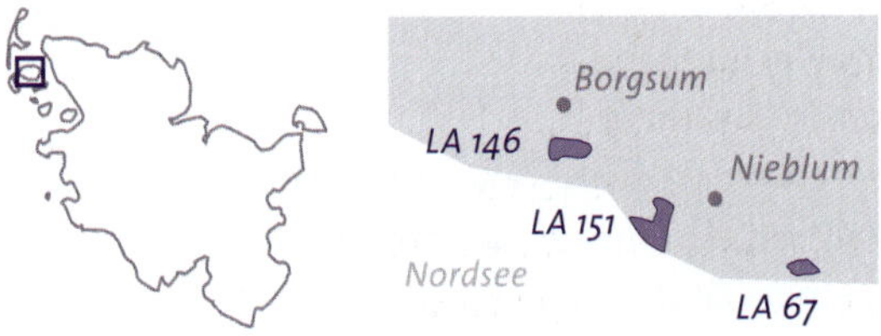

GRABUNGSZEIT
2103–2018

ZEITL. EINORDNUNG
Frühmittelalter spätes 7. bis 11. Jahrhundert

STRUKTUR
Grab
Hafen
Hort
Lager
Opferplatz
Siedlung
Weg
Wehranlage
Wrack
Anderes

FUNDE
Keramik/Gefäße
Hausbestandteile
Kleidung
Knochen
Münzen
Nahrung
Schmuck
Waffen
Werkzeuge
Andere

Der Handel der frühen Nordfriesen

Frühmittelalterliche Häfen und Handelsplätze auf Föhr

[1] Witsum LA 146. Ausgewählte Fundobjekte: Silberdenar, Goldperle, Kammfragmente, Halbfabrikate von Bernsteinperlen, Glasperlen, Glastessera, Hohlglasscherben, Glasspielstein.
FOTOGRAFIEN © Linda Hermannsen, ALSH, Schleswig, und Rolf Kiepe, Wilhelmshaven

[2] RECHTS Witsum LA 146. Ausgrabung eines Grubenhauses. Im Hintergrund das Goting-Kliff mit dem benachbarten Handelsplatz Nieblum-Goting LA 151.
FOTOGRAFIE Bente Majchczack, Kiel

Bei den Untersuchungen dreier frühmittelalterlicher Handelsplätze auf der Insel Föhr in den Jahren 2013–2018 kamen Luftbildarchäologie, geophysikalische Prospektionen und gezielte archäologische Ausgrabungen zum Zuge.

Entlang der Südküste aufgereiht, verfügen die Fundstellen bei Witsum, Goting und Nieblum über angrenzende Niederungen und Gezeitenpriele, die im Frühmittelalter schiffbare Naturhäfen bildeten.

Die drei Siedlungen besitzen individuelle Siedlungsstrukturen: Witsum wurde im späten 7. Jh. als geschlossene Dorfstruktur gegründet, in der durch Gräben und Palisaden umgrenzte Hofareale entlang einer zentralen Dorfstraße angeordnet sind. Als Wohngebäude dienten nord-südlich ausgerichtete Langhäuser. Die Dorfgemeinschaft betrieb neben agrarischen Tätigkeiten eine ausgeprägte Textilproduktion, die in Grubenhäusern stattfand. Werkabfälle belegen zudem Eisenverarbeitung und Bernsteinschnitzerei. Die rege Einbindung in den Handel belegen zahlreiche Glasobjekte: Exquisite Glasgefäße aus dem Rheinland dienten einerseits dem lokalen Gebrauch, ihr Glasbruch andererseits als Rohstoff für eine lokale Perlenproduktion. Das Formenspektrum der Glasperlen ist auf das Engste an den süddänischen Handelsplatz Ribe angelehnt. Wahrscheinlich betrieben in Witsum Wanderhandwerker, die auch in Ribe ansässig waren, die Perlenproduktion. – Die Besonderheit der Nieblumer Siedlung liegt in einer geschlossenen Grabenanlage, die mit mehreren parallel verlaufenden flachen Gräben eine eher symbolische Umfassung der Dorfanlage darstellt. Im Innenraum befinden sich ebenfalls Grubenhäuser mit Nachweisen von Eisen-, Textil- und Glasverarbeitung. – Goting hingegen ist gänzlich auf seinen Hafen ausgerichtet: Der Osthang der Niederung dient vermutlich als Schiffslände, neben der spätestens im frühen 8. Jh. ein spezialisierter Werkplatz entsteht. Zu den Produkten einer intensiven Schmiedetätigkeit gehören zahlreiche Bootsniete, die auf einen Reparaturbetrieb für Boote und Schiffe schließen lassen. In umliegenden Grubenhäusern werden Textilien produziert und Bernstein verarbeitet, ein Münzschatz aus anglofriesischen Sceattas spricht für die Anwesenheit westfriesischer Händler.

Das einheitliche Fundmaterial belegt die starke Fokussierung auf den Seehandel. Direkt nach Siedlungsbeginn, gleichzusetzen mit der Einwanderung der Friesen im späten 7. Jh., stellt die Produktion von Exportgütern, allen voran von Wolltuchen, ein prägendes Merkmal dar. Die Inseln Föhr, Sylt und Amrum sind im 8. und 9. Jh. Stationen des Seehandels entlang der Nordseeküste zwischen den Handelszentren Dorestad an der Rheinmündung und Ribe. Im 9. Jh. ist schließlich wachsender skandinavischer Einfluss zu spüren und der Handel verlagert sich von Ribe nach Haithabu. Dabei stehen die Inseln wahrscheinlich ständig unter dänischer Oberhoheit. Die Ringwallburgen von Borgsum auf Föhr und Tinnum auf Sylt dienten als Garnisonen dem Schutz und der Kontrolle der Inseln und der Handelsplätze und sind in erster Linie als Sicherung des friesisch besiedelten Küstenbereiches innerhalb des Danewerksystems zu betrachten. Im 10. und 11. Jh. expandieren die Siedlungen in die heutigen Ortslagen, die Bedeutung des nordfriesischen Handels ist in dieser Zeit vor allem durch reiche Silberschätze zu fassen.

LITERATUR

B. S. Majchczack, Aus heiterem Himmel. Umfassende Siedlungsprospektion auf Föhr mit Luftbild, Geophysik und Laserscan. ANSH 19, 2013, 54–59.

B. S. Majchczack, Neues vom Goting-Kliff auf Föhr. Eine Siedlung von der Jüngeren Römischen Kaiserzeit bis ins Frühmittelalter im Spiegel alter Sammlungen und aktueller Prospektion. Archäologie in Schleswig/Arkæologi i Slesvig 15, 2015, 139–152.

B. S. Majchczack, Siedlungen aus dem Nichts. Die Zusammenführung zerstörungsfreier Prospektionsmethoden als Mittel der Siedlungsforschung auf der nordfriesischen Insel Föhr. Archäologische Siedlungsforschung auf den nordfriesischen Inseln. Offa-Bücher 89 (Neumünster 2015) 15–117.

B. S. Majchczack, Die Rolle der nordfriesischen Inseln im frühmittelalterlichen Kommunikationsnetzwerk. Studien zur Landschafts- und Siedlungsgeschichte im südlichen Nordseegebiet 11 (Rahden/Westf. 2020).

M. Segschneider, Die Ringwälle auf den nordfriesischen Inseln. In: M. Segschneider (Hrsg.), Ringwälle und verwandte Strukturen des ersten Jahrtausends n. Chr. an Nord- und Ostsee. Symposium Utersum 2005. Schriften des Archäologischen Landesmuseums Ergänzungsreihe 5 (Neumünster 2009) 99–111.

AUTOR
Martin Segschneider

STANDORT
Nordfriesland, Norddorf LA 127

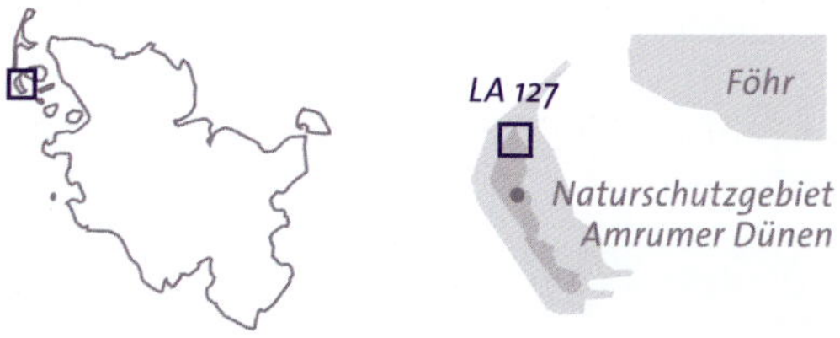

GRABUNGSZEIT
1999–2009

ZEITL. EINORDNUNG
Völkerwanderungszeit
um 500 n. Chr.

STRUKTUR
Grab
Hafen
Hort
Lager
Opferplatz
Siedlung
Weg
Wehranlage
Wrack
Anderes

FUNDE
Keramik/Gefäße
Hausbestandteile
Kleidung
Knochen
Münzen
Nahrung
Schmuck
Waffen
Werkzeuge
Andere

Fränkisches Glas in den Amrumer Dünen

Handel und Seefahrt an der Nordseeküste in der Völkerwanderungszeit

[1] Fränkisches Glas vom Amrumer Strandmarkt.
FOTOGRAFIE Agnes Heitmann, Kiel
BEARBEITUNG Rolf Kiepe, Wilhelmshaven

Eine ganz besondere archäologische Fundstelle liegt in den Dünen der nordfriesischen Insel Amrum. Es handelt sich um einen einst saisonal genutzten Handels- und Marktplatz am früheren Ufer der Insel. Bislang sieben dokumentierte Grubenhausbefunde in den zwei durch Winderosion ausschnitthaft freigelegten Teilflächen (Abstand dazwischen etwa 180 m) lassen erahnen, dass sich die Gesamtzahl der Grubenhausbefunde auf mindestens einhundert Exemplare belaufen dürfte. Typisch für beide Teilbereiche ist eine mit archäologischen Funden reich durchsetzte Kulturschicht, die neben Keramik und Zeugnissen des Metallhandwerks vor allem zahlreiche Glasfunde enthielt. Während im nördlichen Dünental (Fundplatz 2) bislang knapp einhundert Glasperlen aufgelesen wurden, waren es im südlichen Dünental (Fundplatz 1) neben wenigen Glasperlen vor allem fränkische Hohlglasscherben. Die insgesamt nunmehr 22 Scherben von fränkischen Trinkgläsern hervorragender Qualität sind vielfach unterschiedlichen Gefäßtypen zuzuordnen. Es handelt sich um Scherben konischer Becher mit geriefter Wand vom Typ Gellep oder Typ Rheinsheim, konischer Becher mit waagerechter Spiralfadenzone und senkrechtem Schleifendekor vom Kempston-Typ, Rüsselbecher, Schalen mit Hohlrand und Fadendekor und unverzierte Schalen. Die Farben der Glasscherben reichen von Hellgrün über Gelbolivgrün und Hellblaugrün bis hin zu einem kräftigen Blau. Die Amrumer Hohlglas-Funde setzen frühestens in der zweiten Hälfte des 5. Jh. ein und reichen bis an den Beginn des 6. Jh., entstammen also der Zeit um 500 n. Chr.

Michael Dodt, Köln, ermöglichte dankenswerterweise sieben chemische Analysen durch Andreas Kronz, Göttingen, innerhalb des im Rahmen des Schwerpunktprogramms der Deutschen Forschungsgemeinschaft (DFG) »Häfen von der Römischen Kaiserzeit bis zum Mittelalter« durchgeführten Teilprojektes »Der frühmittelalterliche Hafen Kölns – Produktionsstätte und Exporthafen für Glas«. Hierbei weisen u. a. einige der Amrumer Scherben große Ähnlichkeiten mit Glasfunden aus Köln auf, sodass der Großteil der Gläser wohl dort hergestellt und über den Rhein verschifft wurde.

Die aufgefundenen Hohlglasscherben könnten von vollständigen Trinkgefäßen stammen, die als Handelsware vor Ort oder auf dem Transport dorthin versehentlich zu Bruch gingen. Allerdings dürften Glasgefäße als wertvolles Handelsgut sicherlich mit größter Vorsicht gelagert und transportiert worden sein. Es ist daher ebenso wahrscheinlich, dass die Glasscherben von vornherein als sekundärer Rohstoff, etwa für die Perlenherstellung, aus den Glasbläsereien des Rheinlandes nach Amrum kamen.

Unzweifelhaft gelangten intakte fränkische Trinkgläser über den Seehandelsweg entlang der Nordseeküste, an dem Amrum ganz offensichtlich partizipierte, in den Norden. Entsprechende Funde kommen in großer Zahl in Norwegen vor. Entlang der jütischen Westküste spielen auch die Fundplätze Dankirke und Dejbjerg eine Rolle, an denen bei Ausgrabungen ebenfalls große Mengen an fränkischen Hohlglasscherben und Glasperlen zutage traten. Zusammengenommen lassen die Fundplätze Amrum, Dankirke und Dejbjerg eine wohlorganisierte, von lokalen Eliten getragene Seehandelsroute entlang der Nordseeküste erkennen, die in der Völkerwanderungszeit um 500 n. Chr. das Rheinland mit Skandinavien verband.

[2] Freigeweht: Von der Kulturschicht des Strandmarktgeländes werden Oberflächenfunde geborgen und darunterliegende Grubenhausbefunde archäologisch untersucht. FOTOGRAFIE Martin Segschneider, Wilhelmshaven

LITERATUR

M. Dodt, Der frühmittelalterliche Hafen Kölns. Produktionsstätte und Exporthafen für Gläser. In: M. Seifert und L. Ziemer, North meets East 3, Aktuelle Forschungen zu antiken Häfen. Workshop Hamburg 2016 (Aachen 2016) 121–146.

T. E. Hansen, Et fyrsteligt fund fra Vestjylland. In: S. Hvass (Hrsg.), Vor skjulte kulturarv [Festschr. für Margarete II., Königin von Dänemark] (Esbjerg 2000) 116–117.

U. Lund Hansen, Dankirke. Die Gläser. RGA² Bd. V (Berlin/New York 1984) 249–253.

I. Holand, sustaining Life. Vessel import to Norway in the first millenium AD. AmS-Skrifter 17 (Stavanger 2001).

M. Segschneider, Fränkisches Glas im Dünensand. Ein Strandmarkt des 5. Jahrhunderts auf der nordfriesischen Insel Amrum und die völkerwanderungszeitliche Handelsroute zwischen Rhein und Limfjord. Arch. Korrbl. 32, 1/2002, 117–136.

M. Segschneider, Fern-Glas im Dünensand. Ein völkerwanderungszeitlicher Landeplatz auf der nordfriesischen Insel Amrum. ANSH 18, 2012, 44–47.

AUTOR
Thorsten Lemm

STANDORT
Steinburg, Itzehoe LA 34
Rendsburg-Eckernförde, Aukrug-Bünzen LA 19

GRABUNGSZEIT
1984 Aukrug-Bünzen
1932, 1958–1959, 1974, 1977–1981 Heiligenstedten

ZEITL. EINORDNUNG
Frühes Mittelalter
7. Jh.

STRUKTUR
Grab
Hafen
Hort
Lager
Opferplatz
Siedlung
Weg
Wehranlage
Wrack
Anderes

FUNDE
Keramik/Gefäße
Hausbestandteile
Kleidung
Knochen
Münzen
Nahrung
Schmuck
Waffen
Werkzeuge
Andere

Die Doppelgrabenanlagen von Heiligenstedten und Aukrug-Bünzen

[1] Aukrug-Bünzen LA 19. Ausgrabungsflächen mit dokumentierten Befunden und den Entnahmestellen der ^{14}C-Proben samt deren Datierungen. Die Ausgrabungsbefunde sind durch den hypothetischen Wallverlauf ergänzt (dunkelgrau).
KARTE Thorsten Lemm, ZBSA, Landesmuseen Schleswig-Holstein, Schloss Gottorf

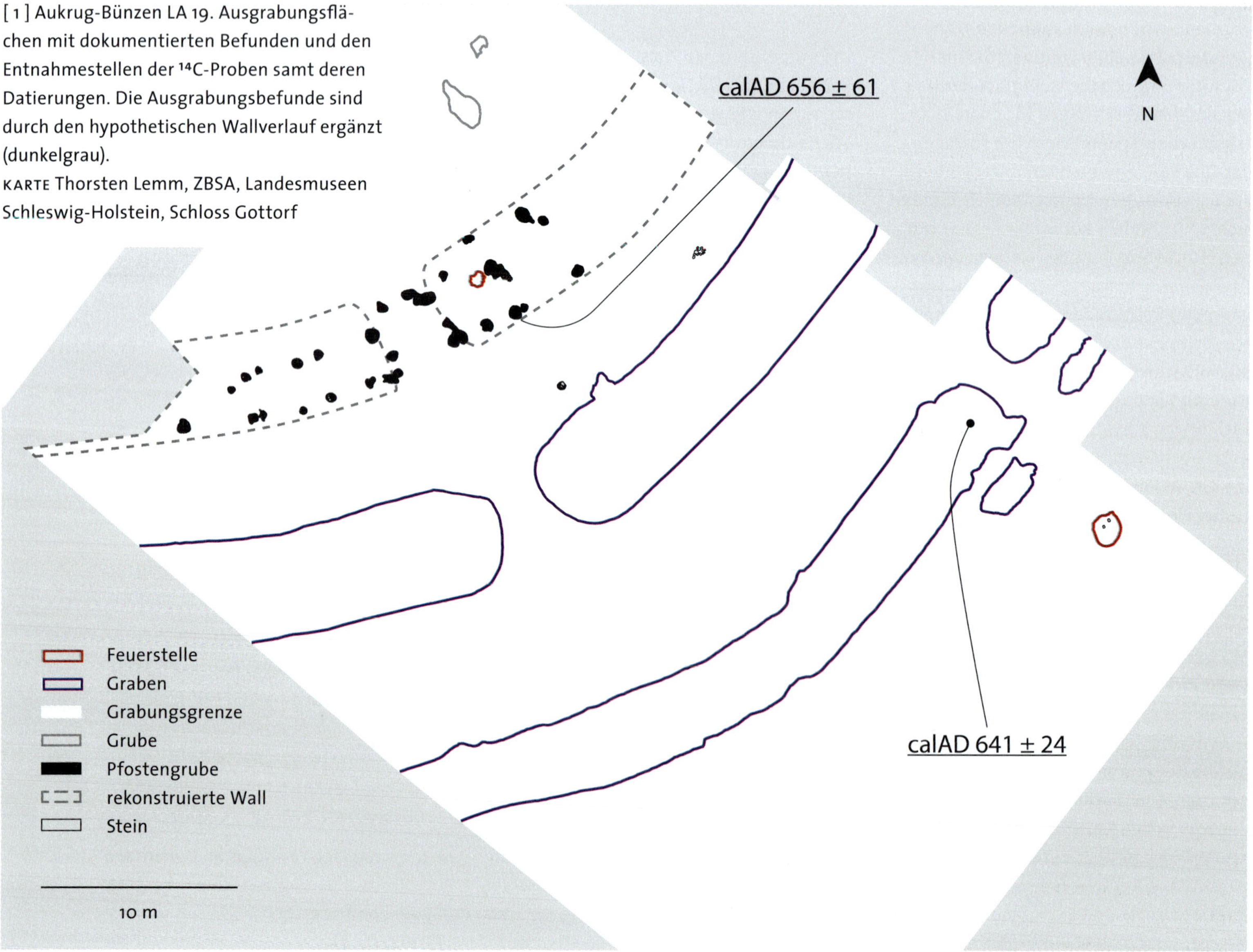

Burgen aus der Zeit nach der fränkischen Eroberung (810 n. Chr.) sind im nordelbisch-sächsischen Gebiet in einiger Zahl bekannt (s. Beitrag Kap. IV, 198–201).
In den letzten Jahren wurden nun allerdings im gesamten ehemals sächsischen Siedlungsgebiet auch einige Befestigungsanlagen identifiziert, die bereits aus vorfränkischer Zeit stammen. Nördlich der Elbe sind dies neben dem Ringgraben 1 des 8. Jh. auf dem Domplatz in Hamburg mit unterschiedlicher Wahrscheinlichkeit auch die zwei Doppelgrabenanlagen in Heiligenstedten und Aukrug-Bünzen.

Seit den 1930er Jahren bis in die frühen 1980er hinein fanden auf einem in das Niederungsgebiet der Stör hineinragenden Geestsporn namens »Camp up der Oldenburg« bei Heiligenstedten – ca. 2,5 km westlich von Itzehoe – sporadisch archäologische Ausgrabungen statt und zwar unter der Prämisse, die im Jahre 810 auf Befehl Karls des Großen erbaute Burg Esesfelth zu entdecken und deren erhaltene Reste zu untersuchen. Neben den fortifikatorischen Elementen der fränkischen Burg kamen im Abstand von 5–6 m zueinander allerdings auch zwei bogenförmige Reihen muldenförmiger Gräben zum Vorschein, welche die äußerste Spitze des Geländesporns abriegelten (s. Beitrag Kap. IV, 198–201). Aufgrund neolithischer Artefakte, die auf der gesamten Ausgrabungsfläche und auch in der Verfüllung der Doppelgräben aufzufinden waren, wurden die Befunde zunächst in die Jungsteinzeit datiert. Eine Neubewertung des gesamten Fundmaterials kam jüngst allerdings zu einem anderen Ergebnis. Anhand von Keramikfunden aus den untersten Verfüllschichten und von der Sohle einiger Gräben ist die Doppelgrabenanlage in das 7. Jh. zu datieren. ^{14}C-Datierungen bestätigen diese Einschätzung und legen eine Nutzung in der zweiten Hälfte des 7. Jh. nahe. Nordelbische Sachsen hatten also bereits ca. 150 Jahre vor den Franken diesen unter damaligen militärischen Gesichtspunkten für die Verteidigung optimalen Platz zur Errichtung einer Befestigungsanlage ausgewählt.

Im Vorfeld einer Baumaßnahme konnte im Jahre 1984 auch in Aukrug-Bünzen ein kleiner Ausschnitt einer völlig eingeebneten Burganlage freigelegt und untersucht werden. Die Anlage befand sich auf einem ebenen Gelände, im Nordosten begrenzt durch den Hang zur Bünzener Au und im Nordwesten durch den Hang zum Kapellenbach. Die Ausgrabung erbrachte einen inneren und einen äußeren Spitzgraben, die bogenförmig durch die zu untersuchende Fläche liefen, unterbrochen von je einer Erdbrücke. Die Erdbrücken beider Gräben waren um etwa 20 m versetzt und wiesen Breiten von ca. 1,70 m auf. Den äußeren Graben flankierte rechts und links des Durchlasses zusätzlich je ein Sektionsgraben.

Als Verfärbungen im anstehenden Boden zeichnete sich im Planum der Burginnenfläche vor allem eine WSW-ONO-gerichtete Pfostenstruktur ab, die dem bogenförmigen Verlauf des inneren Grabens folgte. Der mittlere Bereich dieser Pfostenstruktur, der, von deutlich mächtigeren Pfostenstandspuren gekennzeichnet, eine Öffnung nach Süden aufwies, lag exakt in der Achsenverlängerung hinter dem Durchlass durch den inneren Graben. Hierbei handelte es sich um den eigentlichen Tordurchlass in das Burginnere mit einer Durchgangsbreite von ca. 2 m. Die Pfostenstandspuren rechts und links des erkennbaren Tordurchlasses dürften als stabilisierende Konstruktion eines Walles anzusehen sein, der ursprünglich unmittelbar an die mächtigeren Pfosten des Durchlasses ansetzte. Für die chronologische Einordnung der Anlage können zwei ^{14}C-Datierungen von Holzkohlestückchen aus einer Pfostenstandspur in der angenommenen Wallversteifung und aus der Verfüllung des äußeren Grabens herangezogen werden, die – aufgrund der geringen Probenzahl jedoch unsicher – in das 7. Jh. verweisen.

LITERATUR

T. Lemm, Die frühmittelalterlichen Ringwälle im westlichen und mittleren Holstein. Schriften des Archäologischen Landesmuseums 11 (Neumünster 2013).

T. Lemm, Eine Grabenanlage, die Rätsel aufgibt – Ein Versuch der Interpretation einer verschwundenen Burg in Aukrug-Bünzen, Kreis Rendsburg-Eckernförde. ANSH 21, 2015, 54–59.

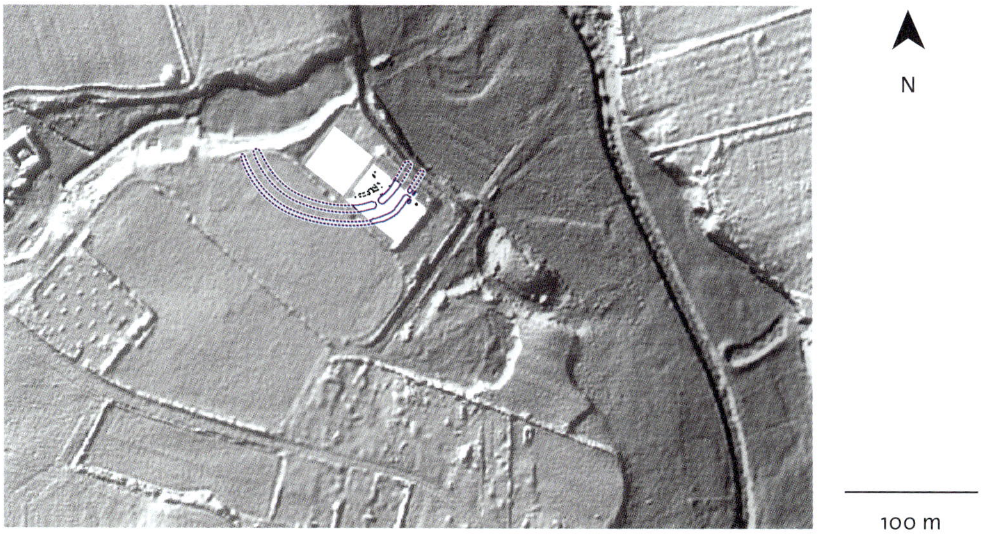

[2] Aukrug-Bünzen LA 19. Geländemodell mit Ausgrabungsflächen, Befunden und möglichem weiteren Verlauf der Gräben.
KARTE © Thorsten Lemm, ZBSA, Landesmuseen Schleswig-Holstein, Schloss Gottorf

AUTOR
Eicke Siegloff

STANDORT
Schleswig-Flensburg, Ellingstedt LA 61

GRABUNGSZEIT
2013

ZEITL. EINORDNUNG
Völkerwanderungszeit bis Wikingerzeit 4.–10. Jahrhundert

STRUKTUR
Grab
Hafen
Hort
Lager
Opferplatz
Siedlung
Weg
Wehranlage
Wrack
Anderes

FUNDE
Keramik/Gefäße
Hausbestandteile
Kleidung
Knochen
Münzen
Nahrung
Schmuck
Waffen
Werkzeuge
Andere

Eliten im Hinterland

Eine neu entdeckte Siedlung zwischen Haithabu und der Treene

[1] Vergoldeter kreuzförmiger Riemenverteiler im skandinavischen Borrestil (SH2013-151.900042). FOTOGRAFIE © Linda Hermannsen, ALSH

Bei Ellingstedt, gelegen an der von der heutigen Kreisstraße nachgezeichneten Route zwischen Haithabu und Hollingstedt an der Treene, wurde im Frühjahr 2013 ein markanter und von feuchten Auniederungen umschlossener Geländesporn im Rahmen eines gemeinsamen Projektes des Archäologischen Landesamtes Schleswig-Holstein und Mitgliedern der Detektorgruppe Schleswig-Holstein in den Fokus genommen. Bereits mit den ersten Detektorausschlägen traten Funde hoher archäologischer Relevanz zutage. Verschiedene Gewichte und Fragmente silberner Dirhams, drei teilweise vergoldete Scheibenfibeln, eine Pseudomünzfibel, zwei Kleeblattfibeln, eine Walkürenfibel, ein vergoldeter Riemenverteiler, ein vergoldeter, flechtbandverzierter Beschlag, ein Schwertortband, ein Schwertknauf und zahlreiche Oberflächenfunde z. T. importierter Keramik und Basaltlava gaben unmissverständlich zu erkennen, dass hier eine bislang völlig unbekannte wikingerzeitliche Siedlung aufgespürt worden war, gekennzeichnet durch hochqualitative, wie auch Fernhandel anzeigende Objekte. Zugleich war jedoch eine akute Gefährdung nicht zu übersehen, da sich archäologische Befunde bereits als dunkle Bereiche auf der frisch gepflügten Ackeroberfläche durchpausten. Das dringende Gebot lautete also, Erhalt und Ausdehnung der Siedlung zu ermitteln. Hierzu reichten gezielte Sondagen im Umfang von nur etwa 190 m², die im Herbst 2013 neben zahlreichen Siedlungsbefunden auch zwei Grubenhäuser erbrachten. Auch im anschließenden Niederungsbereich fanden sich neben einer Vielzahl an Pfostengruben und Gruben auch in Holz erhaltene Reste von Gebäuden in Pfosten- und Stabbohlenbauweise, die, dendrochronologischen Analysen zufolge, in der zweiten Hälfte des 9. Jh. errichtet worden waren. Ein sich im digitalen Geländemodell noch schwach abzeichnender und die Niederung querender Wegedamm konnte bislang allerdings nicht datiert werden.

Weitere, auch auf den Nachbarflächen durchgeführte Detektorbegehungen ergaben u. a. noch eine weitere Walkürenfibel und ein kleines Blech in Form eines Kopfes mit Helm und Gesichtsdarstellung. Die insgesamt über mindestens 5 ha streuenden Funde datieren vor allem in das 9. und auch noch in das 10. Jh. Besonders hervorzuheben sind jedoch auch einige qualitative Metallobjekte der späten Römischen Kaiserzeit und der Völkerwanderungszeit, u. a. ein massiv-silberner und vergoldeter Achsendknopf einer kreuzförmigen Fibel.

Die wikingerzeitliche Siedlung in Ellingstedt ist, allein schon anhand der bislang bekannten Funde, der unmittelbaren Nähe zum Danewerk und dem Umstand geschuldet, dass genau dort vermutlich der Hauptwarenstrom quer über die Schleswiger Landenge kontrolliert werden konnte, als sog. Subzentrum mit Angehörigen der Elite im politisch und sozial organisierten Hinterland von Haithabu zu betrachten – und vielleicht sogar mit Kontinuitäten, die bis in die Völkerwanderungszeit zurückreichen.

Umso wichtiger erschien es, diese zu den wichtigsten Entdeckungen der letzten Jahre zählende Fundstelle zunächst für die Nachwelt zu bewahren und für zukünftige Forschungen zu sichern.
In Kooperation mit dem Kreis Schleswig-Flensburg gelang es im Frühjahr 2014, gemeinsame Interessen des Natur- und des Denkmalschutzes zu bündeln und die Maisanbaufläche auf dem zentralen Geländesporn durch Ausgleichsmittel zu erwerben. Auf dem der Stiftung »Natur im Norden« übereigneten Maisacker entstand mittlerweile artenreiches Wertgrünland – inklusive der Möglichkeit für spätere archäologische Untersuchungen.

[2] Zeichnerische Dokumentation einer niedergelegten Flechtwand mit Rähmbalken innerhalb des Niederungsbereiches.
FOTOGRAFIE Stephan Meinhardt, ALSH

LITERATUR

E. Siegloff, Das liegt doch auf dem Weg! Eine neue wikingerzeitliche Siedlung auf der Schleswiger Landenge. Arkæologi i Slesvig/Archäologie in Schleswig 15, 2014, 163–177.

E. Siegloff und N. Wolpert, Zwei neu entdeckte Fundplätze bei Großenwiehe und Ellingstedt auf der Schleswiger Geest – archäologisch-denkmalpflegerische Betrachtungen. In: V. Hilberg und T. Lemm (Hrsg.), Viele Funde – große Bedeutung? Potenzial und Aussagewert von Metalldetektorfunden für die siedlungsarchäologische Forschung der Wikingerzeit. Bericht des 33. Tværfaglige Vikingesymposiums. Schriften des Museums für Archäologie Schloss Gottorf, Ergänzungsreihe Band 12 (Kiel 2018) 175–191.

AUTORIN
Astrid Tummuscheit

STANDORT
Schleswig-Flensburg, Dannewerk LA 85

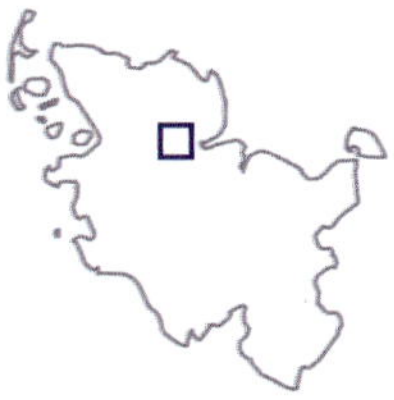

GRABUNGSZEIT
2010–2014

ZEITL. EINORDNUNG
Völkerwanderungszeit–Mittelalter
500–1250 n. Chr.

STRUKTUR
Grab
Hafen
Hort
Lager
Opferplatz
Siedlung
Weg
Wehranlage
Wrack
Anderes

FUNDE
Keramik/Gefäße
Hausbestandteile
Kleidung
Knochen
Münzen
Nahrung
Schmuck
Waffen
Werkzeuge
Andere

Das »einzige« Tor im Danewerk
Drehscheibe des Verkehrs zwischen Skandinavien und dem Kontinent

[1] Die Tor-Grabung im Jahre 2013 von Osten aus gesehen. Sichtbar ist besonders die Ruine der Feldsteinmauer, die eine etwa 5–7 m breite Unterbrechung bzw. Durchfahrt aufweist. Darin ist die dunkle Verfärbung des unbefestigten Hohlweges sichtbar.
FOTOGRAFIE © Linda Herrmannsen, ALSH

Dort wo die Trasse des historischen Ochsenweges den Hauptwall des Danewerks (s. Beitrag Kap. IV, 184–189) quert, führte das Archäologische Landesamt Schleswig-Holstein (ALSH) 2010/11 zunächst alleine, dann 2013/14 gemeinsam mit dem dänischen Museum Sønderjylland (MSJ) Grabungen durch. Dabei trat eine größere gebaute Unterbrechung des Walls zutage – mit großer Wahrscheinlichkeit der Ort des im Jahr 808 n. Chr. schriftlich erwähnten »einzigen Tores«. Die folgende Untersuchung bezog einen durch dieses Tor führenden Weg, mehrere südlich vorgelagerte Gräben sowie den Wall und seine Baugeschichte ein. Unmittelbar westlich des Tores wurde außerdem der Bauanfang der »Waldemarsmauer«, einer Ziegelmauer des 12. Jh., entdeckt.

Nach bisherigen Erkenntnissen ist das Tor mit dem Bau der Feldsteinmauer im 8. Jh., möglicherweise aber auch schon früher, etabliert worden und blieb bis ins 13. Jh. in Benutzung. Da in diesem langen Zeitraum in der Tordurchfahrt durch Erosion, Verfall und häufige Reinigungen immer wieder Verschüttungen und Ausräumungen erfolgten, sind Wegereste nur spärlich erhalten. Überliefert ist heute ein unbefestigter Hohlweg durch das Tor. Diese Wegphase datiert anhand von ^{14}C-Analysen in das 10. Jh. Ein Schnitt durch den Weg zeigt durch Regen eingespülte, in feinen Schichten übereinanderliegende Feinsande und Tone. Die Profile lassen Bereiche erkennen, die offensichtlich weder befahren noch begangen wurden, aber auch solche, in denen von hölzernen Wagenrädern herrührende Fahrspuren erhalten geblieben sind.

In der Torgasse und dem südlich vorgelagerten Wegverlauf lagen neben wenigen anderen Funden auch Bruchstücke von Bausteinen aus vulkanischem Tuff. Dieses Importgut kam vor allem im 12. Jh. aus der Eifel in den Norden und fand dort besonders im Kirchenbau Verwendung. Das Material gelangte per Schiff über Rhein, Nordsee, Eider und Treene bis nach Hollingstedt und von dort über Land mit Ochsenkarren durch das Tor im Danewerk bis in die Stadt Schleswig.

Die durch die Grabungen erstmals nachgewiesene Beförderung des Tuffs durch den Grenzwall beleuchtet beispielhaft die Rolle des Tores als Verkehrsknotenpunkt zwischen Nord- und Ostseegebiet sowie Skandinavien und dem Kontinent. Hier wurde der Verkehr über die jütische Halbinsel kanalisiert, denn es trafen sich nicht nur der gesamte nordsüdlich verlaufende Verkehr, sondern auch eine der wichtigsten westöstlich verlaufenden Handelsrouten Nordeuropas, auf der Waren aus dem Ostseeraum wie Felle, Honig und Wachs in den Westen und Rohprodukte wie Tuff oder Mühlsteine aus Eifelbasalt sowie qualitätvolle Produkte aus Westeuropa nach Skandinavien und in den Osten gelangten.

LITERATUR

A. Tummuscheit und F. Witte, The Danevirke: Preliminary Results of New Excavations (2010–2014) at the Defensive System in the German-Danish Borderland. Offa´s Dyke Journal 1, 2019, 114–136.

A. Tummuscheit und C. von Carnap-Bornheim, Das Danewerk. Grenzbefestigung der Wikinger? In: J. Staecker u. M. Toplak, Die Wikinger. Entdecker und Eroberer (Berlin 2019) 104–118.

[2] Freie Darstellung der Torsituation, die verschiedene archäologisch nachgewiesene Elemente aufgreift, wie z. B. die verkleidete Feldsteinmauer, den am Westrand der Tordurchfahrt verlaufenden Straßengraben oder den Warentransport durch das Tor mit Wagenspuren. Auch die dargestellten Spaten entsprechen einem während der Grabungen gefundenen Exemplar.

AUTOR
Sven Kalmring

STANDORT
Schleswig-Flensburg, Busdorf LA 31-3

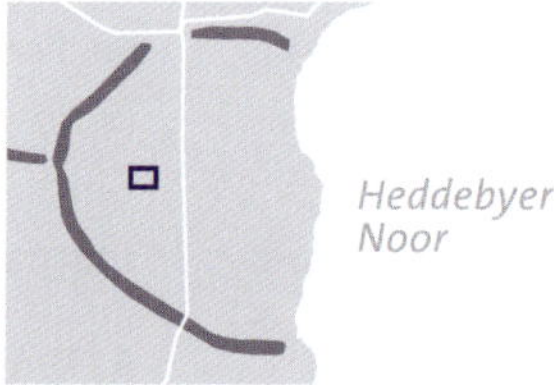

GRABUNGSZEIT
2017

ZEITL. EINORDNUNG
Wikingerzeit
804–1066 n. Chr.

STRUKTUR
Grab
Hafen
Hort
Lager
Opferplatz
Siedlung
Weg
Wehranlage
Wrack
Anderes

FUNDE
Keramik/Gefäße
Hausbestandteile
Kleidung
Knochen
Münzen
Nahrung
Schmuck
Waffen
Werkzeuge
Andere

Haithabu, Grabung 2017

Neue Untersuchungen im Flachgräberfeld von Haithabu

[1] Haithabu, Grab 318. Vervollständigter Goldhalsschmuck mit dem bereits 1939 gefundenen Anhänger im Zentrum. FOTOGRAFIE © Museum für Archäologie Schloss Gottorf, Landesmuseen Schleswig-Holstein

Die sich ankündigende Invasion Polens und der Beginn des Zweiten Weltkrieges führten am 28. August 1939 zum überstürzten Abbruch einer Ausgrabung, die der finnische Archäologe Helmer Salmo im Bereich des Flachgräberfeldes von Haithabu leitete, »um die hier entwickelten Methoden kennenzulernen, und andererseits die von ihm gebrauchten Grabungsweisen auf dieses Gebiet zu übertragen« (Grabungsbericht Herbert Jankuhn).

Bis zu diesem Zeitpunkt ließen sich lediglich zwei Gräber untersuchen; alle weiteren Befunde wurden mit Dachpappestreifen markiert und die Fläche wieder verfüllt. Wie bereits bei den Altgrabungen in der Zeit um 1902–1912 stellten die beiden aufgedeckten Bestattungen Körpergräber dar. Doch im Unterschied zu früheren Untersuchungen gab es in diesem Abschnitt des Gräberfeldes keine Skeletterhaltung und in diesem Fall offenbar auch keine Spuren von Särgen. Ein filigranverzierter Goldanhänger weist eine Bestattung als Frauengrab (Grab 318) und ein angelsächsisches Schwert vom Petersen-Typ L das andere als eine Männerbestattung (Grab 319) aus. Zu den Streufunden der Grabung Salmo zählen zudem eine Reihe reicher und bemerkenswerter Funde: eine silberne Kugelkopfnadel mit Filigran, eine vergoldete irische Gürtelschnalle mit Kerbschnitt und ein zwischen 830/31 und 840 geprägter byzantinischer Solidus, umgearbeitet zu einer Fibel.

Im Sommerhalbjahr 2017 bot sich die Möglichkeit, die unvollendete Ausgrabung von 1939 abschließend zu untersuchen. Die Ausgrabung erfolgte als Teil einer größeren Untersuchung im Bereich des Flachgräberfeldes. Während eine Vielzahl von Sargnägeln im ehemaligen Pflughorizont bereits auf zerstörte Bestattungen deutete, störte starke Bioturbation durch Aktivitäten von Maulwürfen und Wühlmäusen die weitere Befundlage; erst im sterilen Sand des Unterbodens ließen sich 69 Grabbefunde sicher dokumentieren. Die meisten dieser Gräber bestanden aus genagelten Särgen, die, ONO-WSW ausgerichtet, keinerlei Grabbeigaben enthielten. Der überwiegende Teil der angetroffenen Bestattungen wies keinen Knochenerhalt auf. Allein in der Erweiterungsfläche nahe des Grabungsareals von 1902–1912 waren vermehrt Skelettreste erhalten. Erste DNS-Analysen an Skelettresten dreier Individuen belegen – durch Vergleiche mit modernen Populationen – Bezüge nach Deutschland und Frankreich. Neben den spätwikingerzeitlichen frühchristlichen Sarggräbern legen geophysikalische Anomalien eine ältere, pagane Hügelgräberphase nahe. Im Bereich des Flachgräberfeldes traten zudem auch ältere Siedlungsgruben auf.

Die Anzahl der geborgenen Artefakte war umfassend und beläuft sich auf nahezu 12.000 Funde. In der Verfüllung der Altgrabung von 1939 fanden sich Goldperlen und zwei weitere goldene Anhänger mit Halbedelsteinen, die dem Grab 318 zugerechnet werden müssen. Der Goldhalsschmuck aus Haithabu weist sehr enge Parallelen zu dem 2016 entdeckten Hortfund von Fæsted bei Ribe auf. Zu den weiteren Fundgegenständen der Untersuchung von 2017 zählen, neben einer Vielzahl von Sargnägeln, kreuzförmigen Sargbeschlägen und bronzenen Leichentuchnadeln, eine Reihe reicher Funde, darunter sieben Scheibenfibeln aus Silber, vergoldetem Silber, mit Glaseinsätzen oder aus Gold, Goldlahn von Posamenterie sowie eine weitere Kugelkopfnadel im Borrestil aus vergoldetem Silber. Sollte sich die vorläufige Deutung der letzten Phase des Gräberfeldes als christlicher Friedhof als richtig erweisen, würde dies die Existenz einer dazugehörigen Kirche in unmittelbarer Nähe fordern.

[2] Haithabu, Grabbefund 63. Gut erhaltener Schädel eines männlichen Individuums in der Erweiterungsfläche.
FOTOGRAFIE Birgit Schaaf, Eckernförde

LITERATUR

U. Arents und S. Eisenschmidt, Die Gräber von Haithabu. Die Ausgrabungen in Haithabu 15 (Neumünster 2010).

B. Ejstrud, L. Grundvad und N. Schaadt, Fæstedskatten – Danmarks største guldskat fra vikingetiden (Sønderskov 2017).

H. Jankuhn, Die Ausgrabungen in Haithabu 1930–1933. Nordelbingen 9, 1933/34, 341–369.

S. Kalmring, Ausgrabungen im Flachgräberfeld von Haithabu. Ein Vorbericht. ANSH 24, 2018, 68–77.

M. Müller-Wille, Unsichtbare Grabhügel. In: J. Krüger, V. Busch, K. Seidel, Chr. Zimmermann und U. Zimmermann (Hrsg.), Die Faszination des Verborgenen und seine Entschlüsselung: Rāði sār kunni. Beiträge zur Runologie, skandinavistischen Mediävistik und germanischen Sprachwissenschaft. Ergänzungsbände zum Reallexikon der germanischen Altertumskunde 101 (Berlin/Boston 2017) 261–276.

AUTOR
Ulrich Müller

STANDORT
Plön, Stadt Plön, Olsburg LA 1

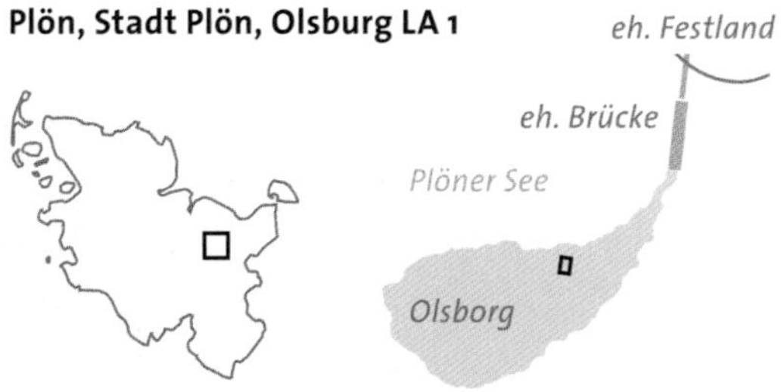

GRABUNGSZEIT
1950er Jahre, 1994–2002, 2004–2009

ZEITL. EINORDNUNG
spätes 10. bis frühes 12. Jahrhundert

STRUKTUR
Grab
Hafen
Hort
Lager
Opferplatz
Siedlung
Weg
Wehranlage
Wrack
Anderes

FUNDE
Keramik/Gefäße
Hausbestandteile
Kleidung
Knochen
Münzen
Nahrung
Schmuck
Waffen
Werkzeuge
Andere

Das castrum Plune

Eine slawische Inselburg am Rande der slawischen Welt

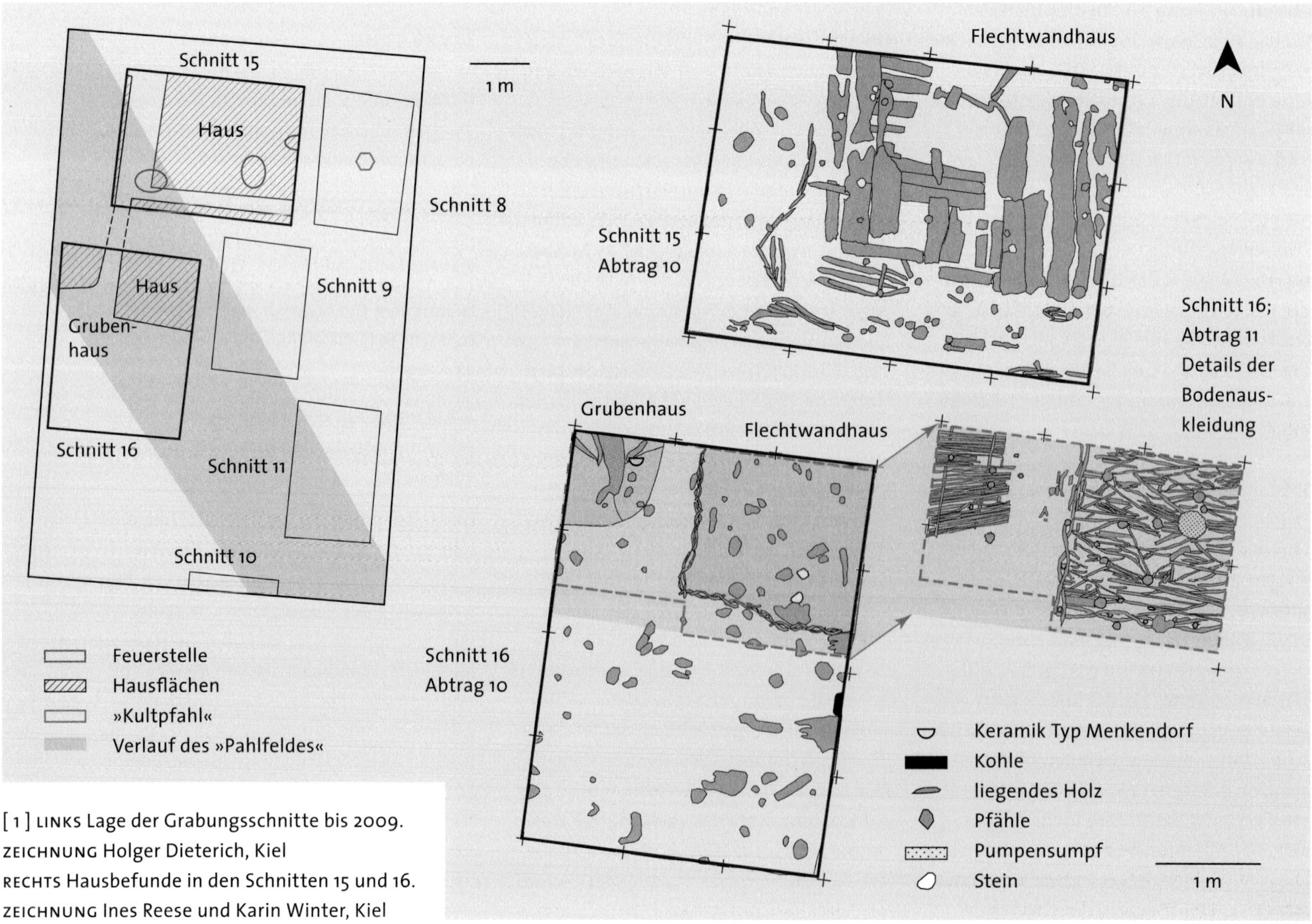

[1] LINKS Lage der Grabungsschnitte bis 2009. ZEICHNUNG Holger Dieterich, Kiel
RECHTS Hausbefunde in den Schnitten 15 und 16. ZEICHNUNG Ines Reese und Karin Winter, Kiel

»Diese Burg ist aber, wie man noch heute sehen kann, rings von einem sehr tiefen See umgeben, und (nur) eine lang(gestreckte) Brücke gewährt den Ankommenden Zutritt«. So beschreibt der Chronist Helmold von Bosau um 1167 die slawische Inselburg Plune im Großen Plöner See. Die mittel- bis spätslawische Inselburg lag auf einer rund 2 ha großen Insel, rund 150 m von der heutigen Stadt Plön entfernt. Die heute maximal 1 m ü. NN liegende Insel kennzeichnet eine hohe Hydrodynamik, die sich auch auf die Befunderhaltung auswirkt. Lag der Wasserstand um 900 bei +20,70 m ü. NN, so resultierte aus dem mittelalterlichen Mühlenstau ein Anstieg um rund 2 m.

Nach Untersuchungen auf der Insel in den 1950er Jahren erfolgten unterwasserarchäologische Prospektionen und Grabungen zwischen 1995 und 2002. Dabei konnte eine mehrphasige Brücke mit einer Länge von rund 125 m nachgewiesen werden, die die Nordostspitze mit dem Festland verband. Pfahlbündel trugen die etwa 12–13 m breite Brücke und datieren sie dendrochronologisch zwischen 975 und 1096 (Fälldaten). Unter den Funden aus der bis zu 8 m tiefen Rinne zwischen Insel und Festland sind vor allem Waffen des 11. Jh. bemerkenswert. Die in den Jahren 2004–2009 durchgeführten Grabungen auf der Insel erbrachten den Nachweis einer mehrphasigen Besiedlung in mittel- und spätslawischer Zeit. Die dendrochronologischen Daten reichen bis zum Ende des 11. Jh. Auch wenn sich das castrum um 1127/29 im Besitz Knuts, Sohn Heinrichs von Alt-Lübeck, befunden haben und laut Chronist Albert von Stade 1173 endgültig verlassen worden sein soll, so fehlen spätere slawische oder hochmittelalterliche Strukturen.

Die Olsborg stellt für das östliche Holstein die bislang am besten untersuchte Inselburg dar. Die mittelslawische Besiedlung vor 980 kennzeichnet lediglich Keramik, die spätslawischen Phasen zwischen 980 und 1050 sowie ab 1050 sind durch zahlreiche Befunde geprägt. Hierzu gehören Hausbefunde in Flechtwandtechnik sowie mehrere Feuerstellen. Holzkonstruktionen deuten auf einen Bohlenweg oder Substruktionen. Eine Befestigung ist nicht einwandfrei nachweisbar, aber durch Bohrungen sowie Vergleiche mit anderen Inselburgen anzunehmen. Ein großer achtkantiger Pfahl (Fälldatum 1033) wurde wiederholt unter dem Gesichtspunkt einer sakralen Nutzung (»Kultpfahl«) diskutiert, doch kann dies auch der Rest eines monumentalen Pfostenbaues sein. Die Funde belegen neben alltäglichen Dingen spezialisiertes Handwerk sowie eine gewisse Elitenökonomie. Da eindeutige Hinweise auf Befestigungen bislang nicht vorliegen, könnte es sich bei dem rund 3200 m² großen Siedlungsareal der spätslawischen Zeit auch um ein Suburbium gehandelt haben, das einer »Hauptburg« im Inselwesten vorgelagert war. Möglicherweise bestand auch festlandseitig am nordöstlichen Zugang der Brückentrasse eine Vorburgsiedlung.

Insgesamt weist die Olsborg zahlreiche Merkmale eines komplexen Zentrums am Rande des nordwestslawischen Siedlungsgebietes und des Limes Saxoniae auf. Ab dem dritten Viertel des 10. Jh. besitzt sie im Netzwerk der slawischen Burgen eine hohe Bedeutung und ab dem 11. Jh. nimmt sie als castrum Plune und Zentrum einer Siedlungskammer eine vorherrschende Position ein. In einem Verdichtungsprozess ersetzte sie die früh- und mittelslawischen Burganlagen und Siedlungskomplexe von Bosau oder Scharstorf. Die Transformationen im Zuge des hochmittelalterlichen Landesausbaus und den damit verbundenen Herrschaftsverlagerungen sind für den Raum Plön nicht einfach zu beantworten. Gegenwärtig wird von einer hochmittelalterlichen Burganlage des 12. Jh. auf dem Plöner Schlossberg und einer westlich vorgelagerten Marktsiedlung ausgegangen. Deren zeitliches und strukturelles Verhältnis zur Olsborg ist aber nicht geklärt, auch wenn Schriftquellen von der Verlegung des Castrums an den Ort des heutigen Schlosses berichten. Die Siedlung erhielt 1239 das Stadtrecht und nimmt in funktionaler Hinsicht die Funktionen des Zentralplatzes Olsborg auf.

[2] Waagschale, Buntmetall (Slg. Kahl). FOTOGRAFIE © Museum für Archäologie Schloss Gottorf, Landesmuseen Schleswig-Holstein

LITERATUR

N. Friedland, Die Olsborg und ihr Umfeld: Entstehung, Entwicklung und Bedeutung einer slawenzeitlichen Region in Wagrien (Kiel 2012). https://macau.uni-kiel.de/receive/dissertation_diss_00013463?lang=de [zuletzt geprüft am 22.06.2020]

U. Müller und S. Kleingärtner, Überlegungen zur naturräumlichen, archäologischen und historischen Überlieferung von »Plune« der Olsborg. Slavia antiqua 50, 2009, 319–341.

AUTOR
Felix Rösch

STANDORT
Ostholstein, Malente LA 40

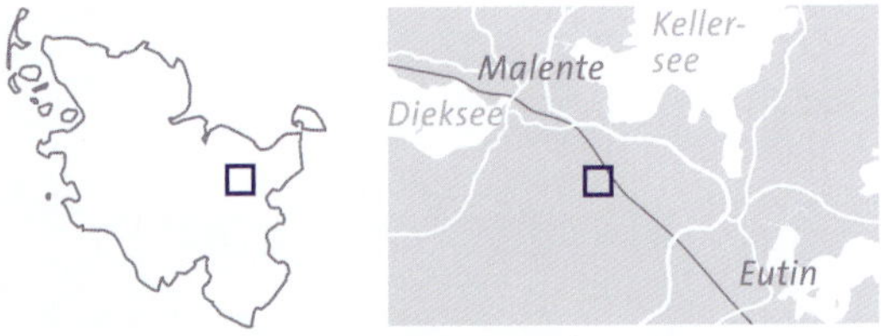

GRABUNGSZEIT
2009

ZEITL. EINORDNUNG
Hoch- bis Spätmittelalter
11.–14. Jahrhundert
spätslawisch

STRUKTUR
Grab
Hafen
Hort
Lager
Opferplatz
Siedlung
Weg
Wehranlage
Wrack
Anderes

FUNDE
Keramik/Gefäße
Hausbestandteile
Kleidung
Knochen
Münzen
Nahrung
Schmuck
Waffen
Werkzeuge
Andere

Immigranten auf der Spur
Die Wüstung Bad Malente-Grellenkamp in Ostholstein

[1] Luftbild von Südwesten auf die Grabungsfläche neben dem Hof Grellenkamp.
FOTOGRAFIE © Linda Hermannsen, ALSH

Im Herbst 2009 stießen Archäologen bei Voruntersuchungen zu einem Bauvorhaben in der Ostholsteinischen Schweiz zwischen Bad Malente-Gremsmühlen und Eutin auf slawische und mittelalterliche Siedlungsspuren. Es folgte eine 0,7 ha große Ausgrabung, wobei knapp 600 Befunde und über 3000 Artefakte zum Vorschein traten.

Unter den Befunden, überwiegend handelt es sich um Pfostengruben, konnten neun Hausgrundrisse identifiziert werden – darunter auch drei schiffsförmige Bauten von bis zu 24,5 m Länge und 12 m Breite, die in die zweite Hälfte des 12. Jh. datieren. Derartige Gebäude stellen in Schleswig-Holstein bislang die Ausnahme dar und finden ihre Parallelen vor allem in den östlichen Niederlanden (Typ Gasselte), aber auch in Westfalen. Sie belegen einen deutlichen Einfluss niederländischer Hausbautradition auf die Region, die ab 1138 /43, nach der Eroberung Ostholsteins durch den Holsteiner Grafen Adolf II., dem Landesausbau unterzogen war. So berichtet der Chronist Helmold von Bosau u. a. über Ansiedlungen von Holländern in der Gegend um Eutin; eine Reihe von Ortsnamen belegen diese Angaben. Die Siedlung Grellenkamp zählte aller Wahrscheinlichkeit nach dazu.

Die Immigranten stießen dabei auf die slawische Bevölkerung, die entweder vertrieben oder aber in den Landesausbau miteinbezogen wurde. In Grellenkamp selbst kam es im Zuge des 12. Jh. zur Umgestaltung einer bereits bestehenden slawischen Siedlung. Spätslawische Leitformen wie ringaugenstempelverzierte Keramik und ein Hohlschläfenring fanden sich vergesellschaftet mit früher harter Grauware. In diesem Zeitraum ist auf dem freigelegten Areal von zwei bis drei Gehöften, bestehend aus schiffsförmigen Haupthäusern und diversen Nebengebäuden, auszugehen.

Im Laufe des 13. Jh. endet die schiffsförmige Bauweise und langrechteckige Grundrisse treten an ihre Stelle. Dies belegen drei bis zu 16,5 m lange Gebäude, teilweise ausgestattet mit Herdstellen und Viehboxen und in zwei Fällen um Abseiten erweitert. Die geänderte Konstruktion und das Anfügen von Abseiten deuten auf Vorläufer des niederdeutschen Hallenhauses. Begleitet wird dieser Wandel in der Konstruktionstechnik von einem starken Rückgang der slawischen Keramik, dem Auftreten qualitativ hochwertigerer harter Grauwaren in einem umfangreichen Formenspektrum sowie etwas Importkeramik.

Im 14. Jh. geht die Siedlungstätigkeit so stark zurück, dass von einem Wüstfallen der Siedlung auszugehen ist. Ursachen werden in den vielgestaltigen Krisen des Spätmittelalters – extreme Witterung, Epidemien und Unruhen – zu suchen sein, die in Ostholstein in einem Bevölkerungsrückgang von über 50 % resultierte.

Zusammenfassend lässt sich festhalten, dass Bad Malente-Grellenkamp binnen 200–300 Jahren eine wechselhafte Geschichte mit mehreren Umgestaltungen erfährt. Für eine mittelalterliche Dorfwüstung besticht der Platz durch eine außergewöhnlich gute Korrelation von schriftlicher Überlieferung mit dem archäologischen Befund.

LITERATUR

F. Rösch, Die Wüstung Bad Malente-Grellenkamp. Eine Siedlung des hochmittelalterlichen Landesausbaus in Ostholstein. Universitätsforschungen zur prähistorischen Archäologie 212 (Bonn 2012).

F. Rösch, Neue Forschungsergebnisse zur Ostsiedlung in Schleswig-Holstein. Die Wüstung Bad Malente-Grellenkamp. In: F. Biermann/T. Kersting/A. Klammt (Hrsg.), Soziale Gruppen und Gesellschaftsstrukturen im westslawischen Raum. Beiträge zur Ur- und Frühgeschichte Mitteleuropas 70 (Langenweißbach 2013) 367–384.

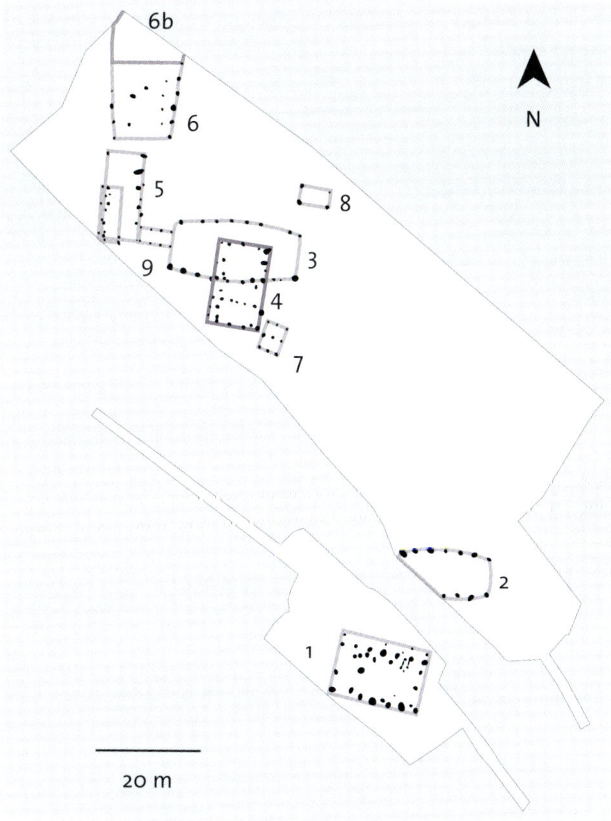

[2] Grabungsfläche mit den grau unterlegten Grundrissen der neun identifizierten Gebäude. Bau 2, 3 und 6 = schiffsförmige Gebäude; Bau 1, 4 und 5 = rechteckige Gebäude, teilweise mit Abseiten; Bau 7–9 = kleinere Nebengebäude. PLAN Felix Rösch, Göttingen

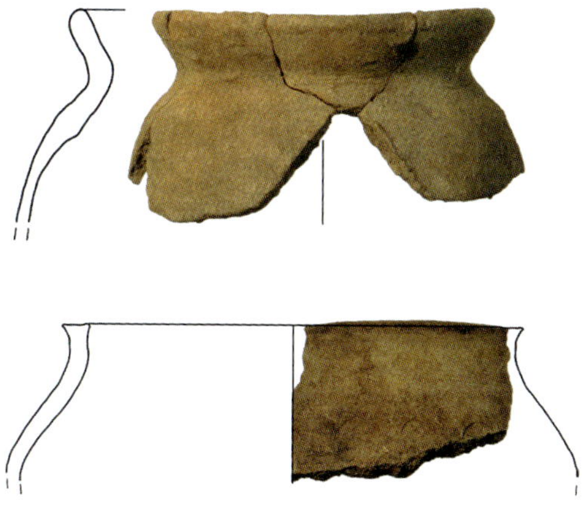

[3] Keramik der frühen Siedlungsphasen. Topffragment früher harter Grauware (oben). Spätslawisches Gefäß mit Ringaugenstempelzier (unten). FOTOGRAFIE Felix Rösch, Göttingen

AUTOR*INNEN
Hanna Hadler
Stefanie Klooß
Dennis Wilken
Bente Majchczack
Ruth Blankenfeldt
Ulf Ickerodt
Claus von Carnap-Bornheim
Wolfgang Rabbel
Andreas Vött

STANDORT
Nordsee, Gebiet 15, LA 78

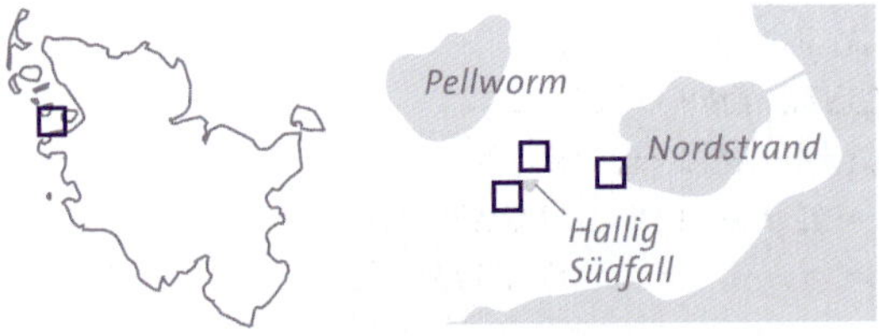

GRABUNGSZEIT
seit 2016

ZEITL. EINORDNUNG
Spätmittelalter,
um 1200 bis 1362 n. Chr.

STRUKTUR
Grab
Hafen
Hort
Lager
Opferplatz
Siedlung
Weg
Wehranlage
Wrack
Anderes

FUNDE
Keramik/Gefäße
Hausbestandteile
Kleidung
Knochen
Münzen
Nahrung
Schmuck
Waffen
Werkzeuge
Andere

Rungholt
Unsichtbares spätmittelalterliches Kulturland der Edomsharde

[1] Der Priel öffnet den Einblick auf die mittelalterlichen Warften und zerstört sie zugleich.
FOTOGRAFIE © Linda Herrmannsen, ALSH

Im 13./14. Jh. bildete »Strand« noch eine Küstenregion der nordfriesischen Uthlande (dem Festland vorgelagerte Außenlande). Der in den folgenden Jahrhunderten mythisch überhöhte Ort Rungholt war hier im Verwaltungsbereich der Edomsharde ein Hauptort und Hafen. In der historisch belegten Sturmflut von 1362 drang die Nordsee von Süden her über die Deiche ins Landesinnere vor und zerstörte die tiefliegenden Flächen des kultivierten Marschlandes sowie die dazugehörigen Wohnstätten auf künstlich errichteten Hügeln, den Warften. Eine zweite große Flut im Jahr 1634 verursachte weitere große Landverluste. Heute befindet sich in diesem Gebiet zwischen der Insel Pellworm und der Halbinsel Nordstrand das Wattenmeer. Der spätmittelalterliche Ort Rungholt wird nahe der Hallig Südfall vermutet.

Bereits in den 1920er Jahren weckten die verbliebenen Besiedlungsspuren das Interesse des Nordstranders Andreas Busch. Er untersuchte Überreste ehemaliger Warftplätze, Deiche und Sielzüge, barg Teile eines hölzernen Lagerbalkens aus einer Sielkammer und dokumentierte seine Entdeckungen, dem Zeitgeist folgend, in Skizzen, Fotos und zahlreichen Veröffentlichungen. Zur Orientierung und Vermessung in der von Ebbe und Flut gezeichneten Wattlandschaft nahm er Peilungen zu Landmarken wie dem Pellwormer Kirchturm vor. Bis heute stellen diese Aufzeichnungen wichtige Primärquellen dar, denn Strömung und Wellen verdeckten oder zerstörten viele dieser Befunde wieder.

Wichtigste Grundlage für Aussagen und Erkenntnisse über das Rungholtgebiet bildeten bislang das über Jahrzehnte von Archäologen systematisch als Teil der Landesaufnahme aus Gräben und Brunnen geborgene Fundmaterial sowie Zufallsfunde von Wattwanderern. Die nur zeitweise freiliegenden Kulturspuren konnten in den vergangenen Jahrzehnten auch durch Luftaufnahmen und stellenweise durch aufwendige Einmessungen erfasst werden.

[2] Magnetische Messungen können in den Wattflächen nur bei Niedrigwasser durchgeführt werden.
FOTOGRAFIE Hanna Hadler, Göttingen

Doch war Rungholt wirklich so voll unermesslicher Reichtümer, wie die Legende erzählt? Fundobjekte aus dem Bereich des Rungholtwatts rund um die Hallig Südfall erzählen ihre eigene Geschichte: Importierte Keramikwaren, wie glasierte Irdenware aus dem holländisch-flandrischen Küstenraum, Steinzeug aus dem Rheinland oder gar Lüsterfayencen aus dem Mittelmeerraum belegen weitreichende Handelskontakte und eine gehobene Tischkultur. Dreibeinige Kochtöpfe (»Grapen«) aus Bronze deuten einen gewissen wirtschaftlichen Wohlstand an. Feinwaagen und Gewichte belegen Handelstransaktionen vor Ort. Besondere Schmuck- und Trachtbestandteile sowie zwei Pilgerzeichen und eine Pilgerrassel verweisen ebenfalls auf weitreichende, auch religiöse Beziehungen und Bräuche. Gemeinsam mit Schwertfunden, Sporen, zahlreichen Zierbeschlägen von Gürteln und einem Nierendolch stehen sie für Rang und Ansehen der waffentragenden Küstenbewohner.

Heute ermöglichen geophysikalische Forschungsmethoden auch Einblicke in verdeckte Strukturen. So werden im Watt um Südfall seit 2016 interdisziplinäre Untersuchungen durchgeführt, die eine Kartierung der unter Schlick und Sand erhaltenen mittelalterlichen Kulturlandschaft ermöglichen: Magnetische Messungen bilden parallele Gräben ab, die die ehemaligen Köge entwässerten, viereckige Umfassungsgräben und Brunnenringe aus Torf- oder Kleisoden, die die Warften markieren. In Kombination mit seismischen Messungen sowie Bohrungen und einer geomorphologisch-geoarchäologischen Auswertung der Sedimentabfolge war es möglich, den bereits von Busch beschriebenen, aber inzwischen erodierten Deichverlauf sowie Sielzüge und einen Sielhafen des mutmaßlichen Ortes Rungholt zu rekonstruieren. Erstmals gelang auch die sichere Identifizierung von Sturmflutsedimenten der ersten »Groten Mandränke« von 1362 sowie die Entwicklung einer Methodik zum Auffinden mittelalterlicher Marschoberflächen.

Damit eröffnen sich neue Perspektiven, um alte Fragen zu klären. Hierzu werden in den kommenden Jahren in einem von der Deutschen Forschungsgemeinschaft geförderten Projektverbund der Universitäten Kiel und Mainz, des Zentrums für Baltische und Skandinavische Archäologie und des Archäologischen Landesamtes Schleswig-Holstein (beide Schleswig) interdisziplinäre Forschungen realisiert.

LITERATUR

H. J. Kühn, Die archäologischen Funde aus dem Rungholt-Watt. Beschreibung, Datierung, Herkunft und Bedeutung. In: J. Newig und U. Haupenthal (Hrsg.), Rungholt. Rätselhaft & widersprüchlich (Husum 2016) 125–167.

H. Hadler, D. Wilken, T. Willershäuser, M. Schwardt, A. Fediuk, V. Werner, P. Fischer, T. Wunderlich, W. Rabbel und A. Vött, Auf den Spuren Rungholts – Geoarchäologische Untersuchungen im Wattgebiet um Hallig Südfall (Nordfriesland) ANSH 24, 2018, 86–99.

AUTOR
Manfred Schneider

STANDORT
Hansestadt Lübeck

GRABUNGSZEIT
2009–2016

ZEITL. EINORDNUNG
Mittelalter bis Moderne, 12. bis 20. Jahrhundert

STRUKTUR
Grab
Hafen
Hort
Lager
Opferplatz
Siedlung
Weg
Wehranlage
Wrack
Anderes

FUNDE
Keramik/Gefäße
Hausbestandteile
Kleidung
Knochen
Münzen
Nahrung
Schmuck
Waffen
Werkzeuge
Andere

Lübeck
Eine geplante Handelsmetropole an der Trave

Von 2009 bis 2016 fanden im Herzen der UNESCO-Welterbestätte auf der Altstadtinsel der Hansestadt Lübeck umfangreiche Ausgrabungen im sog. Gründungsviertel statt. Über 40 historische Grundstücke wurden im Vorfeld einer städtebaulichen Neuordnung des 1942 durch britische Luftangriffe zerstörten ältesten Quartiers der alten Hansestadt von der Lübecker Archäologie systematisch ausgegraben, dokumentiert und danach auch ausgewertet und bereits publiziert. Maßgeblich finanzierten Mittel der Bundesregierung und Eigenmittel der Hansestadt das Gesamtprojekt, die Auswertungsphase bis 2019 förderte die Possehl-Stiftung Lübeck.

Insgesamt ließen sich 10 Siedlungsperioden herausarbeiten und mehrere Hunderttausend Funde bergen. Die Grabungen schließen damit an ältere Untersuchungen im Gründungsquartier sowie die weiteren bisherigen reichhaltigen Erkenntnisse der Lübecker Archäologie an. Die auf über 10.000 m² Fläche gewonnenen Ergebnisse auf dichtbesiedeltem innerstädtischem Gebiet stellen das Wissen über die Stadtentwicklung der ältesten deutschen Stadt an der Ostsee auf eine solide Quellenbasis.

Die ältesten Spuren ergaben eine bisher so noch nicht erfasste Überraschung: Vor der durch Schriftquellen bekannten Stadtgründung in der Mitte des 12. Jh. lag auf dem Uferkliff über der Trave ein Siedlungsbereich mit offenbar bewohnbaren Flechtwerkhütten der Zeit um etwa 1100, deren Bewohner und Nutzer hier anscheinend Handel betrieben. Sie pflegten engen Seehandels-Kontakt nach Skandinavien, vor allem aber wohl in das Schleswiger Gebiet. Dies stellt den frühen Stadtraum auf der Lübecker Stadtinsel in ein neues Licht, wenn man Standorte wie Hafen, Burg und Clemenskirche jetzt in diese Erkenntnisse einbezieht.

Die Ankunft der deutschen Siedler kurz vor der Mitte des 12. Jh. ist durch zentrale Planungen gekennzeichnet. Den Stadtgrundriss charakterisiert die Abgrenzung von öffentlichem und privatem Raum. Straßen und Baublöcke schufen Strukturen, die bis in die Gegenwart Gültigkeit behalten sollten. Erste Holzhäuser wurden an den Straßen ausgerichtet und stetig weiterentwickelt. Dass die Siedlung Erfolg hatte, belegt die boomartige Entwicklung der Holzbauphase mit über 160 Holzgebäuden bis ins 13. Jh. Noch im 12. Jh. entstand eine planmäßig mit standardisierten Bauformen errichtete Stadt aus mehrgeschossigen Fachwerkhäusern mit entsprechender Infrastruktur. Diese Stadt, angesiedelt zwischen Travehafen und Markt, war klar auf den Handel ausgerichtet. Die qualitativ hochwertige Holzbauphase auf den alten Parzellen löste die bereits ab dem frühen 13. Jh. durch die dann Jahrhunderte bis heute prägende Backsteinbauweise ab. Auch hier überwog eine nahezu genormte Bauweise des klassischen lübschen Dielenhauses, deren Veränderungen lediglich die Giebelfassaden nach der jeweiligen Mode und Anbauten an den Rückseiten und auf den engen Höfen betrafen.

An diesen im Jahre 1942 vernichteten einmaligen Baubestand soll die aktuell laufende Neubebauung anknüpfen, sie soll die alten Parzellen und die alte Kubatur in aktueller Architektursprache wieder aufgreifen. Unter einigen dieser privaten Häuser bleiben archäologische Reservate erhalten: Sechs historische Keller werden der Öffentlichkeit zugänglich gemacht und didaktisch vermittelt, sodass Identität und Geschichte in dieses besondere Quartier der Lübecker Altstadt zurückkehren.

Die nahezu unübersehbare Menge an archäologischen Daten, Funden und Proben beschäftigt die Forschung von Archäologie und Naturwissenschaft noch lange und sorgt für Nachjustierungen der Erkenntnisse zu Stadtentwicklung und vergangener Alltagskultur.

[1] LINKS Hansestadt Lübeck, Gründungsviertel. Hervorragend erhaltene Holzkelle von 1176 mit zugehöriger Backsteintreppe an der Fischstraße.

[2] OBEN Hansestadt Lübeck. Sehr gute Substanzerhaltung zwischen Alf- und Fischstraße. Hier die Grundstücksachse in der Blockmitte mit Kloaken, Brunnen und Resten von Holzgebäuden. FOTOGRAFIEN © Archäologie und Denkmalpflege der Hansestadt Lübeck

LITERATUR

M. Schneider (Hrsg.), Die Ausgrabungen im Lübecker Gründungsviertel I. Die Siedlungsgeschichte, Teilbände 1–3 (Lübeck 2019).

AUTOR*INNEN
Ruth Blankenfeldt
Fritz Jürgens

STANDORT
Schleswig-Flensburg, Fahrdorf LA 252
Rabenkirchen-Faulück LA 44
Stadt Schleswig LA 136
Busdorf LA 31

GRABUNGSZEIT
2000, 2003, 2014, 2016, 2017

ZEITL. EINORDNUNG
Hochmittelalter

STRUKTUR
Grab
Hafen
Hort
Lager
Opferplatz
Siedlung
Weg
Wehranlage
Wrack
Anderes

FUNDE
Keramik/Gefäße
Hausbestandteile
Kleidung
Knochen
Münzen
Nahrung
Schmuck
Waffen
Werkzeuge
Andere

Hochmittelalterliche Wracks aus der Schlei

[1] Die Schleiregion. Schwarze Linien: Danewerk; 1 Jürgensburg, 2 Möweninsel-Wrack, 3 Haithabu-Wrack 3, 4 Fahrdorf-Wrack, 5 Karschau-Wrack, 6 Einbaum Kappeln, 7 Oldenburg
KARTE © Jonas Enzmann, Wilhemshaven

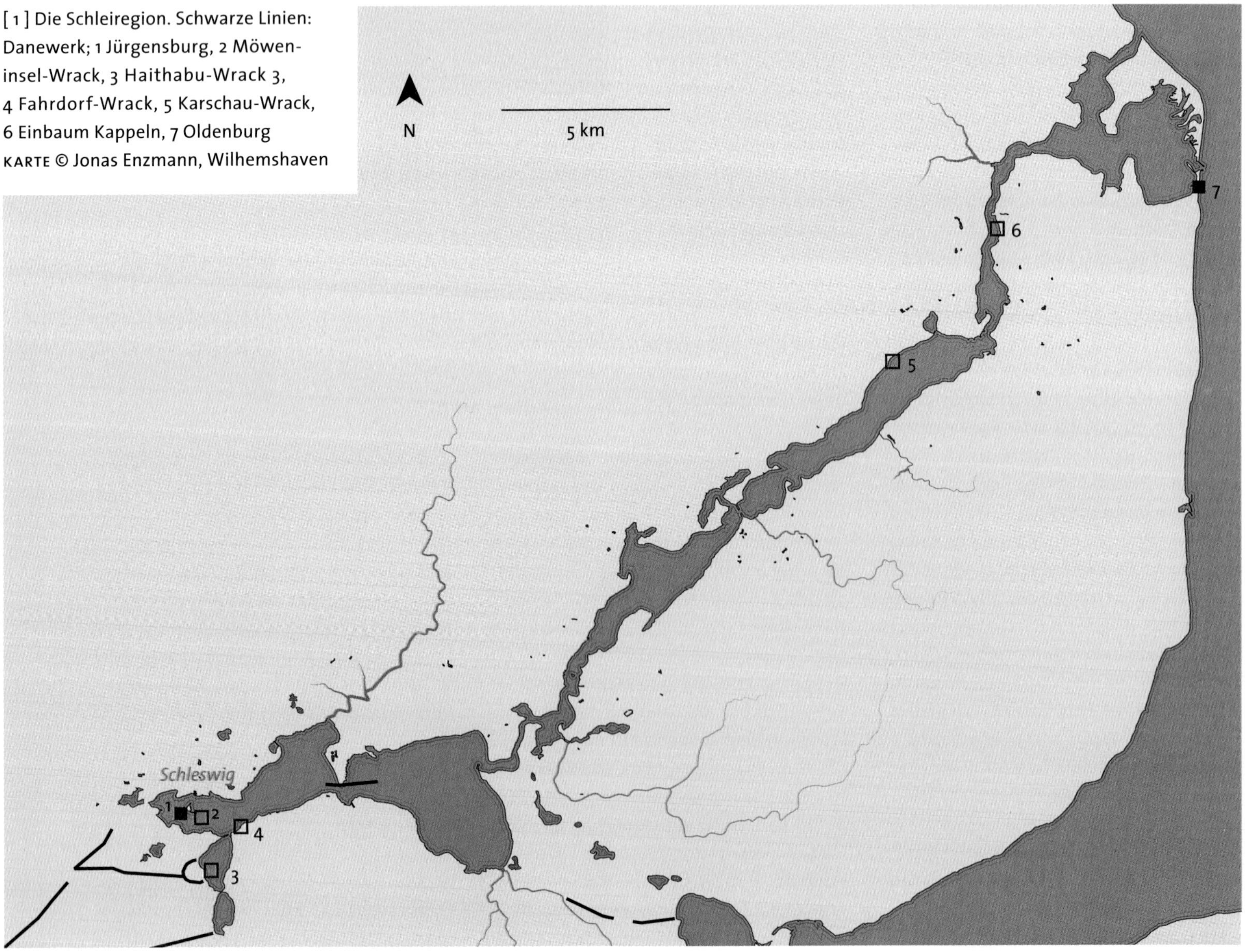

Die Schlei bildet seit jeher einen der wichtigsten Verkehrswege Schleswig-Holsteins. Hiervon zeugen auch zahlreiche Wracks unterschiedlicher Zeitstellung, für welche aufgrund der geschützten Lage und eines geringen Salzgehaltes gute Erhaltungsbedingungen vorliegen. Einer der jüngsten Funde dieser Kategorie wurde 2014 nahe der Gemeinde Fahrdorf, Kr. Schleswig-Flensburg, entdeckt: Dort steckte im Netz eines Fischers eine Bodenwrange, die aufgrund ihrer Bauweise in das Mittelalter datiert werden konnte. Zeitnah durchgeführte Betauchungen im Umfeld der Fundstelle führten zur Auffindung eines Wracks, dem diese Wrange zuzuordnen war.

Problematisch bei subaquatischen Arbeiten in der Schlei ist eine weniger als 30 cm betragende Sicht, soweit überhaupt vorhanden. Die gezielte und regelmäßige Dokumentation durch die Forschungstaucher der Arbeitsgruppe für maritime und limnische Archäologie (AMLA) am Institut für Ur- und Frühgeschichte der Christian-Albrechts-Universität zu Kiel (CAU) ab Herbst 2015 ermöglichte es allerdings, trotz der widrigen Bedingungen einen genauen Plan des Fahrdorf-Wracks zu erstellen. Typisch für Schiffe aus dem Früh- bis Hochmittelalter ist eine überlappende Beplankung, auch Klinkerbauweise genannt. Die Planken sind untereinander mit Tierhaaren kalfatert, also abgedichtet. Auf der Innenseite wurden die Planken an Bodenwrangen und Auflangern befestigt, versteift wiederum durch aufliegende Querhölzer, sog. Biten und Bitenstützen. Diese Konstruktionselemente sind charakteristisch für die nordische Schiffsbautradition, die aus den Wikingerschiffen hervorging. Ursprünglich hatte das Schiff aus Fahrdorf eine Länge von 20 m und eine Breite von 6 m. Es handelte sich um einen großen Frachtsegler, der, so zeigen die dendrochronologischen Datierungen, um 1121 n. Chr. gebaut wurde und vermutlich eng mit dem Aufstieg Schleswigs als Handelszentrum in Verbindung steht.

Ein vergleichbares Wrack wurde im Frühjahr 2000 während extremen Niedrigwassers bei Karschau, Gem. Rabenkirchen-Faulück, Kr. Schleswig-Flensburg, entdeckt und im folgenden Jahr vollständig geborgen. Es wies ebenfalls Konstruktionsmerkmale wie charakteristische W-Wrangen und Bitenstützen

[2] Das Wrack von Karschau befand sich zur Zeit der Bearbeitung einen guten Meter unter der Wasseroberfläche. So konnten mehrere Personen die geborgenen Elemente mithilfe von Unterlegbrettern relativ bequem an Land bringen. FOTOGRAFIE © Linda Hermannsen, ALSH

auf und war mit 25 m Länge etwas größer als das Schiff aus Fahrdorf. Mit einem Schlagdatum von 1145 n. Chr. ist der Frachtsegler aus Karschau nur wenig jünger, wies allerdings im Gegensatz zu dem in Fahrdorf auffällige Verzierungen in Form von Rillen auf.

Das im Herbst 2003 archäologisch bearbeitete Wrack vor der Möweninsel, Stadt Schleswig, wurde vermutlich im letzten Drittel des 12. Jh. wie die beiden zuvor genannten Schiffe in nordischer Tradition gebaut, stellt allerdings einen sehr frühen Vertreter der Konstruktion von Spanten ohne Biten dar. Mit einer rekonstruierten Länge von 15 m gehörte es in seiner Zeit zu den mittelgroßen Handelsschiffen und belegt durch zahlreiche Reparaturen eine lange Nutzung, die mit der Blütezeit Schleswigs in Zusammenhang steht.

Das ausgehende 12. Jh. ist ein Zeitraum, in dem durch wachsendes Handelsaufkommen der Bedarf an kostensparenden Massenguttransportern wächst. Dies bringt auch in der Schiffsbautechnik viele Innovationen hervor und hat die Entwicklung neuer Schiffstypen, wie bspw. die Kogge, zur Folge. Der Prahm aus Haithabu (Haithabu 4), Gem. Busdorf, Kr. Schleswig-Flensburg, wurde mit der Datierung auf 1184 zwar relativ zeitgleich mit dem Möweninsel-Schiff verwendet, besitzt allerdings konstruktive Elemente, die der Koggenbauweise ähnlich sind und eine von der nordischen Tradition abweichende Bauweise belegen. Er ist zugleich das jüngste Wrack aus Haithabu; die weiteren hier angetroffenen Wracks stellen Wikingerschiffe dar, die vor der Aufgabe Haithabus im Jahr 1066 Verwendung fanden.

Die aufgezählten hochmittelalterlichen Wrackfunde sind nicht nur unter technologischen Aspekten, sondern auch unter sozioökonomischen Gesichtspunkten von großem Interesse. Durch ihr gehäuftes Auftreten in der Schlei zeugen sie vom regen Warentransfer auf dem Wasserweg. Die End- und Anfangsstationen waren dabei oftmals erst Haithabu und später Schleswig.

LITERATUR

M. Belasus, Das hochmittelalterliche Schiff vor der Möweninsel bei Schleswig. In: U. Müller, S. Kleingärtner und F. Huber (Hrsg.), Zwischen Nord- und Ostsee 1997–2007: Zehn Jahre Arbeitsgruppe für maritime und limnische Archäologie (AMLA) in Schleswig-Holstein. Universitätsforsch. Prähist. Arch. 165 (Bonn 2009) 89–98.

J. Enzmann, F. Jürgens und F. Wilkes, Der letzte Wikinger? Ein Wrack aus dem 12. Jh. bei Fahrdorf, Kr. Schleswig-Flensburg. Archäologie in Schleswig 17 (2019) 133–152.

H. J. Kühn, Frachtsegler und Fähre: Zwei bedeutende Wracks des 12. Jahrhunderts aus der Schlei. In: U. Müller, S. Kleingärtner und F. Huber (Hrsg.), Zwischen Nord- und Ostsee 1997–2007: Zehn Jahre Arbeitsgruppe für maritime und limnische Archäologie (AMLA) in Schleswig-Holstein. Universitätsforsch. Prähist. Arch. 165 (Bonn 2009) 81–88.

O. Nakoinz, Die Schlei: Katalog der submarinen Funde und Uferfunde, Offa 59/60, 2002/03 (2005) 167–218.

AUTOR
Eicke Siegloff

STANDORT
Herzogtum Lauenburg, Linau LA 7

GRABUNGSZEIT
2018

ZEITL. EINORDNUNG
Spätmittelalter
~ 2. Hälfte 13. Jh. – 1349

STRUKTUR
Grab
Hafen
Hort
Lager
Opferplatz
Siedlung
Weg
Wehranlage
Wrack
Anderes

FUNDE
Keramik/Gefäße
Hausbestandteile
Kleidung
Knochen
Münzen
Nahrung
Schmuck
Waffen
Werkzeuge
Andere

Wenn Steine reden können …
Eine Ritterburg des Spätmittelalters neu betrachtet

Seit 2018 steht ein besonderes Kleinod der schleswig-holsteinischen Burgenlandschaft des Hoch- und Spätmittelalters im Fokus der archäologischen Denkmalpflege. An der im Nordwesten des Herzogtums Lauenburg gelegenen Burg Linau wurde im Mai 2018 mit einer von der Gemeinde Linau getragenen und aus öffentlichen wie privaten Fördergeldern finanzierten Restaurierungsmaßnahme begonnen, bei der mit den baubegleitenden Untersuchungen überaus seltene Einblicke in den Aufbau und die bauliche Abfolge einer mit einem steinernen Wehrturm ausgestatteten Burg des Spätmittelalters gelangen.

Die Burgenlandschaft zwischen Nord- und Ostsee ist zwar an dinglichen Zeugnissen sehr unscheinbar, aber dennoch ein reichhaltiger Bestandteil der historischen Kulturlandschaft. So verzeichnet die archäologische Landesaufnahme über 400 Reste von Turmhügelburgen des niederen Adels, vereinzelt aber auch der Landesherren und Bischöfe. U. a. auch, weil diese in der Regel heute längst vergangene hölzerne Wehrtürme besaßen, sind mit der Burg Glambek auf Fehmarn und der Burg Linau nur zwei Burgen bekannt, die, aus der überregionalen Perspektive betrachtet, in bescheidenem, jedoch für unsere Verhältnisse in eben ganz besonderem Maße, überhaupt noch sichtbare steinerne Überreste aufweisen.

Viele Geschichten ranken sich um die Burg Linau – so ist in historischen Quellen u. a. eine erste Zerstörung für das Jahr 1291, eine erneute Errichtung für das Jahr 1308, eine erfolglose Belagerung für das Jahr 1312 sowie die finale Zerstörung im Rahmen eines Lübecker Landfriedensbündnisses für das Jahr 1349 überliefert. Auch wenn die über 600 Jahre alte Behauptung, die Burg sei ein berüchtigtes Raubritternest gewesen, bis heute in vielen Köpfen präsent ist, so war sie Stammsitz des tatsächlich seinerzeit sehr angesehenen und wohlhabenden Rittergeschlechts der Scharpenberg, deren Angehörige z. T. in wechselnden gehobenen Diensten verschiedener Landesherren standen und Heyno Scharpenberg als schillerndster Vertreter sogar Anführer der ritterlichen Gefolgschaft und enger Berater des dänischen Königs Waldemar IV. Atterdag war. Zu Zeiten, als Heyno und insbesondere sein Bruder Ludolf inmitten dieses Grenzraumes verschiedener Herrschaftsbereiche auf Burg Linau ihren Sitz hatten, besaß die aus drei Einzelhügeln mit umgebendem Grabensystem bestehende Burg einen steinernen Turm mit vier Meter mächtigen Mauern auf dem mittleren Haupthügel. Das hiervon erhaltene runde und zwölf Meter durchmessende Feldsteinfundament stammt jedoch bereits von einem Vorgängerbau, wie zwei im Aufbau zu unterscheidende und stratigrafisch durch eine Brandschuttschicht getrennte Phasen belegen. Es liegt nahe, hierin die o. g. zeitliche Abfolge zu sehen, denn auch ein im Zuge des Wiederaufbaus des Turmes vollzogener Umbau der Gesamtanlage zeichnet sich in den Untersuchungsergebnissen ab.

Zur großen Überraschung wurden offensichtlich rund 500 Jahre nach der Zerstörung idealerweise die Reste des massiven Turmes für den Einbau und Betrieb eines Brennofens für die vorindustrielle Fertigung von Ziegeln erneut genutzt. Die Reste des Brennofens erhielten bei der Instandsetzung des Fundamentes mit Originalsteinen und Muschelkalkmörtel eine konservatorische Überdeckung, und auch eine große, möglicherweise bereits von der Zerstörung herrührende Ausbruchlücke blieb erhalten. Das archäologische Kulturdenkmal Burg Linau soll auch nach Abschluss der Sanierung und Inwertsetzung seinen Charme als Ruine und »verwunschener Ort« behalten ...

[1] Schrägaufsicht auf das freigelegte Feldsteinfundament und die Überreste des Brennofens im Oktober 2018. Blickrichtung Südosten. FOTOGRAFIE © Eicke Siegloff, ALSH

LITERATUR

O. Auge (Hrsg.), Burgen in Schleswig-Holstein. Zeugen des Mittelalters einst und jetzt (Neumünster 2019).

G. Bock, Heyno Scharpenberg – Ritter, Verwaltungschef und Diplomat im 14. Jahrhundert. Studien zur Geschichte Stormarns im Mittelalter, Stormarner Hefte 19 1996, 218–311.

H. Hofmeister, Die Wehranlagen Nordalbingiens. Zusammenstellung und Untersuchung der urgeschichtlichen und geschichtlichen Burgen und Befestigungen, 1. Amt Fürstentum Ratzeburg. 2. Kreis Herzogtum Lauenburg (1927).

K. W. Struwe, Burg Linau. Ein Beitrag zum mittelalterlichen Fehdewesen. In: Kreis Herzogtum Lauenburg, Teil II, bearb. vom Schleswig-Holsteinischen Landesmuseum für Vor- und Frühgeschichte mit dem Landesamt für Vor- und Frühgeschichte, Schleswig, und dem Institut für Ur- und Frühgeschichte der Universität Kiel (Führer zu den archäologischen Denkmälern Deutschlands 2) (Stuttgart 1983) 109–113.

AUTOR
Marc Kühlborn

STANDORT
Landeshauptstadt Kiel LA 23

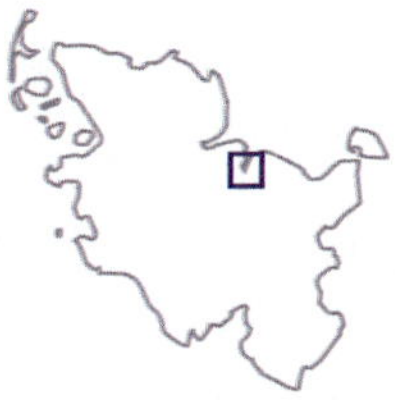

GRABUNGSZEIT
2016

ZEITL. EINORDNUNG
Mittelalter bis Neuzeit
13.–20. Jahrhundert

STRUKTUR
Grab
Hafen
Hort
Lager
Opferplatz
Siedlung
Weg
Wehranlage
Wrack
Anderes

FUNDE
Keramik/Gefäße
Hausbestandteile
Kleidung
Knochen
Münzen
Nahrung
Schmuck
Waffen
Werkzeuge
Andere

Acht Jahrhunderte auf der Schippe

Die Ausgrabungen im Kieler Schlossquartier

[1] Stabilisierende Holzkästen des 13. Jh.
FOTOGRAFIE © Leif Schlisio, ALSH

Im Vorfeld einer Neubebauung in der Kieler Altstadt kam es 2016 zur archäologischen Untersuchung eines 4000 m² großen Areals. Die Altstadt liegt auf einer 17 ha großen Halbinsel an der Förde, die seit der Stadtgründung 1242 besiedelt ist. Erst im 19. Jh. erfolgten rasche Erweiterungen über diese engen Grenzen hinaus. Als Reichskriegshafen und Werftstandort erlitt Kiel im 2. Weltkrieg seine fast vollständige Zerstörung, und erst in den 1960er Jahren erfuhren die Kriegsbrachen eine neue Nutzung. Ein Neubauprojekt von über 200 Wohnungen machte die Ausgrabungen notwendig, die Befunde und Funde des 13. bis 20. Jh. zum Vorschein brachten. Die jüngsten Funde datieren in die Zeit zwischen Währungsreform und Enttrümmerung im Herbst 1948. Z. B. hatte hier ein Kieler Porzellanhändler seine nach der Währungsreform nicht mehr verkaufbare Ware in einem Keller zurückgelassen bzw. hatten spielende Kinder in den aufgegebenen Kellern kleine Mauern und wabenförmige Strukturen aus gefundenen Backsteinen erbaut. Ein weiterer Schwerpunkt lag in den Funden aus der letzten Jahrhundertwende, hier kam u. a. ein Jeton eines frühen Glücksspielautomaten zum Vorschein. Aus dem 18. Jh. stammen die Reste des »Großfürstlichen Regierungsgebäudes«, ein Prachtbau, den 1818 der erste jüdische Jurist in Holstein, Isaac Meyer Schiff, als Wohnhaus erwarb. Aus der Gründungsphase der Stadt stammte eine bis zu 1,5 m mächtige Kulturschicht, die durch ihre Konsistenz sehr gute Erhaltung für Holz und Leder bot. Hierin lag ein Pilgerzeichen des späten 13. Jh. aus Riga. In dieser Schicht fand sich auch eine Kloake des 14. Jh. eingetieft, aus der ein Zinnbecher mit einer Christusdarstellung geborgen wurde. Für beide Fundobjekte liegen u. a. aus Wismar und Lübeck Vergleichsfunde vor. Die ältesten Befunde bestanden aus Astteppichen und Holzbalkenrastern, die als Bodenstabilisatoren auf den anstehenden Sandboden aufgebracht waren. Dendrochronologische Datierungen setzen diese Strukturen in die 1270er Jahre, also nur wenige Jahrzehnte nach der Stadtgründung. Die erste Bebauung entspricht dabei nicht dem überkommenen Straßensystem. Es ist davon auszugehen, dass die Straßen ursprünglich anders verliefen.

Die Grabung bot einen guten Einblick in die Lebens- und Arbeitsverhältnisse einer mittelalterlichen Kleinstadt an der Ostsee. Im Boden zeigte sich die ganze Stadtgeschichte von der Gründungszeit bis zur Zerstörung im 2. Weltkrieg und dem Wiederaufbau in den 1950er und 1960er Jahren.

LITERATUR

U. Albrecht und A. Feiler, Stadtarchäologie in Kiel. Ausgrabungen nach 1945 in Wort und Bild. (Neumünster 1996).

J. Jensen und P. Wulf (Hrsg.), Geschichte der Stadt Kiel. Kiel 1242 – 1992, 750 Jahre Stadt. (Neumünster 1992).

M. Kühlborn und L. Schlisio, Acht Jahrhunderte auf der Schippe – Ausgrabungen im Kieler Schlossquartier. ANSH 22, 2016, 100–115.

I. Ose, Einige Zeugnisse mittelalterlicher Wallfahrten in Riga. In: A. Falk (Hrsg.), Lübeck und der Hanseraum: Beiträge zu Archäologie und Kulturgeschichte. Festschrift für Manfred Gläser (Lübeck 2014) 475–480.

2 cm

[2] Pilgerzeichen (Blei) des späten 13. Jh. aus Riga mit Maria und dem Jesuskind. Die Umschrift ist in Spiegelschrift ausgeführt.
FOTOGRAFIE © Linda Hermannsen, ALSH

[3] Baubegleitende archäologische Forschung.
FOTOGRAFIE © Marc Kühlborn, ALSH

AUTOR
Eric Müller

STANDORT
Nordfriesland, Husum LA 73

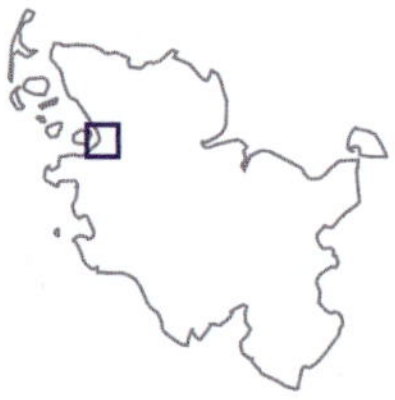

GRABUNGSZEIT
2017

ZEITL. EINORDNUNG
Spätes Mittelalter bis Neuzeit

STRUKTUR
Grab
Hafen
Hort
Lager
Opferplatz
Siedlung
Weg
Wehranlage
Wrack
Anderes

FUNDE
Keramik/Gefäße
Hausbestandteile
Kleidung
Knochen
Münzen
Nahrung
Schmuck
Waffen
Werkzeuge
Andere

Im Schatten des Schlosses

Ausgrabungen in der Husumer Altstadt

[1] Husum LA 73. Flügelglas südholländischer Provenienz nach Art der venezianischen Gläser aus einem Ziegelschacht.

[2] RECHTS Husum LA 73. Übersicht über die Grabungsfläche mit Brunnen, Zisternen und Kulturschicht.
FOTOGRAFIEN © Linda Hermannsen, ALSH

Im Sommer 2017 erforderte der Neubau des Husumer Shoppingcenters im Stadtkern Husums eine baubegleitende Rettungsgrabung durch das Archäologische Landesamt Schleswig-Holstein (ALSH). Die betroffenen Bereiche lagen auf der Parzelle Großstraße 13, in prominenter Lage südlich des Husumer Schlosses. Auf einer relativ kleinen Fläche von 870 m² konnten 45 archäologische Befunde erfasst werden. Durch das reichhaltige Fundmaterial, den Schichtenaufbau und der teilweisen Überlagerung von Einzelbefunden unterschieden sich sechs Siedlungsphasen voneinander. In der ältesten Siedlungsphase des 14./15. Jh. war im Bereich der Grabungsfläche eine großflächige Materialentnahmegrube angelegt worden; Heidesoden festigten deren Wände. Die Lehmentnahme fand offenbar im großen Stil statt und stand vermutlich mit einer in der Nähe gelegenen Ziegelei in Verbindung. Nach Aufgabe der Entnahmegrube fand das Areal im späten 15. Jh. dann als Hinterhofbereich weitere Verwendung. Hier ließ sich noch die ehemalige Hofoberfläche mit einer Parzellengrenze in Form eines Flechtwerkzaunes belegen. Aus dem Laufhorizont des 15. Jh. stammen neben mehreren Münzen auch einige Pilgerzeichen und Bearbeitungsabfälle eines Buntmetallschmiedes. Die dritte Siedlungsphase im 16./17. Jh. weist auf der Parzelle die Schaffung von aus Heidesoden aufgesetzten 8 Sodenbrunnen und Zisternen auf. Nach deren Aufgabe verfüllten dann gegen Ende des 17. Jh. Fäkalien und Mist diese Anlagen. Diese Füllung barg sehr viele und interessante Funde. So stammen aus einem der Brunnen ein Bleigewicht mit Hausmarke, ein Pulverhorn nebst Musketenkugeln, eine Wachstafel sowie ein durchlochtes Tintenfass aus Elfenbein. Letzteres, ein bislang sehr selten gemachter Fund, gehört zu einem sog. *calamal*, einer Reiseschreibgarnitur, welche auch eine Schreibfeder beinhaltete und als Set am Gürtel getragen wurde. Aus den anderen Brunnen kommen wertvolle bemalte Fenstergläser, viele

Keramikgefäße und Pilgerzeichen sowie religiöse Anhänger. Ins späte 17. und frühe 18. Jh. gehören zwei als Kloaken genutzte Ziegelschächte. Sie enthielten eine große Anzahl an Keramik- und Glasfunden. Besonders hervorzuheben sind holländische Importe von Fayencen und Majoliken mit vielfältigen Motiven sowie rheinische und niedersächsische Steinzeuggefäße. Darüber hinaus liegt eine polychrome beschädigte Fußschale aus italienischer Majolika mit floralem Dekor vor. Ihre Herstellung umfasst den Zeitraum zwischen 1600–1650 in Montelupo in der Toscana. Weiterhin sehr bemerkenswert ist eine hohe Anzahl an Hohlglasfragmenten. Hervorzuheben sind hier mehrere Fragmente von sog. Flügelgläsern. Sie entstanden am Anfang des 17. Jh. nach venezianischem Vorbild. Weiterhin traten Fadengläser mit vergoldeten Löwenkopfmasken, Diamantrissgläser, emailbemalte Gläser sowie sehr viele Fragmente von Römern und Stangengläsern auf. Möglicherweise verweist die sehr hohe Anzahl von Hohlglasfunden auf ein damaliges Gasthaus im Umfeld der Parzelle. Aus dem 18./19. Jh. stammen einige Abfallgruben. In der jüngsten Phase des 20 Jh. wurde die Parzelle dann massiv überbaut. Bezüglich der bisher vorausgesetzten historischen Situation Husums im 17. Jh. überraschen die teilweise sehr reichhaltigen, qualitätvollen und sicher auch teuren Fundkomplexe der zweiten Hälfte des 17. Jh. Husum bekam zwar noch 1602 das Stadtrecht verliehen, doch die Gründung der benachbarten Stadt Friedrichstadt im Jahre 1621 und vor allem die Burchardiflut des Jahres 1634, die der Stadt das ertragreiche Hinterland entzogen hatte, sorgten für ihren langfristigen wirtschaftlichen Niedergang. Angesichts der reichen Funde stellt sich die Frage, warum in der Phase des historisch überlieferten wirtschaftlichen Niederganges ein solcher im archäologischen Fundgut nicht zu erkennen ist. Dieser Frage gilt es bei zukünftigen Forschungen im Husumer Stadtkern weiter nachzugehen.

LITERATUR

M. Bruckschen, Glasfunde des Mittelalters und der frühen Neuzeit aus Braunschweig (Rahden/Westf. 2004).

J. G. Hurst u. a., Pottery produced and traded in north-west europe 1350-1650 (Rotterdam 1986).

J. Kempe, Zur Entstehung und frühen Entwicklung Husums. Beiträge zur Husumer Stadtgeschichte, Heft 1/1988, 1–29.

A. Martens, Porzellan, Fayence, Majolika. Konsum chinesischer, mediterraner und niederländischer Keramik in den Hansestädten Hamburg und Lüneburg im 16./17. Jh. (Dissertation Kiel 2011).

R. Mulsow, Von der mittelalterlichen Universitas zur reformierten humanistischen Hochschule. Archäologische Funde des späten 16. Jahrhunderts aus der Blütezeit der Rostocker Universität. Mittl. Gesell. Arch Mittelalter.18, 2007, 59–70.

AUTOR
Martin Segschneider

STANDORT
Ostsee, Gebiet 1433 LA 3

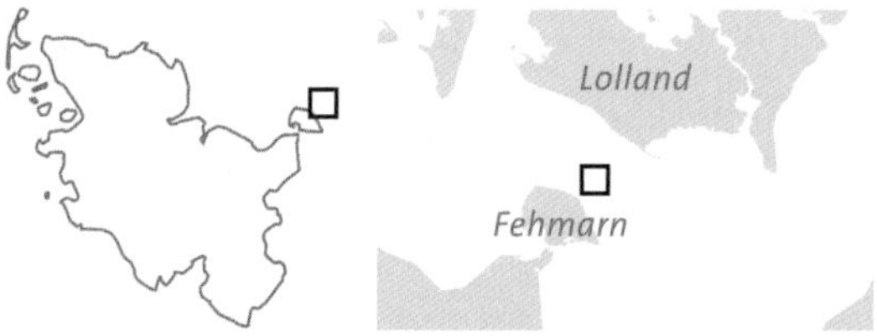

GRABUNGSZEIT
2006–2008

ZEITL. EINORDNUNG
Frühe Neuzeit
1644

STRUKTUR
Grab
Hafen
Hort
Lager
Opferplatz
Siedlung
Weg
Wehranlage
Wrack
Anderes

FUNDE
Keramik/Gefäße
Hausbestandteile
Kleidung
Knochen
Münzen
Nahrung
Schmuck
Waffen
Werkzeuge
Andere

Die »Lindormen« und die feste Fehmarnbelt-Verbindung

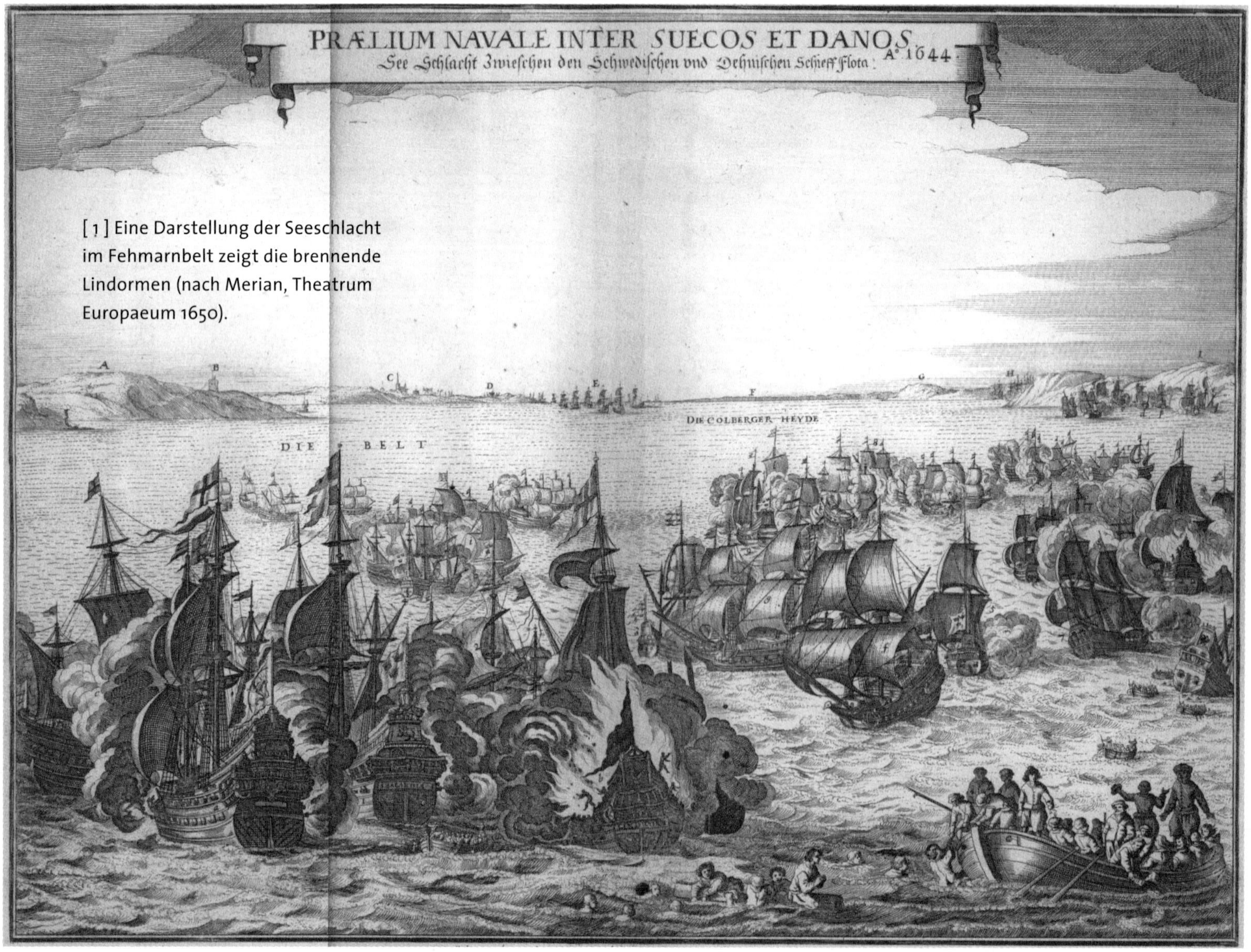

[1] Eine Darstellung der Seeschlacht im Fehmarnbelt zeigt die brennende Lindormen (nach Merian, Theatrum Europaeum 1650).

Als eine wichtige Meerenge und Wasserstraße in der südwestlichen Ostsee war der Fehmarnbelt zwischen der deutschen Insel Fehmarn und der dänischen Insel Lolland stets von strategischer Bedeutung, und mehrere Seegefechte fanden hier im 17. und 18. Jh. statt. So auch am 13. Oktober 1644, als es zu einer Seeschlacht kam, bei der ein dänischer Verband aus insgesamt 17 Schiffen auf 37 schwedische und niederländische Schiffe prallte. Hintergrund der Auseinandersetzung war der Torstensson-Krieg als ein Teil des Dreißigjährigen Krieges, bei dem es einmal mehr um die wirtschaftliche und politische Vorherrschaft in der westlichen Ostsee ging. Viele dänische Schiffe fielen der Eroberung anheim, ein Schiff jedoch wurde durch ein Brandschiff angezündet und damit versenkt. Es handelte sich um die »Lindormen« (Lindwurm). Der 1626 in Itzehoe gebaute Dreimaster besaß eine Gesamtlänge von 38,2 m, eine Breite von 8,8 m, trug 38 Kanonen und eine Besatzung von 200 bis 300 Mann.

Die Position der Untergangsstelle der »Lindormen« geriet in Vergessenheit. Erst im Jahre 2006/2007 durchgeführte archäologische Tauchuntersuchungen eines Bereichs, der etwa drei Kilometer nördlich Puttgardens liegt, gaben einen ersten Hinweis auf ein historisches Wrack. Bald schon jedoch sollte der Fehmarnbelt in den Fokus umfangreicher Untersuchungen rücken. Denn die Planungen zum Bau der festen Fehmarnbeltverbindung erforderten ab dem Jahre 2008 die Durchführung einer Umweltverträglichkeitsprüfung, in der auch das Kulturgut unter Wasser zu bewerten war. Das Archäologische Landesamt Schleswig-Holstein (ALSH) führte deshalb zusammen mit dem Wikingerschiffsmuseum Roskilde ein gemeinsames Projekt nach einheitlichen Standards von Küste zu Küste durch.

Die umfangreichen Voruntersuchungen ergaben im Untersuchungskorridor zwei bedeutende Kulturdenkmale, und zwar jeweils ein historisches Schiffswrack auf deutscher und auf dänischer Seite. Die Identifizierung der Wracks, die Feststellung der Ausdehnung der Fundstellen, deren Erhaltungszustand sowie die Entwicklung von Schutzkonzepten standen nun im Mittelpunkt. Von Mai bis Juli 2012 diente dann das dänische Tauchschiff »Vina« einem Untersuchungsteam als Arbeitsplattform.

Durch Einmessen der in 22 bis 25 m Wassertiefe befindlichen Wrackreste und Sondieren des Bordwandverlaufs im Untergrund gelang es, den Schiffsrumpf auf etwa 32 m Länge und gut 8 m Breite zu erfassen. Obwohl Feuereinwirkung die Konstruktion im Inneren des Wracks weitgehend zerstört hatte, ließen sich im mittleren Bereich noch Teile der Kombüse lokalisieren. Auch lagen im Inneren viele Teile der Takelage, die während des Brandes in das Schiff stürzten. Durch die Hitze des infernalischen Feuers waren die an Bord befindlichen Bronzekanonen zerschmolzen oder deformiert. Aufschriften und Verzierungen ließen ihren Herstellungszeitpunkt zwischen 1604 und 1629 eingrenzen und als Herstellungsort Helsingør nördlich von Kopenhagen ermitteln. Auch zu den Kanonen gehörige Munition aus Eisen trat im Schiffsrumpf vielfach auf. Als Holzfunde sind neben Fässern verschiedene Möbelteile zu nennen, darunter Fragmente mehrerer Seekisten. Neben den größeren Behältnissen dienten auch kleine Dosen und Holzkästchen der Unterbringung wertvoller und zerbrechlicher Gegenstände. Zum persönlichen Besitz zählen zahlreiche Tonpfeifenreste, die nach Form, Verzierung und Herstellerzeichen in die Zeit nach 1630 datieren.

Die gesammelten Informationen und Datierungshinweise belegen den Untergang des untersuchten Schiffswracks zwischen 1630 und 1650, wobei die Bronzekanonen das Wrack als dänisches Kriegsschiff ausweisen. Zusammen mit den massiven Brandspuren und den Ausmaßen spricht alles dafür, dass es sich tatsächlich um die »Lindormen« handelt. Das Wrack erfüllt somit alle Voraussetzungen eines bedeutenden Unterwasser-Kulturdenkmals und sollte in situ erhalten bleiben, litt jedoch unter massivem Befall holzzerstörender Tierarten: zum einen die Schiffsbohrmuschel *Teredo navalis*, zum anderen aber auch die Holzassel *Limnoria lignorum*. Da die biologischen Gutachten die vollständige Überdeckung als einzig effektive Methode zum Schutz des Holzwracks in situ empfahlen, wurde 2014 eine mehrere Meter mächtige Schutzkappe aus einem Sandkern und einem Mantel aus grobem Kies über dem Wrack aufgebracht. Dieses künstliche Steinriff soll sich durch die Besiedlung mit Meeresorganismen verkitten und dauerhaft Bestand haben.

Die erheblichen Anstrengungen und Aufwendungen des dänischen Staates für die archäologischen Untersuchungen und Schutzmaßnahmen im Unterwasserbereich des Fehmarnbelts führten damit letztendlich nicht nur zu einem umfangreichen Informationszuwachs, sondern auch zu einem sehr positiven Endergebnis: Das 1644 gesunkene Wrack »Lindormen« konnte identifiziert, wissenschaftlich dokumentiert und langfristig geschützt werden.

LITERATUR

S. Klooß, M. Segschneider und J. Auer, Das Meer als Kriegsschauplatz. Seeschlachten in der Ostsee, Unterwasserarchäologie und die Wracks der Lindormen und Hedvig Sophia. In: M. Wemhoff und M. Rind (Hrsg.), Bewegte Zeiten. Archäologie in Deutschland. Begleitband Ausstellung (Berlin 2018/2019) 294–307.

M. Segschneider, Verbrannt und versunken – das Wrack Lindormen im Fehmarnbelt. ANSH 20, 2014, 88–93.

M. Segschneider, Die feste Fehmarnbeltverbindung und die »Lindormen« – ein unterwasserarchäologischer Glücksfall. Nachrichtenblatt Arbeitskreis Unterwasserarchäologie (NAU), 18/2016 (2019), 73–78.

AUTOR*INNEN
Stefanie Klooß
Daniel Zwick

STANDORT
Nordfriesland,
Sylt, Hörnum Odde LA 7
Japsand LA 15 und LA 16
Blaubachpriel LA 10

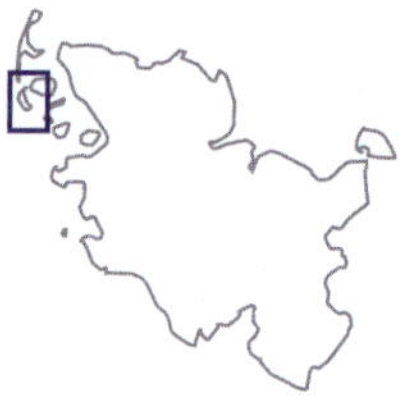

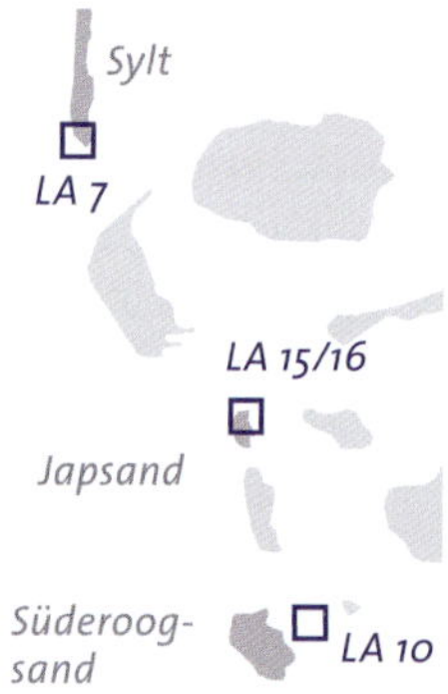

GRABUNGSZEIT
2016–2020

ZEITL. EINORDNUNG
Frühe Neuzeit

STRUKTUR
Grab
Hafen
Hort
Lager
Opferplatz
Siedlung
Weg
Wehranlage
Wrack
Anderes

FUNDE
Keramik/Gefäße
Hausbestandteile
Kleidung
Knochen
Münzen
Nahrung
Schmuck
Waffen
Werkzeuge
Andere

Wracks in der Tidenzone der Nordsee

[1] Das Wrackteil auf dem Japsand westlich der Hallig Hooge im Mai 2017.
FOTOGRAFIE © Linda Hermannsen, ALSH

Die schleswig-holsteinische Nordseeküste ist ein gezeitengeprägter, dynamischer Raum mit wechselnden erosiven und sedimentablagernden Prozessen. Während das Wattenmeer zwischen dem nordfriesischen Festland und den nordfriesischen Inseln und Halligen relativ geschützt liegt, greifen an den Außensänden und an den Westküsten der Inseln Wind, Wellen und Strömung direkt an. Hier kommt es zu stetigem Küstenabbruch und enormen Sandverlagerungen. Dadurch ergibt es sich von Zeit zu Zeit, dass Schiffwracks oder Teile davon freispülen, kurzfristig sichtbar sind und dann entweder vollständig zerstört werden oder wieder einsedimentieren.

In den Jahren 2016 bis 2020 kam es zur Auffindung und Untersuchung dreier solcher Wrackfundstellen: das Wrack von der Hörnum Odde an der Südspitze Sylts, zwei Wrackteile am Japsand westlich der Hallig Hooge und ein Wrack im Blaubachpriel beim Süderoogsand. Bei allen handelt es sich um frühneuzeitliche Holzwracks, wie die dendrochronologische Untersuchung von Spanten- und Plankenproben ergab. Die Dokumentation erfolgte durch fotografische Aufnahmen für die digitale Fotogrammetrie, wodurch 3-D-Modelle, aber auch Orthogonalansichten für die Auswertung erzeugt werden können. Des Weiteren ist die schiffsarchäologische Aufnahme von Konstruktionsdetails am Objekt wesentlich, um Aussagen zur Herkunft, Nutzung und Bauweise der Schiffe zu gewinnen, denn Kleinfunde fehlen zumeist.

Mit den Wracks von Hörnum Odde (um 1690) und Süderoogsand (um 1736) liegen in Schleswig-Holstein nun zwei Schiffsfunde der niederländischen Schalenbauweise vor, die zudem eine doppelte Beplankung (im Fachjargon »Double Dutch«) aufweisen. Diese Sonderform des Kraweelschiffbaus beschrieben Zeitgenossen wie Nicolaas Witsen, und weltweit sind nur rund ein Dutzend Wracks dieser Art bekannt. Bei den meisten handelt es sich nachweislich um Schiffe der niederländischen Ostindienkompanie.

Die Wrackteile vom Japsand (um 1609) bilden ebenfalls eine Sonderform, ein sog. »Halbkraweel«, bei dem das Unterwasserschiff geklinkert und der Rumpf über der Wasserlinie kraweel aufbeplankt war. Diese Bauweise kam vor allem in Schweden vom 16. bis in das frühe 20. Jh. vor.

Die nordfriesische Nordseeküste stellt ein faszinierendes Gebiet für die Schiffsarchäologie und Seefahrtsgeschichte allgemein dar: Aufgrund des Fehlens natürlicher Häfen, des großen Einflusses der Gezeiten und der Exponiertheit der Inseln und Halligen verliefen die meisten Nordsee-Fernhandelsrouten in sicherer Entfernung zum Küstenmeer. Gleichzeitig gab es aber auch einen spezialisierten Küstenhandel mit zumeist kleineren plattbödigen Seeschiffen, die an die naturräumlichen Besonderheiten des Wattenmeeres angepasst waren.

[2, 3] Das Wrack am Strand der Hörnum Odde, Sylt, bei Niedrigwasser.
FOTOGRAFIEN © Linda Hermannsen, ALSH

LITERATUR

S. Klooß und D. Zwick, Zerschlagen in der Nordsee – Herausforderungen von Wrackfunden für die Denkmalpflege in Schleswig-Holstein. Blickpunkt Archäologie 2019, Heft 1, 51–57.

D. Zwick, A late 17th-century ‘Double Dutch’ construction in the North Frisian Wadden Sea: The case of the Hörnum Odde wreck on the Island of Sylt, Germany. In: Open Sea … Closed Sea. Local and inter-regional traditions in shipbuilding. Proceedings of the 15th International Symposium on Boat & Ship Archaeology, Marseille 22–27 October 2018 (in Vorbereitung).

D. Zwick, Neues Wrack aus dem 17. Jahrhundert beim Süderoogsand untersucht. Archäologie in Deutschland 6/2020, 64.

D. Zwick, J. Fischer, S. Klooß und H. Menzel, Das Wrack am Strand von Hörnum Odde, Sylt. ANSH 23, 2017 (2018), 140–147.

D. Zwick, J. Fischer und S. Klooß, Archäologie an der Waterkant – Die Wrackteile vom Japsand bei Hallig Hooge. ANSH 25, 2019, 152–163.

D. Zwick und S. Klooß, Das frühneuzeitliche Schiffswrack von Hörnum Odde, Sylt. Skyllis 17, Heft 2, 2017, 204–216.

AUTOR*INNEN
Katja Grüneberg-Wehner
Ulrich Müller

STANDORT
Rendsburg-Eckernförde, Schwedeneck LA 201

GRABUNGSZEIT
2010–2015

ZEITL. EINORDNUNG
Spätmittelalter – Frühe Neuzeit

STRUKTUR
Grab
Hafen
Hort
Lager
Opferplatz
Siedlung
Weg
Wehranlage
Wrack
Anderes

FUNDE
Keramik/Gefäße
Hausbestandteile
Kleidung
Knochen
Münzen
Nahrung
Schmuck
Waffen
Werkzeuge
Andere

St. Catharina

Eine Kirchwüstung an den Gestaden der Ostsee

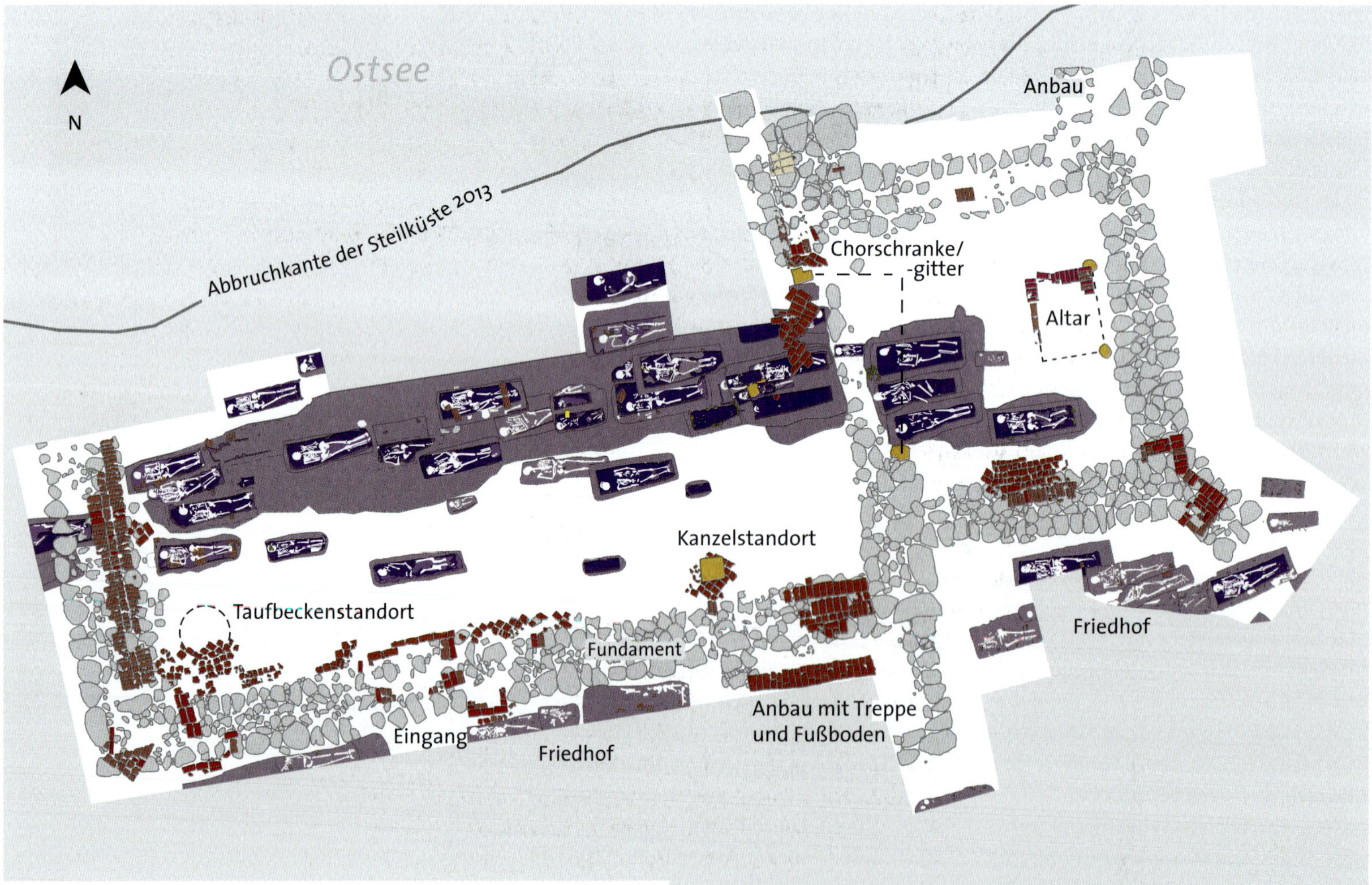

[1] Gesamtplan der St. Catharinenkirche mit ausgewählten Befunden.
PLAN Katja Grüneberg-Wehner, Kiel

[2] Rekonstruktion des direkten Kirchumfeldes. ZEICHNUNG Susanne Beyer, Kiel

Auf einem Plateau an der Ostseekuste bei Krusendorf im Kr. Rendsburg-Eckernförde konnte durch das Institut für Ur- und Frühgeschichte der Christian-Albrechts-Universität zu Kiel (CAU) eine in der ersten Hälfte des 18. Jh. niedergelegte Pfarrkirche nahezu vollständig ausgegraben werden. Befunde und Funde erlauben für Schleswig-Holstein einzigartige archäologische Einblicke in eine spätmittelalterliche und frühneuzeitliche Pfarre im ländlichen Raum.

Auf eine Holzkapelle aus der zweiten Hälfte des 13. Jh. folgte an der Wende zum 14. Jh. eine feldsteinfundamentierte Backsteinkirche mit flachgedecktem Saal und eingezogenem, kreuzrippengewölbtem Chor. Verschiedene Umbauphasen am Kirchengebäude zeugen von Bauaktivitäten während der gesamten Nutzungszeit. So verweisen Visitationsberichte, eine Glocke aus dem Jahr 1635 und Pfostengruben einer Stützkonstruktion auf einen frühneuzeitlichen Glockenstapel im Westen der Kirche. Die Gräber auf dem Kirchhof und im Kircheninnenraum geben Einblick in die ländlichen Bestattungspraxen unterschiedlicher sozialer Gruppen. Im Inneren fanden sich vor allem Beisetzungen von Adeligen, Pastoren, Gutsverwaltern und deren Familienmitgliedern. Dabei stellen der Chor und der Bereich vor dem Chorbogen die beliebtesten Bestattungsplätze sowohl während des späten Mittelalters, d. h. mit (altgläubiger) katholischer Konfession, als auch während der frühen Neuzeit mit protestantischer Konfession dar. Des Weiteren konnte die Anordnung der wichtigsten Prinzipalstücke (Altar, Kanzel und Taufe) nachgewiesen werden. Diese orientiert sich am liturgischen Gestaltungsprinzip, das viele Dorfkirchen noch heute prägt. Bereits zum ausklingenden 15. Jh., aber spätestens mit dem Fortschreiten der Reformation, wurde die Trias durch ein weiteres charakteristisches Ausstattungsstück, das Gemeindegestühl, ergänzt. Fußbodenfunde deuten auf eine geschlechtsspezifische Einteilung der Sitze. Etliche Münzen dürften zum überwiegenden Anteil von der Kollekte stammen. Eine große Anzahl an Pfeifenstielen und -köpfen des 17. Jh. veranschaulicht nicht nur Tabakkonsum, sondern ist gleichzeitig Ausdruck der Kirche als Ort der Geselligkeit und Kommunikation.

Somit legen die Ergebnisse der Ausgrabung einer ländlichen Pfarrkirche in Schleswig-Holstein ein bemerkenswertes Zeugnis von Sakralarchitektur, Totenbrauchtum und Kirchenalltag ab.

LITERATUR

K. Grüneberg-Wehner und D. Wehner, St. Catharina. Zu den Ausgrabungen einer mittelalterlichen und frühneuzeitlichen Kirche im ländlichen Raum. Jahrbuch der Heimatgemeinschaft des Kreises Eckernförde 72, 2014, 209–221.

K. Grüneberg-Wehner und D. Wehner, Buchschließen, Knöpfe, Stecknadeln – Die Ausgrabungen der mittelalterlichen und frühneuzeitlichen St. Catharinenkirche an der Eckernförder Bucht. ANSH 20, 2014, 80–83.

K. Grüneberg-Wehner und D. Wehner, Mit Stein im Mund. Ein Fall von Nachzehrerabwehr in der St. Catharinenkirche am Jellenbek, Kr. Rendsburg-Eckernförde. Arkæologi i Slesvig/Arch. Schleswig 15, 2014 (2015) 55–64.

K. Grüneberg-Wehner, Konformität oder Widerspruch? Glaubensvorstellungen und Bestattungssitten an der St. Catharinenkirche, Kr. Rendsburg-Eckernförde, zwischen Spätmittelalter und Früher Neuzeit. Mitteilungen der Deutschen Gesellschaft für Archäologie des Mittelalters und der Neuzeit 31, 2018, 155–168.

K. Grüneberg-Wehner, Der Kirchenraum als Bestattungsort. Die spätmittelalterlichen und frühneuzeitlichen Gräber der St. Catharinenkirche an der südlichen Eckernförder Bucht, Kr. Rendsburg-Eckernförde, Deutschland. Beiträge zur Mittelalterarchäologie in Österreich 35, 2019 (2020), 53–66.

AUTOREN
Ulf Ickerodt
Heiner Menzel

STANDORT
Nordfriesland, Ladelund LA 41,
Husum-Schwesing Objektnr. 9448
Segeberg, Kaltenkirchen Objektnr. 28332

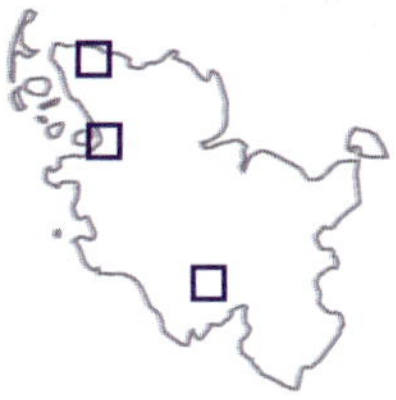

GRABUNGSZEIT
2011

ZEITL. EINORDNUNG
ca. Mitte 1944–
Anfang 1945

STRUKTUR
Grab
Hafen
Hort
Lager
Opferplatz
Siedlung
Weg
Wehranlage
Wrack
Andere

FUNDE
Keramik/Gefäße
Hausbestandteile
Kleidung
Knochen
Münzen
Nahrung
Schmuck
Waffen
Werkzeuge
Andere

Archäologische Denkmalpflege
und Archäologie der Moderne als Beiträge zur Gedenkstättenarbeit

[1] Blick vom Eingangsbereich der Gedenkstätte Schwesing in Richtung der Reste der ehemaligen Kochbaracke des Konzentrationslagers Husum-Schwesing als Außenlager des KZ Neuengamme, in dem 2.500 Menschen interniert waren, das aber nur für 400 Menschen ausgelegt war.

[2] Ladelund. Das vom ALSH freigelegte Teilstück des zwischen Deutschland und Dänemark verlaufenden Panzergrabens erinnert unweit des heutigen Gedenkstättengebäudes an das ehemalige Außenlager KZ Neuengamme, in dem mehr als 2.000 Menschen eingepfercht waren, das aber nur für 200 ausgelegt war. Neben dem freigelegten Teil des archäologischen Denkmals erinnert die Stahlstele "Das Mal" von Ansgar Nierhoff an die vollzogenen Verbrechen.
FOTOGRAFIEN © ALSH

Das 1933 für die Provinz Schleswig-Holstein eingerichtete damalige Landesamt für Schleswig-Holsteinische Vorgeschichte war als zuständige Verwaltungsstelle auch für die archäologisch-fachliche Begleitung der sich aus den damaligen militärischen Baumaßnahmen ergebenden Bodeneingriffe zuständig. In Ladelund und Husum-Schwesing wurden gegen Ende des Zweiten Weltkriegs Lager eingerichtet, in denen Gefangene untergebracht waren, die die Panzerabwehrgräben zur Sicherung der nördlichen Reichsgrenze ausheben sollten. Gleichzeitig begleiteten Mitarbeiter des Landesamtes diese Erdarbeiten, um gegebenenfalls betroffene archäologische Fundstellen zu untersuchen. Demgegenüber steht der Fall des Lagers in Kaltenkirchen, wo die beim Bau des Militärflugplatzes eingesetzten Häftlinge untergebracht waren.

Das Archäologische Landesamt Schleswig-Holstein (ALSH) ist in seiner heutigen Bezeichnung als obere Denkmalschutzbehörde wiederum für die in dieser Zeit entstandenen Relikte zuständig. Die gelegentlich auch als ›Täterorte‹ bezeichneten Objekte werden als Fragestellung der Archäologie der Moderne zugeordnet. Damit besteht für das ALSH als Nachfolger der Provinzialstelle neben der konkreten Zuständigkeit auch eine grundsätzliche historische Verantwortung. Die damit verbundenen Herausforderungen fallen etwa 75 Jahre nach dem Zweiten Weltkrieg und dem Ende der NS-Diktatur in eine Zeit, in der immer weniger Zeitzeugen verbleiben, um über ihr Erlebtes persönlich zu berichten. Daher kommt neben Archivalien, Bild- oder Filmdokumenten oder Tonträgern gerade den archäologischen Funden und Befunden eine zunehmende Bedeutung als Teil unserer Erinnerungskultur zu. Gräber, die Relikte der Unterkünfte und Lagerinfrastruktur sowie alle anderen Hinterlassenschaften stellen Belege für die historische Echtheit dar. Diese bildet wiederum die Grundlage für das authentische Erleben am Erinnerungs- und Gedenkort, aber auch für Forschung und Vermittlungsarbeit.

Hieraus ergibt sich die enge Verbindung von Gedenkstättenarbeit und Denkmalpflege, wobei die archäologische Denkmalpflege insbesondere für den rechtlichen Schutz dieser Orte zuständig ist. Sie zielt mit ihrer Arbeit auf den Erhalt des Quellenwertes. Mittels archäologischer und geophysikalischer Methoden können die Hinterlassenschaften der NS-Schreckensherrschaft nachgewiesen und wissenschaftlich belegt werden. Die Anwendung archäologischer Feldmethoden unterstützt dabei die politisch-historische Bildungsarbeit der Gedenkstätten. Im Gegensatz zu den mit bestimmter Intention aufgestellten Denkmalen, Mahnmalen oder den Gedenkstätten mit erhaltener Bausubstanz, besitzen die archäologischen Denkmale eine andere und besondere Qualität. Die im Boden verbliebenen Spuren sind Beleg für die ehemalige physische Existenz, die immer der Erinnerungsarbeit bedarf. Das macht ihren Denkmalwert aus. Nicht zuletzt ist die über archäologische Quellen abgesicherte Echtheit der Orte ein wichtiger Aspekt, wenn es um die Anerkennung und die damit zusammenhängende Förderung von Gedenkstätten geht. Hier kann die archäologische Denkmalpflege als staatliche Stelle das bürgerschaftliche Engagement unterstützen, das zuallererst die Einrichtung und die Nutzung eigentlich aller Gedenkstätten und Erinnerungsorte in Schleswig-Holstein ermöglichte und auch weiterhin trägt. Dieses Ende der 1990er Jahre einsetzende Engagement half, die Lage der ehemaligen KZ-Außenlager zu identifizieren. Nach dem Zusammenbruch 1945 hatten die unterschiedlichen Nachnutzungen wie in Husum-Schwesing, Ladelund oder in Kaltenkirchen vieles verändert oder weitgehend zerstört. Da zudem das Wissen um die Existenz der Lager verdrängt worden war, verschwanden sie vollständig aus dem kollektiven Gedächtnis. Um dieses Vergessen zu verhindern, bedarf es dieser gemeinschaftlichen Anstrengung.

LITERATUR

U. Ickerodt, U. Körby und H. Menzel, Gedenkstättenarbeit und archäologische Denkmalpflege. ANSH 23, 2017, 174–183.

C. Leggewie, Der Kampf um die europäische Erinnerung. Ein Schlachtfeld wird besichtigt. Bundeszentrale für politische Bildung (Bonn 2011).

H. Scharf, Kleine Kunstgeschichte des deutschen Denkmals (Darmstadt 1984).

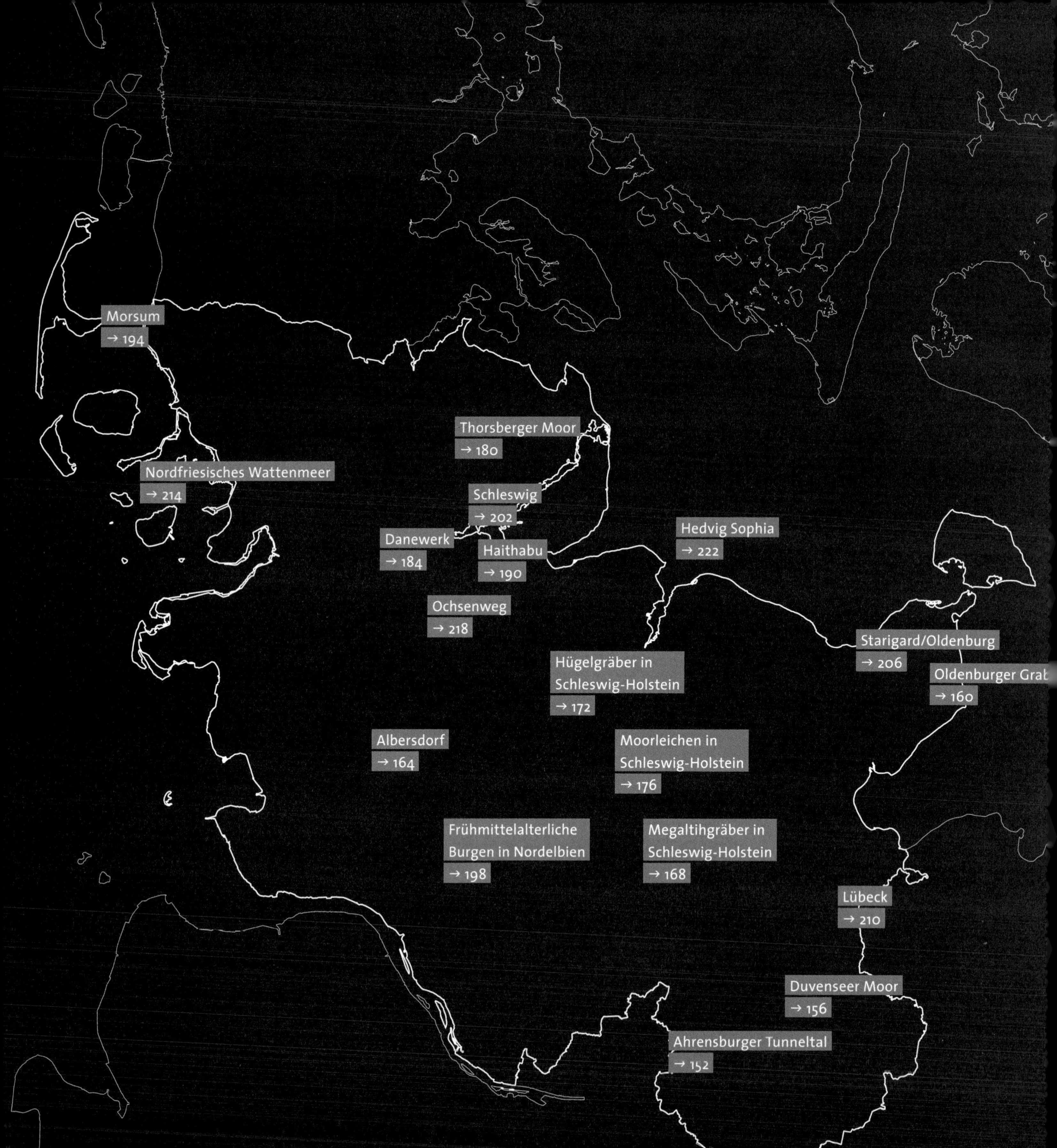

Morsum
→ 194
Thorsberger Moor
→ 180
Nordfriesisches Wattenmeer
→ 214
Schleswig
→ 202
Danewerk
→ 184
Haithabu
→ 190
Hedvig Sophia
→ 222
Ochsenweg
→ 218
Starigard/Oldenburg
→ 206
Hügelgräber in Schleswig-Holstein
→ 172
Oldenburger Grab
→ 160
Albersdorf
→ 164
Moorleichen in Schleswig-Holstein
→ 176
Frühmittelalterliche Burgen in Nordelbien
→ 198
Megaltihgräber in Schleswig-Holstein
→ 168
Lübeck
→ 210
Duvenseer Moor
→ 156
Ahrensburger Tunneltal
→ 152

IV

Archäologische Highlights

Ihre überregionale und internationale Bedeutung gewinnt die schleswig-holsteinische Archäologie durch einige außergewöhnliche Fundstellen, die sich z. T. schon seit mehr als 100 Jahren in den Kanon europäischer Schlüsselfundstellen einreihen. Dazu gehören bspw. die Komplexe aus Feuchtbodenmilieus, die mit ihren besonderen Erhaltungsbedingungen im Watt, unter Wasser oder in Feuchtgebieten den Erhalt organischen Fundmaterials ermöglichten und so Einblicke in die Vorgeschichte gaben, die sonst erst über Analogieschlüsse aus den Erkenntnissen der Völkerkunde Eingang in die archäologische Forschung fanden. Daneben sind auch solche Schlüsselfundstellen hervorzuheben, die ihre historisch-archäologische Bedeutung aus ihrer besonderen Aussagekraft für die europäische Vor- und Frühgeschichte erhalten. Eine neue Gruppe stellen die Detektorfunde dar, die das Bild der metallzeitlichen Gesellschaften in Schleswig-Holstein in den letzten 15 Jahren genauso grundlegend veränderten, wie die Sammeltätigkeit der Sammler seit Mitte des 19. Jh.

Claus von Carnap-Bornheim

Ingo Clausen 152
Das Ahrensburger Tunneltal
Eine bedeutende Wissenschaftsquelle zur Archäologie der späten Altsteinzeit

Daniel Groß 156
Harald Lübke
Eine harte Nuss
Mesolithische Fundplätze im Duvenseer Moor

Jan Piet Brozio 160
Eine »Schatzkammer« Schleswig-Holsteins
Der Oldenburger Graben (Grube-Wesseker Niederung) in Ostholstein

Hauke Dibbern 164
Johannes Müller
Albersdorf-Diekshnöll, Bredenhoop und Brutkamp
Eine jungsteinzeitliche Landschaft mit 1000-jähriger Geschichte

Maria Wunderlich 168
Monumentale Landschaften
Die Megalithgräber in Schleswig-Holstein zwischen 3600 und 3200 v. Chr.

Mechtild Freudenberg 172
Zwischen Identitätsstiftung und Zerstörung
Hügelgräber in Schleswig-Holstein

Angelika Abegg-Wigg 176
Moorleichen aus Schleswig-Holstein

Ruth Blankenfeldt 180
Das Thorsberger Moor

Astrid Tummuscheit 184
Mächtig gewaltig! – Das Danewerk

Sven Kalmring 190
Thorsten Lemm
Haithabu
Wikingerzeitlicher Seehandelsplatz zwischen Skandinavien und dem Kontinent

Martin Segschneider 194
Eicke Siegloff
Astrid Tummuscheit
Vom Einstückhort zum Silberschatz
Ein Silberhort der Wikingerzeit von der Halbinsel Nösse (Morsum, Sylt)

Thorsten Lemm 198
Frühmittelalterliche Burgen in Nordelbien

Felix Rösch 202
Boomtown Schleswig
Dänemarks Eintritt ins Mittelalter

Ralf Bleile 206
Starigard/Oldenburg
Slawischer Fürstensitz in Wagrien

Manfred Schneider 210
Archäologie in der Hansestadt Lübeck
Moderne Bodendenkmalpflege mit langer Tradition

Stefanie Klooß 214
Bente Majchczack
Nordfriesisches Wattenmeer
10.000 Jahre Menschheitsgeschichte in Schleswig-Holstein

Mechtild Freudenberg 218
Thorsten Lemm
Der Ochsenweg
Seit 5500 Jahren auf dem Weg von Viborg nach Hamburg

Martin Segschneider 222
Gesunken – Gesucht – Gefunden!
Das Wrack der Prinsessan Hedvig Sophia in der Ostsee bei Kiel

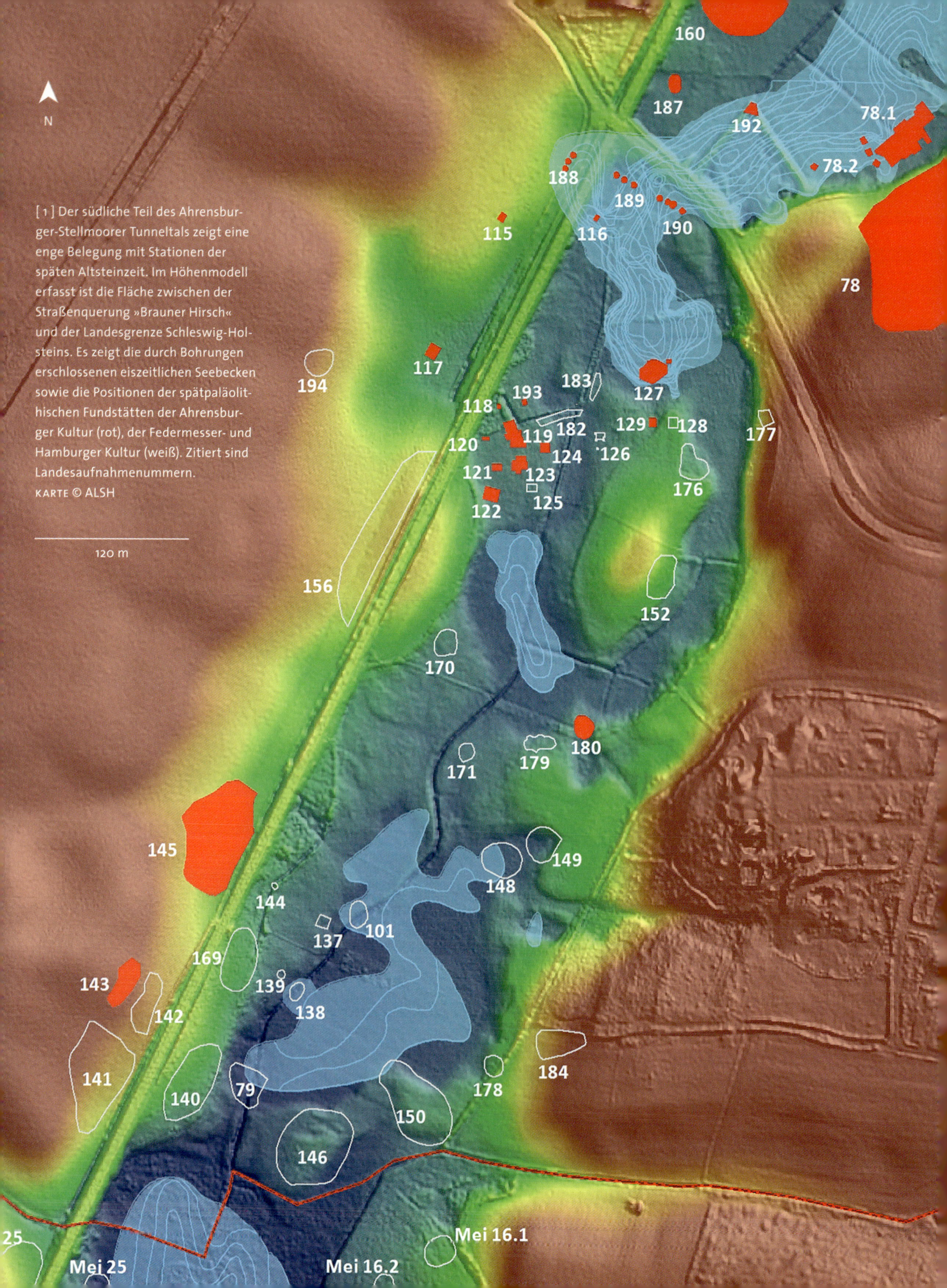

[1] Der südliche Teil des Ahrensburger-Stellmoorer Tunneltals zeigt eine enge Belegung mit Stationen der späten Altsteinzeit. Im Höhenmodell erfasst ist die Fläche zwischen der Straßenquerung »Brauner Hirsch« und der Landesgrenze Schleswig-Holsteins. Es zeigt die durch Bohrungen erschlossenen eiszeitlichen Seebecken sowie die Positionen der spätpaläolithischen Fundstätten der Ahrensburger Kultur (rot), der Federmesser- und Hamburger Kultur (weiß). Zitiert sind Landesaufnahmenummern.
KARTE © ALSH

AUTOR
Ingo Clausen

STANDORT
Stormarn, Ahrensburg

GRABUNGSZEIT
seit 1932

ZEITL. EINORDNUNG
Spätpaläolithikum
12.700–9.600 v. Chr.

STRUKTUR
Grab
Hafen
Hort
Lager
Opferplatz
Siedlung
Weg
Wehranlage
Wrack
Andere

FUNDE
Keramik/Gefäße
Hausbestandteile
Kleidung
Knochen
Münzen
Nahrung
Schmuck
Waffen
Werkzeuge
Andere

Das Ahrensburger Tunneltal

Eine bedeutende Wissenschaftsquelle zur Archäologie der späten Altsteinzeit

Mit seinen reichen Vorkommen archäologischer Fundstätten der späten Altsteinzeit zählt das Ahrensburger Tunneltal zu den prominentesten Denkmallandschaften Nordeuropas. In den Schlammablagerungen eiszeitlicher Seen, welche einstmals das Tunneltal ausfüllten und heute vollständig verlandet sind, blieben die Relikte der einstigen späteiszeitlichen Welt zehntausendfach bis heute erhalten. Es sind Reste von Pflanzen, Muscheln, Schnecken, Insekten, Amphibien, Fischen, Vögeln und Säugetieren, welche sich dort Jahr für Jahr übereinanderstapelten und in ihrer wechselvollen Zusammensetzung über Jahrtausende hinweg den Verlauf der spätweichseleiszeitlichen Natur- und Klimageschichte in selten gut erhaltener Qualität widerspiegeln. Faszinierend und einzigartig ist, dass diese Quellen von zehntausenden archäologischer Funde ergänzt werden. Sie gerieten bewusst von Menschenhand oder auch zufällig in die Beckenablagerungen. So lieferten die im Tunneltal durchgeführten Forschungsgrabungen der Vergangenheit die Nachweise ehemaliger Massenjagden auf Rentiere, frühester Kunsterzeugnisse, knöcherner und hölzerner Jagdwaffen, komplett versenkter Tierkadaver, frühester »Musikinstrumente« und auch mit Zelten bestandener Lagerplätze. Forschungsgeschichtlich bedeutsam und hinsichtlich der Qualität und der Masse der dort gewonnenen Wissenschaftserkenntnisse, besonders aber auch aufgrund des Potenzials an Funden und Befunden, welche immer noch zahlreich und unerforscht im Boden ruhen, kommt der Region des Ahrensburger Tunneltals hohes nationales und internationales Forschungsinteresse von Archäologen und Naturwissenschaftlern gleichermaßen zu.

Das Ahrensburger Tunneltal ist als archäologisches Grabungsschutzgebiet und zugleich als Naturschutzgebiet ausgewiesen. Das gewundene Tal erstreckt sich auf etwa 7 km Länge mit wechselnder Breite von 0,2 bis 2 km von Hamburg-Rahlstedt bis Ahrensburg. Der schleswig-holsteinische Teil wird als Stellmoor-Ahrensburger Tunneltal bezeichnet; dort liegt die Mehrzahl der spätpaläolithischen Fundstätten. Der beschilderte »Alfred-Rust Wanderweg« und die aktuell errichtete »Moorwanderbrücke« erschließen dem Besucher die Archäologie und die Natur dieses Raumes.

[2] Der junge Alfred Rust, Nestor der Altsteinzeitforschungen im Tunneltal, präsentiert 1936 an der Grabungsstätte Stellmoor (LA 78.1) seine spektakulären Funde. FOTOGRAFIE © ALSH

Was ist ein Tunneltal?

Die Landschaft des Kreises Stormarn wurde während der letzten Eiszeit in ihrer heutigen Form geprägt. Die maximale Ausbreitung des weichseleiszeitlichen Inlandgletschers erreichte vor etwa 25.000 Jahren den Raum des westlich benachbarten Hamburg-Rahlstedt. Tunneltäler zählen zusammen mit den vergesellschafteten Wallbergen zu den klassischen Indikatoren ehemaliger Eisrandlagen. Das Ahrensburger Tunneltal ist dafür ein selten gut erhaltenes Beispiel. Tunneltäler entstanden infolge schnell fließender Schmelzwasser, welche unterhalb des geschlossenen Eispanzers zum Gletscherrand abflossen und zu tiefgründiger Bodenerosion führten. Es waren zeitweilig unter starkem Druck stehende Fließgewässer, welche den Bodenuntergrund erodierten, infolge des Überdruckes aber auch in höhere Eisstockwerke auswichen, dortige Eistunnel bildeten und letztlich wieder am Untergrund des Gletschers ankamen. An dessen Rand trat das Wasser am Gletschertor aus. Die Relikte des Tunneltals sind heute als lang gestreckte Hohlform mit ungleichmäßigem Querschnitt erhalten, welches parallel zur ehemaligen Gletscherfließrichtung eingeregelt ist. Mit dem Abtauen des Gletschers kam die Hohlform des Tunneltales frei. Losgelöste Eisblöcke blieben an der Beckenbasis liegen und wurden von nachfolgend aufgeschütteten Sedimenten begraben. Durch die schützende Bodenbedeckung waren diese Toteisblöcke den Tauprozessen weitgehend entzogen und lösten sich erst viele Jahrtausende später endgültig auf. Infolge der mit den Auftauprozessen verbundenen Volumenverminderung sackten die das Toteis bedeckenden Sedimente nach, sodass in den dortigen Depressionsbereichen Seen oder Teiche (sog. »Toteisteiche«) entstanden. An deren Ufern kampierten wiederholt Jägergruppen der ausgehenden Altsteinzeit. Ihre Abfälle oder auch deren bewusste Deponierungen gerieten auf den Untergrund dieser Teiche. Infolge des weiter anhaltenden Tieftauens sackten diese mitsamt der sie umgebenden Sedimente stetig in tiefere, sauerstoffarme Positionen; die organischen Materialien aus der Eiszeit wurden somit exzellent konserviert.

Das Stellmoor-Ahrensburger Tunneltal ist geomorphologisch weitgehend unberührt erhalten. Im Zuge der archäologischen Forschungen wurden diverse geologische Untersuchungen durchgeführt, welche im Detail die weichseleiszeitliche Landschaftsgeschichte erschließen.

Archäologische Forschungen

Die Erforschung und die Erkenntnis des außergewöhnlichen Denkmalwertes des Tunneltales gehen auf die Tätigkeiten des Alfred Rust (1900–1983) zurück, der während der 1930er bis 1950er Jahre dort zahlreiche Ausgrabungen durchführte und seine Forschungsergebnisse in diversen Publikationen vorlegte. Herausragend war die Bestimmung eines zeitlichen Nacheinanders der Hamburger und Ahrensburger Kultur. Die Ausgrabungen in den Bereichen der endeiszeitlichen Seen und Teiche (»Meiendorf 2« LA 79; »Stellmoor« LA 78.1; »Poggenwisch« LA 101) zeigten sich innovativ und in ihren Ergebnissen spektakulär. Neben steinernen Artefakten wurden dort zahlreiche, am Fuß des Stellmoorhügels (LA 78.1) auch massenhaft eingelagerte Renknochen als Reste der ehemaligen Jagdbeute, z. T. auch ganze Renskelette, aufgefunden. Den Abfallschichten beigemengt waren Gerätschaften aus organischen Materialien (Holz, Knochen, Horn, Bernstein) und Stein, welche die Sachkultur der Hamburger- und Ahrensburger Kultur z. T. bis heute einzigartig und umfassend repräsentieren. Zusätzliche und zahlreiche Ausgrabungen auf mineralischem Untergrund erbrachten steinerne Geräteinventare der Hamburger-, Federmesser- und Ahrensburger Kultur. In ihrer räumlichen Verbreitung zeigten die Steinartefakte ehemalige Lagerplätze und Aktivitätszonen an, in denen Rust auch die Standorte von Zeltbauten meinte erkennen zu können. In den

[3] Großkalibrige Bohrungen im ehemaligen Seebecken am Stellmoorhügel erbrachten im Jahr 2015 regelhafte Nachweise weitflächig verbreiteter Knochenlager. Es sind die Beutereste eiszeitlicher Rentierjäger der Ahrensburger- und Hamburger Kultur, welche aufgrund der entdeckten Fundmassen eine bislang unerkannte Jagdintensität anzeigen.
FOTOGRAFIE © ALSH

1970er Jahren führte Gernot Tromnau die Geländearbeiten im Tunneltal fort. Sein Arbeitsschwerpunkt lag im Bereich der sog. Teltwisch, welche als mineralische Bodenschwelle ehemals zwei späteiszeitliche Seen getrennt hatte. Dort wurden zahlreiche Fundvorkommen der Hamburger-, Federmesser- und Ahrensburger Kultur angetroffen (LA 118–127; 193). Räumlich eng benachbart und z. T. übereinandergestapelt, waren die oberflächennahen Fundschichten infolge eiszeitlich bedingter Deformationen jedoch stark überprägt und beinhalteten ausschließlich Steinartefakte. Bohr- und Baggersondagen, welche im Zuge dieser Forschungsarbeiten im benachbarten Seebeckenbereich abgeteuft wurden, erbrachten mehrfach die Nachweise dortiger, in großer Tiefe verborgener Kulturschichten, welche organisches Fundgut enthalten (LA 116; 127). Seit den 1980er Jahren erfolgten wissenschaftliche Neubearbeitungen des aus diesen Ausgrabungen stammenden Fundmaterials: Zoologische Analysen, naturwissenschaftliche Altersbestimmungen sowie Studien der Steinartefakte lieferten neue Erkenntnisse zu spätpaläolithischen Jagdstrategien, zur Chronologie, zur Feuersteintechnologie und zu kritischen Neubewertungen der vormals postulierten Grabungsergebnisse. Ab 2008 erfolgten durch Ingo Clausen kleinflächige Sondagen im Nahbereich der in ihrem Ergebnis spektakulären Ausgrabungsfläche Alfred Rusts am Fuße des Stellmoorhügels. Mittels Baggersondagen und großkalibriger Bohrungen wurden dabei bislang unbekannte, auch weitflächig verbreitete Kulturvorkommen der Hamburger- und Ahrensburger Kultur nachgewiesen, welche in den Seebeckenablagerungen bewahrt liegen (LA 78.2; 188–190). Die regelmäßig nachgewiesenen »Knochenlager« erlauben hinsichtlich ihrer räumlichen Verbreitung statistische Schätzungen des real im Schlamm verborgenen Fundgutes. Dieses umfasst demnach hunderttausende Einzelstücke. Fragen und Impulse für eine archäologische Neubewertung sind somit aktuell gegeben. Diesen wird möglicherweise im Zuge des von der Deutschen Bahn geplanten S4-Bauvorhabens und den daraus resultierenden Rettungsgrabungen zukünftig nachgegangen werden.

LITERATUR

M. Baales und T. Terberger (Hrsg.), Welt im Wandel – Leben am Ende der Eiszeit. Sonderheft Archäologie in Deutschland 10 (Darmstadt 2016).

I. Clausen und A. Guldin, Mit der Deutschen Bahn zu den Rentierjägern der späten Eiszeit ... Archäologische Voruntersuchungen im Zuge des geplanten Bahnbaus S4 im Ahrensburger Tunneltal, Kreis Stormarn. ANSH 22, 2016, 6–17.

I. Clausen und A. Guldin, Die spätjungpaläolithischen Stationen des Ahrensburger Tunneltals in neuen Kartenbildern (Gem. Ahrensburg, Kr. Stormarn). In: B. V. Eriksen, A. Abegg-Wigg, R. Bleile und U. Ickerodt (Hrsg.), Interaktion ohne Grenzen. Beispiele archäologischer Forschungen am Beginn des 21. Jahrhunderts. Band 1 (Schleswig 2017), 11–21.

F. Grube und D. Glitz, Die Schutzwürdigkeit des Stellmoorer Tunneltals (Ahrensburg/Holstein – Hamburg-Rahlstedt). Hammaburg NF 2, 1975, 21–31.

U. Ickerodt, Ein notwendiger Kommentar zu Gernot Tromnaus Würdigung von Alfred Friedrich Wilhelm Rust (1900–1983). Archäologische Informationen 39, 1–12. Early View (online publiziert: 4. Juni 2016).

M. J. Weber, Late Upper and Late Palaeolithic reindeer hunting in the Ahrensburg tunnel valley. Differences between Hamburgian and Ahrensburgian hunting tactics. In: O. Grimm und U. Schmölcke (Hrsg.), Hunting in northern Europe until 1500 AD. Schriften des Archäologischen Landesmuseums Schleswig, Ergänzungsreihe, Bd. 7, 2013, 75–90.

N
500 m
Duvensee WP 10
Duvensee WP 1-7, 11 & 12
Duvensee WP 8 & 9
Duvensee WP 13 & 19
Duvensee WP 14, 16, 20, 21, 23
Duvensee WP 17 & 22
Lüchow LA 11
Duvensee WP 18
Moorweg
Klinkrade
Duvensee
L 199
Biogasanlage
Labenzer Graben
Klinkrader Moorweg
Niede Weg
Ellern
See-Enn
Löschwiesen Weg
Duvenseer Moorgraben
Ritzerauer Mühlenbach
Brookweg
Seeweg
Brink
Barkenweg
In de Bruch
Friwen
Dorfstraße
Lüchow
Groot Moor
Lüchower Moorweg
Godlin
Ritzerau
Lüchow

AUTOREN
Daniel Groß
Harald Lübke

STANDORT
Herzogtum Lauenburg
Duvenseer Moor, Duvensee LA 11, 12, 18–21, 23, 24

GRABUNGSZEIT
1925–1927, 1946, 1966–2001, seit 2016

ZEITL. EINORDNUNG
Mesolithikum

STRUKTUR
Grab
Hafen
Hort
Lager
Opferplatz
Siedlung
Weg
Wehranlage
Wrack
Andere

FUNDE
Keramik/Gefäße
Hausbestandteile
Kleidung
Knochen
Münzen
Nahrung
Schmuck
Waffen
Werkzeuge
Andere

Eine harte Nuss
Mesolithische Fundplätze im Duvenseer Moor

Das Duvenseer Moor ist eine der wichtigsten Fundlandschaften des Mesolithikums in Nordeuropa. Heute zeigt es sich flach und weitläufig und dient, von einigen Gräben durchzogen, hauptsächlich als Weideland. Während des Mesolithikums war dies jedoch ein einige Hektar großer See, an dessen westlichem Ufer mehrere kleine Inseln vorlagerten. Im Verlauf des Holozäns, der derzeitigen, vor rund 11.600 Jahren beginnenden Klimaperiode, verlandete das Gewässer zunehmend zu einer letztlich großen vermoorten Niederung. Um dieses ganze Gebiet zu nutzen, wurden in historischer Zeit nicht nur Hochmoortorfe abgestochen, sondern auch umfangreiche Gräben angelegt, um den für Moore typischen hohen Grundwasserspiegel zu senken. In einem dieser Gräben fanden sich 1923 erste Feuersteinartefakte, darunter auch Mikrolithen. Sie führten im Folgejahr zu den ersten wissenschaftlichen Untersuchungen im Duvenseer Moor. Gustav Schwantes leitete diese Grabung und fand auf mehreren Fundstellen nicht nur weitere Feuersteingeräte, sondern auch Knochenspitzen sowie Feuerstellen, Birkenrindenmatten und unzählige Haselnüsse. Weil er die Rindenmatten als Fußböden von Hütten interpretierte, prägte er für die Duvenseer Fundplätze den Begriff »Wohnplatz«. Heute gilt jedoch als sicher, dass die Matten weniger Hüttenböden darstellten, sondern als Unterlage dienten, um die Sitz- und Arbeitsbereiche vom feuchten Untergrund zu isolieren.

Die umfangreichsten archäologischen Untersuchungen im Duvenseer Moor führte Klaus Bokelmann durch, der über rund 35 Jahre immer wieder in das Moor zurückkehrte. In dieser Zeit kamen zu den bereits entdeckten 5 Fundplätzen 18 weitere hinzu, sodass zu Beginn dieses Jahrtausends 23 Stationen aus dem ehemaligen Seegebiet bekannt waren. Ein wesentlicher Teil dieser Plätze datiert in das Frühmesolithikum, jedoch ist auch das Neolithikum nachgewiesen.

Im Rahmen des Sonderforschungsbereiches (SFB) 1266 »Transformationsdimensionen – Mensch-Umwelt Wechselwirkungen in Prähistorischen und Archaischen Gesellschaften« wird seit 2016 die Forschung in Duvensee wieder intensiviert, sodass neben der Nachuntersuchung

[1] Übersicht über die Fundplätze in Duvensee. WP steht für »Wohnplatz«, die lokale Bezeichnung der Fundplätze. Die durchgezogene Linie zeigt die maximale Ausdehnung des ehemaligen Sees. Die Symbole geben die Zeitstellung der Fundplätze an:
Dreieck = Präboreal
Raute = frühes Boreal
Kreuz = spätes Boreal
Stern = frühes Atlantikum
Quadrat =Subboreal
KARTE © ZBSA, Landesmuseen Schleswig-Holstein, Schloss Gottorf

[2] Ausgrabungen auf Duvensee Wohnplatz 10 zeigen die dichte Artefaktstreuung und eine größtenteils ungestörte Fundsituation.
FOTOGRAFIE © ZBSA, Landesmuseen Schleswig-Holstein, Schloss Gottorf

von Altgrabungen auch neue Untersuchungen erfolgen. Hierbei ist das bisher unvollständig vorgelegte Inventar diverser Fundplätze nach heutigen wissenschaftlichen Kriterien auszuwerten und vorzulegen, sowie die chronologische und funktionale Einordnung der Stationen zu überprüfen. Durch den interdisziplinären Forschungsansatz lässt sich nun ein deutlich differenzierteres Bild der Umweltentwicklung entwerfen, da geophysikalische Messmethoden dazu beitragen, die mittelsteinzeitliche Landschaft in ihrer Gänze zu rekonstruieren. Archäobotanische Analysen des ehemaligen Seegebietes zeigen zudem hervorragende Wuchsbedingungen für Haselnüsse. Diese Frucht gilt seit jeher als das Symbol für die Duvenseer Fundplätze, da auf einigen spezialisierte Haselnussröststellen gefunden wurden. Gleichermaßen zeigen die neuen Untersuchungen aber auch, dass die Haselnussernte nicht die einzige Funktion der Stationen darstellte und eine Reduzierung der Fundplätze hierauf an der Realität vorbeigeht. Besonders deutlich zeigt dies die erstmalig im Rahmen des SFB erfolgte Ausgrabung auf dem Wohnplatz 10: Auch hier wurde eine Insel genutzt, um ein Lager aufzuschlagen, auf dem eine intensive Feuersteinverarbeitung stattfand. Diverse Kernbeile und Holzschnitzel zeugen darüber hinaus von Holzverarbeitung, wohingegen eine Sandlinse mit Holzkohle sowie ver- und ungebrannten Haselnüssen deren Röstung anzeigt. Dies ist eine der frühen Röststellen, wie sie auch von anderen Fundplätzen im ehemaligen Seegebiet bekannt sind. Weiterhin fanden sich auf diesem Platz aber auch diverse Knochen vom Elch und Rothirsch. Die Knochen lagen alle in der Uferzone des Fundplatzes – ein typisches Bild für mesolithische Lagerplätze. Während auch an anderen Plätzen des Duvenseer Moors vereinzelt Tierknochen lagen, konnte bisher noch nie derartig eindeutig die Verbindung von Haselnussröstaktivitäten und der Jagd auf Groß- und Kleinwild auf einem der Fundplätze belegt werden. Zugleich zeigen die Ergebnisse aber auch die in der Vergangenheit zu starke Beschränkung der wissenschaftlichen Interpretation der Fundplätze auf einzelne Funktionen auf, sodass – wie auch von Bokelmann selbst immer angemahnt – häufig ein zu einheitliches Bild der Fundplätze am damaligen Duvensee gezeichnet wurde.

LITERATUR

K. Bokelmann, Duvensee, ein Wohnplatz des Mesolithikums in Schleswig-Holstein und die Duvenseegruppe. Offa 28, 1971, 5–26.

K. Bokelmann, Spade paddling on a Mesolithic lake – Remarks on Preboreal and Boreal sites from Duvensee (Northern Germany). In: M.J.L.T. Niekus, R.N.E. Barton, M. Street und T. Terberger (Hrsg.), A mind set on flint. Studies in honour of Dick Stapert. Groningen Archaeological Studies 16 (Groningen 2012) 369–380.

D. Groß, H. Lübke, U. Schmölcke und M. Zanon, Early Mesolithic activities at ancient Lake Duvensee, Germany. The Holocene 29, 2018, 197–208.

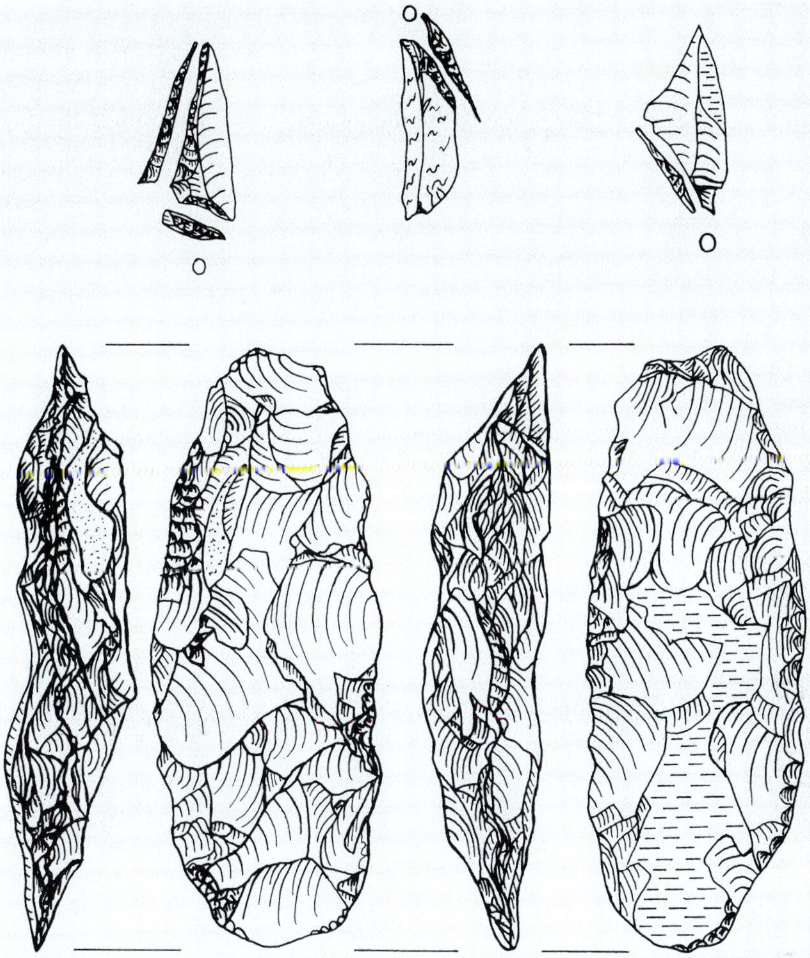

[3] Feuersteinartefakte von Duvensee Wohnplatz 10.
OBEN Mikrolithen
UNTEN Kernbeil
ZEICHNUNGEN Jorna Titel, © ZBSA, Landesmuseen Schleswig-Holstein, Schloss Gottorf

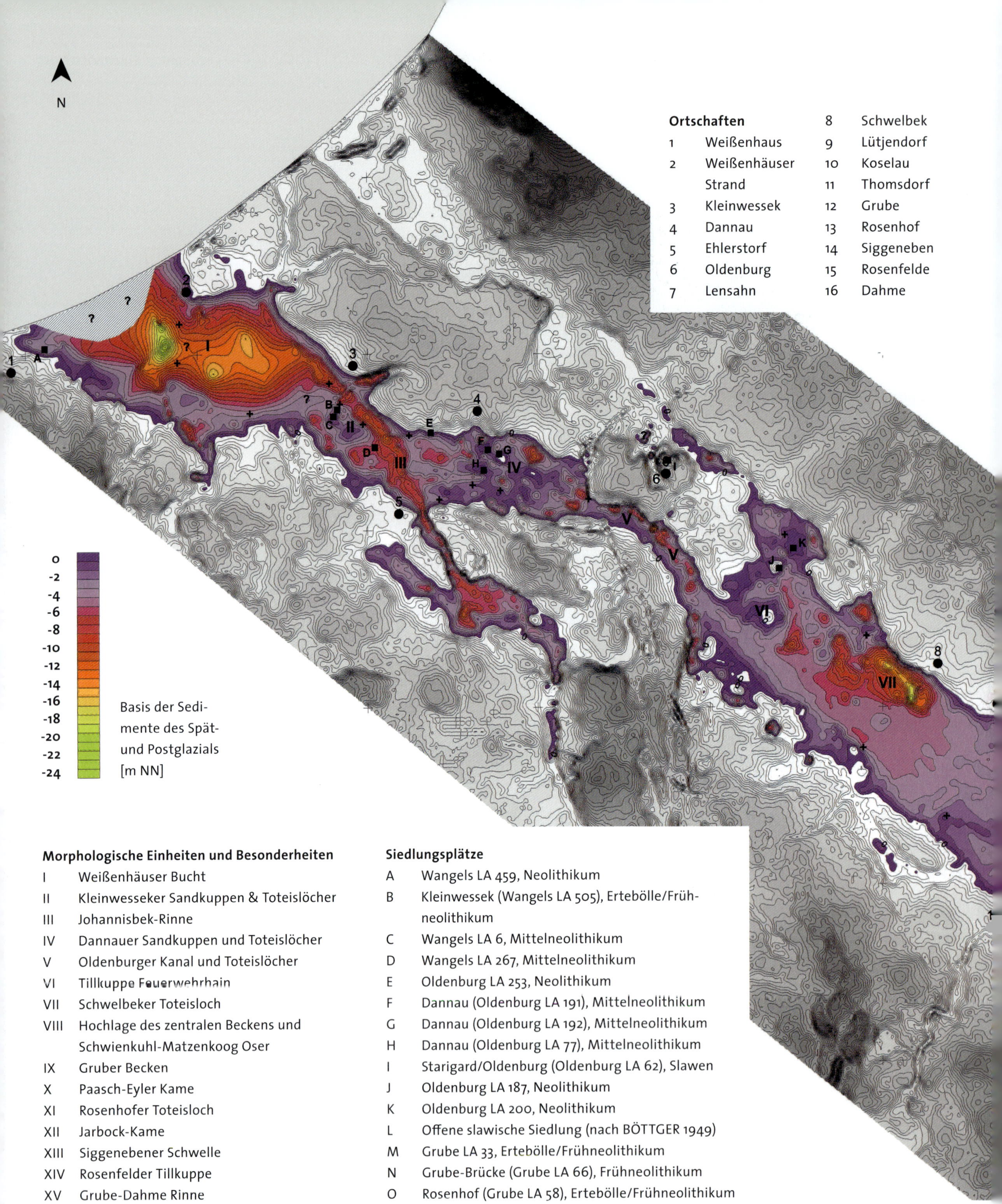

Morphologische Einheiten und Besonderheiten

I Weißenhäuser Bucht
II Kleinwesseker Sandkuppen & Toteislöcher
III Johannisbek-Rinne
IV Dannauer Sandkuppen und Toteislöcher
V Oldenburger Kanal und Toteislöcher
VI Tillkuppe Feuerwehrhain
VII Schwelbeker Toteisloch
VIII Hochlage des zentralen Beckens und Schwienkuhl-Matzenkoog Oser
IX Gruber Becken
X Paasch-Eyler Kame
XI Rosenhofer Toteisloch
XII Jarbock-Kame
XIII Siggenebener Schwelle
XIV Rosenfelder Tillkuppe
XV Grube-Dahme Rinne
XVI Rosenfelder Toteisloch
XVII Rosenfelder Tillinsel
XVIII Rosenfelder Sandinsel
? Datenbasis nicht ausreichend

Siedlungsplätze

A Wangels LA 459, Neolithikum
B Kleinwessek (Wangels LA 505), Ertebölle/Frühneolithikum
C Wangels LA 6, Mittelneolithikum
D Wangels LA 267, Mittelneolithikum
E Oldenburg LA 253, Neolithikum
F Dannau (Oldenburg LA 191), Mittelneolithikum
G Dannau (Oldenburg LA 192), Mittelneolithikum
H Dannau (Oldenburg LA 77), Mittelneolithikum
I Starigard/Oldenburg (Oldenburg LA 62), Slawen
J Oldenburg LA 187, Neolithikum
K Oldenburg LA 200, Neolithikum
L Offene slawische Siedlung (nach BÖTTGER 1949)
M Grube LA 33, Ertebölle/Frühneolithikum
N Grube-Brücke (Grube LA 66), Frühneolithikum
O Rosenhof (Grube LA 58), Ertebölle/Frühneolithikum
P Rosenfelde (Grube LA 83), Ertebölle
Q Siggeneben-Süd (Grube LA 12), Frühneolithikum
R Siggeneben-Ost (Grube LA 25), Frühneolithikum
S Grube LA 62, Spätneolithikum
\+ Fundstreuung, Datierung unsicher

AUTOR
Jan Piet Brozio

STANDORT
Ostholstein, Grube (-Rosenhof) LA 58, Wangels LA 505, Oldenburg (Dannau) LA 77, Oldenburg LA 265

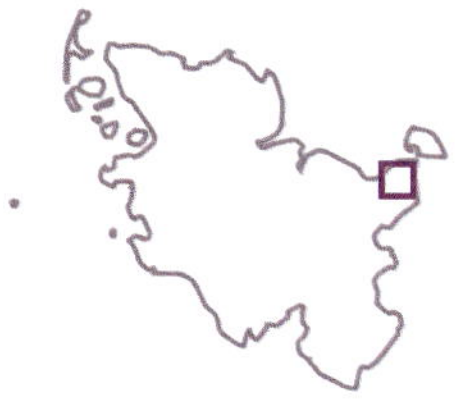

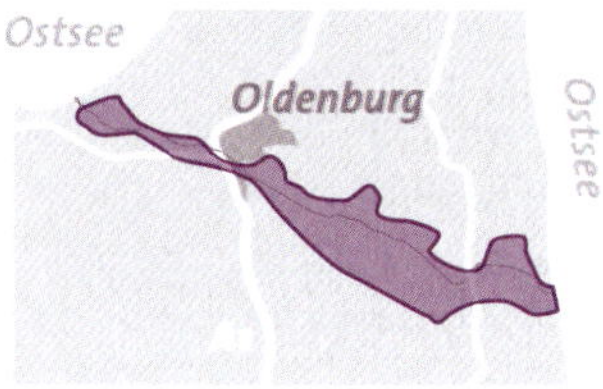

GRABUNGSZEIT
seit 1950

ZEITL. EINORDNUNG
Mesolithikum bis Neolithikum
Ertebølle-Kultur bis Jungneolithikum
4800–2800 v. Chr.

STRUKTUR
Grab
Hafen
Hort
Lager
Opferplatz
Siedlung
Weg
Wehranlage
Wrack
Andere

FUNDE
Keramik/Gefäße
Hausbestandteile
Kleidung
Knochen
Münzen
Nahrung
Schmuck
Waffen
Werkzeuge
Andere

Eine »Schatzkammer« Schleswig-Holsteins

Der Oldenburger Graben (Grube-Wesseker Niederung) in Ostholstein

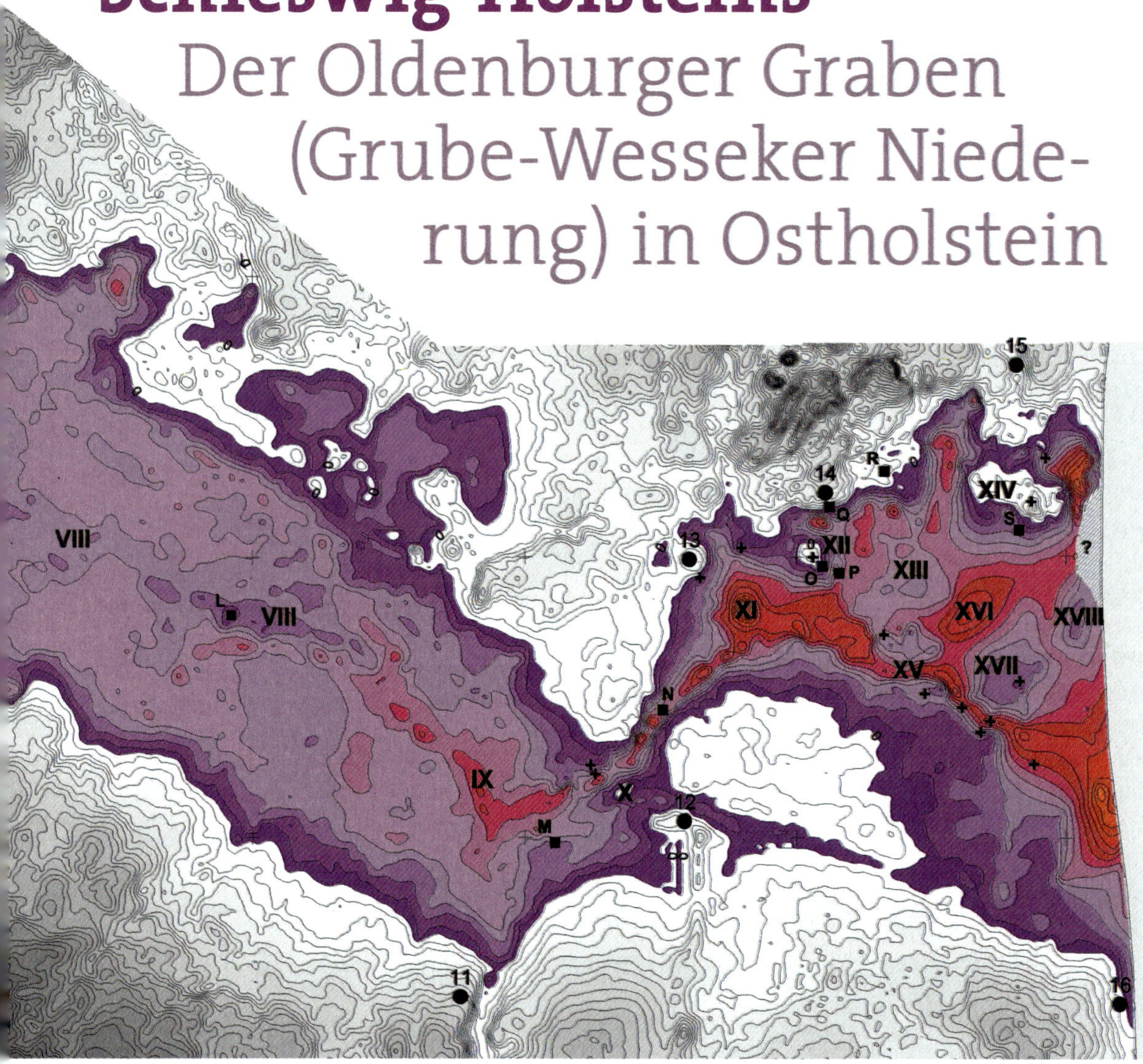

[1] Durch systematische Bohrungen konnte das pleistozäne Relief des heute in weiten Teilen vermoorten Oldenburger Grabens rekonstruiert werden. Die Siedlungsplätze lagen im Mesolithikum und Neolithikum am Uferbereich oder auf Inseln und Halbinseln. ABBILDUNG verändert nach O. Jakobsen 2004

Der Oldenburger Graben (Grube-Wesseker Niederung), ein 23 km langes und bis zu 3 km breites Niederungsgebiet auf der Wagrischen Halbinsel in Ostholstein, gehört zu den bedeutendsten archäologischen Landschaften in Schleswig-Holstein. Begründet liegt dies in den außerordentlich guten Erhaltungsbedingungen der in weiten Teilen vermoorten Niederung. Gebildet wurde diese Landschaft durch das Becken einer Gletscherzunge in der Weichseleiszeit vor ca. 115.000 bis 11.500 v. Chr. Heutzutage prägen das vornehmlich unter Normalhöhennull liegende Feuchtgebiet Moore und ein zunehmend verlandender Binnensee, deren heutige Gestalt das Ergebnis von Entwässerungsmaßnahmen seit den 1920er Jahren ist. Die Trockenlegung führte zu Sackungsprozessen der torfigen Deckschichten der Niederung und zu einer Rückbildung des Reliefs in Richtung des eiszeitlichen Zustands. Geformt wurde diese Region vor allem durch den Meeresspiegelanstieg, der zu einem mehrfachen Wandel der Landschaft beitrug, in der bis heute mehrere Inseln und Halbinseln als Geländeerhöhungen erhalten blieben. Eine Trennung in einen westlichen und einen östlichen Teil erfolgt im Bereich der Stadt Oldenburg durch eine natürliche Landbrücke. Von besonderer Bedeutung ist in diesem Zusammenhang der Wechsel von einer Förde- zu einer zunehmenden Lagunenlandschaft im westlichen Oldenburger Graben zwischen 3000–2900 v. Chr. Zudem erwies und erweist sich Ostholstein aufgrund geringer jährlicher Niederschlagsmengen als klimatischer Gunstraum. Diese über die Jahrtausende veränderte Landschaft nutzte der Mensch seit dem Paläolithikum für die Jagd und das Sammeln von Früchten. Dies liegt nicht zuletzt daran, dass die Inseln und Halbinseln sowie die Uferzonen attraktive Siedlungsplätze waren, die am Schnittpunkt zwischen Meer und bewaldetem Hinterland lagen. Eine Vielzahl an Fundplätzen, die in vielen Fällen aufmerksame Beobachter oder Sammler entdeckten, kennzeichnet die Forschungslandschaft des Oldenburger Grabens. Insbesondere aber für das Mesolithikum und das Neolithikum ließen sich durch Ausgrabungen an Siedlungsplätzen seit der Mitte des 20. Jh. wichtige Einblicke in das urgeschichtliche Leben gewinnen. Einige werden im Folgenden exemplarisch vorgestellt:

[2] Am Fundplatz Grube-Rosenhof wurde ein 58 cm langer mit 280 Kerben verzierter Lochstab aus Rothirschgeweih geborgen. Das Funktionsspektrum des zwischen 4800–4600 v. Chr. zu datierenden Stabes mag zwischen einem möglichen Machtzeichen, einer Schlagwaffe oder einem Utensil für unbekannte rituelle Handlungen zu deuten sein.
FOTOGRAFIE © Landesmuseen Schleswig-Holstein, Schloss Gottorf

Hierzu gehört der während der Anlage eines Entwässerungsgrabens im östlichen Teil des Oldenburger Grabens entdeckte ertebøllezeitliche Fundplatz Grube-Rosenhof LA 58, der einzige Vertreter seiner Art an der schleswig-holsteinischen Ostseeküste. Während mehrerer Kampagnen konnte dort eine siedlungsnahe, im Flachwasser gelegene Abfallzone untersucht werden, die im Endmesolithikum auf einer halbrunden, in die Förde ragenden Landzunge lag. Die Menschen betrieben neben Fischfang, mithilfe von Fischstechern, Fischzaun und Reuse, im bewaldeten Hinterland Jagd und Sammelwirtschaft. Kontakte der Jäger und Sammler mit südlich lebenden Ackerbauern und Viehzüchtern belegen der Importfund einer donauländischen Axt sowie die Übernahme der Keramiktechnologie. Herausragend ist zudem der Fund eines Lochstabes aus Rothirschgeweih. Einen mehrphasigen Fundplatz, dem Übergang der letzten Phase des Mesolithikums, aber auch dem beginnenden Frühneolithikum zuzuordnen, stellt der Fundplatz Wangels LA 505 am ehemaligen Fördeufer dar. Dabei nehmen ab 4300 v. Chr. bis um 4000 v. Chr. Haustierzucht und Getreideanbau bzw. -nutzung zu. Aalstecher und Paddel verweisen zudem auf die Bedeutung des Gewässers für die Bewohner. Weiter östlich im westlichen Oldenburger Graben wurde durch jahrzehntelange intensive Forschungen eine durch Inseln und Halbinseln geprägte Kleinregion im Detail untersucht. In ihrem Zentrum liegt auf einer Insel die Siedlung Oldenburg Dannau LA77 der Trichterbecherkultur, in der um 3100 v. Chr. bis zu 120 Menschen lebten. Die neolithisch lebenden Menschen betrieben Ackerbau- und Viehzucht, umgaben ihre Siedlung mit einem Zaun und stellten ihre Wasserversorgung mit Brunnen sicher. Weitere Siedlungsplätze liegen zeitgleich in Form einzelner Häuser oder kleineren Ansiedlungen nur 100 m entfernt. Neben Bestattungen an den ehemaligen Uferbereichen stellt sich als herausragender Fund eine Keule mit einem gut erhaltenen verzierten, hölzernen Schaft aus der Zeit der Einzelgrabkultur dar.

Aber auch neue Untersuchungen im Oldenburger Graben im Rahmen der Schienenanbindung zur Fehmarnbeltquerung führten zu neuen außergewöhnlichen Befunden. So wurden am Platz Oldenburg LA 265 neben einem Knüppeldamm und Teilen einer Fischfanganlage auch mehrere neolithische Wagenachsen geborgen.

LITERATUR

J. P. Brozio, Megalithanlagen und Siedlungsmuster im trichterbecherzeitlichen Ostholstein. Frühe Monumentalität und soziale Differenzierung 9 (Bonn 2016).

J. P. Brozio, D. Filipović, U. Schmölcke, W. Kirleis und J. Müller, Mittel- bis jungneolithische Siedlungshinterlassenschaften zwischen 3300–2600 v. Chr. – Der Fundplatz Oldenburg LA 232 im Oldenburger Graben, Ostholstein. Praehistorische Zeitschrift 93, 2019, 185–224.

F. Feulner und S. Hartz, Ein Loch, sieben Ecken und 280 Kerben – Der Kultstab von Grube-Rosenhof in Ostholstein. ANSH 17, 2011, 22–25.

J. Goldhammer, P. Frenzel, J. Ewersen und S. Klooß, Untersuchungen zur Stratigraphie, Fundverteilung und zum Fundspektrum der mittleren Ertebøllekultur in Ostholstein. Die Nachgrabungen in Grube-Rosenhof aus den Jahren 2001 und 2002. Universitätsforsch. prähist.Arch. Bd. 163 (Bonn 2008).

S. Hartz, Fundgrube Oldenburger Graben. Mittelneolithische Siedlungsreste aus Wangels (LA 505) in Ostholstein. ANSH 13, 2005, 37–64.

S. Hartz, Oldenburger Graben. Schatztruhe der Steinzeit in Schleswig-Holstein. ANSH 22, 2017, 22–29.

O. Jakobsen, Die Grube-Wesseker Niederung (Oldenburger Graben, Ostholstein): Quartärgeologische und geoarchäologische Untersuchungen zur Landschaftsgeschichte vor dem Hintergrund des anhaltenden postglazialen Meeresspiegelanstiegs (unveröffentl. Dissertation, Universität Kiel, 2004).

[3] Nahe der Siedlung Oldenburg-Dannau wurde ein kugelförmiger Geröllkeulenkopf mit einem mindestens 28 cm langen Holzschaft aus einem vierjährigen Eschenschössling gefunden. Die in die Zeit zwischen 2500 und 2300 v. Chr. einzuordnende Waffe war mit einem abgesetzten Griff und Verzierungen in Form umlaufender Ritzlinien versehen. FOTOGRAFIE Sara Jagiolla, Kiel

[1] Die Rekonstruktion des Grabenwerkes Albersdorf-Dieksknöll. Typisch für ein trichterbecherzeitliches Grabenwerk ist die freie Innenfläche, deren Zugang durch ein Grabensystem und komplexe Eingänge erschwert ist.
ZEICHNUNG Susanne Beyer, Kiel

AUTOREN
Hauke Dibbern
Johannes Müller

STANDORT
Dithmarschen, Albersdorf-Dieksknöll LA 68
Bredenhoop LA 56,
Brutkamp LA 5

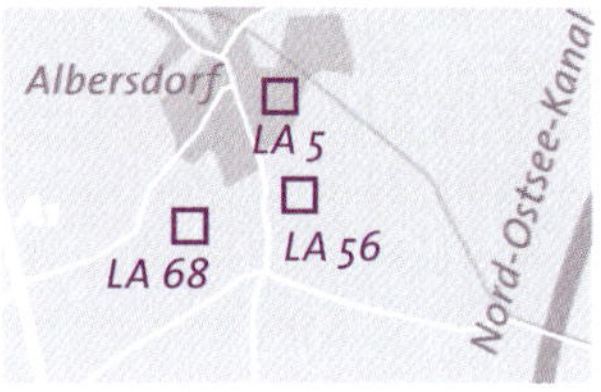

GRABUNGSZEIT
2009–2011

ZEITL. EINORDNUNG
Neolithikum
Trichterbecher phänomen
ca. 3800–2800 v. Chr.

STRUKTUR
Grab
Hafen
Hort
Lager
Opferplatz
Siedlung
Weg
Wehranlage
Wrack
Andere

FUNDE
Keramik/Gefäße
Hausbestandteile
Kleidung
Knochen
Münzen
Nahrung
Schmuck
Waffen
Werkzeuge
Andere

Albersdorf-Dieksknöll, Bredenhoop und Brutkamp

Eine jungsteinzeitliche Landschaft mit 1000-jähriger Geschichte

Das Grabenwerk Albersdorf-Dieksknöll wurde bereits 1992 aus der Luft entdeckt. Die ovale Anlage befindet sich auf einem Geländesporn südwestlich von Albersdorf (Dithmarschen), zu drei Seiten von den Niederungen zweier Wasserläufe umgeben. Eine einzelne Reihe Grabensegmente sowie eine Innenpalisade umgrenzen den eigentlichen, etwa 2,5 ha großen Komplex. Bereits kurz nach der Entdeckung wurden archäologische Untersuchungen durchgeführt, die eine Datierung des Grabenwerks in die frühneolithische »Fuchsbergstufe« der Trichterbecherkultur nahelegten. Die Funktion der Anlage blieb jedoch unklar. Zur Überprüfung der nur in Ansätzen publizierten Forschungsergebnisse wurde im Rahmen des Schwerpunktprogrammes »Frühe Monumentalität und soziale Differenzierung« im Frühjahr 2010 nochmals am Dieksknöll gegraben. Hierbei ließen sich sowohl ein auffällig gestalteter Grabendurchlass, ein Palisadenabschnitt der Einhegung als auch ein Teil der Innenfläche erfassen. Die Grabensegmente zeichnen sich durch eine Folge wiederholter Aushebungen und Verfüllungen aus – allesamt punktuelle Ereignisse. Über radiometrische Datierungen war nachzuweisen, dass diese mit großen zeitlichen Abständen über einen Zeitraum von ca. 3700–2500 v. Chr. stattfanden! In zwei Lücken der Grabenreihe standen Konstruktionen aus mächtigen senkrechten Pfosten. Durch sie dürfte das Grabenwerk weithin sichtbar gewesen sein. Es handelt sich um einen Platz, der regelmäßig für rituelle Zusammenkünfte der Bevölkerung eines größeren Einzugsgebietes aufgesucht wurde. Das Grabenwerk steht in Verbindung mit anderen Anlagen in der näheren Umgebung: sowohl mit Langbetten in Albersdorf als auch dem Megalithgrab vom Brutkamp.

Das Langbett »Albersdorf LA 56« liegt als über 40 m lange, bis zu 7 m breite und noch ca. 2 m hohe Grabanlage zusammen mit einigen anderen vergleichbaren Anlagen im Waldgebiet

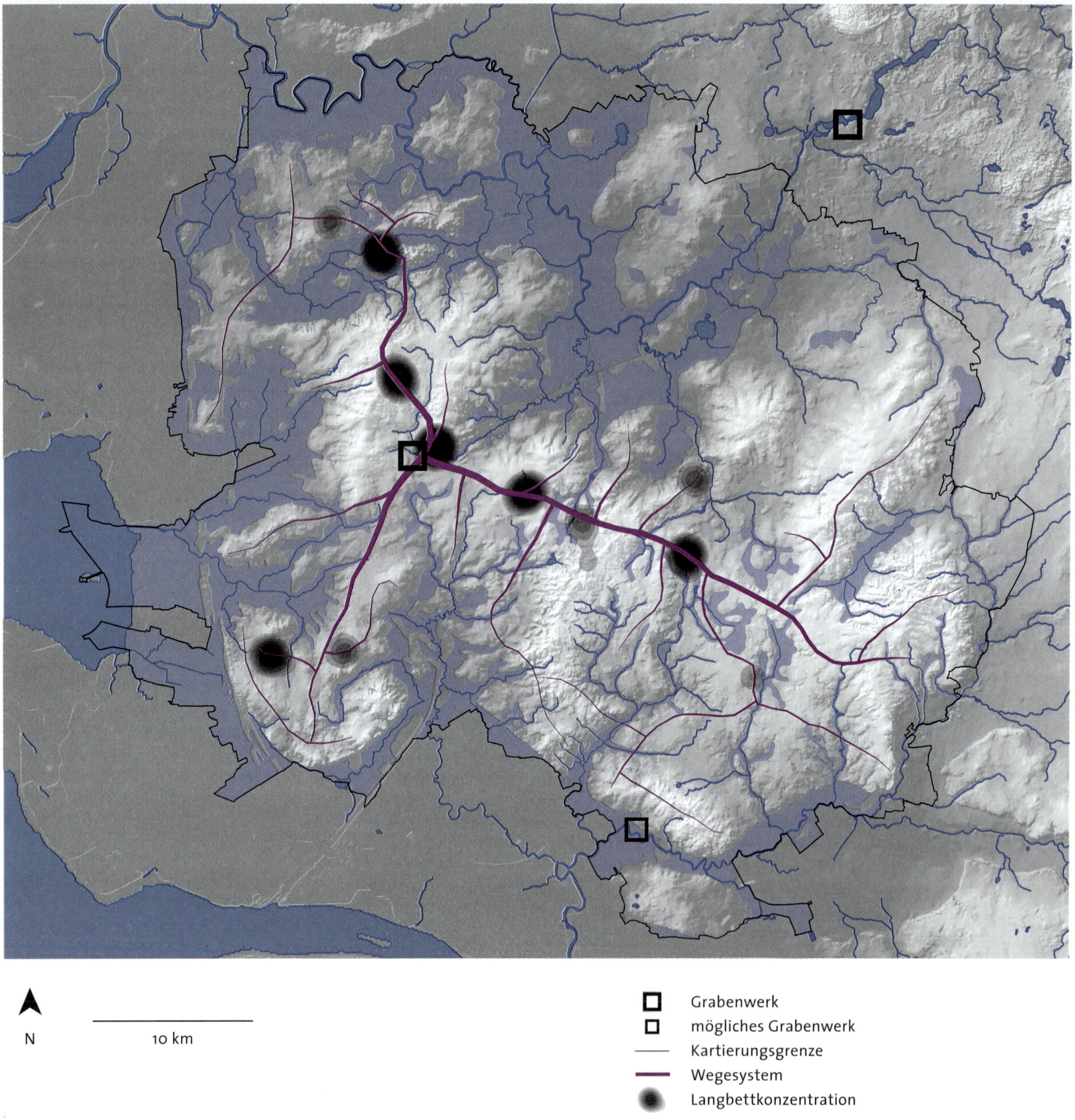

[2] Die Lage der rituellen Landschaft Albersdorf an einem Knotenpunkt älterer Wegesysteme. Die hellblauen Flächen in der Kartierungsgrenze waren z. Z. des Neolithikums Teil der Nordsee bzw. einer Lagunenlandschaft im Uferbereich. KARTE Hauke Dibbern, Schleswig

[3] Die Ausgräber Hauke Dibbern und Franziska Hage beim Vermessen des Brutkamps. FOTOGRAFIE Sara Jagiolla, Kiel

»Bredenhoop«. Viele jungsteinzeitliche Grabbauten sind heute gänzlich zerstört oder, wie im Falle der Langbetten im Bredenhoop, durch Gewinnung des begehrten Steinmaterials, etwa für den Straßenbau, stark beschädigt. Obwohl auch die Substanz des Langbetts LA 56 im 19. Jh. stark in Mitleidenschaft gezogen worden war, erbrachte die 2011 durchgeführte Grabung dennoch sehr aussagekräftige Ergebnisse in Bezug auf die Baugeschichte und Architektur des Grabes. Die Grabung konnte exemplarisch aufzeigen, dass dem Beginn des Baus monumentaler Großsteingräber in Nordeuropa ab ca. 3650 v. Chr. bereits ein Innovationsschritt vorausging: die Errichtung nichtmegalithischer Langbetten, die ebenfalls als Bestattungsplätze dienten. Die ergrabene Megalithkammer im Langbett LA 56 wurde erst einige Jahrzehnte nach dem Bau des aus Grassoden und Sandaufschüttungen bestehenden Langhügels installiert. Wie beim Grabenwerk vom »Dieksknöll« und dem ebenfalls untersuchten Megalithgrab »Brutkamp« zeigt sich auch am Langbett LA 56 eine langfristige Belegung.

Eines der bekanntesten Großsteingräber Norddeutschlands ist der »Brutkamp« in Albersdorf – nicht zuletzt wegen seines gewaltigen Decksteins, der mit einer Masse von 18 t einen der größten Schleswig-Holsteins darstellt. Die Grabkammer in Form eines polygonalen Dolmens liegt zentral innerhalb eines runden Erdhügels, den ein Kranz mächtiger Steinblöcke einfasst. Sie besaß ursprünglich einen aus zwei Steinjochen bestehenden Zugang im Südosten. Um Genaueres über das Alter und den Nutzungszeitraum dieses beeindruckenden trichterbecherzeitlichen Grabmonuments in Erfahrung zu bringen, fand im Spätsommer 2009 erstmals eine archäologische Untersuchung statt. Der Sondageschnitt wurde im Bereich vor dem Kammerzugang angelegt, wo mit einem erhöhten Fundaufkommen zu rechnen war. Dieses immer wieder zu beobachtende Phänomen resultiert aus Bereinigungen der Kammer im Vorfeld von Neubestattungen, da es sich bei Megalithgräbern in der Regel um langfristig genutzte Kollektivgräber handelt. Die Sondagegrabung erbrachte tatsächlich ein umfangreiches, jedoch erwartungsgemäß stark zerscherbtes Inventar früh- und mittelneolithischer Keramik. Über dessen räumliche Verteilung konnte u. a. zwischen aus der Kammer geräumten und ursprünglich vor dem Zugang deponierten Gefäßen unterschieden werden. Eine erneute Nutzung des Grabmonuments fand offensichtlich im Spätneolithikum statt, belegt durch die charakteristischen Silexdolche, eine teilweise Zerstörung des Ganges sowie einer erneuten Überhügelung. Dieksknöll, Bredenhoop und Brutkamp bilden eine rituelle Kulturlandschaft, in der über Jahrhunderte die jungsteinzeitlichen Gemeinschaften Versammlungen, Opferungen und Begräbnisse kooperativ vornahmen.

LITERATUR

H. Dibbern, Das trichterbecherzeitliche Westholstein. Frühe Monumentalität und soziale Differenzierung 8 (Bonn 2016).

I. Feeser und W. Dörfler, Landschaftsentwicklung und Landnutzung. In: H. Dibbern (Hrsg.), Das trichterbecherzeitliche Westholstein 8 (Bonn 2016) 17–24.

J. Müller, Social memories and site biographies: construction and perception in non-literate societies. Analecta Praehistorica Leidensia 49, 2018, 9–17.

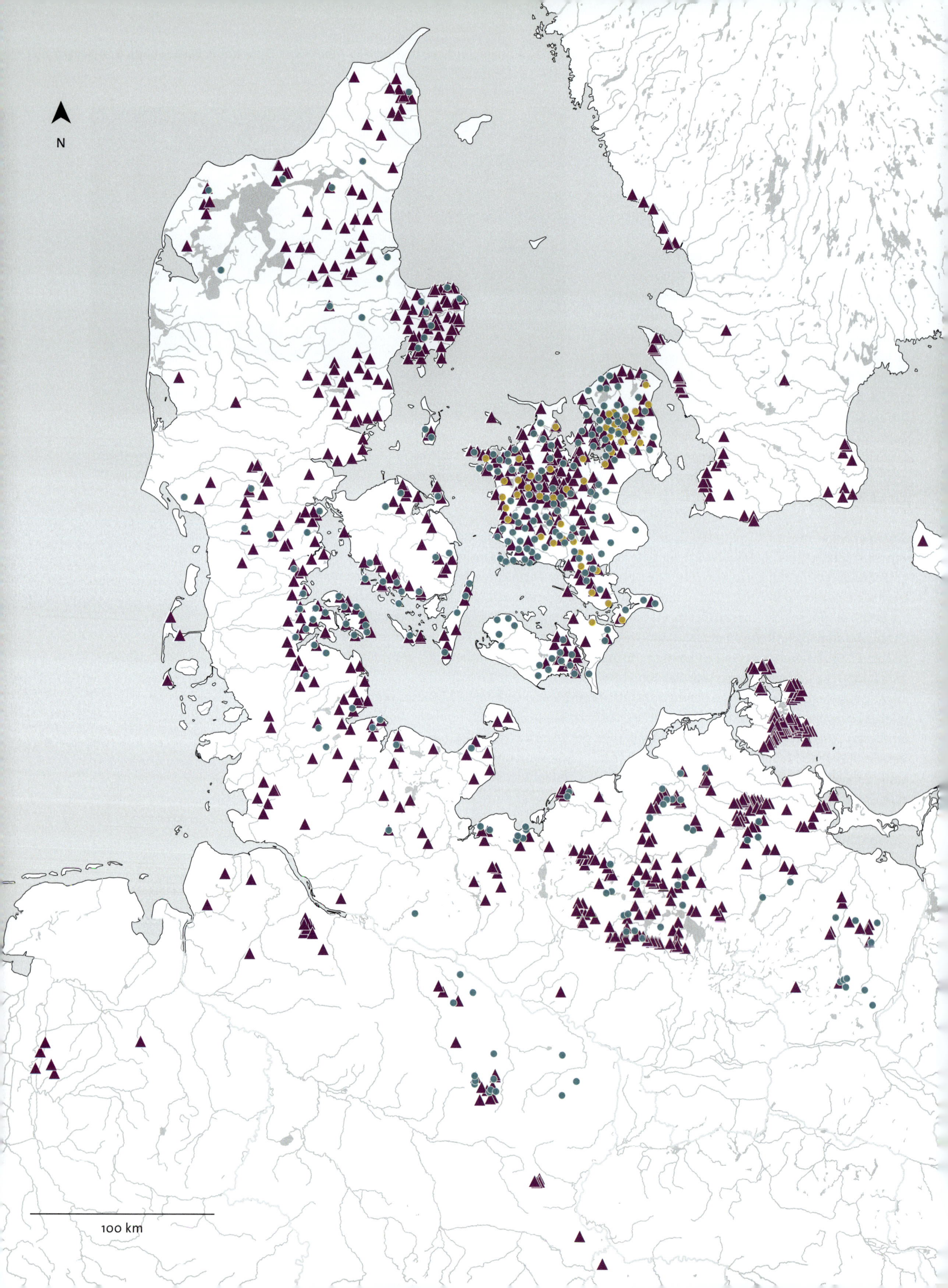
N
100 km

AUTORIN
Maria Wunderlich

STANDORT
Schleswig-Holstein

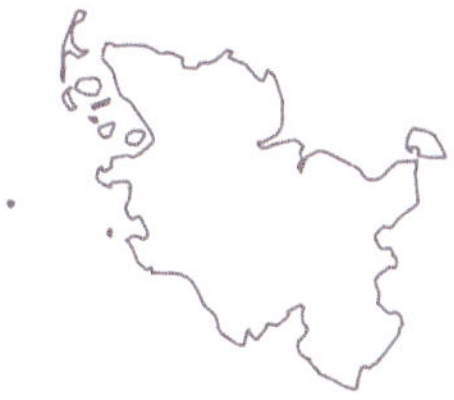

GRABUNGSZEIT
seit dem 19. Jh.

ZEITL. EINORDNUNG
frühes und mittleres Neolithikum 3600–3200 v. Chr.

STRUKTUR
Grab
Hafen
Hort
Lager
Opferplatz
Siedlung
Weg
Wehranlage
Wrack
Andere

FUNDE
Keramik/Gefäße
Hausbestandteile
Kleidung
Knochen
Münzen
Nahrung
Schmuck
Waffen
Werkzeuge
Andere

Monumentale Landschaften

Die Megalithgräber in Schleswig-Holstein zwischen 3600 und 3200 v. Chr.

Zu den bekanntesten und eindrucksvollsten Denkmalen der frühen und mittleren Phase des Neolithikums (4100–2800 v. Chr.) zählen in Schleswig-Holstein die Großsteingräber, die in zahlreichen Typen und Ausformungen auftreten. Großsteingräber und Langbetten standen bereits im Interessenfokus antiquarischer Aktivitäten und tragen mit Bezeichnungen wie »Hünen-« oder »Riesenbett« eine anhaltende Faszination für diese archäologischen Denkmale weiter.

Die Errichtung der Megalithgräber im Raum Schleswig-Holstein ist verbunden mit dem Auftreten der Gesellschaften der Trichterbecherkultur (TBK), die die frühesten Bodenbauern in diesem Raum repräsentieren. Die Errichtung der Grabanlagen selbst beginnt ab ca. 3700 v. Chr. Zu welchen Anteilen äußere sowie innere Impulse bzw. Transformationen den Anstoß zum Beginn des Vorkommens megalithischer Monumente gaben, kann nicht abschließend geklärt werden, jedoch ist klar, dass die beeindruckenden Grabanlagen der TBK eine Materialisierung umwälzender gesellschaftlicher Prozesse sind.

Die ersten dieser monumentalen Grabanlagen waren jedoch noch nicht-megalithische Monumente; die sog. Langbetten, die aus massiven Erdschüttungen bestanden, die oftmals kleine Grabgruben enthielten. Ganze Cluster dieser frühen, nicht-megalithischen Grabanlagen finden sich im Sachsenwald, Kr. Herzogtum-Lauenburg, und in Flintbek, Kr. Rendsburg-Eckernförde. Einige der Langbetten weisen zudem bereits Steinrahmen auf, die in Teilen aus Findlingen bestehen und auf einen hohen Arbeitsaufwand hindeuten, der mit der Errichtung der Grabanlagen verbunden war. Um ca. 3600 v. Chr. beginnt schließlich die Phase der Errichtung der eigentlichen Megalithgräber; der sog. Dolmen und Ganggräber. Diese kommen zahlreich und in

[1] Kartierung der Megalithgräber in Norddeutschland, Dänemark und Südschweden. KARTE (aus Müller 2017, 61)

- ● mittlere und große einjochige Rechteckdolmen
- ● kleine einjochige Rechteckdolmen
- ▲ erweiterte Dolmen und Großdolmen

unterschiedlichen regionalen Ausprägungen vor allem an der Ostküste und den zentralen Gebieten Schleswig-Holsteins vor. Hier wird die schwerpunktmäßige Bindung der Megalithgräber an die an Findlingen reichen Naturräume der Alt- und Jungmoränenlandschaften deutlich. Aktuelle Datierungsprogramme deuten darauf hin, dass die Dolmentypen älter sind als die Ganggräber, jedoch ist insbesondere das zeitliche Verhältnis zwischen den unterschiedlichen Dolmentypen nicht vollkommen geklärt. Die sog. Urdolmen repräsentieren dabei zumeist die kleinsten Grabtypen, die oftmals wohl nur wenige Bestattungen enthielten. Erweiterte- bzw. Rechteckdolmen sind bereits in ihrer Grundfläche und der Anzahl der Decksteine größer; zudem wiesen diese Grabtypen oftmals Öffnungen bzw. Aussparungen auf, die auf einen anhaltenden Zugang und wiederholte Nutzung dieser Gräber schließen lassen. Eines der namhaftesten Exemplare dieser bereits größeren Grabanlagen ist der »Brutkamp« bei Albersdorf mit dem größten Deckstein im schleswig-holsteinischen Raum. Die spätesten und zugleich architektonisch eindrücklichsten Grabtypen stellen die sog. Ganggräber dar, die ab dem Mittelneolithikum um 3300 v. Chr. aufkommen. Bekannte Beispiele sind das Ganggrab vom Typ Holsteiner Kammer in Wangels (LA 69) sowie das den dänischen Ganggräbern ähnliche Ganggrab »Denghoog« auf Sylt (Wenningstedt-Braderup LA 85). Ganggräber zeichnen sich zum einen durch ihre Größe und Komplexität aus, die beispielsweise mehrphasige Hügelschüttungen, trichterförmige Gangmündungen und räumliche Untergliederungen der eigentlichen Grabkammer umfassen. Zum anderen sind Ganggräber Kollektivgräber, in und an denen über Jahrhunderte immer wieder Bestattungen, aber auch Deponierungen von Keramik und Flintwerkzeugen stattfanden.

[2] Der Dolmen von Brutkamp, Albersdorf.
FOTOGRAFIE Sara Jagiolla, Kiel

Dass sowohl Megalithgräber als auch Langbetten in durch gute Erhaltungsbedingungen charakterisierten Gebieten (bspw. Forste und Wälder) häufig in kleineren Gruppen zu finden sind, deutet auf die Etablierung spezifischer, über lange Zeiträume kontinuierlich genutzte und ausgebaute Grabareale hin. Diese Orte prägt dabei nicht nur ihre Nutzung als Begräbnisplätze. Umfangreiche Ausgrabungen an Orten wie Büdelsdorf legten eine komplexe Szene frei, in der rituelle Handlungen wie die Deponierung und Zerstörung von Gefäßen und das Anlegen kleinerer Strukturen eine wichtige Rolle spielten.

Die Errichtung der Megalithgräber im Bereich des heutigen Schleswig-Holsteins endete um 3100 v. Chr.; jedoch fanden noch jahrhundertelang in den Kammern Begräbnisse statt. Die aus umfangreichen archäologischen Ausgrabungen gewonnenen Erkenntnisse zeigen, dass Megalithgräber in ihrer gesamten Errichtungs- und Nutzungsphase als wichtige gemeinsame Erinnerungsorte aufzufassen sind, in denen unterschiedliche Gemeinschaften kollektiv bestatteten und soziale Bezugsrahmen gestärkt und erneuert werden konnten.

LITERATUR

J. P. Brozio, Megalithanlagen und Siedlungsmuster im trichterbecherzeitlichen Ostholstein. Frühe Monumentalität und soziale Differenzierung 9 (Bonn 2016).

H. Dibbern, Das trichterbecherzeitliche Westholstein: eine Studie zur neolithischen Entwicklung von Landschaft und Gesellschaft. Frühe Monumentalität und soziale Differenzierung 8 (Bonn 2016).

M. Furholt und D. Mischka, The phasing of megalithic construction activities and its implications for the development of social formations in Northern Central Germany. In: M. Hinz, J. Müller und

[3] Funde von aufwendig gearbeiteten Flintdolchen aus Albersdorf sowie aus Büdelsdorf.
FOTOGRAFIEN Agnes Heitmann, Kiel

M. Wunderlich (Hrsg.), Megaliths – Societies – Landscapes. Early Monumentality and Social Differentiation in Neolithic Europe. Proceedings of the international conference »Megaliths – Societies – Landscapes. Early Monumentality and Social Differentiation in Neolithic Europe« (16th–20th June 2015) in Kiel. Frühe Monumentalität und soziale Differenzierung 18 (Bonn 2019) 921–938.

F. Hage, Büdelsdorf/Borgstedt: eine trichterbecherzeitliche Kleinregion. Frühe Monumentalität und soziale Differenzierung 11 (Bonn 2016).

D. Mischka, Temporality in the monumental landscape of Flintbek. In: M. Furholt und D. Mischka (Hrsg.), »As time goes by?« Monumentality, Landscapes and the Temporal Perspective. Proceedings of the international workshop »Socio Environmental Dynamics over the last 12,000 years: The creation of landscapes II (14th–18th March 2011)« in Kiel. Universitätsforschungen zur Prähistorischen Archäologie 206 (Bonn 2012) 133–143.

J. Müller, Großsteingräber – Grabenwerke – Langhügel. Frühe Monumentalbauten Mitteleuropas. Archäologie in Deutschland. Sonderheft 11/2017.

J. Müller, Social memories and site biographies: construction and perception in non-literate societies. Analecta Praehistorica Leidensia 49, 2018, 9–17.

E. Schuldt, Die Dolmengruppe im Nordteil des Everstorfer Forstes bei Barendorf, Kreis Grevesmühlen. Bodendenkmalpflege in Mecklenburg 1968, 1970, 7–38.

B. Schulz Paulsson, Time and Stone. The Emergence and Development of Megaliths and Megalithic Societies in Europe (Oxford 2017).

E. Sprockhoff, Kammerlose Hünenbetten im Sachsenwald. Offa 13, 1954, 1–16.

M. Wunderlich, M. Hinz und J. Müller, Diversified monuments: A chronological framework of the creation of monumental landscapes in prehistoric Europe. In: M. Hinz, J. Müller und M. Wunderlich (Hrsg.), Megaliths – Societies – Landscapes. Early Monumentality and Social Differentiation in Neolithic Europe. Proceedings of the international conference »Megaliths – Societies – Landscapes. Early Monumentality and Social Differentiation in Neolithic Europe« (16th–20th June 2015) in Kiel. Frühe Monumentalität und soziale Differenzierung 18 (Bonn 2019) 25–29.

[1] Zwei monumentale Grabhügel der Bronzezeit und ein Hügelgräberfeld der Wikingerzeit bei Steenodde auf der Insel Amrum, Kreis Nordfriesland. Die bronzezeitlichen Hügel sind von weithin sichtbar. Die wikingerzeitlichen Hügel liegen in einer Gruppe dicht beieinander.
FOTOGRAFIE Dirk Bienen-Scholt, Hooge

AUTORIN
Mechtild Freudenberg

STANDORT
Schleswig-Holstein

GRABUNGSZEIT
seit Beginn des 19. Jh.

ZEITL. EINORDNUNG
Trichterbecher-Kultur bis zum Ende der Wikingerzeit ab ca. 3800 v. Chr.

STRUKTUR
Grab
Hafen
Hort
Lager
Opferplatz
Siedlung
Weg
Wehranlage
Wrack
Andere

FUNDE
Keramik/Gefäße
Hausbestandteile
Kleidung
Knochen
Münzen
Nahrung
Schmuck
Waffen
Werkzeuge
Andere

Zwischen Identitätsstiftung und Zerstörung

Hügelgräber in Schleswig-Holstein

Sie liegen an exponierten Stellen in der Landschaft, begleiten Wegsysteme, sie können als Solitäre auftreten aber auch in Gruppen und sind den meisten Landwirten ein »Dorn im Acker«. Die Erbauer der Grabhügel veränderten und prägten mit ihren Monumenten nachhaltig die Landschaft. Das Bauwerk entzog meist landwirtschaftliche Bereiche der weiteren Nutzung und reduzierte an den Entnahmeflächen für Soden für Jahre den agrarischen Ertrag. Der Bau eines Grabhügels war also ein »Statement«, das sich nicht nur an die handelnde Gemeinschaft richtet, sondern auch an zukünftige Generationen. Aber warum bauten einige Gesellschaften Grabhügel, andere dagegen nicht? Welche Bedeutung stellten die Grabhügel für die Erbauer dar?

In Nordmitteleuropa und Südskandinavien erfolgte die Errichtung erster Grabhügel in der Trichterbecherkultur der **Jungsteinzeit** ab etwa 3800 v. Chr. Die Langhügel von 5 – 10 m Breite und 40 – 50 m Länge sind als Ergebnis komplexer Handlungen im Zuge von Bestattungen zu deuten. Einhegungen, Opferplätze an den Hügeln und teils massive Pfosten verstärkten die Sichtbarkeit der Anlagen – zumindest für eine gewisse Zeit. In Borgstedt (Kr. Rendsburg-Eckernförde) ließen sich Einhegungen nachweisen, ebenso Langhügel, die im Laufe der Zeit in megalithische Anlagen umgewandelt wurden. Die Kleindolmen von Borgstedt und erste kleine Megalithgräber entstanden vermutlich um 3800/3700 v. Chr.

Mit den Megalithgräbern begann die mehrfache Nutzung der Grabräume: Zunächst wurden die Megalithgräber für nachfolgende Bestattungen immer wieder geöffnet und später die Kammern mit einem Gang versehen und damit zugänglich gebaut. Im Gegensatz zu den Langhügeln handelte es sich hier um Mehrfachbestattungen mit eher kollektivem als individuellem Charakter. Das gilt auch für den Bau selbst: Die Errichtung eines Megalithgrabes benötigte ca. 70 Personen, wie Versuche 2015 an der Christian-Albrechts-Universität zu Kiel zeigten.

Grundsätzlich sind auch Megalithgräber zunächst einmal Hügelgräber, allerdings mit der besonderen Architektur der aus Findlingen gebauten Grabkammern und teilweise auch Hügeleinfassungen. Mit ihnen erhielten die Anlagen eine Monumentalität. Die Grabmonumente symbolisieren den Anspruch der Erbauer, an diesen Ort gekommen zu sein, um zu bleiben. Sie sind für die Ewigkeit gebaut. In der Spätphase der Trichterbecherkultur wurden die bestehenden Megalithgräber zwar noch weiterverwendet, aber keine neuen mehr gebaut. Mit dem Beginn der Einzelgrabkultur endete die Zeit der Kollektivbestattungen.

In Schleswig-Holstein prägen vor allem die Grabhügel der **Bronzezeit** bis heute die Landschaften. Die meisten von ihnen wurden in der Zeit von 1500 bis 1300 v. Chr. angelegt und in den nachfolgenden Jahrhunderten für Sekundärbestattungen ausgebaut. Gleichzeitig integrierten die Erbauer auch neolithische Grabmonumente in ihre Gräberlandschaften und erweiterten sie für ihre Sekundärbestattungen. Bei einigen Hügeln finden sich Gräber der jüngeren Bronzezeit im Hügelmantel und der älteren Eisenzeit im direkten Umfeld. Offenbar bildeten die Hügel den Ausgangspunkt von Begräbniszentren. Die neu gebauten Monumente verband der Anspruch, zu sehen und gesehen zu werden: Sie liegen an exponierten Stellen mit zumindest in eine Richtung guter Fernsicht. Selbst wenn die Hügel in Gruppen auftreten, wirken sie mehr als Solitäre, weniger als geschlossene Gruppe. Wie schon ein Teil der Megalithgräber liegen sie häufig an Wegsystemen, wie z. B. dem Ochsenweg (s. Beitrag Kap. IV, 218–221).

Das Totenritual bot eine Auswahl an Varianten, die vermutlich je nach Möglichkeiten der Familie und Gegebenheiten vor Ort zum Tragen kamen. Die Gräber in den Hügeln liegen grundsätzlich ebenerdig, gelegentlich wurden Steinsetzungen in die Humusschicht vertieft. Sekundärbestattungen sitzen unmittelbar auf dem Hügel mit einem neuen Hügelaufbau oder befinden sich direkt in den Hügel eingegraben. Die Toten konnten in einem Baum- oder Bohlensarg, einer Grabkammer, vielleicht auch nur in ein Fell oder Textilien eingewickelt niedergelegt werden. Den Sarg umgab oft eine Steinsetzung oder Steinpackung. Der Hügel war im Gegensatz zu den Erdaufschüttungen der Jungsteinzeit aus Soden aufgebaut. Der Grabhügel bildet damit eine Beigabe aus Acker- oder Weideland. Gelegentlich markierten die Erbauer die Hügel mit einem Steinkranz um den Hügelfuß oder einem Kreis aus Holzpfosten oder einem Ringgraben. Die häufig Gebrauchsspuren aufweisenden Beigaben spiegeln vermutlich überwiegend den persönlichen Besitz des Toten. Die bronzezeitlichen Grabfunde demonstrieren die Verfügungsgewalt ihrer Erbauer über Ressourcen wie Arbeitskraft und Land, sowohl für den Standort als auch für das Stechen der Soden. Die abgestochenen Flächen verloren für viele Jahre einen großen Teil ihrer Fruchtbarkeit.

Bronzezeitliche Gräber sind Individualgräber und stehen nur indirekt für das Kollektiv der bestattenden Gemeinschaft/Familie. Die Individualität besteht nur für eine bestimmte Zeit, solange sich Menschen noch an den Verstorbenen erinnern, danach wird das Grab zur allgemeinen Erinnerungsstätte. Grabanlagen wie Hüsby LA 23 zeigen, dass es den Menschen auch darum gehen konnte, kurzfristig einen Mythos zu schaffen und langfristig den Ahnen mit den Monumenten einen Raum zu geben. Wie in der Trichterbecherkultur geht es offenbar nach langer Pause wieder darum, einen Anspruch auf einen bestimmten Raum zu kommunizieren und für die Nachkommen zu sichern.

Neben den monumentalen Grabhügeln der Stein- und Bronzezeit fallen die Grabhügel der **Wikingerzeit** kaum auf. Sie wurden häufig in Gruppen angelegt und sind mit 9 – 12 m Durchmesser und bis zu 120 cm Höhe von bescheidener Größe. Das Gräberfeld von Langballig Au weist ca. 100 Hügel auf, viele von ihnen umgibt ein Ringgraben.

[2] Der Fuchsberg in Schallby, Kreis Schleswig-Flensburg. Ein Grabhügel der Bronzezeit in typischer Lage: exponiert auf einer Anhöhe.
FOTOGRAFIE © ALSH

[3] Das restaurierte Langbett von Karlsminde bei Waabs, Kreis Rendsburg-Eckernförde.
FOTOGRAFIE © ALSH

Das neben einem Langbett gelegene wikingerzeitliche Gräberfeld bei Ketelsby, Gem. Boren, zeigt den Unterschied zwischen den Konzepten der steinzeitlichen und wikingerzeitlichen Grabhügel: Das steinzeitliche Langbett liegt als Solitär dominierend in der Landschaft, die Lage der wikingerzeitlichen Gräber ist zwar ebenfalls exponiert, sie werden jedoch als Gruppe, nicht als einzelne Hügel wahrgenommen. Das reich ausgestattete Bootskammergrab von Haithabu aus dem 9. Jh. war vermutlich so monumental wie die Königsgräber von Jelling in Dänemark. Diese mit reichen Ausstattungen versehenen Monumentalgräber sind als letzte Manifeste des Paganismus gegenüber dem sich allmählich durchsetzenden Christentum zu deuten.

Die meisten bekannten wikingerzeitlichen Gräber in Schleswig-Holstein liegen innerhalb und in unmittelbarer Umgebung des Halbkreiswalles und der zeitgleichen Siedlung von Haithabu bei Schleswig. Es blieben dort nur wenige Hügelaufschüttungen erhalten. Im östlichen Südgräberfeld zeigen Grabungsbefunde einige Hügel in Mulden, die zuschwemmten und so die Hügel konservierten. Die Anlage von Grabhügeln in natürlichen Mulden zeigt, dass eine Sichtbarkeit in der Landschaft offensichtlich nicht das Ziel der Erbauer war. Die Hügel markieren die Gräber lediglich und definieren über ihren Umfang einen Raum.

Die Zeiten übergreifend, verbindet die Grabhügel ihre Errichtung für die Ewigkeit. Es ist dabei egal, ob der Bau für eine Gruppe oder für ein Individuum steht. Nach wenigen Generationen verblasst jede Individualität und das Monument erinnert an Vorfahren oder auch Ahnen, die für die Gemeinschaft in ihrer Funktion, aber nicht mehr in ihrer Individualität eine Bedeutung haben. Die Grabhügel, denen wir bis heute in der Landschaft begegnen, sind also Zeugen einer fast sechstausend Jahre alten Erinnerungskultur, die bis in die Wikingerzeit hinein als solche verstanden und genutzt wurde.

LITERATUR

E. Aner, K. Kersten u. a., Die Funde der älteren Bronzezeit des nordischen Kreises in Dänemark, Schleswig-Holstein und Niedersachsen (København/Neumünster 1973 folgende).

U. Arents und S. Eisenschmidt, Die Gräber von Haithabu (Neumünster 2010).

M. Freudenberg, Grab und Kultanlage von Hüsby, Kreis Schleswig-Flensburg – rituelle Landschaft oder eine Demonstration der Macht am Verbindungsweg zwischen Jütischer Halbinsel und Norddeutschland? In: D. Bérenger (Hrsg.), Gräberlandschaften der Bronzezeit, Paysages funéraires de l'âge du Bronze (Darmstadt 2012) 619–639.

J. Müller, Großsteingräber, Grabenwerke, Langhügel. Frühe Monumentalbauten Mitteleuropas (Darmstadt 2017).

[1] Der Schädel von Osterby.
FOTOGRAFIE © Museum für Archäologie Schloss Gottorf, Landesmuseen Schleswig-Holstein

AUTORIN
Angelika Abegg-Wigg

STANDORT
Schleswig-Holstein

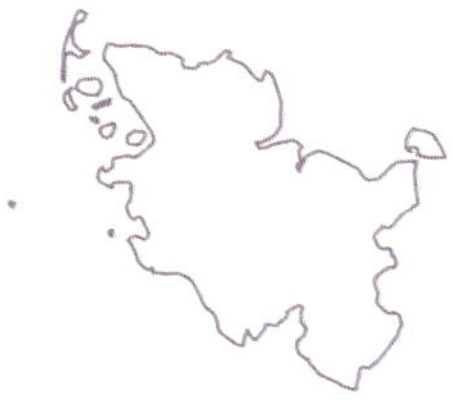

GRABUNGSZEIT
seit 1871

ZEITL. EINORDNUNG
1.–4. Jh. n. Chr.

STRUKTUR
Grab
Hafen
Hort
Lager
Opferplatz
Siedlung
Weg
Wehranlage
Wrack
Anderes

FUNDE
Keramik/Gefäße
Hausbestandteile
Kleidung
Knochen
Münzen
Nahrung
Schmuck
Waffen
Werkzeuge
Andere

Moorleichen aus Schleswig-Holstein

Prähistorische menschliche Überreste aus Mooren bzw. Torfablagerungen, sog. Moorleichen, liefern vielfältige Informationen über Menschen in vorgeschichtlicher Zeit. Es sind mumifizierte Körper Verstorbener. Wir blicken in ihr Antlitz, erkennen ihre Größe, ihren Körperbau, ihre Frisur, eventuelle Verwundungen oder körperliche Einschränkungen und – wenn erhalten – ihre Kleidung. Anthropologische, paläopathologische und rechtsmedizinische Untersuchungen an ihnen liefern Erkenntnisse zu Alter, Krankheiten, Ernährungszustand und Todesursache. Dies alles lässt sie so faszinierend erscheinen und daher gehören auch die fünf sich in der Dauerausstellung des Museums für Archäologie Schloss Gottorf in Schleswig befindenden Moorleichen aus Schleswig-Holstein mit zu den Exponaten, die die meisten Besucher anziehen. Die sämtlich in die Römische Kaiserzeit datierten Moorleichen stammen aus Dätgen, Damendorf, Osterby, Rendswühren und Windeby I (»Kind von Windeby«).

Moorleichen weisen in der Regel charakteristischerweise noch Haut, Haar, Nägel und innere Organe auf. Die Skeletterhaltung ist unterschiedlich, oft sind die Kalkbestandteile der Knochen aufgelöst. Als Ursache für diesen Zustand gelten die konservierenden Effekte der verschiedenen Moortypen (Hoch- oder Niedermoor), die durch ihre feuchte und sauerstoffarme Umgebung die Verwesungsprozesse weitgehend anhalten.

Von den bis heute etwa 60 bekannten Moorleichenfunden in Schleswig-Holstein existiert der größte Teil nicht mehr. Die älteste Überlieferung einer Moorleiche stammt aus dem Jahre 1640 (Schalkholz). Die meisten Entdeckungen erfolgten in der Zeit zwischen 1871 und 1960, als der Torfabbau hauptsächlich noch »von Hand« geschah. Seit mehreren Jahrzehnten ist in Schleswig-Holstein kein Fund einer typischen Moorleiche mehr zu verzeichnen.

Waren neben den archäologischen Methoden zunächst nur anthropologische Untersuchungen an den Moorleichen möglich, kamen ab den 1950er Jahren röntgendiagnostische Verfahren, zu Beginn der 1980er Jahre rasterelektronenmikroskopische Analysen und in den 1990er Jahren die Anwendung der Radiokarbonmethode (^{14}C-Datierung) hinzu. Die in letzter Zeit vor allem im medizinisch-diagnostischen und molekularbiologischen Bereich erzielten Fortschritte führten 2003/2004, 2011/2012 und 2018 zur erneuten Untersuchung einiger der früher gefundenen Moorleichen. Folgende nichtinvasive bzw. minimalinvasive Verfahren kamen dabei zur Anwendung: digitales Röntgen, Multislice-Computertomografie, Röntgenfluoreszenzanalyse, Isotopenanalyse, Spurenelementanalyse und aDNA-Untersuchung. Sämtliche Ergebnisse zeigen einerseits individuelle Merkmale, ja vielleicht sogar Lebensschicksale, auf, aber auch Aspekte, die die Moorleichen aus Schleswig-Holstein insgesamt mit den bedeutenden Moorleichenfunden Nordwesteuropas verbinden.

Die meisten Individuen sind männlich bzw. tendenziell männlich, außer dem 1960 entdeckten weiblichen Moorskelett von Kühsen. Bis auf das »Kind von Windeby« verstarben alle im Erwachsenenalter. Kurz vor ihrem Tod nahmen sie pflanzliche Lebensmittel und wenig Fleisch zu sich, der Verzehr von Fisch oder Muscheln ist nicht nachgewiesen. Die teilweise mitgefundenen Reste ihrer Bekleidung aus Textilien und Leder geben Einblick in die Männertracht der Römischen Kaiserzeit: eine eng anliegende Reiterhose, Lederschuhe, Fellumhang und Wollmantel. Die zu einem Knoten gebundenen Haare an den Köpfen der Moorleichen von Osterby und Dätgen gelten als einzigartiger archäologischer Beleg für die in Schriftquellen und bildlichen Darstellungen der dem Stamm der Sueben zugewiesenen männlichen Haarfrisur (»Suebenknoten«).

[2] Verbreitung der Funde von Moorleichen in Schleswig-Holstein mit Nennung der im Text erwähnten Ortsnamen und der im Museum für Archäologie Schloss Gottorf ausgestellten Moorleichen (lila Punkte).
KARTE Museum für Archäologie Schloss Gottorf, Landesmuseen Schleswig-Holstein

Mehrere Moorleichen zeigen Verletzungen bzw. Gewaltanwendungen, die vor, während oder nach dem Tod eingetreten sein können und die in ihrer Wirksamkeit oder Massivität auf einen gewaltsamen Tod hindeuten: durchschnittener Hals (Osterby, Dätgen), eingeschlagener Schädel (Osterby, vielleicht auch Rendswühren), abgetrenntes Körperteil (Dätgen) sowie Stichwunde im Brust-/Herzbereich (Damendorf, Dätgen). Für das »Kind von Windeby« ist keine Todesursache nachweisbar. Belegt sind eine schwere Zahninfektion, verbunden mit einem allgemein schlechten Gesundheitszustand (u. a. Mangelernährung, Schädelverformung).

Unglücksfall, Sonderbestattung, Strafjustiz oder Opfer? Die Deutung der Moorleichen aus Schleswig-Holstein gestaltet sich vielfältig. Die Befundlage von Windeby I, möglicherweise auch Rendswühren und Kühsen, zeigt Kennzeichen einer in der Eisenzeit selten auftretenden Körpergrabsitte. Hier sind die Niederlegung in einer Grabgrube, die Mitgabe von Beigaben und die sorgfältige Abdeckung mit Ästen zu nennen. Warum kam es zu solch einer Sonderbestattung im Moor? Waren die niedergelegten Individuen durch Krankheit oder körperliche Einschränkung bedingte Außenseiter der Gesellschaft? Waren die durch Gewalt getöteten Menschen von Dätgen und Osterby Leidtragende eines Verbrechens oder einer Strafjustiz oder wurden ihre Leichen gar im Moor beseitigt? Wurden die Menschen als Opfer an Gottheiten dem Moor übergeben?

Die bisherige wissenschaftliche Erforschung der Moorleichen zeigt zwar viele bedeutende und individuelle spannende Erkenntnisse auf, aber es bleiben immer noch ungeklärte Fragen und Rätsel, die mit zur großen Faszination der Moorleichen beitragen. Diesen nachzugehen wird auch zukünftig nur unter Abwägung aller relevanten konservatorischen Gesichtspunkte und in respektvollem Umgang erfolgen.

[3] Das »Kind von Windeby«.
FOTOGRAFIE © Museum für Archäologie Schloss Gottorf, Landesmuseen Schleswig-Holstein

LITERATUR

A. Abegg-Wigg, Ein Moormensch in Holstein – 145 Jahre Moorleiche von Rendswühren. ANSH 22, 2016, 62–68.

S. Burmeister, Moorleichen – Sonderbestattung, Strafjustiz, Opfer? Annäherungen an eine kulturgeschichtliche Deutung. In: N. Müller-Scheeßel (Hrsg.), ›Irreguläre‹ Bestattungen in der Urgeschichte: Norm, Ritual, Strafe …? Koll. Vor- u. Frühgesch. 19 (Bonn 2013) 485–506.

M. Gebühr, Moorleichen in Schleswig-Holstein (Schleswig 2002).

H. C. Gill-Robinson, The Iron Age Bog Bodies of the Archaeologisches Landesmuseum, Schloss Gottorf, Schleswig, Germany. Unpubl. Dissertation, University of Manitoba (Winnipeg 2005).

G. E. Granite, Portable X-Ray Fluorescence Spectroscopy and its Research Applications to Northern European Bog Bodies. Dissertation, University at Buffalo, State University of New York (Ann Arbor 2012).

W. van der Sanden, Through nature to eternity. The bog bodies of northwest Europe (Amsterdam 1996).

AUTORIN
Ruth Blankenfeldt

STANDORT
Schleswig-Flensburg, Süderbrarup LA 53

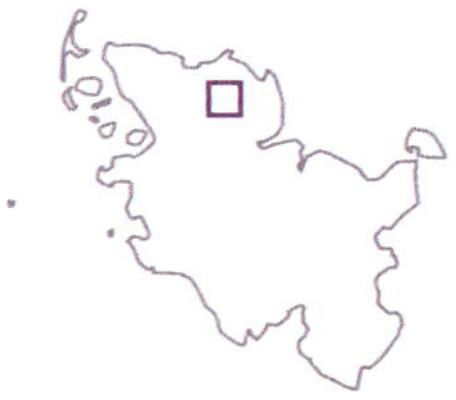

GRABUNGSZEIT
v. a. 1858–1861

ZEITL. EINORDNUNG
Vorrömische Eisenzeit–Römische Kaiserzeit

STRUKTUR
Grab
Hafen
Hort
Lager
Opferplatz
Siedlung
Weg
Wehranlage
Wrack
Andere

FUNDE
Keramik/Gefäße
Hausbestandteile
Kleidung
Knochen
Münzen
Nahrung
Schmuck
Waffen
Werkzeuge
Andere

Das Thorsberger Moor

Das Thorsberger Moor, ein nierenförmiges, heute mit Wasser gefülltes Toteisloch inmitten der Gemeinde Süderbrarup, Kr. Schleswig-Flensburg, diente mehrere Jahrhunderte als Opferplatz und wurde für unterschiedliche Rituale aufgesucht: In großer Anzahl entdeckte Keramik- und Holzgefäße aus der Vorrömischen Eisenzeit zeugen von Deponierungen, die allgemein einem Fruchtbarkeitsritus, wie etwa Frühjahrsbitt- oder Herbstdankopfern, zuzuschreiben sind. Nach der Zeitenwende scheinen einzelne Personen den Platz für intentionelle Fibelniederlegungen genutzt zu haben. Ein weiterer Wandel in der Opfersitte ist mit Funden ab dem Ende des 2. Jh. n. Chr. nachvollziehbar. Nun diente der Platz umfangreichen Deponierungen von Heeresausrüstungen, eine in Skandinavien für die mittlere Vorrömische Eisenzeit bis an das Ende der Völkerwanderungszeit belegte Opfersitte.

Beim Torfstich im 19. Jh. waren es zahlreiche auffällige Funde, die Helvig Conrad Engelhards Aufmerksamkeit auf dieses Areal lenkten. Der damalige Leiter der Flensburger Sammlung führte daraufhin 1858–1861 Ausgrabungen im Thorsberger Moor durch, eine erstmalige archäologische Bearbeitung einer Stätte mit derartigen Deponierungen. Die bemerkenswerten Mengen Waffen, Pferdegeschirre und persönlichen Ausrüstungsbestandteile, die er in Süderbrarup und bei späteren Ausgrabungen auch an mehreren dänischen Fundorten antraf, stellten ihn und die Fachwelt vor zahlreiche Fragen. Moderne Ausgrabungen solcher Plätze im 20. Jh. und zeitgerechte Dokumentationsmethoden, die eine Erfassung der Befundzusammenhänge und der hohen Fundzahlen ermöglichen, lassen inzwischen viele Aussagen über die hier geschehenen Opferungen zu: An diesen speziellen Plätzen wurden in unregelmäßigen Zeitabständen wenige, sehr umfangreiche irreversible Niederlegungen erbeuteter Ausrüstungen germanischer Heereseinheiten vollzogen. Dabei handelt es sich um Bewaffnungen, Trachtbestandteile, Wertsachen und Werkzeuge bis hin zu Truppen-Transportmitteln wie dem berühmten Nydam-Schiff. Die deponierten Gegenstände gelten als Beute einer im Kampf überwundenen feindlichen Gruppe aus einer anderen Region – das Material ist somit ortsfremd. Analysen der Provenienzen verweisen auf sich durch die Zeiten verändernde Konflikträume.

Für das Thorsberger Moor konnten drei Opferungen von Heeresausrüstungen nachgewiesen werden: Funde aus dem Ende des 2. Jh. n. Chr. lassen auf Auseinandersetzungen mit Personen aus dem kontinentaleuropäischen Raum, vermutlich aus dem heutigen Norddeutschland,

[1] Vergoldete Pressbleche auf mehreren Objekten aus dem Thorsberger Moor, wie bei den beiden hier abgebildeten Zierscheiben, wurden mit zahlreichen anthropomorphen und zoomorphen Motiven sowie Fabelwesen verziert. Sie stellen frühe Vertreter einer eigenen germanischen Kunst dar.
FOTOGRAFIE © Museum für Archäologie Schloss Gottorf, Landesmuseen Schleswig-Holstein

schließen. Der mit Abstand größte Teil des Fundguts verweist auf ein Kampfgeschehen in der ersten Hälfte des 3. Jh. n. Chr., an dem Verbände aus dem norddeutschen und süd- bis mitteldänischen Gebiet beteiligt waren. Eine letzte Opferung fand zu Beginn des 4. Jh. n. Chr. statt. Die hieran beteiligten und unterlegenen Personen stammten aus Regionen im inseldänischen und südschwedischen Bereich.

[2] Trotz der limitierenden Überlieferungsbedingungen für eiserne Objekte liegen heute über 2000 Funde aus dem Thorsberger Moor vor. Hierzu gehört eine mit Silberblech belegte Gesichtsmaske – Teil eines germanischen Helmes, dessen eiserne Kalotte nicht erhalten ist. FOTOGRAFIE © Museum für Archäologie Schloss Gottorf, Landesmuseen Schleswig-Holstein

Aufgrund besonderer Überlieferungsbedingungen durch einen niedrigen pH-Gehalt sind im Thorsberger Moor so gut wie sämtliche Gegenstände aus Metall vergangen. Die heute vorliegenden Objekte stellen also nur einen Bruchteil der tatsächlich geopferten Gegenstände dar. Bei den fast ausschließlich aus Bunt- und Edelmetallen bestehenden Artefakten stechen einige Stücke der sog. Prachtausrüstungen hervor. Diese wurden aus kostbaren Rohmaterialien sowie mit hohem technischem Standard gefertigt und belegen einen gehobenen Status des damaligen Trägers. Zu den bekanntesten Funden dieses Platzes gehört sicherlich die versilberte Gesichtsmaske, welche ehemals zu einem germanischen Helm gehörte und bisher einzigartig ist. Unikate stellen auch mehrere mit vergoldeten Pressblechen versehene Objekte dar, die mit einem reichen Dekor aus figürlichen Darstellungen versehen sind und zu den eindrucksvollsten Vertretern germanischer Kunstobjekte aus dem beginnenden 3. Jh. n. Chr. gehören. Neben diesen Funden ist auch eine relativ hohe Anzahl an Objekten römischer Provenienz aus dem Thorsberger Moor bemerkenswert.

[3] Während große Teile des Thorsberger Moores im 19. Jh. mehr oder weniger trockengefallen waren, präsentiert sich das Toteisloch heute als ein mit Wasser gefüllter kleiner Teich. FOTOGRAFIE Ruth Blankenfeldt, Schleswig

Die Gegenstände aus Heeresausrüstungsopfern bezeugen durch zahlreiche Zerstörungsspuren einerseits ein vorangegangenes Kampfgeschehen. Andererseits sind viele Beschädigungen auch mit zielgerichteten rituellen Handlungen zu erklären. Im Thorsberger Moor ist dies beispielsweise deutlich an dem in großer Menge vorliegenden Pferdegeschirr nachzuvollziehen: Zügelketten wurden systematisch an den Zwischengliedern zerhackt, Nasenbergen nach einem bestimmten Muster von vorne und hinten mit Hieben durch scharfe Geräte behandelt und die ledernen Bestandteile zerschnitten. Bei der Niederlegung sind die Garnituren verstreut worden, sodass zusammengehörende Teile oftmals weit voneinander entfernt lagen.

Solch planvoll ausgeführte rituelle Handlungen sowohl an den Objekten als auch bei bestimmten Deponierungs-Riten, die sich an allen diesen Opferplätzen beobachten lassen, bezeugen ein über weite geografische Räume normiertes Ritualverhalten. Es ist von sehr umfangreichen Opferzeremonien auszugehen, welche für die ansässige Bevölkerung einen hohen symbolischen Wert besaßen. Neben einer nach dem eigentlichen Kampfgeschehen vollzogenen versinnbildlichten zusätzlichen Demontage des Gegners kann das vollstreckte Ritual hier auch als Werkzeug einer politischen Machtdemonstration denkbar sein. Das Thorsberger Moor war somit ein Ort, an dem durch die Darstellung eines Sieges vor einer großen Menschenmenge die Bereiche Kampf, Religion und Politik einer germanischen Bevölkerung verschmolzen.

LITERATUR

R. Blankenfeldt, Die persönlichen Ausrüstungen. Das Thorsberger Moor 2. Schleswig: Verein zur Förderung des Archäologischen Landesmuseums Schloss Gottorf e. V. (Schleswig 2015).

C. von Carnap-Bornheim (Hrsg.), Fund- und Forschungsgeschichte, naturwissenschaftliche und materialkundliche Untersuchungen. Das Thorsberger Moor 4. Schleswig: Verein zur Förderung des Archäologischen Landesmuseums Schloss Gottorf e. V. (Schleswig 2014).

C. Engelhardt, Thorsbjerg Mosefund. Sønderjydske Mosefund 1 (Kjöbenhavn 1863).

N. Lau, Die Pferdegeschirre – Germanische Zaumzeuge und Sattelgeschirre als Zeugnisse kriegerischer Reiterei im mittel- und nordeuropäischen Barbaricum. Das Thorsberger Moor 1. Schleswig: Verein zur Förderung des Archäologischen Landesmuseums Schloss Gottorf e. V. (Schleswig 2014).

S. Matešić, Die militärischen Ausrüstungen. Vergleichende Untersuchungen zur römischen und germanischen Bewaffnung. Das Thorsberger Moor 3. Schleswig: Verein zur Förderung des Archäologischen Landesmuseums Schloss Gottorf e. V. (Schleswig 2015).

[1] Der grasbewachsene Hauptwall des Danewerks von Süden aus gesehen. In der rechten Hälfte liegt die Ruine der Waldemarsmauer frei. Der Bau der 4 km langen und ursprünglich 5-7 m hohen Mauer wurde in den 1160er Jahren begonnen. Es handelt sich um das älteste und größte Ziegelbauwerk in der Region.
FOTOGRAFIE Tom Körber, © ALSH

AUTORIN
Astrid Tummuscheit

STANDORT
Schleswig-Flensburg, Danewerk
Hollingstedt LA 7, 38
Ellingstedt LA 50
Dannewerk LA 85, 86–88, 90
Jagel LA 38
Selk LA 88
Schleswig LA 98
Schaalby LA 69
Busdorf LA 27, 31
Rendsburg-Eckernförde
Windeby LA 110

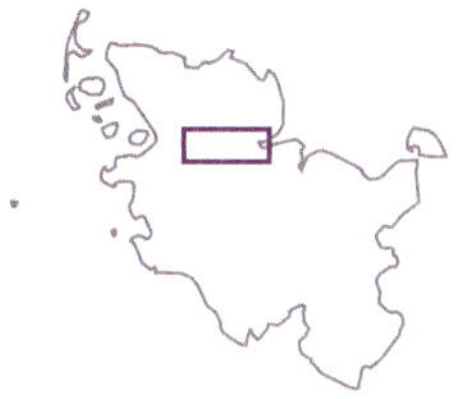

GRABUNGSZEIT
1861–2020

ZEITL. EINORDNUNG
Völkerwanderungszeit bis Mittelalter; 500–1250 n. Chr. und 19./20. Jh.

STRUKTUR
Grab
Hafen
Hort
Lager
Opferplatz
Siedlung
Weg
Wehranlage
Wrack
Andere

FUNDE
Keramik/Gefäße
Hausbestandteile
Kleidung
Knochen
Münzen
Nahrung
Schmuck
Waffen
Werkzeuge
Andere

Mächtig gewaltig! – Das Danewerk

Das Danewerk stellt das größte archäologische Denkmal Nordeuropas mit einer Gesamtlänge von mehr als 30 km dar. Es verläuft quer über die schmalste Stelle der Jütischen Halbinsel und besteht aus einem System von Wällen, Gräben, Palisaden und Mauern. Die in verschiedenen Ausgrabungen zwischen 1861 und 2020 gewonnenen Erkenntnisse ermöglichen es, ein Bild vom Aussehen und dem schrittweisen Ausbau des Danewerks zu entwerfen. Dabei zeigt sich eine jahrhundertelange, komplizierte und teilweise auch immer noch ungeklärte Baugeschichte, die etwa von der Völkerwanderungszeit im 4./5. Jh. über die Wikingerzeit bis in das hohe Mittelalter um 1250 reicht. Letzte militärisch motivierte Reaktivierungen fanden im 20. Jh. statt.

Das frühe Danewerk der Völkerwanderungszeit

An mehreren Stellen im Innern des ca. 5,4 km langen Hauptwalls sind Reste des ältesten Danewerks zu finden. Die Erbauer nutzten die speziellen topografischen Gegebenheiten der Landschaft klug: Durch den von der Ostsee her tief in das Land einschneidenden Meeresarm Schlei und die von der Nordsee im Westen kommenden sumpfigen Niederungen der Flüsse Eider, Treene und der kleineren Rheider Au war eine Durchquerung der Jütischen Halbinsel in nord-südlicher Richtung nur in einem wenige Kilometer breiten Korridor nahe der Stadt Schleswig möglich – der sog. »Schleswiger Landenge«. Die Anlage des frühesten (Haupt-)Walls erfolgte, um die Landenge und damit auch die als Ochsen- oder Heerweg bezeichnete nord-südliche Hauptverkehrsroute abzuriegeln.

Anfangs bestand das Bauwerk aus einem recht einfachen, nur etwa 2 m hohen Erdwall mit einem unmittelbar südlich vorgelagerten Graben. Es schlossen sich kurz aufeinanderfolgende Ausbauten und Verstärkungen an. Das genaue Alter dieser ältesten Wallphasen ist unbekannt. Datierungen des Nachfolgebaus ermöglichen aber eine indirekte Erschließung des ungefähren Alters: Vor die mittlerweile verfallene Front der Erdwälle wurde in einer zweiten großen Bauphase eine massive, mauerartige Fassade aus Heidesoden gesetzt – der sog. Sodenwall. ^{14}C-Datierungen der verkohlten Reste der Heidepflanzen zeigen eine Errichtung des Sodenwalls etwa um 500 n. Chr. an. Die vorangegangenen Erdwälle und damit die Ursprünge des Danewerks müssen älter sein als diese zweite Bauphase und dürften im 4./5. Jh. liegen.

Da aus dieser Zeit kaum schriftliche Quellen existieren, lässt sich über die Erbauer des frühesten Danewerks derzeit nur spekulieren. Als gesichert gilt die Ausrichtung des Grenzbauwerks nach Süden, da die

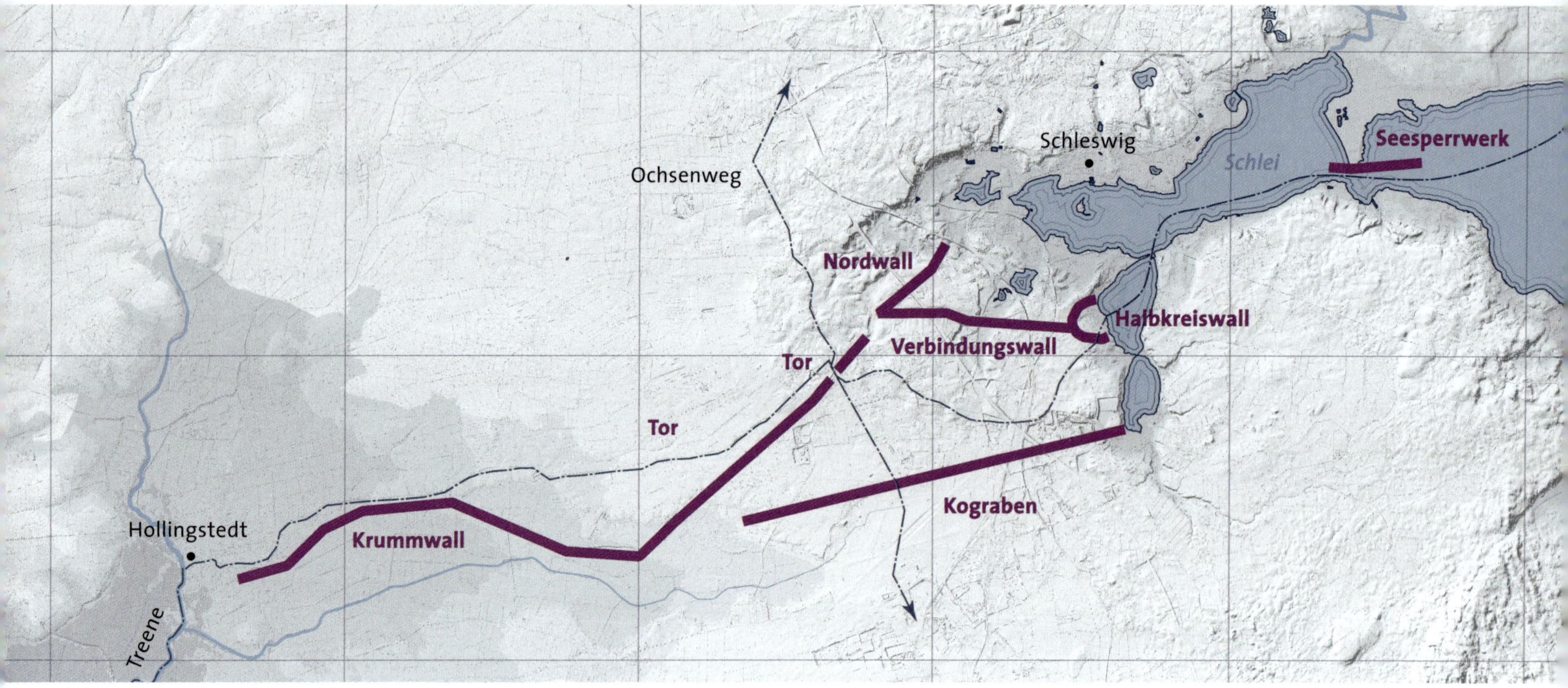

dazugehörigen Gräben immer südlich des Walls liegen. Außer Zweifel steht zur Zeit des frühesten Danewerks auch die Austragung innergermanischer Konflikte in Südskandinavien, die ihren Niederschlag u. a. in den Opferungen von Waffen und Ausrüstungsgegenständen in Opfermooren wie z. B. Thorsberg oder Nydam fanden. Die Errichtung des frühen Danewerks muss im Zusammenhang mit diesen Konflikten und den damit in Beziehung stehenden Wanderungsbewegungen germanischer Gruppen – „Völkerwanderungszeit" – gesehen werden.

Der Hauptwall erhielt vermutlich schon früh eine Verlängerung, wahrscheinlich, um eine Umgehung des älteren Grenzverlaufs an seiner westlichen Flanke zu verhindern. Der 6,6 km lange „Krummwall" folgt dabei dem Nordrand der Niederung der Rheider Au. Er setzt die Verteidigungslinie bis zu dem (zumindest mittelalterlichen) Nordseehafen Hollingstedt an der Treene weit im Westen fort.

Der Krummwall stellt kein einheitliches Bauwerk dar, denn er erscheint bald als einfacher Erdwall, bald als Damm und weist zuweilen nur eine, dann aber wieder mehrere Bauphasen auf. Auch die Frage der zeitlichen Einordnung ist bisher nicht abschließend geklärt, denn es liegen verschiedene naturwissenschaftliche Datierungen sowohl aus der Zeit um 700 als auch um 840 vor, die zumindest die bereits festgestellte Mehrphasigkeit untermauern. Schließlich kommt erschwerend hinzu, dass im Inneren des Krummwalls der Rest eines Erdwalls liegt, der dem ältesten Wall des Hauptwalls entspricht. Trotz vieler offener Fragen scheint es zusammenfassend legitim, den Krummwall dem frühen Danewerk zuzuordnen.

Das 8. Jahrhundert – mächtige Bollwerke aus Holz und Stein

Auf die Bauphasen des 4./5. Jh. folgte eine Phase der Inaktivität und des Verfalls. Im 8. Jh. entstanden in kurzer Folge mehrere Ausbauten des Danewerks in einem vorher nicht gekannten Ausmaß. Zuerst erhielten die Erdwälle eine neue hölzerne Front in Form einer massiven, insgesamt 8,5 km langen Palisade. Dendrochronologische Datierungen belegen die Fällung der verwendeten Bäume in den Jahren um 737 bis 740. Von der Palisade zeugen Reihen etwa 1,5 m tiefer, mit Abständen von jeweils 2 m vorkommender Pfostengruben, die ursprünglich senkrechte, mit Steinen verkeilte Eichenpfosten aufnahmen. Die Reste der äußeren Beplankung wurden bei den Ausgrabungen in verkohlter Form entdeckt. Die Palisade ist nicht nur im Hauptwall feststellbar, wo sie die alte Front aus Heidesoden ersetzte, sondern auch in mehreren neuen Bauabschnitten (Nordwall und z. T. auch im Osterwall), die die bis dahin existierende Verteidigungslinie bis weit nach Osten verlängerten. Dort, wo sumpfige Niederungen zu überbrücken waren, kamen

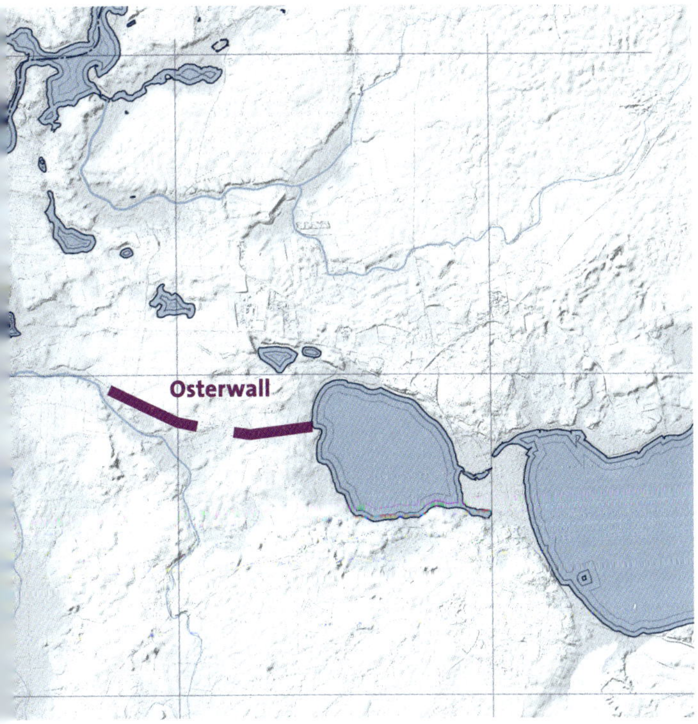

[2] Das Danewerk zwischen Hollingstedt im Westen und Eckernförde im Osten. Über 30 km erstrecken sich die unterschiedlich alten Teile des Grenzbauwerkes. Ausgehend von der frühesten Abriegelung der Schleswiger Landenge durch den Hauptwall im 4./5. Jh. wurden bis in das 10. Jh. immer neue Wallabschnitte errichtet. Gut erkennbar ist das Tor im Danewerk als Kreuzungspunkt wichtiger (Handels-) Wege zwischen Nord und Süd, sowie West und Ost.

zusätzlich mauerartige Konstruktionen aus Eichenholzkästen zum Einsatz. Des Weiteren schützte bei der Halbinsel Reesholm, an einer Engstelle der Schlei, eine nach jetzigem Wissensstand mehr als 1,6 km lange Seesperre den Übergang. Diese bestand aus einer Reihe 4,5 × 5 m großer Holzkästen, die noch heute, allerdings unter Wasser, über weite Strecken erhalten sind.

Vermutlich bereits recht schnell, d. h. nach wenigen Jahrzehnten, ersetzte ein noch weitaus ambitionierteres Bauprojekt aus Stein die landseitige Holzpalisade. Dabei wurden die im Bereich des Hauptwalles zumindest teilweise noch stehenden Eichenpfosten in eine ca. 3 km lange, 3 m breite, ebenso hohe und aus geschätzt etwa 20 Millionen Feldsteinen und Lehmmörtel bestehende und aus zwei senkrechten Schalen aufgebaute Mauer integriert; die Steineinfüllung dazwischen erfolgte eher ungeordnet. In der Vorder- und Rückfront der Mauer fanden sich immer wieder Bänder aus schräg stehenden plattigen Steinen, ein sog. Fischgrätverband *(opus spicatum)*. Entlang der Mauerfront an der südlichen Fassade belegen weitere Pfostengruben die Existenz einer Holzverschalung.

Ohne Zweifel wurde das Danewerk somit im Verlauf des 8. Jh. in zwei gewaltigen Unternehmungen erneuert, vergrößert und verstärkt. Diese Projekte setzten eine übergeordnete Planung, Organisation und Logistik voraus. Dass hinter den Großvorhaben einflussreiche Persönlichkeiten gestanden haben müssen, liegt auf der Hand, und die Entwicklung des Danewerks zur starken, technologisch fortschrittlichen und auch prestigeträchtigen Grenzbefestigung lässt indirekt auf die beginnende Ausbildung eines frühen Königtums nördlich des Danewerks schließen, das mit der Herrschaft beziehungsweise Kontrolle über Menschen, Material und Räume verbunden war.

Wer für beide Befestigungen des 8. Jh. verantwortlich war, ist abschließend nicht geklärt. Die fränkischen Reichsannalen berichten von einem Ausbau des Danewerks durch den dänischen König Göttrik im Jahr 808. Während die Datierung der Palisade in die Mitte des 8. Jh. sicher ist, kann eine zeitliche Einordnung der Feldsteinmauer nur indirekt und nicht exakt erfolgen. Da stehende Palisadenpfosten zumindest teilweise im Inneren der Steinmauer noch vorhanden waren, kann der Holzbau bei Errichtung der Mauer nicht ganz verfallen gewesen sein. Dass es sich bei der Feldsteinmauer um den aus der Schriftquelle bekannten »Göttrikswall« des frühen 9. Jh. handelt, ist somit denkbar und als wahrscheinlich anzusehen.

Die Wikingerzeit – Ausbau und Konflikte

Erst nach einer längeren Phase der Inaktivität sind im 10. Jh. wieder Baumaßnahmen am Danewerk archäologisch feststellbar. Haithabu stellte zu dieser Zeit bereits ein Gemeinwesen mit frühstädtischem Charakter dar. Spätestens in den sechziger Jahren des 10. Jh. und damit während der Regierungszeit des dänischen Königs Harald Blauzahn wurde das vorher südlich der Grenze liegende Haithabu nun vom Halbkreiswall umschlossen und durch den Verbindungswall an das schon bestehende System angebunden. Ebenfalls in dieser Zeit, gegen Ende des 10. Jh., verkürzte der im Süden vorgelagerte schnurgerade Kograben die Verteidigungslinie. Er bestand aus einem etwa 2 m hohen Wall mit einer hölzernen Palisade und einem etwa 3 m tiefen vorgelagerten Spitzgraben. Aufgrund seiner Bauweise und der Datierung in die Zeit um 980 gehört der Kograben wohl in dasselbe Bauprogramm wie die gleichzeitigen Ringwallburgen – Trelleborgen – in Dänemark und kann deshalb als Ergebnis eines geplanten reichsweiten Verteidigungskonzeptes unter König Harald Blauzahn angesehen werden.

Im 10. Jh. berichten die Schriftquellen erstmals auch von Kampfhandlungen am Danewerk, die aus Konflikten zwischen Harald Blauzahn und dem römisch-deutschen Kaiser Otto II. herrührten: Für das Jahr 974 schreibt Thietmar von Merseburg, dass Kaiser Otto II. nach Schleswig geeilt sei, um die »rebellischen« Dänen zurückzuschlagen. Obwohl das Heer Haralds das Danewerk und das ›Wieglesdor‹ genannte Tor (s. Kap. III, 120–121) bereits besetzten, gelang Otto die Eroberung dennoch und er gewann Haithabu für die Ottonen zurück, bis es nur kurze Zeit später erneut an den dänischen König fiel.

Das hochmittelalterliche Danewerk: die Waldemarsmauer

Ein letzter Paukenschlag in der Baugeschichte des Danewerks war die Errichtung einer monumentalen Ziegelmauer im späten 12. Jh. Eine 1855 bei Öffnung seines Grabes gefundene Inschrift bezeugt den Bau der Ziegelmauer durch König Waldemar I. dem Großen, denn es heißt dort: »Auch eine Mauer baute er als erster zum Schutz des ganzen Reiches, die allgemein das Danewerk genannt wird, aus gebackenen Steinen«. Das Bauwerk war ursprünglich mehr als 5 m hoch, etwa 2 m breit und etwa 4 km lang. Allein das aus Feldsteinen bestehende Fundament wies eine Höhe von 1,5 m auf. Die Mauer selbst besaß sauber gemauerte Vorder- und Rückseiten, während das Innere einen eher ungeordneten Charakter aufwies. In regelmäßigen Abständen stützten gemauerte Streben das Bauwerk. Im Umfeld der Waldemarsmauer belegen heute teilweise noch im Gelände sichtbare Überreste von Öfen die lokale Herstellung der Ziegel und auch des Mörtels.

In ihrer Zeit stellte die Mauer das erste und einzige Ziegelbauwerk in der Region dar. Ähnlich wie bei der Feldsteinmauer etwa 400 Jahre zuvor, ließ hier ein Herrscher ein gewaltiges Bauwerk in einer neuen, revolutionären Technologie errichten, die die Welt des Nordens bis dahin nicht gesehen hatte.

Ausgrabungen zwischen 2010 und 2014 erbrachten Belege für größere Baumaßnahmen am Danewerk-Tor, die aufgrund der Datierung in die Zeit um 1200 ganz klar auf die Absicht einer zukünftigen Nutzung deuten. Durch die Niederlage der Dänen

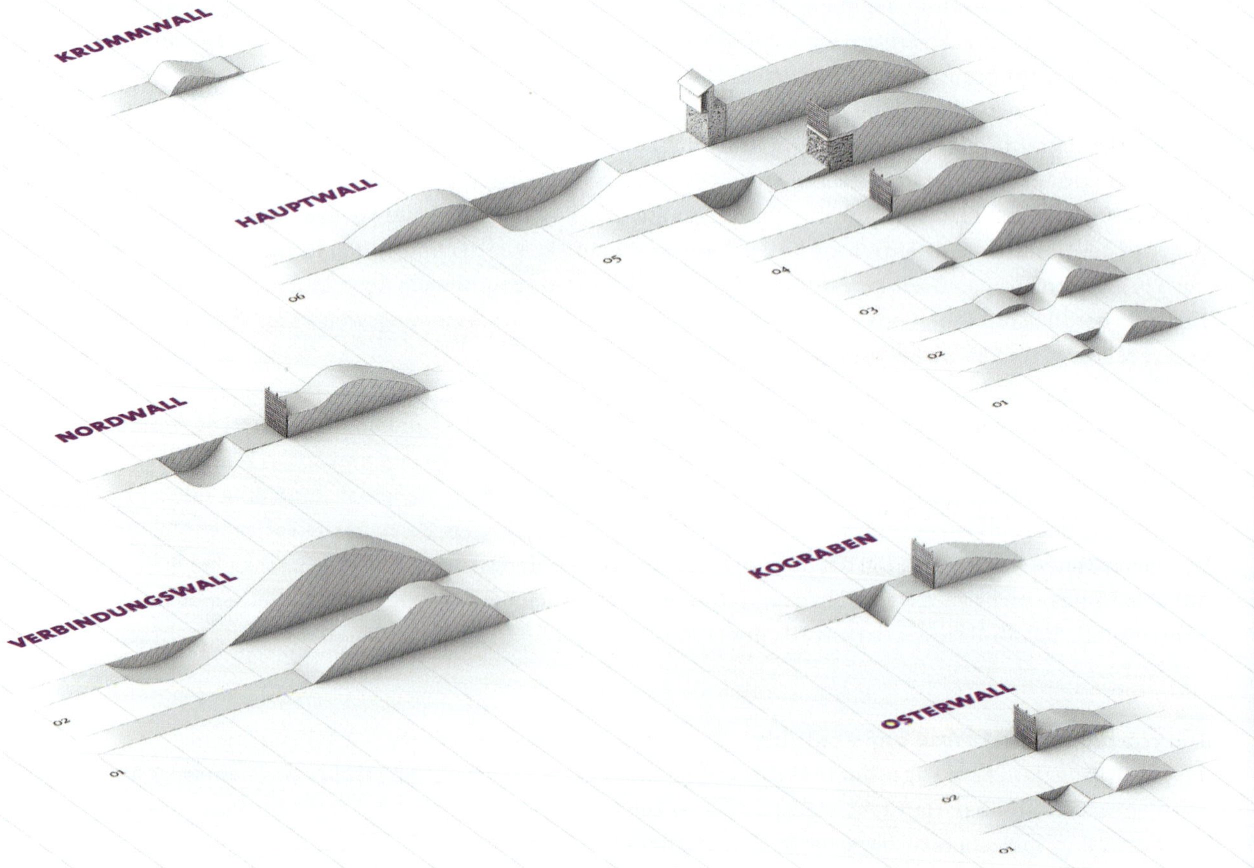

[3] Schematisch vereinfachte Darstellung von Bauphasen in den einzelnen Wallabschnitten. Der Hauptwall weist die längste und komplizierteste Baugeschichte von den ersten Erdwällen im 4./5. Jh. bis zur mittelalterlichen Ziegelmauer des 12. Jh. auf

in der Schlacht von Bornhöved im Jahr 1227 und die Heirat zwischen Abel, Sohn des dänischen Königs Waldemar II., und Mechthild, der Tochter des Grafen Adolf IV. von Holstein, verlor das Danewerk jedoch schon im Verlauf des 13. Jh. seine Funktion als befestigte Grenze und versank für lange Zeit in der Bedeutungslosigkeit.

Das Danewerk in Kriegen des 19. und 20. Jahrhunderts
Erst Jahrhunderte später kam es zu mehreren Reaktivierungen des Danewerks in der Moderne: zuerst im 19. Jh. und zuletzt während des Zweiten Weltkrieges. Ausgehend von der Wiederentdeckung und Entwicklung des Danewerks zum Sinnbild einer dänischen Nation seit der 1. Hälfte des 19. Jh., wurden die Wälle erstmals während des ersten Schleswig-Holsteinischen Krieges (1848–1851), vor allem aber im Deutsch-Dänischen Krieg von 1864 durch die dänische Seite zur militärischen Grenzbefestigung mit hoher nationalsymbolischer Aufladung ausgebaut. Die kampflose Aufgabe des Danewerks im Februar 1864 und die folgende endgültige Niederlage Dänemarks führten u. a. zum Verlust der Herzogtümer Schleswig und Holstein und verfestigten gleichzeitig für lange Zeit den Mythos Danewerk im dänischen Bewusstsein.

Den letzten militärischen Ausbau erfuhr das Danewerk schließlich 1944, als es durch das nationalsozialistische Deutschland zu einer – erstmals in seiner Geschichte – nach Norden ausgerichteten Panzersperre ausgebaut wurde.

Funktionen des Danewerks – langlebig, vielschichtig und komplex
Die Entwicklung, der Moderne eingeschlossen, zeigt eine, wenn auch nicht kontinuierliche Nutzung des Grenzwalles von über 1500 Jahren auf. Im Vergleich mit anderen großen linearen Verteidigungsanlagen, wie z. B. dem römischen Limes, kann das Danewerk damit die mit Abstand längste Bau- und Nutzungsgeschichte vorweisen. Während diese archäologisch mittlerweile gut erschlossen ist, lassen sich durch die oft lückenhafte historische Quellenlage Fragen nach den sozio-politischen Hintergründen und der Funktion deutlich schwieriger beantworten.

Als sicher gilt, dass sich Funktion und Nutzungsweise wandelten. Als physische Sperre war das Danewerk immer militärisch-strategischer Grenzwall. Bedrohungen und Konflikte mit jeweiligen Anrainern und/oder Rivalen wie den Karolingern oder Ottonen kommen dabei als Auslöser der jeweiligen Bauaktivitäten infrage. Gleichzeitig spielte aber auch die innere Entwicklung des Gebietes nördlich des Walls eine wichtige Rolle. Besonders die Feldsteinmauer des 8. und die Ziegelmauer des 12. Jh. waren in ihrer Zeit echte Prestigebauwerke, die vor allem Status und Geltung des jeweiligen Erbauers zum Ausdruck bringen sollten.

LITERATUR

H. H. Andersen, Danevirke og Kovirke. Arkæologiske undersøgelser 1861–1993 (Århus 1998).

A. S. Dobat, Danevirke Revisited: An Investigation into Military and Socio-political Organization in South Scandinavia (c ad 700 to 1100). Mediaeval Archaeology 52, 2008, 27–67.

W. Kramer, Die Datierung der Feldsteinmauer des Danewerks – Vorbericht einer neuen Ausgrabung am Hauptwall. Archäologisches Korrespondenzblatt 14, 1984, 343–350.

A. Tummuscheit und C. v. Carnap-Bornheim, Das Danewerk. Eine Grenzbefestigung der Wikinger? In: J. Staecker und M. Toplak (Hrsg.), Die Wikinger (Berlin 2019) 104–118.

A. Tummuscheit und F. Witte, The Danevirke in the light of the recent excavations. In: J. Hansen und M. Bruuns (Hrsg.), The Fortified Viking Age (Odense 2018) 69–74.

[1] Der sog. Erik-Stein (DR 1) stammt aus dem späten 10. Jh. und wurde 1796 zwischen zwei großen Grabhügeln an der Straße zwischen Busdorf und Selk südwestlich von Haithabu entdeckt. Die Inschrift lautet: »Thorolf, der Gefolgsmann Svens, errichtete diesen Stein nach (zum Gedenken an) seinem Genossen Erik, der den Tod fand, als die Krieger Haithabu belagerten, und er war Steuermann, ein wohl geborener Krieger.« Der Ortsname Haithabu (haiþa x bu) ist weiß hervorgehoben. Im Hintergrund steht der wahrscheinlich zeitgleich angefertigte sog. Skarthi-Stein (DR 3), der eine leicht abweichende Schreibweise des Ortsnamens (hiþa : bu) aufweist.
FOTOGRAFIE Roberto Fortuna, Nationalmuseum Kopenhagen, CC-BY-SA (verändert von Thorsten Lemm, ZBSA)

AUTOREN
Sven Kalmring
Thorsten Lemm

STANDORT
Schleswig-Flensburg, Areal von Haithabu inkl. Halbkreiswall: Busdorf LA 31
Hafenbereich von Haithabu: Fahrdorf LA 97
Südlicher Bereich des Halbkreiswalles: Selk LA 100

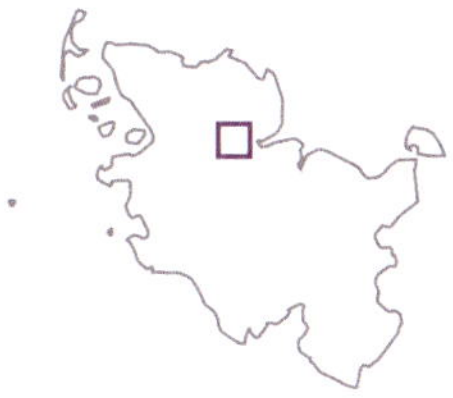

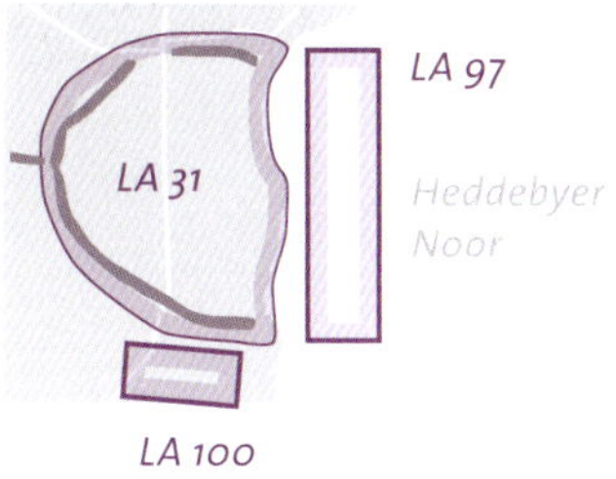

GRABUNGSZEIT
seit ca. 1900

ZEITL. EINORDNUNG
Frühmittelalter
7.–11. Jahrhundert

STRUKTUR
Grab
Hafen
Hort
Lager
Opferplatz
Siedlung
Weg
Wehranlage
Wrack
Andere

FUNDE
Keramik/Gefäße
Hausbestandteile
Kleidung
Knochen
Münzen
Nahrung
Schmuck
Waffen
Werkzeuge
Andere

Haithabu
Wikingerzeitlicher Seehandelsplatz zwischen Skandinavien und dem Kontinent

Der wikingerzeitliche Handelsplatz Haithabu, der in verschiedenen Schriftquellen und auf einigen Runensteinen Erwähnung findet, wurde im Jahre 1897 durch den dänischen Archäologen Sophus Müller mit der sog. »Oldenburg« am inneren Ende der Ostseeförde Schlei identifiziert. Während der Ort in den lateinisch verfassten fränkischen und sächsischen Schriftquellen zunächst als *Sliesthorp* (»Siedlung an der Schlei«) und später als *Sliaswich* (»Handelsplatz an der Schlei«) bezeichnet wird, ist er in der altisländischen Literatur als *Heiðabýr* bzw. *Heiðabœr* (»Heide-Siedlung«) bekannt. In der angelsächsischen Chronik (Buch I, Kap. 4) heißt es: »Das alte Land der Angeln liegt zwischen den Sachsen und Jüten und hat die Hauptstadt, die in der Sprache der Sachsen *Slesuuic* genannt wird, aber bei den Dänen *Haithaby*«. Diese Doppelnamigkeit überlebte selbst das historische Ende des Handelsplatzes und fand auch Anwendung für seinen hochmittelalterlichen Nachfolger, das heutige Schleswig. Die deutsche Bezeichnung »Haithabu« beruht auf einer allzu genauen Transliteration des Ortsnamens auf dem Erikstein (**D**anmarks **R**uneindskrifter (DR) 1; »haiþa x bu«); die dänische und auch internationale Fachwelt bezeichnet Haithabu hingegen allgemein als *Hedeby*.

Die früheste schriftliche Erwähnung findet Haithabu im Jahre 804 n. Chr. in den fränkischen Reichsannalen, die mit dem Ende der Sachsenkriege Karls des Großen ihren Blick erstmalig auch auf das nordelbische Gebiet richten. Der eigentliche Beginn als Handelsplatz wird mit der Zerstörung von Reric/Groß Strömkendorf an der Wismarer Bucht und der Übersiedlung seiner Kaufleute nach Haithabu im Jahre 808 n. Chr. in Verbindung gebracht. Das historische Ende von Haithabu steht im Zusammenhang mit dem Überfall des norwegischen Königs Harald Hardråde im Zuge von Thronstreitigkeiten mit dem dänischen König Sven Estridsen im Jahre 1050 n. Chr. sowie dem Angriff des obodritischen Fürsten Blusso während eines westslawischen Aufstandes im Jahre 1066 n. Chr. Archäologisch gesehen, stammt die nachweislich älteste Münze, ein »friesischer« Wodan/Monster Sceatta, aus der Zeit nach ca. 725 n. Chr., während es sich bei der jüngsten Fundmünze aus Haithabu um einen Denar des Grafen Hermann – Bruder des sächsischen Herzogs Ordulf – handelt, der zwischen 1060 und 1086 n. Chr. in Jever geprägt wurde.

Der wirtschaftliche Erfolg des Grenzhandelsplatzes Haithabu, gelegen an der Schnittstelle Skandinaviens mit dem Kontinent, ist seiner besonderen verkehrsgeografischen Lage zu verdanken. Der Überlandverkehr über den Hærvej/Ochsenweg (s. Beitrag Kap. IV, 218–221), welcher die jütische Halbinsel zwischen Aalborg im Norden und der Elbe im Süden verband, ließ sich über die Danewerk-Befestigungen bei Haithabu kontrollieren und besteuern. Noch wichtiger war indes die Seeverbindung, die ebenfalls über die Schleswiger Landenge verlief und über eine schmale Landbrücke zwischen Hollingstedt an der Treene und Haithabu an der Schlei die Nord- mit der Ostsee verband. Hier bildete besonders das Haddebyer Noor bei Haithabu am inneren Ende der Schlei einen perfekt geschützten Naturhafen. Neben der übergeordneten Grenzlage zwischen Skandinavien und Kontinentaleuropa befand sich die Handelsstadt weiterhin im Grenzland zwischen den Dänen im Norden, den Sachsen bzw. Franken im Süden, den Friesen im Westen und den slawischen Obodriten im Osten (s. Beitrag Kap. II, 50–57); dieser Ausgangssituation verdankte der Grenzhandelsplatz seine multiethnische Zusammensetzung und somit zu keinem geringen Anteil den wirtschaftlichen Erfolg.

[2] Digitale Rekonstruktion des Hafenareals von Haithabu.

Als Umschlaghafen unter königlicher Kontrolle lässt sich Haithabu von historischer Seite unmittelbar in Verbindung mit dem dänischen Kleinkönig Göttrik († 810), den »Haithabu-Königen« Horik dem Älteren († 854) und Horik dem Jüngeren († 864–873), dem dänischen König Harald Blauzahn († ca. 987) und dessen Sohn Sven Gabelbart († 1014) bringen. Im Zuge der Erwähnung der Könige Gnupa († ca. 936) und Sigtrygg auf dem großen und dem kleinen Sigtryggstein (DR 2, DR 4) wurde für Haithabu zudem eine sog. »Schwedenherrschaft« diskutiert. Eine mögliche ostfränkische Kontrolle des Grenzhandelsplatzes fand unter König Heinrich I. nach dessen Sieg über Gnupa im Jahre 934 n. Chr. und unter Kaiser Otto II. in der Zeit zwischen 974–983 n. Chr. statt. Ebenso steht Haithabu kirchengeschichtlich untrennbar in Verbindung mit der Missionstätigkeit Ansgars († 865) und des Erzbistums Hamburg-Bremen, der Gründung einer ersten Kirche um 850 n. Chr., der Etablierung eines Bistums im Jahre 948 n. Chr. und des »Schleswiger« Bischofs Rudolf († 4.11.1047).

Das heutige Bodendenkmal dominiert der mächtige Halbkreiswall aus dem 10. Jh., der über den sog. Verbindungswall an die Verteidigungsanlagen des Danewerks angeschlossen ist. Der Halbkreiswall umschließt ein Siedlungsgebiet von ca. 27 ha mit ehemals kleinen Wohnhäusern urbanen Gepräges in den tiefer liegenden Bereichen in Richtung Haddebyer Noor sowie Grubenhäusern auf den höher gelegenen Hängen, auf denen sich auch das Kammergräber- und das Flachgräberfeld befinden. Das anschließende Hafenareal säumten hölzerne Landebrücken, die eine zusammenhängende Plattform bildeten, die zugleich als Marktplatz diente. Aus dem Hafenbecken sind insgesamt vier Schiffswracks bekannt, darunter das »königliche Langschiff« und ein schweres Hochseehandelsfahrzeug vom Typ *knǫrr*; das innere Hafenbecken schützte eine Seesperre. Südlich des Halbkreiswalles befand sich die frühe Südsiedlung, die später durch das Südgräberfeld mit Brand- und Kammergräbern abgelöst wurde. Am westlichen Rande des Südgräberfeldes lag auch die königliche Bestattung des Bootkammergrabes aus der Zeit 830/850 n. Chr. Auf einem lehmigen Höhenzug nördlich des Halbkreiswalles liegt die umwallte Hochburg auf dem Areal eines älteren Hügelgräberfeldes aus der

2. Hälfte des 7. Jh. Die romanische St. Andreas-Kirche nordöstlich der Hochburg wird als in seinen Ursprüngen mögliche frühe Stabkirche diskutiert. Basierend auf der Schätzung von ca. 12.000 existierenden Bestattungen in und um Haithabu herum, ist auf eine Gesamtbevölkerung von 1.000 bis 1.500 Einwohnern zu seiner Blütezeit zu schließen. Aus dem Hinterland sind Siedlungen in Schuby, Ellingstedt, Winning, Füsing, Kosel und das Kammergräberfeld von Thumby-Bienebek bekannt. Entlang des Segelweges der Schlei liegt ferner eine Reihe kleinerer Landeplätze; hier lassen Flurnamen zudem auf existierende Signalfeuerhügel schließen.

Archäologisch sind bis heute ca. 5 % des Siedlungsgebietes und ca. 3 % des inneren Hafenareals ausgegraben. Durch einen nachwikingerzeitlichen Meeresspiegelanstieg von ca. 0,8 m zeichnen sich besonders die tiefer gelegenen Siedlungsgebiete hin zum Haddebyer Noor durch hervorragende Erhaltungsbedingungen für organisches Material aus. In jüngerer Zeit wurde das gesamte vom Halbkreiswall umschlossene Areal mithilfe der Geomagnetik geophysikalisch prospektiert. Ebenso trugen systematische Metalldetektorbegehungen zu einem erheblichen Kenntnisgewinn bei. Seit dem Jahre 2018 gehört Haithabu, zusammen mit dem Danewerk, zum UNESCO-Weltkulturerbe.

LITERATUR

U. Arents und S. Eisenschmidt, Die Gräber von Haithabu. Ausgrabungen in Haithabu 15 (Neumünster 2010).

O. Crumlin-Pedersen, Viking-age Ships and Shipbuilding in Hedeby/Haithabu and Schleswig. Ships and Boats of the North 1 (Schleswig – Roskilde 1997).

V. Hilberg, Detektoruntersuchungen in Haithabu 2003–2015. Aussagemöglichkeiten und Erkenntnisgewinn für die Entstehung eines wikingerzeitlichen Handelszentrums. In: V. Hilberg und Th. Lemm (Hrsg.), Viele Funde – große Bedeutung? Potenzial und Aussagewert von Metalldetektorfunden für die siedlungsarchäologische Forschung der Wikingerzeit. Bericht des 33. Tværfaglige Vikingesymposiums = Schriften des Museums für Archäologie Schloss Gottorf. Ergänzungsreihe 12 (Kiel 2018) 125–154.

S. Kalmring, Der Hafen von Haithabu. Ausgrabungen in Haithabu 14 (Neumünster 2010).

S. Kalmring, Die vergessene Hochburg und das frühe Haithabu. Archäologische Nachrichten aus Schleswig-Holstein 20, 2014, 62–65.

T. Lemm, Zum Schutze Haithabus – Die Rekonstruktion eines auf visueller Kommunikation basierenden Verteidigungssystems an der Schlei. Arkæologi i Slesvig/Archäologie in Schleswig 16, 2016, 27–48.

K. Schietzel, Spurensuche Haithabu. Dokumentation und Chronik 1963–2013 (Neumünster 2014).

J. Schultze, Die Siedlungsgrabungen I. Methoden und Möglichkeiten der Auswertung. Ausgrabungen in Haithabu 13 (Neumünster 2008).

[3] Luftbild des vom Halbkreiswall des 10. Jh. umschlossenen Haithabu mit den rekonstruierten Häusern und der Landebrücke sowie der heutigen Stadt Schleswig am Nordufer der Schlei im Hintergrund.
FOTOGRAFIE © ALSH

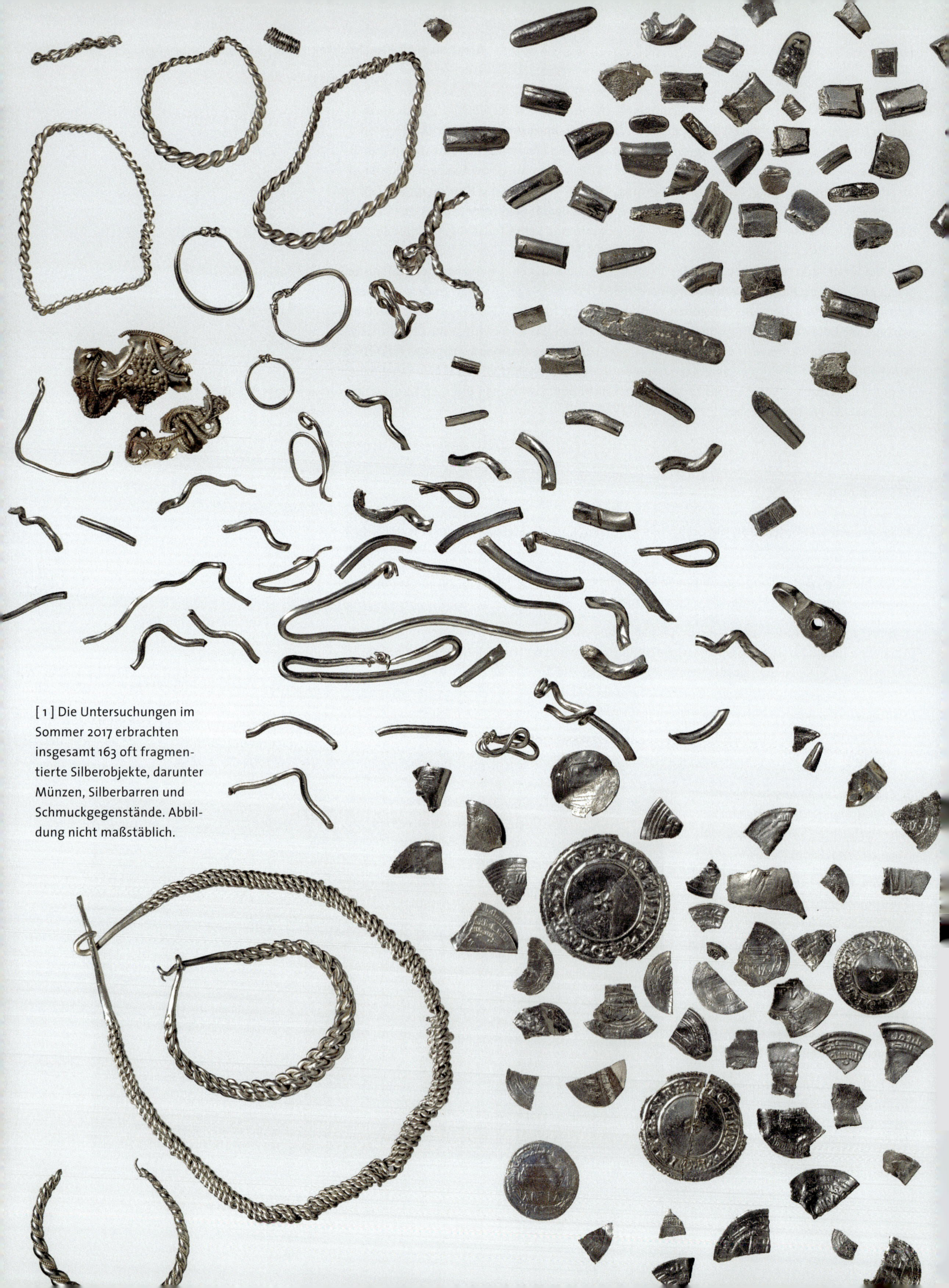

[1] Die Untersuchungen im Sommer 2017 erbrachten insgesamt 163 oft fragmentierte Silberobjekte, darunter Münzen, Silberbarren und Schmuckgegenstände. Abbildung nicht maßstäblich.

AUTOR*INNEN
Martin Segschneider
Eicke Siegloff
Astrid Tummuscheit

STANDORT
Nordfriesland, Sylt-Ost, Altgemeinde Morsum
LA 398

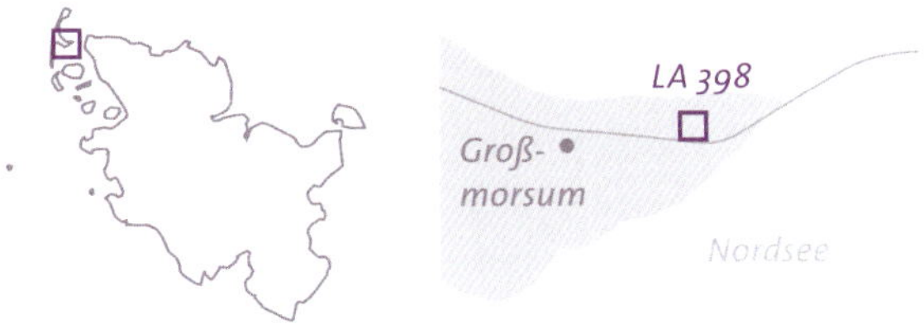

GRABUNGSZEIT
2017

ZEITL. EINORDNUNG
Wikingerzeit
10. Jh. n. Chr.

STRUKTUR
Grab
Hafen
Hort
Lager
Opferplatz
Siedlung
Weg
Wehranlage
Wrack
Andere

FUNDE
Keramik/Gefäße
Hausbestandteile
Kleidung
Knochen
Münzen
Nahrung
Schmuck
Waffen
Werkzeuge
Andere

Vom Einstückhort zum Silberschatz

Ein Silberhort der Wikingerzeit von der Halbinsel Nösse (Morsum, Sylt)

Als eine der schönsten Auffindungsgeschichten der letzten Jahre erweist sich die (Wieder-) Entdeckung eines Silberhortes der Wikingerzeit auf der Halbinsel Nösse im Osten der Insel Sylt. Mehr als fünf Jahrzehnte hielt man den von einem Morsumer Landwirt im Jahr 1960 gemachten Fund eines silbernen geflochtenen Armrings für einen Einstückhort – bis dem Archäologischen Landesamt Schleswig-Holstein (ALSH) aus dem Nachlass des Finders eine prächtige Ringfibel bekannt wurde. Den überlieferten Angaben zufolge sollte sie derselben Fundstelle entstammen. Die Nadel fehlte allerdings ...

Die insgesamt fast 200 g schwere Fibel aus massivem Silber besteht aus einem für die Durchführung der Nadel durchbrochenen Ring mit einem Durchmesser von 8,2 cm, auf dem zwei feste und eine bewegliche Kugel montiert sind. Diese tragen Aufsätze aus Goldblech, reich mit Goldfiligran verziert. Drei schlangen- oder drachenartige, stark verflochtene Tiergestalten mit apotropäischem Charakter zeugen von höchster, wohl im Umfeld eines Königshofes ausgeübter Handwerkskunst. Kugeln und einzelne Ringbereiche bedecken aufwändige Niello-Verzierungen, die u. a. verflochtene Tiergestalten mit vogelartigen Gesichtern darstellen. Die sowohl Elemente des Borre- wie auch des Jelling-Stils aufweisende Fibel war als Einzelstück angefertigt und stellt ursprünglich sicherlich eine hohe Auszeichnung an einen Gefolgsmann dar.

Später geriet die Fibel allerdings in den Silberumlauf und die Nadel wurde demontiert. Kleine Kerben von Messerspitzen als Prüfmarken lassen vermuten, dass man dem Silbergehalt der Fibel nicht unbedingt traute.

Da nun nicht mehr unbedingt von einem Einstückhort auszugehen war, wurde die seinerzeit von Karl Kersten formulierte Idee einer »*Untersuchung der Fundstelle durch ein Minensuchgerät und eine anschließende Grabung*« wieder aufgegriffen. Einen konkreten Ausgangspunkt erbrachte die nun folgende Sammlung und Analyse der Informationen. In erster Linie stammten diese aus Archivunterlagen zum Fund des Armrings und von einem Ortsansässigen, dem besagter Landwirt die Stelle einige Jahre nach dem Fund zeigte. Kombiniert mit der Auswertung aktueller und älterer Geobasisdaten ergab sich eine Fährte, die im Juli 2017 mit Unterstützung durch die Detektorgruppe Schleswig-Holstein aufgenommen wurde. Tatsächlich erwies sich die heute im Grünland gelegene Verdachtsstelle als goldrichtig und es kamen innerhalb eines Tages aus der oberen Humusschicht 81 Silberfunde zutage.

Kurze Zeit später erbrachte die ebenfalls von der Detektorgruppe begleitete Grabung weitere 82 Silberobjekte, jedoch wieder ausschließlich nur im durchpflügten Oberboden. Spuren einer Deponierungsgrube oder gar eines Behältnisses waren in der 50 m² umfassenden Grabungsfläche nicht auffindbar. Innerhalb dieser erstreckte sich die hauptsächliche, im Kernbereich ovale Fundstreuung. Die Funddichte an besonders kleinteiligen Objekten grenzt die ursprüngliche Position des wohl in einem organischen Behältnis deponierten und völlig zerrissenen Hortes auf einen Bereich von weniger als einen Quadratmeter ein. 34 und 42 m südwestlich lagen noch zwei größere Objekte aus Silber: neben einem geflochtenen Halsreif eine 28,8 cm lange, stark verbogene Nadel. Auf älteren Luftbildern aus der Zeit der damaligen Nutzung als Acker ist die Hauptpflugrichtung sehr gut zu erkennen und legt zugleich nahe, dass der Pflug beide aus dem Hort stammenden Funde aufhakte und dorthin verschleppte.

[2] Die 1960 entdeckte Ringfibel. Abbildung 1:1

[3] Rechts die 2017 gefundene Nadel, die ursprünglich über eine Steckverbindung mit der zentralen Kugel der Fibel zusammenhing. Abbildung 1:1

ALLE FOTOGRAFIEN © Linda Hermannsen, ALSH

In Kooperation mit dem ALSH führte das Niedersächsische Institut für historische Küstenforschung Wilhelmshaven (NIhK) im Folgejahr siedlungsarchäologische Forschungen im Bereich der Fundstelle durch. Es galt zu klären, ob der Hortfund im Kontext zu etwaigen zeitgleichen Siedlungsstrukturen zu betrachten ist. Auf Grundlage großflächiger geomagnetischer Messungen des NIhK wurden einige der zahlreichen gleichartigen, im Messbild dargestellten Anomalien stichprobenartig untersucht. Sie erwiesen sich zwar als herausragend erhaltene Kochsteingruben, überlagert durch eine bronzezeitliche Kulturschicht, jedoch waren wikingerzeitliche Siedlungsbefunde nicht festzustellen. Auch eine zeitgleich erfolgte systematische Nachsuche durch die Detektorgruppe auf einer Fläche von etwas mehr als vier Hektar erbrachte lediglich die jedoch wesentliche Erkenntnis, dass im untersuchten Bereich keine weiteren und gegebenenfalls auch weiter verschleppten Teile des Hortes mehr im Boden verblieben waren. Im Umfeld der etwa 350 m westlich und nordwestlich gelegenen Grabhügel der Wikingerzeit ist der Hortfund demnach als solitäre Deponierung anzusehen. Wahrscheinlich handelt es sich um ein Wertdepot, wenngleich eine rituelle Deponierung auf der sehr exponierten Anhöhe über dem Wattenmeer ebenfalls in Betracht käme.

Insgesamt wurden im Sommer 2017 bei den Untersuchungen des Hortes 163 teils stark fragmentierte Silberobjekte gefunden, deren Gewicht sich auf rund 1 kg (Gesamtgewicht des Hortes inkl. Altfunde 1,3 kg) summiert: meist sind es Münzen (28 %), Silberbarren (25 %) und Schmuckgegenstände (20 %), die oft absichtlich zerteilt worden waren.

Dieses sog. Hacksilber gilt als ein typisches Element der Edelmetalldepots der Wikingerzeit, die besonders häufig rund um die Ostsee und auf den Britischen Inseln vorkommen. Diese Depots stellen zumeist das durch Handel, Raubzüge oder Tributzahlungen zusammengetragene Vermögen von Personen dar, die dies versteckten, jedoch aus unbekannten Gründen nie wie-

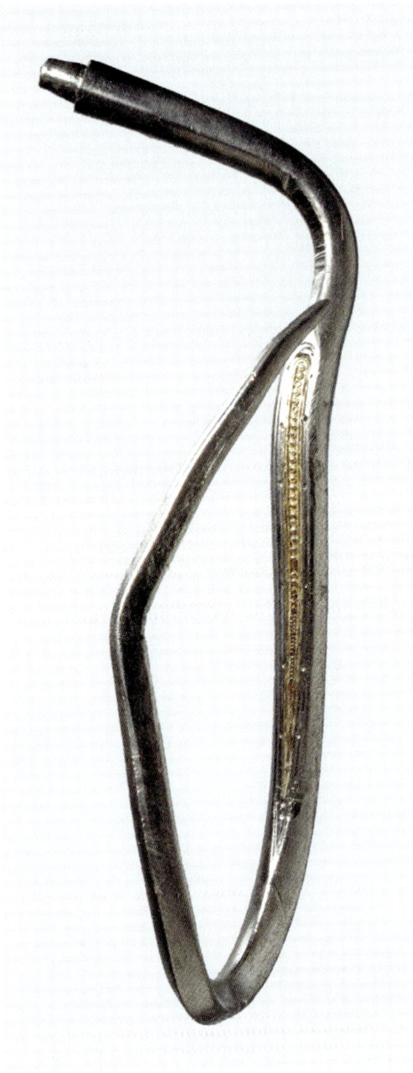

der an sich nahmen. Aus Schleswig-Holstein sind bisher etwa 50 derartige Niederlegungen bekannt.

Das Hacksilber spiegelt in der Geldentwicklung eine Phase wider, in der Objekte zerteilt, abgewogen und als Zahlungsmittel Verwendung fanden. Auf dem komplexen Weg zur Einführung der Münzgeldwirtschaft, anhand weiterer Sylter Silberschätze gut ablesbar, stellte diese sog. »Gewichtsgeldwirtschaft« eine frühe Entwicklungsstufe dar. Während der Morsumer Schatz in der Zeit um 950 niedergelegt wurde, geschah dies beim hauptsächlich aus Münzen bestehenden Lister Hort um 1000 n. Chr. Das um 1050 n. Chr. vergrabene Silberdepot von Westerland besteht schließlich nur noch aus Münzen, die Zeit des Hacksilbers war vorbei.

Vorläufig lassen sich 39 der Münzen aus Morsum sicher als islamisch identifizieren. Islamisches Silber in Form von Münzen, den sog. Dirhams, gelangte seit der Zeit um etwa 800 n. Chr. vor allem in den Ostseeraum. Mindestens drei der Morsumer Münzen stammen außerdem aus dem angelsächsischen England. Sie liefern auch einen ersten vorläufigen Datierungsansatz für die Niederlegung des Depots – dies kann frühestens 928 n. Chr. oder danach geschehen sein.

Die Arm- und Halsringe sind oft einfache oder aus mehreren Silberstäben geflochtene Ringe des 10. Jh. aus skandinavischer Produktion.

Herausragend sind schließlich Fragmente einer seltenen Fibel des 10. Jh. vom Typ Terslev aus Silberblech mit Filigrandrähten und Granulation sowie die bereits erwähnte, aus massivem Silber hergestellte und 73 g schwere Nadel einer Ringfibel. Diese trägt eine Verzierung aus Goldblech mit filigraner Granulationstechnik, welche jener der Fibel vollkommen entspricht. Ebenso passen Nadelende und Aufnahme an der Fibel bestens ineinander. Es handelt sich also um die fehlende Nadel der bereits fast 60 Jahre zuvor gefundenen prächtigen Ringfibel!

LITERATUR

E. Siegloff und A. Tummuscheit, Es findet zusammen, was zusammengehört. Ein Vorbericht zum wikingerzeitlichen Hortfund von Morsum auf Sylt, Kr. Nordfriesland. Archäologische Nachrichten Schleswig-Holstein 23, 2017, 74–83.

M. Segschneider, Die Ringfibel von der Nösse bei Morsum auf Sylt – Prunkstück eines Silberschatzes der Wikingerzeit. In: Jahresbericht Sölring Foriining 2017, 70–73.

R. Wiechmann, Edelmetalldepots der Wikingerzeit in Schleswig-Holstein: vom »Ringbrecher« zur Münzgeldwirtschaft. Offa-Bücher 77 (Neumünster 1996).

[1] Die Anlagen Oldenburg I (Doppelgrabenanlage des 7. Jh.) und Oldenburg II (Esesfelth) auf dem »Camp up der Oldenburg« östlich von Heiligenstedten. KARTE Thorsten Lemm, Schleswig

AUTOR
Thorsten Lemm

STANDORT
mittleres und westliches Holstein

GRABUNGSZEIT
seit dem späten 19. Jh.

ZEITL. EINORDNUNG
Frühmittelalter
9.–11. Jh. n. Chr.

STRUKTUR
Grab
Hafen
Hort
Lager
Opferplatz
Siedlung
Weg
Wehranlage
Wrack
Andere

FUNDE
Keramik/Gefäße
Hausbestandteile
Kleidung
Knochen
Münzen
Nahrung
Schmuck
Waffen
Werkzeuge
Andere

Frühmittelalterliche Burgen in Nordelbien

Im Jahre 810 errichteten die Franken auf Befehl Karls des Großen die *civitas* Esesfelth am Nordufer der Stör und legten damit den Grundstein für die Eingliederung Nordelbiens in das Fränkische Reich. Ausgehend von ihrem neuen Verwaltungsmittelpunkt begannen sie nun damit, administrative, religiöse und militärische Strukturen aufzubauen (s. Beitrag Kap. II, 50–57). Sieben Jahre später erfolgte auf dieses Zentrum der fränkischen Herrschaft nördlich der Elbe ein dänisch-obodritischer Angriff, der von der fränkisch-sächsischen Besatzung jedoch zurückgeschlagen werden konnte. Danach blieb die fränkische Herrschaft nördlich der Elbe unangefochten. Für diesen militärischen Sieg war nicht zuletzt das ausgeklügelte Verteidigungssystem Esesfelths verantwortlich, das aus einem halbkreisförmigen Wall, zwei umlaufenden Frontgräben, von diesen strahlenförmig ausgehenden weiteren Gräben und einem östlich vorgelagerten mächtigen Abschnittsgraben bestand. Insbesondere die Strahlengräben lassen die Burg Esesfelth bis dato als eine für das 9. Jh. einzigartige Wehranlage erscheinen. Das systematische Vorgehen der fränkischen Administration, insbesondere die Einführung der fränkischen Grafschaftsverfassung, also die Aufteilung des eroberten Gebietes in Grafschaften, dürfte ausschlaggebend für die Errichtung weiterer Burgen nördlich der Elbe gewesen sein.

Bis zum heutigen Tag sind aus dem nordelbisch-sächsischen Raum 17 Burgwälle des 9.–11. Jh. bekannt, von denen eine Vielzahl heute noch als Geländedenkmale erhalten ist. Leider halten die Schriftquellen nur wenige Informationen über diese Burgen oder deren Erbauer bereit. Dennoch dürften die Anlagen als Teil der politischen und gesellschaftlichen Entwicklung zu betrachten sein, die sich vom 9. bis zum 11. Jh. innerhalb des fränkischen und ab 843 n. Chr. ostfränkischen Reiches vollzog. Auch nördlich der Elbe ging die Entwicklung im Befestigungsbau von den fränkischen Reichsburgen des frühen 9. Jh. (z. B. Esesfelth und Delbende) über zum privaten Burgenbau ab der Mitte des 9. Jh. (z. B. Kaaksburg und Stellerburg), der noch im 11. Jahrhundert mit Persönlichkeiten führender sächsischer Adelsgeschlechter, den Billungern und den Udonen/Grafen von Stade in Verbindung zu bringen ist (z. B. Itzehoer Burg und Neue Burg in Hamburg).

Mit dem Anspruch einer unter damaligen militärischen Gesichtspunkten optimalen Schutzlage im Gelände wurden die Burgen in Spornlagen, in Insellagen und an Seeufern errichtet, was wiederum Auswirkungen auf Größe – von lediglich etwa 42 × 70 m (Wittorf) bis ca. 120 x 150 m (Esesfelth) – und Gestalt der Befestigungen zeigte. Demzufolge ergaben sich bei der Errichtung der Burgen nahezu kreisrunde, leicht ovale, annähernd dreieckig- oder rechteckig-ovale sowie halbkreisförmige Sodenwälle, die vergleichsweise geringfügige hölzerne Einbauten aufwiesen. Während diese Bauweise konstruktiv deutlich von jener der Slawen im östlichen Holstein abzugrenzen ist, die unter Verwendung von viel Holz und Erde erfolgte, weist sie eindeutige Parallelen zu den Ringwällen im sächsischen Gebiet südlich der Elbe auf. Den Wällen vorgelagert befanden sich eine Berme und in der Regel einer oder mehrere Gräben. Die Tore mit Breiten von 2–3 m waren kastenförmig in den Wall eingebaut. Einige Anlagen wiesen zusätzlich einen oder mehrere Abschnittswälle und/oder -gräben auf.

Da lediglich die Innenräume der Kaaksburg und der Stellerburg großflächig, die übrigen Ringwälle dagegen nur vereinzelt durch Probegrabungen untersucht wurden, sind über die Innenbebauung nur begrenzt Aussagen zu treffen. Der Befund- und Fundverteilung im Innenraum der kleinflächig ausgegrabenen Burgen nach zu urteilen, ist bei ihnen jedoch auf eine konzentrische Besiedlung um einen freien Platz in der Mitte zu schließen, die ihre Entsprechung wiederum im sächsischen Gebiet südlich der Elbe findet. Im Gegensatz dazu kennzeichnen die Kaaksburg und die Stellerburg eine intensivere Bebauung und eine anders geartete Verteilung der Gebäude. Beide Ringwälle erbrachten zudem ein deutlich höheres Fundaufkommen, was in der einerseits längeren und andererseits auch andersartigen Nutzung ihre Begründung findet. Vermutlich ist bei diesen beiden Ringwällen, die neben den üblichen Keramikscherben der lokal gefertigten weichen Grauware auch außergewöhnliches Fundmaterial in Form von Zubehör der Reiter- und Pferdeausstattung, Waffen und Schmuckobjekten aufweisen, bereits an eine Verlagerung des Herrschaftssitzes in die Burg zu denken.

Siedlungsfunde und altsächsische Ortsnamen geben zu erkennen, dass diverse Burgen durchaus als Zentren von Siedlungskammern verstanden werden dürfen. Ihre im Verhältnis zum gesamten Siedlungsgebiet des Öfteren exzentrische Lage muss dabei eine Funktion als Mittel-

[2] Kaaksburg. Schnitt durch den zwei- oder dreiphasigen Nordwall und die davorliegenden mehrphasigen Gräben. Der größtenteils aus Grassoden bestehende Wallaufbau ist typisch für die Burgen im sächsischen Siedlungsgebiet (nach A. Bantelmann und K. H. Dittmann, Ergebnisse einer Rettungsgrabung auf der Kaaksburg, Kreis Steinburg. Neue Ausgrabungen und Forschungen 7,1972, Abb. 3).

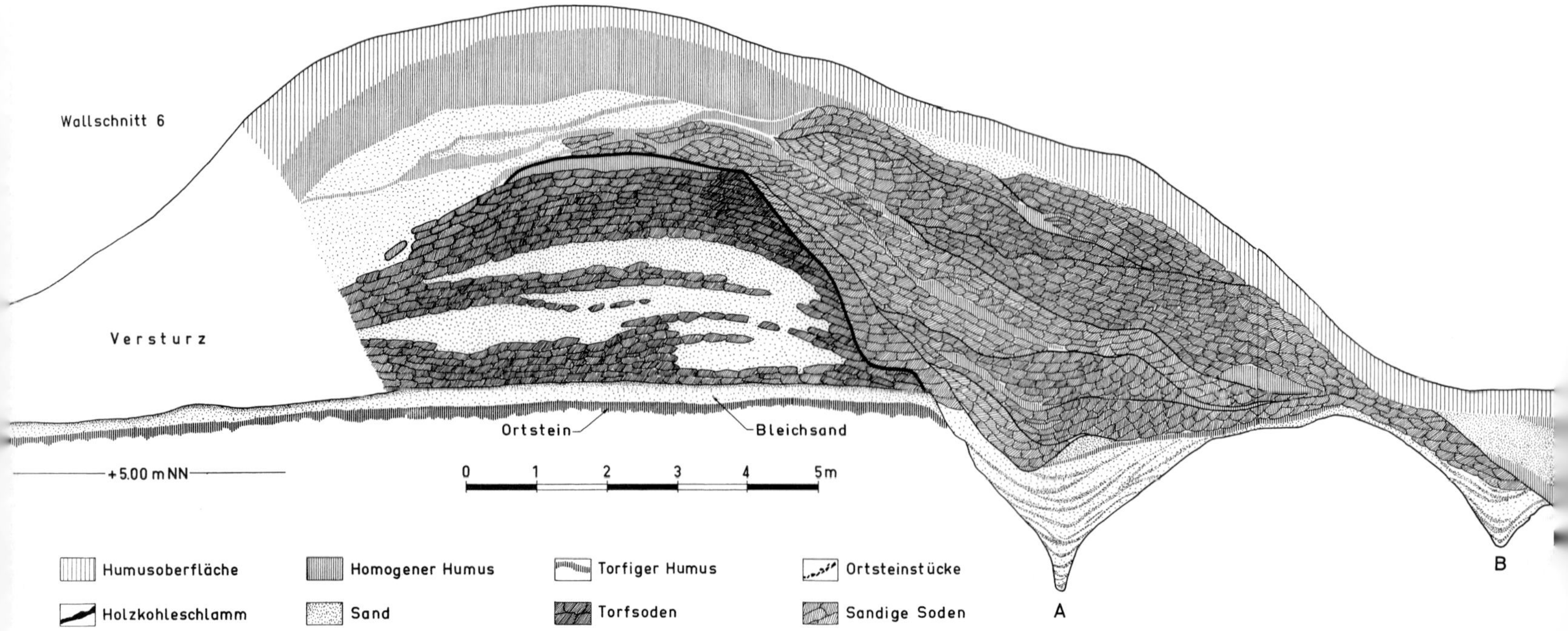

punktsburgen nicht ausschließen. Die besten Beispiele dafür geben die *civitates* Esesfelth und Hammaburg ab, die zweifelsohne ebenfalls als exzentrisch gelegene Verwaltungszentren am südlichen Rand des nordelbischen Gebietes anzusehen sind. In Anlehnung an das wigmodische Gebiet südlich der Elbe sind auch für die nordelbischen Burgen Funktionen als Verwaltungs- und Gerichtszentren in Betracht zu ziehen, auch wenn hier die Schriftquellen fehlen, um diese Annahme zu untermauern. Die Lage aller Burgen an rekonstruierten Wegetrassen dürfte auf ihre administrativen und/oder militärischen Funktionen zurückzuführen sein. Auf das Ende der Billungerherrschaft, das mit dem Tod von Herzog Magnus im Jahre 1106 eintrat, folgte auch das Ende der Burgwälle, die allmählich durch den Befestigungstyp der Turmhügelburg abgelöst wurden.

LITERATUR

T. Lemm, Die frühmittelalterlichen Ringwälle im westlichen und mittleren Holstein. Schriften des Archäologischen Landesmuseums 11 Bd. 1 und 2 (Neumünster 2013).

T. Lemm, Esesfelth und der Burgenbau des 9. bis 10. Jahrhunderts in Nordelbien. In: R.-M. Weiss und A. Klammt (Hrsg.), Mythos Hammaburg. Archäologische Entdeckungen zu den Anfängen Hamburgs (Hamburg 2014), 357–376.

K. Weidemann, Frühmittelalterliche Burgen im Land zwischen Elbe- und Wesermündung. In: Führer zu vor- und frühgeschichtl. Denkm. 30 (Mainz 1976) 165–211.

- stehende Hölzer
- Häuser nach Rudolph 1942
- oberer Bohlenweg
- unterer Bohlenweg

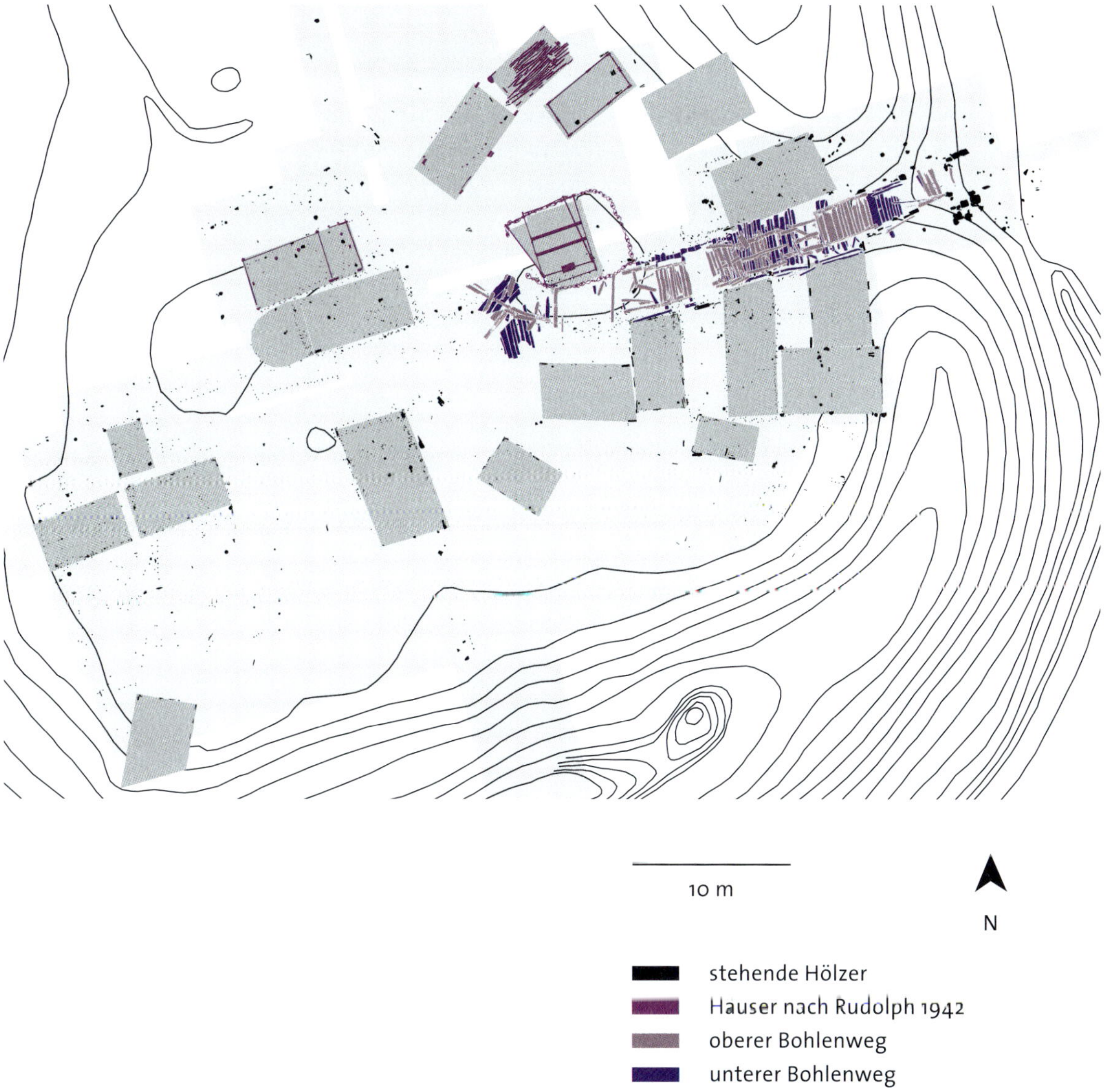

[3] Stellerburg. Osttor, zweiphasiger Bohlenweg und diverse Pfostengebäude mit Schwellriegelwänden, mit gespundeten Stabwänden oder Flechtwänden im südlichen Teil der Burg. Die dokumentierten stehenden Hölzer vermitteln den Eindruck, dass die Bebauung insbesondere im westlichen Teil des Innenraums weit über die Anzahl der rekonstruierbaren Hausbefunde hinausging (nach Lemm 2013, 122 Abb. 58).

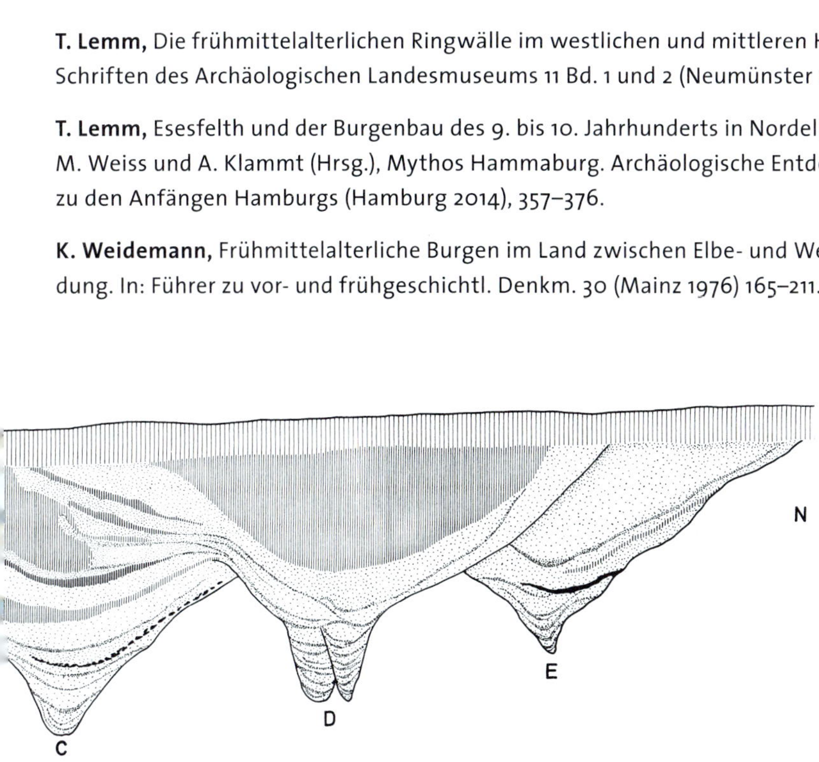

[1] Das Schleswiger Hafenviertel um 1100 (nach Rösch 2018, Abb. 93).

AUTOR
Felix Rösch

STANDORT
Schleswig-Flensburg
Schleswig LA 153, LA 147, LA 148, LA 144

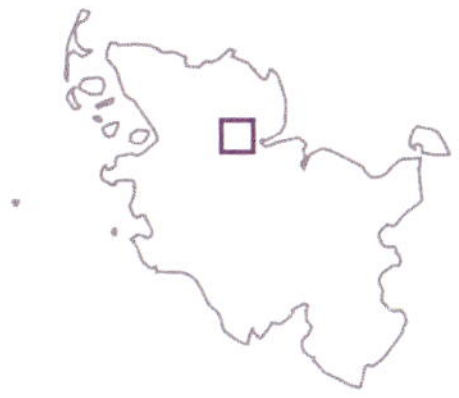

GRABUNGSZEIT
1969–2014

ZEITL. EINORDNUNG
Hoch- bis Spätmittelalter
11.–13. Jh. n. Chr.

STRUKTUR
Grab
Hafen
Hort
Lager
Opferplatz
Siedlung
Weg
Wehranlage
Wrack
Andere

FUNDE
Keramik/Gefäße
Hausbestandteile
Kleidung
Knochen
Münzen
Nahrung
Schmuck
Waffen
Werkzeuge
Andere

Boomtown Schleswig
Dänemarks Eintritt ins Mittelalter

Die am inneren Ende der Schlei gelegene Stadt Schleswig zählt zu den bedeutendsten Städten des nordeuropäischen Hochmittelalters. Als Neugründung an der Schwelle von Wikingerzeit zum Mittelalter kommt ihr eine besondere Rolle beim Aufbruch Skandinaviens in das neue Zeitalter zu. Die Nachfolgerin Haithabus übernimmt zwar dessen Rolle als internationales Handelszentrum und Grenzstadt, ist aber auch Pfalzort des dänischen Königs sowie Bischofssitz. Mit ihrer ausgeprägten Sakral- und Herrschaftstopografie symbolisiert sie sich im Wandel befindliche Glaubensvorstellungen und Gesellschaftsstrukturen. Dies erhebt die Stadt zu einem Forschungsgegenstand internationalen Ranges.

Da die historischen Quellen aus den Anfängen Schleswigs zwar unverkennbar die Bedeutung des Ortes herausstellen, ansonsten wenig präzise sind, kommt der Archäologie eine wichtige Rolle bei der Erforschung der Stadt zu. Ihren vorläufigen Höhepunkt erreichte die archäologische Forschung in den 1970er und 1980er Jahren, als es im Zuge einer umfangreichen Altstadtsanierung gelang, mehrere großflächige Grabungen durchzuführen, die aufgrund hervorragender Erhaltungsbedingungen zahlreiche Erkenntnisse zum frühen Schleswig erbrachten. Bis heute dürfen etwa 10 % des mittelalterlichen Stadtgebiets als archäologisch untersucht gelten.

Die Gründung Schleswigs erfolgte auf einer ehemals etwa 12 ha großen, über einen schmalen Landrücken zugängliche Halbinsel am Nordufer der Schlei. Die frühesten gesicherten Bautätigkeiten lassen sich bis ins Jahr 1071 zurückdatieren. Darüber hinaus liefern einige in den 1050er/60er Jahren gefällte und sekundär in einem Bohlenweg verwendete Hölzer Hinweise auf einen etwas früheren Siedlungsbeginn. Spätestens bis 1100 darf die Halbinsel als vollständig erschlossen gelten.

Aufgrund ihrer topografischen Lokalisation zwischen den Wirtschaftsräumen Nord- und Ostsee sowie Kontinent und Skandinavien lag das Potenzial Schleswigs vor allem im Umschlag und Verteilen der Waren, was größtenteils per Schiff aber auch via Landweg, vor allem in Richtung Schleswigs Nordseedependance Hollingstedt, erfolgte. Entsprechend stellte der Hafen mit dem angegliederten Hafenviertel das ökonomische Herz der Stadt dar. Es erstreckte sich über das gesamte Südufer und wurde binnen kürzester

Zeit angelegt und ausgebaut. Gerade einmal 15 Jahre vergingen vom ersten Spatenstich im Jahr 1075, bei der eine systematische Untergliederung des Ufers mit Parzellen erfolgte, bis zu weit in die Schlei hineinreichenden, dicht bebauten, dammartigen Plattformen, die unterschiedliche Fernhändlergruppen als Hafenanlagen, Geschäftsorte und zur Unterbringung nutzten. Eine rasche, im Rhythmus weniger Jahre erfolgende Verlängerung der Dämme zeugt dabei von einem vitalen Konkurrenzkampf der Kaufleute untereinander. Wesentliche Teile des Warenumschlags fanden auf einem öffentlichen Marktplatz am Wasser statt. Nicht zuletzt anhand dieser Aspekte wird die hohe wirtschaftliche Bedeutung des Handels für Schleswig und damit auch den Fiskus der dänischen Krone deutlich, deren Vorraussetzung eine effektive Infrastruktur war. Das Schleswiger Hafenviertel befand sich damit auf der Höhe der Zeit und kann geradezu als Muster für eine seehandelsgestützte Wirtschaftstopografie um 1100 gelten, kombiniert es doch bereits von älteren Plätzen bekannte Einrichtungen wie Ufer- und Hafenmärkte mit den neuen Bedürfnissen einer zunehmend professionalisierten Kaufmannschaft.

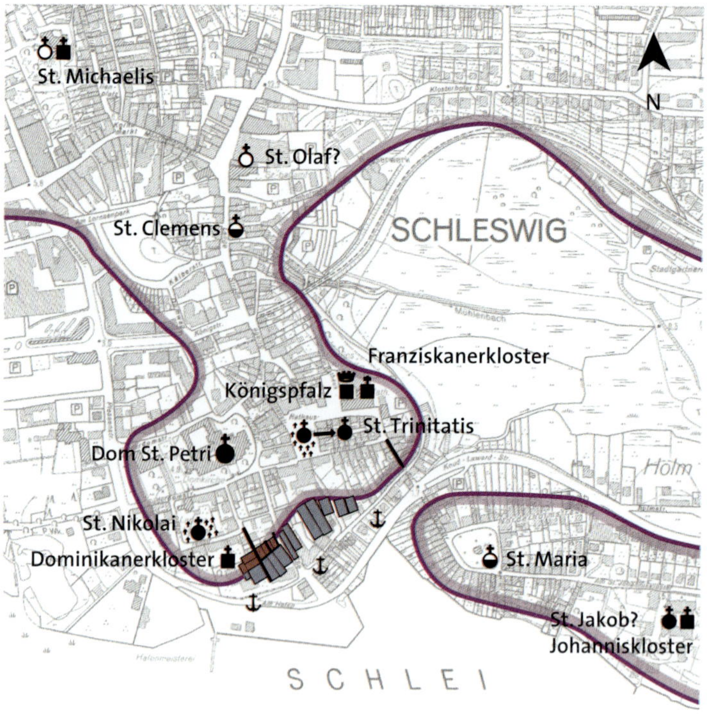

[2] Die ehemalige Uferlinie und die Wirtschafts-, Herrschafts- und Sakraltopografie des frühen Schleswigs auf Grundlage archäologischer, kunsthistorischer und archivalischer Quellen.
GRAFIK Felix Rösch, Göttingen

Flankiert wird dieses Bild von vielfältigem Fundmaterial, das weitreichende Kontakte und umfangreiche Handelsaktivitäten belegt. Hervorzuheben ist der bedeutende Anteil an westlicher Importkeramik, aber auch das Vorkommen an Gesteinen wie Basalt, Tuffstein und Porphyr, die die schriftlich belegten engen Kontakte Schleswigs ins Rheinland und Westfalen unterstreichen, sowie Anteile von über 20 % slawischer Keramik im Hafenviertel. Die umfangreich ausgewerteten, mehr als 1000 Textilfunde aus der Stadt, die Woll- und Leinenstoffe, aber auch Filz und Seide umfassen, spiegeln die Verbindungen in weite Teile Europas wider. Das Gros der für Schleswig bedeutenden, schriftlich erwähnten Handelswaren wie Wein, Waffen, Vieh, Sklaven, Pelze, Teer, Pech und Wachs, fand jedoch kaum archäologischen Niederschlag oder ist nur indirekt über Behälter oder Gehege fassbar.

Die ausführlich vorgelegten Funde von Klappwaagen, Kugelzonen- und Kubooktaedergewichten, die sich im Hafenviertel konzentrieren, lassen deutlich erkennen, dass Schleswig in seiner Frühphase auch als Bindeglied zweier monetärer Systeme fungierte, der Gewichts- wie der Münzgeldwirtschaft. Dabei war das Fundaufkommen mittelalterlicher Münzen in der Stadt lange Zeit gering und stieg erst in jüngerer Zeit mit dem Einsatz von Metalldetektoren signifikant an. Mittels des deutlich erweiterten Fundmünzspektrums gelang kürzlich der Nachweis einer eigenen Münzprägung im frühen Schleswig ab den 1070er Jahren.

Umfangreich wurden auch die Zeugnisse mittelalterlichen Handwerks in Schleswig untersucht, worunter insbesondere das hervorragend erhaltene organische Fundmaterial hervorzuheben ist. Die Verarbeitung von Knochen- und Geweih, das Fertigen von Holzobjekten aller Art, die Produktion von Keramik sowie die Eisenschmiedetätigkeit knüpfen in Spektrum und Technik scheinbar nahtlos an die Spätphase Haithabus an. Klare Brüche sind hingegen in der Herstellung von Schmuck zu verzeichnen. So werden die im Frühmittelalter so beliebten Glasperlen kaum noch hergestellt – stattdessen dominieren Ringperlen und Fingerringe aus Glas. Weiterhin fand in Schleswig in größerem Stil der Guss von Fibeln, Fingerringen und langovalen Perlen in Bunt- und Weißmetalllegierungen statt. Sie imitieren hochwertigere Objekte aus Edelmetall und unterscheiden sich in Formen, Technik und Legierungszusammensetzung deutlich von ihren wikingerzeitlichen Vorgängern. Es lässt sich festhalten, dass das spezialisierte Handwerk in Schleswig auf Massenproduktion und alltäglichen Bedarf ausgerichtet war.

Die Stadt Schleswig und die Schlei unterstanden direkt dem dänischen König. Durch ihre Grenzlage kam Schleswig auch eine hohe Bedeutung für außenpolitische Verhandlungen zu. Mehrfach fanden hier bedeutende Treffen mit Vertretern des Heiligen Römischen Reiches und anderen Mächten statt. Entsprechend existierte in Schleswig eine repräsentative Pfalz, die im Westen der Altstadthalbinsel am Standort des heutigen Rathauses lokalisiert werden konnte. Das bereits für das 11. Jh. vorausgesetzte Pfalzgebäude ist jedoch erst für die 2. Hälfte des 12. Jh. in Form von Fundamenten eines Saalbaus und eines Turms archäologisch nachgewiesen.

War der König nicht zugegen, vertrat ihn ein Statthalter (die späteren Herzöge von Schleswig), der zu den mächtigsten Männern im dänischen Königreich zählte. Eng verknüpft mit der Rolle der Statthalter ist die St. Jürgensburg, die in der Schlei auf der Möweninsel vor dem Hafen liegt. Dabei handelte es sich zunächst um einen lang-rechteckigen mit Soden aufgeführten Holz-Erde-Wall, dem ein quadratischer Backsteinbau mit Vorburg folgte. Gesichert sind zudem mehrere Brücken. Historisch kamen der Burganlage, die spätestens für 1120/34 belegt ist, zahlreiche Funktionen zu: Neben ihrer Schutz- und Repräsentationsfunktion fungierte sie als Staatsgefängnis und Zollstation für sämtliche den Hafen verlassende Schiffe.

Von großer Aussagekraft für die Stadtgeschichte ist die ausgeprägte und zahlreichen Veränderungen unterworfene Sakrallandschaft Schleswigs. Gegen Ende des 12. Jh. kennt die Geschichtsschreibung sechs Kirchen, die bischöfliche Kathedralkirche sowie ein Benediktinerkloster. Der archäologische Nachweis reicht in Form zweier teilweise hervorragend erhaltener Friedhöfe bis in die 1080er Jahre zurück, die nicht nur die Standorte zweier frühester Schleswiger Kirchen anzeigen, sondern deren anthropologische Auswertung auch deutliche Hinweise auf eine stark wachsende Bevölkerung erbrachte. Bei den Kirchen handelt es sich um St. Nikolai am Hafen und um St. Trinitatis unter dem heutigen Rathausmarkt. Deren erster Bau wird mit der frühesten Kathedrale Schleswigs in Verbindung gebracht, bevor um 1120/30 die Errichtung des heute noch existenten St. Petri-Doms beginnt. Zugehörig war die nördlich der Altstadt gelegene, Mitte des 12. Jh. errichtete Rundkirche St. Michaelis, welche 1170 ihre Umwidmung zum Benediktinerkloster erfuhr. Weiterhin existierten im nördlichen Stadtgebiet die archäologisch für die 1. Hälfte des 12. Jh. nachgewiesene Kirche St. Clemens und auf dem Holm St. Maria, während St. Jakob und St. Olaf bislang nicht genau verortet sind. Die Sakraltopografie entspricht damit der in Nordeuropa vor dem 13. Jh. typischen Ausrichtung auf eine größere Anzahl von Parochien, hinter denen unterschiedliche Gemeinschaften standen.

In der ersten Hälfte des 13. Jh. erfährt die Stadt jedoch eine umfangreiche Transformation. Im Westen des Hafenviertels wird ein großes Areal für den Bau eines Dominikanerklosters eingeebnet und die Königspfalz zum Franziskanerkloster umgebaut. Weiterhin kommt es zur Versetzung von St. Trinitatis, um den bis heute existierenden Rathausmarkt anzulegen. Auf dem Holm entsteht zudem das Benediktinerinnenkloster St. Johannis. Während die Bettelordensklöster und Kirchen im Zuge der Reformation abgebrochen wurden, existieren St. Johannis, wie auch der Dom und St. Maria, bis heute.

Mit den radikalen Umgestaltungsmaßnahmen des 13. Jh. erfährt Schleswig die Anpassung an eine städtische Topografie, wie sie ab dem Hochmittelalter im gesamten mittel- und nordeuropäischen Raum vorherrschte. Ungeachtet dessen erleidet die Schleistadt im selben Zeitraum jedoch einen starken ökonomischen Niedergang, der schließlich im Verlust der Handelsfunktion gipfelte. Die Gründe hierfür lagen u. a. in der Verlagerung von Handelsrouten hin zur Verbindung Hamburg-Lübeck. Ob die Umgestaltung der Stadt einen Versuch darstellte, die ökonomische Potenz zu sichern, ist eine der vielen Fragen, die in der Geschichte der Stadt noch unbeantwortet sind. Auch zu den Anfängen und insbesondere der bislang nur ausschnitthaft erforschten Sakral- und Herrschaftstopografie bieten zukünftige Untersuchungen noch viel Potenzial.

LITERATUR

U. Müller, F. Rösch und M. Schimmer, Von Haithabu nach Schleswig. Aktuelle Forschungen zur Gründung einer Metropole zwischen Wikinger- und Hansezeit. Mitteilungen der deutschen Gesellschaft für Archäologie des Mittelalters und der Neuzeit 27, 2014, 25–36.

F. Rösch, Das Schleswiger Hafenviertel im Hochmittelalter. Entstehung – Entwicklung – Topographie. Zeitschrift für Archäologie des Mittelalters. Beiheft 26 (Bonn 2018).

C. Radtke, Schleswig c. 1000 – 1250. Systems theory sketches for profiling urbanisation. In: N. Engberg, A. Nørgaard Jørgensen, J. Kiefer-Olsen, P. K. Madsen und C. Radtke (Hrsg.), Archaeology of medieval towns in the Baltic and North Sea area. Publications from the National Museum Studies in Archaeology & History 17 (Copenhagen 2009) 93–118.

[1] Starigard/Oldenburg. Bronzener Messerscheidenbeschlag mit kosmologischem Bildprogramm aus einer Siedlungsschicht des 10. Jh. FOTOGRAFIE © Museum für Archäologie Schloss Gottorf, Landesmuseen Schleswig-Holstein

AUTOR
Ralf Bleile

STANDORT
Ostholstein, Starigard/Oldenburg LA 62

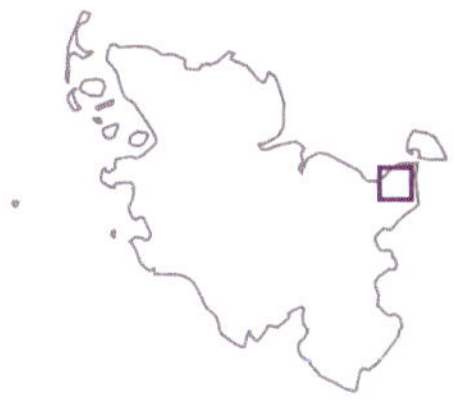

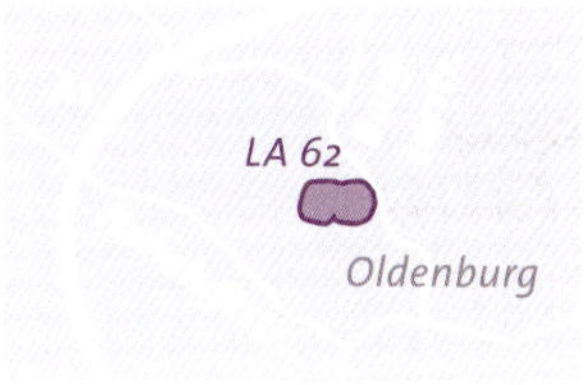

GRABUNGSZEIT
1953–1958
1973–1976
1979–1986

ZEITL. EINORDNUNG
8.–12. Jahrhundert

STRUKTUR
Grab
Hafen
Hort
Lager
Opferplatz
Siedlung
Weg
Wehranlage
Wrack
Andere

FUNDE
Keramik/Gefäße
Hausbestandteile
Kleidung
Knochen
Münzen
Nahrung
Schmuck
Waffen
Werkzeuge
Andere

Starigard/Oldenburg
Slawischer Fürstensitz in Wagrien

Im Norden Ostholsteins liegt auf einer halbinselartigen Anhöhe am Rand des Oldenburger Grabens inmitten der Stadt Oldenburg der größte Burgwall des slawischen Stammesverbands der Abodriten. Seine ovale Form mit den konkaven Längsseiten resultiert aus mehreren Bauphasen. Durch die Umwallung der Vorburgsiedlung wurde im 9. Jh. eine typische Höhenburg zur 260 m langen Großburg, die uns in historischen Quellen mit dem Namen Starigard entgegentritt. Bis zur ersten Hälfte des 12. Jh. war sie Fürstensitz des abodritischen Teilstammes der Wagrier, gentilreligiöses Zentrum der Gottheit Prove und im 10. Jh. erster Bistumssitz auf obodritischem Gebiet. Der Chronist Adam von Bremen bezeichnete Starigard im 11. Jh. als »civitas maritima«. Hier solle das Boot besteigen, wer über das Meer nach Wolin an der Odermündung reisen will.

Diese überregionale Bedeutung spiegeln außergewöhnliche archäologische Befunde und Funde, die bei den durch die Deutsche Forschungsgemeinschaft unmittelbar und im Rahmen des Sonderforschungsbereichs 17 geförderten, sich über drei Jahrzehnte erstreckenden Ausgrabungen freigelegt wurden. Es sind vor allem der mehrphasige Fürstenhof und die ersten hölzernen Kirchenbauten mit den Bestattungen der Elite im Osten der Großburg, die Starigards Ruhm in der Archäologie begründeten.

Eindrucksvoll sind die beiden zentralen Gräber innerhalb der jüngeren Kirchenphase (Gräber 74 und 75) mit zwei in Baumsärgen beigesetzten älteren Männern. Dem einen waren ein Schwert, ein Brettspiel mit Spielsteinen aus Walrosselfenbein, eine Goldperle und ein Textilobjekt mit Goldlahnfäden und goldenen Klapperblechen mitgegeben worden, dem anderen eine Lanze und eine Bronzeschüssel. Ihre Gräber befanden sich unmittelbar vor einem befundleeren Areal, in dem der Altar gestanden haben könnte. Genau an dieser Stelle stand später, nachdem eine Brandkatastrophe die Kirche zerstörte und hunderte Fragmente eines Reliquienschreins und die bronzenen Überreste einer Glocke in den Boden gerieten, der steinerne Sockel eines Götterstandbildes. Die Brandkatastrophe und das Götterstandbild sind evtl. mit heidnischen Aufstandsbewegungen in Verbindung zu bringen. Näher rücken Befunde gentilreligiöser Praktiken und der Prozess der Christianisierung im elbslawischen Raum an keinem anderen Platz zusammen.

Viele Funde unterstreichen dies. So vergegenständlichen der bronzene Messerscheidenbeschlag mit dem kosmologischen Bildprogramm slawischer Glaubensvorstellungen sowie eine tönerne Puppe und ein hölzerner Taschengott heidnischen Glauben, Pektoral- und Sargkreuze sowie der als Reliquienbeutel gedeutete textile Verband im Grab 74, die Glockenreste und die Fragmente zweier Reliquienschreine die Ausübung christlicher Religion.

Ein Hafen ließ sich in Starigard bislang nicht nachweisen und die Schiffbarkeit des Oldenburger Grabens bleibt umstritten. Auffällig erscheint allerdings die extrem hohe Zahl an Greifvogelknochen, die mit Beizvögeln in Verbindung gebracht werden. Eine derartige Fundhäufung ist ansonsten im gesamten Ostseeraum nur in Starigard und den Seehandelsplätzen Groß Strömkendorf (Rerik), Haithabu und Schleswig signifikant. Vielleicht waren die Vögel Handelsware, wie so mancher Gegenstand höfischer Lebenskultur auch, der uns aus den Gräbern und den mächtigen Siedlungsschichten dieses einmaligen Platzes entgegentritt.

[2] RECHTS Fürstengräberfeld im Fürstenhof. 1: Zentralbau 4 (Kirche) mit Gräbern vor der südlichen Traufenwand, 2: Zentralbau 5 (Kirche) mit Gräbern im Inneren und vor der südlichen Traufenwand, 3: Steinfundament mit Pfostenloch an der Stelle des Altars der Kirche sowie rituell deponierte Pferdeknochen; 10. Jh.
ABBILDUNG aus I. Gabriel und T. Kempke 2011, Abb.6

LITERATUR

R. Bleile, Falconry among the Slavs of the Elbe? In: K.-H. Gersmann und O. Grimm (Hrsg.), Raptor and human – falconry and bird symbolism throughout the millennia on a global scale. Band 3 (Kiel, Hamburg 2018) 1303–1370.

I. Gabriel, Hof und Sakralkultur sowie Gebrauchs- und Handelsgut im Spiegel der Kleinfunde von Starigard/Oldenburg. Bericht der Römisch-Germanischen Kommission 69, 1988, 103–291.

I. Gabriel und T. Kempke, Zur Abfolge der Befestigungen in Starigard/Oldenburg. Bericht der Römisch-Germanischen Kommission 69, 1988, 48–54.

I. Gabriel und T. Kempke, Starigard/Oldenburg. Hauptburg der Slawen in Wagrien VI: Die Grabfunde. Einführung und archäologisches Material (Neumünster 2011).

M. Müller-Wille (Hrsg.), Starigard/Oldenburg. Ein slawischer Herrschersitz des frühen Mittelalters in Ostholstein (Neumünster 1990).

K. W. Struve, Starigard – Oldenburg. Der historische Rahmen. Bericht der Römisch-Germanischen Kommission 69, 1988, 20–47.

W.-R. Teegen und M. Schultz, Starigard/Oldenburg. Hauptburg der Slawen in Wagrien VII: Die menschlichen Skelettreste (Neumünster 2017).

[3] Der slawische Burgwall Starigard in Oldenburg.
ABBILDUNG aus M. Gläser, H. J. Hahn und I. Weibezahn (Hrsg.), Heiden und Christen. Slawenmission im Mittelalter. Ausstellungen zur Archäologie in Lübeck 5 (Lübeck 2002) 29, Abb. 1.

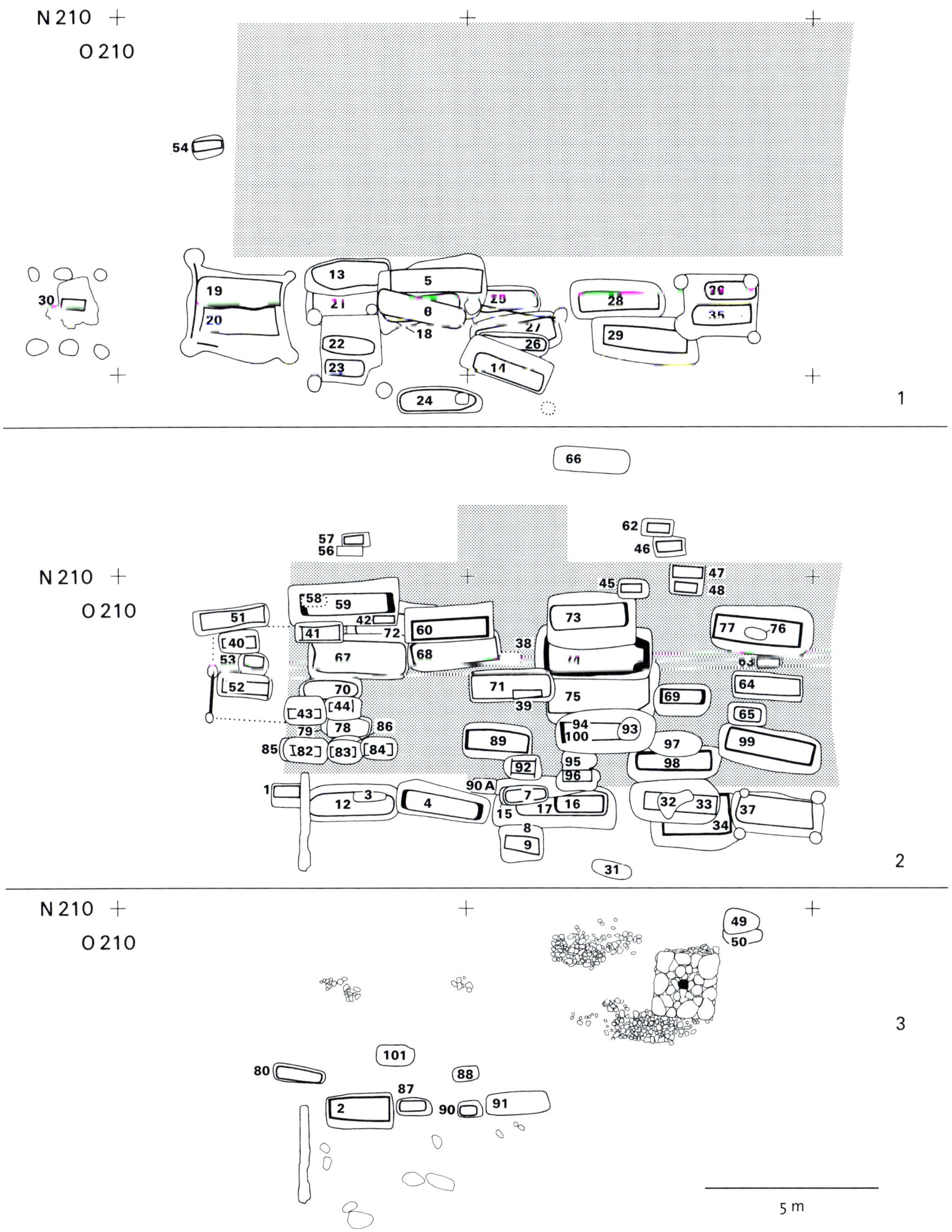
N 210
O 210
54
30
19
20
13
21
5
6
18
22
23
24
25
27
26
11
28
29
36
35
1
66
57
56
62
46
45
47
48
58
59
42
72
60
51
41
40
53
67
68
38
73
74
77
76
63
52
70
71
39
75
69
64
43
44
65
79
78
86
94
100
93
97
99
85
82
83
84
89
92
95
96
98
1
12
3
4
90 A
7
15
17
16
32
33
37
34
8
9
31
2
N 210
O 210
49
50
101
80
88
87
2
90
91
3
5 m

AUTOR
Manfred Schneider

STANDORT
Hansestadt Lübeck

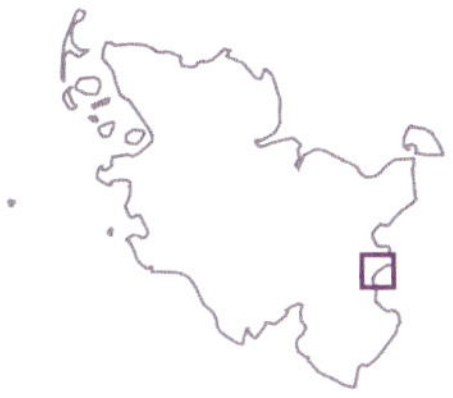

GRABUNGSZEIT
seit dem 19. Jh.

ZEITL. EINORDNUNG
Vorgeschichte bis Moderne; 5. Jt. v. Chr.–Heute

STRUKTUR
Grab
Hafen
Hort
Lager
Opferplatz
Siedlung
Weg
Wehranlage
Wrack
Andere

FUNDE
Keramik/Gefäße
Hausbestandteile
Kleidung
Knochen
Münzen
Nahrung
Schmuck
Waffen
Werkzeuge
Andere

Archäologie in der Hansestadt Lübeck

Moderne Bodendenkmalpflege mit langer Tradition

Bereits im 17. Jh. wird von den »heimischen Alterthümern« im Lübecker Stadtgebiet berichtet. Im 18. Jh. entstanden erste Sammlungen und bereits im frühen 19. Jh. regelten erste Gesetze des Lübeckischen Staates den Umgang mit »Denkmälern der Kunst und des Alterthums«, die unter den Schutz des Staates gestellt wurden.

Erste Ausgrabungen an Hügelgräbern in Waldhusen, die Freilegung der Großsteingräber in Blankensee und Waldhusen sowie der Beginn der Untersuchungen des slawischen Burg- und Residenzortes Alt Lübeck begannen um die Mitte des 19. Jh. Es war der Start der wissenschaftlichen Beschäftigung mit der Archäologie Lübecks als Geschichtsquelle. Die Sammlungen und die Publikationen wuchsen. Eine Senatsverfügung von 1897 »betreffend den Schutz vorgeschichtlicher Denkmäler« erfasste den erreichten Stand auch aus heutiger Sicht erstaunlich modern und nachhaltig. Gesetze von 1915 und 1921, damals innovativ gemeinsam mit dem Naturschutz, normierten den Umgang mit dem reichen Denkmalbestand für die damalige Zeit vorbildlich, sie blieben auch ausdrücklich nach Verlust der staatlichen Eigenständigkeit der Hansestadt 1937 hier bis 1958 in Kraft. Teile der alten lübschen Gesetzgebung gingen im neuen Gesetz des Landes Schleswig-Holstein auf. Es war daher konsequent, in diesem Gesetz die bis heute gültige Sonderstellung Lübecks als eigene obere Denkmalschutzbehörde festzuschreiben. Somit existiert im Lande neben dem Archäologischen Landesamt in Schleswig und dem Landesamt für Denkmalpflege in Kiel der hiervon unabhängige Bereich Archäologie und Denkmalpflege der Hansestadt Lübeck als obere und untere Denkmalschutzbehörde mit insgesamt 22 Stellen zur Wahrnehmung der gesetzlichen Aufgaben in Archäologie und Denkmalpflege. Dies führte zu intensiver Forschung in dem über 900 Jahre geschlossenen Kulturraum der alten Reichsstadt, der sich in vielerlei Aspekten anders entwickelte als die umgebenden Landkreise in Holstein, Lauenburg und Mecklenburg. Vor allem ist natürlich das Zentrum Lübecks, die große historische Altstadt auf der Halbinsel, heutigen Insel zwischen

[1] Das Zentrum der Hansestadt Lübeck mit der Großbaustelle Gründungsviertel. Hier werden nach den Ausgrabungen 2009 bis 2016 mehrere archäologische Reservate unter der Neubebauung integriert und künftig zugänglich gemacht und didaktisch erschlossen. Im Vordergrund in der Mitte drei Grundstücke an der Fischstraße mit Kellern des 13. Jh. Die Neubebauung folgt den Parzellenzuschnitten und Kubaturen der hier 1942 zerstörten historischen Bebauung. FOTOGRAFIE © Archäologie und Denkmalpflege der Hansestadt Lübeck, Dirk Rummert

[2] Drei mittelalterliche Keller des 13. Jh. an der Fischstraße im Ausgrabungszustand. Diese Keller werden künftig zugänglich in die Neubebauung integriert. FOTOGRAFIE © Archäologie und Denkmalpflege der Hansestadt Lübeck

[3, 4] Freilegungsarbeiten im Projekt »Gründungsviertel« auf mittelalterlichen Hofbereichen. FOTOGRAFIEN © Archäologie und Denkmalpflege der Hansestadt Lübeck

Trave und Wakenitz, ein Schwerpunkt der wissenschaftlichen Forschungen. Das alte »Haupt der Hanse« war wirtschaftliches, politisches und kulturelles Zentrum und Impulsgeber über Jahrhunderte in ganz Nordeuropa. Erkenntnisse zur Stadtplanung, Stadtentwicklung und Alltagskultur haben immer auch Bedeutung und Interesse im gesamten Hanseraum, in dem mittlerweile durch die Lübecker Kolloquien ein intensives Netzwerk der Stadtarchäologien entstanden ist. Begünstigt wird dies in Lübeck durch die außerordentliche Dichte an Befunden und Funden und deren außergewöhnliche Erhaltungsqualität im feuchten Untergrund und den hunderten reich gefüllten Kloaken auf dem Stadthügel. Hunderte von in Substanz erhaltenen Holzkonstruktionen erlauben den Einblick in ein sorgfältig geplantes Stadtgefüge ab dem 12. Jh. Zusammen mit der Nachfolge der Backsteinbauten entsteht das Bild einer außerordentlich erfolgreichen »Boomtown« des Mittelalters, über deren Hafen ein nahezu globaler Fernhandel abgewickelt wurde. Nach naturwissenschaftlichen Analysen tausender Proben führen Handelsspuren schon um 1200 weit nach Afrika, Indien, das innere Asien, China bis nach Indonesien. Auf diese Weise entstand eine der größten Städte des Mittelalters nördlich der Alpen. Neben dem wunderbaren, geschlossen erhaltenen mittelalterlichen Baubestand wurde die archäologische Qualität des Stadthügels Grundlage für die 1987 erfolgte Eintragung in die Welterbeliste der UNESCO. Mit über 200 größeren und vielen hundert kleineren Grabungen zählt Lübeck zur archäologisch besterforschten Stadt im europäischen Norden. Vor allem die jüngsten Grabungen im Zentrum, dem Gründungsviertel zu Füßen der Marienkirche, erschlossen in der Mittelalterarchäologie der Städte eine bisher nicht erreichte Quellenbasis.

[5] Mehrere Meter Schichtenaufbau auf einem mittelalterlichen Hofbereich im Gründungsviertel. FOTOGRAFIE © Archäologie und Denkmalpflege der Hansestadt Lübeck

Trotz des eindeutigen Schwerpunkts auf dem Lübecker Altstadthügel gilt die Aufmerksamkeit natürlich auch dem übrigen Landgebiet zwischen Ostsee und dem Herzogtum Lauenburg bis fast zum Ratzeburger See. Etwa 30 historische Dörfer und Siedlungsplätze, etwa 20 Stadtgüter der alten Reichsstadt, die über 40 km erhaltene Landwehr des Mittelalters, große Bestände vorgeschichtlicher Hügelgräber in den Wäldern, slawische Siedlungsplätze und erhaltene Ringwälle, allen voran der Residenzort Alt Lübeck mit der ältesten Kirche der gesamten Region, bis hin zu den ältesten Spuren aus dem Mesolithikum betreut, schützt und ggf. untersucht die Lübecker Archäologie. Ihre Forschungen erbrachten auch, dass das Lübecker Becken bereits weit vor dem Mittelalter intensiv genutzt und besiedelt wurde. Entlang von Stecknitz (heute im Elbe-Lübeck-Kanal aufgegangen) und Trave sind zahlreiche Siedlungs- und Bestattungsplätze sowie Wegestrukturen seit der Steinzeit bekannt. Bis zum Mittelalter war hier die günstige Erreichbarkeit der Ostsee am südlichsten Festlandspunkt vom geschützten Hinterland aus ein geostrategischer Vorteil. Nahezu alle aktuellen Vorhaben einer expandierenden modernen mittleren Großstadt berühren archäologisch relevante Strukturen und sind bodendenkmalpflegerisch zu berücksichtigen. Hier hilft die öffentliche Akzeptanz der Lübecker Archäologie in Öffentlichkeit, Politik und Verwaltung. Archäologie ist in Lübeck ein selbstverständlicher Faktor in der Stadtentwicklung, nicht immer konfliktfrei, aber doch als notwendig akzeptiert. Die besonderen unabhängigen Strukturen der Lübecker Denkmalschutzbehörde, deren Präsenz und Detailkenntnis vor Ort und schnelle Handlungsmöglichkeiten in einem überschaubaren Arbeitsgebiet zeigen hier klare Vorteile zum Schutz der Kulturdenkmale.

[1] Bei Niedrigwasser trocken gefallenes Wattgebiet lässt durch Gräben gegliederte Kulturlandschaft sowie runde Trinkwasserspeicher erkennen.
FOTOGRAFIE © Linda Hermannsen, ALSH

AUTORINNEN
Stefanie Klooß
Bente Majchczack

STANDORT
Nordfriesisches Wattenmeer

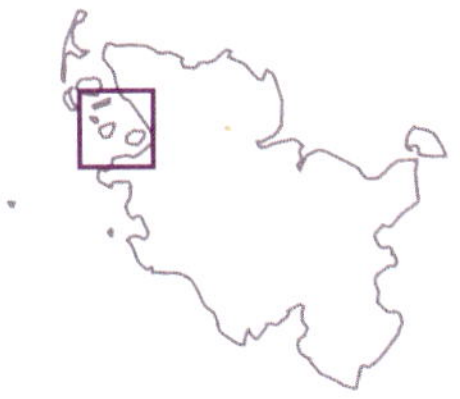

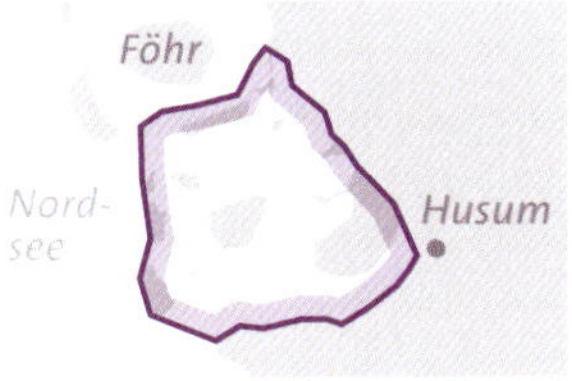

GRABUNGSZEIT
seit 1920

ZEITL. EINORDNUNG
Mittelsteinzeit bis
Moderne
9000 v. Chr.–Heute

STRUKTUR
Grab
Hafen
Hort
Lager
Opferplatz
Siedlung
Weg
Wehranlage
Wrack
Andere

FUNDE
Keramik/Gefäße
Hausbestandteile
Kleidung
Knochen
Münzen
Nahrung
Schmuck
Waffen
Werkzeuge
Andere

Nordfriesisches Wattenmeer

10.000 Jahre Menschheitsgeschichte in Schleswig-Holstein

Das nordfriesische Wattenmeer ist ein besonderes archäologisches und umweltgeschichtliches Archiv. Unter besten Erhaltungsbedingungen sind hier flächendeckend Kulturlandschaftsrelikte konserviert und in meterdicken Sedimentschichten wissenschaftliche Quellen über die vergangenen Jahrhunderte und Jahrtausende eingelagert.

So stammt das älteste Fundstück, ein in Kiefernwurzelholz geschäftetes Elchgeweihbeil, aus der mittelsteinzeitlichen Maglemosekultur und ist 10.700 Jahre alt. In den folgenden Jahrtausenden wurde das Gebiet im Zuge des nacheiszeitlichen Meeresspiegelanstiegs überflutet. Doch der hinter den sandigen Geestkernen der nordfriesischen Inseln geschützte Landbereich wurde wieder begehbar. Bruchwaldreste und Einzelfunde aus der späten Jungsteinzeit markieren eine wald- und gewässerreiche besiedelte Landschaft. Ab 1300 v. Chr. setzten jedoch zunehmend Vernässung und Vermoorung ein, bis die Gegend schließlich erneut von der Nordsee überflutet wurde.

Wahrscheinlich ab Christi Geburt hatten sich erstmals Marschflächen im Bereich der nordfriesischen Küste gebildet. Keramikfunde und Münzen der römischen Kaiserzeit aus dem 2. Jh. n. Chr. belegen die Besiedlung des südlichen Küstenraumes. Während in Dithmarschen das Erschließen der fruchtbaren Salzwiesen und die schrittweise Entwicklung hochwassergeschützter erhöhter Siedlungen auf Wurten im ersten Jahrtausend n. Chr. nachzuvollziehen ist, bietet Nordfriesland sehr unterschiedliche geologische Verhältnisse und einen starken Wechsel von Überflutungen und Marschneubildungen, z. B. in Form der späteren Halligen.

Ein seit den 1930er Jahren erkanntes großflächiges Phänomen sind die regelmäßigen Spuren des Salztorfabbaus aus dem 12. bis 14. Jh. rund um die Hallig Langeness. Die großartigen Verdienstchancen durch das in den Städten für die Nahrungsmittelkonservierung dringend benötigte Salz, bspw. zur Konservierung des Herings (Salzhering), bewegte die Menschen zu der schweren Arbeit des Salztorfabbaus im Küstenbereich. Zu der Gewinnung des Salzes waren die mit Meerwasser getränkten Torfsoden noch zu trocknen und zu verbrennen. Doch inwieweit gruben die Küstenbewohner sich durch dieses kurzfristige Gewinnstreben das Kulturland unter den Füßen weg?

Am bekanntesten sind wohl die Flutkatastrophen, die ab dem hohen Mittelalter zu mehrfachen Landverlusten größeren Ausmaßes führten. In der ersten »Groten Mandränke« im Jahr 1362 drang der Heverstrom der Nordsee von Süden her in die alte Insel Strand vor und brachte den Untergang des sagenhaft reichen Ortes Rungholt (s. Beitrag Kap. III, 128–129). In der zweiten »Groten Mandränke« im Jahr 1634 gingen darüber hinaus zahlreiche, mühsam eingedeichte Köge und Kirchspiele mit ihren Siedlungsstellen auf den Wohnhügeln, in Nordfriesland Warften genannt, verloren – von der nun hufeisenförmigen Insel Strand blieben nur noch kleinere Teile, die Marscheninsel Pellworm, Teile der heutigen Halbinsel Nordstrand und die Hallig Nordstrandischmoor, übrig. Und auch bei späteren Flutereignissen, wie der »Großen Halligflut« im Jahr 1825, gingen weite Landflächen und Wohnstellen verloren.

[2] Beim Bergen eines vollständigen mittelalterlichen Gefäßes aus einer fundreichen Grabenstruktur. FOTOGRAFIE © Linda Hermannsen, ALSH

Die ehemals bewirtschafteten Flächen wurden überflutet, die Warften von der Nordsee eingeebnet und das ehemalige Kulturland von Meeressedimenten überdeckt. Doch das bedeutet, dass die erhaltenen Relikte der Kulturlandschaften im heutigen Wattenmeer ausnahmsweise einen später nie mehr überformten Zustand zeigen, eingefroren zum Zeitpunkt der jeweiligen Flut. Die archäologischen Quellen bilden die Besiedlung im Moment ihres Untergangs ab. Und je länger die dramatischen Ereignisse des Mittelalters und der frühen Neuzeit der Vergangenheit angehören, umso schütterer sind die historischen Quellen zum Leben weit draußen in den Uthlanden, umso ungenauer sind historische Karten, umso wichtiger die archäologischen und umweltgeschichtlichen Archive.

Bereits in den 1920er Jahren weckten die übrig gebliebenen Spuren der Besiedlung rund um die heutige Hallig Südfall das Interesse des Nordstrander Einwohners Andreas Busch, der seine Entdeckungen mittels Skizzen und Fotografien dokumentierte. Noch heute stellen die Aufzeichnungen dieses wegweisenden Pioniers wichtige Quellen dar, da im Laufe der Zeit die Wellen ihre zerstörerische Arbeit fortsetzen. Dazu verändern sich ständig die Strömungs- und damit die Sedimentationsbedingungen. Auf großen Flächen des nordfriesischen Wattenmeeres bedeckt nun junger Schlick die alten Siedlungsspuren. Nur die Priele, durch die das Wasser im Rhythmus der Gezeiten ein- und abläuft, legen stellenweise alte Gräben und Warftbrunnen frei.

Damals wie heute sind die Untersuchungsgebiete im nordfriesischen Wattenmeer schwer zu erreichen und lediglich für wenige Stunden täglich zugänglich, abhängig von den wechselnden Tiden. Durch die Bergung freiliegender Fundstücke aus Befunden und kleineren archäologischen Untersuchungen vor Ort können die Hinterlassenschaften den verschiedenen repräsentierten Zeitphasen zugeordnet werden. Doch als noch wichtiger erweisen sich die Kartierungen der über Jahrzehnte beobachteten Kulturspuren und verschiedener Daten

[3] Runde Trinkwasserspeicher markieren ehemalige Siedlungsstellen auf erhöhten Wohnhügeln, in Nordfriesland als Warften bezeichnet. Die sog. Sodenbrunnen waren aus Torfsoden, manchmal auch Kleisoden, aufgebaut. FOTOGRAFIE © Linda Hermannsen, ALSH

wie Luftaufnahmen von Befliegungen und Messbilder neuerer Methoden, beispielsweise Radar, Laserscanning und Magnetik. Und durch die seit Kurzem vor Ort eingesetzten Drohnen lassen sich offenliegende Kulturspuren über größere Ausdehnungen kartieren, georeferenzieren und auch einzelne Bereiche durch Senkrechtaufnahmen detaillierter dokumentieren.

Auch wenn heute neue Methoden und satellitengestützte Einmessungen die Arbeit im nordfriesischen Wattenmeer erleichtern, wurde bisher nur ein kleiner Bereich bearbeitet. Und es ist anzunehmen, dass die noch erhaltenen Kulturlandschaftsspuren durch den aktuellen Anstieg des Meeresspiegels zunehmend erosionsgefährdet sind. Umso dringender ist es, die wissenschaftlichen Arbeiten und Dokumentationen fortzusetzen.

LITERATUR

A. Bantelmann, Die Landschaftsentwicklung an der schleswig-holsteinischen Westküste. Dargestellt am Beispiel Nordfriesland. Eine Funktionschronik durch 5 Jahrtausende. Offa-Bücher 21 (Neumünster 1967).

H. J. Kühn, Jenseits der Deiche. Archäologie im nordfriesischen Wattenmeer. In: C. von Carnap-Bornheim und Chr. Radtke (Hrsg.), Es war einmal ein Schiff. Archäologische Expeditionen zum Meer (Hamburg 2007) 251–284.

D. Meier, H. J. Kühn und G. J. Borger, Der Küstenatlas. Das schleswig-holsteinische Wattenmeer in Vergangenheit und Gegenwart (Husum 2013).

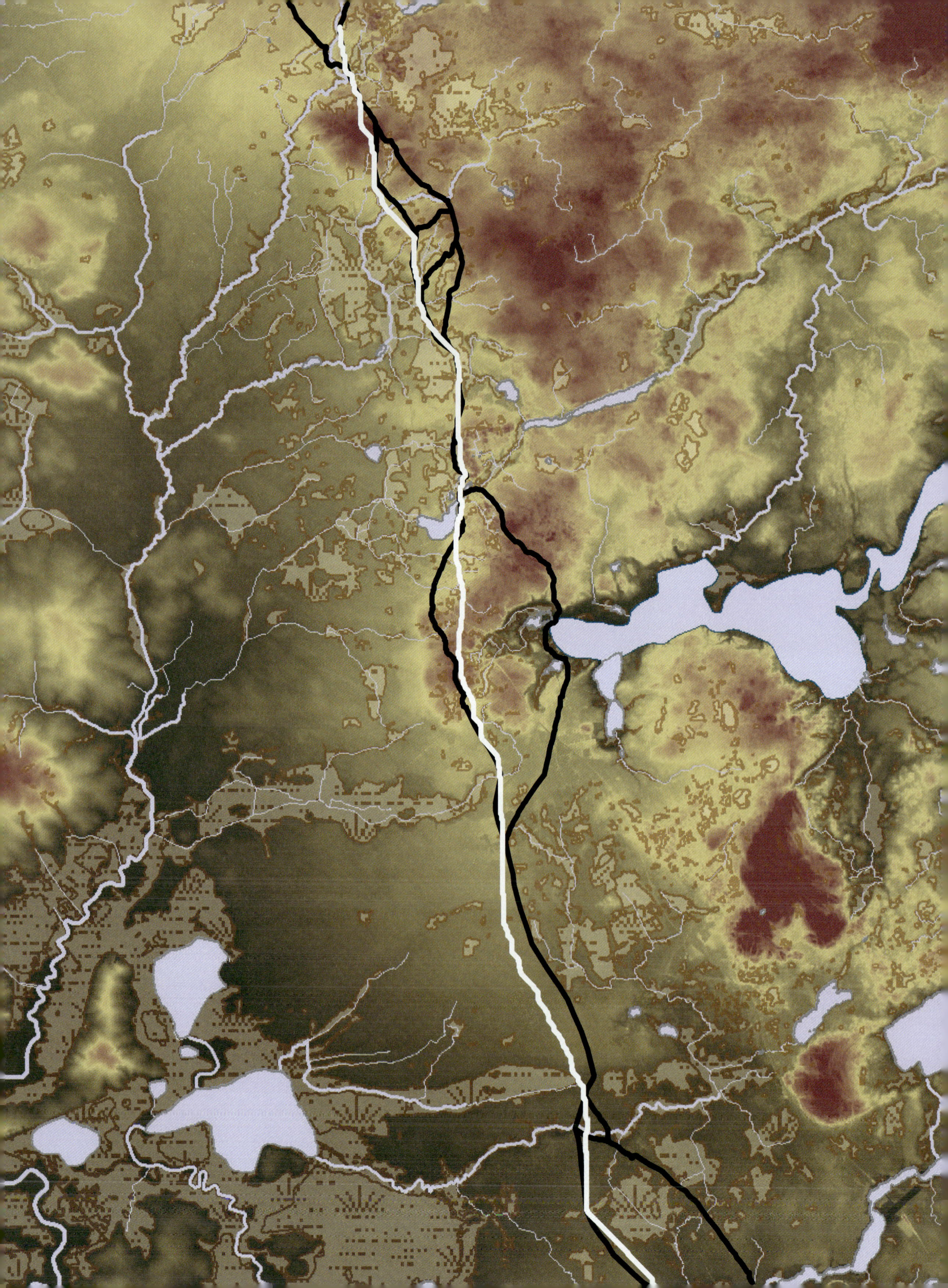

AUTOR*INNEN
Mechtild Freudenberg
Thorsten Lemm

STANDORT
Schleswig-Holstein

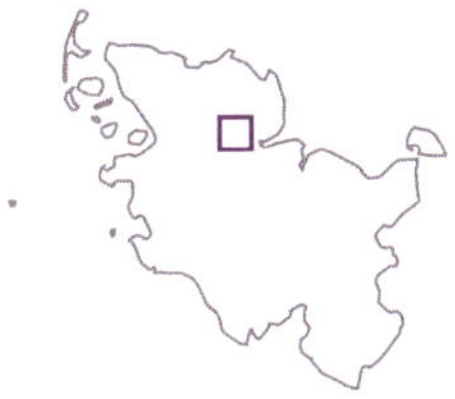

GRABUNGSZEIT
keine

ZEITL. EINORDNUNG
Neolithikum bis heute

STRUKTUR
Grab
Hafen
Hort
Lager
Opferplatz
Siedlung
Weg
Wehranlage
Wrack
Andere

FUNDE
Keramik/Gefäße
Hausbestandteile
Kleidung
Knochen
Münzen
Nahrung
Schmuck
Waffen
Werkzeuge
Andere

Der Ochsenweg

Seit 5500 Jahren auf dem Weg von Viborg nach Hamburg

Der Ochsenweg ist eines der wenigen Bodendenkmale im Land, das in ungebrochener Kontinuität vermutlich seit der Jungsteinzeit genutzt wird. Einige wenige Stellen lassen die lange Kontinuität bis heute erkennen, jedoch ahnen die meisten Nutzer nichts davon, dass sie sich auf den Spuren von 5500 Jahren Geschichte bewegen.

Der Ochsenweg oder im Dänischen der Heerweg ist im heutigen Verständnis eine Wegetrasse, die die jütische Halbinsel, in Viborg beginnend, mit Norddeutschland verbindet. Allerdings gab es diese *eine* Wegetrasse historisch nie. Als Ochsen- oder Heerweg wurde vielmehr eine ganze Reihe von Wegen bezeichnet. Südlich der dänischen Grenze verlief die Haupttrasse ab Flensburg, über Schleswig und Fockbek bzw. Rendsburg nach Jevenstedt. Südlich Jevenstedts teilte sich der Ochsenweg. Ein westlicher Strang führte über Hohenwestedt nach Itzehoe und ab dem 13. Jh. weiter über Horst nach Wedel, von wo aus eine Fährverbindung nach Buxtehude bestand. Der östliche Strang verlief entlang Nortorf, Neumünster, Bad Bramstedt und Uetersen bis nach Ochsenzoll in Hamburg. Ergänzend dazu werden weitere lokale Trassenführungen dieses Fernweges nachvollzogen.

Die Basis dieser Rekonstruktion des Weges sind zunächst einmal historische Karten und schriftliche Quellen. Um 1070 beschrieb Adam von Bremen die Dauer der Bewältigung der Wegstrecken von der Eider nach Norden bis Aalborg. Von Schleswig bis Aalborg waren beispielsweise fünf bis sieben Tage anzusetzen. Einen Namen des Weges erwähnte er nicht. Die Verbindung blieb bis in das 19. Jh. die wichtigste Fernverbindung von Nordjütland bis an die Elbe. Weitere Quellen belegen die Wege als Routen für die Ochsendriften von Dänemark nach Norddeutschland. Doch was ist über die Zeit vor den Schriftquellen bekannt? Welche archäologischen Belege lassen sich in Ermangelung prähistorischer Pflasterungen, an Bohlenwegen oder Einbauten anführen, die zur Datierung heranzuziehen wären?

5 km

N

Least-Cost-Path
Ochsenwegtrasse

[1] Landesteil Schleswig zwischen Eider und oberer Treene. Rekonstruierte Ochsenwegtrasse und über eine Distanz von etwa 50 km von Fockbek bis Frörup berechneter Least Cost Path.
KARTE Thorsten Lemm, ZBSA, Landesmuseen Schleswig-Holstein, Schloss Gottorf

Erste Rekonstruktionen prähistorischer Wege auf der Kimbrischen Halbinsel begannen mit S. Müller Ende des 19. Jh. Im Vordergrund seiner Untersuchungen standen die sich über Kilometer erstreckenden Reihen bronzezeitlicher Grabhügel, die offenbar auf günstige Furtsituationen abzielten. Diese Beobachtungen gelten auch für die Ochsenwegtrasse. Innerhalb der Grabhügelreihen fallen die in größeren Abständen stehenden neolithischen Großsteingräber ins Auge, die auf ein bereits steinzeitliches Alter vieler Wege schließen lassen. Heutzutage, da Altwege im Gelände nur noch an wenigen Stellen sichtbar sind, bieten Airborne-Laserscandaten in bestimmten Gebieten eine gute Möglichkeit, alte Wegetrassen in der Landschaft zu verfolgen.

Bei der Wahl der Wegstrecke waren in erster Linie die naturräumlichen Gegebenheiten, insbesondere die hydrologischen und die geomorphologischen, von entscheidender Bedeutung. Die Altwege verliefen demzufolge häufig auf den Wasserscheiden, und viele Furten mussten aufgrund begrenzter topografischer Möglichkeiten immer wieder benutzt werden. Die Trasse des Ochsenweges liegt auf den dünn besiedelten und gut drainierenden Sandern, wo sie sich bei widrigen Bedingungen ohne Probleme um einige zehn Meter verlegen ließ. Pollenanalysen deuten auf einen Wandel von einer Waldlandschaft zu Heideflächen, der bereits vor ca. 5000 Jahren einsetzte und die Nutzung der Wege begünstigte. Die moorigen Niederungen und Einschnitte durch die weit in das Land reichenden Förden bei Flensburg und Eckernförde sowie die Schlei lagen außerhalb der Trassenführung. Bis heute sind Abschnitte des Wegesystems in das moderne Straßennetz integriert. Andere Teile blieben als unbefestigte Wege erhalten.

Als weiterer Baustein in der Rekonstruktion ur- und frühgeschichtlicher Wege können heutzutage GIS-gestützte Wegeberechnungen auf der Grundlage von Geländemodellen und Gewässerinformationen dienen. Mithilfe einer mathematischen Formel zur Kostenberechnung ermittelt die GIS-Software im Rahmen einer Cost Distance/Least Cost Path-Analyse, den schnellsten Weg zwischen zwei Orten. Aufgrund des auf der Kimbrischen Halbinsel nur vergleichsweise schwach ausgeprägten Reliefs gaben die Gewässer und Feuchtgebiete den Ausschlag für die Wegeführung. Deshalb kommt der Ermittlung von Furtstellen bei der Berechnung bzw. Rekonstruktion von Wegen die wichtigste Bedeutung zu, und daher sind die auf der Basis historischer Karten digital erfassten Seen, Moore und Niederungsgebiete sowie Flüsse, Auen und Bäche in die Berechnung einzubeziehen. Mit dieser Methode können potenzielle Furtstellen bei der Wegeberechnung automatisch für den optimalen Verlauf des Least-Cost-Pfades erkannt und gewählt werden.

[2] Der Ochsenweg nördlich von Lürschau.
FOTOGRAFIE Thorsten Lemm, Schleswig

Bei Anwendung dieser Methode auf die Haupttrasse des Ochsenweges auf einer Distanz von etwa 50 km, von Fockbek bis Frörup, ergibt sich folgendes Bild: Der berechnete optimale Pfad entspricht von Fockbek aus weitgehend der von Kersten und Zich auf herkömmlichem Wege rekonstruierten Ochsenwegtrasse, indem er diese überlagert oder parallel dazu verläuft und dabei von der einen auf die andere Seite wechselt. Bei Sorgbrück überschreitet der berechnete Pfad zusammen mit dem Ochsenweg die

Sorge und verläuft von dort an in einem maximalen Abstand von etwa 1000 m neben dem Ochsenweg. Das Danewerk südwestlich von Schleswig überschreitet der »Least Cost Path« in einem Abstand von nur ca. 300 m östlich des durch Ausgrabungen jüngst nachgewiesenen Torbereichs des Walles (s. Beitrag Kap. III, 120–121). Danach verläuft der Pfad in relativ gerader Ausrichtung nach Lürschau, während der prähistorische Ochsenweg – erkennbar an zahlreichen bronzezeitlichen Grabhügeln – den Moränenrücken westlich von Schleswig zu umgehen versuchte. Ab Lürschau verläuft der berechnete Pfad mit minimalen Abweichungen unmittelbar auf der Haupttrasse des Ochsenweges und wählt dieselben Furten wie dieser.

Der optimale Weg stimmt demnach in Teilen mit der auf herkömmlichem Wege rekonstruierten Haupttrasse des Ochsenweges überein oder begleitet sie in einigen Bereichen parallel. Als wichtigste Beobachtung ist festzuhalten: Die Furten, die der Ochsenweg nutzte, durchquerte auch der berechnete optimale Weg. Dieses Ergebnis bestätigt die Annahme, dass auch der Ochsenweg unter der Prämisse entstand, bei der Fortbewegung durch die Landschaft den geringsten Kostenaufwand hervorzurufen – und dies bereits in neolithischer Zeit. Die Vorgaben für das Entstehen von Wegen – kürzeste Distanz und geringster Aufwand – werden zu allen Zeiten annähernd gleich gewesen sein. Dies änderte sich erst mit der Intensivierung des Brückenbaus im 19. Jh. und dem Bau von »Kunststraßen«, den Chausseen seit den 1830er Jahren, die deutlich weniger Rücksicht auf die Topografie nahmen.

Im Gelände sind noch einige Abschnitte des Ochsenweges erhalten, die eine Vorstellung vom ursprünglichen Zustand eines solchen Weges vermitteln können. Hierzu gehören der denkmalgeschützte Teil des Ochsenweges bei Lürschau und einer im »Kropper Busch«.

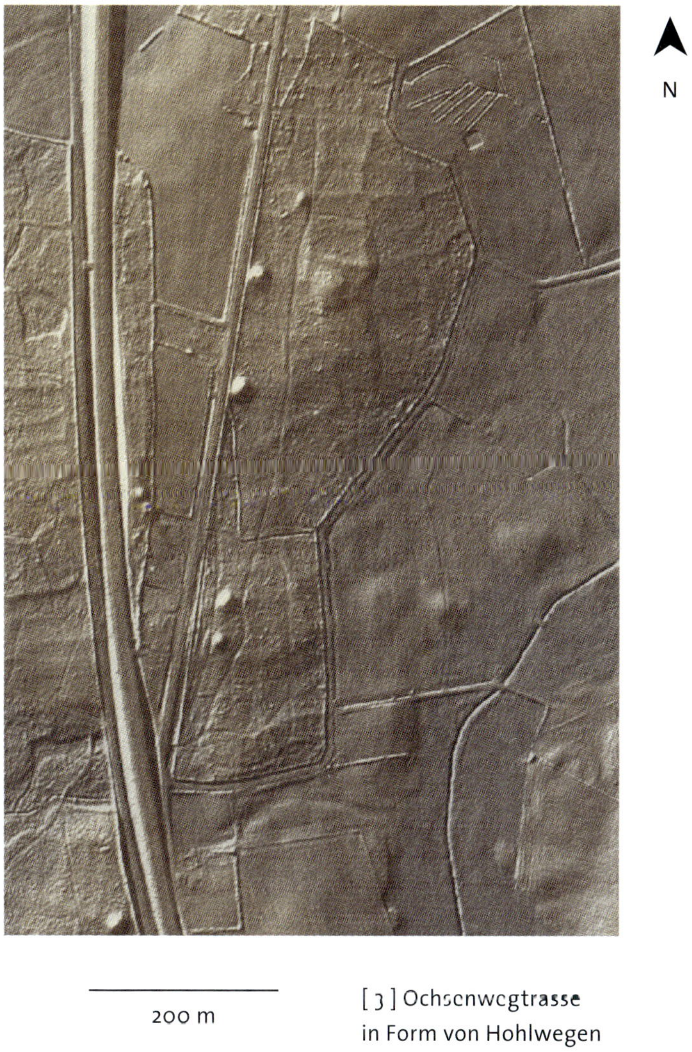

[3] Ochsenwegtrasse in Form von Hohlwegen im Wald neben einer Grabhügelreihe südwestlich von Stenderup, Kr. Schleswig-Flensburg. KARTE Thorsten Lemm, ZBSA, Landesmuseen Schleswig-Holstein, Schloss Gottorf

LITERATUR

K. Kersten, Vorgeschichte des Kreises Steinburg. Die vor- und frühgeschichtlichen Denkmäler und Funde in Schleswig-Holstein 1. Vor- u. frühgesch. Unters. Mus. Vorgesch. Altertümer in Kiel NF 5 (Neumünster 1939).

T. Lemm, Geografischer Kontext der Ringwälle I – Die Rekonstruktion des Wegenetzes. In: Die frühmittelalterlichen Ringwälle im westlichen und mittleren Holstein. Schriften des Archäologischen Landesmuseums 11 (Neumünster 2013), 293–321.

K. Mahrt, Der Ochsenweg von Viborg zur Elbe unter besonderer Berücksichtigung von Rendsburg und Holstein. Rendsb. Jahrb. 2001, 154–183.

S. Müller, Nordische Altertumskunde I. Steinzeit-Bronzezeit (Straßburg 1897).

K. Willroth, Landwege auf der cimbrischen Halbinsel aus der Sicht der Archäologie. Siedlungsforsch. 4, 1986, 9–44.

B. Zich, Trassen des Ochsenweges (Heerweg) zwischen Krusau und Eider. In: M. J. Müller (Hrsg.), Von Wegen: Auf den Spuren des Ochsenweges (Heerweg) zwischen dänischer Grenze und Eider. Flensburger Regionale Stud. 12 (Flensburg 2002) 12–15.

[1] Teile eines vergoldeten schwedischen Degengriffes aus dem Umfeld des Wracks.
FOTOGRAFIE © Linda Hermannsen, ALSH

AUTOR
Martin Segschneider

STANDORT
Ostsee, Gebiet 1527 LA 1

GRABUNGSZEIT
2009–10

ZEITL. EINORDNUNG
1692–1715

STRUKTUR
Grab
Hafen
Hort
Lager
Opferplatz
Siedlung
Weg
Wehranlage
Wrack
Andere

FUNDE
Keramik/Gefäße
Hausbestandteile
Kleidung
Knochen
Münzen
Nahrung
Schmuck
Waffen
Werkzeuge
Andere

Gesunken – Gesucht – Gefunden!

Das Wrack der Prinsessan Hedvig Sophia in der Ostsee bei Kiel

Die schwedische Prinzessin und Schwester König Karls des XII., Hedvig Sophia (1681–1708), war mit Friedrich IV., Herzog von Holstein-Gottorf, verheiratet und lebte in Stockholm und Schleswig. Ein 1692 in Karlskrona gebautes schwedisches Kriegsschiff trug ihren Namen. Mit einer Länge von über 47 m, einer Breite von über 12 m sowie einem Tiefgang von 5,5 m konnte das Schiff 80 Kanonen und eine Besatzung von bis zu 500 Mann aufnehmen. Als Teil der schwedischen Kriegsflotte nahm das Schiff im Großen Nordischen Krieg teil.

Im April 1715 läuft die Hedvig Sophia als Flaggschiff eines Verbandes unter dem Kommando des Konteradmirals Karl Hans Wachtmeister aus. Der schwedische Verband trifft am 24. April bei Fehmarn auf einen dänischen, der aus elf Schiffen besteht. Es kommt zum Gefecht. Den 328 schwedischen Kanonen stehen fast 500 dänische entgegen. Bis in die Dunkelheit tobt der Kampf. Angesichts der schweren Schäden und der zahlreichen Toten und Verletzten beschließt Wachtmeister, mit dem Wind nach Westen zu segeln, um sich der dänischen Übermacht für kurze Zeit zu entziehen und die Schiffe selbst zu vernichten. Am Eingang zur Kieler Förde vor Bülk werden die Schiffe auf Grund gesetzt, die Großmasten gekappt, die Schiffsrümpfe durch Kanonenschüsse noch weiter beschädigt, alle Kanonen und Geschosse über Bord geworfen. Kurz darauf trifft der junge Kapitän Peter Jansen Wessel, der spätere dänische Nationalheld Tordenskiold, mit seiner Fregatte ein. Die Schweden ergeben sich und werden zu Kriegsgefangenen. In den folgenden Monaten gelingt es dem dänischen Verband, fünf der schwedischen Schiffe wieder flott zu machen und in Besitz zu nehmen. Das sechste Schiff

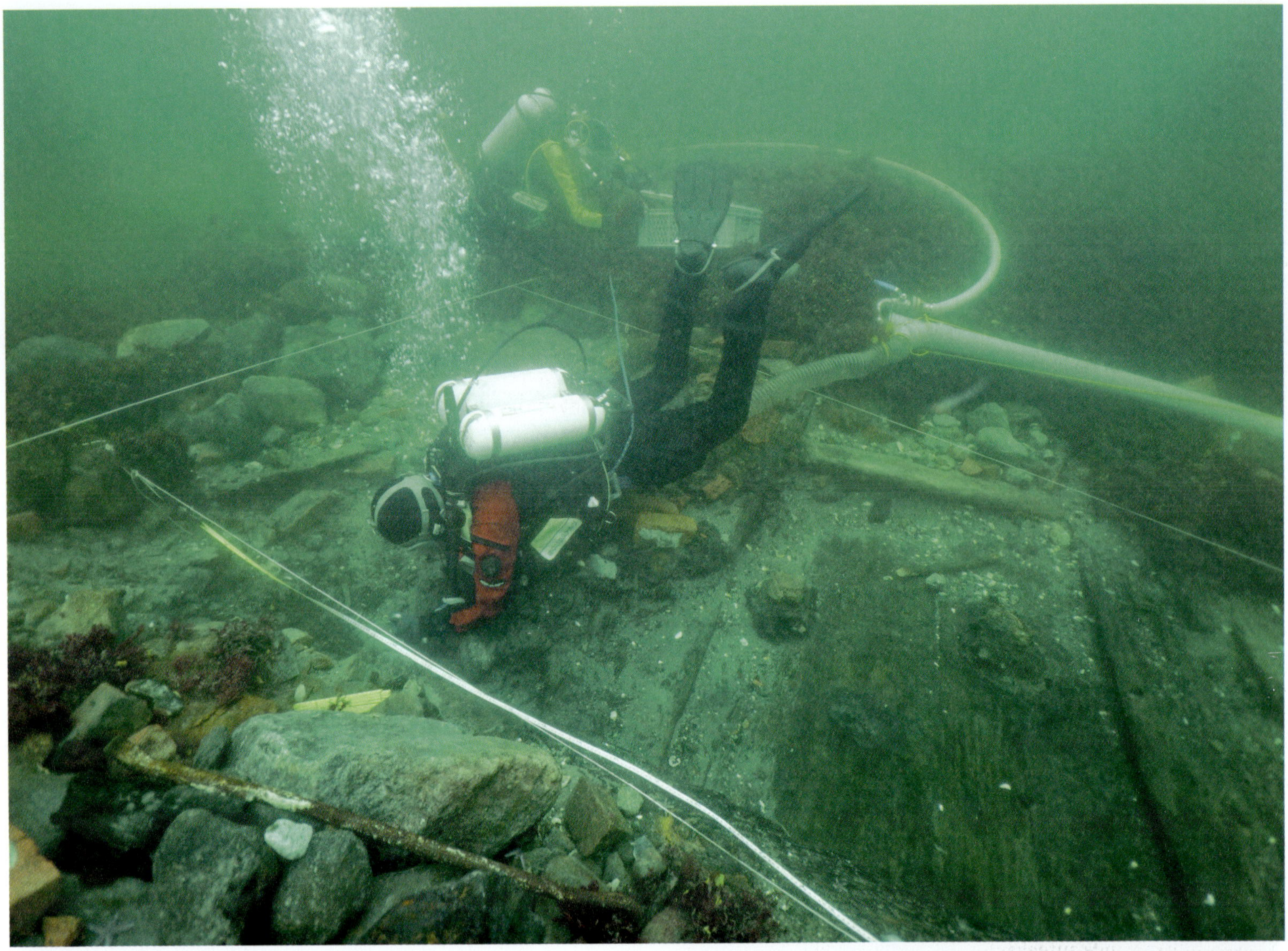

[2] Forschungstaucher bei der Untersuchung der Hedvig Sophia.
FOTOGRAFIE Gerald Lorenz, Wendtorf

[3] Strandung des schwedischen Verbandes 1715 vor Bülk bei Kiel.
ABBILDUNG (nach Seerup 2006).

aber, die Prinsessan Hedvig Sophia, wird abgewrackt. Stürme und Wellen zerschlagen allmählich den Rumpf, und die Schiffsbohrmuschel Teredo navalis vernichtet unter Wasser alles freiliegende Holz. Der Ort des Geschehens gerät in Vergessenheit.

Als interessierter Berufstaucher verbringt Rolf Lorenz aus Wendtorf auf der Suche nach dem Wrack viele Stunden im Seegebiet vor Bülk. Erst 2002 kommt es hier zur Entdeckung einer Ansammlung von Kanonenkugeln und Stangengeschossen sowie einer Eisenkanone als konkretem Hinweis auf die Strandungsstelle. Doch erst der Tipp eines anderen Tauchers gibt den entscheidenden Impuls: Seitlich unter einem großen Steinhaufen hatte dieser Holzreste gesehen und einige Funde gehoben. In Absprache mit dem Archäologisches Landesamt Schleswig-Holstein (ALSH) führen Rolf und Sohn Gerald Lorenz zunächst eine Foto- und Filmdokumentation der Fundstelle durch. Schnell ist zu erkennen, dass hier die Reste eines großen Schiffs unter einem riesigen Ballaststeinhaufen begraben liegen. Nur etwa 10 m vom Wrack entfernt liegen außerdem mehrere hundert Kanonenkugeln auf dem Meeresgrund. In drei Kampagnen von 2009–2010 führte das ALSH im Rahmen einer Forschungskooperation mit der Kieler AMLA (Arbeitsgruppe für marine und limnische Archäologie), dem marinearchäologischen Studienzweig der Syddansk Universitet Esbjerg und dem Institut für Ur- und Frühgeschichte der Universität Kiel eine taucharchäologische Untersuchung des Wracks durch. Auf dem Programm stehen die detaillierte Dokumentation aller sichtbaren Teile des Schiffs unter Wasser und die Aufarbeitung des umfangreichen Fundgutes. Wie sich zeigt, sind die Funde von unterschiedlicher Funktion und spiegeln in ihrer Zusammensetzung die vielfältigen Aktivitäten an Bord des Kriegsschiffes wider: Runde Glasscherben von Weinflaschen und Flachglas von Fenstern und Laternen liegen ebenso vor wie Keramik und Pfeifenbruchstücke und zahlreiche Holzfunde, wie etwa Spielsteine. Herausragende Funde sind die vergoldeten Bronze-Griffteile eines Degens, der ab 1714 als Offiziersdegen in der schwedischen Marine üblich war. Diese Datierung stimmt hervorragend mit dem historisch überlieferten Untergang der Prinsessan Hedvig Sophia überein. Auch angesichts der stattlichen Maße des Wracks, der typisch schwedischen Gewichte der Bleimunition und einer aus Birkenrinde aufgebauten Schuhsohle besteht kein Zweifel mehr daran, dass das Wrack tatsächlich die verschollene Prinsessan Hedvig Sophia ist!

LITERATUR

J. Auer und M. Segschneider, The wreck of the Princessan Hedvig Sofia and the aftermath of the battle of Femern. In: R. Bleile und J. Krüger (eds.), Princess Hedvig Sofia and the Great Northern War (Dresden 2015) 258–270.

M. Belasus und R. Rasmussen, Tordenskiolds Kanonen. ANSH 13, 2005, 75–90.

S. Klooß, M. Segschneider und J. Auer, Das Meer als Kriegsschauplatz. Seeschlachten in der Ostsee, Unterwasserarchäologie und die Wracks der Lindormen und Hedvig Sophia. In: M. Wemhoff u. M. Rind (Hrsg.), Bewegte Zeiten. Archäologie in Deutschland. Begleitband Ausstellung (Berlin 2018/2019) 294–307.

J. Seerup, Ved guds kraft vor Fiende falt. Seyer, Seyer over alt. Et 'nyt' dansk marinemaleri fra Store Nordiske Krig. Marinehistorisk Tidskrift, 2006, 26–31.

M. Segschneider, Gesunken vor 295 Jahren. Das Wrack der »Prinsessan Hedvig Sophia«. ANSH 16, 2010, 113–115.

Hoby → 258
Birka → 262
Wiskiauten/Mochovoe → 264
Rinnukalns → 244
Veska → 232
Selkuppen → 268
Łęki Małe → 256
Smoszew → 252
Bruszczewo → 246
Maidantske → 240
Etiolles → 230
Stolniceni → 242
Mongolei → 266
Vráble → 234
Hethiter → 254
Kakucs → 248
Borđoš → 238
Poprad-Matejovce → 260
Nagaland → 272
Okolište → 236
Zentralsulawesi → 250
Sumba → 270

V

Ausgrabungen weltweit

An zahlreichen Plätzen außerhalb Deutschlands betätigen sich Archäolog*innen aus Schleswig-Holstein zusammen mit ihren lokalen und regionalen Projektpartnern in der archäologischen Feldforschung. Ein gewisser Schwerpunkt liegt im baltischen Raum und Südosteuropa (s. Karte). Im Hintergrund stehen lang gewachsene Beziehungen zwischen den jeweiligen dortigen und hiesigen Archäologien und ermöglichen produktive Feldkampagnen, in denen die Student*innen zumeist auf den Ausgrabungen aktiv sind. Insgesamt reicht der Untersuchungsraum von Sibirien und der Mongolei bis nach Spanien. Ebenso wurden ethnoarchäologische Expeditionen in Indien und Indonesien durchgeführt. Zahlreiche Beispiele verdeutlichen im Folgenden die Vielfalt der Arbeiten.

Berit Valentin Eriksen und Johannes Müller

Mara-Julia Weber 230
Olivier Bignon-Lau
Elisa Caron-Laviolette
Marianne Christensen
Dominique Gaignard
Ludovic Mevel
Monique Olive
Boris Valentin
Lagerplätze im Seine-Tal
Handwerker und Künstler in Etiolles vor 15.000 Jahren

Henny Piezonka 232
Nadežda Nedomolkina
8000 Jahre Siedeln am Fluss
Jäger und Fischer am Rande Europas

Robert Staniuk 234
Nils Müller-Scheeßel
Maria Wunderlich
Ivan Cheben
Johannes Müller
Martin Furholt
Eine Geschichte dreier Nachbarschaften
Die neolithische Siedlungsgruppe von Vráble vor 7000 Jahren

Robert Hofmann 236
Johannes Müller
Okolište
Frühe Großsiedlung im Mittelgebirge Zentralbosniens

Robert Hofmann 238
Aleksandar Medović
Tijana Stanković Pešterac
Martin Furholt
Komplexer Siedlungsgrundriss einer demokratisch organisierten Gemeinschaft
Biografie des neolithischen Dorfes Bordoš in der Vojvodina

Robert Hofmann 240
René Ohlrau
Marta Dal Corso
Michail Videiko
Wiebke Kirleis
Johannes Müller
Aufstieg und Fall von Riesensiedlungen in Osteuropa
Kupferzeitliche Ackerbauern und Viehzüchter in Maidanetske vor 5000 Jahren

Johannes Müller 242
Stolniceni, Republik Moldau
Ausgrabungen einer frühstädtischen Anlage

Harald Lübke 244
Valdis Bērziņš
Ute Brinker
Aija Ceriņa
Marcis Kalniņš
Ben Krause–Kyora
John Meadows
Ken Ritchie
Ulrich Schmölcke
Ilga Zagorska
Riņņukalns
Ein neolithischer Süßwasser-Muschelhaufen im Norden Lettlands

Jutta Kneisel 246
Johannes Müller
Janusz Czebreszuk
Bruszczewo in Großpolen
Eine bronzezeitliche befestigte Zentralsiedlung

Nicole Taylor 248
Kakucs-Turján mögött
Eine befestigte mittelbronzezeitliche tell-ähnliche Siedlung

Wiebke Kirleis 250
Megalithlandschaften in Zentralsulawesi
Frühe menschliche Aktivität in einem Hotspot der Biodiversität

Jutta Kneisel 252
Mateusz Jaeger
Smoszew
Ein mittelbronzezeitlicher Grabhügel in Großpolen

Walter Dörfler 254
Umwelt und Wirtschaft der Hethiter

Annalena Pfeiffer 256
Łęki Małe
Die Grabhügelnekropole am »Fluss der Toten«

Ruth Blankenfeldt 258
Der älterkaiserzeitliche Fundplatz von Hoby

Nina Lau 260
Das Holzkammergrab von Poprad-Matejovce
Forschungen im Zipser Land

Sven Kalmring 262
Birka
Ausgrabungen und Prospektionen am wikingerzeitlichen Seehandelsplatz im Mälarsee

Timo Ibsen 264
Wiskiauten/Mochovoe
Siedlungsgrabungen im Umfeld des wikingerzeitlichen Hügelgräberfeldes

Henny Piezonka 266
Birte Ahrens
Sampildonov Čuluun
Martin Oczipka
Verlassene Städte der Steppe
Rollen und Wahrnehmung frühneuzeitlicher Siedlungszentren in der nomadischen Mongolei

Henny Piezonka 268
Olga Pošechonova
Vladimir Adaev
Nomaden der Taiga
Ethnoarchäologie bei mobilen Jäger-Fischern und Rentierhirten in Sibirien

Maria Wunderlich 270
Das zweite Haus für die Toten
Rezenter Megalithbau auf der Insel Sumba

Maria Wunderlich 272
Jeder Stein ein Mensch
Rezenter Megalithbau im nordostindischen Nagaland

AUTOR*INNEN
Mara-Julia Weber
Olivier Bignon-Lau
Elisa Caron-Laviolette
Marianne Christensen
Dominique Gaignard
Ludovic Mevel
Monique Olive
Boris Valentin

LAND
Frankreich

STANDORT
Etiolles-Les Coudray (Département Essonne)

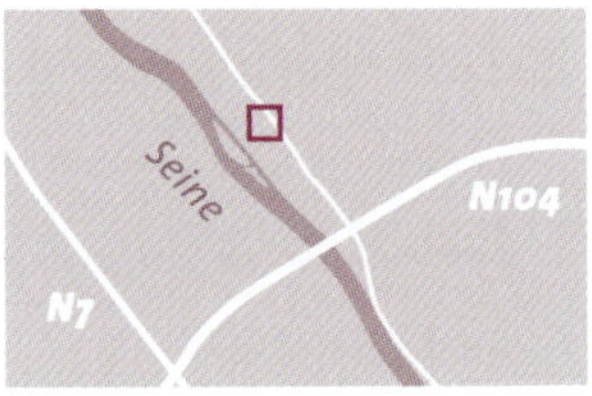

GRABUNGSZEIT
seit 1971; 2016

ZEITL. EINORDNUNG
Jungpaläolithikum
Magdalénien
15.500–14.000 v. Chr.

STRUKTUR
Grab
Hafen
Hort
Lager
Opferplatz
Siedlung
Weg
Wehranlage
Wrack
Anderes

FUNDE
Keramik/Gefäße
Hausbestandteile
Kleidung
Knochen
Münzen
Nahrung
Schmuck
Waffen
Werkzeuge
Andere

Lagerplätze im Seine-Tal
Handwerker und Künstler in Etiolles vor 15.000 Jahren

Im Pariser Becken sind über 20 Fundstellen des späten Magdaléniens als letzter jungpaläolithischer Tradition nördlich der Alpen bekannt. Einige von ihnen sind gut erhalten, und einheitliche Ausgrabungs-, Dokumentations- und Untersuchungsmethoden ermöglichen es, ein Modell der Nutzung dieser Region durch die eiszeitlichen Jäger- und Sammlergruppen vor rund 15.000 Jahren zu erstellen.

Eine dieser Fundstellen, Etiolles-Les Coudray (Département Essonne), liegt etwa 30 km südlich von Paris in der Seine-Aue, an der Mündung eines Baches. Einige Lagerplätze blieben hier außergewöhnlich gut erhalten, da Feinsedimente diese bei Hochwasserständen bedeckten, kurz nachdem ihre Bewohner sie verlassen hatten. Dank dieser Bedingungen ist es in Etiolles möglich, die Lebensweise der Jäger und Sammler, die den Platz wahrscheinlich über mehrere Jahrhunderte hinweg aufsuchten, zu rekonstruieren.

[1] Die von Steinplatten eingefasste Feuerstelle D71 mit der zugehörigen Fundschicht während der Ausgrabung 1995.
FOTOGRAFIE Association pour la recherche préhistorique d'Etiolles

Die Entdeckung des Fundplatzes ist aufmerksamen Amateurarchäologen zu verdanken, die hier 1971 Feuersteinartefakte entdeckten und sogleich die zuständigen Behörden informierten, sodass noch im selben Jahr eine Kontrollgrabung stattfinden konnte. Im darauffolgenden Jahr erbrachte die erste reguläre Ausgrabung die Behausungsstruktur der sog. habitation W11, die sich durch einen Kreis aus Steinplatten, eine mit Geröllen bedeckte Feuerstelle und besonders lange Feuersteinklingen auszeichnet sowie den stratigrafischen Nachweis mehrerer Magdalénienschichten. Im Laufe der Zeit erbrachten zwei Grabungsbereiche, locus 1 und 2, auf ca. 900 bzw. 300 m² je etwa zehn archäologische Fundschichten und insgesamt 30 Feuerstellen. Seit 2016 wird neben einer Erweiterung des locus 2 nun die Verbindung zwischen beiden Bereichen ergraben. Die über Jahrzehnte laufenden Forschungs- und Lehrgrabungen sind nur möglich, weil das Département Essonne 1984 das Gelände kaufte und für die notwendige lokale Infrastruktur sorgte. Gleichzeitig finanziert es größtenteils die Grabungs-, Forschungs- und Vermittlungsarbeiten.

Neben vielen verschiedenartigen Befunden zeichnet sich Etiolles durch eine technisch versierte Bearbeitung qualitativ hochwertigen Feuersteins aus, der in der Nähe in Form ungewöhnlich großer Knollen ansteht. So verwundert es nicht, dass in den 1980er Jahren hier erste Untersuchungen zu unterschiedlichen Niveaus im handwerklichen Können und ihrer Bedeutung innerhalb der Gruppe durchgeführt wurden. Da die Erhaltung organischen Materials variiert, ist nur für einen Teil der Lagerplätze das Jagdverhalten ihrer Magdalénien-Bewohner zu erschließen. Je nach Jahreszeit waren Rentiere oder Pferde die bevorzugte Beute.

Wohl als Schmuck getragene oder auf Kleidung genähte Muschel- oder Schneckenschalen stehen in jungpaläolithischer Tradition. Kunstobjekte sind dagegen im Magdalénien des Pariser Beckens eher selten, sodass ein im Jahr 2000 gefundener Kalkstein mit Gravierungen eine kleine Sensation darstellt: Während auf der einen Seite ein Pferd und eine Gestalt mit zugleich menschlichen wie tierischen Zügen dargestellt sind, befinden sich auf der anderen Flachseite ein weiteres Pferd sowie zwei Rentiere.

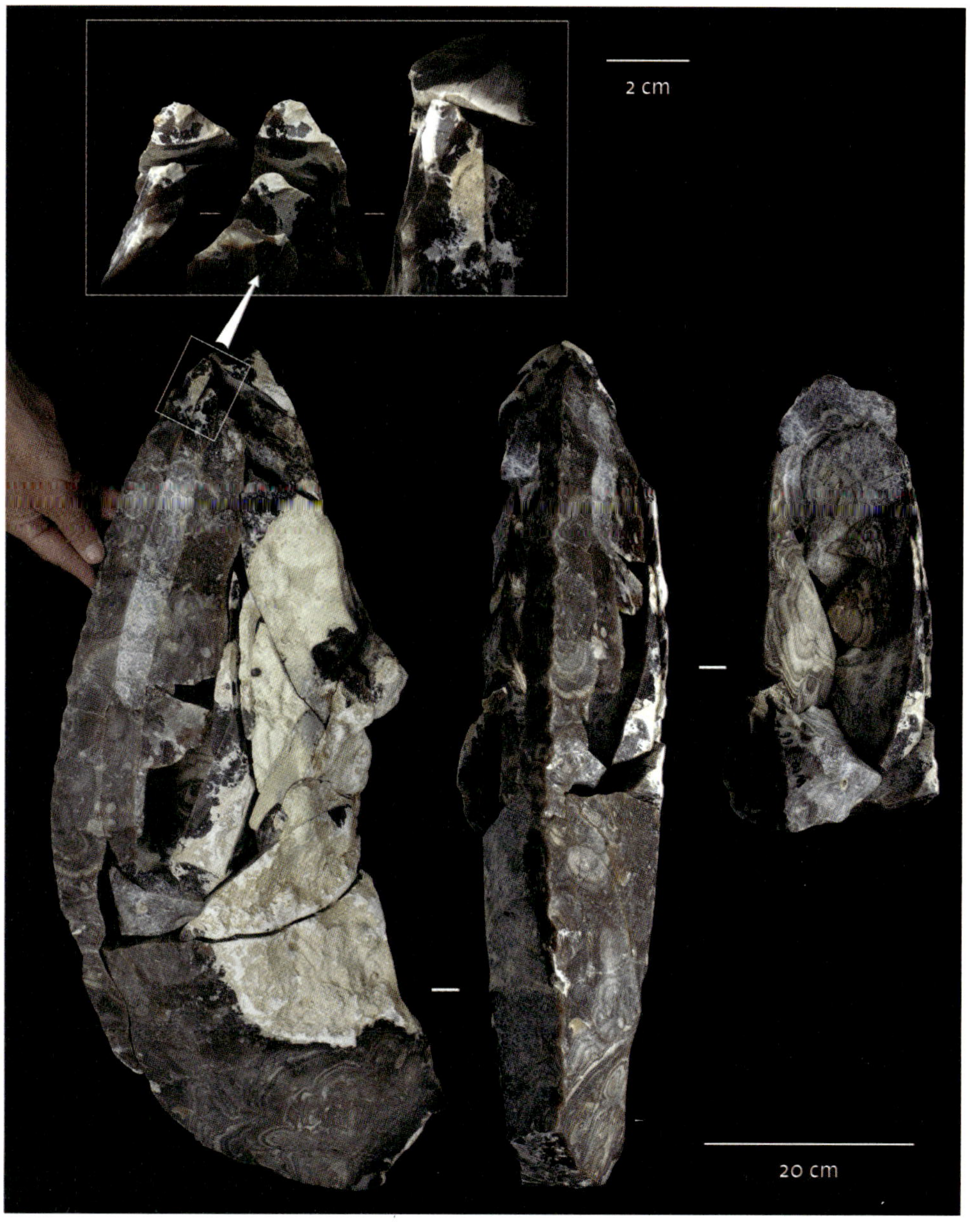

[2] Diese zusammengepassten Feuersteinartefakte aus der habitation W11 zeigen, wie ungewöhnlich groß die verwendeten Rohmaterialknollen waren und wie meisterhaft sie bearbeitet wurden. Nach Olive u. a. 2005, fig. 3.
FOTOGRAFIE Jean-Marc Yvon, Cherbourg
GRAFIK Nicole Pigeot, Paris

LITERATUR

E. Caron-Laviolette, O. Bignon-Lau und M. Olive, (Re)occupation: Following a Magdalenian group through three successive occupations at Étiolles. Quaternary International 498, 2018, 12–29.

M. Olive, Une habitation magdalénienne d'Étiolles. L'unité P15. Mémoires de la Société préhistorique française 20 (Paris 1988).

M. Olive, N. Pigeot, Y. Taborin und J.-M. Yvon, Toujours plus longue, une lame à crête exceptionnelle à Étiolles (Essone). Revue archéologique de Picardie, Numéro spécial 22, 2005, 25–28.

M. Olive, N. Pigeot und O. Bignon-Lau, Un campement magdalénien à Étiolles (Essonne). Des activités à la microsociologie d'un habitat. Gallia Préhistoire 59, 2019, 47–108.

N. Pigeot, Magdaléniens d'Étiolles. Économie de débitage et organisation sociale. Supplément à Gallia Préhistoire 25 (Paris 1987).

N. Pigeot (Hrsg.), Les derniers Magdaléniens d'Étiolles: perspectives culturelles et paléohistoriques (l'unité d'habitation Q31). Supplément à Gallia Préhistoire 37 (Paris 2004).

AUTORINNEN
Henny Piezonka
Nadežda Nedomolkina

LAND
Russland

STANDORT
Nordeuropäische Waldzone

GRABUNGSZEIT
seit 2011

ZEITL. EINORDNUNG
Mesolithikum bis Mittelalter
5600 v. Chr. – 10. Jh. n. Chr.

STRUKTUR
Grab
Hafen
Hort
Lager
Opferplatz
Siedlung
Weg
Wehranlage
Wrack
Anderes

FUNDE
Keramik/Gefäße
Hausbestandteile
Kleidung
Knochen
Münzen
Nahrung
Schmuck
Waffen
Werkzeuge
Andere

8000 Jahre Siedeln am Fluss

Jäger und Fischer am Rande Europas

Veksa im Nordwesten Russlands gilt als ein Schlüsselfundplatz für die Vor- und Frühgeschichtsforschung Nordosteuropas. Am nördlichen Ufer des Flusses Vologda gelegen, ist der Platz bislang ohne Parallele hinsichtlich seiner archäologischen Aussagekraft: Hier blieben in einer bis zu 3 m mächtigen Kulturschichtfolge Zeugnisse vom Mesolithikum bis ins Mittelalter exzellent erhalten. Zu den vielfältigen Befunden, die in der Mitte des 6. Jt. v. Chr. einsetzen, zählen z. B. ganze Häuserreihen mobiler Jäger-Fischer, aber auch reich ausgestattete Körpergräber oder Werkplätze verschiedenster Zeitstellung. Vor allem im feuchten Milieu steinzeitlicher Schichten ist organisches Material hervorragend konserviert. Tierknochen, Fischreste, Hölzer und Pflanzenfasern gewähren den Archäologen seltene Einblicke in verschiedene Bereiche der materiellen Kultur jenseits von Stein und Keramik. Naturwissenschaftliche Untersuchungen der Pflanzen- und Tierreste sowie der Sedimente bieten darüber hinaus die Möglichkeit, detaillierte Aussagen zur Wirtschaftsentwicklung und zu den Mensch-Umwelt-Beziehungen zu treffen.

Seit 2011 widmen sich deutsche und russische Archäologen gemeinsam der Erforschung dieses Platzes. Mit Förderung der Deutschen Forschungsgemeinschaft begannen 2015 neue Feldforschungen mit dem Staatlichen Museum Vologda. Diese Untersuchungen erbrachten neue Erkenntnisse zur Ausbreitung technologischer Innovationen (frühe Jäger-Sammler-Keramik, Wirtschaftsanlagen, Bronze- und Eisenmetallurgie), zur Peripherie großer Kulturkomplexe wie der Schnurkeramik und zur bisher ungeklärten Frage nach Beginn und Ablauf des Übergangs zur produzierenden Wirtschaftsweise.

Die Ergebnisse der Ausgrabungen zeigen, dass sich der Platz bereits in der Mitte des 6. Jt. v. Chr. als Fokus saisonaler Siedlungen von Jäger-Fischer-Gruppen etablierte. Diese Gruppen nutzten bereits erste Keramik und ebenso sind weitreichende Verbindungen ins Oberwolgagebiet und die im Nordosten gelegene Taiga bekannt. Zu den besonderen Ergebnissen der neuen Ausgrabungen zählt auch die Entdeckung zahlreicher, sehr gut erhaltener hölzerner Reusen und Fischzaunreste aus dem 3. Jt. v. Chr., welche die zunehmende Bedeutung aquatischer Ressourcen und ihre Erschließung mithilfe hochspezialisierter Anlagen gegen Ende der Steinzeit unterstreichen. Auch zu den historischen Zeiten gelangen den Forschern bahnbrechende Erkenntnisse: Erste Ergebnisse der Abteilung Umweltarchäologie des Instituts für Prähistorische und Historische Archäologie der Universität zu Kiel deuten darauf hin, dass Ackerbau in dieser Region möglicherweise erst im Mittelalter Einzug hielt.

LITERATUR

W. Kirleis, M. Wieckowska-Lüth, H. Piezonka, N. Nedomolkina, S. Lorenz, V. Elberfeld und J. Schneeweiß, The Development of Plant ciltivation and Cultivation in the Sukhona Basin, Northwest Russian Taiga Zone. In: S. Vanhanen, R. Grabowski und P. Hambro Mikkelsen (Hrsg.), Development of plant cultivation in the Nordic countries from the Prehistoric to the Early Historic Period (Groningen 2020).

N. Nedomolkina, H. Piezonka, J. Meadows, O. Craig und S. Lorenz, Neolithic complexes of the Veksa sites in the Upper Sukhona basin, north-western Russia: New natural-scientific research. In: V. M. Lozovski u. a., Neolithic Cultures of Eastern Europe: Chronology, Paleoecology and Cultural Traditions. Materials of the international conference dedicated to the 75th anniversary of Victor Petrovich Tretyakov, May, 12–16, 2015, St. Petersburg (St. Petersburg 2015) 151–158.

H. Piezonka und N. Nedomolkina, 8000 Jahre Menschheitsgeschichte am Rande Europas. Archäologie in Deutschland 5/2013, 54–55.

H. Piezonka, N. Nedomolkina, N. Benecke, S. Klooß, S. Lorenz und U. Schmölcke, Stone Age fishing strategies in a dynamic river landscape: Evidence from Veksa 3, Northwest Russia. Quaternary International 541, 2020, 23–40.

H. Piezonka, J. Meadows, S. Hartz, E. Kostyleva, N. Nedomolkina, M. Ivanishcheva, N. Kozorukova und T. Terberger, Stone Age pottery chronology in the northeast European forest zone: New AMS and EA-IRMS results on foodcrusts. Radiocarbon 58(2), 2016, 267–289.

[1] LINKS Bei Niedrigwasser tritt am Ufer der Vologda das steinzeitliche Pfahlfeld mit über 1800 Hölzern zutage.
FOTOGRAFIE Sebastian Lorenz, Greifswald

[2] Eine Fischreuse aus dem 3. Jt. v. Chr. wird ausgegraben.
FOTOGRAFIE Marina Tydo, Berlin

AUTOR*INNEN
Robert Staniuk
Nils Müller-Scheeßel
Maria Wunderlich
Ivan Cheben
Johannes Müller
Martin Furholt

LAND
Slowakei

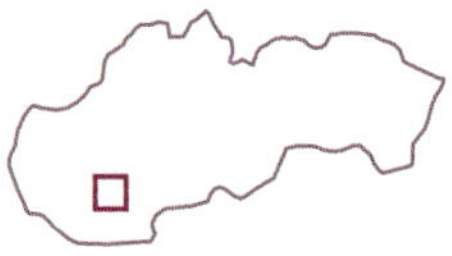

STANDORT
Vráble, Nitriansky kraj

GRABUNGSZEIT
2010–2018

ZEITL. EINORDNUNG
Frühneolithikum
Linearbandkeramik
ca. 5300–4950 v. Chr.

STRUKTUR
Grab
Hafen
Hort
Lager
Opferplatz
Siedlung
Weg
Wehranlage
Wrack
Anderes

FUNDE
Keramik/Gefäße
Hausbestandteile
Kleidung
Knochen
Münzen
Nahrung
Schmuck
Waffen
Werkzeuge
Andere

Eine Geschichte dreier Nachbarschaften

Die neolithische Siedlungsgruppe von Vráble vor 7000 Jahren

[1] Auswahl frühneolithischer Gefäßfunde aus Vráble Vel'ké Lehemby/Farské.
ZEICHNUNG Elena Bakytová, Nitra

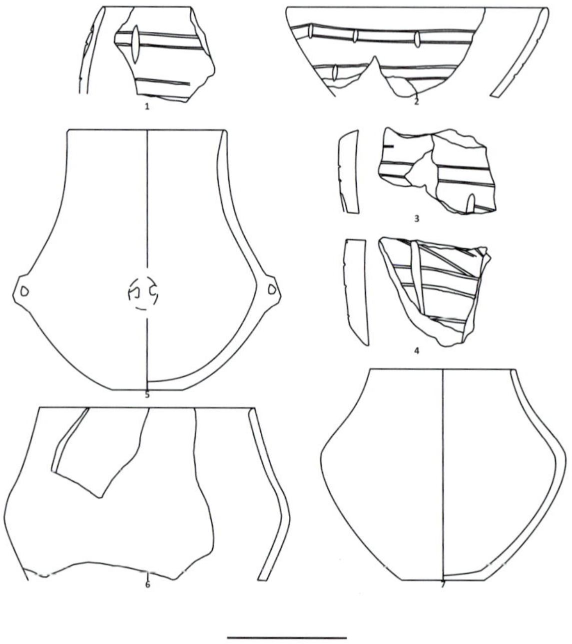

Seit 5300 v. Chr. wurde das Žitava-Tal zur Heimat kleiner verstreuter Siedlungen der ersten Bauern, die in den für die Linearbandkeramik typischen Langhäusern mit großen hausbegleitenden Gruben lebten. Eine dieser Siedlungen in der Nähe des heutigen Vráble wuchs ab ca. 5150 v. Chr. massiv an. Als Besonderheit bestand diese Ansiedlung aus drei räumlich voneinander getrennten Teilen; sie sind als Nachbarschaften zu bezeichnen. Die Radiokohlenstoffdatierung ausgewählter Befunde zeigt, dass zur Blütezeit der Siedlung etwa 50–70 Häuser gleichzeitig bewohnt waren. Sie dürfte damit eine Bevölkerung von ca. 400–800 Personen umfasst haben.

Während die unterschiedlichen Bereiche der Siedlung durchaus eine wirtschaftliche Spezialisierung aufweisen, teilen sie jedoch eine gemeinsame Weltsicht, die sich in der nahezu identischen Größe der Nachbarschaften sowie einer ähnlichen materiellen Kultur äußert. Keramikformen, Steinwerkzeuge und Schmuckgegenstände zeigen eine große Einheitlichkeit und sind mit kleineren Unterschieden in allen Nachbarschaften der Siedlung zu finden.

Diese Menschen lebten sesshaft, und landwirtschaftliche Aktivitäten spielten eine wichtige Rolle. Nutzpflanzen wurden in Form von Gartenbau kultiviert, und die umliegenden Wälder dienten der Weide- und Sammelwirtschaft. Die kontrollierte Ausbeutung der natürlichen Umwelt erforderte ein bewusstes Management und Absprachen zwischen benachbarten Siedlungen, um die ausreichende Verfügbarkeit von Ressourcen sicherzustellen.

Die Komplexität des gesellschaftlichen Lebens zeigt sich sowohl in individualisierten und teils unabhängig agierenden Haushalten als auch in den Nachweisen übergreifender kommunaler Instanzen. Die regelhaften Abstände zwischen zeit-

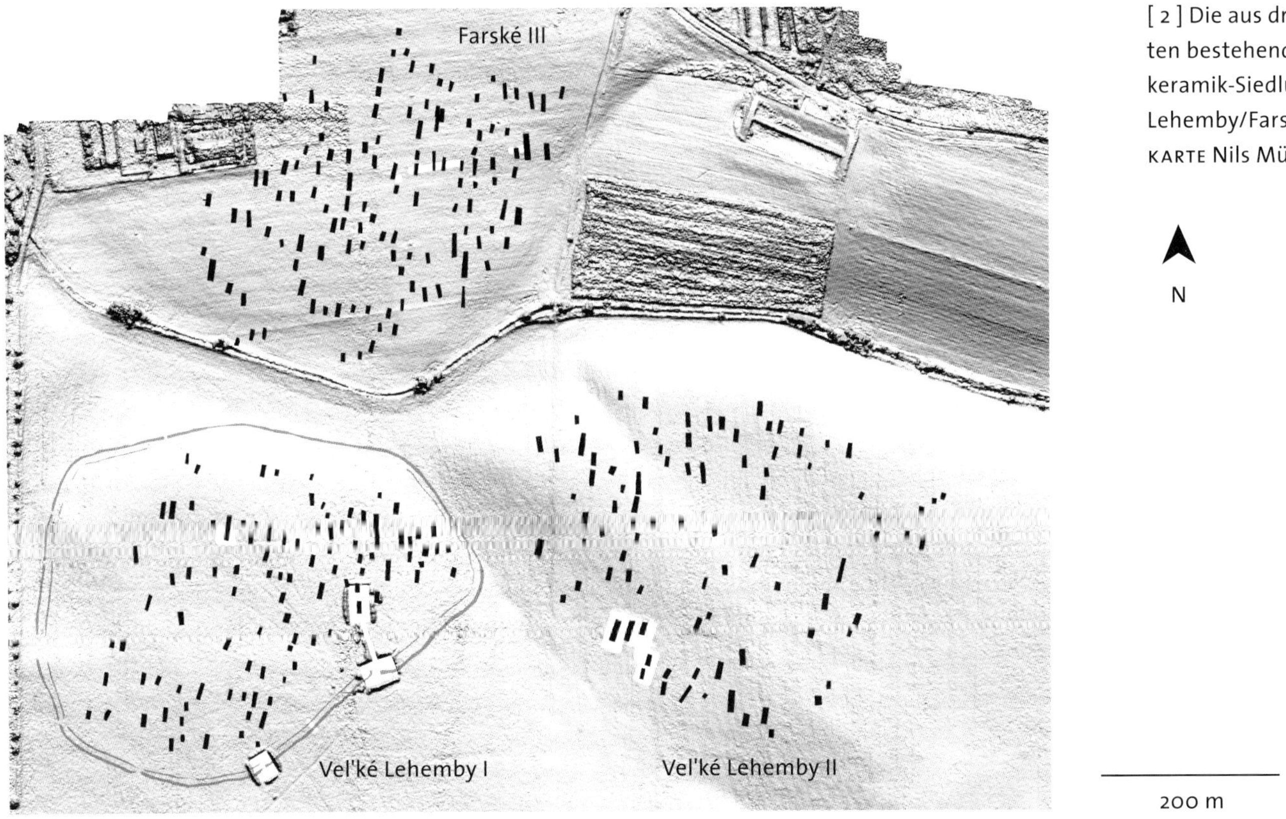

[2] Die aus drei Nachbarschaften bestehende Linearbandkeramik-Siedlung Vráble Vel'ké Lehemby/Farské.
KARTE Nils Müller-Scheeßel, Kiel

gleich bewohnten Häusern (ca. 75 m) signalisiert eine aktive Trennung des Raumes mit kleinen Gärten und Arbeitsbereichen. Es scheint, dass zwischen den Bewohnern der Siedlung sich zunehmend verstärkende Konflikte ausbrachen, die darin gipfelten, dass um ca. 5050 v. Chr. um die südwestliche Nachbarschaft ein massiver 1,4 km langer Doppelgraben errichtet wurde – ohne Zugänge zu den anderen Nachbarschaften. Ob diese Konflikte lokaler Natur waren oder im Zusammenhang mit größeren politischen Auseinandersetzungen zu sehen sind, ist noch offen, jedenfalls wurde die Siedung bis 4950 v. Chr. sukzessive verlassen. Während die Geschichte der drei Nachbarschaften in Vráble Vel'ké Lehemby/Farské damit zu Ende ging, wurde das Tal weiterhin in veränderter, nun disperser Weise genutzt und besiedelt.

LITERATUR

M. Furholt, J. Bátora, I. Cheben, H. Kroll, K. Rassmann und P. Tóth, Vráble-Vel'ké Lehemby: eine Siedlungsgruppe der Linearkeramik in der Südwestslowakei. Vorbericht über die Untersuchungen der Jahre 2010 und 2012 und Deutungsansätze. Slovenská archeológia, 62, 2, 2014, 227–266.

M. Furholt, N. Müller-Scheeßel, M. Wunderlich, I. Cheben und J. Müller, Communality and Discord in an Early Neolithic-Settlement Agglomeration: The LBK Site of Vráble, Southwest Slovakia. Cambridge Archaeological Journal 30, 2020, 469–489. DOI: https://doi.org/10.1017/S0959774320000049.

M. Furholt, I. Cheben, J. Müller, A. Bistakova, M. Wunderlich und N. Müller-Scheeßel (Hrsg.), Archaeology in the Žitava valley I. The LBK and Želiezovce site of Vráble (Leiden 2020).

J. Meadows, N. Müller-Scheeßel, I. Cheben, H. A. Rose und M. Furholt, Temporal dynamics of Linearbandkeramik houses and settlements, and their implications for detecting the environmental impact of early farming. Holocene, 29, 10, 2019, 1653–1670. https://doi.org/10.1177/0959683619857239.

N. Müller-Scheeßel, I. Cheben, D. Filipović, Z. Hukeľová und M. Furholt, The LBK site of Vráble/Southwest Slovakia: results of the excavation season 2016. Berichte der Römisch-Germanischen Kommission, 97, 2016 (2020), 83–130.

AUTOREN
Robert Hofmann
Johannes Müller

LAND
Bosnien und Herzegowina

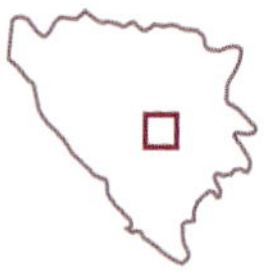

STANDORT
Okolište

GRABUNGSZEIT
2002–2008

ZEITL. EINORDNUNG
Neolithikum
Butmir
ca. 5200–4700 v. Chr.

STRUKTUR
Grab
Hafen
Hort
Lager
Opferplatz
Siedlung
Weg
Wehranlage
Wrack
Anderes

FUNDE
Keramik/Gefäße
Hausbestandteile
Kleidung
Knochen
Münzen
Nahrung
Schmuck
Waffen
Werkzeuge
Andere

Okolište
Frühe Großsiedlung im Mittelgebirge Zentralbosniens

Im Verlauf der Jungsteinzeit entwickelten sich um 5200 v. Chr. erstmals in der Geschichte Südosteuropas große bevölkerungsreiche Dörfer, die den Charakter von Zentralorten besaßen. Im Fokus der von der Deutschen Forschungsgemeinschaft geförderten umfangreichen archäologischen Feldarbeiten stand der im Tal des Flusses Bosna bei der Stadt Visoko gelegene Siedlungshügel von Okolište aus der Zeit zwischen 5200–4700 v. Chr. Dieser ist mit einer Ausdehnung von 7 ha in Südosteuropa einzigartig. Die mit einem komplexen Grabensystem befestigte Siedlung war mit ähnlich großen Wohnhäusern dicht und regelmäßig bebaut. Hochrechnungen zufolge existierten in dem Dorf gleichzeitig 500–600 Häuser für 2000–3000 Menschen.

[1] Dunkel gebrannte und polierte ›birnenförmige‹ Butmir-Gefäße mit flächenhaften Verzierungen spielten eine wichtige Rolle bei der Repräsentation von Haushalten. Solche repräsentativen Gefäße treten insbesondere in Phasen mit der größten lokalen Populationsdichte und sozialen Diversität auf.
FOTOGRAFIE Sara Jagiolla, Kiel

Anhand der Ausstattungsunterschiede von Haushalten ließen sich ökonomisch und rituell besonders aktive Haushalte identifizieren, deren Mitglieder als Führungsschicht der Siedlung infrage kommen. Repräsentatives Tischgeschirr gewann an Bedeutung, und wird als Indikator für Wettbewerb zwischen Haushalten interpretiert. Botanische und zoologische Untersuchungen zeigen die Kultivierung eines breiten Spektrums an Kulturpflanzen und die Haltung von Haustieren (vor allem Rinder) als ökonomische Basis der Siedlung. Bevölkerungswachstum führte im Verlauf des Neolithikums zu fortschreitender Landschaftsöffnung und zur Einbeziehung höher gelegener Gebirgsregionen in den Wirtschaftsraum der Siedlung. Wachsende Ungleichheit und daraus resultierende soziale Spannungen stellen wahrscheinlich einen maßgeblichen Faktor für die Abwanderung eines großen Teils der Bevölkerung und schließlich für die gänzliche Aufgabe der Siedlung dar.

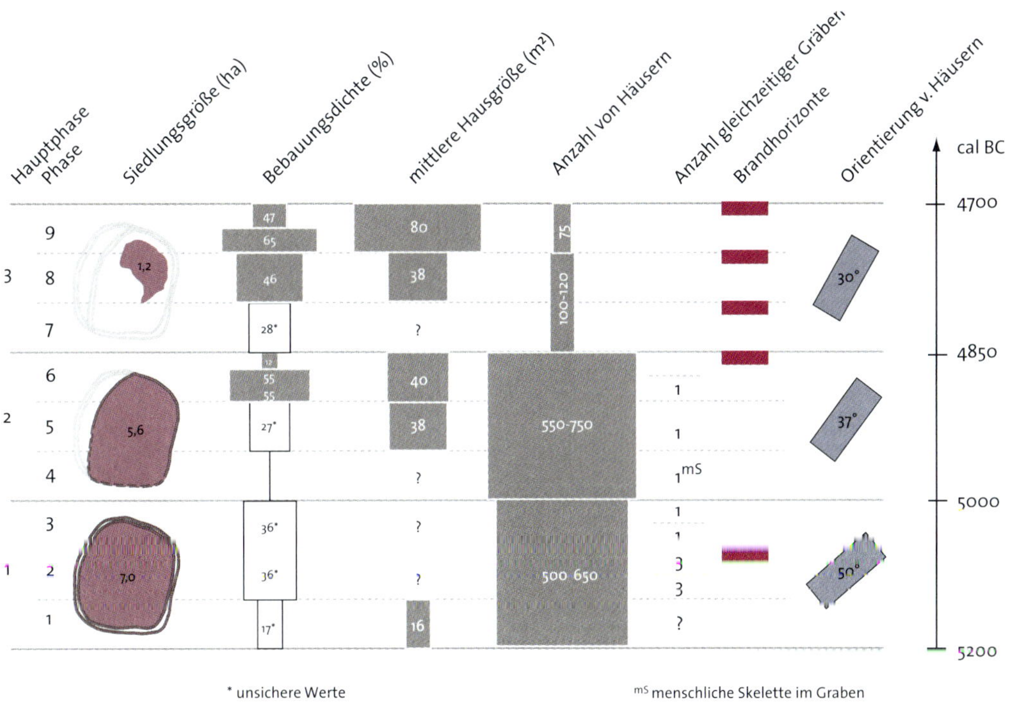

[2] Die chronologische Differenzierung der Siedlung Okolište in 3 Hauptphasen und 9 Phasen erlaubt die Rekonstruktion einer immer kleiner werdenden Siedlung, in der wachsende Hausgrößen und sich häufende Brände auf eine zunehmende ökonomische Autonomie von Haushalten und abnehmenden kommunalen Zusammenhalt hindeuten.
DIAGRAMM Robert Hofmann, Kiel

Im Detail waren mehrere Siedlungsphasen unterscheidbar. So erfolgte zunächst konzeptionell um 5200 v. Chr. die Anlage einer Großsiedlung mit einem ausgeklügelten Wall-Grabensystem zur Abgrenzung nach außen. Im Laufe der Zeit wurde die Siedlung kleiner, bis um ca. 4900 v. Chr. offensichtlich Unruhen ausbrachen. Einige reiche Häuser brannten nieder; in den Gräben lagen Leichen eines vermeintlichen Massakers. Während sich zuvor die Großsiedlung durch Besonderheiten von anderen Siedlungen abhob (z. B. Fremdimporte, die selektive Nutzung von Figurinen und das Befestigungssystem), wurde jetzt die zu 1,5 Hektar reduzierte Siedelfläche nicht mehr befestigt. Erst im 47. vorchristlichen Jh. verließen dann fast alle Einwohner die Siedlung und fanden dann möglicherweise im benachbarten Donje Moštre eine neue Heimstätte. Diese Veränderungen gehen allerdings einher mit der jetzt auch in Bosnien fußfassenden Kupferverarbeitung – dem Chalkolithikum.

Der beschriebene Wandel ist eingebunden in Veränderungsprozesse, die an der Kommunikationsroute zwischen Adria und zentralem Donauraum zu beobachten sind: der Neretva-Bosna Verbindung. Sie durchquert die Dinarischen Alpen von Südost nach Nordwest und an ihr liegt Okolište an einer Nahtstelle im Bosna-Tal. Die intensiven Verbindungen, die im Neolithikum existierten, sind auch heute noch sichtbar – trotz des verheerenden rezenten Krieges. Auch auf den Grabungen waren bosnische, kroatische, serbische und deutsche bzw. polnische und britische Wissenschaftler*innen und Arbeiter*innen aktiv.

LITERATUR

V. P. J. Arponen, J. Müller, R. Hofmann, M. Furholt, A. Ribeiro, C. Horn und M. Hinz, Using the Capability Approach to Conceptualise Inequality in Archaeology: the Case of the Late Neolithic Bosnian Site Okolište c. 5200–4600 BCE. Journal of Archaeological Method and Theory DOI 10.1007/s10816-015-9252-0, 2015.

R. Hofmann (Hrsg.), Okolište 2 – Spätneolithische Keramik und Siedlungsentwicklung in Zentralbosnien. Universitätsforschungen zur prähistorischen Archäologie 234 (Bonn 2013).

J. Müller, K. Rassmann und R. Hofmann (Hrsg.), Okolište 1 – Untersuchungen einer spätneolithischen Siedlungskammer in Zentralbosnien. Universitätsforschungen zur prähistorischen Archäologie 228 (Bonn 2013).

N. Müller-Scheessel, J. Müller und R. Hofmann, Entwicklung und Struktur des spätneolithischen Tells von Okolište (Bosnien-Herzegowina) unter architektursoziologischen Gesichtspunkten. In: Der gebaute Raum: Bausteine einer Architektursoziologie vormoderner Gesellschaften (2010) 171–192.

AUTOR*INNEN
Robert Hofmann
Aleksandar Medović
Tijana Stanković Pešterac
Martin Furholt

LAND
Serbien

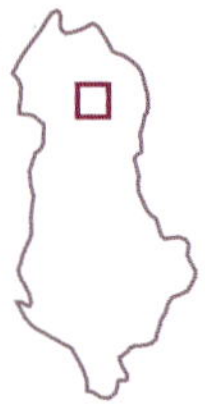

STANDORT
Novi Bečej

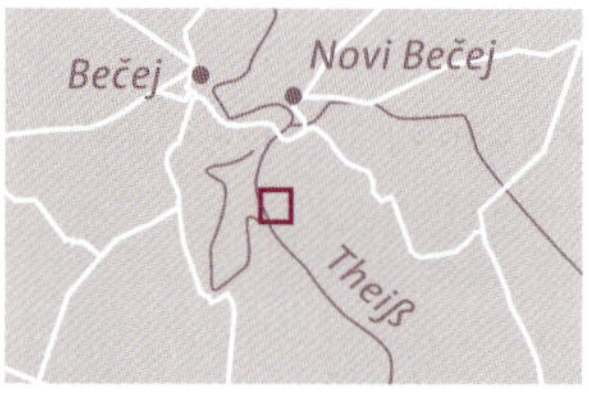

GRABUNGSZEIT
2014–2019

ZEITL. EINORDNUNG
Spätneolithikum
5100–4550 v. Chr.

STRUKTUR
Grab
Hafen
Hort
Lager
Opferplatz
Siedlung
Weg
Wehranlage
Wrack
Anderes

FUNDE
Keramik/Gefäße
Hausbestandteile
Kleidung
Knochen
Münzen
Nahrung
Schmuck
Waffen
Werkzeuge
Andere

Komplexer Siedlungsgrundriss einer demokratisch organisierten Gemeinschaft

Biografie des neolithischen Dorfes Borđoš in der Vojvodina

Dem frühen Neolithikum mit kleineren und mobileren Gemeinschaften folgte im Balkan und im Karpatenbecken ab ca. 5400 v. Chr. eine Periode der Konsolidierung, in der sich endgültig eine produzierende Wirtschaftsweise durchsetzte. Bis etwa 4700 v. Chr. entstanden in weiten Teilen Südosteuropas große bevölkerungsreiche Dörfer, in denen gesteigerte Ortskonstanz und hohe Dichten an Häusern vielfach zur Entstehung von Siedlungshügeln führten. In diesen Kommunen mehrerer hunderter oder sogar tausender Menschen bestand eine erhöhte soziale Komplexität, innerhalb derer die Findung gemeinsamer Entscheidungen die Etablierung neuartiger politischer Institutionen erforderte.

[1] Teile eines keramischen Hausinventars im Vinča- und Theiß-Stil aus der Flachsiedlung von Borđoš.
FOTOGRAFIE Goran Dobožanov, Novi Bečej

In einer serbisch-norwegisch-deutschen Kooperation zwischen dem Museum der Vojvodina Novi Sad, der Universität Oslo, und der Christian-Albrechts-Universität zu Kiel wird die Biografie der komplexen Siedlung Borđoš in ihrem regionalen Kontext rekonstruiert. Diese Siedlung lag am Unterlauf der Theiß in einer waldsteppenartigen Flusslandschaft an der Schnittstelle bewaldeter Auen und offener Löss-Terrassen, einem Standort, der Zugang zu einer Vielzahl lokal verfügbarer Ressourcen bot. Diese Siedlung war über die Flüsse Theiß und Donau mit unterschiedlich geprägten neolithischen Welten der Mittelgebirge des Balkans und der Pannonischen Tiefebene verbunden.

Die Siedlung Borđoš bestand aus mehreren Komponenten, deren Entstehung aus der lokalen und regionalen Siedlungsdynamik verständlich ist: Demnach wurde nach 5100 v. Chr. zunächst eine 7 ha große Siedlung etabliert und eine der frühesten bekannten europäischen Kreisgrabenanlagen errichtet. Während die Kreisgrabenanlage nur kurze Zeit bestand, entwickelte sich die Siedlung zu einem über etwa 500 Jahre bewohnten Tell. Um 4850 v. Chr. entstand unmittelbar südlich eine neue, annähernd kreisrunde Dorfanlage.

Zunächst 20 ha groß, erhielt sie später eine Erweiterung auf fast 40 ha. Diese Siedlung umgab ein Spitzgraben mit sieben zangenartigen Toren.

Die enorme Vergrößerung der Siedlung von 7 auf fast 50 ha wird in einer überregionalen Perspektive verständlich, die im Theiß-Gebiet für die Zeit zwischen 4900 und 4700 v. Chr. einen Trend zur Bevölkerungsagglomeration und zur Auflassung kleinerer Siedlungen zeigt. Demnach konzentrierte sich ab ca. 5200 v. Chr. eine kontinuierlich zunehmende Anzahl von Menschen in immer größeren Siedlungen, bevor diese Dörfer um 4700 v. Chr. weitgehend gleichzeitig ihre regionale Bedeutung wieder verloren. Dies zeigt auch Borđoš, wo die Flachsiedlung verlassen und nur der Tell bis ca. 4600 v. Chr. weitergenutzt wurde.

Die Analysen räumlicher Verteilungen von Rohmaterialien geschlagener Steinartefakte legen den Schluss nahe, dass die Haushalte des Dorfes in unterschiedlich gerichtete Kommunikations- und Austauschnetzwerke eingebunden waren. Das gemeinsame Vorkommen unterschiedlicher Keramikstile in denselben Häusern weist auf eine sehr starke Vernetzung der Menschen auf lokaler Ebene.

Diese Integration einer Bevölkerung mit vermutlich unterschiedlicher Herkunft ist wahrscheinlich das Ergebnis einer ›demokratischen‹ sozialen Organisation, in der kommunale Belange durch Aushandlung geregelt wurden. Dies lässt das Auftreten eines ›zentripetalen‹ Siedlungstyps in Tell und Flachsiedlung von Borđoš erkennen, in dem die Häuser auf einen zentralen Platz im Zentrum der Siedlung ausgerichtet waren. Dieser Platz bildete gewissermaßen den integrativen Mittelpunkt des Dorfes, in dem nicht nur zahlreiche zufällige Begegnungen zwangsläufig erfolgten, sondern auch kommunale Angelegenheiten verhandelt wurden und integrative Aktivitäten stattfanden. Möglicherweise trug diese soziale Ordnung entscheidend dazu bei, dass Siedlungen im Theiß-Gebiet vielfach noch überdauerten, als die ab 4700 v. Chr. überall sichtbare Krise der spätneolithischen Welt Südosteuropas andernorts bereits zu viel massiveren Veränderungen geführt hatte.

[2] Interpretation des archäomagnetischen Planes der Siedlung Borđoš nach Hofmann u. a. 2019. 1 Tell, 2 Kreisgrabenanlage, 3 Flachsiedlung, 4 Flachsiedlung, spätbronzezeitliche Siedlung und Feldsysteme, 6 Gruben.
PLAN Robert Hofmann, Kiel

LITERATUR

A. Medović, R. **Hofmann, Stanković-Pešterac, S. Dreibrodt, I. Medović und R. Pešterac,** The Late Neolithic Settlement Mound Borđoš near Novi Bečej, Serbian Banat, in a Multiregional Context – Preliminary Results of Geophysical, Geoarchaeological and Archaeological Research. Rad Muzeja Vojvodina 56, 2014, 53–77.

T. Stanković-Pešterac, R. Hofmann, A. Medović, S. Dreibrodt und I. Medović, Multidisciplinary archaeological research at the late Neolithic site Bordjoš (Borjas) near Novi Bečej (Northern Serbia). Geoelectrical Prospection of a house. In: S. Forţiu und A. Cîntar (Hrsg.), In Honorem Gheorghe Lazarovici, Interdisciplinaritate în Arheologie, Timişoara, 6 decembrie 2014. ArheoVest II2, 2014, 545–562.

R. Hofmann, A. Medović, M. Furholt, I. Medović, T. Stanković-Pešterac, S. Dreibrodt, S. Martini und A. Hofmann, Late Neolithic multicomponent sites of the Tisza region and the emergence of centripetal settlement layouts. Prähistorische Zeitschrift 94, 1, 2019, 1–28.

AUTOR*INNEN
Robert Hofmann
René Ohlrau
Marta Dal Corso
Michail Videiko
Wiebke Kirleis
Johannes Müller

LAND
Ukraine

STANDORT
Maidanetske

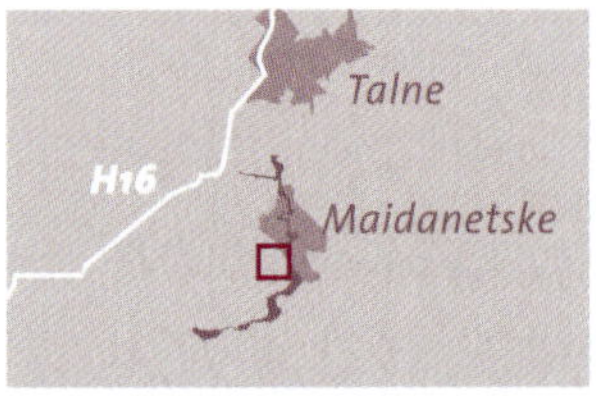

GRABUNGSZEIT
2013–2016

ZEITL. EINORDNUNG
Chalkolithikum
mittleres Tripolye
3990–3640 v. Chr.

STRUKTUR
Grab
Hafen
Hort
Lager
Opferplatz
Siedlung
Weg
Wehranlage
Wrack
Anderes

FUNDE
Keramik/Gefäße
Hausbestandteile
Kleidung
Knochen
Münzen
Nahrung
Schmuck
Waffen
Werkzeuge
Miniaturmodelle

Aufstieg und Fall von Riesensiedlungen in Osteuropa

Kupferzeitliche Ackerbauern und Viehzüchter in Maidanetske vor 5000 Jahren

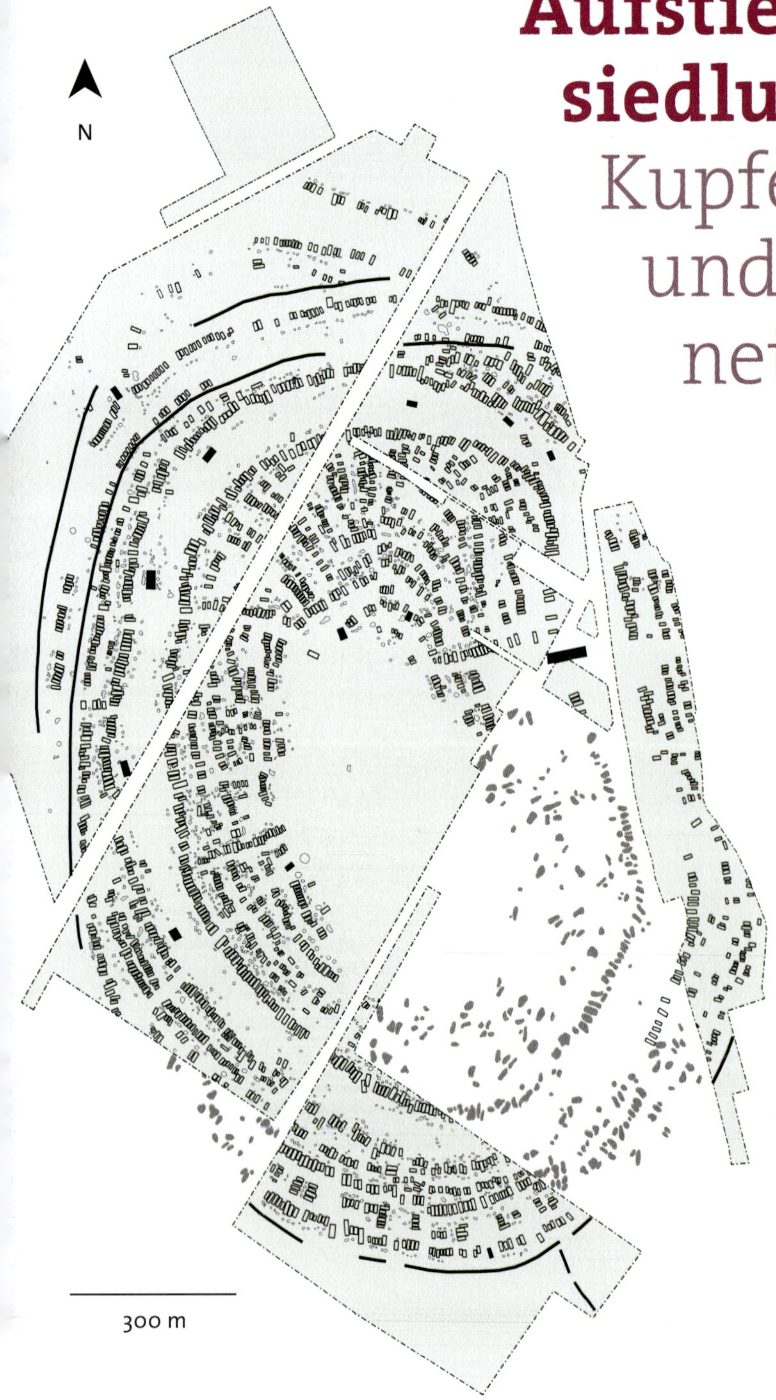

In der osteuropäischen Waldsteppenzone zwischen Prut und Dnjepr entstanden zwischen 4200 und 3650 v. Chr. Tripolye-Riesensiedlungen, von denen sich die größten im Dnjepr-Hochland in der Zentralukraine konzentrieren. Maidanetske, mit 200 ha Ausdehnung eine der größten dieser sog. Mega-sites, steht im Fokus einer ukrainisch-deutschen Forschungskooperation zwischen der Boris-Grinchenko-Universität Kiev, der Ukrainischen Akademie der Wissenschaften, der Römisch-Germanischen Kommission Frankfurt a. M. und, als Teilprojekt des Sonderforschungsbereiches 1266 »TransformationsDimensionen – Mensch-Umwelt Wechselwirkungen in Prähistorischen und Archaischen Gesellschaften«, der Christian-Albrechts-Universität zu Kiel (CAU).

In Maidanetske gruppierten sich Gebäuderinge aus ca. 3000 verbrannten Häusern und assoziierten Gruben um eine unbebaute Fläche im Zentrum der durch radiale Straßen erschlossenen Siedlung. Eine von Häusern zwischen den Hausringen freie Zone markiert einen umlaufenden Ringkorridor, der die Hauptstraße der Siedlung bildete. Innerhalb dieses Korridors standen, gut sichtbar, in regelmäßigen Abständen kommunale Gebäude – sog. Megastrukturen –, die durch ihre besondere Größe und Architektur von Wohnhäusern unterscheidbar waren und wahrscheinlich eine Art multifunktionaler Versammlungshäuser darstellten. Vor der Errichtung der Mehrzahl der Häuser zwischen ca. 3800 und 3700 v. Chr. und bevor die Bevölkerung wahrscheinlich eine Größenordnung von mehr als 10 000 Einwohnern erreichte, galt es in der Frühzeit der Siedlung zunächst, die nötige Infrastruktur zu schaffen. Dazu zählten ein Grabenwerk und Töpferöfen eines fortgeschrittenen Typs zur Herstellung äußerst qualitätvoller und reich bemalter Tripolye-Keramik. Die Struktur der Bebauung orientierte sich an dem zuerst etablierten Ringkorridor, von dem ausgehend andere Bereiche der Siedlung erschlossen wurden.

Die in archäomagnetischen Plänen extrem gut sichtbaren Wohnhäuser weisen spezifische Konstruktionen mit runden Dächern, einer wahrscheinlich vom Boden abgehobenen massiven Plattform und zwei bis drei darauf befindlichen Räumen auf. Innerhalb dieser Häuser und den assoziierten Gruben finden sich einzigartige Befundsituationen mit Öfen, Podesten, Installationen zum Mahlen von Getreide und Feuerstellen sowie reiche Fundassemblagen aus Gefäßkeramik, Figurinen, Schlitten- und Hausmodellen. Die zu den Häusern zugehörigen Gruben weisen teils komplexe Biografien auf, die Aktivitäten normaler Abfallentsorgung bis hin zu rituellen Deponierungen einschließen.

Obwohl die Gründe für die Entstehung so großer Siedlungen wie Maidanetske bisher nicht in ausreichendem Maße zu verstehen sind, stellen sie das Ergebnis des geplanten Zusammenschlusses unterschiedlicher kleinerer Kommunen dar. Die gleichmäßig in der Siedlung verteilten dezentralen Megastrukturen repräsentieren wahrscheinlich integrative Gebäude dieser Gemeinschaften, die bei dem Zusammenschluss als soziale Institutionen zur Konsensfindung auf unteren Ebenen beibehalten wurden. Sie ermöglichten das Zusammenleben einer solch großen Anzahl von Menschen überhaupt erst. Zugleich kam es für die Ebene der Gesamtsiedlung zur Erschaffung neuer Institutionen für Entscheidungen und integrative Aktivitäten, denen wesentlich größere Megastrukturen auf einer zentralen Plaza im Osten von Tripolye-Siedlungen zuzuordnen sind.

In einer längerfristigen Perspektive verloren die kleineren dezentralen Megastrukturen immer mehr an Bedeutung, während mit wachsender Siedlungsgröße zentrale Megastrukturen immer wichtiger wurden. Die Nichtakzeptanz dieser Zentralisierung von Entscheidungsprozessen war wohl einer der Hauptgründe für das Scheitern von Tripolye-Riesensiedlungen gerade auf dem Höhepunkt ihrer Entwicklung, neben anderen möglichen Faktoren wie Seuchen und Verschlechterung der klimatischen Bedingungen. Explizit ausschließen lassen sich andere Gründe wie Holzknappheit oder eine zu geringe landwirtschaftliche Tragfähigkeit des Siedlungsumfeldes.

[1] Interpretation des archäomagnetischen Planes der Riesensiedlung Maidanetske. UMZEICHNUNG René Ohlrau, Kiel

Gräben
Gruben
Häuser
Häuser (magnetische Prospektion Sowjetzeit)
hochauflösend prospektierte Fläche
Megastrukturen

LITERATUR

J. Müller, R. Hofmann, W. Kirleis, S. Dreibrodt, R. Ohlrau, L. Brandtstätter, M. Dal Corso, K. Rassmann, N. Burdo und M. Videiko, Maidanetske 2013. New excavations at a Trypillia mega-site. Studien zur Archäologie in Ostmitteleuropa 16 (Bonn 2017).

J. Müller, K. Rassmann und M. Videiko, Trypilla Mega-Sites and European Prehistory 4100–3400 BCE. Themes in Contemporary Archaeology 2 (London/New York 2016).

M. Dal Corso, W. Hamer, R. Hofmann, R. Ohlrau, L. A. Shatilo, D. Knitter, S. Dreibrodt, P. Saggau, R. Duttmann, I. Feeser, H. Knapp, N. Benecke, J. Müller und W. Kirleis, Modelling Landscape Transformation at the Chalcolithic Tripolye Mega-site of Maidanetske (Ukraine): Wood Demand and Availability. The Holocene 29, 10, 2019, 1622–1636.

R. Hofmann, J. Müller, L. Shatilo, M. Videiko, R. Ohlrau, V. Rud, N. Burdo, M. Dal Corso, S. Dreibrodt und W. Kirleis, Governing Tripolye: Integrative architecture in Tripolye settlements. PLoS ONE 14, 9, 2019, 1–54.

R. Ohlrau, Maidanets'ke: Development and Decline of a Trypillia »Mega-site« in Central Ukraine. Scales of Transformation in Prehistoric and Archaic Societies 7 (Leiden 2020).

AUTOR
Johannes Müller

LAND
Moldawien

STANDORT
Stolniceni

GRABUNGSZEIT
seit 2017

ZEITL. EINORDNUNG
Chalkolithikum
Tripolje
3925–3700 v. Chr.

DETAIL ZUM ORT
Grab
Hafen
Hort
Lager
Opferplatz
Siedlung
Weg
Wehranlage
Wrack
Anderes

FUNDE
Keramik/Gefäße
Hausbestandteile
Kleidung
Knochen
Münzen
Nahrung
Schmuck
Waffen
Werkzeuge
Andere

Stolniceni, Republik Moldau

Ausgrabungen einer frühstädtischen Anlage

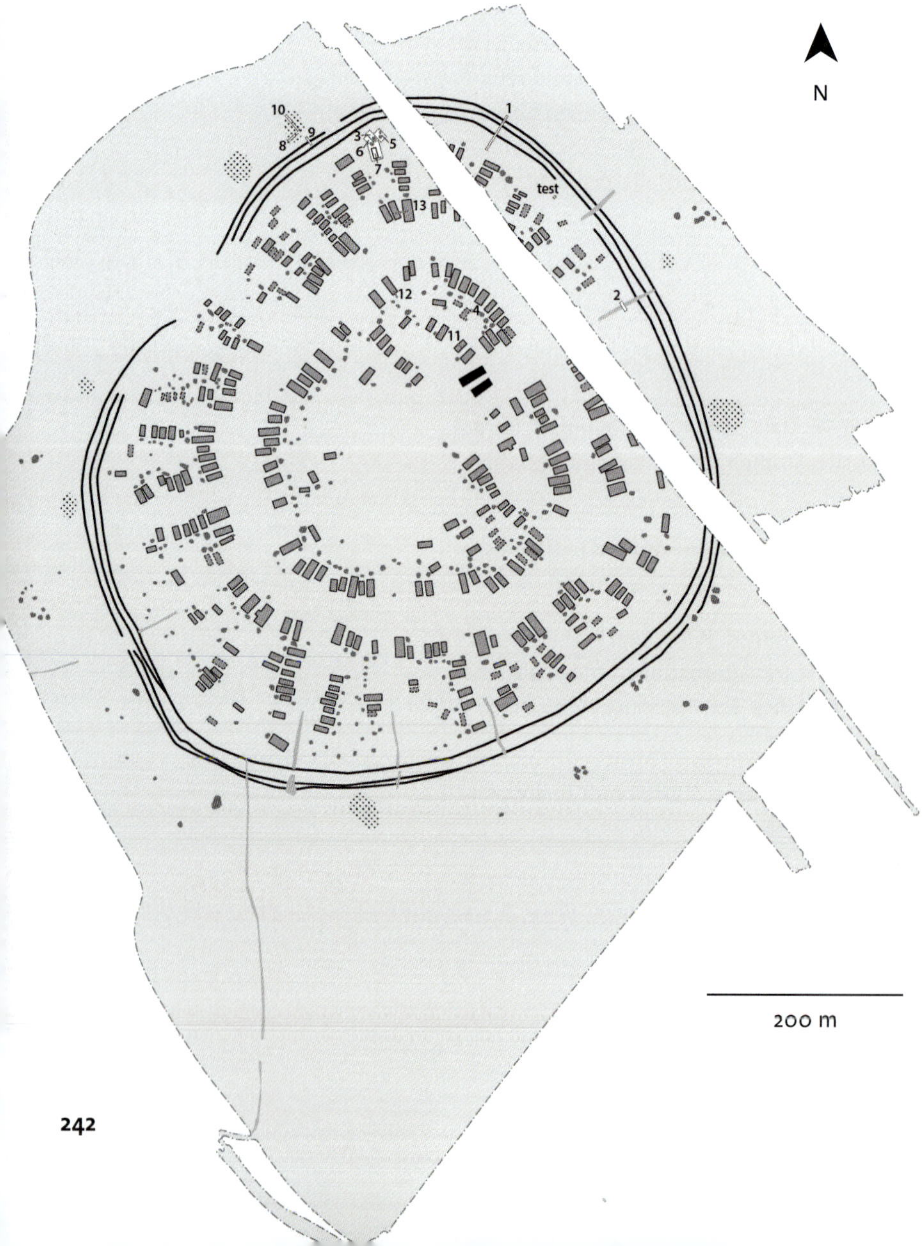

Im Norden der heutigen Republik Moldawien wird seit 2017 seitens der Deutschen Forschungsgemeinschaft, Sonderforschungsbereich 1266 der Christian-Albrechts-Universität zu Kiel in Verbindung mit der moldawischen Universität »Social Anthropology«, dem Nationalmuseum Chişinău und der Römisch-Germanischen-Kommission Frankfurt a. M. eine 35 Hektar große Siedlung aus der ersten Hälfte des vierten vorchristlichen Jahrtausends ausgegraben: Stolniceni im Distrikt Edinet, gelegen auf einer Hochebene der Waldsteppe im Einzugsgebiet des Prut. Es handelt sich um eine Tripolye-Großsiedlung, errichtet mit exaktem Planungskonzept von Gemeinschaften, die durch ihre zweistöckigen Häuser, polychrome, standardisierte Keramik und besondere Gebäude Bekanntheit erlangte. Das Faszinierende für die Archäologie: Die Häuser wurden bewusst abgebrannt, die Fußböden sind erhalten und auf den Fußböden stehen Gefäße und andere Artefakte *in situ*. Dies stellt die Regel dar und ist damit ein Unterschied zu den meisten prähistorischen Befunden in Mitteleuropa.

[1] Der geophysikalische Plan und die Umzeichnung der Siedlung.
370 verbrannte Häuser, 540 Gruben, 17 Töpferöfen, die Umfriedung, kreisförmige Anomalien und das Wege- und Straßensystem gehören zur geplanten Anlage aus der Zeit 3925–3700 v. Chr.
PLAN Knut Rassmann, Frankfurt a. M.; Robert Hofmann, Kiel

Um eine solch große Siedlung zu entschlüsseln, kam in Stolniceni die übliche Strategie zur Anwendung. Die geomagnetische Prospektion erbrachte den Überblick über den Siedlungsplan mit seinen unterschiedlichen Befunden. Bestimmte Bereiche wurden für Detailgrabungen ausgesucht. Danach fanden Sondagen statt, um in anderen Bereichen der Siedlung die Gültigkeit der erlangten Erkenntnisse zu überprüfen.

Zu erkennen ist eine durch drei Stichgräben mit Wallsystem und Palisade abgegrenzte Großsiedlung mit im Inneren konzentrischen Kreisen von 370 zumeist 5 × 12 m großen Häusern, gruppiert um einen teilweise freigehaltenen inneren Platz. Straßen und Wege führen ins Innere und zu weiteren Quartieren, die teilweise rechtwinklig angelegt und mit freigehaltenen Plazas versehen sind. Zwei große Gebäude, sog. Megastrukturen mit sicher administrativen Aufgaben, umrahmen den nordöstlichen Hauptweg ins Innere der Siedlung. Es handelt sich – zumindest aus europäischer Perspektive – um eine frühe Stadt!

Der genauere Blick auf den Plan belegt eine Trennung zwischen öffentlichen und privaten Bereichen der Siedlung. Eine ca. 30 m breite, von Häusern freigehaltene, ebenfalls konzentrische ›Flaniermeile‹ gliedert das Innere der Siedlung nochmals in zwei Teile. Insgesamt erinnert dies an stadtplanerische Prinzipien, wie sie auch für manche moderne Stadt mit Kreissegmenten und Quartieren gelten. Die in die Umgebung hinausführenden Wege, sowohl in der Grabung als auch durch die Geomagnetik erfasst, führen im Westen und Südwesten zu einer Furt am nahegelegenen Canyon. Von hier stammt wohl auch das Wasser für die Großsiedlung.

Wirtschaftlich ist Stolniceni eine ›normale‹ agrarische Großsiedlung mit ursprünglich ca. 3000 Einwohnern. Praktisch alle Haushalte waren an Getreideanbau und Getreideverarbeitung, an der Viehhaltung von Rind, Schaf/Ziege und Schwein beteiligt. Kupfer wurde innerhalb der Siedlung verarbeitet. In aufwändigen Drei-Kanal-Töpferöfen produzierten die Einwohner die erwähnte hochelaborierte Keramik. Außerhalb der Einhegung finden sich runde Plätze mit noch unklarer Funktion. Bodenkundliche Analysen verweisen auf Überreste organischer Substanzen, wohl Tierdung. Darüber hinaus lagen in den ca. 35 m durchmessenden Rundstrukturen große Mengen an Tokens, sog. Tauschsteine. Waren es Örtlichkeiten, an denen die sesshafte Bevölkerung Stolnicenis mit nomadischen Viehhaltern ›ins Geschäft‹ kam? Oder Plätze, an denen die einzelnen Quartiere Stolnicenis gemeinsam ihre Herdenwirtschaft organisierten?

Warum es zur Aufgabe der Großsiedlung um 3700 v. Chr. kam, ist unklar. Ein naher Grabhügel kündet von der Zeit 400 Jahre nach Verlassen der Siedlung: eine Demonstration der aus der Grassteppe kommenden Yamnaya Hirten, die die Landschaft viel später in Besitz nahmen.

[2] Polychrome Tripolye-Gefäße aus einem Haus in Stolniceni.
FOTOGRAFIE Stanislaw Ţerna, Chişinău

LITERATUR

A. Immel, S. Ţerna, A. Simalcsik, J. Susat, O. Šarov, G. Sîrbu, R. Hofmann, J. Müller, A. Nebel und B. Krause-Kyora, Gene-flow from steppe individuals into Cucuteni-Trypillia associated populations indicates longstanding contacts and gradual admixture. Scientific Reports. Nature. 10:4253. https://DOI.org/10.1038/s41598-020-61190-0, 2020, 1–8.

S. Ţerna, A. **Vornicu-Ţerna, R. Hofmann, M. D. Corso, L. Shatilo, M. Vasilache-Curoău, V. Rud, H. Knapp, W. Kirleis, K. Rassmann und J. Müller,** Stolniceni – Excavation results from the 2017 campaign. Journal of Neolithic Archaeology 21 2019, 209–282.
https://DOI 10.12766/jna.2019.9.

AUTOR*INNEN
Harald Lübke
Valdis Bērziņš
Ute Brinker
Aija Ceriņa
Marcis Kalniņš
Ben Krause–Kyora
John Meadows
Ken Ritchie
Ulrich Schmölcke
Ilga Zagorska

LAND
Lettland

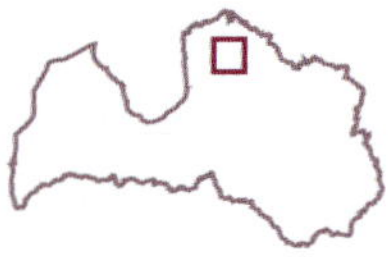

STANDORT
Riņņukalns

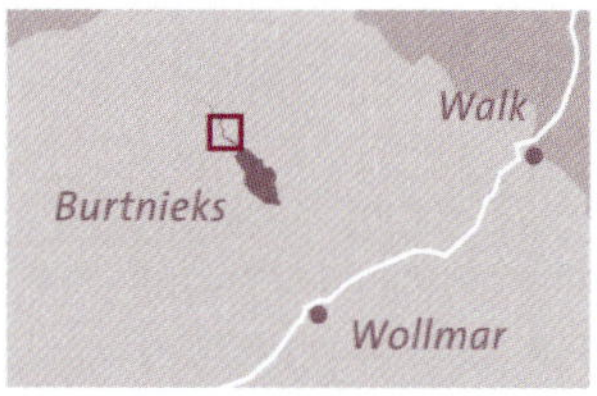

GRABUNGSZEIT
2017/2018

ZEITL. EINORDNUNG
Osteuropäisches spätes Mittelneolithikum
Post-Kammkeramik
ca. 3350 v. Chr.

STRUKTUR
Grab
Hafen
Hort
Lager
Opferplatz
Siedlung
Weg
Wehranlage
Wrack
Anderes

FUNDE
Keramik/Gefäße
Hausbestandteile
Kleidung
Knochen
Münzen
Nahrung
Schmuck
Waffen
Werkzeuge
Andere

Riņņukalns

Ein neolithischer Süßwasser-Muschelhaufen im Norden Lettlands

[1] Fotogrammetrisches Modell des 2017/2018 freigelegten steinzeitlichen Fischergrabes vom Riņņukalns.
FOTOGRAMMETRIE Marcis Kalniņš, Riga

Der am Ausfluss der Salaca aus dem Burtnieksee in der Region Vidzeme im Norden Lettlands gelegene Fundplatz Riņņukalns (»Rinnehügel«) ist der einzige erhaltene steinzeitliche Muschelhaufenplatz im Baltikum und zudem forschungsgeschichtlich von besonderer Bedeutung, da er eine der ersten im Baltikum in den 1870er Jahren entdeckten steinzeitlichen Fundstellen darstellt. Zu verdanken ist dies dem deutsch-baltischen Grafen Carl George Sievers, einem der Pioniere der archäologischen Forschung Lettlands. Seine Bewertung der Fundstelle führte aber zu einem heftigen Forschungsstreit mit dem damals im Baltikum führenden Altertumsforscher Prof. C. Grewingk, Universität Dorpat (heute Tartu, Estland). Beteiligt daran war auch der deutsche Mediziner, Anthropologe und Urgeschichtsforscher Rudolf Virchow, der 1877 selbst an den Ausgrabungen des Grafen Sievers teilnahm. Umstritten war vor allem das Alter von vier Gräbern, denen Graf Sievers aufgrund ihrer stratigrafischen Position oder vermeintlicher Grabbeigaben ein steinzeitliches Alter zusprach. Durch den frühen Tod des Grafen 1879 blieb insbesondere diese Frage ungelöst, bis im Jahre 2011 neue gemeinsame Forschungen des Instituts für Lettische Geschichte (LVI) an der Universität Riga und dem Zentrum für Baltische und Skandinavische Archäologie (ZBSA) begannen.

Erste Untersuchungen des Muschelhaufens unter Einsatz geophysikalischer und archäologischer Feldmethoden brachten den Nachweis einer – trotz der Ausgrabungen des 19. Jh. – immer noch vorhandenen Existenz intakter feinstratifizierter Schichtpakete mit hervorragender Erhaltung organischer Hinterlassenschaften. Radiometrische Analysen der Stratigrafie zeigten, dass der Muschelhaufen innerhalb eines recht kurzen Zeitraums um 3350 v. Chr. aufgeschüttet worden war. Nachfolgende naturwissenschaftliche Untersuchungen ergaben erste Ergebnisse zur Ernährung und Lebensweise der damaligen Bewohner. Entsprechend liefert der Fundplatz Rinnukalns wertvolle Hinweise zur Kulturentwicklung im östlichen Baltikum im 4. Jt. v. Chr. – einer Zeit, in der Landwirtschaft und Vorratshaltung in dieser Region noch nicht weit verbreitet waren. Parallel dazu ließen sich die von Graf Sievers im 19. Jh. geborgenen Menschenreste in der Anthropologischen Rudolf-Virchow-Sammlung der Berliner Gesellschaft für Anthropologie, Ethnologie und Urgeschichte mithilfe der Kuratorin B. Teßmann re-identifizieren. AMS-Datierungen der fraglichen Schädel erbrachten den Nachweis, dass zumindest zwei der von Graf Sievers als steinzeitlich angesehenen Gräber tatsächlich ein entsprechendes Alter aufwiesen und zur Muschelhaufen-Phase des Fundplatzes gehören.

[2] Die stratifizierte Schichtabfolge des Muschelhaufens aus Muschelschalen, Fischresten und Holzkohlen aus dem 4. vorchristlichen Jahrtausend. Aber auch in dem darunter gelegenen Paläoboden befinden sich Hinterlassenschaften älterer Nutzungsphasen des Fundplatzes. FOTOGRAFIE Harald Lübke, ZBSA, Landesmuseen Schleswig-Holstein, Schloss Gottorf

Seit 2017 werden die Forschungen im Rahmen des von der Deutschen Forschungsgemeinschaft (DFG) geförderten interdisziplinären Forschungsprojektes *«Riņņukalns, a Neolithic freshwater shell midden site in northern Latvia and its significance for cultural development of the Eastern Baltic Stone Age"* (DFG-Projektnummer 335674082) fortgeführt. In zwei Feldkampagnen 2017 und 2018 mit einer Dauer von jeweils 6 Wochen konnte der Fundplatz weiter untersucht werden. Bei den feinstratigrafischen Schichtenfreilegungen ließ sich neben diversen Kulturhinterlassenschaften vor allem umfangreiches archäozoologisches und paläobotanisches Probenmaterial bergen. Wichtig ist der Nachweis weiterer Kulturschichten unter dem eigentlichen Muschelhaufen, die bis in das Spätmesolithikum zurückreichen und die langfristige Nutzung des landschaftlich ausgesprochen günstig gelegenen Ortes anzeigen. Einen besonderen Glücksfall stellt aber 140 Jahre nach Entdeckung der ersten prähistorischen Gräber der Fund zweier weiterer steinzeitlicher Bestattungen dar. Bei den Verstorbenen handelt es sich um einen ca. 40-jährigen Mann und ein bei der Geburt verstorbenes Kleinkind, die beide demselben Zeithorizont wie die bereits bekannten Individuen angehören. Derzeit wird das umfangreiche archäologische und naturwissenschaftliche Fundmaterial ausgewertet, eine umfassende Präsentation der Ergebnisse ist im Rahmen einer Fundplatzmonografie vorgesehen.

LITERATUR

V. Bērziņš, U. Brinker, C. Klein, H. Lübke, J. Meadows, M. Rudzīte, U. Schmölcke, H. Stümpel und I. Zagorska, New research at Riņņukalns, a Neolithic freshwater shell midden in northern Latvia. Antiquity 88, 2014, 715–732.

U. Brinker, D. Meinel, B. Teßmann und H. Lübke, Die menschlichen Skelettreste der zur anthropologischen Rudolf-Virchow-Sammlung gehörenden Kollektion des Fundplatzes Riņņukalns im Norden Lettlands – Resultat eines Forschungsstreites des 19. Jahrhunderts im damaligen Livland. Mitteilungen der Berliner Gesellschaft für Anthropologie, Ethnologie und Urgeschichte 39, 2019, 35–53.

U. Brinker, V. Bērziņš, A. Ceriņa, G. Gerhards, M. Kalniņš, B. Krause-Kyora, H. Lübke, J. Meadows, D. Meinel, E. Pētersone-Gordina, K. Ritchie, M. Rudzīte, M. Tõrv, I. Zagorska und U. Schmölcke, Two burials in a unique freshwater shell midden: Insights into transformations of Stone Age Hunter-Fisher daily life in Latvia. Archaeological and Anthropological Sciences 12, 97 (2020). https://doi.org/10.1007/s12520-020-01049-7 [zuletzt geprüft am 28.8.2020]

U. Schmölcke, J. Meadows, K. Ritchie, V. Bērziņš, H. Lübke und I. Zagorska, Neolithic fish remains from the freshwater shell midden Riņņukalns in northern Latvia. Environmental Archaeology: The Journal of Human Palaeoecology 21:4, 2016, 325–333.

AUTOR*INNEN
Jutta Kneisel
Johannes Müller
Janusz Czebreszuk

LAND
Polen

STANDORT
Bruszczewo

GRABUNGSZEIT
seit 1999

ZEITL. EINORDNUNG
Frühbronzezeit
Aunjetitz
ca. 2100–1600 v. Chr.

STRUKTUR
Grab
Hafen
Hort
Lager
Opferplatz
Siedlung
Weg
Wehranlage
Wrack
Anderes

FUNDE
Keramik/Gefäße
Hausbestandteile
Kleidung
Knochen
Münzen
Nahrung
Schmuck
Waffen
Werkzeuge
Andere

Bruszczewo in Großpolen
Eine bronzezeitliche befestigte Zentralsiedlung

Der Fundplatz Bruszczewo liegt 60 km südwestlich von Poznań auf einem Sporn zwischen den flachwelligen Moränenkuppen der letzten Eiszeit. Die Menschen der Bronzezeit erkannten und nutzten die siedlungsgünstige Lage der ehemaligen Halbinsel des inzwischen verlandeten Samica-Sees.

Seit 1999 forschen Wissenschaftler*innen der Universitäten Poznań und Kiel gemeinsam an diesem außergewöhnlichen Fundplatz mit Unterstützung u. a. der Deutschen Forschungsgemeinschaft.

[1] Zugeschlagene Eichenpfähle aus der seeseitigen Befestigung mit deutlich erkennbaren Beilspuren, die zur Breite der bronzezeitlichen Beile passen.

Zeitlich sind zwei Phasen der Besiedlung zu unterscheiden. Eine erste Aufsiedlung und die Errichtung der Befestigungsanlagen erfolgte zur frühen Bronzezeit (21. Jh. v. Chr.) und reichte bis zur Mitte des 17. Jh. v. Chr. Es ist die Zeit der beginnenden Metallverarbeitung in Mitteleuropa. Von der späten Bronzezeit bis in die frühe Eisenzeit kommt es zu einer erneuten Nutzung des Areals (etwa 11.–9./8. Jh. v. Chr.). Neben einer sich entwickelnden sozialen Ungleichheit am Ende der frühbronzezeitlichen Gesellschaften konnten in Bruszczewo auch ökologische Ursachen für das Ende der ersten Besiedlungsphase angeführt werden. Archäobotanische Untersuchungen wiesen eine starke Verschmutzung des Sees durch Dung, Blaualgen und Erosionen nach. Die Wälder waren aufgelichtet und es fehlte an geeignetem Bauholz. Die vormals siedlungsgünstige Lage war nicht mehr gegeben. Am Ende der Frühbronzezeit kam es, zusätzlich durch einen Brand in Mitleidenschaft gezogen, zur Aufgabe der Siedlung. Der verschmutzte See erholte sich langsam und erst in der Spätbronzezeit kamen erneut Siedler, um am Ufer zu siedeln.

Tatsächlich stand und steht im Zentrum der Untersuchungen des Kooperationsprojektes die bedeutende frühbronzezeitliche Ansiedlung. Während z. B. aus Mitteldeutschland der Nachweis frühbronzezeitlicher Befestigungsanlagen bisher aussteht, ist er hier gelungen: Ein bis zu 4 m tiefer Graben sichert die ca. 1,3 ha große Anlage gegen das Hinterland. Die Überreste einer Metallwerkstatt sind exzeptionell, ebenfalls der Nachweis der Verarbeitung von Gold. Offensichtlich handelte es sich um ein regionales Verteilerzentrum für Metallprodukte, die hier hergestellt wurden. Gleichzeitig nahm Bruszczewo eine wichtige Position ein im Bernsteinaustausch zwischen den Rohstoffvorkommen an der Ostseeküste und dem Karpatenbecken bzw. Mitteldeutschland: Der Handel wurde hier kontrolliert und war jederzeit abzuriegeln.

[2] Eine Auswahl der zahlreichen Kienspäne aus den frühbronzezeitlichen Kulturschichten.

[3, 4] Bernsteinscheibe aus einem Grab in der Umgebung (Przysieka Polska) und Doppelknopf (Geweih) aus Bruszczewo.

[5, 6] Holznagel, Holzkeil und Bernsteinperle aus Bruszczewo. ALLE FOTOGRAFIEN Agnes Heitmann und Sara Jagiolla, Kiel

Sowohl Mineral- als auch Feuchtbodenbedingungen liegen in Bruszczewo vor. Insbesondere die Feuchtbodenareale konservierten Holzartefakte und Pfahlanlagen. Neben Holznagel, Holzkeil, Radnabe und Hunderten von Kienspänen konnte dendrochronologisch die Hauptausbauphase am See bestimmt werden: 1793–1787 v. Chr. Der extreme Fundreichtum und die Erweiterung der Siedlung sind sicher auf politische Veränderungen zurückzuführen. So entwickelte sich Bruszczewo in der Kommunikationsachse zwischen den dicht besiedelten Lössgebieten Kujawiens und Schlesiens und nach Westen Richtung Mitteldeutschland. Die Oszillation der Macht zeigen auch reich ausgestattete Gräber von Łęki Małe (s. Beitrag Kap. V, 256–257) mit den typischen Anzeigern des damaligen Reichtums: Gold, Bernstein und Zinnbronzen. Ein Armring aus einem nahen Depotfund gleicht einer Gussform aus Bruszczewo.

LITERATUR

J. Czebreszuk und J. Müller, Bruszczewo. Eine frühbronzezeitliche Siedlung mit Feuchtbodenerhaltung in Großpolen: Vorbericht zu den Ausgrabungen 1999–2001. Germania 81, 2003, 443–480.

J. Czebreszuk und J. Müller, Bruszczewo I. Ausgrabungen und Forschungen in einer prähistorischen Siedlungskammer Großpolens. Studien zur Archäologie in Ostmitteleuropa 2 (Rahden/Westf. 2004).

J. Müller, J. Czebreszuk und J. Kneisel, Bruszczewo II. Ausgrabungen und Forschungen in einer prähistorischen Siedlungskammer Großpolens. Studien zur Archäologie in Ostmitteleuropa 6 (Bonn 2010).

J. Czebreszuk und J. Müller, Bruszczewo III. The settlement and fortification in the mineral zone of the site. Studien zur Archäologie in Ostmitteleuropa 13 (Poznań 2015).

J. Czebreszuk, J. Müller, M. Jaeger und J. Kneisel, Bruszczewo IV. Natural resources and economic activities of the Bronze Age people. Studien zur Archäologie in Ostmitteleuropa 14 (Poznań 2015).

P. Silska, Wczesnobrązowa osada obronna w bruszczewie badania 1964–1968. Bibliotheca Fontes Archaeologici Posnanienses 13 (Poznań 2012).

AUTORIN
Nicole Taylor

LAND
Ungarn

STANDORT
Kakucs

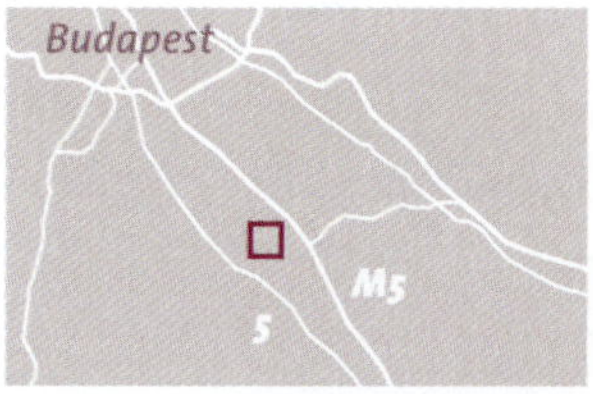

GRABUNGSZEIT
2013–2017

ZEITL. EINORDNUNG
Ung. Mittelbronzezeit
Vatya-Kultur
2000/1900–1500/1450 v. Chr.

STRUKTUR
Grab
Hafen
Hort
Lager
Opferplatz
Siedlung
Weg
Wehranlage
Wrack
Anderes

FUNDE
Keramik/Gefäße
Hausbestandteile
Kleidung
Knochen
Münzen
Nahrung
Schmuck
Waffen
Werkzeuge
Andere

Kakucs-Turján mögött

Eine befestigte mittelbronzezeitliche tell-ähnliche Siedlung

Bei Kakucs-Turján mögött handelt es sich um die Ausgrabung einer mit Gräben befestigten dreigeteilten Siedlung. Das Projekt ist eine internationale Kooperation zwischen der Adam-Mickiewicz-Universität Posen (Polen), der Ungarischen Akademie der Wissenschaften Budapest (Ungarn) und der Christian-Albrechts-Universität zu Kiel (Deutschland). In fünf Kampagnen (2013–2017) wurden in einem zentralen Areal ein Haus vollständig und in weiteren verteilten Bereichen zahlreiche kleinere Befunde untersucht. Die Ergebnisse bestätigen eine Aufteilung des Siedlungsareals in Aktivitätszonen.

Auf Grundlage der Stratigrafie und ergänzender ^{14}C-Datierungen war es möglich, elf bronzezeitliche Siedlungsphasen herauszuarbeiten, die zwei Hausstrukturen und mehrere Planierungshorizonte umfassten. Die Lage der Häuser, der Wegeführung und des Grabens zueinander deuten auf eine geplante Siedlungsstruktur.

[1] Ein Blick über die Arbeitsfläche, 2015.
FOTOGRAFIE KEX-Projekt

Die Funde verweisen einerseits auf eine Gemeinschaft mit einem typischen Inventar der Vatya-Kultur, anderseits zeigen sich Kontakte in das Karpatenbecken und nach Europa. Den lokalen Keramikstil beeinflussten Importe und Imitate von Fremdformen, zudem schließen Bernsteinperlenfragmente Kontakte zur Bernsteinroute, ggf. bis zum Baltikum, nicht aus.

Die bekannte Wirtschaftsweise der Vatya-Kultur ist im Fundmaterial des untersuchten Hauses deutlich zu erkennen. Die Tierknochen bezeugen die Viehhaltung und deren Bearbeitungsspuren das Schlachten vor Ort. Im ansonsten weitgehend typischen Pflanzenspektrum kann der ungewöhnlich hohe Anteil an Hülsenfrüchten eine Strategie gegen Nahrungsprobleme anzeigen. Bemerkenswert sind die geringen Anteile an Unkrautsamen und Spreu, die eine Verarbeitung der Kulturpflanzen außerhalb der Häuserbereiche belegen.

[2] Kakucs-Turján mögött. LINKS Luftbild, RECHTS geomagnetischer Plan.
ABBILDUNGEN KEX-Projekt

LITERATUR

J. Niebieszczański, M. Jaeger, Á. Pető, I. Hildebrandt-Radke, G. Kulcsár, R. Staniuk, N. Taylor und J. Czebreszuk, Revealing the internal organization of a Middle Bronze Age fortified settlement in Kakucs-Turján through geoarchaeological means: Magnetometric survey and sedimentological verification of a housing structure. Journal of Archaeological Science: Reports 25, 2019, 409–419.

M. Jaeger, G. Kulcsár, N. Taylor und R. Staniuk (Hrsg.), Kakucs-Turján, a Middle Bronze Age multi-layered fortified settlement in Central Hungary (Bonn 2018).

G. Kovács, G. Kulcsár, G. Serlegi, M. Jaeger, N. Taylor und Á. Pető, Results of the soil micro-morphological analysis at the Bronze Age archaeological site known as ›behind Kakucs-Turján‹, Agrokémia és Talajtan (Agrochemistry and Soil Science), 66 2017, 35–60.

Á. Pető, G. Serlegi, E. Krausz, M. Jaeger und G. Kulcsár, Geoarchaeological Survey of Bronze Age Fortified Settlements – Kakucs Archaeological Expedition – KEX 2, Hungarian Archaeology e-journal, 2015 Summer, 1–10.

G. Kulcsár, M. Jaeger, V. Kiss, G. Márkus, J. Müller, Á. Pető, G. Serlegi, V. Szeverényi und N. Taylor, The beginnings of a new research program – Kakucs Archaeological Expedition – KEX 1, Hungarian Archaeology e-journal, 2014 Winter, 1–7.

AUTORIN
Wiebke Kirleis

LAND
Indonesien

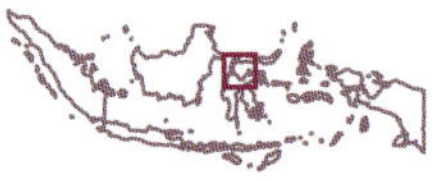

STANDORT
Zentralsulawesi

FELDARBEIT
2009

ZEITL. EINORDNUNG
Christi Geburt bis 1200 n. Chr.

STRUKTUR
Grab
Hafen
Hort
Lager
Opferplatz
Siedlung
Weg
Wehranlage
Wrack
Anderes

FUNDE
Keramik/Gefäße
Hausbestandteile
Kleidung
Knochen
Münzen
Nahrung
Schmuck
Waffen
Werkzeuge
Andere

Megalithlandschaften in Zentralsulawesi

Frühe menschliche Aktivität in einem Hotspot der Biodiversität

In deutsch-indonesischer Kooperation wurden in den drei Siedlungskammern Napu, Besoa und Bada in Zentralsulawesi archäologisch-botanische Untersuchungen zu megalithischen Anlagen durchgeführt. Die Kleinregionen mit etwa 100 km^2 Fläche bilden drei heute von Grasland, Savanne und Nassreiskultur (paddy) geprägte Täler, die Gebirgszüge und tropische Bergregenwaldgebiete voneinander trennen. Die offenen Grasländer sind, entgegen der Annahme der lokalen Bevölkerung, keineswegs Relikte einer natürlichen Vegetation, sondern entstanden durch massive menschliche Aktivität. Vegetationsgeschichtliche Untersuchungen belegen, dass der tropische Regenwald hier erstmals vor etwa 2000 Jahren unter Einsatz von Feuer geöffnet wurde, und die daraufhin entstandenen Grasländer seither durch wiederholtes gezieltes Abbrennen erhalten bleiben. Zahlreiche Megalithen zeugen unmittelbar von der langfristigen Anwesenheit des Menschen in dieser abgelegenen Region. Es handelt sich um große steinerne Urnen, die sog. Kalambas, und anthropomorphe sowie zoomorphe Skulpturen. Es gilt weiterhin zu klären, ob sie in direktem Zusammenhang mit der ersten Auflichtung des Regenwaldes aufgestellt wurden. Archäobotanische Untersuchungen zeigen, dass die Kalambas auf jeden Fall im 12. Jh. n. Chr. genutzt wurden. Die räumliche Verteilung der Megalithen erlaubt Rückschlüsse auf soziale Strukturen. Neben vereinzelt stehenden Kalambas sind zentrale Stätten mit Agglomerationen von Megalithen anzutreffen. In unterschiedlichen Dekorationen an den Megalithen manifestiert sich eine sozial differenzierte Ausdrucksweise der verschiedenen Bevölkerungsgruppen der drei Kleinregionen.

LITERATUR

T. Haberzettl, G. St-Ongea, H. Behling und W. Kirleis, Chapter 10: Evaluating Late Holocene radiocarbon-based chronologies by matching paleomagnetic secular variations to geomagnetic field models: an example from Lake Kalimpaa (Sulawesi, Indonesia), In: L. Jovane u. a. (Hrsg.), Magnetic Methods and the Timing of Geological Processes. Geological Society, London, Special Publications 373, 2013, 245–260.

W. Kirleis, J. Müller, C. Kortemeier, H. Behling und S. Soegondho, The megalithic landscape of central Sulawesi. Combining archaeological and palynological investigations. D. Bonatz u. a. (Hrsg.), Crossing Borders in Southeast Asian Archaeology. Selected papers from the 13th International Conference of the European Association of Southeast Asian Archaeologists, Berlin, 2010, 2, (Singapore 2012) 199–220.

W. Kirleis, V. D. Pillar und H. Behling, Human-environment interactions in mountain rainforests: palaeo-botanical evidence from Central Sulawesi, Indonesia. Vegetation History and Archaeobotany 20, 2011, 165–179.

[1] LINKS Zoomorpher Megalith Badang-Kaia im Bada-Tal, Zentralsulawesi, Indonesien
FOTOGRAFIE Wiebke Kirleis, Kiel

[2, 3] Kalambas, große steinerne Urnen, in der zentralen Stätte Pokekea, Besoa-Tal, Zentralsulawesi, Indonesien.
FOTOGRAFIE Wiebke Kirleis, Kiel

AUTOR*INNEN
Jutta Kneisel
Mateusz Jaeger

LAND
Polen

STANDORT
Smoszew

GRABUNGSZEIT
2009–2012

ZEITL. EINORDNUNG
Mittelbronzezeit
Ende Bz A2–Bz B
1600–1500 v. Chr.

STRUKTUR
Grab
Hafen
Hort
Lager
Opferplatz
Siedlung
Weg
Wehranlage
Wrack
Anderes

FUNDE
Keramik/Gefäße
Hausbestandteile
Kleidung
Knochen
Münzen
Nahrung
Schmuck
Waffen
Werkzeuge
Andere

Smoszew

Ein mittelbronzezeitlicher Grabhügel in Großpolen

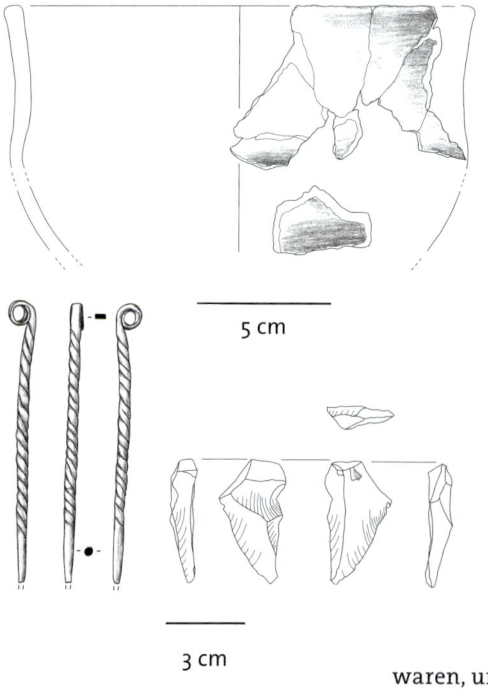

[1] Smoszew, Hügel 15. Keramik, Bronzenadel und Flintabschlag aus dem Grabhügel. ZEICHNUNG Jutta Kneisel, Kiel

Der Fundort Smoszew liegt auf einem Moränenzug zwischen den Flüssen Barycz und Odra am Rande des Glogau-Baruther Urstromtals in einem alten Waldgebiet im südlichen Großpolen an der Grenze zu Schlesien. In den Jahren 2009–2012 wurden Ausgrabungen an einem der Grabhügel und weitere Prospektionen in der Umgebung durchgeführt. Aufgrund eines Lidar-Scans ist bekannt, dass noch über 100 Grabhügel verteilt und in kleineren Gruppen in dieser Region vorhanden sind. Das Gräberfeld Fpl. 1 von Smoszew besteht aus ca. 30 Grabhügeln unterschiedlicher Größe und liegt auf einem kleinen Geländesporn, den zwei Bäche einrahmen. Es handelt sich um eines der wenigen bekannten, außerordentlich gut erhaltenen Grabhügelfelder mittelbronzezeitlicher Zeitstellung in Großpolen (1600–1300 v. Chr.), dessen verschiedene archäologische Untersuchungen u. a. J. Kostrzewski und Z. Pieczyński durchführten. Die Ausgrabungen des vorgenannten Projektes waren auf den anscheinend unberaubten und freistehenden, noch 0,75 m hohen und 15 m durchmessenden Grabhügel Nr. 15 konzentriert. Doch wiesen die Grabungen leider eine nachkriegszeitliche Teilberaubung auf. Trotzdem ließen sich Funde und der Aufbau des Grabhügels dokumentieren. Die zentrale, auf dem ehemaligen Laufhorizont errichtete Grabkammer bestand aus größeren Feldsteinen in annähernd rechteckiger Form (1,23 × 1,15 m). Ein großer verstürzter Stein westlich der Steinpackung (1,00 × 0,60 m) diente vermutlich als Stele. Die Kammer deckten Steine ab, die den Kern des Hügels bildeten, zusammen mit einer lockeren Steinpackung innerhalb der Hügelschüttung. Die eigentliche Schüttung bestand aus gelben Sanden, die von den anstehenden Bodenschichten nur schwer zu trennen waren, und ein Steinkranz aus 2–3 Lagen großer Feldsteine begrenzte sie. Im Westen ließ sich in etwa 2 m Abstand zum inneren Steinkreis ein zweiter äußerer, jedoch nur auf 4 m Länge erhaltener Steinkreis feststellen. Generell erschwerte die große Anzahl natürlicher Felsgesteine die Zuordnung der Steine zum Grabbau. Lediglich ein Findling am Randbereich des östlichen Grabens mit einer Standspur mag evtl. ursprünglich aufrecht im Steinkranz gestanden haben. Ein anderer Findling steckte im Bereich des zweiten Steinkranzes so tief im Boden, dass er eher zufällig in diesen Steinkreis mit einbezogen wurde. Weitere aufgedeckte Pfostenlöcher und Gruben stammen jedoch nicht aus der Zeit der Grablegung. In der östlichen Hälfte störte ein Raubgraben den Steinkranz. An Funden traten Flint-Trümmer und Abschläge und relativ kleine Keramikscherben zutage, vereinzelt auch gebrannter Flint aus dem Hügelrandbereich. Mehrere Fragmente eines Gefäßes lagen außerhalb der Grabkammer in der Nordostecke auf dem Laufhorizont und in der Hügelschüttung. Offensichtlich stand das Gefäß ursprünglich außerhalb des Grabes an der nördlichen Seite. Aus der Grabkammer selbst stammen zwei Abschläge. Eine bronzene Rollenkopfnadel mit tordiertem Schaft lag in der inneren Steinpackung. Entweder war sie durch Wurzel- oder Tiergänge verlagert worden oder beim Bau des Grabes verloren gegangen. Das Gefäß gehört zu keinem eindeutigen Typ, weist aber Parallelen zu späten früh- und mittelbronzezeitlichen Formen auf, während die Nadel eindeutig ans Ende der frühen Bronzezeit und den Beginn der mittleren Bronzezeit datiert. Der Hügel muss daher während dieses zeitlichen Übergangs errichtet worden sein. Damit gehört er zu einer Gruppe Grabhügel, wie sie von anderen Fundplätzen wie Gliśnica und Sadowie bekannt sind, die im südlichen Großpolen direkt nach dem Kollaps der nördlichen Aunjetitzer Gruppen einsetzen, und ans Ende des 17. Jh. bzw. Beginn des 16. Jh. v. Chr. datieren.

LITERATUR

M. Gedl, Kultura przedłużycka. Prace Komisji Archeologicznej 14 (Wrocław 1975).

M. Jaeger, J. Kneisel und J. Czebreszuk (Hrsg.), Transformed Landscape. Middle Bronze Age Barrows in South-Western Poland (im Druck).

M. Jaeger, Kościan Group of Únětice Culture and Fortified settlement in Bruszczewo. Their Role in Micro- and Macro-regional Exchange. In: M. Jaeger, J. Czebreszuk und K. P. Fischl (Hrsg.), Enclose Space – Open Society Contact and exchange in the Context of Bronze Age Fortified Settlement in Central Europa. Studien zur Archäologie in Ostmitteleuropa 9 (Luboń 2012) 167–176.

J. Kostrzewski, Kurhany z II okresu epoki brązowej w okolicy Krotoszyna i Ostrowa. Przegląd Archeologiczny 2, 1922–24, 259–274.

[2] Übersicht über das Hügelgräberfeld auf dem Geländesporn. Kartierung der Hügel nach Kostrzewski 1922–24. PLAN Jutta Kneisel, Kiel

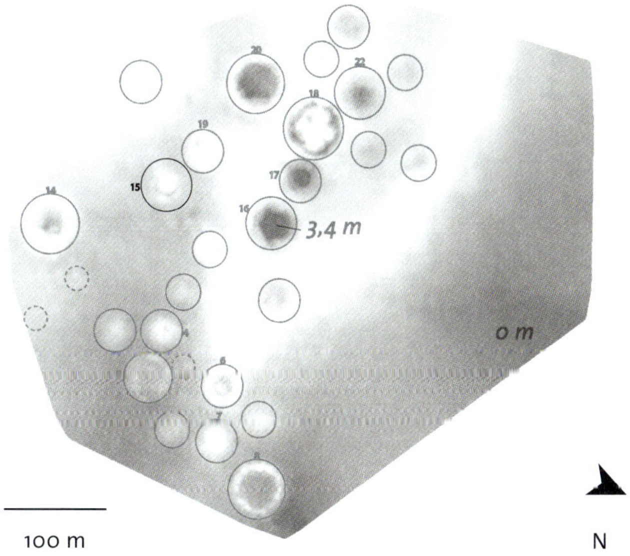

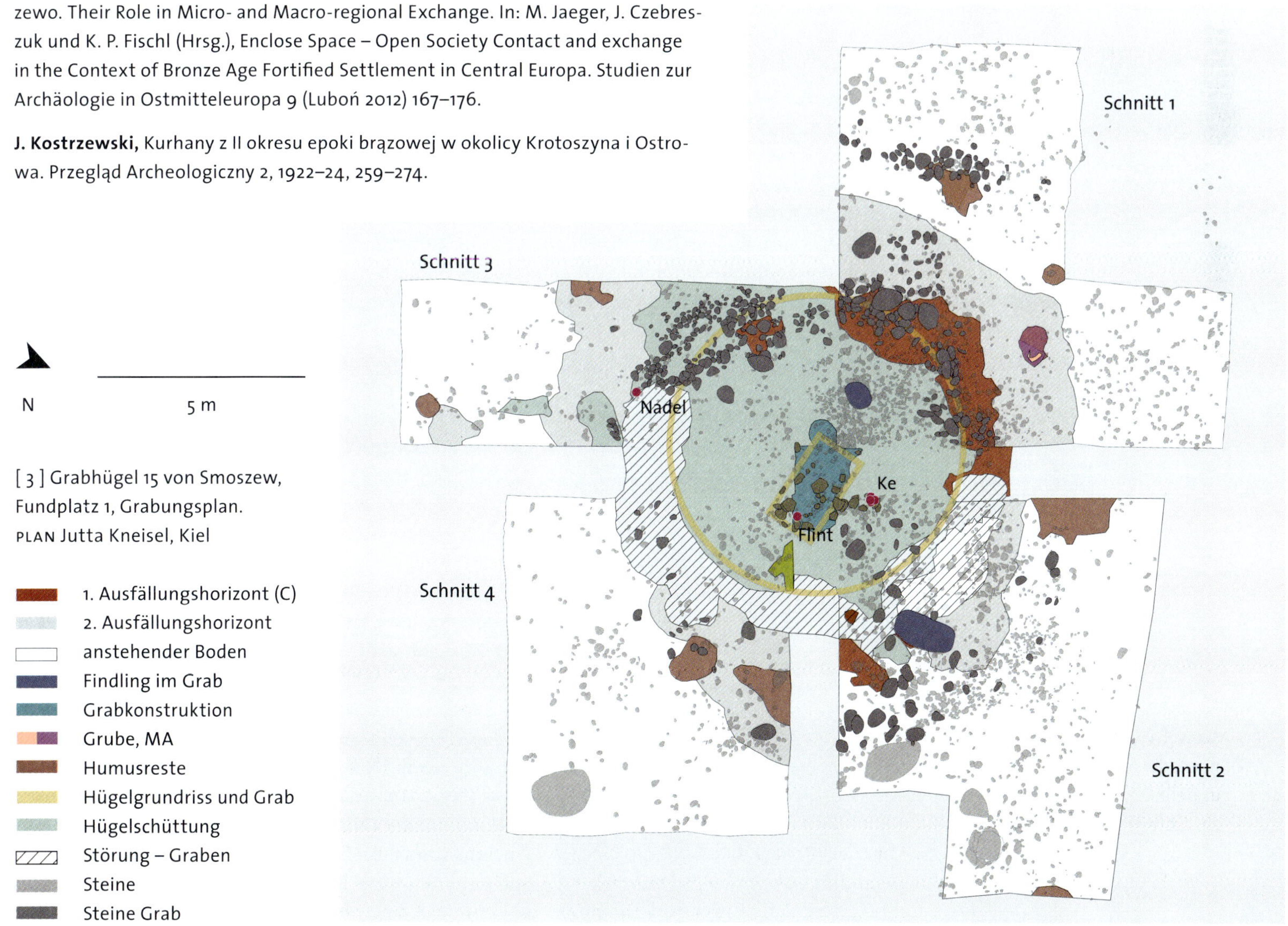

[3] Grabhügel 15 von Smoszew, Fundplatz 1, Grabungsplan. PLAN Jutta Kneisel, Kiel

AUTOR
Walter Dörfler

LAND
Türkei

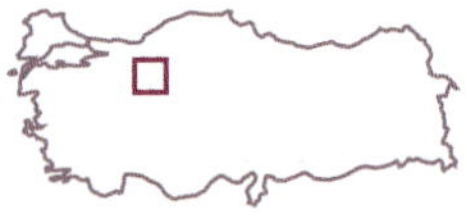

STANDORT
Anatolien

GRABUNGSZEIT
1999–2002

ZEITL. EINORDNUNG
Bronzezeit
1600–1200 v. Chr.

STRUKTUR
Grab
Hafen
Hort
Lager
Opferplatz
Siedlung
Weg
Wehranlage
Wrack
Anderes

FUNDE
Keramik/Gefäße
Hausbestandteile
Kleidung
Knochen
Münzen
Nahrung
Schmuck
Waffen
Werkzeuge
Andere

Umwelt und Wirtschaft der Hethiter

Untersuchungen zu Mensch-Umwelt-Wechselwirkungen in Zentralanatolien führte das Palynologische Labor des Instituts für Ur- und Frühgeschichte an der Christian-Albrechts-Universität zu Kiel gemeinsam mit Dr. Reinder Neef von der Naturwissenschaftlichen Abteilung des Deutschen Archäologischen Instituts durch. Das Projekt mit dem Titel *Umweltgeschichte und Agrarökonomie im Umfeld Hethitischer Städte* finanzierte die Deutsche Forschungsgemeinschaft (DO 482/2).

Anknüpfend an archäologische Ausgrabungen in der hethitischen Hauptstadt Hattusha durch Jürgen Seeher und in Sarissa, dem Sitz eines lokalen hethitischen Herrschers, durch Andreas Müller-Karpe, fanden umfangreiche Pollen-, Holzkohle- und Makrorest-Untersuchungen statt. Im Randbereich der Verbreitung der heutigen Steppe galt es zu klären, welche Ressourcen den Hethitern während der Hochphase ihres Reiches zur Verfügung standen, wie sie ihre Umwelt veränderten und welche Kulturpflanzen die Grundlage für den Unterhalt des Beamtenapparates und einer großen Armee darstellten. Einen Aspekt der Analysen bildete darüber hinaus die Klimasituation im 2. vorchristlichen Jt., da Zentralanatolien in historischer Zeit ein stark durch Dürren bedrohter Raum war.

Aufgrund langjähriger ausgrabungsbegleitender Analysen von verkohlten Früchten und Samen und Holzkohle, durch Pollen- und durch Tierknochenanalysen konnten somit viele Aspekte der bronzezeitlichen Wirtschaft und Umwelt geklärt werden.

Holzkohleanalysen zeigen, dass Brenn- und Baumaterial hauptsächlich aus lokalem Holz bestand. Auch im heute völlig waldfreien Hochtal, in dem Sarissa lag, gab es demnach Baumbestände, die allerdings im Verlauf der hethitischen Besiedlung deutlich reduziert wurden. Pollenanalysen weisen für die Region neben sommergrüner Eiche, Kiefer und Hasel auch Wacholder, Buche, Orientalische Hainbuche und immergrüne Eiche nach. Einzelne Pollenkörner der Walnuss weisen auf die Kultur dieses Fruchtbaumes hin. Der Rückgang an Hasel und sommergrüner Eiche bei gleichzeitigem Anstieg von Störungszeigern ist als anthropogene Landschaftsveränderung zu

[2] Seesedimente aus dem Supitassu Gölü bilden das Archiv für die Landschaftsgeschichte.
FOTOGRAFIE Walter Dörfler, Kiel

[1] LINKS Die friedliche Kernspaltung erfolgt am Tecer Gölü mit einem dünnen Draht, der durch das Sediment gezogen wird.
FOTOGRAFIE Walter Dörfler, Kiel

interpretieren. Hohe Tonanteile im Sediment sprechen für Bodenerosion im Einzugsbereich der Seen, torfige Ablagerungen bzw. Gipsbildungen für Trockenphasen.

Als Hauptgetreide sind Einkorn, Emmer, Hartweizen und Gerste nachgewiesen, die in der Hauptstadt in riesigen Silos lagerten. Damit wurde sichergestellt, dass auch in Dürrezeiten die Versorgung des Staatsapparates gewährleistet war. Daneben gab es Hülsenfrüchte, Ölpflanzen und Wein. Angekeimte Gerste verweist auch auf das Bierbrauen.

Klimatisch gesehen, bildete die Zeit zwischen den 16. und dem 13. vorchristlichen Jahrhundert eine Gunstphase, die die ökonomische und kulturelle Entwicklung des Hethiterreiches ermöglichte. Kürzere Dürrephasen konnten offenbar abgefangen werden, allerdings war das hethitische Abgabensystem wohl sehr unflexibel, was die Landbevölkerung verletzlich machte. Der Niedergang um 1200 BC ist mit einem Klimaeinbruch verbunden, wird aber auch mit dem Einfall der Seevölker in Verbindung gebracht. Nach den Pollenanalysen besteht eine agrarische Wirtschaftsweise in der phrygischen Zeit fort, doch die Bedeutung der Städte als Zentren kultureller Blüte ging verloren.

LITERATUR

W. Dörfler, C. Herking, R. Neef, R. Pasternak und A. von den Driesch, Environment and Economy in Hittite Anatolia. In: H. Genz und D. P. Mielke (Hrsg.) Insights into Hittite History and Archaeology. [Colloquia Antiqua 2] Peeters (Leuven 2011) 99–124.

W. Dörfler, The Bronze Age in the East – The Hittites and Their Environment. In: A. Haug, L. Käppel und J. Müller (Hrsg.) Past Landscapes – The Dynamic of Interaction between Society, Landscape and Culture. Sidestone (Leiden 2018) 291–310.

C. Kuzucuoğlu, W. Dörfler, S. Kunesch und F. Goupille, Mid- to late-Holocene climate change in central Turkey: The Tecer Lake record. The Holocene 21/1, 2011, 173–188.

A. Müller-Karpe, Sarissa - Die Wiederentdeckung einer hethitischen Königsstadt (Darmstadt 2017).

R. Neef, Getreide im Silokomplex an der Poternenmauer (Boğazköy) – Erste Aussagen zur Landwirtschaft. In: J. Seeher, Die Ausgrabungen in Boğazköy-Hattusa. Archäologischer Anzeiger 2001, 335–341.

R. Pasternak, Von der Gefahr, Unkraut zu ernten - Archäobotanische Großrestanalyse am Beispiel des hethiterzeitlichen Fundortes Kusakli. In: ... nicht nur Kraut und Rüben - Archäobotanik im Ruhrgebiet. Verein Archäologische Kulturlandschaft Ruhrgebeit e.V. (Hrsg.). Klartext (Essen 2001) 65–88.

J. Seeher, Hattusa-Boğazköy - Hauptstadt des Reiches. In: Die Hethiter und ihr Reich - Volk der 1000 Götter, Bonn Kunst- und Ausstellungshalle der Bundesrepublik Deutschland (Hrsg.) (Bonn 2002) 156–163.

AUTORIN
Annalena Pfeiffer

LAND
Polen

STANDORT
Łęki Małe

GRABUNGSZEIT
2016–2017

ZEITL. EINORDNUNG
Frühbronzezeit
2200–1800 v. Chr.

STRUKTUR
Grab
Hafen
Hort
Lager
Opferplatz
Siedlung
Weg
Wehranlage
Wrack
Anderes

FUNDE
Keramik/Gefäße
Hausbestandteile
Kleidung
Knochen
Münzen
Nahrung
Schmuck
Waffen
Werkzeuge
Andere

Łęki Małe

Die Grabhügelnekropole am »Fluss der Toten«

In der großpolnischen Region von Kościan entwickelte sich während der Frühbronzezeit eine außergewöhnlich stabile Aunjetitzer Gesellschaft, deren herrschende Schicht sowohl die lokale und regionale Subsistenzwirtschaft als auch den Fernhandel mit zu dieser Zeit wichtigen Austauschgütern wie Bernstein und Metall kontrollierte. Seit Jahren werden in verschiedenen Kooperationsprojekten der Universitäten Kiel und Poznań die befestigte Siedlung von Bruszczewo sowie die gleichzeitig bestehende Grabhügelnekropole von Łęki Małe untersucht.

Das Gräberfeld von Łęki Małe zeichnet sich durch mindestens acht Großgrabhügel aus, die auf einer Anhöhe entlang des Flusses Mogilnica – dem sog. Fluss der Toten – perlschnurartig aufgereiht sind. Zum Inventar der Gräber zählen neben Keramikgefäßen auch Gold- und Bernsteinartefakte sowie zahlreiche Bronzeobjekte, darunter ein Stabdolch, Vollgriffdolche, Halsringe, Ösenkopfnadeln, Randleistenbeile und Meißel. Durch das reiche Bestattungsinventar zählen diese Hügel zu den wichtigsten bronzezeitlichen Gräbern Europas und werden oftmals zusammen mit den gleichfalls reich ausgestatteten mitteldeutschen Aunjetitzer Grabhügeln von Helmstorf, Leubingen und Dieskau genannt.

Neueste Untersuchungen erbrachten mittels ^{14}C-Datierungen Aufschluss über die Abfolge der Grabhügel. Die Ergebnisse überraschten dahingehend, dass, beginnend um 2200 v. Chr., aufeinanderfolgend über 10–15 Generationen neue Großgrabhügel errichtet wurden. Diese wurden zwar allmählich kleiner, nahmen jedoch im Reichtum der Beigaben erheblich zu. Es konstruierte sich demnach eine soziale Geschlechterfolge, wie sie für die mitteldeutschen Grabhügel unbekannt ist. Hier umfasst die Machtdarstellung jeweils einen Großgrabhügel einer Generation mit einer bestatteten Person. Die hohe Bedeutung des Platzes an der Mogilnica kommt auch durch rituelle Tabus in der direkten Umgebung zum Ausdruck. Intensive archäologische Untersuchungen in Form geomagnetischer Prospektionen, Feldbegehungen und Sondagegrabungen zeigten, dass in einem Umfeld von rund 3 km um die Grabhügel herum keine Siedlungs- bzw. andere nicht-rituelle Aktivitäten stattfanden. Es musste sich demnach um einen heiligen Bereich gehandelt haben, der bewusst vom alltäglichen Lebensraum rund um die weiter südlich gelegene Siedlung Bruszczewo abgegrenzt war.

LITERATUR

M. Kowiańska-Piaszykowa, Cmentarzysko kurhanowe z wczesnej epoki brązu w Łękach Małych w Wielkopolsce. The Barrow Burial Ground from the Early Bronze Age in Łęki Małe, Wielkopolska (Greater Poland) Region. Bibliotheca Fontes Archaeologici Posnanienses 12 (Poznań 2008).

J. Müller und J. Czebreszuk, Bruszczewo und Łęki Małe – Ein frühbronzezeitliches Machtzentrum in Großpolen. In: H. Meller und F. Bertemes (Hrsg.), Der Griff nach den Sternen. Wie Europas Eliten zu Macht und Reichtum kamen. Internationales Symposium in Halle (Saale) 16.–21. Februar 2005. Tagungen des Landesmuseums für Vorgeschichte Halle (Saale) 5 (Halle/Saale 2010) 381–396.

J. Müller, J. Kneisel, M. Szmyt, M. Jaeger, H. Raese, A. Bock und J. Czebreszuk, Machtzentren, Austausch und Kollaps – der Osten. Archäologie in Deutschland 4, 2019, 34–37.

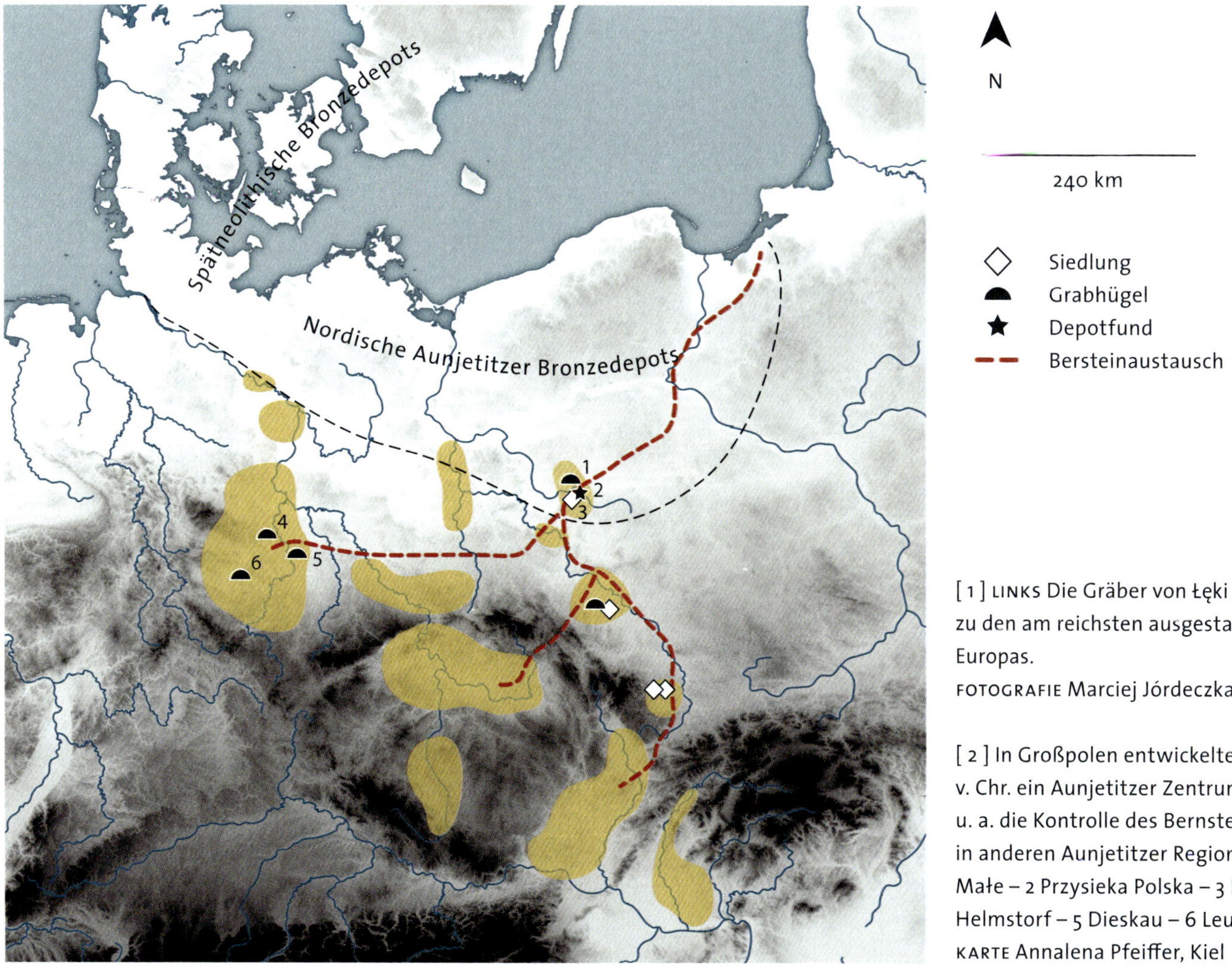

[1] LINKS Die Gräber von Łęki Małe zählen zu den am reichsten ausgestatteten Gräbern Europas.
FOTOGRAFIE Marciej Jórdeczka

[2] In Großpolen entwickelte sich um 2000 v. Chr. ein Aunjetitzer Zentrum, dessen Basis u. a. die Kontrolle des Bernsteinaustausches in anderen Aunjetitzer Regionen war. 1 Łęki Małe – 2 Przysieka Polska – 3 Bruszczewo – 4 Helmstorf – 5 Dieskau – 6 Leubingen.
KARTE Annalena Pfeiffer, Kiel

AUTORIN
Ruth Blankenfeldt

LAND
Dänemark

STANDORT
Hoby/Lolland kommune

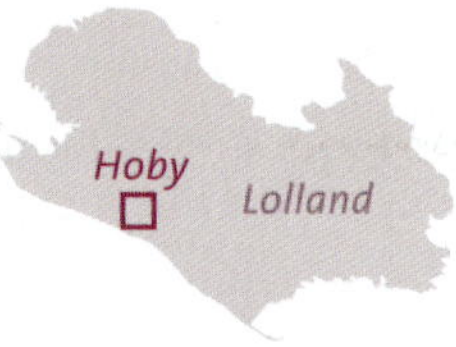

GRABUNGSZEIT
2010–2015

ZEITL. EINORDNUNG
Ende Vorrömische Eisenzeit – beginnende Ältere Römische Kaiserzeit
1. Jh. v. Chr.–1. Jh. n. Chr.

STRUKTUR
Grab
Hafen
Hort
Lager
Opferplatz
Siedlung
Weg
Wehranlage
Wrack
Anderes

FUNDE
Keramik/Gefäße
Hausbestandteile
Kleidung
Knochen
Münzen
Nahrung
Schmuck
Waffen
Werkzeuge
Andere

Der älterkaiserzeitliche Fundplatz von Hoby

Zwei sehr reich ausgestattete Gräber aus dem 1. Jh. v. bzw. 1. Jh. n. Chr. belegen für Hoby auf der dänischen Insel Lolland die Anwesenheit hochrangiger Persönlichkeiten in der Zeit um Christi Geburt. Anscheinend befand sich hier über mehrere Generationen ein Fürstensitz. Laien entdeckten die Bestattungen bereits vor 1900 bzw. im beginnenden 20. Jh.; weitere Gräber sind aus Hoby nicht bekannt.

Zu Beginn der 2000er Jahre erbrachten Beobachtungen von Detektorgängern im Umfeld der beiden Bestattungen Hinweise auf eine Siedlungsfläche, die durch Funde wie Keramikscherben einem vergleichbaren zeitlichen Nutzungshorizont zugeordnet werden konnte. Zwischen 2010 und 2015 unternahmen hier das Nationalmuseum Kopenhagen, eingebunden in das Großprojekt »Førkristne Kultpladser«, und das Museum Lolland Falster mit Beteiligung des Zentrums für Baltische und Skandinavische Archäologie (ZBSA Schleswig) und des Instituts für Geophysik der Christian-Albrechts-Universität zu Kiel (CAU) großflächige Feldforschungen.

[1] Putzen eines Hausbefundes. Die älterkaiserzeitlichen Befunde beginnen dicht unter der heutigen Oberfläche und wären beim modernen Pflügen vermutlich größtenteils zerstört worden.
FOTOGRAFIE © Susanne Klingenberg, Nationalmuseum Kopenhagen

Anhand der Ausgrabungen und durch die digitale Auswertung der Grabungspläne sind über 50 z. T. mehrphasige Hausbefunde sowie unterschiedlich genutzte Siedlungsbereiche nachzuweisen. Neben einem umfangreichen Wegenetz bezeugen ein ausgedehnter Abfallbereich sowie mehrere Brunnen die planvolle Anlage dieser Lebensgemeinschaft.

Die hier angetroffenen Funde und Befunde lassen keinen eindeutigen Hinweis auf einen besonderen Status einiger Personen oder sogar der ganzen Siedlung zu. Insbesondere das Metallfundspektrum stellt sich relativ übersichtlich dar und Funde aus Edelmetallen fehlen gänzlich. Sofern es sich bei den untersuchten Flächen um die ehemaligen Wohnstätten der bestatteten hochgestellten Persönlichkeiten aus den beiden Gräbern von Hoby handelt, ist ein außergewöhnlicher Status aus archäologischer Sicht kaum zu erkennen: Einige auffallend große Hausbefunde, in einem Fall mit einer großräumigen Umzäunung, sind als Gemeinschaftsarbeiten und möglicherweise als Versammlungsorte anzusprechen. Dies gilt ebenfalls für zwei teichähnliche runde Anlagen mit ca. 18 m Durchmesser, deren damalige Funktionen bisher nicht geklärt werden konnten.

Vor der Eindeichung der Insel-Südküste im 19. Jh. befand sich Hoby in der Nähe eines ehemaligen, wahrscheinlich vollständig schiffbaren Fjordarmes. Mit dieser strategisch hervorragenden Lage könnte Hoby eine hervorgehobene Rolle sowohl im kaiserzeitlichen Siedlungsgefüge der Insel als auch im Kontaktnetz mit geografisch weiter entfernten Regionen, wie bspw. der Küste des heutigen Schleswig-Holsteins, gespielt haben.

[2] Beigaben aus dem Grab von Hoby aus dem 1. Jh. n. Chr. Bei den germanischen Beigaben sind besonders zwei massive goldene Fingerringe und insgesamt sieben Fibeln zu nennen, fünf bestehen aus Silber, z. T. mit Goldauflagen.
FOTOGRAFIE © Nationalmuseum Kopenhagen

LITERATUR

R. Blankenfeldt und S. Klingenberg, The Hoby project. In: Arkæologie i Slesvig/Archäologie in Schleswig 2011. Sonderband »Det 61. Internationale Sachsensymposion 2010« Haderslev, Danmark. (Neumünster 2011) 187–198.

K. Friis-Johansen, Hoby-fundet. Nordiske Fortidsminder 2, 1911–1935, 119–165.

S. Klingenberg, Hoby – en stormandsslæt fra tiden omkring Kristi fødsel. Nationalmuseets Arbejdsmark 2006, 101–113.

S. Klingenberg, R. Blankenfeldt, K. Høhling Søsted, A. J. Nielsen und A.-E. Jensen, Hoby – an exceptional Early Roman Iron Age site in the Western Baltic region. Acta Archaeologica 88,1, 2017, 121–137.

AUTORIN
Nina Lau

LAND
Slowakei

STANDORT
Poprad-Matejovce

GRABUNGSZEIT
2006

ZEITL. EINORDNUNG
Frühe Völkerwanderungszeit

STRUKTUR
Grab
Hafen
Hort
Lager
Opferplatz
Siedlung
Weg
Wehranlage
Wrack
Anderes

FUNDE
Keramik/Gefäße
Hausbestandteile
Kleidung
Knochen
Münzen
Nahrung
Schmuck
Waffen
Werkzeuge
Andere

Das Holzkammergrab von Poprad-Matejovce

Forschungen im Zipser Land

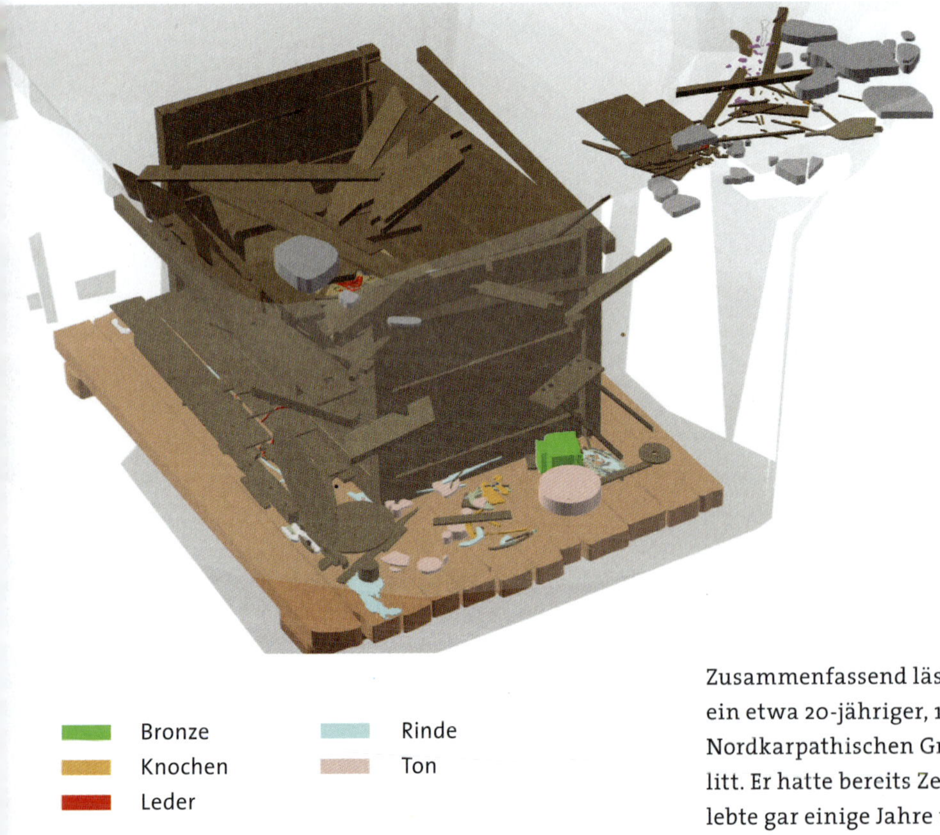

[1] Darstellung des Gesamtbefundes von Poprad-Matejovce ohne Wände und Dach der äußeren Grabkammer in ArcScene. GRAFIK Nina Lau und Karin Göbel, ZBSA, Landesmuseen Schleswig-Holstein, Schloss Gottorf

Die zufällige Entdeckung eines Grabfundes mit hervorragender Erhaltung zweier hölzerner Grabkammern nebst Mobiliar sowie Textilien und Leder im Jahr 2005 in der Nordost-Slowakei war Ausgangspunkt eines mehrjährigen, interdisziplinären Forschungsprojektes, das in einem internationalen Team seit 2012 – die ersten drei Jahre finanziert durch die Deutsche Forschungsgemeinschaft (DFG) – am Zentrum für Baltische und Skandinavische Archäologie (ZBSA) durchgeführt wird. Die digitale Rekonstruktion und Analyse von Grabkammern, Mobiliar und der Ausstattung in GIS und 3D-Software sowie die interdisziplinäre Zusammenarbeit mit verschiedenen naturwissenschaftlichen Analyseverfahren führen in der Zusammenschau zu detailreichen Erkenntnissen zu der bestatteten Person, den zugrundeliegenden Bestattungskonzepten hinsichtlich Ausstattung und Einrichtung des Grabes sowie zu den logistischen und relativchronologischen Abläufen in der Befundgeschichte.

Zusammenfassend lässt sich folgendes Bild entwerfen: Der bestattete Mann war ein etwa 20-jähriger, 172 cm großer, lokal aufgewachsener Angehöriger der sog. Nordkarpathischen Gruppe, der an Hepatitis B sowie einer Rückenerkrankung litt. Er hatte bereits Zeit seines Lebens enge Bezüge zum Römischen Reich oder lebte gar einige Jahre unter direktem römischen Kultureinfluss – hierfür sprechen die Beigabe einer goldenen Jungen-Bulla und eines Mortariums sowie die Ausstattung des Grabes mit zumindest römisch inspiriertem Mobiliar und die Konstruktion der sarkophagähnlichen inneren Grabkammer in Form eines römischen Grabhauses/-tempels. Eine Zeitlang lebte er in einer trockenen, steppenartigen Region und war außergewöhnlich gut ernährt, etwa vergleichbar mit gutsituierten italischen Einwohnern des Römischen Reiches. Nach dem terminus post quem eines goldenen Solidus des Valens sowie naturwissenschaftlichen Datierungen und Pollenanalysen wurde der junge Mann in einem April/Mai der späten 370er Jahre n. Chr. zunächst mit einer hölzernen Transportkonstruktion zu seinem Bestattungsort transportiert und für einen bestimmten Personenkreis in der inneren Grabkammer auf der reich verzierten Totenliege aufgebahrt. Zum Mobiliar gehörten des Weiteren ein rundes einbeiniges Becken sowie ein Schemel. Die Grabausstattung zeigte sich, trotz ihrer Unvollständigkeit aufgrund der späteren Beraubung, von hoher Qualität, so sind viele Beigaben aus Silber gefertigt oder besitzen Goldauflagen. Nach der Bestattung wurde das Dach der inneren Kammer aufgesetzt, die Transportbahre wurde darauf deponiert, und schließlich das gesamte Grab verschlossen. An der nur wenige Jahre später stattfindenden Graböffnung und Beraubung beteiligten sich mindestens drei Personen – wohl ebenfalls Angehörige der Nordkarpathischen Gruppe –, die über das Grab gut informiert und entsprechend vorbereitet waren. Dieser Graböffnung ist es letztendlich zu verdanken, dass Wasser in das gut abgedichtete Grab eindringen konnte und zum Erhalt der Organik beitrug. Eine vierbändige Monografie zu Poprad-Matejovce wird derzeit unter gemeinsamer Herausgeberschaft des ZBSA und des Archäologischen Instituts der Slowakischen Akademie der Wissenschaften in Nitra vorbereitet.

[2] Blick in das Grab während der Ausgrabungen 2006.
FOTOGRAFIE Karol Pieta, Nitra

LITERATUR

T. C. Jones, B. Mühlemann, P. de Barros Damgaard, M. E. Allentoft, I. Shevnina, A. Logvin, E. Usmanova, I. P. Panyushkina, B. Boldgiv, T. Bazartseren, K. Tashbaeva, V. Merz, N. Lau, V. Smrčka, D. Voyakin, E. Kitov, A. Epimakhov, D. Pokutta, M. Vicze, T. D. Price, V. Moiseyev, A. J. Hansen, L. Orlando, S. Rasmussen, M. Sikora, L. Vinner, A. D. M. E. Osterhaus, D. J. Smith, D. Glebe, R. A. M. Fouchier, Chr. Drosten, K.-G. Sjögren, K. Kristiansen und E. Willerslev, Ancient Hepatitis B viruses from the Bronze Age to the Medieval. Nature 557, issue 7705, 2018, 418–423. DOI:10.1038/s41586-018-0097-z

N. Lau, Überlegungen zur gedrechselten Totenliege aus dem frühvölkerwanderungszeitlichen Grab von Poprad-Matejovce. In: B. V. Eriksen, A. Abegg-Wigg, R. Bleile und U. Ickerodt (Hrsg.), Interaktion ohne Grenzen. Beispiele archäologischer Forschungen am Beginn des 21. Jahrhunderts, Band 1 . Festschr. C. von Carnap-Bornheim (Schleswig 2017) 457–466.

N. Lau und K. Pieta, Das Grab von Poprad-Matejovce in der Slowakei – Anlage, Konstruktion und Ausstattung eines frühvölkerwanderungszeitlichen Kammergrabes. In: A. Abegg-Wigg u. N. Lau (Hrsg.). Kammergräber im Barbaricum – Zu Einflüssen und Übergangsphänomenen von der vorrömischen Eisenzeit bis in die Völkerwanderungszeit. Internationale Tagung, Schleswig, 25.–27. November 2010. Schriften des Archäologischen Landesmuseums, Ergänzungsreihe 9 (Neumünster/Hamburg 2014) 343–364.

N. Lau und K. Pieta, Die antike Öffnung des Kammergrabes von Poprad-Matejovce. In: Na Hranicích a Impéria. Extra Fines Imperii. Festschrift J. Tejral (Brno 2017) 255–265.

K. Pieta, Das germanische Fürstengrab aus Poprad-Matejovce. In: U. von Freeden, H. Friesinger und E. Wamers (Hrsg.), Glaube, Kult und Herrschaft. Phänomene des Religiösen im 1. Jahrtausend n. Chr. in Mittel- und Nordeuropa. Akten des 59. Internationalen Sachsensymposions und der Grundprobleme der frühgeschichtlichen Entwicklung im Mitteldonauraum. Kolloquien zur Vor- und Frühgeschichte 12 (Bonn 2009) 107–122.

T. Štolcová, Unique Early Migration Leather Finds from Poprad-Matejovce, Slovakia. Archaeological Leather Group Newsletter 5–8, 2015, 5–8.

T. Štolcová, D. Schaarschmidt und S. Mitschke, Textile finds from a chieftain's Grave. Preliminary report from Poprad-Matejovce, Slovakia. Archaeological Textiles Newsletter 56, 2014, 50–59.

AUTOR
Sven Kalmring

LAND
Schweden

STANDORT
Insel Björkö im Mälarsee

GRABUNGSZEIT
2015/2016

ZEITL. EINORDNUNG
Wikingerzeit
750–975 n. Chr.

STRUKTUR
Grab
Hafen
Hort
Lager
Opferplatz
Siedlung
Weg
Wehranlage
Wrack
Anderes

FUNDE
Keramik/Gefäße
Hausbestandteile
Kleidung
Knochen
Münzen
Nahrung
Schmuck
Waffen
Werkzeuge
Andere

Birka

Ausgrabungen und Prospektionen am wikingerzeitlichen Seehandelsplatz im Mälarsee

[1, 2] Speckstein-Gussform von 1887 (vor Restaurierung) und Drachenkopf einer Gewandnadel aus der Hafengrabung 2016/17. 3D-SCAN Mikael Lundin, Stockholm

Birka im östlichen Mittelschweden zählt neben Haithabu, Ribe und Kaupang zu den wenigen frühurbanen Zentren Skandinaviens. Heute rund 30 km westlich von Stockholm gelegen, entstand die frühe Stadt auf der Insel Björkö im Mälarsee. Aktivitäten auf dem Seehandelsplatz werden im Allgemeinen in die Zeit zwischen ca. 750–975 n. Chr. datiert, doch deutet sich auch ein bereits früherer Horizont aus der jüngeren Vendelzeit (Merowingerzeit) an. In der sog. älteren Birka-Stufe (ca. 750–860 n. Chr.) dominieren Handelskontakte nach Westeuropa, während sich der Fernhandel in der jüngeren Birka-Stufe (ca. 860–975 n. Chr.) östlich in die Rus', nach Byzanz und in die arabische Welt verlagert. Die wenigen historischen Erwähnungen sind mit Ansgar, den Missionierungsbemühungen des Erzbistums Hamburg-Bremen sowie der Gründung der ersten Kirche Skandinaviens in Birka um ca. 830 n. Chr. verbunden. Den Schriftquellen nach, frequentierten Friesen, Dänen, Norweger, Slawen, Samländer und »Skythen« den Handelsplatz, an dem nach dem Chronisten Rimbert »viele reiche Kaufleute [seien] und Überfluss an allen Gütern und Geld im Übermaß«. Nach dem Ende Birkas in der Zeit um 975 n. Chr. verlagerte sich das städtische Leben der späten Wikingerzeit (ca. 975– 1050 n. Chr.) in Mittelschweden in das benachbarte Sigtuna. Neben dem umwallten Siedlungsareal Svarta jorden (Schwarze Erde), der Burg mit der Garnison sowie dem Hafenareal ist Birka in der Forschung vor allem durch seine umfangreichen, gut erhaltenen Gräberfelder bekannt. Bereits Ende des 19. Jh. waren von den schätzungsweise insgesamt 3000 Bestattungen etwa 1100 Gräber untersucht, welche später umfassend publiziert wurden. Heute zählt Birka zu den wichtigsten Denkmalen der schwedischen Archäologie und wurde 1993 – kombiniert mit dem Königshof Hovgården auf der gegenüberliegenden Insel Adelsö – als UNESCO-Weltkulturerbe nominiert.

Das Zentrum für Baltische und Skandinavische Archäologie in Schleswig ist seit 2011 an diversen Forschungsvorhaben der Universität Stockholm in Birka beteiligt. In den Jahren 2015/16 fand eine Nachgrabung im Bereich einer der wenigen, archäologisch näher bekannten Hafenanlagen im ehemaligen, heute verlandeten Hafenbecken der Schwarzen Erde statt.

Die Ausgrabung fokussierte auf den landwärtigen Ansatz einer hölzernen Landebrücke im Anschluss an eine sog., bereits in den Jahren 1970/71 untersuchten Steinkiste auf dem ehemaligen Ufersaum. Hintergrund für die Untersuchung, die u. a. auf die Entnahme dendrochronologischen Probenmaterials für eine nähere Datierung der Anlage abzielte, war ein Vergleich mit den für den Hafen von Haithabu erzielten Ergebnissen. Bei den Untersuchungen 2015/16 wurde u. a. der sog.»Birka-Drache«, der Kopf zu einer Drachenkopf-Gewandnadel, entdeckt, welcher bislang – und bereits seit 1887 – lediglich über seine Gussform bezeugt war. Geophysikalische Prospektionen erfolgten zudem im Jahre 2016 nahe des Hafenbeckens Korshamn. Dieser Hafenbereich liegt außerhalb des Siedlungsareales der Schwarzen Erde hinter Hemlanden, dem größten Gräberfeld der Insel. In Korshamn befindet sich als Solitär ein seit langer Zeit bekanntes Hausplateau, welches Bezüge zu vergleichbaren Anlagen der Vendelzeit aufzeigt und somit noch vor die Entstehung Birkas fallen dürfte. Unweit dieses Hausplateaus konnte auf einer Terrasse ein wikingerzeitliches Langhaus von ca. 73 × 11,5 m Größe mit einem anschließenden eingezäunten Kultareal identifiziert werden. Ähnliche Magnatensitze, die unter noch heidnischen Vorzeichen kontinentale Königspfalzen imitierten, waren bislang nur aus dem südskandinavisch-dänischen Raum geläufig. Im Rahmen von Lehrgrabungen führte die Universität Stockholm in den Jahren 2018/19 Ausgrabungen im Bereich des heute überpflügten Teils des Halbkreiswalles Stadsvallen durch. Neben den Überresten des Walles, der in seiner Konstruktion dem Kograben des Danewerks von ca. 980 n. Chr. ähnelt und Spuren eines Brandereignisses aufwies, ließ sich hier erstmals ein vorgelagerter Wallgraben nachweisen.

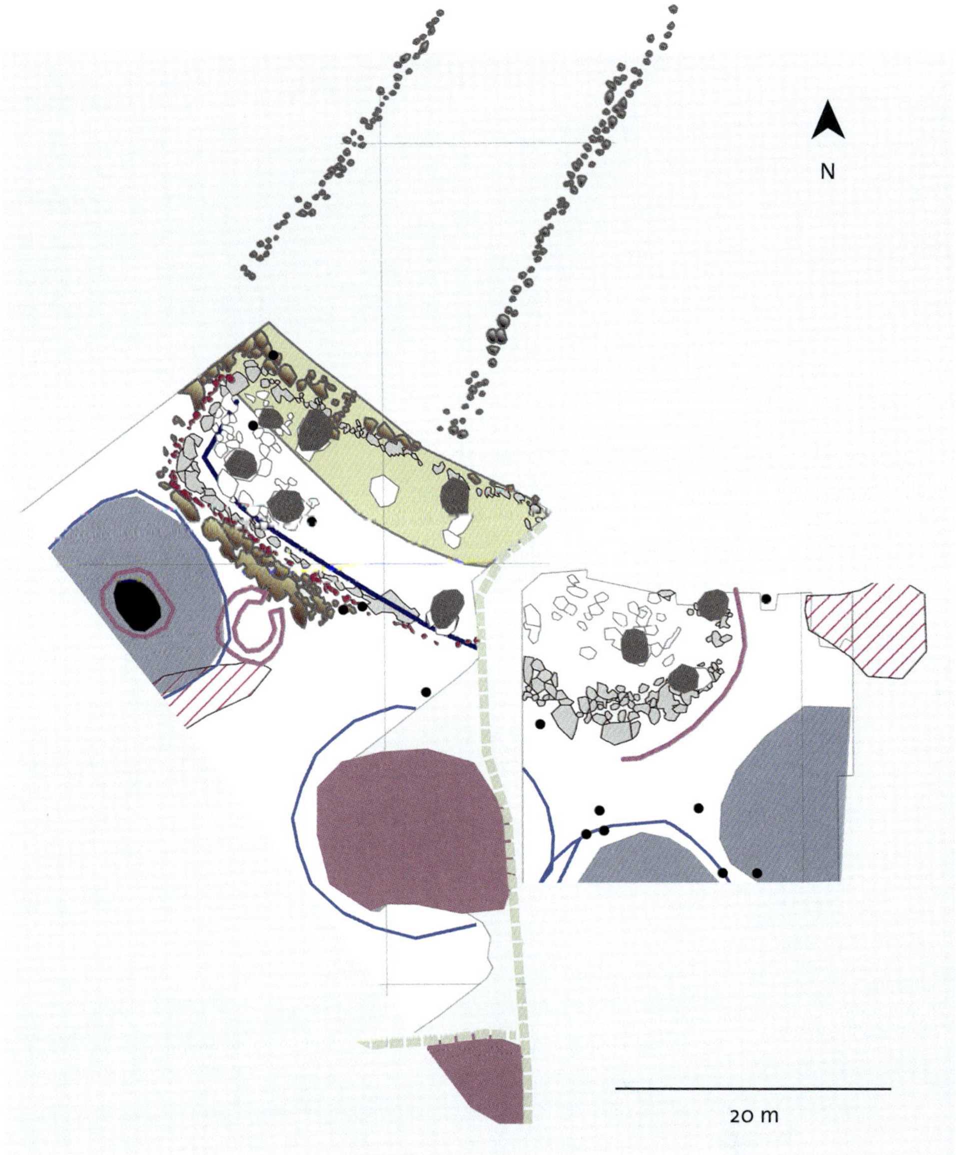

[3] Birka Korshamn. Interpretation des Georadarbefundes: wikingerzeitliche Halle mit rechtwinklig angrenzendem Kultareal, letztere als oberirdische Steinreihe sichtbar. In der unteren Bildhälfte existente (violettrot) und überpflügte Grabhügel (blau-grau) (verändert nach Kalmring u. a. 2017, Abb. 9).

LITERATUR

B. Ambrosiani, B. Arrhenius, K. Danielsson, O. Kyhlberg und G. Werner, Birka. Svarta jordens hamnområde. Arkeologisk undersökning 1970–1971. Riksantikvarieämbetet Rapport C1 1973 (Stockholm 1973).

H. Arbman, Birka I. Die Gräber. Text und Tafeln (Uppsala 1940/43).

S. Kalmring, Der Hafen von Haithabu. Ausgrabungen in Haithabu 14 (Neumünster 2010).

S. Kalmring, J. Runer und A. Viberg, At Home with Herigar: A Magnate's Residence from the Vendel- to Viking Period at Korshamn, Birka (Uppland/S). Archäologisches Korrespondenzblatt 47, 2017, 117–140.

S. Kalmring und L. Holmquist, »The gleaming mane of the serpent«: the Birka dragonhead from Black Earth Harbour. Antiquity 92, 2018, 742–757.

AUTOR	LAND	STANDORT	GRABUNGSZEIT	DETAIL ZUM ORT	FUNDE
Timo Ibsen	**Russland**	**Wiskiauten/Mochovoe**	**2005–2011**	**Grab**	**Keramik/Gefäße**
				Hafen	**Hausbestandteile**
			ZEITL. EINORDNUNG	Hort	Kleidung
			Gräberfeld	Lager	**Knochen**
			9.–11. Jahrhundert	Opferplatz	**Münzen**
			Siedlungen	**Siedlung**	Nahrung
			5.–13. Jahrhundert	Weg	**Schmuck**
				Wehranlage	**Waffen**
				Wrack	**Werkzeuge**
				Anderes	**Andere**

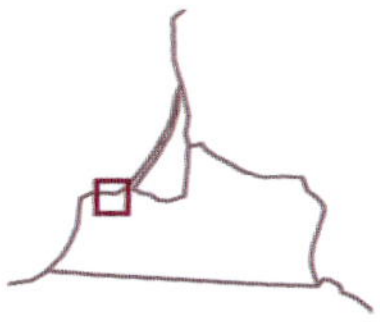

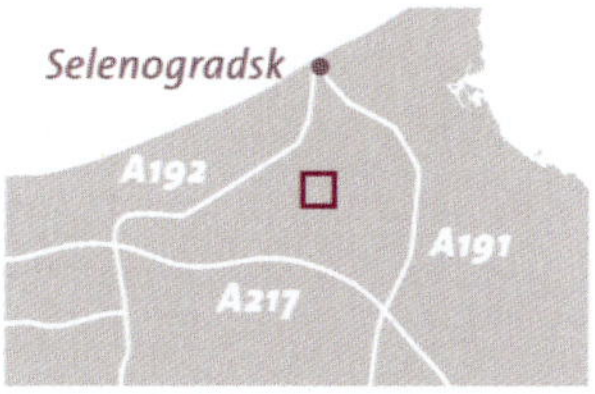

Wiskiauten/Mochovoe

Siedlungsgrabungen im Umfeld des wikingerzeitlichen Hügelgräberfeldes

Wiskiauten (heute Mochovoe) liegt etwa 3 km südlich der Ostsee am südlichen Ende der Kurischen Nehrung in der Nähe der Stadt Selenogradsk (ehemals Cranz) im russischen Oblast Kaliningrad. Berühmtheit erlangte der 1865 von deutschen Archäologen entdeckte Fundort durch die 500 Hügelgräber aus dem 9.–11. Jh., die in einem Wäldchen namens Kaup in der Nähe einer früheren Erweiterung des Kurischen Haffs liegen. Mehr als 300 Grabhügel wurden seit Beginn der Forschungen mit unterschiedlichen Dokumentationsstandards ausgegraben, das Material ist bisher aber nur ansatzweise publiziert und viele der Funde und Ausgrabungsberichte gingen durch die Wirren des Zweiten Weltkriegs verloren oder sind heute nur in Fragmenten im Museum für Vor- und Frühgeschichte Berlin und anderen Institutionen erhalten.

Die bis zu 1,5 m hohen Hügel mit einem Durchmesser von maximal 12 m beherbergen Brand- und Körpergräber von Männern und Frauen, denen in vielen Fällen typisch skandinavische Funde ins Grab beigegeben waren. So fanden sich in Frauengräbern insgesamt 44 Ovalfibeln typisch skandinavischer Machart. Man nimmt daher seit Beginn der Forschungen an, dass sich an dieser Stelle der südlichen Ostseeküste ein skandinavischer Handelsplatz befand, der mit Truso, Haithabu oder Birka vergleichbar sei.

Zwischen 2005 und 2011 erforschte das Zentrum für Baltische und Skandinavische Archäologie (ZBSA, Schleswig) in einem Projekt der Deutschen Forschungsgemeinschaft (DFG) das Umfeld der Nekropole nach Siedlungsspuren, um diese These zu überprüfen, und sondierte zunächst über 150 Hektar Land rings um das Gräberfeld im Zuge geophysikalischer Prospektionen. Viele der in den Messbildern erkannten Anomalien wurden durch Bohrungen überprüft und anschließend in 22 Ausgrabungsschnitten mit einer Gesamtfläche von 2250 Quadratmetern ausgegraben. Dabei fanden sich Grundrisse von Häusern in Pfostenbauweise mit Lehmflechtwerk, Werkstatt- und Abfallgruben, Feuerstellen und andere Hinweise auf eine Siedlungskammer, die seit der Mitte des 1. Jt. n. Chr. bis zur Mitte des 13. Jh. bewohnt war. Die Funde lassen auf vier kleinere, offene Siedlungsbereiche ohne Verteidigungsanlagen schließen, ein für einen Handelsplatz zu erwartendes Zentrum ist nicht erkennbar. Die Zahl der Funde mit eindeutigem Bezug zum Handel wie Gewichte oder Münzen bleibt erstaunlich gering und lässt die bisherige Interpretation als Handelsplatz unsicher erscheinen.

[1] Wiskiauten/Mochovoe, Profil durch einen frühmittelalterlichen Brunnen in Ausgrabungsfläche 22C.
FOTOGRAFIE Timo Ibsen, ZBSA, Landesmuseen Schleswig-Holstein, Schloss Gottorf

Anhand der Ausgrabungen sind drei Hauptnutzungsphasen der Siedlungskammer zu unterscheiden. In der ersten Phase vom 5. bis zur Mitte des 9. Jh. lebten einheimische Siedler an den Ufern zweier kleiner Wasserläufe, die nördlich und östlich des Gräberfelds zum Haff fließen. Die zweite Phase im 9. – 10. Jh. verlief zeitgleich mit der Entstehung der Hügelgräber im Wäldchen Kaup. Ausgrabungen am östlichen Wasserlauf am Ufer eines heute verlandeten Binnengewässers mit Verbindung zum Haff erbrachten Kulturschichten, Häuser und Gruben mit einer Vielzahl von Funden dieser Zeit. Da hier bis auf wenige Einzelstücke aber typisch skandinavische Gegenstände im Siedlungsbereich fehlen, ist nicht sicher von einer Ansiedlung von Skandinaviern auszugehen. Die meisten Funde sind offenbar lokaler Herkunft. Die letzte Phase ab Mitte des 11. Jh. bis zur ersten Hälfte des 13. Jh. mit den im Süden und Norden des Gräberfeldes ausgegrabenen Pfostensetzungen, Abfallgruben und mehreren Brunnen ist anhand typischer Schmuckstücke und Trachtelemente der lokalen prussischen Kultur zuzuordnen.

Wiskiauten war offenbar eine eher untergeordnete Handelssiedlung, in der vom 5.–13. Jh. vorwiegend einheimische Siedler lebten und die im 9.–11. Jh. für etwa 150 bis 200 Jahre von Skandinaviern besucht und teilweise sicher auch bewohnt wurde. Anders ist das in der weiteren Umgebung immer noch einzigartige Gräberfeld mit seinem stark skandinavischen Charakter kaum zu erklären. Sehr wahrscheinlich war es eine der vielen Stationen im überregionalen Handelsnetz, das die Skandinavier um die Ostsee errichteten. Nach Aussage der bisherigen Siedlungsforschungen erreichte Wiskiauten dabei aber nie die Bedeutung anderer großer Handelsplätze. Aktuelle Neufunde der Kaliningrader Archäologen deuten jedoch darauf hin, dass sich das lange gesuchte Handelszentrum in der weiteren Umgebung befindet.

LITERATUR

T. Ibsen, Wiskiauten: a trading site on the southern coast of the Baltic? In: G. Williams, P. Prentz, M. Wemhoff (Hrsg.), Viking [Katalog Ausstellung Kopenhagen/London/Berlin 2013–2014] (London 2014) 72–73.

T. Ibsen, On Prussians and Vikings – New Excavation results from Wiskiauten/Mohovoe. In: N.A. Makarov, A.V. Mastykova, A.N. Khokhlov (Hrsg.), Archaeology of the Baltic (Moscow/St. Petersburg 2013) 241–249.

T. Ibsen, Annäherung an einen Mythos – auf der Spur der Siedlung von Wiskiauten. In: A. Bitner-Wróblewska, U. Lund-Hansen (Hrsg.). Worlds apart? Contacts across the Baltic Sea in the Iron Age (Kopenhagen/Warschau 2010), 527–546.

AUTOR*INNEN
Henny Piezonka
Birte Ahrens
Sampildonov Čuluun
Martin Oczipka

LAND
Mongolei

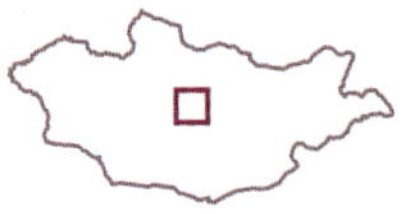

STANDORT
Changaj-Gebirge

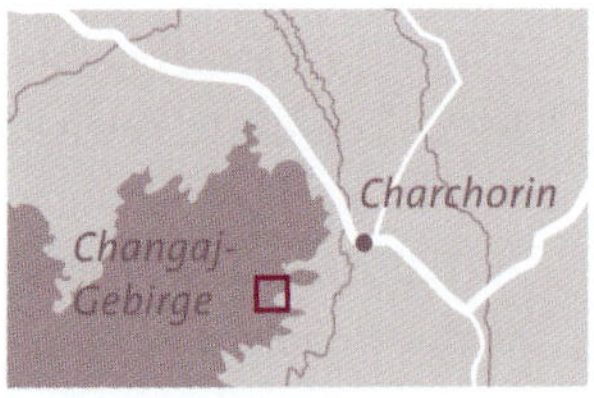

GRABUNGSZEIT
2019

ZEITL. EINORDNUNG
Frühe Neuzeit–Gegenwart
Qing-Dynastie
17.–21. Jahrhundert

STRUKTUR
Grab
Hafen
Hort
Lager
Opferplatz
Siedlung
Weg
Wehranlage
Wrack
Anderes

FUNDE
Keramik/Gefäße
Hausbestandteile
Kleidung
Knochen
Münzen
Nahrung
Schmuck
Waffen
Werkzeuge
Andere

Verlassene Städte der Steppe

Rollen und Wahrnehmung frühneuzeitlicher Siedlungszentren in der nomadischen Mongolei

Die Abwanderung der Menschen vom Land in größere Zentren, aber auch die gewaltsame Zerstörung von Siedlungen und Städten prägen die Weltgeschichte seit Jahrtausenden. So entstehen schrumpfende oder gänzlich verlassene Städte, vergessene Orte in ländlichen Regionen, deren ursprüngliche Bedeutung ganz unterschiedlich fortwirken kann. Auch in der Mongolei, wo noch heute viele Menschen als Nomaden leben, sind solche verlassenen Plätze zu finden. Als frühere Zentren sesshaften Lebens leisten sie einen wichtigen Beitrag zur kulturellen Identität des Landes, den es genauer zu entschlüsseln gilt.

Die Erforschung dieses Spannungsfeldes setzt sich ein deutsch-mongolisches Forschungsprojekt an der Kieler Christian-Albrechts-Universität seit 2019 zum Ziel. Das von der Gerda-Henkel-Stiftung geförderte Projekt vergleicht buddhistische Klostersiedlungen mit vermutlichen Militärlagern mandschurischer Besatzer während der Qing-Dynastie (1616–1911). Dabei geht es um Facetten des urbanen Lebens in der frühneuzeitlichen Mongolei und um die Frage, wie sie das kulturelle Gedächtnis über mehrere Generationen hinweg bis in die heutige Zeit prägen. Das tradierte Hirtennomadentum, die Rezeption chinesischer und tibeto-buddhistischer Einflüsse und die kaum einhundert Jahre zurückliegende Staatsgründung als Volksrepublik bestimmen dieses Feld in der kollektiven Erinnerung.

[1] LINKS Eine Eisenpfeilspitze unter den Grabungsfunden deutet auf eine militärische Nutzung der untersuchten Wallanlage.

[2] RECHTS Ein bronzener Zierknopf aus einer Hausgrube belegt die Anwesenheit hochrangiger Personen am Siedlungsplatz.

[3] RECHTS Projektpartner Martin Oczipka bei der Erstellung einer 3D-Dokumentation einer frühneuzeitlichen Klosteranlage.

[4] UNTEN Ein Team aus mongolischen und deutschen Studierenden und Wissenschaftler*innen geht der Funktion und Datierung der umwallten Anlage im Sommer 2019 mit einem ersten Grabungsschnitt auf den Grund.
ALLE FOTOGRAFIEN Sara Jagiolla, Kiel

In der Mongolei ist die mobile Lebensweise ebenso wesentlicher Bestandteil der kulturellen Identität wie der Bezug zum mongolischen Weltreich unter Dschingis Khan und seinen Nachfolgern im 13. und 14. Jh. Viel weniger sind dagegen die folgenden Jahrhunderte präsent, als die Mongolei unter der Vorherrschaft chinesischer und mandschurischer Dynastien stand. Das Wissen über diese Zeit zu erweitern und ihr Fortwirken bis in die Gegenwart zu untersuchen, steht daher im Zentrum der Untersuchungen. Dazu kommt in einem interdisziplinären Ansatz eine Kombination aus ethnografischer Forschung, archäologischen Ausgrabungen und Verfahren der Fernerkundung zum Einsatz. Um zu untersuchen, wie sich die Geschichte bis heute im Bewusstsein der lokalen Bevölkerung widerspiegelt, werden Interviews mit den Menschen vor Ort geführt. Interdisziplinäre Feldarbeiten sollen neue Erkenntnisse zur Datierung der vermutlichen Militäranlagen, zu den Baustrukturen klösterlicher Plätze und zur Wahrnehmung und Interpretation der Anlagen bei den lokalen Hirtennomaden liefern.

LITERATUR

A. Campi, The Rise of Cities in Nomadic Mongolia. In: O. Bruun, L. Narangoa, Mongols from country to city: floating boundaries, pastoralism and city life in the Mongol lands (Copenhagen 2006) 21–55.

C. Ressel, Zugehörigkeit und lokale Erinnerungspolitik. Eine Analyse zu Fragen des Wandels von Raum- und Zeitkonzepten in der modernen Mongolei (Berlin 2018).

C. Ressel, B. Ahrens, E. Čadraabal, S. Čuluun, J. Ethier, M. Oczipka und H. Piezonka, Auf den Spuren verlassener Städte: Urbane Strukturen aus der Zeit mandschurischer Herrschaft und ihr Weiterwirken in der heutigen Mongolei. Ein Vorbericht. Mongolische Notizen 27, 2020, 56–73.

D. Majdar, Architektura i gradostroiel'stvo Mongolii (Moskva 1971).

M. Sanjdorj, Manchu Chinese Colonial Rule in Northern Mongolia (London 1980).

AUTOR*INNEN
Henny Piezonka
Olga Pošechonova
Vladimir Adaev

LAND
Russische Föderation

STANDORT
Westsibirien

GRABUNGSZEIT
seit 2016

ZEITL. EINORDNUNG
Neuzeit
nördliche Selkupen
17. bis 21. Jahrhundert

STRUKTUR
Grab
Hafen
Hort
Lager
Opferplatz
Siedlung
Weg
Wehranlage
Wrack
Anderes

FUNDE
Keramik/Gefäße
Hausbestandteile
Kleidung
Knochen
Münzen
Nahrung
Schmuck
Waffen
Werkzeuge
Andere

Nomaden der Taiga

Ethnoarchäologie bei mobilen Jäger-Fischern und Rentierhirten in Sibirien

Die Taz-Selkupen leben im Norden Westsibiriens zwischen Ob' und Enissej. Sie sind eine jener indigenen Gruppen, die ihre Lebensweise als nomadische Jäger, Fischer und Rentierhalter in der Taiga bis heute bewahren. Für Wissenschaftler bietet die Zusammenarbeit mit den Selkupen die einzigartige Chance, ethnoarchäologische Forschungen bei Wildbeutern der Waldzone durchzuführen. Besonders ist auch, dass die Selkupen erst im 17. Jh. nach Norden an den Taz-Fluss gewandert sind, während der Großteil der Gruppe im Süden verblieb. So können hier Stadien und Facetten einer solchen Migration und die dadurch ausgelösten Anpassungsprozesse mit der Kombination archäologischer, ethnologischer, linguistischer und naturwissenschaftlicher Methoden aus unterschiedlichen Blickwinkeln erforscht werden.

[1] Der selkupische Rentierhirte, Jäger und Fischer Valeri Irikov beriet die Archäologen bei der Ausgrabung seines Winterzeltes im Sommer 2018.
FOTOGRAFIE Christoph Engel, Berlin

Seit 2016 widmen sich gemeinsame deutsch-russische ethnoarchäologische Feldkampagnen dieser Aufgabe. Teams aus Ethnologen und Archäolog*innen führen Surveys und Ausgrabungen am Taz und seinen Nebenflüssen durch. Sie konnten bereits zahlreiche, bisher unbekannte archäologische Fundplätze sowie aufgelassene und heute noch genutzte Siedlungsplätze und Aktivitätszonen (konische Zelte, Erdhäuser, Rauchhäuser für Rentiere, Fischzäune etc.) dokumentieren und untersuchen. Archäobotanikerinnen und Geowissenschaftler studieren Veränderungen der Vegetation durch menschliche Einflüsse. Gespräche mit den selkupischen Familien geben Einblicke in die Hintergründe von Siedlungs- und Mobilitätsmustern, in die Alltagskultur sowie in die Nutzung und Bedeutung verschiedener materieller Objekte.

[2] Die ethnoarchäologischen Forschungen am Taz umfassen auch Ausgrabungen erst vor Kurzem aufgelassener traditioneller Wohnbauten, wie dieses Winterzelt aus dem Jahr 2001.
FOTOGRAFIE Aleksej Rud', Ekaterinburg

Für mehrere archäologische Fundplätze mit Grubenhäusern, aber auch für rezente Sommer- und Wintersiedlungen selkupischer Familien ließen sich 3D-Geländemodelle und fotogrammetrische Pläne erstellen. Mithilfe eines ehemaligen Bewohners wurde ein Winterhaus aus dem Jahr 1982 archäologisch untersucht. Gespräche mit dem heute noch mobil lebenden Jäger, Fischer und Rentierhalter erbrachten zahlreiche Hinweise zum Baugeschehen, zu Grundriss und Raumnutzung sowie zur Lebens- und Wirtschaftsweise der Bewohner. Sie ergänzen die archäologisch sichtbaren Informationen und liefern wertvolle Zeugnisse für die verschiedenen lebensweltlichen Hintergründe der Entstehung von Mustern materieller Kultur.

[3] Bis heute errichten die selkupischen Nomaden kurzfristige Behausungen wie dieses konische Zelt als saisonale Unterkünfte bei Jagd- und Fischfang.
FOTOGRAFIE Aleksej Rud', Ekaterinburg

LITERATUR

H. Piezonka, O. Poshekhonova, V. Adaev und A. Rud', Migration and its effects on life ways and subsistence strategies of boreal hunter-fishers: Ethnoarchaeological research among the Selkup, Siberia. Quaternary International 541, 2020,189–203.

O. E. Poshekhonova, H. Piezonka und V. N. Adaev, Ethnoarchaeological investigations on the interrelation of mobility, economy and settlement structure at the Northern Sel'kup, Taz region, Western Siberia. In: O. Lozovskaya u. a., Subsistence strategies in the Stone Age, direct and indirect evidence of fishing and gathering. Materials of the international conference dedicated to the 50th anniversary of Vladimir Mikhailovich Lozovski, 15–18 May 2018, Saint-Petersburg (St. Petersburg 2018) 107–109.

AUTORIN
Maria Wunderlich

LAND
Indonesien

STANDORT
Sumba

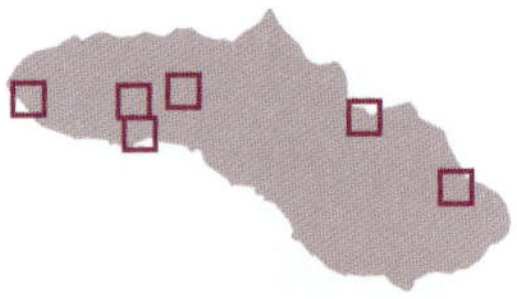

GRABUNGSZEIT
2015

ZEITL. EINORDNUNG
seit dem 19. Jahrhundert

STRUKTUR
Grab
Hafen
Hort
Lager
Opferplatz
Siedlung
Weg
Wehranlage
Wrack
Anderes

FUNDE
Keramik/Gefäße
Hausbestandteile
Kleidung
Knochen
Münzen
Nahrung
Schmuck
Waffen
Werkzeuge
Andere

Das zweite Haus für die Toten

Rezenter Megalithbau auf der Insel Sumba

Die im östlichen Bereich des indonesischen Archipels gelegene Insel Sumba ist aus kulturanthropologischer Sicht schon seit Langem Gegenstand intensiver Forschungen und insbesondere für vielfältige megalithische Bautraditionen bekannt.

2015 fanden ethnoarchäologische Felduntersuchungen durch Mitarbeiter*innen des Instituts für Ur- und Frühgeschichte in Kiel in Kooperation mit Knut Rassmann, Römisch-Germanische Kommission in Frankfurt (RGK) statt, in denen soziale Implikationen der Errichtung von Megalithgräbern untersucht wurden. Die Insel zeichnet sich dabei besonders durch die Vielfältigkeit der dominierenden sozialen und wirtschaftlichen Organisationssysteme sowie der vorherrschenden naturräumlichen Gegebenheiten aus, die in rekursiver Beziehung zu Faktoren wie sozialer Hierarchisierung stehen. Von größtem Interesse ist dabei die Rekonstruktion zweier vollkommen unterschiedlicher Systeme des Megalithbaus, die einen klaren materiellen Abdruck hinterlassen und somit auch für archäologische Fragestellungen prähistorischer Monumentalität sehr interessant sind.

So finden sich im Westen der Insel schwach hierarchisierte Gesellschaften, die ein geringes Maß sozialer Ungleichheit aufweisen. Die Errichtung von Megalithgräbern erfüllt bzw. materialisiert in diesen Kontexten wichtige gesellschaftliche Funktionen, wie die der Kooperation sozialer Bezugsgruppen, der Erhaltung eines kollektiven Gedächtnisses sowie der Darstellung ökonomischer Ungleichheit. Soziale Kohäsion, Solidaritäts- und Abhängigkeitsbeziehungen sowie eine enge Verknüpfung mit Festaktivitäten sind die für den kollektiv ausgeführten Megalithbau ausschlaggebenden Faktoren. Im Osten der Insel finden sich hingegen stark hierarchisierte gesellschaftliche Gruppierungen, die einen direkten restriktiven materiellen Einfluss auf den Megalithbau aufweisen. Die hier vorherrschenden Königtümer beruhten in ihrer Machtausübung auf der Kontrolle zentraler Ressourcen wie Viehbeständen. Die Errichtung von Megalithgräbern steht in diesen Gesellschaften in einem Kontext, der seinen Niederschlag in der exklusiven Errichtung besonderer Grabanlagen für die herrschende Klasse sieht.

Während des Forschungsaufenthaltes 2015 konnten insgesamt 1764 Grabanlagen in 20 Dörfern dokumentiert und durch qualitative, interviewgestützte Daten ergänzt werden. Die Kombination qualitativer und quantitativer Datensätze erlaubt eine weitreichende Modellierung der Handlungs- und Organisationweisen sowie der sozialen Mechanismen, die den Megalithbau auf Sumba beeinflussen und wie diese in einem wechselseitigen Verhältnis zu diesen sich ständig entwickelnden Gemeinschaften stehen.

LITERATUR

R. Adams, Building Workforces for Large Stone Monuments: The Labour Dynamics of a Living Megalithic Tradition in Eastern Indonesia. In: J. Müller, M. Hinz und M. Wunderlich (Hrsg.), Megaliths – Societies – Landscapes. Early Monumentality and Social Differentiation in Neolithic Europ. Proceedings of the international conference »Megaliths – Societies – Landscapes. Early Monumentality and Social Differentiation in Neolithic Europe«. Frühe Monumentalität und soziale Differenzierung 18 (Bonn 2019) 1113–1132.

J. Hoskins, So my name shall live: Stone-dragging and grave-building in Kodi, West Sumba. Bijdragen tot de Taal-, Land- en Volkenkunde 142, 1, 1986, 31–51.

C. Jeunesse, Dualist socio-political systems in South East Asia and the interpretation of late prehistoric European societies. In: S. Kadrow/Müller (Hrsg.), Habitus? The Social Dimension of Technology and Transformation. Scales of Transformation 3 (Leiden 2019) 181–213.

M. Wunderlich, Megalithic monuments and social structures. Comparative studies on recent and Funnel Beaker societies. Scales of Transformation 5 (Leiden 2019).

[1] Ein Megalithgrab der königlichen Familie von Uma Bara, Ostsumba. FOTOGRAFIE Knut Rassmann, Frankfurt a. M.

[2] Megalithische Grabanlagen im Dorf Tarung, Westsumba. Zu sehen ist die traditionelle Art der Hauskonstruktion sowie unterschiedliche Grabtypen und ihre Lage innerhalb des zentralen Bereiches des Dorfes. FOTOGRAFIE Knut Rassmann, Frankfurt a. M.

AUTORIN
Maria Wunderlich

LAND
Indien

STANDORT
Nagaland

GRABUNGSZEIT
2016

ZEITL. EINORDNUNG
seit dem 19. Jahrhundert

STRUKTUR
Grab
Hafen
Hort
Lager
Opferplatz
Siedlung
Weg
Wehranlage
Wrack
Anderes

FUNDE
Keramik/Gefäße
Hausbestandteile
Kleidung
Knochen
Münzen
Nahrung
Schmuck
Waffen
Werkzeuge
Andere

Jeder Stein ein Mensch
Rezenter Megalithbau im nordostindischen Nagaland

In den Berggebieten im äußersten Nordosten Indiens liegt der Bundesstaat Nagaland, in dem 2016 ethnoarchäologische Feldarbeiten durch das Institut für Ur- und Frühgeschichte in Kiel in Kooperation mit der Universität Nagaland sowie der Römisch-Germanischen Kommission in Frankfurt stattfanden. Die Arbeiten, die im Kontext des Schwerpunktprogramms 1400 der Deutschen Forschungsgemeinschaft (DFG) »Frühe Monumentalität und soziale Differenzierung« standen, zielten auf die megalithischen Bautraditionen, die in unterschiedlichen Naga-Gemeinschaften bis ungefähr 1960 einen wichtigen Teil des gesellschaftlichen Lebens darstellten. Dabei fokussierten sich die Arbeiten auf die südlichen Naga-Gruppen, Angami- und Chakhesang-Naga, die durch eine dezentrale soziale und politische Organisation sowie ein hohes Maß individueller Freiheit und durchlässigen, auf individuellen Leistungen basierenden sozialen Hierarchien charakterisiert waren. Obwohl im Zuge der umfassenden Christianisierung der Naga-Gemeinschaften Megalithbau und die mit diesen untrennbar verbundenen Festaktivitäten aufgegeben wurden, existiert nach wie vor eine starke Erinnerung an die Steine und ihre Bedeutung. Im Zuge von Interviews und umfassenden Datenaufnahmen ließen sich spezifische Traditionen dokumentieren, in denen einerseits Errungenschaften einzelner individueller Haushalte im Vordergrund standen, diese jedoch untrennbar mit sozialen Bezugsgruppen und solidarischen Bezugssystemen im Zusammenhang standen.

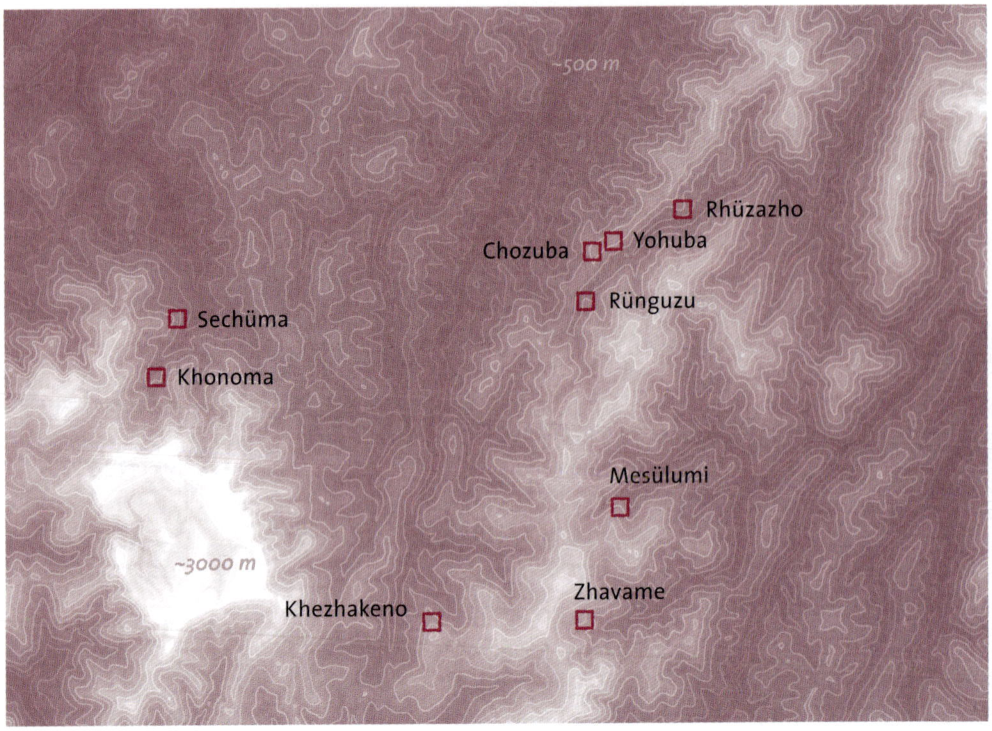

Obwohl in jedem Dorf spezifische Ausprägungen derselben Phänomene, Megalithbau und Festaktivitäten, vorhanden waren, bestand eine geteilte Idee, die sich in den megalithischen Monumenten materialisierte. Im Gegensatz zu Sumba kommen in Nagaland keine Megalithgräber vor, sondern Menhire, die durch Festgeber errichtet wurden, die die sog. Feasts of Merit durchlaufen hatten. Diese institutionalisierten Festaktivitäten beinhalteten eine vielfältige individuelle und gesamtgesellschaftliche Funktion; hierzu zählte die Redistribution von Reichtum, die Pflege von Austauschbeziehungen sowie die Erlangung individuellen Ansehens und Einflusses innerhalb des Dorfgefüges. Erst am Ende dieser Festserie stand die Errichtung eines megalithischen Monumentes. Neben der Erlangung und Materialisierung individuellen Ansehens spielten jedoch auch Faktoren wie Kooperationen zwischen Clans und Verwandtschaftsgruppen sowie die Erinnerung an verstorbene Angehörige eine wichtige Rolle beim Megalithbau. Zuletzt dienten die Monumente auch einer spezifischen Landschaftsgestaltung. So liegen alle Monumente an den Wegen zu den Terrassenfeldern bzw. innerhalb dieser und stellen damit wichtige Wegemarken und Treffpunkte dar, die in ihrer Langlebigkeit Erinnerungen an vormalige Generationen wachhalten.

[2] Megalithische Monumente innerhalb der Terrassenfelder in Khonoma, Nagaland.
FOTOGRAFIE Maria Wunderlich, Kiel

[1] Karte der unterschiedlichen, den Angami- und Chakhesang-Naga zuzuordnenden Dörfer (Quadrate), die im Rahmen der Feldarbeiten 2016 besucht wurden.
KARTE Maria Wunderlich, Kiel

LITERATUR

T. Jamir, Megaliths of Nagaland: Reflections of Material Milieu and Social Values. In: M. Momin und C. A. Mawlong (Hrsg.), Society and Economy in North-East India (New Delhi 2004) 105–117.

V. Joshi, Die Naga: eine Einführung. In: R. Kunz und V. Joshi (Hrsg.), Naga. Eine vergessene Bergregion neu entdeckt (Basel 2008) 36–49.

M. Wunderlich, Megalithic monuments and social structures. Comparative studies on recent and Funnel Beaker societies. Scales of Transformation 5 (Leiden 2019).

VI

Verbundprojekte

Ein wesentliches Kennzeichen der archäologischen Forschung in Schleswig-Holstein sind große Verbundprojekte, in denen die Zusammenarbeit der Archäologie mit Natur- und Lebenswissenschaften eine große Rolle spielt. Ausgehend von der engen Verknüpfung sowohl mit der Geo- als auch der Bioarchäologie in zahlreichen regionalen bis internationalen Feldarbeiten wurden seit 2005 große Projekte genehmigt, die in der archäologischen Forschung die Verbindung von Kultur- und Umweltentwicklung in den Vordergrund rücken. Weiterhin war es möglich, langfristige Projekte zu etablieren, in denen insbesondere auch die Aufarbeitung älterer Archive für die Untersuchungen vorangetrieben wird.

Die Basis der neuen Forschungszentren bilden das interdisziplinär ausgerichtete Institut für Ur- und Frühgeschichte (UFG) an der Christian-Albrechts-Universität zu Kiel (CAU), das Zentrum für Baltische und Skandinavische Archäologie in Schleswig (ZBSA) und die Johanna-Mestorf-Akademie (JMA), die die entsprechenden Forschungen zusammenführt. »TransformationsDimensionen: Mensch-Umwelt Interaktionen in prähistorischen und archaischen Gesellschaften« und »ROOTS – Konnektivität von Gesellschaft, Umwelt und Kultur in vergangenen Welten« sind z. B. die Titel eines Sonderforschungsbereiches (SFB) und eines Exzellenzclusters, mit zzt. jeweils 30–50 primär in der archäologischen Forschung zusätzlichen aktiven Wissenschaftler*innen. Insgesamt wird sowohl in diesen Großprojekten als auch in den Schwerpunktprogrammen, Akademieprojekten und der Graduiertenschule »Human Development in Landscapes« der hohe Grad einer Interdisziplinarität sichtbar, die altertumswissenschaftlicher Forschung immanent ist: die Nutzung kultur-, natur- und auch lebenswissenschaftlicher archäologischer Methodik.

Johannes Müller

AUTOR*INNEN
Wiebke Kirleis
Johannes Müller

VERBUNDBETEILIGTE
9 Institute und Einrichtungen der Christian-Albrechts-Universität Kiel und 2 Forschungseinrichtungen in Schleswig-Holstein

LOGO

LAUFZEIT
2016–2024

WEBSITE
www.sfb1266.uni-kiel.de/de

TransformationsDimensionen
Mensch-Umwelt Wechselwirkungen in Prähistorischen und Archaischen Gesellschaften

Der Sonderforschungsbereich SFB 1266 untersucht mit interdisziplinärem Forschungsansatz Transformationsprozesse prähistorischer und archaischer Epochen. Zwischen 15.000 v. Chr. und dem Beginn unserer Zeitrechnung fanden entscheidende Veränderungen in der Mensch-Umwelt-Interaktion statt, die die Entwicklung spätpleistozäner Wildbeutergesellschaften bis zur Ausbildung früher Staaten beschreiben. In dem von der Deutschen Forschungsgemeinschaft seit 2016 geförderten Verbundprojekt kooperieren rund 60 Forscher*innen aus acht Instituten und der Johanna-Mestorf-Akademie der Christian-Albrechts-Universität zu Kiel sowie vom Zentrum für Baltische und Skandinavische Archäologie und vom Archäologischen Landesmuseum Schloss Gottorf. Neben der archäologischen Forschung (inklusive Bio- und Geoarchäologie) sind insbesondere die Paläoökologie, die Geophysik, aber auch die Philosophie in das Verbundprojekt eingebunden. In der Publikationsreihe »Scales of Transformations in Prehistoric and Archaic Societies" erschienen bisher acht Bände, 192 Artikel in Fachzeitschriften wurden vorgelegt, u. a. auch in einem SFB-Sonderband der Zeitschrift »The Holocene«.

Im genannten Zeitraum fanden entscheidende Veränderungen der Menschheitsgeschichte statt, die die Geschichte vom paläolithischen Basislager bis zur ägäischen Polis prägten. Als Transformation werden Prozesse definiert, die zu substanziellen und dauerhaften Reorganisationen sozio-ökonomischer Interaktionsmuster von Mensch und Umwelt führten. Diese Transformationen sind in zeitlich, räumlich und sozial unterschiedlichen Dimensionen fassbar. Dementsprechend werden hochqualitative archäologische und paläoökologische Archive untersucht, die

[1] Verbundprojekte sind in der Lage, interdisziplinäre Forschungsgrabungen auf internationalem Niveau durchzuführen. Im Bild ist ein Team aus dem Sonderforschungsbereich abgebildet, das in der Ukraine unterschiedliche Fundplätze freilegte.
FOTOGRAFIE Sara Jagiolla, Kiel

Wiebke Kirleis **278**
Johannes Müller
TransformationsDimensionen
Mensch-Umwelt Wechselwirkungen in Prähistorischen und Archaischen Gesellschaften

Johannes Müller **280**
ROOTS
Konnektivität von Gesellschaft, Umwelt und Kultur in vergangenen Welten

Johannes Müller **282**
Monumentalität und soziale Differenzierung im Neolithikum

Claus von Carnap-Bornheim **284**
Wolfgang Rabbel
Häfen von der Römischen Kaiserzeit bis zum Mittelalter

Claus von Carnap-Bornheim **286**
Matthias Wemhoff
Eine Lücke wird geschlossen
Siedlungsforschung im ehemaligen Ostpreußen im Akademieprojekt »Forschungskontinuität – Kontinuitätsforschung«

Johannes Müller **288**
Graduiertenschule »Human Development in Landscapes«

Matthias Maluck **290**
Daniel Zwick
BalticRIM
Maritimes Kulturerbe und Raumordnung in der Ostsee

Johannes Müller **294**
Die Johanna-Mestorf-Akademie
für Umwelt- und Sozialforschung und Landschaftsarchäologie: Interdisziplinarität und Internationalität

AUTOR*INNEN
Wiebke Kirleis
Johannes Müller

VERBUNDBETEILIGTE
9 Institute und Einrichtungen der Christian-Albrechts-Universität Kiel und 2 Forschungseinrichtungen in Schleswig-Holstein

LOGO

LAUFZEIT
2016–2024

WEBSITE
www.sfb1266.uni-kiel.de/de

TransformationsDimensionen
Mensch-Umwelt Wechselwirkungen in Prähistorischen und Archaischen Gesellschaften

Der Sonderforschungsbereich SFB 1266 untersucht mit interdisziplinärem Forschungsansatz Transformationsprozesse prähistorischer und archaischer Epochen. Zwischen 15.000 v. Chr. und dem Beginn unserer Zeitrechnung fanden entscheidende Veränderungen in der Mensch-Umwelt-Interaktion statt, die die Entwicklung spätpleistozäner Wildbeutergesellschaften bis zur Ausbildung früher Staaten beschreiben. In dem von der Deutschen Forschungsgemeinschaft seit 2016 geförderten Verbundprojekt kooperieren rund 60 Forscher*innen aus acht Instituten und der Johanna-Mestorf-Akademie der Christian-Albrechts-Universität zu Kiel sowie vom Zentrum für Baltische und Skandinavische Archäologie und vom Archäologischen Landesmuseum Schloss Gottorf. Neben der archäologischen Forschung (inklusive Bio- und Geoarchäologie) sind insbesondere die Paläoökologie, die Geophysik, aber auch die Philosophie in das Verbundprojekt eingebunden. In der Publikationsreihe »Scales of Transformations in Prehistoric and Archaic Societies" erschienen bisher acht Bände, 192 Artikel in Fachzeitschriften wurden vorgelegt, u. a. auch in einem SFB-Sonderband der Zeitschrift »The Holocene«.

Im genannten Zeitraum fanden entscheidende Veränderungen der Menschheitsgeschichte statt, die die Geschichte vom paläolithischen Basislager bis zur ägäischen Polis prägten. Als Transformation werden Prozesse definiert, die zu substanziellen und dauerhaften Reorganisationen sozio-ökonomischer Interaktionsmuster von Mensch und Umwelt führten. Diese Transformationen sind in zeitlich, räumlich und sozial unterschiedlichen Dimensionen fassbar. Dementsprechend werden hochqualitative archäologische und paläoökologische Archive untersucht, die

[1] Verbundprojekte sind in der Lage, interdisziplinäre Forschungsgrabungen auf internationalem Niveau durchzuführen. Im Bild ist ein Team aus dem Sonderforschungsbereich abgebildet, das in der Ukraine unterschiedliche Fundplätze freilegte.
FOTOGRAFIE Sara Jagiolla, Kiel

sich in unterschiedlichen Landschaften unter verschiedenen sozialen Konstellationen finden, zwischen Mittelmeer und Arktis und vom paläolithischen Basislager zur ägäischen Polis. Um die sozial-ökologische Dimension von Transformationen zu erfassen, werden Kombinationen aus archäologischen und paläoökologischen Methoden angewendet und stetig weiterentwickelt.

Erste Ergebnisse der interdisziplinären Untersuchungen an archäologischen, paläoökologischen und paläogenetischen Archiven decken eine weite Bandbreite menschlichen Verhaltens auf, das mit gesellschaftlichem Wandel einhergeht. Es sind verschiedene Faktoren, die in der Vergangenheit die Dynamik zwischen der sozial-kulturellen und naturräumlichen Wechselwirkung auf unterschiedlichen Ebenen nachhaltig veränderten. So konnten Anpassungsstrategien als Reaktion auf veränderte äußere

[2] Die jahresgeschichteten Seesedimente verschiedener norddeutscher Seen stellen ein unschätzbares Archiv dar, um wirtschaftliche und Umweltentwicklungen vergangener Zeiten zu rekonstruieren. Die Auswertung erfordert die Beteiligung unterschiedlicher Wissenschaftszweige, was oft nur in Verbundprojekten möglich ist.
FOTOGRAFIE Walter Dörfler, Kiel

Bedingungen identifiziert werden, wenn spätpaläolithische mobile Gruppen der Ahrensburger Kultur mit ihren Lagerplätzen den Routen ihres Hauptjagdwildes, den Rentieren, folgen und damit unmittelbar auf die Klimaerwärmung reagieren. Für den Zusammenbruch komplexer, in Großsiedlungen lebender Bauerngemeinschaften der Tripolje-Kultur in der heutigen Ukraine ist hingegen eine veränderte Organisations- und Kommunikationsstruktur maßgeblich. Sobald die Bevölkerung von Entscheidungsprozessen abgekoppelt wird und hierarchische, zentralisierte Organisationsstrukturen eingeführt sind, bricht die bis zu 150 Jahre bestehende Siedlungskontinuität ab.

Der im SFB 1266 ausgeführte Rückblick auf einen maßgeblichen Abschnitt der Menschheitsgeschichte zeigt, dass Transformationen nur multifaktoriell zu erklären sind; Parameter, die mit sehr unterschiedlicher Gewichtung als Auslöser für gesellschaftlichen Wandel identifiziert werden können. Entsprechende Untersuchungen konzentrieren sich auf einen Transsekt von Südskandinavien bis in die Ägäis bzw. den Schwarzmeerraum.

Für Schleswig-Holstein waren bisher vor allem Ergebnisse zum Mesolithikum, zum Neolithikum und zur Bronzezeit zu erlangen. So legten neue Untersuchungen am Duvensee die vielfältige Adaption einer sich verändernden Landschaft im Mesolithikum dar. Trotzdem wurde deutlich, dass die wildbeuterischen mesolithischen Gruppen wesentlich weniger auf Klimaveränderungen reagierten, als ursprünglich angenommen. Für das Neolithikum kamen zwei Wachstumsphasen monumentaler Bauaktivitäten in Betracht. Im Zentrum des Interesses standen insbesondere Phänomene am Übergang zur Schnurkeramik, die mit einem Wandel von einer kooperativen zu einer individuell statusorientierten Gesellschaft um 2900 v. Chr. auf eine extrem krisenhafte Situation folgte, in der nachlassender menschlicher Einfluss auf die Umwelt durch eine Wiederbewaldung erkennbar ist. Für die Bronzezeit können Veränderungsprozesse um 1500 v. Chr. und um 1100 v. Chr. gegenüber solchen in den südlicheren Regionen als verspätet bezeichnet werden.

LITERATUR

K. Fuchs, W. Kirleis und J. Müller (Hrsg.), Scales of Transformation: Human-Environmental interaction in Prehistoric and Archaic Societies. The Holocene, 29,10, 2019 (Special Issue).

AUTOR
Johannes Müller

VERBUNDBETEILIGTE
13 Institute der Christian-Albrechts-Universität zu Kiel und vier internationale Forschungseinrichtungen

LOGO
ROOTS cluster of excellence

LAUFZEIT
2019–2025

WEBSITE
www.cluster-roots.uni-kiel.de/en

ROOTS
Konnektivität von Gesellschaft, Umwelt und Kultur in vergangenen Welten

Im Rahmen der dritten Runde der Exzellenzinitiative für die Universitäten in Deutschland war Schleswig-Holstein mit dem Kieler Exzellenzcluster »ROOTS« erfolgreich, sodass dieses Verbundprojekt 2019 mit seiner Arbeit beginnen konnte. Insgesamt arbeiten in diesem primär archäologisch-paläoökologischen Projekt neben Archäologie und Ökologie auch Geschichtswissenschaften, die historische Linguistik und Lebenswissenschaften sowie die Philosophie mit. Das Forschungscluster wird u. a. von der Zusammenarbeit mit dem Zentrum für Baltische und Skandinavische Archäologie in Schleswig und dem Leibniz-Institut für die Pädagogik der Naturwissenschaften getragen.

[1] Oft unter erschwerten Bedingungen werden kreative Lösungen gefunden. Im Bild die Schlemmeinrichtung der Archäobotanik, betrieben von Wiebke Kirleis und Svetlana Ibens auf einer Ausgrabung in der Republik Moldau. FOTOGRAFIE Sara Jagiolla, Kiel

Ziel des Exzellenzclusters »ROOTS« ist es, in einem konzeptionell breiten und interdisziplinär angelegten Rahmen die Wurzeln sozialer, umweltbedingter und kultureller Phänomene und Prozesse zu erforschen, die die menschliche Entwicklung nachhaltig prägen. Archäologische und historische »Laboratorien« werden unter der Annahme untersucht, dass Prozesse vergangener Gesellschaften sich tiefgreifend durch soziale sowie umweltrelevante »Konnektivitäten« formten und strukturell mit rezenten Entwicklungen vergleichbar sind. Ein besseres Verständnis der dynamischen Umwelt-Gesellschafts-Beziehungen vergangener Zeiten erschließen auch die ›Wurzeln‹ gegenwärtiger Herausforderungen und Krisen unter verschiedenen ökonomischen, ökologischen und sozialen Bedingungen neu.

Gegenwärtig sind Gesellschaft und Umwelt durch Ereignisse, Prozesse und Strukturen bestimmt, die essenzielle Fragen aufwerfen: Zu unserer Rolle in einem globalen System, zum Umgang mit sozialen Entwicklungen, mit

[2] Verbundprojekte ermöglichen eine Internationalisierung der Ausbildung an der Universität und der Archäologie Norddeutschlands. Im Bild zwei damalige Student*innen auf einer Ausgrabung in der Mongolei.
FOTOGRAFIE Sara Jagioalla, Kiel

[3] Ein beliebtes Mittel der Kommunikation innerhalb von Verbundprojekten sind Posterpräsentationen, wie sie z. B. hier von Doktorand*innen vorbereitet wurden.
FOTOGRAFIE Sara Jagiolla, Kiel

Konfliktpotenzialen, mit dem Klima- und Umweltwandel, mit zunehmender Verstädterung, aber auch zur Bedeutung von Konsistenz und Mobilität für Identitätsprozesse. Entsprechend bilden sechs Themenfelder Schwerpunkte der Untersuchungen: (1) Umweltgefahren und ihre Auswirkungen; (2) Ernährung im Wandel; (3) Wissensproduktion, Technologie und Innovation; (4) Städtische Räume; (5) Soziale Ungleichheit; (6) Konflikt und Schlichtung. Als integrierende theoretische Querstruktur ist ein »Reflective Turn« eingeführt.

Neue Professuren bilden integrative und innovative Forschungsschwerpunkte: Geoarchäologie, antike Wissenskulturen, urbane Archäologie, Sozialarchäologie, historisch-linguistische Studien und archäologische Gesellschafts-Umwelt-Modellierung. Sie werden die breite interdisziplinäre Expertise der Antragsteller*innen ergänzen und neue Brücken für die skizzierten Forschungsbereiche und die Kieler Universität bilden, die im Forschungsschwerpunkt »Socio-Environmental Cultural Change – SECC« gebündelt sind. Die »ROOTS Young Academy« intensiviert die Forschungsaktivitäten, die Kommunikation im Cluster und die Kooperation mit internationalen Partnern weiter. Sie bietet jungen Wissenschaftler*innen eine attraktive Austauschplattform, in der eigenständige und innovative Forschungsprofile über disziplinäre Barrieren hinweg entwickelbar sind. Darüber hinaus wurden neue Funktionsstellen für physische Anthropologie, Dendroarchäologie, Theorien menschlichen Verhaltens und integrierte archäologische Prospektions- und Ausgrabungsmethodik eingeführt. Neue »Laboratorien« stärken empirische und theoretische Forschungsverbindungen. Bestehende Forschungsplattformen werden infrastrukturell erweitert und weitere Expertisen integriert, um die Realisierung innovativer Forschungsideen zu unterstützen. Das skizzierte Cluster baut auf langjähriger Erfahrung der forschungsorientierten Graduiertenschule »Menschliche Entwicklung in Landschaften« auf und wird Kiel weiter zu einem führenden Ort der Gesellschafts-Umwelt-Forschung vergangener Gesellschaften entwickeln. In den zahlreichen Projekten innerhalb des Exzellenzclusters haben für Schleswig-Holstein u. a. bereits die Evaluation der Grabhügeldimensionen in einer Globalstudie, weitere Erforschungen der archäologischen Hinterlassenschaften des Wattenmeeres und eine Intensivierung der Untersuchung bronzezeitlicher Austauschsysteme begonnen.

AUTOR
Johannes Müller

VERBUNDBETEILIGTE
12 Universitätsinstitute in Deutschland und England
6 deutsche Forschungseinrichtungen
4 Denkmalpflegeämter in Deutschland

LOGO

LAUFZEIT
2009–2020

WEBSITE
www.monument.ufg.uni-kiel.de

Monumentalität und soziale Differenzierung im Neolithikum

Innerhalb Deutschlands wurde mit dem Schwerpunktprogramm SPP 1400 »Frühe Monumentalität und soziale Differenzierung. Zur Entstehung und Entwicklung neolithischer Großbauten und erster komplexer Gesellschaften im nördlichen Mitteleuropa« ein großer Forschungsverbund von Kiel aus koordiniert und mit zahlreichen Einzelprojekten betrieben. Zwischen 2009–2016 arbeiteten insgesamt 22 Universitätsinstitute, Forschungseinrichtungen und archäologische Landesdenkmalämter zusammen. In 16 Teilprojekten untersuchten sie das Neolithikum in der nordeuropäischen Tiefebene im Hinblick auf eine komplexe Fragestellung: Wie verhalten sich die frühen Monumentalbauten zur Entwicklung der sozialen Verhältnisse? Zzt. bereitet die Kieler Koordination die letzten Publikationen vor. Bisher erschienen 181 Fachpublikationen. In der eigenen Buchreihe »Frühe Monumentalität und Soziale Differenzierung« wurden bisher 18 Bände, u. a. auch substanzielle Dissertationen von Projektmitarbeiter*innen, vorgelegt.

Grundfragen des Projektes: Von prägender Bedeutung für die Entwicklung der europäischen Geschichte und Landschaft waren Prozesse, die sich im 5. und 4. vorchristlichen Jahrtausend in zahlreichen europäischen Regionen ereigneten: Neolithische Gesellschaften begannen, oberirdische Monumente zu errichten und mit großen Grabenwerken ihre zentralen Orte zu kennzeichnen. Entsprechende Entwicklungen sind auf soziale Differenzierungsprozesse zurückzuführen, resultierend aus veränderten Wirtschaftsweisen, neuen Austauschsystemen und rituellen Vorstellungen. Das Schwerpunktprogramm diente dazu, entsprechende Entwicklungen im nordmitteleuropäischen Raum erstmals systematisch mit interdisziplinärer Methodik auf unterschiedlichen räumlichen Maßstabsebenen zu entschlüsseln. Eine interdisziplinäre Arbeitsweise war Grundbedingung für die Identifikation genannter Schwerpunkte: Die gezielte Erschließung neuen archäologischen Quellenmaterials in Verbindung mit der Anwendung eines Methodenkanons aus sowohl Kultur- und Sozialwissenschaften als auch Geo-, Bio- und Materialwissenschaften bildete die Basis für die historischen Interpretationen.

Paläoklimatolog*innen gingen der Frage nach, ob eine Wetterverschlechterung zur Einführung einer neuen Wirtschaftsweise, dem Ackerbau, führte. Archäobotaniker*innen rekonstruierten mittels Pollenanalysen und botanischen Großrestanalysen die Umweltentwicklung sowie die sich unter zunehmendem menschlichen Einfluss verändernden ökologischen Grundbedingungen, dazu die Wirtschaftsweise, die den Bau früher Monumente ab 3800 v. Chr. ermöglichte. Archäolog*innen untersuchten, ob im Raum Albersdorf rituelle Grabenwerke als Versammlungsplätze am Beginn einer Entwicklung von Monumentalanlagen standen. In Büdelsdorf wurde untersucht, ob sich die rituelle und profane Okkupation eines wichtigen Platzes »abwechseln«. In Niedersachsen wurde die Tradition des frühen Hausbaus mit der Entwicklung der Megalithgräber der Trichterbecher-Westgruppe verknüpft. Galeriegräber standen im Fokus der Untersuchungen in Westfalen. In Mitteldeutschland untersuchten Archäolog*innen, ob regelrechte Befestigungen Dörfer schützten und von anderen abgrenzten. In der Altmark ging es um die Frage, ob bereits um 3500 v. Chr. ein »Friedwald« existierte, der aus der Bewirtschaftung genommen worden war. In Indonesien und Indien wurde an rezenten Beispielen gezeigt, wie noch heute Megalithgräber errichtet werden. Im Oldenburger Graben wurde ein ähnliches Verhältnis zwischen einfachen Siedlungen und aufwendigen Gräbern festgestellt, wie es 5500 Jahre später auch in genannten rezenten Gesellschaften zu beobachten ist. Ein weiteres Unterprojekt analysierte, inwieweit schließlich die zunehmende Ungleichheit zum Niedergang der gesellschaftlichen Institutionen und damit um 3100 v. Chr. auch zum Ende des Baus von Megalithgräbern führte.

Aus dem Schwerpunktprogramm sind für Schleswig-Holstein insbesondere verschiedene neue Ergebnisse für das Neolithikum anzuführen. »Umweltrelevant« führten offensichtlich 40 »schlechte« Jahre, 4050–4010 v. Chr., in denen aufgrund kalter Winter, Spätfrostereignissen und somit kurzen Vegetationsperioden sowohl wildbeuterische als auch auf Bodenbau spezialisierte Wirtschaftsweisen vor erhebliche Probleme gestellt wurden, zu einer Bedeutungszunahme des einfachen Bodenbaus und vor allem der Viehhaltung. Die Witterungsverschlechterung belegen sedimentologische Analysen an laminierten Seesedimenten, z. B. vom Belauer See. Ab 3800 v. Chr. sind als erste oberirdische Monumente nicht-megalithische Langhügel, aber auch Grabenwerke nachzuweisen. Insbesondere in Büdelsdorf war es möglich, über die Aufarbeitung der Altgrabungen und eine neue Grabung die jahrhundertelange Geschichte der Siedlungskammer in Verbindung mit dem Megalithgräberfeld Borgstedt aufzudecken. Signifikant für die Verzahnung ökonomischer und ritueller Aktivitäten steht z. B. die Rekonstruktion einer Feuerstelle am Eingang zum fünf Hektar großen Grabenwerk: Hier wurde Getreide verbrannt. In Ostholstein gelang es, die dichte Besiedlung an der ehemaligen Förde im Oldenburger Graben zu entschlüsseln. Für die Inselsiedlung in Oldenburg-Dannau (LA 77) ließen sich sowohl das Grab der Dorfgründerin (3350 v. Chr.) aufdecken, als auch die Zerstörung von Brunnen und Häusern im 31. Jh. v. Chr. nachweisen. Für das Dorf waren die gezielte Düngung wertgeschätzter Getreide, die Nutzung von Schlafmohn, aber auch die lokale Viehhaltung von Rind, Schaf/Ziege und Schwein in den Freiflächen und an den Ufern zu belegen. Die im Dorf sichtbaren Veränderungen spiegeln sich auch in einem Megalithgrab bei Wangels wider, in dem ebenfalls im 31. Jh. v. Chr. die Aufgabe der kollektiven Bestattungsweise und die Einführung individueller Grablegungen begann.

[1] Auch wenn viele Verbundprojekte auf internationalem Niveau arbeiten, gehört oft die reiche Fund- und Kulturlandschaft Schleswig-Holsteins zu einer wichtigen Quelle, um Forschungsfragen zu beantworten. Im Bild die Ausgrabung des Großsteingrabes Wangels im Rahmen des Schwerpunktprogrammes.
FOTOGRAFIE Sara Jagiolla, Kiel

LITERATUR

M. Hinz und J. Müller (Hrsg.), Siedlung, Grabenwerk, Großsteingrab. Studien zu Gesellschaft, Wirtschaft und Umwelt der Trichterbechergruppen im nördlichen Mitteleuropa. Frühe Monumentalität und soziale Differenzierung 2 (Bonn 2012).

J. Müller, Monumente und Gesellschaft. Ein neues Schwerpunktprogramm zu neolithischen Großsteinanlagen. ANSH 15, 2009, 30–33.

J. Müller, M. Hinz und M. Wunderlich (Hrsg.), Megaliths – Societies – Landscapes. Early Monumentality and Social Differentiation in Neolithic Europe (Bonn 2019).

AUTOREN
Claus von Carnap-Bornheim
Wolfgang Rabbel

VERBUNDBETEILIGTE
33 Institute und Forschungseinrichtungen in Deutschland, Griechenland, Österreich und den Vereinigten Staaten von Amerika

LOGO

LAUFZEIT
2012–2018

WEBSITE
spp-haefen.de

Häfen von der Römischen Kaiserzeit bis zum Mittelalter

Das Schwerpunktprogramm 1630 »Häfen von der römischen Kaiserzeit bis zum Mittelalter – Zur Archäologie und Geschichte regionaler und überregionaler Verkehrssysteme« der Deutschen Forschungsgemeinschaft wird von Schleswig aus koordiniert. Im Rahmen des Schwerpunktprogramms (SPP) beteiligten sich insbesondere zwischen 2012–2017 rund 60 Wissenschaftler*innen in 18 Einzelprojekten an der interdisziplinären Erforschung des Phänomens Hafen. Ergänzend dazu sorgte ein weiteres Projekt für die Koordination sowie die »Datenzusammenführung« zur Sicherstellung aller Projektdaten. An dem 2017 abgeschlossenen SPP waren interdisziplinär Mittelalterliche Geschichte, Physische Geografie, Geoarchäologie, Ozeanografie, Nordische Philologie, Vor- und Frühgeschichte, Provinzialrömische Archäologie, Angewandte Geophysik, Bauforschung, Byzantinistik, Klassische Archäologie und Alte Geschichte beteiligt. Neben zahlreichen Fachpublikationen erscheinen insbesondere in der projekteigenen Reihe »Interdisziplinäre Forschungen zu den Häfen von der Römischen Kaiserzeit bis zum Mittelalter in Europa« Monografien und Sammelbände.

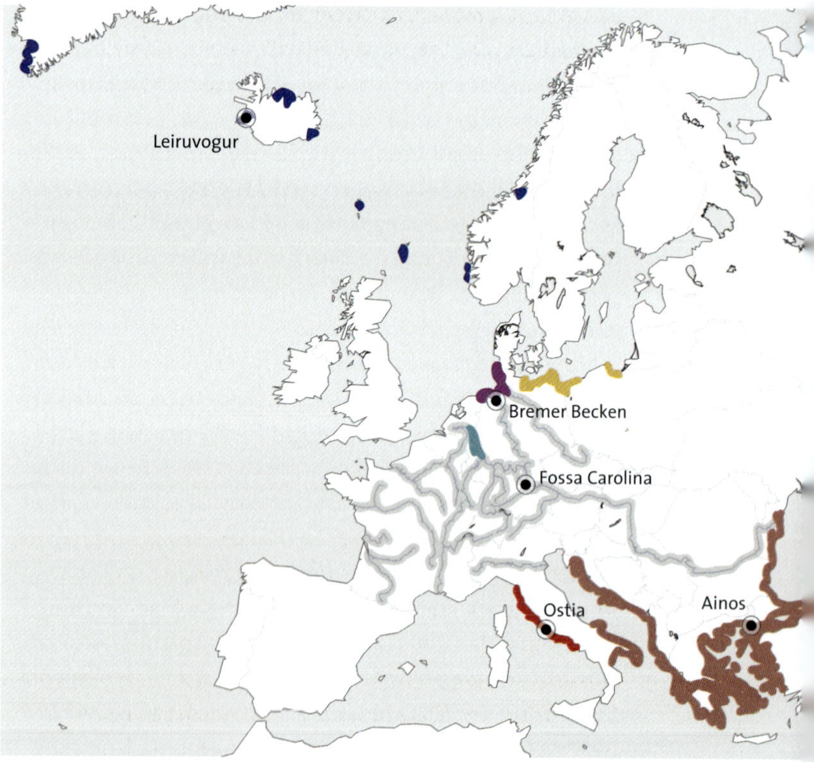

[1] Verteilung der Teilprojekte des Schwerpunktprogrammes Häfen. KARTE ZBSA, Landesmuseen Schleswig-Holstein, Schloss Gottorf

HaNoA
Nordseeküste
OstseeKüste
Verbundprojekt Rhein
Italische Hafenstädte
Byz. Balkanküste
Binnenhäfen

Grundfragen: Häfen stellen die entscheidenden Schnittstellen zwischen Land und Wasser dar; sie bilden die Basis jener ökonomischen Grundstrukturen, die in vor- und frühgeschichtlicher Zeit regionalen und überregionalen Schiffsverkehr sowie den Transport von Menschen, Waren und Informationen überhaupt erst ermöglichten. Gebunden an progressive Prozesse, die sich aus dem Korrelat von »Schiff und Hafen« ergeben, erlauben Häfen zunächst wichtige Einblicke in technikgeschichtliche Entwicklungen. Darüber hinaus sind sie aber auch hochkomplexe Systeme, in denen sich ökologische, logistische, ökonomische, soziale, juristische, militärische und kultische Subsysteme überlagern und gegenseitig bedingen. Um das Phänomen »Hafen« in seiner gesamten Tragweite und zeitlichen Tiefe methodisch adäquat bewerten zu können, ist eine Identifikation dieser Subsysteme und deren Implikationen auf das Siedlungsgeschehen von grundlegender Bedeutung. Die Stärke des Schwerpunktprogramms zeichnet sich nicht nur durch ein weiträumig angelegtes Forschungsgebiet aus, das von Island bis zur Ägäis reicht, sondern auch durch zeitlich mehrere Epochen abdeckende und methodisch vielfältig angelegte Forschungsprojekte, die eine hochgradige Interdisziplinarität bewirken. Das Schwerpunktprogramm verlässt die kleinräumige Analyseebene und begreift Häfen in einer übergeordneten Vergleichsanalyse als hochkomplexe Systeme, indem deren systemrelevante Komponenten definiert und analysiert werden. Im Fokus der wissenschaftlichen Analyse stehen neben der Etablierung einer einheitlichen Terminologie und Klärung der Wechselwirkungen zwischen Topografie und Hafenbau vor allem die Bewertung umweltgeschichtlicher Implikationen sowie die Analyse von Wirtschafts- und Verkehrsräumen, die schließlich in der Erstellung kulturgeschichtlicher Entwicklungsmodelle resultieren sollen.

Als Beispiel für die Arbeiten in Schleswig-Holstein sind die geoarchäologischen Untersuchungen zu Häfen des 12. und 13. Jh. entlang der Hever (Nordfriesland), ausgehend vom Handelsplatz Rungholt, zu nennen. Aus geoarchäologischer Sicht fanden u. a. die Erhaltung und Zugänglichkeit ausgewählter Kulturlandschaftsrelikte wie Reste von Warften, Brunnen- und Grabenanlagen im Wattenmeer Berücksichtigung. Testflächen im Umfeld der Hallig Südfall wurden auf Basis historischer Kartenwerke, Fundbeschreibungen und aktueller Luftbilder ausgewählt. Im Watt konnten nur bei Niedrigwasser magnetische Messungen zur flächenhaften Erkundung des oberflächennahen Untergrunds durchgeführt werden. Bei Flut wurden die Wattflächen hydroakustisch vermessen. Damit gelang beispielsweise der Nachweis von Gräben, Brunnen, Deichresten und Sielzügen unter jüngeren Sedimentüberdeckungen. Die mit diesen Spuren menschlicher Besiedlung in Verbindung stehende alte Marschoberfläche ließ sich punktuell auch durch elektrische Widerstandstomografie verifizieren. Ergänzend wurden Rammkernsondierungen bis in eine Tiefe von 8 m unter Geländeoberfläche (GOF) abgeteuft. Anschließend erfolgten im Labor hochauflösende Multi-Proxy-Untersuchungen zur Charakterisierung des Paläo-Umweltwandels, so z. B. Korngrößenanalysen, Röntgenfluoreszenz-Analysen sowie Messungen der magnetischen Suszeptibilität. Damit waren charakteristische geochemische Fingerabdrücke für verschiedene (Sediment-)Faziestypen zu erfassen. Schließlich wurden zur geochronologischen Einordnung Radiokohlenstoffdatierungen (^{14}C-AMS) an organischen Stichproben durchgeführt, darunter an einem Holzüberrest mit eingearbeitetem Splint, der aus der Verfüllung eines ehemaligen Grabens stammt. Die Voruntersuchungen zeigen insgesamt ein sehr gutes Erhaltungspotenzial mittelalterlicher Kulturspuren im Bereich des Wattenmeers. Durch die Anwendung eines breiten Methodenspektrums gelang erfolgreich der direkte Nachweis der Kulturlandschaftsoberfläche des 13. Jh. an unterschiedlichen Testflächen. Aus methodischer Sicht ist hierbei bedeutend, dass sämtliche geophysikalischen, geomorphologischen und geoarchäologischen Methoden nach gewissen technischen Modifikationen ohne Qualitätseinbußen im Wattgebiet eingesetzt werden konnten.

LITERATUR

T. Schmidts und M. Vučetić (Hrsg.), Häfen im 1. Millennium A. D. – Bauliche Konzepte, herrschaftliche und religiöse Einflüsse. In: C. von Carnap-Bornheim, F. Daim, P. Ettel und U. Warnke (Hrsg.), Interdisziplinäre Forschungen zu Häfen von der Römischen Kaiserzeit bis zum Mittelalter Bd. 1 (Mainz 2015).

F. Daim und J. Preiser-Kapeller (Hrsg.), Harbours and Maritime Networks as Complex Adaptive Systems. International Workshop »Harbours and maritime Networks as Complex Adaptive Systems« at the Römisch-Germanisches Zentralmuseum in Mainz, 17.–18.10. 2013. In: C. von Carnap-Bornheim, F. Daim, P. Ettel und U. Warnke (Hrsg.), Interdisziplinäre Forschungen zu Häfen von der Römischen Kaiserzeit bis zum Mittelalter Bd. 2 (Mainz 2015).

F. Daim (Hrsg.), Die byzantinischen Häfen Konstantinopels, Byzanz zwischen Orient und Okzident 4. In: C. von Carnap-Bornheim, F. Daim, P. Ettel und U. Warnke (Hrsg.), Interdisziplinäre Forschungen zu Häfen von der Römischen Kaiserzeit bis zum Mittelalter Bd. 3 (Mainz 2017).

S. Kalmring und L. Werther (Hrsg.), Häfen im 1. Millennium A. D. Standortbedingungen, Entwicklungsmodelle und ökonomische Vernetzung. In: C. von Carnap-Bornheim, F. Daim, P. Ettel und U. Warnke (Hrsg.), Interdisziplinäre Forschungen zu Häfen von der Römischen Kaiserzeit bis zum Mittelalter Bd. 4 (Mainz 2017).

C. von Carnap-Bornheim, F. Daim, P. Ettel und U. Warnke (Hrsg.), Harbours as objects of interdisciplinary research – Archaeology + History + Geophysics. In: C. von Carnap-Bornheim, F. Daim, P. Ettel und U. Warnke (Hrsg.), Interdisziplinäre Forschungen zu Häfen von der Römischen Kaiserzeit bis zum Mittelalter Bd. 5 (in Vorbereitung).

AUTOREN
Claus von Carnap-Bornheim
Matthias Wemhoff

VERBUNDBETEILIGTE
Akademie der Wissenschaften und der Literatur Mainz
Zentrum für Baltische und Skandinavische Archäologie
Staatliche Museen zu Berlin Preußischer Kulturbesitz

LOGOS

ZBSA

LAUFZEIT
2012–2029

WEBSITE
akademieprojekt-baltikum.eu

FUNDDATENBANK
smb-digital.de/eMuseumPlus

Eine Lücke wird geschlossen

Siedlungsforschung im ehemaligen Ostpreußen im Akademieprojekt »Forschungskontinuität – Kontinuitätsforschung«

Die Vernichtung oder teilweise Zerstörung kulturellen Erbes ist eines der zahlreichen dramatischen Ergebnisse rezenter kriegerischer Auseinandersetzungen. Dies lässt sich heute im Mittleren Osten ebenso verfolgen, wie dies in ähnlicher Form während des 2. Weltkrieges geschah. Dabei sind Rekonstruktionsmaßnahmen ganz überwiegend auf architektonische Denkmale und die Wiederherstellung von Sammlungszusammenhängen konzentriert. Die Aufarbeitung von Archivbeständen und deren Integration in die aktuelle Denkmalpflege und Forschung ist dagegen nur selten Kern einer längerfristigen Aufgabe. Hier setzt nun das seit 2012 von der Akademie der Wissenschaften und der Literatur Mainz finanzierte und vom Zentrum für Baltische und Skandinavische Archäologie (ZBSA) gemeinsam mit dem Museum für Vor- und Frühgeschichte Berlin durchgeführte Projekt »Forschungskontinuität und Kontinuitätsforschung – Siedlungsarchäologische Grundlagenforschung zur Eisenzeit im Baltikum« an.

Mit einer Laufzeit von 18 Jahren arbeitet es auf Grundlage der deutschen Archivbestände der vorkriegszeitlichen Forschung an der Rekonstruktion des archäologischen Kenntnisstandes zum ehemaligen Ostpreußen vor 1945. Dafür werden einschlägige Archive unterschiedlicher Standorte in Europa digitalisiert und alle relevanten Informationen nach der wissenschaftlichen Analyse in eine Online-Datenbank überführt und ausgewertet. Gleichzeitig werden die Datensätze in Zusammenarbeit mit der GIS-Abteilung des ZBSA auf unterschiedlichen Informationsebenen in einem GIS (geografisches Informationssystem) kartiert und für die anschließende Überprüfung der rekonstruierten Fundstellen im Gelände vorbereitet. An ausgewählten, siedlungsarchäologisch relevanten Denkmalen finden zudem hochauflösende Untersuchungen statt, um Einblicke in die Siedlungsdynamik der baltischen Gesellschaften in der Zeit zwischen 500 vor und 1250 nach Chr. zu gewinnen und Fragen zur vermuteten Siedlungskontinuität zu beantworten.

Die seit dem Jahr 2020 der Fachöffentlichkeit zugängliche projekteigene Datenbank umfasst etwa 35.000 Einzelblätter aus den digitalisierten Ortsakten des sog. Prussia-Museums in Königsberg zu 2700 Fundorten des ehemaligen Ostpreußen. Durch Auswertung der Akten lassen sich sukzessive alle relevanten Grundinformationen einer Fundstelle (Denkmalkategorie, Zeitstellung, Lage und Nachweis) herausfiltern und in die Datenbank überführen. Sie werden durch die im Zuge von Geländeprospektionen

[1] Archivalien aus dem ehemaligen Prussia-Museum in Königsberg, Ostpreußen, im Zustand der Wiederauffindung 1990. Staatliche Museen zu Berlin, Museum für Vor- und Frühgeschichte.
FOTOGRAFIE Timo Ibsen, Schleswig

gewonnenen Informationen zum aktuellen Zustand der Denkmale bereichert. Zusätzlich sind durch zwei bereits abgeschlossene Projekte der Deutschen Forschungsgemeinschaft (DFG) und des Museums für Vor- und Frühgeschichte Berlin auch etwa 18.000 der geschätzt insgesamt 30.000 erhaltenen Funde und Fundfragmente aus der ehemaligen Prussia-Sammlung in Königsberg bestimmt und wieder ihrem ehemaligen Fundort zugeordnet. Auch diese Daten stellt die Datenbank als zentrales Rechercheinstrument zur Verfügung. Ein weiterer wichtiger Arbeitsbereich des Projektes ist die Publikation der Reihe »Studien zur Siedlungsgeschichte und Archäologie der Ostseegebiete«, die mittlerweile 17 erschienene monografische Bände umfasst.

[2] Original erhaltene Pappe der ehemaligen Königsberger Studiensammlung mit Funden aus Ramutten, Grab 235. Die Objekte waren ursprünglich mit Draht auf der Unterlage befestigt. Aufbewahrungsort: Museum für Vor- und Frühgeschichte Berlin, Prussia-Magazin. Staatliche Museen zu Berlin, Museum für Vor- und Frühgeschichte.
FOTOGRAFIE Claudia Klein, Berlin

Das im Rahmen des Projektes entwickelte GIS-System ermöglicht die Darstellung der Informationen auf Karten, die vor allem durch Editierung der alten deutschen Messtischblätter in den vergangenen Projektjahren durch die GIS-Abteilung des ZBSA gewonnen wurden. So sind jetzt erstmals für das ehemalige Ostpreußen Abfragen zur zugrundeliegenden Topografie und Geologie, Dichteverteilungen, Sichtbarkeitsanalysen und andere moderne Verfahren der Siedlungsforschung möglich. Diese Karten bilden die Grundlage für ein Atlaswerk, das am Ende des Projektes die rekonstruierten Forschungsergebnisse der Vorkriegsperiode mit modernen Informationen verschneidet und fallweise verdichtet.

Darin fließen auch die Ergebnisse der Siedlungsforschungen des Projektes ein, die derzeit vorrangig mit den zahlreichen Befestigungsanlagen der Region befasst sind, über die erstaunlich wenig bekannt ist. Deren Komplexität mit teils gewaltigen Hauptwällen von bis zu 10 m Höhe und 30–40 m Breite an der Basis mit ebenso mächtigen Gräben erschwert dabei generell eine umfassende Untersuchung. Im Rahmen dieses Teilprojektes werden die Wälle und Gräben der Befestigungsanlagen mittels Reihen von Rammkernbohrungen untersucht, um möglichst viele Anlagen mittels naturwissenschaftlicher Datierung dabei gewonnener Proben zunächst zeitlich einzuordnen. Schon jetzt deutet sich an, dass die Burgwälle in der Region im Ringen um die Kontrolle der Ressourcen und die überregionalen Handelsbeziehungen in den bernsteinreichen, aber metallarmen Landschaften an der südlichen Ostseeküste bereits seit der ausklingenden Bronzezeit – und damit wesentlich früher als bislang allgemein vermutet – eine große Rolle spielten.

LITERATUR

C. von Carnap-Bornheim, H. Eilbracht, T. Ibsen, J. Prassolow und M. Wemhoff, Continuity of Research and Research of Continuity. Basic research on settlement archaeology of the Iron Age in the Baltic region. A new long term research project by the Academy of Science and Literature. Archaeologia Baltica 17, 2012, 16–20.

T. Ibsen, J. A. Prassolow und H. Eilbracht, Ostpreußen reloaded. In: B. V. Eriksen, A. Abegg-Wigg, R. Bleile und U. Ickerodt (Hrsg.), Interaktion ohne Grenzen. Beispiele archäologischer Forschungen am Beginn des 21. Jahrhunderts, Band 2 (Schleswig 2017) 819–831.

AUTOR
Johannes Müller

VERBUNDBETEILIGTE
12 Institute der Christian-Albrechts-Universität zu Kiel und zwei außeruniversitäre Forschungseinrichtungen

LOGO
GRADUATE SCHOOL AT KIEL UNIVERSITY
human development in landscapes

LAUFZEIT
2007–2019

WEBSITE
www.gshdl.uni-kiel.de/

Graduiertenschule »Human Development in Landscapes«

Für eine Gesellschaft stellt sich im Bildungs- und Wissenschaftsbereich oft die Frage, ob eine breite und gute Allgemeinbildung oder aber eine konzentrierte Exzellenzausbildung den Erfolg einer gesellschaftlichen Entwicklung garantiert. Die Bundesregierung befand 2005, über einen Exzellenzwettbewerb zur strukturellen Veränderung der Universitäten beizutragen, indem Schwerpunktbildungen durch erhebliche Finanzmittel unterstützt werden sollten. Tatsächlich war die Archäologie Schleswig-Holsteins hier entscheidend wirksam.

[1] Verbundprojekte sind durch intensiven wissenschaftlichen Austausch z. B. auch auf großen Tagungen gekennzeichnet. So finden in Schleswig und Kiel zahlreiche Workshops und Tagungen statt. Das Bild zeigt den Eindruck der alle zwei Jahre an der CAU Kiel stattfindenden Tagung »Human Development in Landscapes« mit zumeist 400–600 Teilnehmer*innen.
FOTOGRAFIE Sara Jagiolla, Kiel

Das schon lange an der Christian-Albrechts-Universität zu Kiel existierende Netzwerk aus Altertumswissenschaften, Geografie, Geoarchäologie, Bioarchäologie, archäologischen und historischen Fächern, Geowissenschaften und Lebenswissenschaften in Verbindung mit dem Museum für Archäologie Schloss Gottorf sowie dem Zentrum für Baltische und Skandinavische Archäologie ergab die Möglichkeit, das Konzept einer »forschenden Graduiertenschule« zu entwickeln. Voraussetzung war die intensive Zusammenarbeit zwischen Kulturwissenschaften, Natur- und Lebenswissenschaften, wie sie sich in zahlreichen Projekten bereits bewährt hatte. Inhaltlich gelang es, den Fokus gesellschaftlicher und umweltbezogener Fragestellungen in der Graduiertenschule »Human Development in Landscapes« zu bündeln« und in zwei Runden der Exzellenzinitiative von 2007–2019 erfolgreich zu finanzieren.

Über 100 Promotionsprojekte sind mit der Graduiertenschule verbunden, die in einem interdisziplinären Rahmen Untersuchungen in Forschungsclustern zur Rezeption der Umwelt innerhalb der Gesellschaft, zur Organisation sozialen Raumes und Umwelt und zu Fragen der Adaption und Innovation in Landschaften durchführten. Im Fokus der Untersuchungen standen vormoderne Gesellschaften, die Projekte konzentrierten sich auf den Zeitabschnitt von 15000 v. Chr. bis 1500 n. Chr. Neben Promotionsprojekten, die allgemeinere Fragestellungen und Diskurse verfolgen, waren die räumlich und zeitlich konzentrierten Projekte primär im Baltischen Raum, in Zentraleuropa, Südosteuropa, dem mediterranen Raum und dem Vorderen Orient angesiedelt. Im Rahmen der interdisziplinären Arbeitsweise wurden drei Juniorprofessuren zur Umweltgeschichte, zur Umweltarchäologie und zur Umweltanthropologie installiert und in den ersten beiden Fällen in Professuren umgewandelt. Neben den neuen Arbeitsgruppen, die sich aus der Graduiertenschule ergaben, konnte die Internationalisierung der Universität vorangetrieben werden. Zahlreiche Kongresse, Workshops, Einzelkontakte und gemeinsame internationale Promotionen verdeutlichen, wie sich die Lehr- und Forschungsressourcen in den letzten 15 Jahren entwickelten. Die Graduiertenschule »Human Development in Landscapes« entfaltete eine Dynamik, die die Zusammenarbeit an der Universität veränderte. Rein strukturell ist in diesem Zusammenhang auch der Aufbau von Laboren, z. B. zur Archäobotanik, zur »alten DNA« und zu Isotopenuntersuchungen an zoologischen Proben zu nennen.

[2] Die wissenschaftliche Bearbeitung materieller Kultur, wie z. B. die Entschlüsselung der vielen unterschiedlichen Dimensionen von Keramik, ist aus dem Zusammenspiel naturwissenschaftlicher und typologischer Analysemethoden möglich. Für solche interdisziplinären Studien stellen Verbundprojekte oft die Infrastruktur zur Verfügung.
FOTOGRAFIE Julia Menne, Kiel

Inhaltlicher Schwerpunkt der Graduiertenschule war die Auseinandersetzung mit dem Landschaftsbegriff in seiner Umsetzung für antike und prähistorische Gesellschaften und Umwelten. Landschaft wird verstanden als eine dynamische Kombination aus sozialem Raum und Umwelt, also als ein Zusammenspiel aus anthropogenen und natürlichen Komponenten. Schriftliche und nicht-schriftliche Archive der Archäologien und historischen Wissenschaften stehen natürlichen Archiven gegenüber, die von verschiedenen geowissenschaftlichen und ökologischen Natur-, aber auch Lebenswissenschaften analysiert werden, um kulturanthropologische Fragen zu beantworten. Die Untersuchungen an den ›alten‹ Archiven können auch dazu beitragen, Probleme der modernen Gesellschaften mithilfe vergangener Erfahrungen besser zu verstehen und fundierte Lösungsansätze anzubieten.

In der Graduiertenschule spiegelte sich die interdisziplinäre Zusammenarbeit wider, wie sie im Keim seit den 60er Jahren des letzten Jh. am Institut für Ur- und Frühgeschichte betrieben wurde (s. o.). Hinzu kam allerdings die breite Erweiterung der Fragestellung nach dem Begriff Archäologie ganz im Sinne Foucaults, einer Archäologie der Institutionen, die Aspekte der interessenbestimmten Rezeption einschließt, wie sie nur im Zusammenspiel unterschiedlichster Disziplinen erfolgreich erforscht werden kann. Der Erfolg in der zweiten Runde der Exzellenzinitiative 2012 und die Integration der Fortführung der Graduiertenschule in der »Young Academy« des in der dritten Exzellenzrunde genehmigten Exzellenzclusters »ROOTS« belegt das hohe Potenzial des Forschungsansatzes.

Zahlreiche Projekte in der Graduiertenschule waren verbunden mit Untersuchungen in Schleswig-Holstein und Norddeutschland. So wurden z. B. aDNA-Analysen zu ältesten Haustiergeschenken an wildbeuterische Ertebølle-Gemeinschaften um 4800 v. Chr. durchgeführt oder aber der mesolithische Fundplatz Neustadt (in Holstein) und die dortige frühe Keramikentwicklung in die südskandinavische Gesamtentwicklung der Neolithisierung eingebunden. Untersuchungen zur räumlichen Verteilung neolithischer Fundplätze in Lauenburg ermöglichten Aussagen zum Wandel der Siedlungsgepflogenheiten im Verhältnis zum Umweltwandel. Der archäologische und historische Abgleich zur Burgenentwicklung trug ebenso zu Hinweisen auf entstehende neue Netzwerke bei, wie die Untersuchung des Nordatlantik-Handels der Hanse die Diversität der Austauschbeziehungen frühneuzeitlicher Entwicklungen dokumentierte.

LITERATUR

A. Haug, L. Käppel und J. Müller (Hrsg.), Past Landscapes. The Dynamics of Interaction between Society, Landscape and Culture (Leiden 2018).

J. Müller und M. Weinelt, Graduiertenschule »Human Development in Landscapes«. Archäologisches Nachrichtenblatt 13, 2008, 342–4.

J. Müller und A. Ricci (Hrsg.), Past Societies. Human Development in Landscapes (Leiden 2020).

AUTOREN
Matthias Maluck
Daniel Zwick

VERBUNDBETEILIGTE
12 Institute und Forschungseinrichtungen in Dänemark, Deutschland, Estland, Finnland, Litauen, Polen und Russland

LOGO

LAUFZEIT
2017–2020

WEBSITE
balticrim.eu

ONLINE ATLAS
balticrimdataportal.eu

BalticRIM
Maritimes Kulturerbe und Raumordnung in der Ostsee

Prämisse des Projektes
Archäologisches Kulturerbe ist nicht nur auf dem Land präsent, sondern ebenso unter Wasser, wie Wracks und von Schiffen verlorene Güter, bis hin zu Landschaften, ja ganzen Siedlungen, die infolge des Meeresspiegelanstiegs und eiszeitlich bedingter Senkungen der Erdkruste überflutet wurden. Besonders durch die UNESCO-Konvention zum Schutz des Unterwasserkulturerbes von 2001 erhält die Bedeutung dieses wichtigen Teils unseres Kulturerbes endlich ihre internationale Anerkennung. In Deutschland harrt die internationale Vereinbarung allerdings immer noch der Ratifizierung. Weitet sich der Blick auf das gesamte Kulturerbe der Meere, so geraten nicht nur bauliche Hinterlassenschaften wie Leuchttürme und Hafenanlagen ins Sichtfeld. Auch in Bezug zum Meer stehendes Kulturerbe an Land, das etwa durch dessen Nutzung entstand, also Häfen, Fischersiedlungen, Hafenstädte, Kurorte etc., stellt einen nicht unerheblichen Teil dar.

Diese als maritimes Kulturerbe bezeichnete erweiterte Definition verbindet damit Land und See, die sowohl in der historischen Perspektive als auch im praxisorientierten Ansatz des integrierten Küstenzonenmanagements untrennbar miteinander verknüpft sind. Zum maritimen Kulturerbe gehören ebenso Meeres-Landschaften, sog. Seascapes oder Unterwasserkulturlandschaften. Darüber hinaus ergänzen gelebte maritime Traditionen und Praktiken eine immaterielle Dimension zum physischen Kulturerbe.

Dieses Kulturgut steht durch die immer intensivere Nutzung der Meere zunehmend unter Druck. Dies gilt insbesondere für die Ostsee als Binnenmeer und als einem der intensivsten genutzten Meere. Wachsende Handelsströme, der Ausbau der Infrastruktur etwa durch Pipelines, Häfen oder Seekabel, die intensiver werdende Freizeitnutzung aber auch traditionelle Nutzungsformen wie die Fischerei oder ganz neue, wie die Energie- und Rohstoffgewinnung, erhöhen den Druck stetig. Dazu kommen erhebliche Belastungen durch verklappte Altmunition und Einträge der Anrainerstaaten und durch die Nutzung selbst.

Die Unterwasserkonvention und andere internationale Vereinbarungen, vor allem aber nationale Gesetze zum Schutz des Kulturerbes ermöglichen bereits heute einen grundlegenden Schutz. Ein anderes herausragendes Instrument ist die Raumordnung. Sie wurde von Grund auf dafür konzipiert, einen Interessenausgleich verschiedener Nutzungen zu ermöglichen.

Fakten zum Projekt
Das BalticRIM-Projekt (Acronym für *Baltic Sea Integrated Maritime Cultural Heritage Management*) setzt sich einerseits zum Ziel, dem maritimen Kulturerbe im Bereich der maritimen Raumordnung zu größerer Bekanntheit und Akzeptanz zu verhelfen. Andererseits soll die Raumordnung als Schutzinstrument für das Kulturerbe besser zu nutzen sein. Für beide Seiten sind Werkzeuge entwickelt worden, um die interdisziplinären Ansätze zu synchro-

nisieren. Gesammeltes Wissen über maritimes Kulturerbe soll außerdem dabei helfen, die Nutzung des Meeres und seiner Ressourcen unter dem Gesichtspunkt einer nachhaltigen Entwicklung zu begünstigen (Stichwort: Blaues Wachstum – *Blue Growth*). Das Projekt wurde auf Veranlassung des Kulturerbe-Komitees des Ostseerates als *Lighthouse Project* initialisiert, also einem Projekt mit einer Strahlwirkung, die über die eigentliche Projektlaufzeit (Oktober 2017 – September 2020) hinauswirken soll. Am Projekt beteiligt sind Experten aus der archäologischen Denkmalpflege und der Maritimen Raumplanung aus den sieben Ostseeanrainerländern Finnland, Russland, Estland, Litauen, Polen, Deutschland (hier: Schleswig-Holstein) und Dänemark unter der Federführung des Archäologischen Landesamtes Schleswig-Holstein (ALSH) als Projektträger, gefördert vom INTERREG-Ostseeprogramm.

Ergebnisse

Die zusammengefassten Ergebnisse des Projektes erscheinen in einem online-verfügbaren, leicht lesbaren und illustrierten Handbuch, ergänzt um Empfehlungen für Experten und Praktiker.

Eine Übersicht über die rechtliche und administrative Situation sowie über die aktuelle Praxis in den Ostseeländern und den jeweiligen Herausforderungen bildet die Basis. Hier werden die gemeinsame, aber auch unterschiedliche Typisierung und Kategorisierung maritimen Kulturerbes in den jeweiligen Ländern aufgezeigt und Vorgehensweisen empfohlen, um von Einzelfundstellen und Objekten zu flächenhaften Prioritäts- bzw. Schwerpunktgebieten zu gelangen, die in der Raumordnung mit ihrer großräumigen Perspektive besser zu nutzen sind. Die räumlichen Daten dazu erschließt ein Online-Atlas: https://balticrimdataportal.eu/

Darauf aufbauend erfolgten auf zahlreichen Veranstaltungen Dialoge mit verschiedenen Interessensgruppen, um Konfliktstellen, aber auch Lösungsansätze zu identifizieren. In nationalen und länderübergreifenden Pilotgebieten wurden beispielhaft Arbeitsweisen und methodische Ansätze zur Integration von Kulturerbe in die maritime Raumordnung durchgeführt. Dies beinhaltet insbesondere ein gemeinsames Vorgehen bei einer Umweltverträglichkeitsprüfung sowie ein Planspiel zur Integration von Kulturerbe in die Raumordnung.

Den Abschluss der Resultate bildet eine Übersicht über den Status Quo der meeresbasierten Wirtschaft (Blue Economy) und ihre Entwicklungsmöglichkeiten im Zusammenhang mit dem maritimen Kulturerbe. Diese runden die Ergebnisse aus Pilotprojekten zur nutzergruppen- und länderübergreifenden Zusammenarbeit beim Management maritimen Kulturerbes ab.

Schutz des Unterwasserkulturerbes durch ein proaktives Kulturmanagement: einige Fallbeispiele aus dem BalticRIM-Projekt

Neben der Bestimmung archäologisch bedeutsamer Schwerpunktgebiete in Planungspilotgebieten des Küstenmeeres bot das BalticRIM-Projekt auch einen Rahmen, Managementpilotgebiete zu definieren, in denen proaktiv der *Blue Growth* Initiative der Europäischen Kommission Rechnung getragen werden konnte, mit dem Ziel, die Nutzung des Meeres und seiner Ressourcen nachhaltig zu optimieren, insbesondere durch Synergiebildung unterschiedlichster Sektoren.

Kooperation mit Sport- und Wracktauchern

Laut einer vom ALSH durchgeführten Umfrage nennen Sporttaucher Schiffwracks als beliebteste Tauchziele. Hinzu kommt, dass viele Sporttaucher Interesse an archäologischen Spuren unter Wasser bekunden und deren Entdeckungen neue Fundmeldungen generieren können. Deshalb entschied sich das ALSH im Rahmen des BalticRIM-Projekts, im November 2018 einen Workshop zum Thema »Sporttaucher und Unterwasserkulturerbe« auszurichten, der mit rund 70 Teilnehmern auf großes Interesse stieß. Als wichtiges Anliegen galt es, das Bewusstsein in Sporttaucherkreise zu tragen, wie auch unscheinbare archäologische Spuren unter Wasser zu erkennen sind und wie unerlässlich es ist, die zuständigen Landesämter zu informieren. Der Workshop trug dazu bei, wichtige persönliche Kontakte zu knüpfen, von denen das ALSH seitdem erheblich profitiert, hier z. B. auch durch die Meldung über ein gut erhaltenes Wrack eines historischen Dreimastschoners bei Fehmarn. Kritische Fragen zu Genehmigungspflichten und befürchteten Verboten verdeutlichten, dass der Kontakt zu den Landesämtern in der Vergangenheit oft zu Frustrationen führte und daher lieber vollständig unterblieb. Da der staatlichen Denkmalpflege durch diesen Bruch wichtige Informationen verlorengehen, galt es daher als unabdingbar, einen Kommunikationskanal zu eröffnen. Ein wesentlicher Faktor hierbei ist, den Kontakt zu den Tauchern zu pflegen, zumal sie in der Regel persönlich am Aussagewert ihrer Entdeckung interessiert sind. Für eine bürgernahe Behörde sollte es selbstverständlich sein, dass sich die Wissenschaftler mit dem Fund nicht in ihren akademischen Elfenbeinturm zurückziehen, sondern die Finder mit Hinblick auf die Untersuchungsergebnisse stets auf dem Laufenden halten; beide Seiten profitieren von der Kooperation gleichermaßen.

Vertrauensleute-Richtlinie auf den Unterwasserbereich ausgedehnt

Bislang fand die im schleswig-holsteinischen Denkmalschutzgesetz verankerte Vertrauensleute-Richtlinie nur an Land Anwendung, um ein *Monitoring* an Megalithgräbern und anderen prähistorischen Monumenten durch ehrenamtlich engagierte Denkmalschützer zu gewährleisten. Ein im Rahmen des BalticRIM-Projekts erarbeitetes Machbarkeitskonzept für die Anwendung auf den unterseeischen Bereich ließ keinerlei rechtliche oder versicherungstechnische Einschränkungen erkennen, sodass nun probeweise ein Vertrauensmann für das historische Seeschlachtgebiet vor Bülk eingesetzt wurde, in dem auch das Wrack der 1715 auf Grund gesetzten *Prinsessan Hedvig Sophia* liegt. Dieser erste unterseeische Vertrauensmann ist Berufstaucher, der das Wrack 2008 gemeldet hatte. Er unterhält schon langjährigen Kontakt zum ALSH: ein solider Ausgangpunkt für eine vertrauliche Zusammenarbeit, dem noch weitere Beispiele folgen mögen.

[1] An einer der im Schlachtverlauf im Jahr 1715 über Bord geworfenen Kanonen wird ein Hinweisschild angebracht, welches diese als archäologisches Denkmal kennzeichnet. FOTOGRAFIE Gerald Lorenz, Wendtorf

Schiffsfriedhof: Nutzungskonzept für havarierte oder ausgemusterte Traditionsschiffe

Im Januar 2019, während eines Wintersturms, sank mitten im Flensburger Museumshafen die 1878 gebaute Gaffelketsch »Oline«. Ein Jahr später folgte ein weiteres Traditionsschiff. Bereits die vom Norddeutschen Rundfunk (NDR) gemachten Unterwasseraufnahmen des ersten Wracks ließen eine Idee entstehen: Anstatt das Wrack zu heben und abzuwracken, würde es sich als Unterwasser-Attraktion – als betauchbares Objekt – eignen, wenn es an einer anderen Stelle außerhalb des Hafenbereichs verlegt werden könnte. Hierfür wäre ein geeigneter Küstenabschnitt zu suchen, also eine für das BalticRIM-Projekt hochrelevante Aufgabe, das schließlich mit der Einbeziehung des kulturellen Erbes in die maritime Raumplanung befasst ist. Es erfolgten Kontaktaufnahmen mit zahlreichen *Stakeholdern*, u. a. dem örtlichen Tauchverein, der Tourismusagentur, dem Museumshafen und dem Schifffahrtsmuseum, die allesamt positiv – teils enthusiastisch – auf die Konzeptidee reagierten. Die Machbarkeit wurde zunächst mit Mitarbeitern des Wasser- und Schifffahrtsamtes besprochen, welche die erforderlichen Bedingungen für die Sicherheit der Schifffahrt nannten. Schließlich kam das Konzept im Flensburger Rathaus im Beisein der Oberbürgermeisterin Simone Lange zur Vorstellung, die es als »verfolgenswerte Idee« bezeichnete. Trotz der Äußerung von Bedenken und dass ein solches Vorhaben nur unter Auflagen durchzuführen ist, erscheint die Festlegung eines Küstenabschnittes für einen Schiffsfriedhof realisierbar, und böte – vergleichbar mit dem US-amerikanischen *National Marine Sanctuary* in der Thunder Bay oder der Mallows Bay im Potomac River – auch gleichzeitig eine Habitatfunktion für Meeresbewohner oder (sofern die Wracks aus dem Wasser ragen) Seevögel: eine perfekte Synergie aus Kulturschutz, Umweltschutz und Tourismus als wassersportliches Naherholungsgebiet, welche zudem die Sorgenlast von Traditionsschiff-Betreibern lindern würde, deren Schiffe nicht mehr instand zu halten sind.

[2] Das Wrack der 2019 gesunkenen Gaffelketsch »Oline« als Ideengeber für die Gründung eines Schiffsfriedhofs. FOTOGRAFIE Norddeutscher Rundfunk

Zusammenarbeit mit Umweltschützern

Die Stiftung WWF Deutschland (selbstständiger Teil des World Wide Fund For Nature) verfolgt mit ihrem Geisternetze-Projekt gemeinsame Ziele in der Identifikation von Netzhaker-Positionen, also Hindernissen und Anomalien auf dem Meeresgrund, an denen Fischerei-Netze hängen bleiben und die die Umwelt belasten. Da es sich bei diesen Hakern um historische Wracks handeln könnte, bot sich eine strategische Zusammenarbeit mit dem WWF an, um Informationen auszutauschen und eine gemeinsame Ausfahrt mit einem Seitensichtsonar zu unternehmen. Um weitere Netz-Positionen zu sammeln, wird mit der »WWF Geistertaucher App« das Schwarmwissen von Sporttauchern angezapft. Schon in der App-Entwicklung flossen die Anliegen der archäologischen Denkmalpflege direkt mit ein, sodass über diese App nicht nur Geisternetze, sondern auch archäologische Funde gemeldet werden können. Ein Merkblatt zur Erkennung archäologischer Spuren unter Wasser und zur Fundmeldung ist in der App integriert.

Monitoring an einer frühmittelalterlichen Seesperre
Gegen Ende des BalticRIM-Projekts und anlässlich des Antrittsbesuchs des neuen schleswig-holsteinischen Europaministers Claus Christian Claussen wurde eine Messboje mit Holzopferproben am östlichsten Ende des Reesholmer Seesperrwerks (737 n. Chr.) ausgesetzt, das zum UNESCO-Weltkulturerbe »Archäologischer Grenzkomplex Haithabu und Danewerk« gehört. Obwohl die Schlei als Gewässer eigentlich fast ideale Voraussetzungen für eine *in situ*-Konservierung aufweist (durch die Faulschlammschicht besteht ein anaerobes Milieu für organische Erhaltung und dank des niedrigen Salzanteils stellt die Schlei für die Holzbohrmuschel *Teredo navalis* kein geeignetes Habitat dar), verringern sich in den sommerlichen Trockenperioden die Abstromraten aus den Auen, und salzhaltigeres Wasser kann so aus der Ostsee nachströmen. Der für die Verbreitung des *Teredos* kritische Schwellenwert von 8-9 ‰ Salzanteil wird regelmäßig überschritten. Daher gilt es, durch ein *Monitoring* den akuten Befall im Auge zu behalten. Der Aktion ging ein Konzeptpapier voraus: die Beantragung zur Setzung eines offiziellen Seezeichens beim Wasser- und Schifffahrtsstraßenamt (WSA) (alle Messbojen müssen als sog. ODAS-Bojen ausgebracht werden; ODAS = *Ocean Data Acquisition System*), dem Bau der Boje in Eigenregie und der Einbeziehung aller möglichen Beteiligten, vom WSA bis hin zum Ältermann der Holmer Fischergilde, die seit dem Mittelalter angestammte Privilegien genießt und viele Reusen in der Stexwiger Enge betreibt. Obwohl diese Aktion nicht direkt mit der Raumordnungsplanung verknüpft ist, so zeigt sie doch beispielhaft das räumliche Konflikt- und Organisationspotenzial zum unterseeischen Kulturgüterschutz in der Praxis auf.

[3, 4] Am 7. August 2020 wurde die Messboje medienwirksam mit der Schleswiger Wikingerschiffsrekonstruktion »Sigyn« ausgesetzt, während sich der schleswig-holsteinische Europaminister Claus Christian Claussen unterwegs über das BalticRIM-Projekt informieren konnte.
FOTOGRAFIE © ALSH

LITERATUR

BalticRIM-Project final report (für Ende 2020 geplante Open Access Veröffentlichung, die auf der BalticRIM-Webseite verfügbar sein wird: http://balticrim.eu).

D. Zwick, Das BalticRIM-Projekt: Planungsorientierte Denkmalpflege im Ostseeraum. ANSH 24, 2018, 130–143.

AUTOR
Johannes Müller

VERBUNDBETEILIGTE
18 Institute der CAU Kiel und 4 außeruniversitäre Forschungs-institute

LOGO

LAUFZEIT
seit 2011

WEBSITE
www.jma.uni-kiel.de/en

Die Johanna-Mestorf-Akademie für Umwelt- und Sozialforschung und Landschaftsarchäologie: Interdisziplinarität und Internationalität

Schlüssel für den Erfolg der durchgeführten Verbundprojekte ist die Interdisziplinarität, die die Archäologie am Ende des 20., aber vor allem auch im 21. Jh. kennzeichnet. Neben den Feldarbeiten, bei denen es einerseits um die Dokumentation der archäologischen Befunde und andererseits um die Verortung der geo- und bioarchäologischen Probennahmen geht, sind es die kulturwissenschaftlichen Fragen, die im Vordergrund stehen. Der Weg von den theoretischen Vorgaben und wichtigen Fragestellungen (z. B.: Wie entsteht Ungleichheit? Ist menschliches Verhalten in Krisensituationen ähnlich? Wie reagieren Gesellschaften auf klimatische Veränderungen?) oder aber auch der beschreibenden Rekonstruktion historischer Vorgänge (Wie breitet sich das Christentum aus? Welche Rolle spielen technologische Innovationen für gesellschaftliche Veränderungen?) zu mittleren Theorie-Ebenen, die das Überprüfen von Hypothesen und damit die Beantwortung von Fragen erlaubt, ist eine der wichtigsten Aufgaben bei der Rekonstruktion historischer Prozesse und Dynamiken aus archäologischen Quellen. Es gibt dabei keine Unterscheidung zwischen prähistorischen und historischen Prozessen, Geschichte ist Archäologie, ist Anthropologie. Die Stärke des gemeinsamen Daches in Kiel besteht darin, kulturwissenschaftliche Fragestellungen direkt im gemeinsamen Wissensbildungsprozess naturwissenschaftlicher und kulturwissenschaftlicher Archäologien zu verbinden.

[1] Die Verleihung von Preisen stimuliert die Aktivitäten innerhalb von Verbundprojekten. Nach Auswahl durch internationale Gutachter wird von der Johanna-Mestorf-Akademie der Johanna-Mestorf-Preis alle zwei Jahre vergeben (Preisträger 2019: Gianpiero Di Maida, Sprecher Lutz Käppel und Johannes Müller).
FOTOGRAFIE Sara Jagiolla, Kiel

Die finanzielle Unterstützung der Forschungsinstitutionen für die auch zurückliegenden Förderperioden waren an verschiedene Zusagen gebunden, die u. a. von der Universität Kiel erfüllt wurden: Dazu zählt vor allem auch die Überführung der Graduiertenschule in die

»Johanna-Mestorf-Akademie für Umwelt- und Sozialforschung und Landschaftsarchäologie«.

Als zentrale Einrichtung der Universität erfolgte die Gründung der Johanna-Mestorf-Akademie 2011. Die Verbindung aus Umwelt- und Sozialforschung für vormoderne Gesellschaften avancierte zu einem »Markenzeichen« der Universität Kiel. Sie ist Kernbereich des Forschungsschwerpunktes Gesellschaft, Umwelt, Kultur im Wandel (SECC), der sich neben den anderen Forschungsschwerpunkten Nanotechnik, Medizin und Meeresforschung als auch geisteswissenschaftliches Standbein dieser Universität etablierte. Entscheidendes Grundkonzept bleibt dabei das von Wilhelm von Humboldt vor jetzt schon fast 200 Jahren formulierte Grundmotiv einer gezielten universitären Ausbildung: das forschende Lernen und lehrende Forschen. Statt der Schnelllebigkeit des Wissenschaftsbereiches zu verfallen, ist dies gleichzeitig eine Botschaft zur intensiven, faktenbasierten Grundlagenforschung, wie sie in analytischer Form nur im bunten Meinungsaustausch universitärer Vielfalt stattfinden kann.

[2] Das Verhältnis zwischen Umwelt, Mensch und Gesellschaft spielt in zahlreichen Verbundprojekten aus Kiel und Schleswig eine grundlegende Rolle. Das Grundmotto wird verdeutlicht bei einer populären Projektdarstellung der Johanna-Mestorf-Akademie aus dem Jahre 2014.
FOTOGRAFIE Ines Reese und Christoph Rinne, Kiel

[3] Forschungszentren und Verbundprojekte werden von internationalen Expertengremien beraten. Hier erläutert die Doktorandin Johanna Brinkmann einem auswärtigem Professor ein Forschungsprojekt im norddeutschen Raum.
FOTOGRAFIE Sara Jagiolla, Kiel

Somit stellt die Johanna-Mestorf-Akademie eine interdisziplinäre Lehr- und Forschungsinstitution dar, die als zentrale Einrichtung der Kieler Universität in Zusammenarbeit mit außeruniversitären Institutionen arbeitet. Zentrales Aufgabenfeld ist die interdisziplinäre Erforschung grundlegender kulturhistorischer und umweltbezogener Phänomene in regionalen bis globalen Zusammenhängen. Das Arbeitsgebiet umfasst traditionell primär Europa, doch finden auch zahlreiche außereuropäische Studien statt. Chronologisch steht der Zeitraum von der ersten menschlichen Besiedlung bis zum Beginn der Neuzeit im Blickpunkt der Forschungen. Grundlagenforschung, koordinierte Forschungsinitiativen und langfristige Projektansätze sind integrale Bestandteile einer entsprechenden innovativen Forschungskonzeption. Die JMA nimmt somit eine zentrale Rolle in der Planung und Durchführung internationaler Großprojekte ein.

LITERATUR

E.-M. Mertens und J. K. Koch, Eine Dame zwischen 500 Herren: Johanna Mestorf – Werk und Wirkung. Frauen, Forschung, Archäologie (Münster 2002).

J. Müller, Von Johanna Mestorf zur Akademie – Die Rolle von Gesellschaft, Archäologie und Landschaft an der CAU. In: O. Auge (Hrsg.), Christian-Albrechts-Universität zu Kiel. 350 Jahre Wirken in Stadt, Land und Welt (Hamburg 2015) 748–774.

D. Unverhau, Ein anderes Frauenleben (Kiel/Hamburg 2015).

VII
Kooperationsprojekte

Wissenschaftliche Forschung in der archäologischen Denkmalpflege und an Museen, Universitäten und anderen Forschungseinrichtungen, insbesondere im Bereich der Archäologie, lebt von Kooperation. Neben den Forschungszentren und Verbundprojekten, in denen die Leitung im Land Schleswig-Holstein liegt und mehr als zehn Partner beteiligt sind, gab und gibt es zahlreiche Kooperationsprojekte, in denen zumeist zwei bis drei Partnerinstitutionen zusammenarbeiten. Dazu gibt es auch größere Kooperationen, die außerhalb des Landes geleitet und koordiniert werden, an denen sich aber hiesige Institutionen mit einem Teilprojekt beteiligen.

Bei den Kooperationen arbeiten sehr oft Museen, Denkmalpflege, Universitäten oder Akademien zusammen, seien dies Kooperationen im In- oder im Ausland. Inhaltlich reicht das Spektrum vom ältesten Gräberfeld Deutschlands bis zu den Weltkriegsopfern des Zweiten Weltkrieges. Betroffen sind zeitspezifische Untersuchungen genauso wie Themen zur Identitätsbildung im Zusammenhang mit der archäologischen Denkmalpflege. Gerade auch die internationalen Kooperationen basieren auf einer zumeist langjährig gewachsenen Zusammenarbeit, die auch das gemeinsame Akquirieren von Ressourcen für die archäologische Forschung so ermöglichte, dass Drittmittel für Ausgrabungen, Ausstellungen und/oder Mitarbeiter*innen zur Verfügung standen oder stehen.

Johannes Müller

AUTOR
Ralf Bleile

KOOPERATIONSPARTNER
VolkswagenStiftung
Museum für Archäologie Schloss Gottorf
Institut für Ur- und Frühgeschichte der CAU, Kiel
Universität und Deutsches Bergbaumuseum Bochum
Universität Göttingen
Schwedenspeicher-Museum-Stade und Stadtarchäologie Stade
Römisch-Germanisches Museum und Städtisches Museum Köln
Stadtarchäologie und Burghofmuseum Soest
Landesamt für Kultur und Denkmalpflege Mecklenburg-Vorpommern
Museum Kaiserpfalz Paderborn
Universität und Historisches Museum Bamberg
Niedersächsisches Landesamt für Denkmalpflege Braunschweig
Niedersächsisches Landesamt für Denkmalpflege Lüneburg

KOOPERATIONSZEITRAUM
seit 2012

ZEITL. EINORDNUNG
Frühmittelalter

Zwischen Wikingern und Hanse

Kontinuität und Wandel des zentralen Umschlagplatzes Haithabu/Schleswig im 11. Jahrhundert

Im Jahr 1066 zerstörte ein slawisches Heer Haithabu, den im Frühmittelalter wohl bedeutendsten Seehandelsplatz Nordeuropas. Gemeinsam mit der Schlacht von Hastings (England) definiert dieses Ereignis in der Forschung das Ende der Wikingerzeit. Nur zwei Kilometer von Haithabu entfernt entstand am Nordufer der Schlei ein neuer Hafen und entwickelte sich in wenigen Jahrzehnten zur mittelalterlichen Stadt Schleswig mit Bischofssitz und Königspfalz sowie einer Bedeutung des Fernhandels, die jener Haithabus ebenbürtig war.

Grund dafür war die verkehrsgünstige Lage am inneren Ende der Ostseeförde Schlei, nur wenige Landkilometer von der schiffbaren Treene im Westen entfernt, auf der man über die Eider in die Nordsee gelangt. Bei Betrachtung Haithabus und Schleswigs als zentralen Umschlagplatz sind die Priorität des Fernhandels zu akzeptieren und die Häfen in den Vordergrund zu rücken. Dies scheint gerechtfertigt, weil es bei aller Komplexität von Ursache und Wirkung doch zumeist einen Hauptfaktor gibt, der für Lokalität, Beginn und Verlöschen eines Phänomens ausschlaggebend war. Welche Rolle aber spielen in der Kontinuität von Haithabu-Schleswig die vielfältigen Veränderungen des 11. Jh. bspw. in den sich wandelnden Rohstoffquellen, und wie spiegeln die archäologischen Befunde und Funde diese?

Vier Sammlungen im Museum für Archäologie Schloss Gottorf in Schleswig besitzen das Potenzial, die Vorstellung von Haithabu und Schleswig im 11. Jh. schärfen zu können. Dies sind für Haithabu die Dokumentation der Ausgrabung von Grubenhäusern in den Jahren 2005 bis 2010 und die mehr als 10.000 Funde aus den Detektorbegehungen der Jahre 2003 bis 2007 sowie für Schleswig die Dokumentation der Hafengrabung in der Plessenstraße (1970–1977, 1983–1984) und der Fundkomplex aus der Ausgrabung im Hafengang im Jahr 2007.

Gemeinsam mit Ulrich Müller, Lehrstuhl für Frühgeschichte, Mittelalter- und Neuzeitarchäologie am Institut für Ur- und Frühgeschichte der Christian-Albrechts-Universität zu Kiel, entstand auf der Basis dieser Quellen 2010 ein Antrag bei der Förderinitiative »Forschung in Museen« der VolkswagenStiftung für mehrere Stellen, Digitalisierung sowie umfangreiche Materialanalysen in den Laboren in Bochum und Göttingen (später auch in Orléans). Partner des Antrages waren neben den diese Labore unterhaltenden Institutionen (Universität und Bergbaumuseum Bochum, Universität Göttingen) acht Museen und für die Landesarchäologie zuständige Ämter in Deutschland, die Fundmaterial anderer Regionen einbrachten.

Inzwischen ist das Projekt fast beendet. Zu den wichtigsten Ergebnissen gehört die Erkenntnis, dass die ältesten Befunde im Hafenareal Schleswigs bis in das Jahr 1066 zurückreichen. Damit wurde die bisher bestehende Lücke (ältestes Dendrodatum 1071) geschlossen. Die Detektorbegehungen in Haithabu lieferten zahlreiche Funde, die vor allem Münzen und normierte Feingewichte beinhalten, deren Verteilung die Nutzung des gesamten Areals im Inneren des Halbkreiswalles auch im 11. Jh. anzeigt.

Die Hafenbrücken in Schleswig dienten nicht nur zum Anlegen der Schiffe, sondern ebenso der Baulandgewinnung für die Errichtung von Häusern. Nur bei einer Brücke besteht eine Ausnahme: Auf ihr fehlen Baubefunde weitgehend, doch weist sie reichhaltigeres Fundmaterial auf. Vielleicht lag hier der in Schleswig zu dieser Zeit an keiner anderen Stelle nachweisbare Marktplatz, der auch in Haithabu auf den Hafenbrücken lokalisiert wurde.

Ein strategisch wichtiges Ergebnis ist die Implementierung Schleswigs in die Haithabu-Forschung. Der Ort Haithabu südlich der Schlei erscheint als ältere, der Ort Schleswig am Nordufer als jüngere Phase eines Umschlagplatzes zwischen Nordost- und Nordwesteuropa, zwischen Skandinavien und dem Kontinent. Es bleibt die Frage, was genau das Jahr 1066 mit seinen Ereignissen in England und an der Schlei eigentlich trennt. Ihr soll eine Sonderausstellung nachgehen, die unter dem Titel »Untergang der Wikinger – Skandinaviens Weg ins Abendland«, Methodik und Ergebnisse dieses Forschungsprojektes in einem erweiterten Kontext der Öffentlichkeit vorstellt.

LITERATUR

V. Hilberg, Handel und Rohstofftransfer nach Skandinavien und ins Ostseegebiet. Haithabu/Schleswig und der Kontinent im 11. Jahrhundert. In: M. Wemhoff und M. Rind (Hrsg.), Bewegte Zeiten. Archäologie in Deutschland. Begleitband zur Ausstellung 21. September 2018 bis 6. Januar 2019, Gropius Bau, Berlin (Berlin 2018), 217–227.

Chr. Jung, Ein Schiff wird kommen. Impulse. Das Wissenschaftsmagazin der Volkswagen-Stiftung 01_2016, 54–69.

U. Müller, F. Rösch und M. Schimmer, Von Haithabu nach Schleswig. Aktuelle Forschungen zur Gründung einer Metropole zwischen Wikinger- und Hansezeit. Mitteilungen der Deutschen Gesellschaft für Archäologie des Mittelalters und der Neuzeit 27, 2014, 25–36.

F. Rösch, Das Schleswiger Hafenviertel im Hochmittelalter. Entstehung – Entwicklung – Topographie. Zeitschrift für Archäologie des Mittelalters, Beiheft 26 (Bonn 2018).

VolkswagenStiftung, 10 Jahre – 10 Thesen. Forschung in Museen.

www.volkswagenstiftung.de/aktuelles-presse/publikationen/broschüre-10-jahre-–-10-thesen-forschung-in-museen

[1] Haithabu, Detektorfunde. Neben angelsächsischen Pennies (li.) und dänischen Prägungen (re.) dominieren Denare aus sächsischen und niederlothringischen Münzstätten (Bildmitte) den Geldumlauf vom späten 10. bis zum mittleren 11. Jh.
FOTOGRAFIE © Landesmuseen Schleswig-Holstein, Schloss Gottorf

AUTORINNEN
Wiebke Kirleis
Anna Elena Reuter

KOOPERATIONSPARTNER
Institut für Ur- und Frühgeschichte der CAU, Kiel
Geographisches Institut der JGU, Mainz
RGZM Mainz
Institut für Archäologische Wissenschaften, Denkmalwissenschaften und Kunstgeschichte der OFU, Bamberg
Archäologisches Institut Belgrad
École française de Rome (EFR)
Université de Strasbourg

KOOPERATIONSZEITRAUM
seit 2017

ZEITL. EINORDNUNG
6. Jh. n Chr.

Wovon zehren in der Krise?

Archäobotanische Untersuchungen zur Vorratshaltung im byzantinischen Caričin Grad, Serbien

Unter dem Titel »Zwischen staatlicher Fürsorge und privater Vorsorge« nehmen Prof. Wiebke Kirleis, Institut für Ur- und Frühgeschichte, Christian-Albrechts-Universität zu Kiel, und Prof. Rainer Schreg, Institut für Archäologische Wissenschaften, Denkmalwissenschaften und Kunstgeschichte, Otto-Friedrich-Universität Bamberg, in einer »interdisziplinären Studie zur Versorgungssicherung im 6. Jh. anhand des Getreidespeichers von Caričin Grad« die Strategien dieser Sicherung in der Krisen- und Umbruchszeit der Spätantike, genauer dem 6. Jh., in den Blick. Die Archäobotanikerin Anna Reuter führt dabei in Kiel die Untersuchungen an den außergewöhnlich gut erhaltenen und sehr diversen verkohlten Pflanzenresten durch, während die bodenkundlichen Untersuchungen durch Jago J. Birk und Prof. Dr. Sabine Fiedler an der Universität Mainz umgesetzt werden. Das von der Thyssen-Stiftung für Wissenschaftsförderung seit 2017 unterstützte Projekt baut auf die seit 2014 im Leibniz-Wettbewerb geförderte Maßnahme »Das kurze Leben einer Kaiserstadt – Alltag, Umwelt und Untergang des frühbyzantinischen Caričin Grad (Iustiniana Prima?)« auf und ist darüber in die langjährige erfolgreiche Zusammenarbeit des Römisch-Germanischen Zentralmuseums Mainz (RGZM) mit der École française de Rome (EFR) und dem serbischen Institut für Archäologie in Belgrad (IA) eingebunden.

Um zu verstehen, wie sich die Krisenzeit auf den Alltag der Bevölkerung in der Spätantike auswirkte, ist ein Blick auf ihre Versorgungsstrategien grundlegend. Wie reagierten die Menschen auf die veränderten Lebensumstände, welche Maßnahmen ergriffen sie zur Sicherung der Nahrungsmittelgrundlage? Ausgangsbasis, um nach Antworten zu forschen, bietet die im südlichen Serbien zwischen dem Berg Radan und der Leskovac-Ebene gelegene Stadt Iustiniana Prima (Caričin Grad). Sie wurde zu Zeiten einer Krise um 530 n. Chr. von Kaiser Justinian als Verwaltungsmittelpunkt gegründet, jedoch um 615 n. Chr., nach noch nicht einmal drei Generationen, wieder verlassen.

Die Gebiete des balkanischen Donauraumes unterlagen in der Spätantike, wie nahezu keine andere Region, kriegerischen Auseinandersetzungen mit über den Donaulimes drängenden Bevölkerungsgruppen. In dieser Kriegs- und Krisensituation kam einer organisierten Vorratshaltung wichtige Bedeutung zu. Die Mehrzahl der bekannten Speicherbauten auf dem Balkan datiert in das späte 3. und frühe 4. Jh. Sie wurden vor allem in Städten errichtet und nicht mehr in dem Maße in Villen und Kastellen wie in den Jahrhunderten zuvor. Trotz der regen Bautätigkeiten in den Städten verloren die urbanen Speicherbauten bereits im späten 4. und frühen 5. Jh. ihre Funktion, und erst ab dem späten 5. und dem 6. Jh. sind einige wenige Neubauten überliefert. In diesem Rahmen erhielt auch die neue Stadtgründung Caričin Grad ein Gebäude zur zentralen Vorratsspeicherung (Horreum). In zwei Ausgrabungskampagnen in den Jahren 2017 und 2018 wurde das Horreum vollständig ausgegraben und für archäobotanische und geoarchäologische Analysen beprobt. Nach dem Grabungsbefund verstürzte der Speicher im Zuge einer Brandkatastrophe. Münzfunde datieren den Brand in die letzten Jahrzehnte des 6. Jh. Danach wurden über dem Versturz einfache Gebäude errichtet.

Die ersten Ergebnisse der archäobotanischen Analysen an Material aus der Kampagne 2017 zeigen bereits herausragende Hinweise auf die Nutzung des Gebäudes zum Ende des 6. Jh. Die Pflanzenreste zeugen davon, dass es in einer frühen Nutzungsphase, gemäß seinem eigentlichen Zweck, der Lagerung und Verarbeitung pflanzlicher Nahrungsmittel diente. Daneben liegen Hinweise auf die Lagerung von Tierfutter vor, für die Stadt Caričin Grad bisher einzigartig. Die geoarchäometrischen Analysen bestätigen den auf Basis der archäobotanischen Analysen gewonnenen Eindruck bezüglich der Nutzungen. Beide Analysen legen einen deutlichen Wandel der Nutzung des Gebäudes nahe. Die Pflanzenreste belegen ferner die Vermutung, dass das Horreum bereits vor der Zerstörung durch den Brand als zentraler Speicher aufgegeben wurde. So ergibt sich aus einer ersten Zusammenschau die These einer Nutzung des Gebäudes in seiner letzten Phase als Stall.

Die Pflanzenansammlungen im zentralen Speicherbau sollen nach abschließender Auswertung des umfangreichen Materials mit solchen aus Gebäuden und Straßen der Oberstadt verglichen werden, in denen die Verarbeitung und Lagerung von Kulturpflanzen im Kontext privater Haushalte nachgewiesen ist. Ziel ist es, die Bedeutung der sich wandelnden Vorratshaltung als Bestandteil der städtischen Pflanzenökonomie für die tiefgreifenden Veränderungen von Stadt, Staat und Gesellschaft in der Spätantike zu erschließen.

LITERATUR

A. E. Reuter, Einheit in der Vielfalt? Zur Kulturpflanzennutzung im Byzantinischen Reich unter besonderer Berücksichtigung archäobotanischer Untersuchungen in Caričin Grad (Justiniana Prima). Byzanz zwischen Orient und Okzident (BOO) (Mainz in Vorber.).

N. Marković, A. E. Reuter und J. J. Birk, БИОАРХЕОЛОШКА ИСТРАЖИВАЊА СВАКОДНЕВНОГ ЖИВОТА У ЦАРИЧИНОМ ГРАДУ (JUSTINIANA PRIMA). Bioarchaeology of everyday life in Caričin Grad (Justiniana Prima). LESKOVAČKI ZBORNIK (the annual of the National Museum) LIX/2019, 21–44.

H. Baron, A. E. Reuter und N. Marković, Rethinking ruralization in terms of resilience: Subsistence strategies in sixth-century Caričin Grad in the light of plant and animal bone finds. Quaternary International 499/2019, 112–128.

R. Schreg, J. Birk, S. Fiedler, H. Kroll, N. Marković, A. E. Reuter, C. Röhl und M. Steinborn, Wirtschaftliche Ressourcen und soziales Kapital. Gründung und Unterhalt der Kaiserstadt Iustiniana Prima. Mitteilungen der Deutschen Gesellschaft für Archäologie des Mittelalters und der Neuzeit, Bd. 29 (2016): Mitteilungen der DGAMN: Ressourcen. Mitteilungen der Deutschen Gesellschaft für Archäologie des Mittelalters und der Neuzeit 29/2016, 9–20.

C. Röhl, R. Schreg, H. Kroll, A. E. Reuter, M. Steinborn, J. Birk, S. Fiedler, V. Ivanišević, I. Bugarski, S. Stamenković, A. Stamenković und N. Marković, An Imperial Town in a Time of Transition. Life, Environment, and Decline of Early Byzantine Caričin Grad. LAC2014 Proceedings 3rd International Landscape Archaeology Conference (2016), 1–11.

[1] Anna Reuter beim Schlämmen von Bodenproben für die archäobotanische Makrorestanalyse in Caričin Grad.
FOTOGRAFIE Meneka Gadkari, Kiel

AUTOREN
Ulf Ickerodt
Christian Weltecke

KOOPERATIONSPARTNER
Archäologisches Landesamt Schleswig-Holstein
Kreis Steinburg
Ehrenamt und Vereine in der Region
Leibniz Universität Hannover
Hansestadt Lübeck
Universität Greifswald
Universität Hamburg
Landkreis Ludwigslust-Parchim
mensch und region Böhm Kleine-Limberg GbR

KOOPERATIONSZEITRAUM
2014–2019, fortlaufend

ZEITL. EINORDNUNG
12. Jh. – Heute

REGIOBRANDING
Forschung zum Kulturlandschafts- und Denkmalpflegemanagement

Seit Ende der 1990er Jahre konstituiert sich archäologisches Denkmalpflegemanagement als eigener Forschungsbereich. Diese Entwicklung steht eng mit zwei weiteren Prozessen in Verbindung. Der eine ist die aufkommende Kulturlandschaftsdebatte. Sie führt, ausgehend von den auch weiterhin kulminierenden Urbanisierungsprozessen, dem Ausbau der erneuerbaren Energien und Infrastruktur zu starken Veränderungen in den historischen Kulturlandschaften und erforderte vonseiten der archäologischen Denkmalpflege eine Reaktion. Als ein Konzept gilt die planungsorientierte Denkmalpflege. Dieser Wandel ist mit dem zweiten Prozess verknüpft. Es sind die Auswirkungen der Digitalisierung, die den Blick auf die historischen Kulturlandschaften ebenfalls veränderten. Als wichtiger Erfolg ist hier zu nennen, dass Schleswig-Holstein als erstes Land der Bundesrepublik Deutschland die Kulturlandschaftskonvention von Florenz (Europäisches Landschaftsübereinkommen) inhaltlich würdigte und bei der Novellierung des Denkmalschutzgesetzes im Jahr 2014 explizit als Schutzziel mit berücksichtigte. Vor diesem Hintergrund beteiligte sich das Archäologische Landesamt Schleswig-Holstein (ALSH) an dem Forschungskooperationsprojekt REGIOBRANDING, um die Berücksichtigung der Belange des archäologischen Erbes und der historischen Kulturlandschaften bei Planungsprozessen zu verbessern.

Hierzu arbeitete das ALSH eng mit dem Landkreis Steinburg sowie den Universitäten Hannover, Hamburg und Greifswald zusammen. Forscher und Praktiker haben drei Modellräume in der Metropolregion Hamburg für das Projekt ausgesucht: Lübeck-Nordwestmecklenburg, Griese-Gegend–Elbe–Wendland und die Steinburger Elbmarschen. Letztere ist eine seit mehreren Jahrhunderten kultivierte Landschaft unter dem Meeresspiegel, deren Weideflächen Entwässerungsgräben (Grüppen) durchziehen und die mit einer einzigartigen Hauslandschaft aus Fachhallen- und Barghäusern ausgestattet ist.

Der ländlich geprägte Raum grenzt an Hamburg und ist als Untersuchungsgebiet naturräumlich klar definiert. Die Herausforderungen durch den Klimawandel, den Ausbau erneuerbarer Energien, die Siedlungsentwicklung, die Daseinsvorsorge und die Naherholungsqualitäten sowie die sich daraus ergebenden Potenziale stellen nur einige Aspekte dar, die die Elbmarschen zu einer wertvollen Fokusregion für das Projekt REGIOBRANDING machte. Daneben sind die Akteure, die Personen, die an diesem Vorhaben beteiligt waren, entscheidend. Sie sorgen dafür, dass die Ziele von Regiobranding auch nach Projektende, vor Ort, in der Region, auf Kreis- sowie Landesebene, weiterverfolgt werden.

Die Projektförderung erfolgte über das Bundesministerium für Bildung und Forschung im Rahmen der FONA-Initiative (BMBF-Programm Forschung für Nachhaltige Entwicklung) als transdisziplinäre »Innovationsgruppe für ein nachhaltiges Landmanagement«. Die Innovationsgruppe setzte sich aus Wissenschaftler*innen unterschiedlicher Fachbereiche sowie Praxispartner*innen aus der Verwaltung zusammen. Die aktive Einbeziehung von Politik, Behörden, Ehrenamt, Vereinen, Dienstleistern, interessierten Bürgern und Wirtschaft stellte ein zweites wichtiges Standbein dar. Ziel des Projektes war es, Strategien, informelle Strukturen und Instrumente zum nachhaltigen Management von Kulturlandschaften zu entwickeln.

Das ALSH hatte konkret die Aufgabe, das Thema Kulturlandschaftswandelkarte als Beteiligungs- und Planungswerkzeug zu bearbeiten, das digitale Kulturlandschaftskataster www.kuladig.de einzuführen, sowie damit verbundene Kommunikationsstrategien zu entwickeln und nicht zuletzt die Praktikabilität eines integrierten Kulturlandschaftsmanagements zu erforschen. Neben den denkmalpflegerischen Schutzzielen beschäftigt sich REGIOBRANDING mit regionalen Identitätsbildungsprozessen. Die über einen längeren Zeitraum stattfindende Einbindung der Menschen vor Ort dient als Ausgangspunkt für die sozial nachhaltige Regionalentwicklung. Dabei wird von den individuellen Qualitäten der jeweiligen historischen Kulturlandschaft ausgegangen. Ihre Landschaftselemente und hier insbesondere das archäologische Erbe und die unterschiedlichen Landnutzungsformen erzählen von der eigenen Geschichte, die immer Teil dieser spezifischen regionalen Identität ist. (Historische) Kulturlandschaft steht als ein Sinnbild für Lebensqualität und für etwas, was viele unter dem wieder aktuellen Begriff der Heimat empfinden. Regionale Qualitäten können so zielgerichteter erhalten und entwickelt werden.

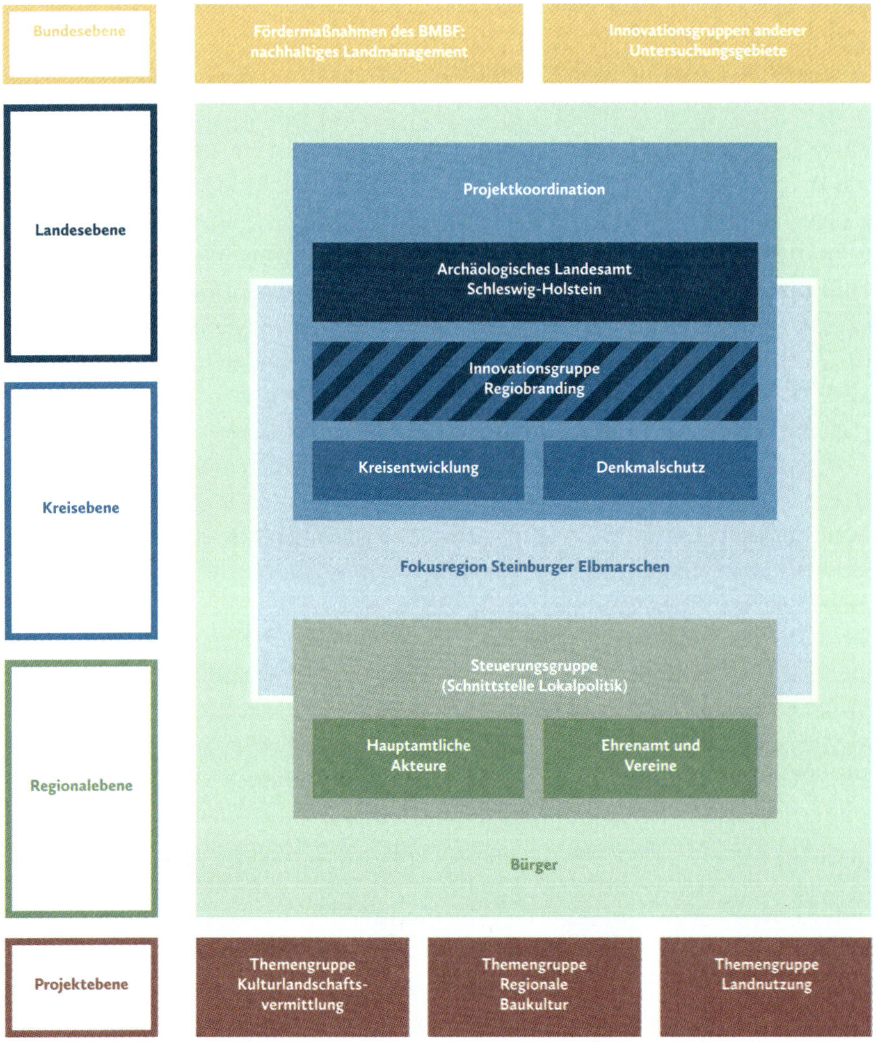

[1] Schaubild Netzwerkstruktur und Projektorganisation.

LITERATUR

A. Bauerochse, H. Haßmann und U. Ickerodt (Hrsg.), Kulturlandschaft. administrativ – digital – touristisch. Initiativen zum Umweltschutz 67 (Berlin 2007).

U. Ickerodt, D. Kempa, B. von Malottky und P. Huusmann, REGIOBRANDING. Nachhaltiges Management historischer Kulturlandschaften in der Region Steinburger Elbmarschen. ANSH 21, 2015, 100–103.

U. Ickerodt und M. Maluck, Raumplanungsorientierte Denkmalpflege in Schleswig-Holstein im Angesicht der Energiewende – ein Plädoyer für ein erweitertes Denkmalpflegemanagement. Archäologische Informationen 40, 2017, 257–278

U. Ickerodt und M. Maluck, Energy Transition. A challenge for the management of the cultural landscape. In: L. Egberts und M. Schroor (Hrsg.), Waddenland outstanding: The history, Landscape and cultural heritage of the Wadden Sea Region (Amsterdam 2018) 269–281.

U. Ickerodt und C. Weltecke (Hrsg.), Historische Kulturlandschaften in Schleswig-Holstein, Planung – Gestaltung – Vermittlung (Schleswig 2018).

U. Ickerodt und C. Weltecke (Hrsg.), Der Kulturlandschaftswandel in den Steinburger Elbmarschen (Schleswig 2018).

U. Ickerodt und C. Weltecke (Hrsg.), Ergebnisband Regiobranding – Kulturlandschaftsmanagement in den Steinburger Elbmarschen (Schleswig 2019).

W. Riedel, H. Lange, E. Jedicke und M. Reinke (Hrsg.), Landschaftsplanung (Heidelberg 2016).

W. J. H. Willems, Von der Bodendenkmalpflege zum Management archäologischen Erbes: Entwicklungen in Europa und den Niederlanden. Archäologisches Nachrichtenblatt, 3 (2), 1998, 173–180.

AUTOR
Robert Hofmann

KOOPERATIONSPARTNER
Institut für Ur- und Frühgeschichte der Christian-Albrechts-Universität zu Kiel
Bosnisch-Herzegowinisches Nationalmuseum Sarajewo
Zentrum für Balkanstudien der Bosnisch-Herzegowinischen Akademie der Wissenschaften und Künste
Museum der Vojvodina in Novi Sad, Serbien

KOOPERATIONSZEITRAUM
2014–2020

ZEITL. EINORDNUNG
Neolithikum
ca. 5500–4300 v. Chr.

Beginnende Globalisierung in Südosteuropa

Innovation und Peripherie im Balkan während der Jungsteinzeit

In Kooperation mit Partnern in Bosnien und Herzegowina (Bosnisch-Herzegowinisches Nationalmuseum Sarajewo, Zentrum für Balkanstudien der Bosnisch-Herzegowinischen Akademie der Wissenschaften und Künste) und Serbien (Museum der Vojvodina in Novi Sad) wurde untersucht, wie regionale Entwicklungen in Zentralbosnien, in Ostbosnien und der Vojvodina miteinander synchronisiert und in den Gesamtkontext innovativer Entwicklungen im zentralen und westlichen Balkangebiet einzuordnen sind.

Generell können in vielen Perioden der menschlichen Geschichte innovative Zentren und weniger innovative, periphere Regionen unterschieden werden. Wie z. B. Mesopotamien zum Ausgangspunkt früher Staaten oder England zu einem Startpunkt der industriellen Revolution wurden, waren durch demografische Prozesse oder verkehrsgeografische Faktoren begünstigte innovative Kernregionen Entstehungsgebiete technischer oder sozialer Umwälzungen, die sich von dort in periphere Gebiete ausbreiteten. Nach der sog. Weltsystem-Theorie von Immanuel Wallerstein entstanden unter den kapitalistischen Bedingungen der Neuzeit aus derartigen Entwicklungsunterschieden »asymmetrische« Zentrum-Peripherie-Beziehungen, mit direkten ökonomischen Abhängigkeiten zwischen dem in der Regel profitierenden Zentrum und benachteiligten Peripherien.

In einem durch die Deutsche Forschungsgemeinschaft und die Kieler Graduiertenschule »Human Development in Landscapes« geförderten Projekt zu *»Innovation und Peripherie: Interaktion im zentralen und westlichen Balkangebiet während des Neolithikums und frühen Äneolithikums«* wurde für Südosteuropa untersucht, inwieweit sich vergleichbare regionale Zentrum-Peripherie Beziehungen auf einer geografischen Makroebene bereits in nichtstaatlichen Gesellschaften der Jungsteinzeit nachweisen und charakterisieren lassen.

Die Untersuchungsregion im westlichen und zentralen Balkan war im 6. und 5. Jt. v. Chr. durch die Ausbreitung und zunehmende Etablierung von Ackerbau und Viehzucht als ökonomischer Basis der Subsistenz gekennzeichnet. Erstmals entstanden große bevölkerungsreiche Siedlungen, die sich durch dichtes und ortskonstantes Zusammenleben allmählich zu Siedlungshügeln entwickelten, die über große Territorien hinweg gemeinsame Keramikstile teilten und zu einem frühen Zentrum der Metallurgie mit zunehmenden Spezialisierungen im handwerklichen Bereich prosperierten.

Dabei erwies sich das Verbreitungsgebiet mit Vinča-Keramikstilen als Kernbereich einer durch Kommunikation und Austausch eng vernetzten innovativen Region. Diese Kernzone umgaben in der Mittelgebirgszone Bosniens und dem Flachland der Pannonischen Tiefebene periphere Randregionen, in denen technische und soziale Neuerungen erst mit zeitlicher Verzögerung und nur selektiv übernommen wurden und zudem in geringerem Maße handwerkliche Spezialisierungen vorkamen. Ferner bestanden in diesen peripheren Regionen vielfach in unterschiedliche Kernregionen gerichtete Beziehungen. Vermutlich von unterschiedlichen Akteuren getragen, schlugen sich diese u. a. in gemischten Fundinventaren mit unterschiedlicher materieller Kultur nieder. Wechselnde Orientierungen waren zudem ausschlaggebend für scheinbare Verschiebungen kultureller Grenzen, die früher vielfach als Ausdruck von Eroberungen gedeutet wurden.

Im Gegensatz zu kapitalistischen Weltsystemen sind interregionale Beziehungen in der Jungsteinzeit nicht durch direkte ökonomische Abhängigkeiten gekennzeichnet, sondern betrafen eher die Übernahme ideologischer Werte sowie in geringerem Maße den Austausch von Prestigegütern. Trotz ihres flüchtigen Charakters erwiesen sich die beschriebenen makro-regionalen Zentrum-Peripherie-Beziehungen als maßgeblicher Treiber der historischen Entwicklung in der Region: Erst durch sie wird verständlich, wie die Desintegration der Kernzone ab 4700 v. Chr. auch in den Peripherien regional differenziert zum Kollaps bzw. zur kulturellen Reorganisation führte.

LITERATUR

R. Hofmann, The Bosnian Evidence: The New Late Neolithic and Early Copper-Age Chronology and Changing Settlement Patterns. In: S. Hansen, P. Raczky, A. Anders und A. Reingruber (Hrsg.), Neolithic and Copper Age between the Carpathians and the Aegean Sea. Chronologies and Technologies from the 6th to the 4th Millennium BCE. International Workshop Budapest 2012. Archäologie in Eurasien 31 (Bonn 2015) 219–241.

R. Hofmann, A. Medović, M. Furholt, I. Medović, T. Stanković-Pešterac, S. Dreibrodt, S. Martini und A. Hofmann, Late Neolithic multicomponent sites of the Tisza region and the emergence of centripetal settlement layouts. Prähistorische Zeitschrift 94, 1, 2019, 1–28.

R. Hofmann, Neolithic pottery innovation in context: A model and case study from the Central and Western Balkans. In: M. Spataro und M. Furholt (Hrsg.), Detecting and explaining technological innovation in prehistory. Scales of Transformation 8 (Leiden 2020) 93–119.

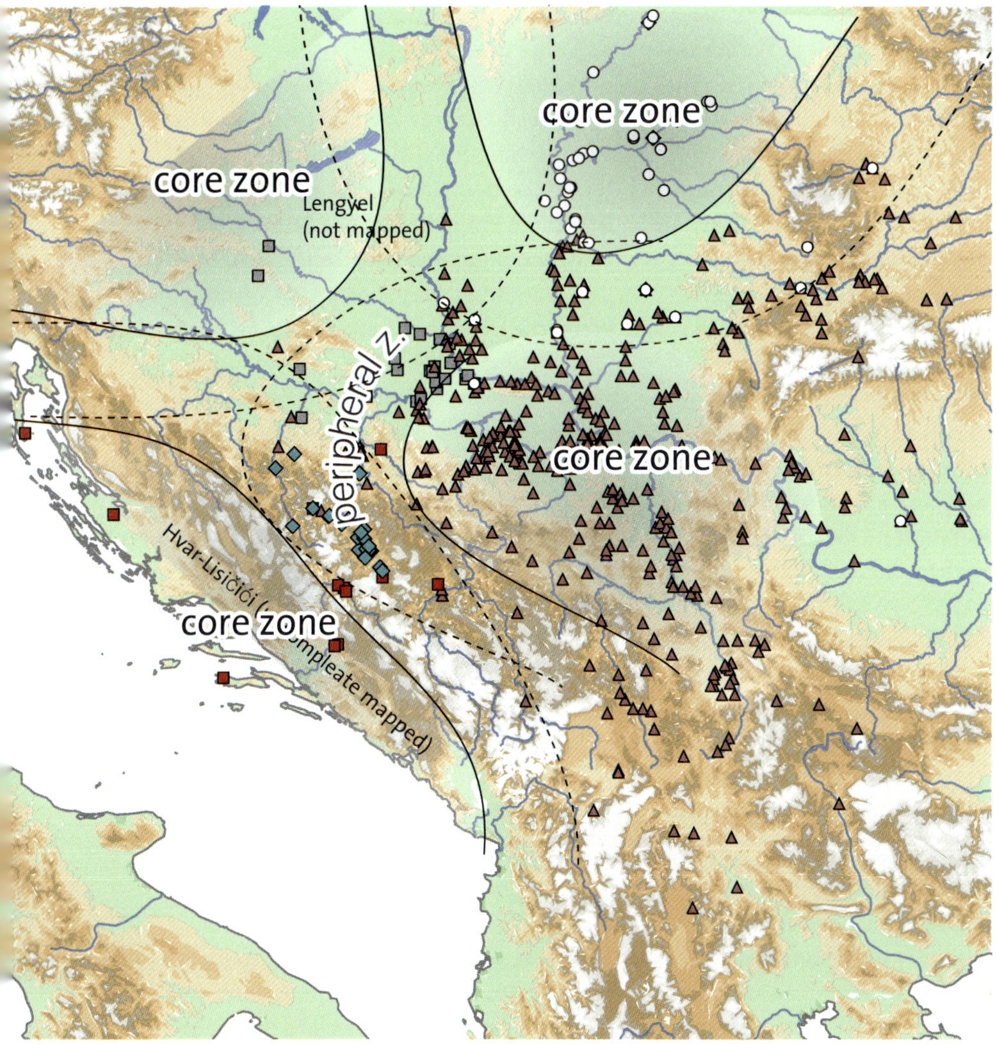

[1] Räumliche Verteilung innovativer Kernzonen und peripherer Zonen neolithischer Gesellschaften im zentralen und westlichen Balkangebiet (nach Hofmann 2020, Abb. 7).
KARTE Robert Hofmann, Kiel

AUTOR
Fritz Jürgens

KOOPERATIONSPARTNER
Institut für Ur- und Frühgeschichte der Christian-Albrechts-Universität zu Kiel
Defense POW/MIA Accounting Agency
Deutscher Marinebund

KOOPERATIONSZEITRAUM
seit 2019

ZEITL. EINORDNUNG
20. Jahrhundert
Neuzeit/Moderne

Kooperationen zur Archäologie der Moderne

Die archäologische Erforschung von Relikten der jüngsten Vergangenheit, besonders ihrer kriegerischen Abschnitte, gewann in den letzten Jahren immer mehr an Bedeutung. Auch das Institut für Ur- und Frühgeschichte (UFG) der Christian-Albrechts-Universität zu Kiel widmet sich dieser Thematik derzeit u. a. in zwei groß angelegten Kooperationsprojekten. Im Jahr 2015 wurde aus zwei Vorgängerorganisationen die Defense POW/MIA Accounting Agency (DPAA) gegründet. Diese dem Verteidigungsministerium der United States of Amerika untergliederte Organisation ist bestrebt, das Schicksal aller Vermissten der US-Streitkräfte aufzuklären. Insgesamt sind dies über 81.000 Individuen, eine Vielzahl aus dem Zweiten Weltkrieg, dem Korea- und dem Vietnamkrieg. Schätzungen gehen davon aus, dass die sterblichen Überreste von etwa 35.000 Personen noch geborgen und zurückgeführt werden können. Um diese Mammutaufgabe zu bewältigen, arbeitet die DPAA seit 2015 mit externen Kooperationspartnern zusammen. Seit 2019 stellt das UFG mit seiner unterwasserarchäologischen Expertise einen solchen Partner dar. Ziel der Zusammenarbeit ist die Suche nach abgestürzten US-Flugzeugen und deren Besatzungen in der deutschen Ostsee. Weltweit liegt die Schätzung der Zahl der im Wasser bei Schiffsuntergängen oder Flugzeugabstürzen Verschollenen bei etwa 41.000. Die Ostsee bildete im Zweiten Weltkrieg einen wichtigen Anflugkorridor bei zahlreichen Bombenangriffen auf deutsche Militäranlagen, Industriestandorte und Städte, weswegen hier ebenfalls zahlreiche Abschüsse und Abstürze stattfanden. Das Kieler Institut unterstützt die Suche mit Recherchen nach Wrackpositionen, die dokumentierten Flugzeugverlusten zuzuschreiben sind. Hierzu erfolgen Recherchen bei unterschiedlichen Institutionen wie archäologischen Landesämtern, Wasserschifffahrtsämtern, aber auch bei Fischern und Sporttauchern, die Hinweise auf solche Fundorte geben. In einem weiteren Schritt wird versucht, das entsprechende Wrack zu finden und anhand konstruktiver Merkmale wie Motoren etc. einzuordnen und mittels Seriennummern zu identifizieren. Eine einzige Absturzstelle repräsentiert mitunter zehn verschollene Besatzungsmitglieder. Die Bergung derer sterblichen Überreste, die zur Identifizierung in die USA überführt werden, bildet den Abschluss der archäologischen Maßnahme. Der Identifizierung dient u. a. das weltweit größte DNA-Labor, welches die DPAA vor wenigen Jahren auf Hawaii eröffnete; weitere Identifikationsmerkmale sind anatomische Merkmale wie etwa der Zahnstatus. Anschließend erfolgt die Übergabe an die Angehörigen und eine Bestattung mit militärischen Ehren. Durch die forensische Methodik, die für eine rechtskräftige Identifizierung der Vermissten unbedingt notwendig ist, unterscheiden sich die Herangehensweisen in diesem Projekt teilweise deutlich von traditionellen archäologischen Forschungen. Um dieses Vorgehen zu vermitteln, bietet die DPAA auf Hawaii regelmäßige Einführungsseminare und Fortbildungen an, in denen Ausbildungsinhalte wie forensische Archäologie, Identifizierung von Flugzeugtypen und ihren Bestandteilen sowie der Umgang mit Kampfmitteln im Curriculum stehen.

Ein weiteres Relikt der jüngeren kriegerischen Vergangenheit erforscht das UFG in Kooperation mit dem Deutschen Marinebund. Hierbei geht es um die Überreste des schweren Kreuzers »Admiral Scheer«. Dieses 1934 in Dienst gestellte Panzerschiff stand während des Spanischen Bürgerkriegs und des Zweiten Weltkriegs intensiv im Einsatz. Am 9. April 1945 kenterte es im Vorhafen des Deutschen Werke in Kiel nach einem Bombenangriff. Teile des Rumpfes wurden nach dem Krieg vor Ort abgewrackt und das Hafen-

becken mit Sand verfüllt. Dadurch blieben Großteile des Wracks bis heute am Kieler Ostufer unter einer Wiese erhalten. Die genaue Lage und der Zustand des Schiffes sind bis dato jedoch nicht geklärt. Neben den archivalischen Nachforschungen sollen im weiteren Projektverlauf u. a. geomagnetische Messungen erfolgen, um diese Fragen beantworten zu können.
www.dpaa.mil

LITERATUR

J. Brennecke und T. Krancke, Schwerer Kreuzer »Admiral Scheer« (Hamburg 1997).

S. Breyer, Panzerschiff/Schwerer Kreuzer Admiral Scheer. Marina-Arsenal 12 (1990).

[1] Ausbildung von Kooperationspartnern durch die DPAA an einem geborgenen B-17-Bomberwrack auf Hawaii.
FOTOGRAFIE DPAA

[2] Von Fischern geborgener Motor eines amerikanischen B-17-Bombers in der Marina Wendtorf mit Hinweisen auf seinen Absturzort.
FOTOGRAFIE Fritz Jürgens

AUTOR
Ulrich Müller

KOOPERATIONSPARTNER
Institut für Ur- und Frühgeschichte der Christian-Albrechts-Universität zu Kiel
Museum für Archäologie der Stiftung Schleswig-Holsteinische Landesmuseen Schloss Gottorf, Schleswig

KOOPERATIONSZEITRAUM
2007–2011

ZEITL. EINORDNUNG
Neolithikum–Mittelalter

Landschaftsarchäologie im östlichen Holstein

Wasser ist Ressource, Wasser ist Bedrohung, Wasser ist für die Wahl von Siedlungen oftmals entscheidend. Dies zeigt sich nicht immer in ariden Regionen, sondern auch dort, wo Wasser scheinbar im Überfluss vorhanden ist. Die ostholsteinische Seenplatte mit ihren mehr als 100 Seen und zahlreichen Flüssen stand im Fokus eines Projektes, das nach den limnischen und fluvialen Anthroposphären in diachroner Sichtung fragte. Für die 1200 km² große Region wurden rund 100 Fundstellen auf heutigen Inseln und Halbinseln sowie subaquatischen Lagen prospektiert. Der Analysezeitraum spannte vom Neolithikum bis zur ausgehenden Slawenzeit und dem beginnenden Mittelalter. Die archäologischen Arbeiten wurden durch palynologische Studien ergänzt, um die Landschaftsentwicklung genauer abzubilden. Neben Detailstudien zum Siedlungsverhalten in bestimmten Zeitabschnitten standen vor allem generelle Muster der Siedlungswahl sowie die Rekonstruktion der Umwelt (Hydrologie, Vegetation) im Vordergrund des Gemeinschaftsprojektes des Institutes für Ur- und Frühgeschichte an der Christian-Albrechts-Universität zu Kiel und des Museums für Archäologie der Stiftung Landesmuseen in Schleswig.

Die Ergebnisse des Projektes erlauben faszinierende Einblicke in eine Welt, in der Seen und Flüsse gleichermaßen trennendes wie verbindendes Element sind. Dabei galt es zunächst einmal, Veränderungen der Hydrologie zu erfassen. Konnten im mittleren Atlantikum und im mittleren Subboreal deutlich niedrigere Wasserstände nachgewiesen werden, so ist dann ein kontinuierlicher Anstieg der Wasserstände bis in die Slawenzeit zu verzeichnen. Diesen unterbrachen jedoch Phasen stagnierender Wasserstände (z. B. Jüngere Bronzezeit oder Vorrömische Eisenzeit). Weiterhin gelangen Nachweise von Ereignissen mit in der Folge innerhalb kurzer Zeit starken Erosionen. In den Pollenanalysen spiegeln sich diese klimatisch induzierten Veränderungen in Form veränderter Landnutzungen oder Siedlungsweisen wider. Stabile hydrologische Verhältnisse begünstigen gewässernahe Siedlungsstandorte.

Der Vergleich sedimentologischer, pollenanalytischer Ergebnisse und archäologischer Funde belegt eine hohe Korrelation zwischen dem Auftreten archäologischer Funde auf Inseln und dem Steigen und Absinken der Pegelstände in den entsprechenden Seen. Die Fundstellen der Ertebøllekultur, des Spätneolithikums und der Slawenzeit weisen eine Reihe an Gemeinsamkeiten auf: Fundstellen finden sich gehäuft in heute subaquatisch gelegenen oder vermoorten Arealen und terrestrische Fundstellen liegen näher zu offenen als zu Fließgewässern. Vermehrt wurden auch Insellagen und Halbinsellagen aufgesucht. Die meisten Fundstellen liegen unterhalb von 35 m NN; die Wahl von Sonnenhängen war ohne Einfluss auf den Siedlungsplatz, und die Exposition der Fundstellen nach Südwesten spielte keine Rolle. Auf der anderen Seite stehen die Fundplätze der Trichterbecherkultur, Einzelgrabkultur und der Eisenzeit. Sie weisen einen geringeren Bezug zu den Seen des Arbeitsgebietes auf und drücken sich durch die Entfernung von mehr als 150 m sowie einer eher seltenen Insel- und Halbinsellage aus. Das Höhenniveau liegt im Durchschnitt oberhalb von 35 m NN; der überwiegende Teil der Fundstellen befindet sich in Sonnenhanglagen, und die Siedlungsplätze sind selten zur heutigen Hauptwindrichtung exponiert.

In einer vergleichenden Perspektive konnten insgesamt zehn Regionen unterschiedlicher Größe definiert werden, die zu verschiedenen Zeiten als »diachrone Siedlungszentren«, »mehrfach genutzte

Kernregionen« und »zeitlich begrenzt genutzte Region« anzusprechen waren. So unterlagen der Bereich »Bornhöved« sowie das Gebiet um die beiden »Plöner Seen« und der Raum »Malente zwischen dem Diecksee und dem Kellersee« zu allen Epochen intensiver Nutzung. Andere Lokalitäten im Bereich »Tensfelder Au«, »Schwartau«, »Eutiner See/Kellersee« und »Stolper See« sind als zeitlich begrenzt genutzte Regionen erkennbar. Siedlungskonzentrationen treten vor allem während der neolithischen Abschnitte der Trichterbecherkultur, der Einzelgrabkultur und des Spätneolithikums in Erscheinung. Viele der Zentren liegen in den Grenzbereichen der Gewässerscheiden.

Insgesamt ist festzustellen, dass zu verschiedenen Zeiten immer wieder dieselben oder ähnliche Räume als zentrale Regionen von großer Bedeutung waren, wobei ein Kontinuitätsbruch zwischen den lithischen und den metallzeitlichen Perioden bemerkt werden kann. Die Siedlungszentren orientieren sich dabei an den landschaftlichen Gegebenheiten, die oft gleichzeitig markante verkehrstopografische Situationen reflektieren. Die Siedlungsverlagerungen innerhalb dieser Areale finden dabei eher im kleinen Rahmen statt und sind eventuell als eine Resonanz auf klimatische Prozesse zu verstehen, in deren Folge bestimmte Siedlungsräume mehr oder weniger zugänglich waren. Die Seen, Flüsse und Gewässerscheiden des Arbeitsgebietes bilden dabei das Rahmenwerk der Siedlungsbewegungen, sei es als trennendes Element, wie im Fall des Limes Saxoniae, als verbindende Wasserstraße oder als Region mit diachron zentraler Bedeutung, wie der Raum zwischen den beiden Plöner Seen, der in fast allen Zeitabschnitten als Dichtezentrum in Erscheinung tritt. Die Seen und Flüsse der ostholsteinischen Seenplatte sind die siedlungsbestimmenden Elemente der Landschaft, auf die alle archäologischen Kulturgruppen mehr oder weniger starken Bezug nahmen. Erst ab dem Mittelalter griff der Mensch durch den Mühlenstau und die Teichwirtschaft massiv in diese Entwicklungen ein und begann, den Lebensraum nachhaltig zu verändern und zu kontrollieren. Erst dann entstand eine fluviale und limnische Anthroposphäre, deren Umgestaltung bis heute sichtbar ist.

LITERATUR

P. Lüth, Diachrone Studien zur prähistorischen Siedlungslandschaft im Bereich der Holsteinischen Seenplatte. Offa Bücher 88 (Neumünster 2012).

M. Wieckowska, W. Dörfler und W. Kirleis, Holocene history of environment and human impact on two islands in the Ostholstein lakeland area, Northern Germany. Vegetation History and Archaeobotany 21, 2012, 303–320.

M. Wieckowska-Lüth, W. Dörfler und W. Kirleis, Lake level change and its influence on human settlement on islands in the Holstein Lake District, Schleswig-Holstein. Offa-Zeitschrift 67/68, 2010/1 (2014), 27–49.

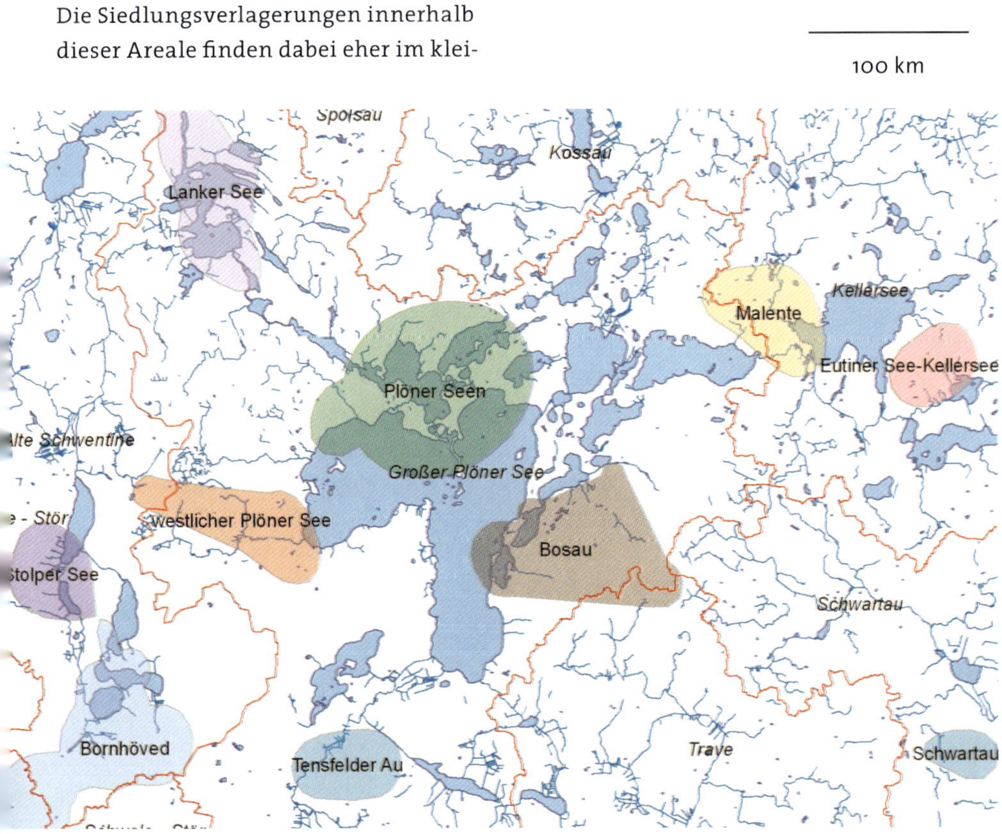

[1] Siedlungszentren nach archäologischen Epochen und Grenzen der Wasserscheiden.
GRAFIK Philip Lüth

EBK = Ertebølle-Kultur
TBK = Trichterbecher-Kultur
EGK = Einzelgrab-Kultur
SN = Spätneolithikum
ÄBZ = Ältere Bronzezeit
JBZ = Jüngere Bronzezeit
VEZ = Vorrömische Eisenzeit
RKZ = Römische Kaiserzeit
VWZ = Völkerwanderungszeit
FSL = frühslawisch
MSL = mittelslawisch
SSL = spätslawisch
MA = Mittelalter

- EBK, TBK, äBZ, VEZ, RKZ, VWZ, SSL, MA
- EGK, SN
- EGK, VEZ, VWZ, FSL, MA
- SN, äBZ, jBZ, VEZ, RKZ, FSL
- TBK
- TBK, EGK
- TBK, EGK, SN, VEZ, RKZ, VWZ
- TBK, SN, äBZ, MSL
- VEZ, FSL, MSL, SSL, MA

AUTOR*INNEN
Barbara Fritsch
Johannes Müller

KOOPERATIONSPARTNER
Landesamt für Denkmalpflege und Archäologie Sachsen-Anhalt
Institut für Ur- und Frühgeschichte der Christian-Albrechts-Universität zu Kiel

KOOPERATIONSZEITRAUM
2007–2013

ZEITL. EINORDNUNG
3800–2800 v. Chr

Megalithlandschaften der Altmark gemeinsam erforscht

Gefördert von der Deutschen Forschungsgemeinschaft wurden über 6 Jahre in der Altmark »Megalithlandschaften« erforscht: Das Landesamt für Denkmalpflege und Archäologie Sachsen-Anhalt und das Institut für Ur- und Frühgeschichte Kiel untersuchten mehrere Megalithgräber und Siedlungsplätze, deren Konstruktion und Belegung in die Zeit um 3800–2800 v. Chr. zu verorten ist. Im Projekt waren sowohl Archäolog*innen als auch Paläoökolog*innen angestellt.

Zu den herausragenden Ergebnissen des Projektes gehört die Entdeckung der Platzkontinuität nicht-megalithischer und megalithischer Langhügel. So ließ sich am »Königsgrab« Lüdelsen 6 eine vormegalithische Phase um 3700 v. Chr. identifizieren. Das später eingebaute Ganggrab und der megalithische Langhügel waren von ca. 3350–3000 v. Chr. in Betrieb, bis sie offenbar bewusst zerstört wurden. Das Herausreißen z. B. des Zwickelmauerwerkes zwischen den Umfassungssteinen oder das Ausräumen der Grabkammer dürfte im Zusammenhang mit den am Ort sehr zahlreichen Hinterlassenschaften mit Kugelamphoren stehen. Auch am benachbarten erweiterten Dolmen Lüdelsen 3 ließen sich vergleichbare Prozesse erkennen. Dort wird das ehemalige Megalithgrab etwa um 2600 v. Chr. allerdings nochmals durch eine schnurkeramische Einzelbestattung belegt, mit der Aufschüttung eines mächtigen Hügels über der ehemaligen Anlage.

Die paläoökologischen Untersuchungen konnten über Pollen- und botanische Makrorestanalysen dokumentieren, dass ein starker Niederschlag der neolithischen Agrarwirtschaft insbesondere mit dem Aufkommen der Schnurkeramik um 2800 v. Chr. in Verbindung steht. Lokale Pollenprofile insbesondere aus der Umgebung der Megalithgräber verweisen auf einen extrem niedrigen anthropogenen Niederschlag in den Pollensequenzen zzt. der Megalithgräber: Offensichtlich ist von einer Art »Friedenswald« auszugehen, der die Landschaft der Toten von der besiedelten Landschaft abtrennt. Ein solches Szenario steht im Gegensatz zu den Ergebnissen z. B. von Flintbek in Schleswig-Holstein. Allem Anschein nach sind es kleinregional unterschiedlich ausgerichtete Kulturlandschaften – ein Mosaik der Vielfalt in der Jungsteinzeit.

Die Zusammenarbeit zwischen Naturwissenschaften und Archäologie im Altmark-Projekt diente als Grundmuster für spätere Verbundprojekte, insbesondere das Schwerpunktprogramm »Frühe Monumentalität und soziale Differenzierung«.

LITERATUR

D. Demnick, S. Diers, H.-R. Bork, B. Fritsch und J. Müller, Das Großsteingrab Lüdelsen 3 in der westlichen Altmark (Sachsen-Anhalt) – Vorbericht zur Ausgrabung 2007 und zum Pollenprofil vom Beetzendorfer Bruch. Mit Beiträgen von A. Beyer, J.-P. Brozio, E. Erkul, H. Kroll und E. Tafel. Jahresschrift für mitteldeutsche Vorgeschichte 92, 2008 (2011), 232–308.

S. Diers, Mensch-Umweltbeziehungen zwischen 4000 und 2200 cal BC. Vegetationskundliche Untersuchungen an Mooren und trichterbecherzeitlichen Fundplätzen der Altmark. Frühe Monumentalität und soziale Differenzierung 15 (Bonn 2018).

S. Diers und B. Fritsch, Changing environments in a megalithic landscape: The Altmark case. In: J. Müller, M. Hinz und M. Wunderlich (Hrsg.), Megaliths – Societies – Landscapes. Early monumentality and social differentiation in Neolithic Europe (Bonn 2019) 719–752.

S. Diers, D. Jansen, A. Alsleben, W. Dörfler, J. Müller und D. Mischka, The Western Altmark versus Flintbek – a palaeoecological research on two megalithic regions. Journal of Archaeological Science 41, 2013 (2014), 185–198.

[1] Der erweiterte Dolmen Lüdelsen 3 nach Freilegung der Kammer.
FOTOGRAFIE Sara Jagiolla, Kiel

[2] Das »Königsgrab« Lüdelsen 6 in der Altmark vor der Ausgrabung.
FOTOGRAFIE Sara Jagiolla, Kiel

AUTOREN
Janusz Czebreszuk
Johannes Müller

KOOPERATIONSPARTNER
Christian-Albrechts-Universität zu Kiel
Adam Mickiewicz University Poznań

KOOPERATIONSZEITRAUM
2016–2020

ZEITL. EINORDNUNG
2500–1500 v. Chr.

Beethoven und Archäologie
Langjährige Kooperation mit Poznań

Seit Langem bestehen besondere und intensive Partnerschaften zwischen den Universitäten Kiel und Poznan. Im Bereich der Archäologie manifestierte sich dies in zahlreichen gemeinsamen Projekten. Zur Zeit wird bilateral seitens der Polnischen und Deutschen Forschungsgemeinschaft die Untersuchung der Entstehung von Machtverhältnissen im norddeutschen und nordpolnischen Raum um ca. 2000 v. Chr. gemeinsam gefördert. Über finanzierte Dissertationen und archäologische bzw. umweltarchäologische Studien dienen Datenauswertungen ökologischer und archäologischer Natur dem Erklären der Entstehung von Macht. Die Kooperation ermöglichte ein sog. Beethoven-Antrag: Dies ist die Bezeichnung für geisteswissenschaftliche Kooperationsprojekte zwischen Polen und Deutschland.

In unterschiedlichen Feldkampagnen wurden Feldbegehungen und geophysikalische Prospektionen um wichtige spätneolithische und frühbronzezeitliche Fundplätze durchgeführt. Hinzu treten Sondagen und pollenanalytische und andere paläoökologische Untersuchungen. Neben diesen direkt archäologischen Feldarbeiten, an denen sechs Wissenschaftler*innen aus Poznan und Kiel teilnehmen, gehen mit den vier Promotionsarbeiten regionale Studien zum Neolithikum und zur Bronzezeit einher. So sind die zwei Kieler Dissertationen mit der typochronologischen Strukturierung spätneolithischer und älterbronzezeitlicher Funde und Befunde im nordwestdeutschen Raum beschäftigt, die beiden polnischen Dissertationen mit dem nordpolnischen Raum. Eine besondere Rolle spielt die Auswertung linearer Rettungsgrabungen und die Nutzung dieser neuen Informationen für die Rekonstruktion prähistorischer Verhältnisse. Hochspannend gestaltet sich die Frage zur Rolle von Bernsteinressourcen und deren Rolle bei der Entstehung großer sozialer Differenzen in der polnischen Frühbronzezeit bzw. die Rolle des Zusammenwirkens skandinavischer und mitteldeutscher Einflüsse bei der Entstehung der sog. Mecklenburger Gruppe.

Das Kooperationsprojekt brachte neben einem Dozenten- und Studierendenaustausch insbesondere das gemeinsame archäologische Team beider Universitäten noch intensiver zusammen: So treten Poznan und Kiel auch in weiteren prähistorischen Kooperationen mit Feldarbeiten z. B. in Ungarn gemeinsam auf.

LITERATUR

H. Raese und J.-P. Schmidt, Zur Besiedlung Mecklenburg-Vorpommerns während des Spätneolithikums und der frühen Bronzezeit (2500–1500 v. Chr.). In: H. Meller, S. Friederich, M. Küßner, H. Stäuble und R. Risch (Hrsg.), Siedlungsarchäologie des Endneolithikums und der frühen Bronzezeit (Halle 2019) 621–634.

A. Pfeiffer, Transformations of semi-mobility? The Younger Neolithic in the Altmark. Journal of Neolithic Archaeology 21, 2019, 147–156.

[1] Gemeinsam mit den polnischen Kollegen wurden im Umfeld des bekannten frühbronzezeitlichen Grabhügelfeldes von Łęki Małe umfangreiche geomagnetische Untersuchungen sowie Feldbegehungen durchgeführt. FOTOGRAFIE Christoph Rinne, Kiel

[2] Im Rahmen des »Beethoven«-Kooperationsprojektes der Universitäten Poznań und Kiel werden zahlreiche Materialstudien durchgeführt, z. B. auch zu spätneolithischen und frühbronzezeitlichen Pfeilspitzen. FOTOGRAFIE Sara Jagiolla, Kiel

AUTOR*INNEN
Henny Piezonka
Andreas Kotula
Sebastian Lorenz
Thomas Schenk
Franz Schopper
Thomas Terberger
Magdalena Wieckowska-Lüth

KOOPERATIONSPARTNER
Georg-August-Universität Göttingen
Brandenburgisches Landesamt für Denkmalpflege
Christian-Albrechts-Universität zu Kiel
Hochschule für Technik und Wirtschaft Berlin
Universität Greifswald
Anthropologie-Büro Jungklaus
Max-Planck-Institut für Menschheitsgeschichte Jena

KOOPERATIONSZEITRAUM
seit 2019

ZEITL. EINORDNUNG
Mesolithikum, 6400–4900 v. Chr.

Das älteste Gräberfeld Deutschlands bei Groß Fredenwalde

Vom Zusammentreffen später Jäger-Sammler und früher Bauern

Im Jahre 1962 traten bei Bauarbeiten auf dem Weinberg nahe Groß Fredenwalde in der Uckermark (Brandenburg) menschliche Skelettreste zutage. Erst in den 1990er Jahren ließ sich mithilfe der Radiokarbonmethode ein mittelsteinzeitliches Alter um 6000 v. Chr. ermitteln. Die Toten der ungewöhnlichen Mehrfachbestattung waren mit rotem Ocker bestreut und mit zahlreichen Beigaben ausgestattet. Nachforschungen deckten 2014 zwei weitere Gräber auf. Das Grab eines jungen Mannes war in eine ältere Kinderbestattung eingetieft worden und hatte diese weitgehend zerstört. Die Männerbestattung datiert um 5.000 v. Chr. und damit in eine Zeit, als einige Kilometer östlich bereits frühe Bauern der Linearbandkeramik siedelten. Überaus ungewöhnlich ist die Totenhaltung: Der Leichnam wurde in aufrechtstehender Position beigesetzt und das Grab erst nach dem Zerfall des Leichnams endgültig verschlossen, mit abschließender Entzündung eines Feuers. Möglicherweise zeichnen sich in diesem außergewöhnlichen Ritual östliche Kulturkontakte ab. Ein Flintschneidendolch aus der Mehrfachbestattung von 1962 findet hingegen Parallelen in Südskandinavien. Bislang sind vom Weinberg fünf Gräber mit zehn Individuen bekannt, die in die Zeit von ca. 6.400–4.900 v. Chr. datieren.

Seit 2019 erfolgen die Untersuchungen mit finanzieller Förderung der Deutschen Forschungsgemeinschaft (DFG). Im Kooperationsprojekt werden weitere Gräber sowie die umgebende Landschaft untersucht, um Ausdehnung und Laufzeit des Gräberfeldes zu erfassen und die Lebensverhältnisse der späten Jäger-Sammler vor und nach dem Auftreten der ersten Bauern in Nordostdeutschland zu rekonstruieren. Der Fundplatz Groß Fredenwalde leistet damit einen bedeutenden Beitrag zur Erforschung der Neolithisierung in Mitteleuropa. Neben der Universität Kiel (Archäologie, Pollenanalyse) sind die Universitäten Göttingen (Archäologie), die Landesarchäologie Brandenburg und die Hochschule für Technik und Wirtschaft (HTW) Berlin (Grabungstechnik) sowie die Universität Greifswald (Umwelt- und Landschaftsanalysen) beteiligt, dazu gehören auch anthropologische und paläogenetische Untersuchungen (Büro Jungklaus, MPI Jena). Auch Nachwuchswissenschaftlerinnen der Universität Kiel sind in das Projekt durch eine Bachelorarbeit zur archäologischen Umfeldanalyse sowie eine Masterarbeit zu den Tierzahnanhängern eingebunden.

Feldforschungen im Jahr 2019 umfassten neue Grabungsflächen auf dem Gräberfeld sowie Bohrungen zur Landschafts- und Umweltrekonstruktion. Gleich die erste Fläche erbrachte eine weitere mittelsteinzeitliche Bestattung, die nun, im Block geborgen, in der Hochschule für Technik und Wirtschaft Berlin unter Laborbedingungen freigelegt wird. Der zweite neue Schnitt ergab eine weitere, ebenfalls als Block zu bergende Grabgrube mit Bestattung sowie ein teilweise gestörtes Grab. Die laborgenaue Präparation dieser Befunde steht im Mittelpunkt der archäologischen Untersuchungen 2020, begleitet von umfassenden naturwissenschaftlichen Studien: Anthropologische Analysen, ^{14}C-Datierungen, Herkunfts- und Ernährungsanalysen sowie paläogenetische Untersuchungen der neuen und alten Skelettreste ermöglichen es erstmals, die mittelsteinzeitliche Bevölkerung Brandenburgs und ihre Lebenswelt umfassend zu charakterisieren. Erste Resultate der Umweltrekonstruktion anhand von Pollen- und Sedimentanalysen liegen vor, ihre Auswertung wird zeigen, inwieweit die späten Jäger-Sammler-Fischer schon vor 7000 bis 8000 Jahren in die natürliche Landschaft der Uckermark eingriffen.

LITERATUR

B. Gramsch und U. Schoknecht, Groß Fredenwalde, Lkr. Uckermark – eine mittelsteinzeitliche Mehrfachbestattung in Norddeutschland. Veröffentlichungen des Brandenburgischen Landesmuseum für Ur- und Frühgeschichte 34, 2000 (2003), 9–38.

T. Terberger, A. Kotula, S. Lorenz, M. Schult, J. Burger und B. Jungklaus, Standing upright to all eternity – The Mesolithic burial site at Groß Fredenwalde, Brandenburg (NE Germany). Quartär 62, 2015, 133–153.

B. Jungklaus, A. Kotula und T. Terberger, Deutschlands ältestes Gräberfeld. Archäologie in Deutschland 5/2016, 8–13.

B. Jungklaus, A. Kotula und T. Terberger, Überraschung auf dem Weinberg. Neue Forschungen zum mesolithischen Bestattungsplatz Groß Fredenwalde, Lkr. Uckermark. Archäologie in Berlin und Brandenburg 2013, 39–43.

B. Jungklaus, A. Kotula und T. Terberger, New investigations on the Mesolithic burial of Groß Fredenwalde, Brandenburg – first results. In: J. Grünberg, B. Gramsch und J. Orschiedt (eds.), Mesolithic burials – Rites, symbols and social organisation of early postglacial communities (Halle 2017) 419–433.

[1] Das mittelsteinzeitliche Gräberfeld von Groß Fredenwalde liegt auf dem höchsten Punkt des weithin sichtbaren Weinbergs. FOTOGRAFIE Sebastian Lorenz, Greifswald

[2] Präzise Vorgehensweise beim Freilegen einer mittelsteinzeitlichen Bestattung auf dem Weinberg im Sommer 2020. FOTOGRAFIE Andreas Kotula, Göttingen

VIII
Archäologie und Öffentlichkeit

Die heutige archäologische Landesforschung wäre ohne das sie tragende öffentliche Interesse nicht denkbar. Vor dem Hintergrund des entstehenden europäischen Nationalismus und der Auswirkungen der französischen Revolution rücken die Relikte der Sintflut, die späteren vaterländischen Alterthümer und das heutige archäologische Erbe in den Fokus der damals zunächst von Laien getragenen und sich dann professionalisierenden Forschung. Seit der Wende vom 19. Jh. und dem Beginn des 20. Jh. führt das öffentliche Interesse zunehmend zu einer Verbesserung der organisatorischen und rechtlichen Rahmenbedingungen der archäologischen Landesforschung. Bis heute umsorgen zahlreiche Vereine und Gesellschaften einzelne archäologische Denkmale oder einzelne archäologische Landschaften und Regionen. Vergleichbares gilt für die Laienforschung. Die vielen Sammler und Detektorgänger arbeiten nach wie vor mit den hauptberuflichen Archäologen der unterschiedlichen Institutionen an der archäologischen Landesaufnahme zusammen. Diese wiederum, ebenfalls auf private Initiative hin, richteten 1923 die damaligen Kreise Norder- und Süderdithmarschen sowie Steinburg zum Schutz und zur Erforschung des archäologischen Erbes des Landes ein.

Ulf Ickerodt

AUTOR
Christian Weltecke

Der neue Managementplan
der UNESCO-Welterbestätte Haithabu und Danewerk

Haithabu und Danewerk stehen nun seit zwei Jahren auf der UNESCO-Welterbeliste. Damit geht für das Land und die Region eine 16-jährige Vision in Erfüllung. Drei der derzeit 46 deutschen Welterbestätten von weltweit 1.121 liegen nunmehr in Schleswig-Holstein: die Altstadt der Hansestadt Lübeck, das Wattenmeer und seit 2018 der archäologische Grenzkomplex Haithabu und Danewerk.

Haithabu und Danewerk repräsentieren das frühe Mittelalter Nordeuropas, die sog. Wikingerzeit. Sie erzählen von einem einzigartigen Zusammenspiel einer außerordentlich günstigen geografischen und topografischen Lage, des maritimen Handels, der Grenzsituation und seiner heute noch besonders gut erhaltenen archäologischen Überreste. Nur hier an der Schleswiger Landenge, der damals kürzesten und sichersten Landstrecke zwischen der Ost- und Nordsee, konnte diese Entwicklung ihren Lauf nehmen. Zwischen dem Ostseearm der Schlei und der Eider-Treene-Niederung entstand eine Grenzlandschaft, in der sich Menschen verschiedener Kulturen trafen, siedelten, Handel trieben und zum Schutz dieses Knotenpunkts ein ausgeklügeltes Wallsystem errichteten und ausbauten.

Dieses Erbe, das über das Werden des Hier-und-Heute in der Landschaft und im Museum berichtet, gilt es für gegenwärtige wie zukünftige Generationen zu bewahren. Mit der Auszeichnung als Welterbestätte werden Haithabu und Danewerk zudem Teil des universellen kulturellen Gedächtnisses. Wie die Pyramiden von Gizeh in Ägypten, Machu Picchu in Peru oder der Industriekomplex Zeche Zollverein in Essen spiegeln Haithabu und Danewerk die vielfältigen Fußstapfen des Menschen auf der Erde wider. Gleichzeitig ist jede Welterbestätte, wie auch andere Kulturerbestätten, nicht bloß museales Fenster in die Vergangenheit, sondern wird in der Gegenwart ebenso von unterschiedlichen Akteuren für unterschiedliche Zwecke genutzt, neu interpretiert und mit Leben gefüllt.

Vielfältige Nutzungen und Interessen

Zu vielfältigen Nutzungen gesellen sich auch diverse Interessen, neue Aufgaben und Herausforderungen, die den Erhalt der Stätte oder besser gesagt, das Management des kulturellen Erbes komplexer gestalten. Es ist eine ganzheitliche Perspektive gefordert. Der Begriff der Nachhaltigkeit nimmt dabei eine Schlüsselstellung ein und bezieht sich auf die soziale, wirtschaftliche, ökologische und die kulturelle (denkmalverträgliche) Dimension. Diese Aspekte gilt es im Blick zu behalten und bestmöglich aufeinander abzustimmen.

Das archäologische Erbe von Haithabu und Danewerk stellt eine endliche Ressource dar, d. h. einmal gehoben ist es verändert, die Originalsubstanz beschädigt, verliert einen Teil seines Wertes und kann auch nicht wieder ersetzt werden. Gleichzeitig nimmt Haithabu mit den außergewöhnlich gut erhaltenen Funden eine Schlüsselposition in der Erforschung der Wikingerzeit ein. Oftmals ist dieses Erkenntnisinteresse – neben mittlerweile auch vielen nicht-invasiven Forschungsmethoden – mit Grabungen und einem Eingriff in das Denkmal verbunden.

Weite Teile des Krummwalls, der westliche Abschnitt des Danewerks, befinden sich in Privatbesitz und bilden eine Wirtschaftsgrundlage. Sie werden landwirtschaftlich genutzt, z. B. dient der Anbau von Mais der Energiegewinnung. Diese Nutzung erhält staatliche Förderung. Aus solch einem nachvollziehbaren Raumnutzungsanspruch kann aber wiederum ein Konflikt mit natur- und denkmalschutzfachlichen Zielen zum Erhalt und zur Vermittlung des Denkmals und der historischen Kulturlandschaft entstehen. Darüber hinaus können Windenergieanlagen und andere Infrastrukturmaßnahmen das Denkmal und dessen Umfeld überprägen. Hier spielt der Ausbau der erneuerbaren Energien als Kernelement der Energiewende eine Rolle.

Haithabu und Danewerk sind beliebte touristische Ziele für Besucher aus Schleswig-Holstein, Deutschland, Dänemark und von anderswo. Damit einhergehend steigt der

[1] Blick auf das Haddebyer Noor und Haithabu mit den rekonstruierten Wikinger Häusern.
FOTOGRAFIE Tom Körber, © ALSH

Druck, die Besuchererwartungen, die Vermittlungsqualität und das touristische Angebot entsprechend zu berücksichtigen und zu erweitern. Die Welterbestätte wird bekannter, mehr besucht und rezipiert. Eine plakative, auf Zielgruppen ausgerichtete Darstellung in Broschüren, Plakaten und Social-Media ist die Folge. Zugleich sollen sich aber keine Stereotypen und falsche Geschichtsbilder »der« Wikinger festsetzen. Museen, Marketing-Fachleute und Denkmalvermittler müssen wissenschaftlich korrekte Inhalte aber wiederum modern und mit klaren Bildern erzählen, um sie einem breiten Publikum zugänglich zu machen.

Die touristische Erschließung des Welterbes ist auch an die kommunale Entwicklung gekoppelt. Wie können die Gemeinden, in denen die Welterbestätte liegt, davon profitieren? Haithabu und Danewerk sollen in das Orts- und Landschaftsbild integriert werden und Naherholung, ein touristisches Alleinstellungsmerkmal und Identifikation bieten. So sehen nur einige der unterschiedlichen Interessen, Anforderungen und Herausforderungen im Management der Welterbestätte von Haithabu und Danewerk aus. Um diese zu berücksichtigen und zu steuern, bedarf es eines Plans, der gemeinsam mit den jeweiligen Interessengruppen zu erarbeiten ist.

Notwendiges Instrument zur Planung und Steuerung
Die »Richtlinien für die Durchführung des Übereinkommens zum Schutz des Kultur- und Naturerbes der Welt« als auch das Denkmalschutzgesetz des Landes Schleswig-Holsteins fordern daher für die Verwaltung von Welterbestätten die Aufstellung und Fortschreibung eines integrativen Managementplans, vorzugsweise durch einen partizipativen Ansatz. Für diesen Zweck besteht bereits ein solcher Plan von 2014, der aber nur auf eine Dauer von 5 Jahren ausgerichtet und daher 2019 evaluiert und 2020 fortgeschrieben wird.

Gesetzliche Vorgaben und regionale Aufbruchstimmung mit der Eintragung als UNESCO-Welterbestätte verdeutlichen, wie wichtig ein aktueller und gemeinsamer Managementplan ist. Dieser gilt als Grundlage und Steuerungsinstrument für alle Entscheidungen, die das Welterbe betreffen. Er dient Beteiligung und Transparenz und soll als Basis für die Prüfung, Beantragung und Umsetzung von Maßnahmen/Projekten sowie Stellungnahmen in TöB-Verfahren genutzt werden. Der Managementplan zeigt an, wer zuständig für unterschiedliche Handlungsfelder ist, wie diese sich definieren und was die Handlungsgrundlagen markieren. Das Dokument beinhaltet als wichtigsten rechtlichen Rahmen vor allem den Denkmal- und Naturschutz und eine Reihe freiwilliger Selbstverpflichtungen.

[2] UNTEN Der Hauptwall als bedeutendster Abschnitt der Grenzbefestigung des Danewerks.
FOTOGRAFIE Tom Körber, © ALSH

Projekt Fortschreibung

Das Projekt beinhaltet fünf Phasen: Evaluierung und Vorbereitung, Beteiligung, Verschriftlichung, Herstellung sowie Präsentation und Verteilung.

Evaluierung und Vorbereitung

Bevor der neue Managementplan in Themengruppen erarbeitet werden kann, ist der alte von 2014 zu evaluieren. Dazu erfolgten im Hinblick auf die inhaltlichen Abschnitte die Sichtung und Bewertung der Ziele und Maßnahmen. Zurate gezogen wurden auch andere Welterbestätten-Managementpläne, wie der der Altstadt von Bamberg oder der des Limes.

Die inhaltlichen Abschnitte, vor allem Fließtexte und Abbildungen, stellen den Großteil des alten Plans dar. Daraus lässt sich viel in den Neuen übernehmen, wobei zu prüfen ist, was Infografiken und Tabellen ersetzen können. Ziel ist es, ein Werkzeug für den täglichen Gebrauch zu schaffen. Einige der Informationen sind zeitlos, andere müssen aktualisiert werden, wie das Denkmalschutzgesetz, die Neuorganisation des Site Managements oder die Eintragung von Haithabu und Danewerk als eigenständige Welterbestätte.

Der alte Managementplan beinhaltet insgesamt 49 Ziele und eine oder mehrere ihnen untergeordnete Maßnahmen (insges. 128). Sie sind die konkreten Schritte, die gegangen werden müssen, um gesteckte Ziele zu erreichen. Sie bedeuten noch nicht das Ziel an sich. Dies erleichtert zum einen die Umsetzung der Ziele mit vorgegebenen Arbeitspaketen, verengt aber zugleich die Lösungsfindung. Nach mehr als 5 Jahren Wirksamkeit sind nicht mehr alle Ziele und Maßnahmen relevant.

Die Evaluierung zeigte, dass die Ziele und Maßnahmen besser formuliert und kategorisiert werden müssen. Um einerseits die Mess- und Operationalisierbarkeit sicherzustellen und um andererseits die Qualität durch Standardisierungen zu erhöhen. Der Plan muss idealerweise so streng wie nötig und so flexibel wie möglich sein. D. h. der Rahmen und die Ziele benötigen Vorgaben; diese dürfen aber nicht einen zu engen Spielraum für neue Projekte und die Unwägbarkeiten über einen langen Gültigkeitszeitraum vorgeben. Der neue Managementplan ist für die nächsten 10 Jahr wirksam und wird nach 5 Jahren zwischenevaluiert.

[3] Handlungsfelder, beteiligte Akteure und deren Aufgabenbereiche.

SITE MANAGEMENT

AKTEURE
- ALSH
- Haithabu und Danewerk e.V.
- Projektmanagement Welterbe Kr. SL-FL

AUFGABEN
- Berichterstattung
- Erhalt & Vermittlung OUV
- Fördermittel-Akquise
- Gremienarbeit
- Information und Beteiligung
- Koordinierung und Unterstützung
- Nachhaltige Entwicklung
- Planung und Evaluierung

SCHUTZ

AKTEURE
- ALSH
- Haithabu und Danewerk e.V.
- Landschaftspfleger
- LLUR
- UNBs
- UDBs

AUFGABEN
- Besucherlenkung
- Denkmalschutz
- Flächenmanagement
- Naturschutz
- Pflege

FORSCHUNG

AKTEURE
- ALSH
- CAU
- MfA
- ZBSA

AUFGABEN
- Dokumentation und Publikation
- Erforschung von Haithabu, Danewerk und Schleswig
- Fördermittel-Akquise
- Inventarisierung und Aufbewahrung von Funden
- Tagungen und Konferenzen

VERMITTLUNG & BILDUNG

AKTEURE
- ALSH
- Bildung & Vermittlung der Stiftung Schleswig-Holsteinische Landesmuseen
- Danevirke Museum
- Haithabu und Danewerk e. V.
- Stadtmuseum Schleswig
- WMH

AUFGABEN
- Aktionstage und Veranstaltungen
- Bildung in/für Schulen
- Digitale Präsentation
- Non-formale Bildung und Community Involvement
- Museale Vermittlung
- Vermittlung am Denkmal

MARKETING

AKTEURE
- ALSH
- Haithabu und Danewerk e. V.
- Danevirke Museum
- Marketing der Stiftung Schleswig-Holsteinische Landesmuseen
- Ostseefjord Schlei GmbH
- Stadtmarketing Schleswig

AUFGABEN
- Marktforschung
- Strategisches Marketing
- Tourist-Information
- Touristische Angebotsgestaltung und -vernetzung
- Vermarktung der Welterberegion

REGIONAL- UND TOURISMUSENTWICKLUNG

AKTEURE
- ALSH
- Ämter und Welterbe-Gemeinden
- Haithabu und Danewerk e.V.
- Regionale Wirtschaftsorganisationen
- Regionalentwicklung Kr. SL-FL
- Stiftung Schleswig-Holsteinische Landesmuseen

AUFGABEN
- Infrastruktur-, Freiraum-, Orts- und Stadtentwicklung
- Kultur- und Naturtourismus
- Partizipation
- Regionale Wirtschaft und Innovationskraft

Beteiligung
Das Projekt nützt zum einen, die Öffentlichkeit transparent über die Arbeitsgrundlagen und -weise rund um die Welterbestätte zu informieren und zum anderen die relevanten Akteure an den Inhalten des Plans konkret zu beteiligen. Wichtige Stakeholder sind unter anderem Museen, Tourismusorganisationen, Stiftungen, Gebietskörperschaften, Behörden und Vereine. Eine hohe Selbstidentifikation erhöht die Chance, dass das Dokument im Arbeitsalltag, bei Planungsvorhaben und in der Umsetzung von Maßnahmen auch tatsächlich Anwendung findet.

Sechs zentrale Handlungsfelder bestimmen den Umgang mit Haithabu und Danewerk und werden von Akteuren bespielt. Diese sind zugleich Themen- bzw. Arbeitsgruppen, die sich über die Beteiligungsplattform des Vereins Haithabu und Danewerk e. V. verstetigen.

Verschriftlichung und Herstellung
Das Dokument besteht im Kern aus den Handlungsgrundlagen, Handlungsfeldern und dem Ziel- und Maßnahmenplan. Letzterer wird nach 5 Jahren ausgewertet und aktualisiert. Außerdem gibt es eine Reihe ergänzender Pläne zur Vertiefung einzelner Handlungsfelder und Themen, wie der Bildung, der Regionalentwicklung, der Pflege oder des Monitorings. Die einzelnen Akteure publizieren diese extra, orientieren sich dabei aber an den übergeordneten Kontext. Grundsätzlich wird in der grafischen Umsetzung Wert auf Übersichtlichkeit, wenig Fließtext, viele Infografiken .und Abbildungen gelegt. Der Managementplan erscheint zuerst in deutscher Fassung gedruckt und in digitaler Form. Danach folgen Versionen auf Englisch und in einfacher Sprache.

Präsentation und Verteilung
Der Managementplan wird an alle Akteure der einzelnen Themengruppen verteilt sowie den Gemeinden und ihren Bürgermeistern vorgestellt. Neben der wichtigen regionalen Kommunikation der Ergebnisse des Projektes ist es notwendig, diese den archäologisch-denkmalpflegerischen Institutionen und anderen Welterbestätten in Deutschland, übergeordneten Behörden auf Landes- und Bundesebene sowie international dem Welterbezentrum der UNESCO und ICOMOS zukommen zu lassen.

Zusammenfassung und Fazit
Laut Welterbekonvention und schleswig-holsteinischem Denkmalschutzgesetz sind Managementpläne für die Verwaltung von UNESCO-Welterbestätten verpflichtend. Der Plan für Haithabu und Danewerk kann und soll nicht die zukünftige Realität des Welterbemanagements abbilden. Er bildet vielmehr so realitätstreu wie möglich das gegenwärtige Bild ab, das wir von der Stätte, den (gesetzlichen) Rahmenbedingungen sowie seinen Akteuren, Aktivitäten und Interessen haben. Er stellt einen strategischen und operativen Leitfaden dar, der den Akteuren eine Orientierungs-, Kontroll- und Selektionsfunktion in den verschiedenen Handlungsfeldern bietet: Wie gehen wir vor? Was sind die Zielvereinbarungen? Was muss in der (Projekt-)Arbeit beachtet werden? Wer ist für was hauptverantwortlich?

Die neue Planung ist langfristig ausgelegt, soll dabei aber genug Flexibilität bieten, um auf Veränderungen reagieren zu können. Dies bedeutet nicht, dass das Prinzip der Veränderung (des Plans) zum Selbstzweck verkehrt. Er heißt Veränderungen willkommen, die das Beste zum Management und Erhalt der Welterbestätte und zur Einbindung und Zusammenarbeit der Stakeholder vorsehen. Dieser Veränderungsprozess als Qualitätssteigerung ist auch in der zukünftigen Fortschreibung des Managementplans von Haithabu und Danewerk angedacht.

LITERATUR

Archäologisches Landesamt Schleswig-Holstein (Hrsg.), Managementplan Haithabu und Danewerk 2014 (Schleswig 2014). https://schleswig-holstein.de/mm/downloads/ALSH/managementplan_Haithabu_Danewerk.pdf [zuletzt geprüft am 08.10.2020]

Archäologisches Landesamt Schleswig-Holstein (Hrsg.), The Archaeological Border Complex of Hedeby and the Danevirke – A German Nomination to UNESCO´S World Heritage List (Schleswig 2017). https://whc.unesco.org/en/list/1553/documents [zuletzt geprüft am 08.10.2020]

Archäologisches Landesamt Schleswig-Holstein (Hrsg.), Managementplan UNESCO-Welterbe Haithabu und Danewerk 2020–2030 (Schleswig 2020).

U. Ickerodt, Der Nachhaltigkeitsbegriff in der archäologischen Denkmalpflege. Versuch einer Standortbestimmung am Beispiel der denkmalpflegerischen Praxis in Schleswig-Holstein. Archäologische Informationen 39, 2016, 265–280.

M. Maluck, Mission possible: Welterbe Archäologischer Grenzkomplex Haithabu und Danewerk. ANSH 24, 2018, 6–15.

AUTOREN
Fritz Jürgens
Oliver Nakoinz

Die Arbeitsgruppe für maritime und limnische Archäologie (AMLA) an der Christian-Albrechts-Universität zu Kiel

Als Anrainer zwischen zwei Meeren und mit zahlreichen Seen, Flüssen und Binnengewässern, wie etwa der Schlei, stellt das maritime Erbe einen wichtigen Bestandteil der Geschichte Schleswig-Holsteins dar. Um dieses Erbe zu erforschen und in Folge auch zu erhalten, stellt die Unterwasserarchäologie eine unerlässliche Disziplin dar. Um diese Aufgabe wahrzunehmen, gründete sich 1997 am Institut für Ur- und Frühgeschichte an der Christian-Albrechts-Universität zu Kiel die Arbeitsgruppe für maritime und limnische Archäologie, kurz AMLA. Diese fast ausschließlich aus Studierenden und ausgebildeten Forschungstauchern bestehende Arbeitsgruppe setzte sich zum Ziel, eigenständige unterwasserarchäologische Forschungen durchzuführen und dabei die Integration terrestrischer und submariner Archäologie, die sonst selten gegeben ist, zu realisieren. Neben eigenständigen Forschungsprojekten unterstützt die AMLA regelmäßig wissenschaftliche Projekte anderer Institutionen, wie etwa des Archäologischen Landesamtes Schleswig-Holstein (ALSH), des Archäologischen Landesmuseums Schleswig-Holstein (ALM), des GEOMARs, aber auch anderer Kooperationspartner, so etwa der LWL-Archäologie für Westfalen oder der Syddansk Universitet Esbjerg. Das Kernarbeitsgebiet der AMLA erstreckt sich vorrangig auf Schleswig-Holstein, so wurden in den letzten Jahren das hochmittelalterliche Wrack von Fahrdorf und das wikingerzeitliche Seesperrwerk in der Schlei beim Reesholm untersucht und das Niedersächsische Institut für historische Küstenforschung (NIHK) bei der Ausgrabung des mesolithischen Fundplatzes bei Strande unterstützt. In den letzten Jahren traten vermehrt Projekte außerhalb Norddeutschlands auf den Arbeitsplan. Im November 2016 untersuchten fünf Forschungstaucher der AMLA die sog. »Alte Eisenbahn« im Eggegebirge bei Paderborn, ein gescheitertes Tunnelbauprojekt aus dem Jahr 1846. Hierbei handelte es sich um die erste unterwasserarchäologische Maßnahme Westfalens. Bereits im Juli 2016 nahmen AMLA-Mitglieder am Anaxum-Projekt im Fluss Stella in Italien teil und dokumentierten dort römische Fundhorizonte. Ältere Arbeiten und Details zur Gründung der Arbeitsgruppen wurden in einem Jubiläumsband dargestellt.

Neben den Taucharbeiten präsentiert die AMLA ihre Ergebnisse jedoch auch in zahlreichen Publikationen und auf zahlreichen Tagungen, bzw. richtet diese selber aus, wie etwa die N.E.R.D.-Tagung vom 21.–23. November 2014 in Kiel. Ein weiterer Fokus der letzten Jahre stellt die von der AMLA entwickelte und bei zahlreichen Untersuchungen entwickelte Structure from Motion (SfM) Methodik für Gewässer mit extrem schlechter Sicht dar, die es ermöglicht, auch dort genaue 3-D-Modelle und Pläne zu erstellen.

LITERATUR

J. Auer, O. Nakoinz und C. Rinne, Archäologie in trübem Wasser. ANSH 22, 2016, 70–79.

M. Christ, J. Enzmann, F. Jürgens, F. Steffensen, J. Ullrich und F. Wilkes (Hrsg.), N.E.R.D. New European Researches and Discoveries in Underwaterarchaeology Conference. Beiträge der internationalen Konferenz der Arbeitsgruppe für maritime und limnische Archäologie 21.–23. November 2014 in Kiel. Universitätsforschungen zur prähistorischen Archäologie 291 (2016).

O. Nakoinz, Die Anfänge der Unterwasserarchäologie in Schleswig-Holstein und die ersten Tage der AMLA. In: U. Müller, S. Kleingärtner und F. Huber (Hrsg.), Zwischen Nord- und Ostsee 1997–2007. Zehn Jahre Arbeitsgruppe für maritime und limnische Archäologie (AMLA) in Schleswig-Holstein. Universitätsforsch. Prähist. Arch. 165 (Bonn 2009) 11–23.

O. Nakoinz, Bibliografie zur maritimen und limnischen Archäologie in Schleswig-Holstein. In: U. Müller, S. Kleingärtner

[1] Mitglieder der AMLA bei der Dokumentation des Wracks von Fahrdorf im Jahr 2016.
FOTOGRAFIEN Christian Howe, Kiel

und F. Huber (Hrsg.). Zwischen Nord- und Ostsee 1997–2007. Zehn Jahre Arbeitsgruppe für maritime und limnische Archäologie (AMLA) in Schleswig-Holstein. Universitätsforsch. Prähist. Arch. 165 (Bonn 2009) 25–42.

D. Wilken, T. Wunderlich, H. Hollmann, M. Schwardt, W. Rabbel, C. Mohr, D. Schulte-Kortnack, O. Nakoinz, J. Enzmann, F. Jürgens und F. Wilkes, Imaging a medieval shipwreck with the new PingPong 3D marine reflection seismic system. Archaeological Prospection 2019, 1–13.

[2] Forschungstaucher der AMLA an der »Alten Eisenbahn«, einer teilweise gefluteten Tunnelbaustelle des Jahres 1846.
FOTOGRAFIE Christian Howe, Kiel

AUTOR
Ralf Bleile

Ehrenamt im Museum

Im Jahr 2019 organisierte das Museum für Archäologie, Schloss Gottorf in Schleswig, eine Zusammenkunft schleswig-holsteinischer Museen und ortsgeschichtlicher Sammlungen, die archäologische Objekte besitzen. 52 Adressen beinhaltete die Einladungsliste, neben wenigen hauptamtlich geführten Häusern vor allem diejenigen von Trägervereinen oder Privatpersonen. Das bereits daraus ersichtliche bürgerschaftliche Engagement wird umso deutlicher, je tiefer der Blick in und hinter die einzelnen Museen reicht. Das Spektrum der Aufgaben und Erfolge des bürgerschaftlichen Engagements ist vielfältig und die Wirkmächtigkeit der Frauen und Männer im Ehrenamt auf beeindruckende Weise sicht- und spürbar.

Dieser kurze Beitrag soll auf der Basis meines subjektiven Blicks auf ausgewählte Projekte das Erscheinungsbild ehrenamtlicher Tätigkeit in schleswig-holsteinischen Museen mit archäologischen Sammlungen skizzieren. Grundlegend sei auf die Magisterarbeit von Franziska Götz zum Ehrenamt in deutschen Museen (ph-ludwigsburg.de/fileadmin/subsites/2c-kuma-t-01/PDF/Masterarbeiten/Masterarbeit_Franziska_Goetz.pdf) sowie auf die deutsch-dänische Analyse von Steen Chr. Steensen verwiesen, die dieser im Rahmen des Interreg-Projektes »NordMus« vorlegte (levendehistorie.dk/nyheder/visningsside-2?Action=1&NewsId=1630&M=NewsV2&PID=378). Die Anforderungen und Bedingungen ehrenamtlicher Tätigkeit in Museen fokussierte im Jahr 2008 eine Arbeitsgruppe des Deutschen Museumsbundes (museumsbund.de/wp-content/uploads/2017/03/leitfaden-buergerschaftliches-engagement-2008.pdf).

Das Gros bürgerschaftlichen Engagements in Museen findet sich in den Träger- und Fördervereinen. Nicht selten sind die Museen vollständig ehrenamtlich geführt, wie z. B. das Museum für Regionalgeschichte der Gemeinde Scharbeutz, das archäologische Funde insbesondere des späten Mesolithikums und der Slawenzeit präsentiert. Auch die Landesmuseen in der Stiftung Schleswig-Holsteinische Landesmuseen Schloss Gottorf dürfen auf eine kontinuierliche und maßgebliche Unterstützung durch Vereine bauen, so das Museum für Archäologie durch den Förderverein Archäologie Schloss Gottorf e.V., das Museum für Kunst und Kulturgeschichte durch den Freundeskreis Schloss Gottorf e.V., das Freilichtmuseum Molfsee durch den Verein Schleswig-Holsteinisches Freilichtmuseum Molfsee e.V. oder das Jüdische Museum Rendsburg durch den 2005 gegründeten Freundeskreis Jüdisches Museum Rendsburg e.V. Das vereinsbasierte bürgerschaftliche Engagement ist derart vielfältig, dass allein der grobe Umriss den Rahmen dieser Abhandlung sprengen würde.

Zur Stiftung Schleswig-Holsteinische Landesmuseen Schloss Gottorf gehört auch das Wikinger Museum Haithabu. Jährlich besuchen mehr als 150.000 Besucher diesen historisch und archäologisch herausragenden Ort, der seit 2018 gemeinsam mit dem Danewerk zum Weltkulturerbe gehört. Rund um die auf der Grabungsfläche rekonstruierten Wikingerhäuser im historischen Gelände schart sich seit vielen Jahren eine große Gruppe ehrenamtlich tätiger Reenacter, die im Sommer das Areal beleben und den Besucherinnen und Besuchern Lebenswirklichkeit und frühmittelalterliches Handwerk näherbringen. Ein besonderes Highlight ist der Bootsnachbau »Erik Styrimathr«, der von einer eigens dafür ins Leben gerufenen Gruppe ehrenamtlicher Betreuer gepflegt und betrieben wird. Als Botschafter des Museums tauchen diese mit dem Boot im Rahmen regelmäßiger Sommertouren bei verschiedenen Veranstaltungen auch außerhalb der Schlei auf (pers. Mitt. durch Museumsleiterin Ute Drews).

Von einem besonderen Vermittlungsprojekt wissen Anja Weinert und Tanja Hörmann vom Museumsverband Nordfriesland zu berichten. Im Jahr 2016 zeigte das zu diesem Museumsverband gehörige Nissenhaus in Husum eine Sonderausstellung zum sagenumwobenen Rungholt, einer im Wattenmeer versunkenen mittelalterlichen Siedlung. Um insbesondere jüngere Besucher*innen gewinnen zu können, wurden ehrenamtlich tätige Juniorguides ausgebildet. Diese erarbeiteten selbstständig Führungen für Schüler*innen. Die Sonderausstellung existiert längst nicht mehr, drei Juniorguides blieben jedoch und beleben das Vermittlungsangebot im Nissenhaus bis heute.

Mitunter weisen Museen synonymhaft Gesichter auf. In Presse, Radio und Fernsehen sind dies zumeist jene der Vorstände, Direktor*innen oder Leiter*innen. Für Besucher*innen aber mögen andere Menschen prägend sein, ohne die die vielen Vermittlungsangebote nicht denkbar wären. Julia Meyer, Leiterin des Museums des Kreises Plön, nennt sofort den Namen Jörn Kruse, der die Kulissen für die aktuelle Sonderausstellung zur slawischen

Inselburg Plune baute, viele archäologische Funde nachschmiedete und der seit etlichen Jahren Slawen- und Wikingertage organisiert.

Das bereits erwähnte Regionalmuseum der Gemeinde Scharbeutz wäre ohne Dr. Kersten Jungk wohl kaum vorstellbar. Über sein museales Engagement hinaus organisierte und leitete er über viele Jahre hinweg eine archäologische Tauchgruppe, die nicht nur mit dem Archäologischen Landesamt Schleswig-Holstein, sondern ebenso mit der Bodendenkmalpflege in Mecklenburg-Vorpommern eng zusammenarbeitete. Viele Funde, die das Museum heute zeigen kann, resultieren aus diesen ehrenamtlichen Tauchgängen.

Auch für das Museum für Archäologie, Schloss Gottorf in Schleswig steht ein solches Gesicht, das inzwischen ehrenamtlich bei verschiedenen Veranstaltungen der Stiftung Schleswig-Holsteinische Landesmuseen Schloss Gottorf in Erscheinung tritt: Harm Paulsen, der wohl bekannteste Experimentalarchäologe Deutschlands.

Diese Namen seien stellvertretend genannt und viele weitere ließen sich anschließen, so im Umfeld der »Leute von Starigard« im Oldenburger Wallmuseum, über die der Geschäftsführer des Museums, Stephan Meinhardt, berichtete oder aus der ehrenamtlichen Gruppe zu Living History auf der Insel Sylt, wie Alexander Römer von den Sölring Museen erzählte. Hervorzuheben sind die im Steinzeitpark Albersdorf tätigen Steinzeitbetreuer*innen des Fördervereins AÖZA e.V. Ihr ehrenamtliches Engagement, das Museumsleiter Rüdiger Kelm beschrieb, ehrte im Jahr 2019 das Archäologische Landesamt Schleswig-Holstein mit der renommierten »Goldenen Schaufel«, einem Preis, der jährlich an Personen vergeben wird, die sich in besonderem Maße um die Archäologie in Schleswig-Holstein verdient machten.

Nicht alle Ehrenamtler*innen sind vordergründig sichtbar, bekannt oder werden geehrt. Nicht minder wichtig ist aber ihre Arbeit in den Museen, in denen die Ergebnisse jahrzehntelanger, mitunter jahrhundertelanger Grabungs- und Sammlertätigkeit letztlich gepflegt, für die Forschung bereitgestellt und vermittelt werden. So ist z. B. im Museum für Archäologie Schloss Gottorf in Schleswig Hans-Georg Hoffmann im Rahmen digitaler Retroinventarisierung dort tätig, wo hauptamtliche Ressourcen nicht hinreichen.

Im »zeiTTor«, dem Museum der Stadt Neustadt in Holstein, betreuen vier Ehrenamtliche die heimatkundliche Bibliothek und stellen sicher, dass diese einmal wöchentlich von Heimatforscher*innen, aber auch von Schüler*innen im Rahmen von Unterrichtsvorbereitungen genutzt werden kann. Frank Wilschewski, der Leiter des Museums, weiß nebenbei von einem Riesenadventskalender zu berichten, der seit 2009 jedes Jahr durch den Einsatz ehrenamtlich tätiger Bürger*innen das Museum in weihnachtliche Besinnlichkeit rückt.

Viele und Vieles wäre es wert, ebenfalls an dieser Stelle auf einer Bühne zu stehen. An diesen wenigen Beispielen wird deutlich, wie sehr nicht nur in Schleswig-Holstein die Museumslandschaft bürgerschaftliches Engagement benötigt. Bleibt zu betonen, dass diese Abhängigkeit eine positive ist, denn sie ist gleichfalls Spiegel und Garant gesellschaftlicher Relevanz.

[1] Die »Erik Styrimathr« mit ihrer ehrenamtlichen Besatzung im Sommer 2017 vor Amrum. FOTOGRAFIE Marcus Kramer

AUTOR*INNEN
Tom Duscher
Susanne Landis

Wissenschafts-kommunikation neu entdecken!

Lange vor der Schrift nutzten die Menschen Bilder, um sich auszudrücken und über besondere Gegebenheiten zu kommunizieren. Alte Höhlenmalereien dienten nicht nur als Nachricht für folgende Generationen, sie berühren uns noch immer und helfen, vergangene Kulturen zu verstehen und geschichtlich einzuordnen. Auch heute drücken wir uns oft schneller und präziser durch die Nutzung visueller Hilfsmittel aus. In der Wissenschaft werden Daten durch ihre Verbildlichung zu Resultaten. Denn Daten alleine sind noch keine Information. Viele Wissenschaftler sehen in ihren Zahlenreihen, Simulationen und abgeleiteten Formeln tatsächlich etwas Schönes, Elegantes. Für sie entsteht ein imaginäres Bild, das nicht weiter auszuformulieren ist und durch die grafischen Darstellungsmöglichkeiten der Simulations- oder Spreadsheet-Software hinreichend illustriert wird. Diese wissenschaftlichen Visualisierungen sind für Außenstehende meist unverständlich oder hoch komplex und dienen in der Wissenschaftswelt nur dem interdisziplinären Austausch.

Was zeichnet eine gute visuelle Kommunikation aus?
In den Gestaltungsdisziplinen beschäftigt sich vor allem das Kommunikationsdesign mit der Vermittlung visueller Botschaften. Also eine visuelle Gestaltung, die einer bestimmten Absicht oder Strategie folgend angefertigt wurde. Ein Vorläufer des Kommunikationsdesigns war die Ausbildung zum Grafik-Designer mit einem eindeutig visuell-gestalterischen Schwerpunkt. Aber durch die Vielzahl der Medien und Medienkanäle der heutigen Zeit finden sich in der Lehre des Kommunikationsdesigns immer mehr Aspekte der Kommunikationswissenschaften, des betriebswirtschaftlichen Marketings, der Soziologie und natürlich auch der Wahrnehmungspsychologie. Die Herausforderung für die visuelle Wissenschaftskommunikation besteht darin, mittels avancierter Medien und Datenvisualisierungen ein authentisches Bild aktueller Forschung zu vermitteln.

Interaktion als kommunikatives Hilfsmittel
Neue digitale und vernetzte Medien verstärken durch Animation und Interaktion sowohl die emotionale als auch die rationale Wahrnehmung. Über animierte Sequenzen aufgebaute zeitliche Verläufe oder geografische Ausbreitungen verringern die Komplexität einzelner Darstellungen. Der Faktor Zeit kann schrittweise eine Entwicklung dynamisch aufzeigen. Veränderungen ermöglichen dadurch einen deutlicheren Vergleich. Interaktive Visualisierungen wiederum beziehen den Benutzer mit ein und aktivieren das eigene Handeln. Über verschiedene Filtermöglichkeiten, wie z. B. zeitliche oder örtliche Beschränkungen oder durch die Vergrößerung (zoomen) bestimmter Ausschnitte, lässt sich eine komplexe Darstellung selbst untersuchen. Aus einer Übersicht kann in eine Detailansicht gewechselt werden. Durch diese aktive Untersuchung einer interaktiven Grafik nehmen Betrachtende sowohl auf emotionaler als auch rationaler Ebene stärker an der Darstellung teil. Interaktivität ist eine ideale Methode, um unterschiedliche Blickwinkel zu ermöglichen. Dem Nutzer interaktiver Visualisierungen erschließen sich je nach Interesse unterschiedliche Wege, um eine Information zu erhalten.

Welche Vorteile bieten interaktive Medien bzw. neue Technologien?
Neue Visualisierungs- und Kommunikationsstrategien in der Wissenschaft sind heute mehr denn je und dringend gefragt. Zum einen, um der interessierten Öffentlichkeit ein klares, faktisch richtiges und nachvollziehbares Bild der Forschung zu zeigen. Zum anderen, um dem eigenen Forschungsinstitut ein einzigartiges und innovatives Bild zu verleihen, von dem Imagetransfer der neuen Technologien zu profitieren und auch Exzellenz in der Kommunikation zu demonstrieren. Dazu braucht es eine transdisziplinäre Zusammenarbeit aus Experten – sowohl in der Forschung, als auch in der Visualisierung.

Perspektive Didaktik/Pädagogik
Eine weitere Zukunftsperspektive der visuellen Wissenschaftskommunikation liegt in den Digitalisierungs-Prozessen der Bildung, die aktuell in allen Gesellschaftsschichten zur Diskussion stehen. Neben der technischen Ausstattung sind hier vor allem gute, nachvollziehbare mediale Inhalte nötig und die Fragestellung: Wie lassen sich die digitalen Medien in den Unterricht integrieren, um den Nachwuchs für wissenschaftliche Themen zu begeistern? Hier liegt noch gewaltiges Potenzial in einer besseren, nachvollziehbaren Darstellung. Werden gegenwärtig frei verfügbare und unterschiedlichste Medien aus dem Internet mit ungewissem Faktengehalt genutzt, wäre es sehr wünschenswert, wenn wissenschaftliche Institute auf ein eigenes Repertoire

an Medienformaten zurückgreifen könnten, um den wissenschaftlichen Nachwuchs auszubilden – Studierende wie auch post-graduierte Wissenschaftler*innen. Die Faszination der Forschung attraktiv, nachvollziehbar und motivierend visuell darzustellen und den Inhalt interaktiv ansprechend aufzubereiten, ließe dem Nachwuchsmangel entgegenwirken.

Die visuelle Kommunikationsstrategie des Archäologischen Landesamtes Schleswig-Holstein (ALSH)

Fallbeispiel 1: Megalith Time Travel

Es herrscht die letzte Eiszeit, der Wind pfeift und in der Ferne schiebt sich ein Gletscher schwer über die Landschaft. So gelangten die Steine nach Schleswig-Holstein, die, viel später, in der Megalithkultur als Grabsteine Verwendung fanden. Megalith Time Travel ist ein interaktives Poster, welches mithilfe brillanter Bilder zwei Narrative über eine lange Zeitspanne miteinander verknüpft: den Lebenslauf der Megalithsteine und die Rolle des Menschen. So erhält im musealen Umfeld das Publikum Zugang zur Geologie, Herkunft, Bau und Markierung von und durch Megalithen, wobei gleichzeitig, um eine Identifikation zu ermöglichen, auch das Leben der Menschen in den unterschiedlichen Epochen abgebildet wird. Wie nutzten die Menschen diese Steine, welchen Aufwand bedeutete es, ein Megalithgrab zu bauen und warum entstand das Ganze überhaupt? Diese Fragen beantwortet in aufeinander folgenden Szenen der Faktor Zeit. Dabei erfahren die Besuchenden auch, wie sich die Landschaft seit der Steinzeit bis heute wandelte; aus einer dichten Bewaldung reisen sie in die heute sehr landwirtschaftlich geprägte und stark besiedelte, waldarme Zeit.

Beispielsweise geschieht hier die Entwicklung des Narrativs anhand des Megalithen »Brutkamp« in Albersdorf (Kr. Dithmarschen), der für Besuchende leicht zugänglich ist. Der mächtige Deckstein des Brutkamps dient dabei als die Epochen begleitender Anker und wiederkehrendes Charakteristikum.

Technologisch basiert die Anwendung teilsweise auf mit Fotogrammmetrie erzeugten 360°-Panoramabildern. Auf einem großen Multitouch-Monitor im Landscape Format bewegen sich die »Zeitreisenden« mit *Swipe*-Gesten auf einer festen y-Achse nach links und rechts durch die Szenerie und machen sich mit der Gegend vertraut. Um die immersive Wirkung zu verstärken, untermalen jede Szene passende Hintergrundgeräusche, wie das Rauschen des Windes oder das Prasseln eines Feuers. Jede der Epochen führt eine Frage ein, wie etwa »Glaubten die Menschen an ein Leben nach dem Tod?« oder »Wieso wurden die Megalithgräber zerstört?«. Diese Fragen sollen die Benutzer*innen dazu animieren, die Lösungen in den Beschreibungen der Szenerie zu suchen. Alternativ lässt sich eine Audiospur anwählen, in der eine professionelle Sprecherin in einer knappen Erzählung die Umstände der jeweiligen Epoche schildert und die aufgeworfene Frage klärt. Die Verweildauer mit diesem Exponat ist insgesamt auf eine halbe Stunde ausgelegt.

Dieses Projekt erschafft Impressionen aus 11 Epochen, die im Gedächtnis bleiben sollen. Dabei wird auch die archäologische Forschung immer wieder thematisiert, sodass die Besuchenden auch Einblicke in den Forschungsalltag und Forschungsmethoden der Archäolog*innen gewinnen.

Das Beispiel zeigt: Wenn es um die Sichtbarmachung des eigentlich Unsichtbaren geht, kommt exzellentes Design und Visualisierung am besten zum Tragen. Denn in der visuell geprägten Gesellschaft ersetzt das Bild oft das

[1] Seit 2016 layoutet das Science Communication Lab in enger Zusammenarbeit mit dem ALSH die Archäologischen Nachrichten Schleswig-Holstein.

[2, 3] »Megalith Time Travel«: Interaktives Exponat. Ausschnitte aus unterschiedlichen Zeitepochen zum Lebenslauf der Megalith-Steine und der Rolle des Menschen.

Wort. Und die Qualität der Bilder schätzt mittlerweile selbst (oder gerade) die junge Generation sehr schnell ein: Stellt es ein professionell erzeugtes und glaubwürdiges Bild dar oder produzierte hier jemand selbst etwas? Für eine authentische Forschung ist es deshalb eminent wichtig, den eigenen Qualitätsanspruch auch in der visuellen Kommunikation zum Ausdruck zu bringen.

Fallbeispiel 2: Die Archäologischen Nachrichten aus Schleswig-Holstein
Seit 2016 layoutet und gestaltet das Science Communication Lab in enger Zusammenarbeit mit dem ALSH die Archäologischen Nachrichten aus Schleswig-Holstein. Dabei wird auf eine klare Struktur geachtet, die die Lesbarkeit der hochklassigen publizierten Forschung verständlicher unterstützt. Die teilweise neu produzierte einheitliche visuelle Sprache der Karten und Abbildungen schafft eine homogene Zeitschrift, die deutschlandweit, aber auch in den europäischen Nachbarländern zu einem wichtigen Spiegel der aktuellen archäologischen Forschung avancierte.

Fallbeispiel 3: Eintragung von Haithabu und Danewerk zum Weltkulturerbe
Einen der großen Erfolge des ALSH, die Eintragung Haithabus und des Danewerks als UNESCO-Weltkulturerbe, unterstützte das Science Communication Lab gestalterisch. Besonders hervorzuheben ist dabei die 15 m lange und 2,5 m hohe Ausstellungswand, auf deren Wänden Themen zum Welterbe an sich und der Forschung daran dargestellt sind. Dabei projizieren Beamer zusätzlich animierte Informationen (z. B. die deutsch-dänische Grenzverschiebung) auf die Wand. Diese Mixed-Media-Installation erlaubt es, Forschungsschwerpunkte, Funde, aber auch Informationen zum damaligen Leben den

Besucher*innen durch die visuell durchdachte Struktur zu erschließen. Animationen und bewegte Grafiken ergänzen so statische gedruckte Texte und Bilder und es entsteht ein belebter, multimedialer Eindruck. Aktuell ergänzt die Wand die Ausstellung im Danevirke Museum. Ihre Konzeption erlaubt es, dass sie auch transportiert und zu besonderen Anlässen präsentiert werden kann.

LITERATUR

H.-J. Gehrke und M. Sénécheau, Geschichte, Archäologie, Öffentlichkeit: Für einen neuen Dialog zwischen Wissenschaft und Medien. Standpunkte aus Forschung und Praxis (Bielefeld 2010).

J. Drucker, Graphesis: Visual Forms of Knowledge Production (Cambridge 2014).

J. Hagy, Visualization: Indexed. In: J. Steele and N. Iliinsky (Hrsg.), Beautiful Visualisation. Looking at Data through the Eyes of Experts (Theory in Practice) (Sepastopol 2010) 353–367.

M. Hassenzahl, User Experience (UX): Towards an Experiential Perspective on Product Quality. In: É. Brangier, G. Michel, J. M. C. Bastien, N.Carbonell (Hrsg.) Proceedings of the 20th Conference on l'Interaction Homme-Machine. Association for Computing Machinery (New York 2008) 11–15. https://dl.acm.org/doi/10.1145/1512714.1512717

S. H. Landis und T. Duscher, Visual Science Communication: The next Generation Scientific Poster. Frontiers in Communication. Section Science and Environmental Communication 2020 (in Vorber.).

H. Rosling, O. Rosling und A. Rosling Rönnlund, Factfulness: Ten Reasons We're Wrong about the World - and Why Things Are Better than You Think (New York 2018).

[3] Mixed-Media Installation zur Eintragung von Haithabu und Danewerk als UNESCO-Weltkulturerbe zeigt Themen zum damaligen Leben, Forschungsschwerpunkten und Funden.

*Das Science Communication Lab ist eine Ausgründung der Muthesius Kunsthochschule in Kiel. Es ist spezialisiert auf neue, interaktive Kommunikationsformen für die Wissenschaft und wissenschaftsnahe Märkte mit komplexen, erklärungsintensiven Themen. Dazu entwickelt es interaktive Exponate für Konferenzen, Museen und Ausstellungen, erstellt Datenvisualisierungen und hochwertiges Informationsdesign. Im Vergleich zu herkömmlichen Mediendienstleistern besteht das interdisziplinäre Team aus Spezialist*innen aus den Gebieten Design, Wissenschaft und Programmierung, die gemeinsam eine wissenschaftlich präzise Lösung entwickeln und diese mit hoher Gestaltungs- und Visualisierungskompetenz verbinden. Idee des »Labs« ist es, von Institutionen als eigene Abteilung für Spezialaufgaben in der Wissenschaftskommunikation hinzugebucht zu werden und über einen Zeitraum eines halben Jahres und länger eine maßgeschneiderte Lösung für das Institut zu entwickeln – immer in enger Abstimmung mit den Wissenschaftler*innen.*

AUTOR*INNEN
Ulf Ickerodt
Sabine Boersch

Vertrauensleute
Ehrenamtliches Engagement in Denkmalschutz und -pflege in Schleswig-Holstein

Seit der Veröffentlichung des ersten Denkmalschutzgesetzes am 7. Juli 1958 unterstützen ehrenamtlich tätige Vertrauensfrauen und -männer die Denkmalschutzbehörden in Schleswig-Holstein. Wie wichtig und wertvoll, ja unverzichtbar, dieses Engagement ist, lässt sich anhand einiger Eckpunkte belegen: Aktuell sind mehr als 5000 archäologische Denkmale in der Denkmalliste eingetragen, die zu etwa 90 % bis 95 % jährlicher Kontrolle unterliegen.

Die Wurzeln dieses Konzeptes liegen im Preußischen Ausgrabungsgesetz von 1920, das die Vertrauensmänner für kulturgeschichtliche Altertümer als Hauptinstrument einführt. Dieser Ansatz, der sich vom heutigen grundsätzlich unterscheidet, stellt den Versuch eines Interessensausgleichs dar. Das Landesmuseum der preußischen Provinz soll an die bestehende Provinzialverwaltung angeschlossen werden und gleichzeitig seine für fachliches Arbeiten nötige Unabhängigkeit bewahren. Bereits damals bestellte jede Provinz die Vertrauensmänner und ihre Vertreter auf Vorschlag des jeweiligen Oberpräsidenten und der Provinzverwaltung durch den Minister für Wissenschaft und Kunst und Volksbildung aus dem Kreise der Leiter fachwissenschaftlich verwalteter Museen oder, sofern erforderlich, einen anderen geeigneten Sachverständigen.

Deren Arbeit unterstützten sog. Pfleger, die ihre Arbeit bereits kurz nach dem Zweiten Weltkrieg aufnahmen. So stellte das Landesamt für Vor- und Frühgeschichte bereits 1949 Bescheinigungen aus, welche die Pfleger als Beauftragte der Provinz auswiesen. Heute sind sie Beauftragte der oberen Denkmalschutzbehörde des Landes. Sie helfen mit ihrem Engagement den Mitarbeitern der oberen und unteren Denkmalschutzbehörden und sorgen so für den Erhalt der archäologischen Denkmale für künftige Generationen.

Anfangs waren es zunächst selten mehr als zehn archäologisch Interessierte, welche die Denkmalschutzbehörden während ihrer Freizeit unterstützten. Im Laufe von mehr als fünf Jahrzehnten stieg die Bereitschaft stetig, sich in diesem Umfeld ehrenamtlich zu engagieren. Inzwischen helfen 66 Vertrauensfrauen und -männer den Denkmalschutzbehörden in Schleswig-Holstein in unterschiedlicher Ausprägung. Nicht zuletzt sind es heute vor allem Mitglieder der schleswig-holsteinischen Detektorgruppe, die ihren Weg in ein Ehrenamt im Denkmalschutz finden.

Das bewältigte Aufgabenspektrum ist vielseitig. Es reicht von regelmäßigen jährlichen Kontrollen der archäologischen Denkmäler, ihrer direkten Umgebung, über die Anregung und Begleitung von Pflegemaßnahmen bis zu öffentlichkeitswirksamen Aktivitäten wie Beteiligungen beim »Tag des offenen Denkmals«, Vorträgen, Führungen, Aufsätzen usw. Wie intensiv das Ehrenamt gelebt wird, bleibt jeder Vertrauensfrau und jedem Vertrauensmann selbst überlassen. Grundlage sind das jeweilige Temperament oder die Lebensumstände.

Der Weg ins Ehrenamt ist in der Landesverordnung über die Vertrauensleute für Kulturdenkmale (LVO vom 18.05.2020, GVOBl. SH S. 300) festgelegt: Zunächst ist die persönliche und fachliche Eignung festzustellen. Ist diese gegeben, dann ist die jeweilige Person im Einvernehmen mit den zuständigen Kreisen bzw. der zuständigen kreisfreien Stadt, in deren Gebiet sie tätig werden sollen, schriftlich zu bestellen. Diese Bestellung gilt nur für einen vorher verabredeten Bereich und die jeweilige Vertrauensperson erhält ihren Ausweis, um sich als amtlich bestellte Vertrauensperson ausweisen zu können. Die Vertrauensleute sind zwar nicht weisungs-, aber an das Denkmalschutzgesetz und die geltende wissenschaftliche Praxis gebunden. Da jedoch die Fürsorge für die archäologischen Denkmale allen Beteiligten ein gemeinsames Anliegen ist, gab und gibt es in den allerseltensten Fällen ernsthaften Gesprächsbedarf, um unterschiedliche Auffassungen hinsichtlich einer Herangehensweise in Einklang zu bringen.

Die Vertrauensleute werden für die Dauer von fünf Jahren bestellt. In Schleswig-Holstein ist es üblich, die Amts-

[1, 2] Jahrestreffen der Vertrauensfrauen- und männer im Archäologischen Landesamt Schleswig-Holstein. FOTOGRAFIEN © ALSH

dauer nach dieser Zeit stillschweigend zu verlängern. Die Vertrauensleute können allerdings jederzeit aus wichtigem Grund von der oberen Denkmalschutzbehörde, bei archäologischen Denkmalen also vom Archäologischen Landesamt Schleswig-Holstein, abberufen werden. Vor der Abberufung sind die Betroffenen und die zuständige untere Denkmalschutzbehörde anzuhören. Sofern ein Ehrenamtler sein Engagement beenden möchte, kann er dies jederzeit ohne Verwaltungshandeln tun.

In der Praxis gibt es verschiedene Wege der Kontaktaufnahme. Am Ehrenamt Interessierte melden sich entweder beim Archäologischen Landesamt oder bei den unteren Denkmalschutzbehörden der Kreise, in welchen sie aktiv werden möchten. Möchten Vertrauensleute sich von diesem Ehrenamt wieder verabschieden, halten sie in der Regel nach einem geeigneten Nachfolger Ausschau und arbeiten diesen ein.

Der Kreis der ehrenamtlich Tätigen bildet einen bunten Querschnitt durch die Bevölkerung. Die Altersstruktur reicht von Mitte Zwanzig bis Mitte Achtzig. In der Geschlechterverteilung besteht die Runde zu etwa zwei Dritteln aus Männern, wobei der Frauenanteil vorsichtig zunimmt. Bei der beruflichen Vorbildung findet sich jede erdenkliche Sparte. Lehrer*innen, Verwaltungsmitarbeiter*innen, Handwerker*innen verschiedenster Gewerke, dies alles in und außer Dienst, ebenso Männer und Frauen, welche bereits in anderen Bereichen wie z. B. dem Naturschutz ehrenamtlich oder aber bei Vereinen und Organisationen mit archäologischem Bezug wie z. B. dem Steinzeitpark Dithmarschen engagiert sind, tragen zum Erhalt archäologischer Denkmale bei.

Die Verweildauer im Ehrenamt ist unterschiedlich lang. Selbst dreißig Jahre Verbundenheit sind keine Seltenheit. Vereinzelt kommt es sogar zu Wiedereinstiegen, also zu einer zweiten Bestellung, nachdem der Rücktritt bereits erfolgt war. Diese Kontinuität hilft nicht nur im Zusammenspiel mit den Denkmalschutzbehörden, sie kommt vor allem dem Kontakt mit den Denkmaleigentümern zugute. Durch die jahrelangen regelmäßigen Kontrollen durch die Vertrauensleute finden manche Eigentümer einen besseren Zugang und eine positivere Haltung zu ihren Denkmalen. Als Ansprechpartner auf Augenhöhe und abseits eines Über-/Unterordnungsverhältnisses gelingt es den ehrenamtlichen Helfern oftmals, im Kontakt zu den Denkmalschutzbehörden eine offenere Basis zu schaffen.

LITERATUR

S. Boersch, Ohne Sie geht es nicht! – Das Ehrenamt in der Archäologie. ANSH 16, 2010, 6–8.

AUTOR*INNEN
Eicke Siegloff
Ruth Blankenfeldt

Kooperation beginnt mit Vertrauen ...

Über die Zusammenarbeit zwischen Sondengängern und staatlicher Denkmalpflege in Schleswig-Holstein

Auf den ersten flüchtigen Blick gilt Schleswig-Holstein vielleicht nicht unbedingt als ein Eldorado für diejenigen, die mit Metalldetektoren nach im Boden verborgenen Relikten der jüngeren Menschheitsgeschichte suchen. Das Fundaufkommen metallzeitlicher Epochen und damit die Chance auf »reiche Beute« stellt sich hier im Vergleich zu den von Schatzsuchern bevorzugteren Regionen Deutschlands mit den dortigen Hinterlassenschaften von Kelten und Römern oder Kriegsschauplätzen der jüngeren Geschichte sicher als ungleich geringer dar. Umso höher ist aber zugleich auch die wissenschaftliche Aussagekraft, die einem archäologischen Metallfund mit seiner Entdeckung zukommt, wie z. B. seltener römischer Import. Zudem zeigt ein Blick in benachbarte Regionen, insbesondere in das angrenzende Dänemark, dass das bislang in Schleswig-Holstein noch recht schüttere Vorkommen wikingerzeitlicher Fundstellen auch eine Frage des Forschungsstandes sein kann – und der Zusammenarbeit mit Sondengängern! Kooperation mit Gutwilligen und gleichzeitiger konsequenter Umgang mit Böswilligen sind daher seit nunmehr 15 Jahren fester Bestandteil des Alltagsgeschäfts im Archäologischen Landesamt Schleswig-Holstein (ALSH), aber auch eine große Herausforderung für die Zukunft.

Seit 2005 verfolgt das ALSH einen als »Schleswiger Modell« bekannt gewordenen und inzwischen in mehreren Bundesländern in ähnlicher und an die entsprechenden Gesetzgebungen angepasster Form übernommenen Ansatz der Kooperation zwischen staatlicher Denkmalpflege und außeramtlichen Sondengängern. Ziel ist es, öffentliche Belange und private Interessen durch gemeinsam entwickelte und auf gesetzlichen Grundlagen basierende »Spielregeln« in Einklang zu bringen. Zugleich steht das Modell in der Tradition des in Schleswig-Holstein und Dänemark bis weit in das 19. Jh. zurückreichenden bürgerlichen Engagements als Form der Partizipation an Forschung *(Citizen Science)*.

Es war seinerzeit eine Zäsur von einem in der Bundesrepublik allgemein verbreiteten restriktiven aber letztendlich nicht einschneidend wirksamen Umgang mit illegal agierenden Detektorgängern, hin zu einem ganzheitlichen Konzept der vertrauensvollen Zusammenarbeit. Dieses wurde insbesondere mit einer kleinen Schar kooperationsbereiter Sondengänger, die nicht länger als vorverurteilte Schwarzsucher kriminalisiert gelten wollten, gemeinsam entwickelt und ist bis auf einige Anpassungen bis heute funktional. Die konsequente Einhaltung der Regeln und die Gleichbehandlung stehen dabei im Vordergrund, aber auch ein entsprechendes Bewusstsein für eine gewisse gesellschaftliche Verpflichtung sollte stets bei jeder Bewegung der Sonde »mitschwingen«. Die Vermittlung dieser hinter dem Modell stehenden Philosophie steht am Beginn der Karriere eines jeden in Schleswig-Holstein zertifizierten Sondengängers.

Die sog. Zertifizierung beginnt mit Praxistagen unter Federführung und Anleitung von »Mentoren«, die als bereits zertifizierte Sondengänger einen gesonderten Sachkundenachweis ablegten und somit offiziell ehrenamtlich beauftragt sind. Es folgt ein dreitägiger Theorieteil, in dem neben archäologischem Basiswissen wie Chronologie, Typologie mit Fokus auf dem geschlossenen Fund u. a. auch das Erkennen archäologisch relevanter Funde und Befunde, die Erstversorgung von Funden nach konservatorisch-fachlichen Vorgaben sowie alle relevanten Rechtsvorschriften vermittelt werden. Am Ende des Theorieteils steht eine obligatorische Schulung durch den Kampfmittelräumdienst. Den Abschluss des Kurses bildet als Prüfungssituation eine gemeinschaftliche Prospektion im Gelände, bei der die Teilnehmer als Gruppe agieren und das sachgerechte Anwenden des erlernten Wissens in der Praxis unter Beweis stellen müssen.

Nach erfolgreicher Absolvierung erhält jeder Teilnehmer einen Suchausweis als stets bei der Suche im Gelände mitzuführenden Beleg für den abgelegten Sachkundenachweis. Suchaktivitäten sind nur auf landwirtschaftlich genutzten und vom ALSH auf Vorbehalte geprüften und genehmigten Flächen möglich, die der Sondengänger zuvor als Prospektionsflächen beantragt.

Bislang wurden rund 450 Sondengänger zertifiziert (Stand 2020), von denen etwa zwei Drittel unterschiedlich aktiv im Gelände auftreten. Die Zusammensetzung der Detektorgruppe Schleswig-Holstein als Community aller aktiven Sondengänger ist definitiv vergleichbar mit einem Querschnitt durch die Bevölkerung: Die unterschiedlichsten Menschen mit verschiedensten privaten und beruflichen Hintergründen – vom Lagerarbeiter bis zum Klinikdirektor – sind hier im wahrsten Sinne des Wortes miteinander vergesellschaftet.

Eine weitere Komponente des Schleswiger Modells bilden zweimal pro Jahr stattfindende Vollversammlungen. Sie dienen der Kommunikation und Information, dem Erfahrungsaustausch sowie der Fort- und Weiterbildung und fördern, ebenso wie von der Gruppe selbstorganisierte Sommerfeste, regional verteilte Stammtische oder auch gemeinsame Exkursionen, ein starkes Wir-Gefühl. Aufgrund des stetigen Anwachsens der Mitgliederzahl gibt es inzwischen Gruppensprecher, die als Ansprechpartner und Koordinatoren innerhalb der Gruppe fungieren und sich ebenfalls regelmäßig treffen und austauschen.

Das Herzstück für die interne Kommunikation der Detektorgänger stellt das mit großem Engagement intern betreute Internetportal dar, welches nur mit persönlichem Passwort zugänglich ist. Neben Terminabsprachen über eine Kalenderfunktion, Hinweisen zu relevanter Literatur und aktuellen Nachrichten aus der Archäologie, praktischen Tipps sowie Diskussionen um die Themen Metalldetektoren, Konservierung, Archäologie und Geschichte sowie einer Kartendarstellung der aktiven Prospektionsflächen stehen vor allem Funde im Fokus: Die Mitglieder präsentieren hier die Stücke von ihren Begehungen, wobei es sich neben Flintartefakten naturgemäß um Metallfunde aller Art und Epochen handelt. Rege Beteiligungen in den unterschiedlichen Themenbereichen belegen dabei deutlich, dass sich die Sondengänger mehrheitlich als Gruppe und nicht als abgekapselt agierende Einzelpersonen verstehen. Zwar finden Begehungen in den persönlich beantragten Flächen in aller Regel allein statt, doch wird stets der Meinungsaustausch mit den Kollegen gesucht. Bei den eingestellten Funden kann es sich um bereits eindeutig identifizierte oder um noch unbestimmte Objekte mit der Bitte um gemeinschaftlichen Rat handeln, versehen mit Bildern und Bestimmung. Dem Internetportal der Detektorgruppe SH kommt damit die immense Bedeutung eines Multiplikators kollektiven Wissens zu. Das Portal dient ferner der Koordinierung von Gruppenaktionen, bei denen neben dem ALSH auch andere archäologische Institutionen wie das Museum für Archäologie Schloss Gottorf in Schleswig auf die Erfahrung und das gebündelte Know-How der Gruppenmitglieder setzen. Ein Beispiel für eine solche Zusammenarbeit stellt der im Sommer 2017 mithilfe der Detektorgruppe SH entdeckte wikingerzeitliche Silberhort vom Morsum auf Sylt dar (s. Beitrag Kap. IV, 194–197).

[1] Die Teilnehmer des ersten Zertifizierungskurses 2005 nach der praktischen Geländeprüfung an der Thyraburg (LA 86), Gemeinde Dannewerk, Kr. Schleswig-Flensburg. FOTOGRAFIE © Wolfgang Bauch, ALSH

Die Erfolgs-Liste dieser Gruppe ist inzwischen so umfangreich, dass hier nur beispielhafte Einblicke möglich sind. Unvergessen bleiben natürlich spektakuläre Entdeckungen wie die des Bronzekesselhortes von Norderstapel, Kr. Schleswig-Flensburg, durch Stephan Wieck (s. Beitrag Kap. III, 98–99). Neben der großen kulturhistorischen Bedeutung zeigt dieses Beispiel, dass die während der Zertifizierung erlernten Verhaltensregeln zum Umgang mit archäologischen Funden auch wirklich umgesetzt werden. Die »kollektive Freude« im Internetforum und bei Treffen der Detektorgruppe sowie offizielles Lob über das bemerkenswert besonnene Verhalten des Finders belegen zudem den Vorbildcharakter solcher Aktionen. Nicht zuletzt löst das Einstellen archäologisch ansprechbarer Funde einen Lerneffekt bei den Sondengängern aus.

Andere Beispiele zeigen, wie eingehend sich viele der Detektorgänger in die Ansprache archäologischer Artefakte einarbeiten und z. T. sogar auf bestimmte Perioden spezialisieren. So erhalten bereits geäußerte Artefaktansprachen noch Verfeinerungen sowie Hinweise auf die relevante Literatur. Einem Finder unbekannte Objekte, im Forum auch als »UFOs« bezeichnet, werden mit Bitte um Hilfe eingestellt und fast immer erfolgreich durch die Schwarm-Intelligenz bestimmt. Neben Experten für definierte Zeitabschnitte gibt es zudem Spezialisten für bestimmte Objektgruppen: Ob nun als Hobbynumismatiker oder Fachmann für bäuerliche Knöpfe der frühen Neuzeit – durch diese gewachsene Komponente des Schleswiger Modells geschieht nicht zuletzt eine effektive Vorausfilterung nicht meldepflichtiger Objekte. Des Weiteren wäre ein Fund, einmal im Forum gepostet und von anderen als meldepflichtig erkannt, niemals zu unterschlagen oder zu verschleiern. Es entstehen somit Synergie-Effekte, die Einzelpersonen nicht leisten können und eine erhebliche Erleichterung für die anschließende Fundbearbeitung im ALSH bedeuten.

Durch die erwähnten Schwerpunkte einzelner Gruppenmitglieder erweiterte sich das Spektrum der im Fokus der staatlichen Denkmalpflege stehenden Denkmalkategorien. Exemplarisch sind hier Prospektionsergebnisse auf Schlachtfeldern der deutsch-dänischen Kriege des 19. Jh. von Jochim Weise zu erwähnen, der dem ALSH bereits vielfach Hilfe bei Planungsvorhaben bestimmter Gebiete geben konnte und inzwischen weit über die Grenzen Schleswig-Holsteins hinaus als anerkannter Experte für Schlachtfeldforschung gilt. Insgesamt rücken in der Bodendenkmalpflege immer mehr jüngere Epochen in den Fokus. Mit der »Ladelund-Gruppe« fanden sich Archäologen, Historiker und Mitglieder der Detektorgruppe zusammen und erarbeiteten ein Konzept für eine neue Ausstellung in der KZ-Gedenk- und Begegnungsstätte in Ladelund, Kr. Nordfriesland, ausgestattet mit Funden dort erfolgter Metalldetektorbegehungen (s. Beitrag Kap. III, 146–147).

[2] Der Fund von insgesamt vier Becken mit Kreuzattaschen (SH2010-639.1 bis 4) aus Norderstapel (LA 28), Kr. Schleswig-Flensburg. FOTOGRAFIEN © Linda Hermannsen, ALSH

Schließlich war es nur eine Frage der Zeit, bis die Detektorgruppe Mitglieder hervorbrachte, die – angespornt durch eine sich immer stärker entwickelnde Begeisterung für die Archäologie – Forschungslücken erkannten und, darauf fußend, zielgerichtete Projektideen entwickelten. Genau dies führte zu einer der wohl bedeutsamsten Neuentdeckungen der letzten Jahre im Bereich wikingerzeitlicher Siedlungsforschung in Schleswig-Holstein: Mit Blick auf den Forschungsstand zum Korridor entlang des Danewerkes zwischen Haithabu im Osten und der Treene im Westen der Schleswiger Landenge waren sich Arjen Spießwinkel, Christian Struckmeyer und Thomas Fichte sicher, genau dort mittels systematisch durchgeführter Detektorprospektionen bislang unbekannte metallzeitliche Siedlungsstrukturen aufspüren zu können. Es entstand so ein gemeinschaftliches Projekt mit den Mitarbeitern der für die Detektorgruppe im ALSH zuständigen Abteilung Landesaufnahme/Denkmalschutz, die zur Entdeckung der wikingerzeitlichen Siedlung bei Ellingstedt, Kr. Schleswig-Flensburg, führte (s. Beitrag Kap. III, 118–119)!

Seit Etablierung des Kooperationsmodells durch mittlerweile tausende Detektorfunde von der Bronzezeit bis in die jüngere Geschichte veränderte sich die archäologische Landschaft signifikant. Das in diesen Funden schlummernde wissenschaftliche Potenzial zeigt exemplarisch, aber mit aller Deutlichkeit, die Zusammenstellung und wissenschaftliche Einordnung von etwa 1000 Funden aus der Römischen Kaiserzeit und Völkerwanderungszeit während neun Jahren Detektorprospektionen, vorgenommen durch Jan Schuster. Die Monografie honoriert einerseits den unermüdlichen Einsatz der Detektorgruppe SH und fungiert nun andererseits als wissenschaftliche Bestimmungshilfe nicht nur Einzelner. Zugleich offenbarte sich der enorme Gewinn für die archäologische Denkmalpflege, da etwa zwei Drittel der analysierten Fundstellen durch die Aktivitäten der Detektorgruppe überhaupt erst bekannt wurden. Für andere Zeitabschnitte oder Materialgruppen wären derartige Bearbeitungen in Zukunft ebenfalls wünschenswert, da sich auch dort das Fundspektrum durch beträchtliche Fundmengen mit z. T. herausragenden Einzelstücken, wie z. B. dem Fund einer exotisch anmutenden Fibel der frühen Wikingerzeit aus Hattstedt, Kr. Nordfriesland, erheblich erweiterte.

Zertifizierte Sondengänger der Detektorgruppe SH hoben sich damit längst als Fortführung des traditionell in der schleswig-holsteinischen Denkmalpflege verankerten bürgerlichen Engagements hervor und wurden dafür im Jahr 2016 mit der Goldenen Schaufel ausgezeichnet. Darüber hinaus ist die Detektorgruppe über die Landesgrenzen hinaus bekannt und gefragt. So trafen sich schleswig-holsteinische Detektorgänger mit Mitgliedern der »Ostfalensucher« und der »Hunte-Weser-Sondengänger« an den bedeutenden Fundplätzen Kalkriese, Wittstock und Harzhorn. Hinzu kommen weitere von Archäologen aus anderen Bundesländern initiierte Suchaktionen auf archäologischen Fundplätzen oder bei aktuellen Ausgrabungen. Ebenso beteiligten sich Mitglieder der Detektorgruppe SH an zwei jeweils einwöchigen Kampagnen in der ehemaligen Gemarkung Lübsow, heute Lubieszewo, pow. Gryfice, in Polen, wo zu Beginn des 20. Jh. entdeckte reiche Bestattungen aus dem 1. und 2. Jh. n. Chr. namengebend für älterkaiserzeitliche »Fürstengräber vom Lübsow-Typ« wurden. Eine enge Verbindung besteht mit dänischen Sondengängern: Auf Einladung von »Thy/Mors detektorforening« sondelten sie 2013, zusammen mit Kollegen aus Dänemark, Norwegen und Schweden, ein Wochenende lang auf Lolland. Und von »Sønderjyllands Amatørarkæologer« organisierte Aktionen auf Schlachtfeldern um die Düppeler Schanze und somit einem Ort in Dänemark mit hohem nationalen Symbolwert bescherten allen Beteiligten ein

[3] Mitglieder der Detektorgruppe Schleswig-Holstein bei der Durchführung einer systematischen Gruppenaktion in der Gemeinde Behrensdorf (LA 125), Kr. Plön, im Oktober 2010. FOTOGRAFIE © Steffen Haucke, ALSH

unvergessliches Erlebnis. Dies gilt andererseits auch für Gruppenaktionen mit dänischer Beteiligung in Husby oder Haithabu (s. Beitrag Kap. IV, 190–193).

Wo Licht ist, fällt auch Schatten und so dürfen an dieser Stelle einige Problemfelder nicht unerwähnt bleiben. Der ursprünglich nicht vorauszuahnende Zulauf erzeugt eine enorme Nachlast vor allem im ALSH aber auch bei der konservatorischen Fundversorgung. Die bestehenden knappen Personalressourcen begegnen diesem Zuwachs nur noch schwer. Eine stetig wachsende Zahl an Funden muss angesprochen und registriert sowie neue Fundstellen in Fachanwendungen verzeichnet werden. Technischer Fortschritt wie metergenaue GPS-gestützte Fundeinmessungen erhöht zwar das Qualitätsniveau, bedeutet aber zugleich ebenfalls einen höheren Arbeitsaufwand als noch vor wenigen Jahrzehnten. In der reinen Verwaltungsarbeit sind immer mehr Anfragen zu beantworten und Anträge sowie Genehmigungen der Prospektionsflächen zu bearbeiten. Die Ahndung denkmalrechtlicher Vergehen und insbesondere die Folgen von sich rasant im Netz verbreitenden Falschinformationen bei einer gleichzeitig sinkenden Akzeptanz gegenüber staatlichen Institutionen binden zusätzliche Ressourcen. Es gehen mittlerweile Genehmigungsanträge ein, deren sachlich falsche Inhalte als Textbausteine von einschlägigen Internetseiten stammen und die teilweise jegliche Höflichkeitsformeln vermissen lassen. Zwar stieg die Zahl an Beobachtungen, die auf Aktivitäten illegaler Sondengänger schließen lassen, nicht extrem, aber es laufen zugleich mehr Meldungen von Mitarbeitern des Kampfmittelräumdienstes auf, die im Zuge der Gefahrenabwehr Munition beseitigen müssen, die bei ungenehmigtem Suchen in Schleswig-Holsteins Wäldern zutage trat. In den letzten, sehr stark von sozialen Netzwerken und Medien geprägten Jahren verbreitete sich die »Schatzsuche« mit Metalldetektoren enorm. Als eine Folge kam es im Zeitraum von 2013 bis 2016 zu mehr als einer Verdreifachung der konkreten Anmeldungen für die Teilnahme an einem Zertifizierungskurs. Sie lagen bis Ende 2018 mit konstant 150 bis 180 Anmeldungen pro Jahr so hoch, dass die Möglichkeit zur Anmeldung vorerst bis auf weiteres ausgesetzt werden musste. Leider lässt sich zudem beobachten, dass eine ebenfalls zunehmende Zahl an Kursteilnehmern das Zertifizierungsprozedere zwar durchläuft, danach aber entweder sofort oder innerhalb relativ kurzer Zeit als Karteileiche endet.

Sondengehen avancierte inzwischen zu einer Freizeitbeschäftigung für Jedermann, die gegebenenfalls aber schnell wieder abgelegt wird. Trotzdem geht von diesem Hobby ungeschult eine latente Gefahr für im Boden verborgene Kulturdenkmale aus, unabhängig davon, ob eine böse Absicht bei der Benutzung eines Metalldetektors zugrunde liegt. Zum einen richten abertausende spatengroße Löcher mehr Schaden an als wenige Aktivitäten »echter« Raubgräber – wenn durch den Eingriff in intakte archäologische Strukturen ein Metallobjekt aus seinem Kontext gerissen und damit der wissenschaftlichen Aussagekraft beraubt ist. Zum anderen nimmt die Gefahr zu, dass archäologische Funde mit einem Metall-

[4] Fibel von Hattstedt (SH2016-369.1), Gemeinde Hattstedt LA 10, Kr. Nordfriesland. FOTOGRAFIE © Linda Hermannsen, ALSH

detektor zwar aufgespürt, aber nicht erkannt und achtlos entsorgt, statt fachlich geborgen, dokumentiert und magaziniert werden. So finden solche Fundstücke keinen Niederschlag in der zentral geführten archäologischen Landesaufnahme – dem wesentlichen Werkzeug für die planungsorientierte archäologische Denkmalpflege und zugleich Wissensrepositorium für die wissenschaftliche Forschung.

Angesichts dieses auch durch gesamtgesellschaftliche Veränderungen entstandenen Drucks erfordert das Schleswiger Modell, und dabei insbesondere das Zertifizierungsprozedere, eine verstärkte Anpassung, um mit der stetig wachsenden Zahl an Sondengängern bei gleichzeitig konstanten Personalkapazitäten für Schulung, Verwaltung und persönlicher Betreuung Schritt halten zu können. Dieser großen Herausforderung werden sich das ALSH und die jetzigen und künftigen Mitglieder der Detektorgruppe Schleswig-Holstein stellen müssen. Die Grundlage für den Erfolg der Detektorgruppe ist der persönliche Kontakt aller Beteiligten untereinander. Dieses unverzichtbare Instrument für gegenseitiges Vertrauen und kollegiales Miteinander darf bei allen bevorstehenden Umgestaltungen niemals vernachlässigt oder gar wegrationiert werden, denn Kooperation beginnt mit Vertrauen.

LITERATUR

T. Lemm, Auf der Suche nach dem Hof des königlichen Statthalters – Ergebnisse systematischer Detektorbegehungen in Husby, Kreis Schleswig-Flensburg (Schleswig-Holstein). In: V. Hilberg und Th. Lemm (Hrsg.), Viele Funde – große Bedeutung? Potenzial und Aussagewert von Metalldetektorfunden für die siedlungsarchäologische Forschung der Wikingerzeit. Bericht des 33. Tværfaglige Vikingesymposiums, 9. Mai 2014, Wikinger Museum Haithabu (Kiel 2018), 49–65.

T. Lemm, Ein königlicher Hof im nördlichen Angeln? Der kulturhistorische Kontext von Husby. ANSH 20, 2014, 66–71.

A. Rau, R. Blankenfeldt und J. Schuster, Production of Scandinavian-Style sword hilts on southern Baltic coast? A stray find, presumably dating to the Late Roman Iron Age, from Lübsow/Lubieszewo in Poland. In: L. Larsson, F. Ekengren, B. Helgesson und B. Söderberg (Hrsg.), Small Things – Wide Horizons. Studies in honour of Birgitta Hårdh (Oxford 2015) 191–198.

J. Schuster, Masse – Klasse – Seltenheiten. Kaiserzeitliche und völkerwanderungszeitliche Detektorfunde der Jahre 2006–2014 aus Schleswig-Holstein. Sonderheft ANSH (Schleswig 2016).

A.-T. Sinn, Der Exot von Hattstedt. Auf den Spuren eines besonderen Sondenfundes, ANSH 25, 2019, 96–103.

J. Weise und B. Majchczack, Stets wachsam auf Posten. Ein dänisches Feldlager des Krieges von 1848/51 in Schuby-Neukrug. ANSH 21, 2015, 88–91

AUTOR
Ulf Ickerodt

Öffentlichkeitsarbeit in der archäologischen Denkmalpflege

Die Öffentlichkeitsarbeit in der Boden- oder archäologischen Denkmalpflege unterscheidet sich von der der Museen und archäologischen Forschungseinrichtungen. Als Teil des Nicht-Kommerziellen weicht sie von den kommerziellen und kreativen Sektoren ab, die ebenfalls archäologische Inhalte vermitteln. Die zu leistende Vermittlungsarbeit ist innerhalb des thematisierten Arbeitsgebietes gleichermaßen durch klare rechtliche, politische und fachliche Inhalte und Aufgaben, durch forschungs- und fachgeschichtliche und sich darauf berufende rezeptionsgeschichtliche sowie durch unterschiedliche auch außerfachliche Einflussfaktoren bestimmt. Die Hauptpolaritäten bilden dabei auf der Bedeutungsebene die kontrastierenden Gegensatzpaare *Vergangenheit – Gegenwart und Selbstwahrnehmung – Fremdwahrnehmung*. Diese werden wiederum durch die Aspekte *Theorie – Praxis* und *Abstrakt – Konkret* beeinflusst.

Grundsätzlich ist das anzustrebende Ziel eine vorauszusetzende, richtige und umfängliche, zielgruppengerechte Aufbereitung fachlicher Inhalte. Deren zentrale Elemente sind Objekte im Sinne beweglicher Denkmale oder Funde sowie Orte. Bei diesen Orten handelt es sich um gesetzlich geschützte Denkmale oder archäologische Fundstellen, die über Denkmallisten/Ortsakten oder die Landesaufnahmen erfasst werden. Daneben stehen die im Rahmen archäologischer Feldforschung erhobenen Daten, Fakten und Informationen. Die archäologische Denkmalpflege wurde als Verwaltungsstruktur ergänzend zum Landesmuseum eingerichtet, um als sog. datenführende Stelle die *Echtheit*, *Richtigkeit* und *Validität* archäologischer Primär- und Sekundärquellen authentifizieren zu können und so archäologisches Fachwissen in einem sich differenzierenden und pluralisierenden Arbeitsgebiet überprüfbar zu halten. In dieser Hinsicht ist archäologische Denkmalpflege als Verwaltungsstruktur Produkt des öffentlichen Interesses. Daher steht der Aspekt der Teilhabe der Öffentlichkeit an archäologischer Forschung im Mittelpunkt der zu leistenden Öffentlichkeitsarbeit. Informationsträger sind die traditionelle Beschilderung, Veröffentlichungen und die Medien sowie in den letzten Jahrzehnten zunehmend die unterschiedlichen Kanäle der digitalen Welt.

Öffentlichkeitsarbeit als Verwaltungsaufgabe

Aus Sicht der archäologischen Denkmalpflege umfasst der unbestimmte Begriff der Öffentlichkeit zwei grundsätzliche Ebenen. Die erste bildet die konkrete, im Tagesgeschäft eingebundene Öffentlichkeit. Sie stellt im Bereich der Laienforschung insbesondere Sammler, Detektor- bzw. Sondengänger und Chronisten sowie die akademische Forschung dar, die sich für neue Entdeckungen und Forschungsvorhaben interessieren. Hinzu kommen Antragsteller in denkmalrechtlichen Genehmigungsverfahren, die sich über rechtliche Rahmenbedingungen oder denkmalrechtliche Entscheidungen informieren wollen. Ein anderes Akteursfeld bilden die Vertrauensleute und andere ehrenamtliche Bodendenkmalpfleger. Sie benötigen zur Erledigung ihrer ehrenamtlichen Aufgaben Informationen zu organisatorisch-rechtlichen Rahmenbedingungen, zu Vorhaben und denkmalrechtlichen Zielen. Diese Gruppen wirken eigenständig im Rahmen ihrer Aktivitäten als Multiplikatoren landesarchäologischer Inhalte und bilden so auf der persönlichen Ebene eine wichtige Schnittstelle in die weitere Öffentlichkeit.

Daneben steht der Bereich der planungsorientierten Denkmalpflege. Hier bilden Planer, Vorhabenträger und Investoren eine Teilöffentlichkeit. Diese muss rechtssicher über archäologische Rahmenbedingungen informiert werden. Zentrale Inhalte sind Denkmale und ihr Umgebungsbereich oder archäologische Verdachtsflächen. Die neuen Medien (z. B. Datenbanken, web-GIS) etablieren sich vor dem Hintergrund der sog. INSPIRE-Richtlinie als Schlüsselwerkzeuge. Neben der Raumplanung und der Regionalentwicklung bilden die lokalen, regionalen und überregionalen Tourismuseinrichtungen sowie die sie tragenden Akteure wie Kulturlandschaftsführer, Marketingexperten usw. eine Teilöffentlichkeit. Auch diese muss entsprechend der genannten Grundsätze informiert und zudem bei ihrer Aufbereitung des für sie relevanten Fachwissens fachlich beraten werden. Als wichtige Werkzeuge erweisen sich die Verabredung eines Corporate Designs, von Sprachregelungen und einer Regelkommunikation. Diese Arbeiten sind immer dort grundlegend, wo ein z. B. politischer Missbrauch archäologischer Inhalte vermieden werden muss.

Aus der Perspektive der Denkmalpflegeverwaltung erfolgt eine Beteiligung der Öffentlichkeit auch über die Verwaltungsstruktur der Denkmalpflege. Diese wirken als Multiplikatoren in die unterschiedlichen Ebenen der Landesverwaltung ([Land-]Kreise, kreisfreie Städte, Ämter, Gemeinden, Städte) sowie in den Landtag. Hinzu kommen informelle Gremien wie der in Schleswig-Holstein gesetzlich geregelte Denkmalrat bzw. die Denkmalbeiräte sowie wirtschaftliche Gremien wie Denkmalsalons oder zahlreiche archäologische Gesellschaften und Vereine. Auch diese fungieren als Vermittler und sind wichtige Säulen der Öffentlichkeitsarbeit.

Öffentlichkeitsarbeit als abstrakte Vermittlungsaufgabe

Neben der konkreten, im Alltagsgeschäft eingebundenen Öffentlichkeitsarbeit steht außerhalb davon als zweite Ebene eine allgemein interessierte Öffentlichkeit. Deren Information läuft über die Medien. Grundsätzliches Ziel ist eine allgemeine Information, wobei die Frage nach Neuheitserlebnissen und Sensationen im Vordergrund steht. Diese Zielrichtung konterkariert ein wenig den Bildungsanspruch, entspricht aber einem grundsätzlich niedrigschwelligen Anspruch an Teilhabe. Da die Rezeption eher im kommerziellen Sektor stattfindet, ist sie an anderen Zielen orientiert, als sie von den nicht-kommerziellen verfolgt werden können.

Dessen ungeachtet sind auf Objekte und Orte bezogene archäologische Inhalte immer in Ursprungs- und Fortschrittsgeschichten eingebunden. Diese Einbindung erfolgt über Stereotype und Narrative, die wiederum mit gesellschaftlichen Normen und Werten verbunden oder an sie gekoppelt sind. In den letzten Jahrzehnten etablierte sich für diesen Vermittlungsansatz der Begriff des *story-tellings*.

In dem Maße, in dem archäologische Forschung Teil moderner Erinnerungskultur wurde, nahm sie Einfluss auf die soziale Identität moderner Gesellschaften. Die am besten erforschten Beispiele für den gesellschaftspolitischen Missbrauch archäologischer Forschung sind die Propagandastrategien im Dritten Reich und im Kommunismus. Vor diesem Hintergrund kommt der Öffentlichkeitsarbeit in der modernen archäologischen Denkmalpflege eine besondere Bedeutung und Verantwortung zu. Archäologie entfacht zwar insbesondere im Bereich der praktischen Forschung ein hohes Interesse. Sie übernimmt jedoch in Bereichen mit gesellschaftspolitischer Funktion eine hohe ideologische Anschlussfähigkeit, ein Aspekt, der beispielsweise auch über Forschungsförderung mitbestimmt.

LITERATUR

U. Ickerodt, Archäologie, Öffentlichkeit, Teilhabe und deren föderale Umsetzung: Ein archäologisch-denkmalpflegerischer Kommentar aus Schleswig-Holstein zu einer akademischen Scheindebatte. Archäologische Informationen 43 (2020). https://www.dguf.de/fileadmin/AI/ArchInf-EV_Ickerodt.pdf [zuletzt geprüft 30.09.2020].

U. Ickerodt, Freie Daten für freie Bürger – Ein Essay über archäologische Daten, die Öffentlichkeit und open data. In S. Winghart (Hrsg.), Archäologie und Informationssysteme. Vom Umgang mit archäologischen Fachdaten in Denkmalpflege und Forschung. Arbeitshefte zur Denkmalpflege in Niedersachsen 42 (Hameln 2013) 28–33.

A. Lagerlöf, (Hrsg.), Who cares? Perspectives on public awareness, participation and protection in archaeological heritage Management.(EAC Occasional Paper No.8. (Budapest 2013).

[1] Im Jahr 2019 sorgte die Verleihung der Welterbeurkunde für enormes öffentliches Interesse. Der Höhepunkt war eine Podiumsdiskussion.
FOTOGRAFIE © Linda Hermannsen, ALSH

Autorenliste

A

Dr. Angelika Abegg-Wigg
Stiftung Schleswig-Holsteinische
Landesmuseen Schloss Gottorf
Museum für Archäologie
Schlossinsel 1
24837 Schleswig
angelika.abegg-wigg@landes
museen.sh

Dr. Vladimir Adaev
Russische Akademie der Wissenschaften, Institut für Probleme
der Entwicklung des Nordens
Abteilung Physische Anthropologie
86, Malygina st.
625026, Tjumen
Russische Föderation
whitebird4@yandex.ru

Dr. Birte Ahrens
Deutsche Sporthochschule Köln
Stabsstelle Akademische
Planung und Steuerung
Abt. Forschung und wissen-
schaftlicher Nachwuchs
Am Sportpark Müngersdorf 6
50933 Köln
b.ahrens@dshs-koeln.de

B

Dr. Valdis Bērziņš
University of Latvia
Institute of Latvian History
Kalpaka bulvāris 4
Rīga LV-1050
Latvia
valdis-b@latnet.lv

Dr. Olivier Bignon-Lau
Université Paris 1
CNRS, UMR 7041 ArScAn
Ethnologie préhistorique
21, allé de l´Université
92023 Nanterre cedex
Frankreich
olivier.bignon-lau@cnrs.fr

Dr. Ruth Blankenfeldt
Stiftung Schleswig-Holsteinische
Landesmuseen Schloss Gottorf
Zentrum für Baltische und
Skandinavische Archäologie
Schlossinsel 1
24837 Schleswig
ruth.blankenfeldt@zbsa.eu

Dr. Ralf Bleile
Stiftung Schleswig-Holsteinische
Landesmuseen Schloss Gottorf
Museum für Archäologie
Schlossinsel 1
24837 Schleswig
ralf.bleile@landesmuseen.sh

Prof. Dr. Hans-Rudolf Bork
Christian-Albrechts-Universität
zu Kiel
Institut für Ökosystemforschung
Olshausenstr. 75
24118 Kiel
hrbork@ecology.uni-kiel.de

Sabine Boersch
Archäologisches Landesamt
Schleswig-Holstein
Brockdorff-Rantzau-Str. 70
24837 Schleswig
sabine.boersch@alsh.landsh.de

Dr. Jan Piet Brozio
Christian-Albrechts-Universität
zu Kiel
Institut für Ur- und Frühgeschichte
Johanna-Mestorf-Straße 2–6
24118 Kiel
jpbrozio@ufg.uni-kiel.de

Mirjam Briel M.A.
Archäologisches Landesamt
Schleswig-Holstein
Außenstelle Neumünster
Gartenstr. 10
24534 Neumünster
mirjam.briel@alsh.landsh.de

Ute Brinker M.A.
Stiftung Schleswig-Holsteinische
Landesmuseen Schloss Gottorf
Zentrum für Baltische und
Skandinavische Archäologie
Schlossinsel 1
24837 Schleswig
ute.brinker@web.de

C

Prof. Dr. Dr. h.c. Claus von Carnap-Bornheim
Stiftung Schleswig-Holsteinische
Landesmuseen Schloss Gottorf
Zentrum für Baltische und
Skandinavische Archäologie
Schlossinsel 1
24837 Schleswig
Claus.carnap@landesmuseen.sh

Elisa Caron-Laviolette M.A.
Université Paris 1
UMR 7041 ArScAn
Ethnologie préhistorique
21, allé de l´Université
92023 Nanterre cedex
Frankreich
elisa.laviolette@gmail.com

Aija Ceriņa M.Sc. Geol.
University of Latvia
Faculty of Geography and Earth
Science
Jelgavas iela 1
Zemgales priekšpilsēta
Rīga LV-1004
Latvia
caija@inbox.lv

Dr. Ivan Cheben
Archeologický ústav SAV
Akademická 2
949 21 Nitra
Slowakai
ivan.chebensavba.sk

Dr. habil. Marianne Christensen
Université Paris 1
UMR 7041 ArScAn
Ethnologie préhistorique
Institut d'Art et d'Archéologie
3, rue Michelet
F-75006 Paris
marianne.christensen@univ-
paris1.fr

Prof. Dr. Sampildonov Chuluun
Akademiker der Mongolische
Akademie der Wissenschaften
c/o Mongolische Akademie der
Wissenschaften
Institut für Geschichte und
Archäologie
Jukov st. 77
13343 Ulaanbaatar
Mongolei

Dr. Marta Dal Corso
Christian-Albrechts-Universität zu Kiel
Institut für Ur- und Frühgeschichte
Johanna-Mestorf-Straße 2–6
24118 Kiel
mdalcorso@ufg.uni-kiel.de

Prof. Dr. Janusz Czebreszuk
Adam Mickiewicz University in Poznań
Faculty of Archaeology
Director of Polish Archaeological Institute at Athens
Uniwersytetu Poznańskiego str. 7 / 2.69
61-614 Poznań
Poland
jancze@amu.edu.pl

Ingo Clausen M.A.
Archäologisches Landesamt Schleswig-Holstein
Außenstelle Neumünster
Gartenstr. 10
24534 Neumünster
ingo.clausen@alsh.landsh.de

D

Dr. Hauke Dibbern
Archäologisches Landesamt Schleswig-Holstein
Brockdorff-Rantzau-Str. 70
24837 Schleswig
hauke.dibbern@alsh.landsh.de

Dr. Walter Dörfler
Christian-Albrechts-Universität zu Kiel
Institut für Ur- und Frühgeschichte
Johanna-Mestorf-Straße 2–6
24118 Kiel
wdoerfler@ufg.uni-kiel.de

PD Dr. habil. Stefan Dreibrodt
Christian-Albrechts-Universität zu Kiel
Institut für Ökosystemforschung, Geoarchäologie und Polarökologie
Olshausenstr. 100
24106 Kiel
sdreibrodt@ecology.uni-kiel.de

Prof. Dr. Tom Duscher
Science Communication Lab
Heiligdammer Str. 15
24106 Kiel
td@scicom-lab.com

E

Dr. Jonas Enzmann
Niedersächsisches Institut für Historische Küstenforschung
Viktoriastraße 26–28
26382 Wilhelmshaven
jonas.enzmann@nihk.de

F

Dr. Ingo Feeser
Christian-Albrechts-Universität zu Kiel
Institut für Ur- und Frühgeschichte
Johanna-Mestorf-Straße 2–6
24118 Kiel
ifeeser@ufg.uni-kiel.de

Dr. Dragana Filipović
Christian-Albrechts-Universität zu Kiel
Institut für Ur- und Frühgeschichte
Johanna-Mestorf-Straße 2–6
24118 Kiel
d.filipovic@ufg.uni-kiel.de

Dr. Mechtild Freudenberg
Stiftung Schleswig-Holsteinische Landesmuseen Schloss Gottorf
Museum für Archäologie
Schlossinsel 1
24837 Schleswig
mechtild.freudenberg@landesmuseen.sh

Dr. Barbara Fritsch
Landesamt für Denkmalpflege und
Archäologie Sachsen-Anhalt
Landesmuseum für Vorgeschichte
Richard-Wagner- Str. 9
06114 Halle
bfritsch@lda.stk.sachsen-anhalt.de

Prof. Dr. Dr. Martin Furholt
Universitetet i Oslo
Institut for arkeologi, konservering og historie
Blindernveien 11
0371 Oslo
Norwegen
martin.furholt@iakh.uio.no

G

Dominique Gaignard
VIP Conseils
7, rue Auber
F-75009 Paris
d_gaignard@vipconseils.fr

Dr. Sonja B. Grimm
Stiftung Schleswig-Holsteinische Landesmuseen Schloss Gottorf
Zentrum für Baltische und Skandinavische Archäologie
Schlossinsel 1
24837 Schleswig
sonja.grimm@zbsa.eu

Dr. Daniel Groß
Stiftung Schleswig-Holsteinische Landesmuseen Schloss Gottorf
Zentrum für Baltische und Skandinavische Archäologie
Schlossinsel 1
24837 Schleswig
daniel.gross@zbsa.eu

Dr. Katja Grüneberg-Wehner
Christian-Albrechts-Universität zu Kiel
Institut für Ur- und Frühgeschichte
Johanna-Mestorf-Str. 6–8
24118 Kiel
k.grueneberg-wehner@ufg.uni-kiel.de

H

Dr. Hanna Hadler
Johannes-Gutenberg-Universität Mainz
Geographisches Institut (Naturrisikoforschung und Geoarchäologie)
55099 Mainz
hadler@uni-mainz.de

Dr. Franziska Hage
Hottelstedt 32
99439 Am Ettersberg
fhage@gmx.net

Dr. Sönke Hartz
Stiftung Schleswig-Holsteinische Landesmuseen Schloss Gottorf
Museum für Archäologie
Schlossinsel 1
24837 Schleswig
soenke.hartz@landesmuseen.sh

Dr. Volker Hilberg
Stiftung Schleswig-Holsteinische Landesmuseen Schloss Gottorf
Museum für Archäologie
Schlossinsel 1
24837 Schleswig
volker.hilberg@landesmuseen.sh

Dr. Robert Hofmann
Christian-Albrechts-Universität zu Kiel
Institut für Ur- und Frühgeschichte
Johanna-Mestorf-Straße 2–6
24118 Kiel
robert.hofmann@ufg.uni-kiel.de

I

Dr. Timo Ibsen
Stiftung Schleswig-Holsteinische Landesmuseen Schloss Gottorf
Zentrum für Baltische und Skandinavische Archäologie
Schlossinsel 1
24837 Schleswig
timo.ibsen@zbsa.eu

Dr. Ulf Ickerodt
Archäologisches Landesamt Schleswig-Holstein
Brockdorff-Rantzau-Str. 70
24837 Schleswig
ulf.ickerodt@alsh.landsh.de

J

Priv.-Doz. Dr. Mateusz Jaeger
Adam Mickiewicz University Poznań
Institute of European Culture
Ul. Kostrewskiego 5–7
62-200 Gniezno
Poland
jaeger@amu.edu.pl

Dr. Fritz Jürgens
Christian-Albrechts-Universität zu Kiel
Institut für Ur- und Frühgeschichte
Johanna-Mestorf-Straße 2–6
24118 Kiel
f.juergens@ufg.uni-kiel.de

K

Dr. Sven Kalmring
Stiftung Schleswig-Holsteinische Landesmuseen Schloss Gottorf
Zentrum für Baltische und Skandinavische Archäologie
Schlossinsel 1
24837 Schleswig
sven.kalmring@zbsa.eu

Marcis Kalniņš Mag. hist.
University of Latvia
Institute of Latvian History
Kalpaka bulvāris 4
Riga LV-1050
Latvia
marcis.kalnins@lu.lv

Prof. Dr. Wiebke Kirleis
Christian-Albrechts-Universität zu Kiel
Institut für Ur- und Frühgeschichte
Johanna-Mestorf-Str. 6–8
24188 Kiel
wiebke.kirleis@ufg.uni-kiel.de

Veronika Klems M.A.
Projekt Siedlungen der Bronzezeit
Arbeitsstelle der Akademie der Wissenschaften und der Literatur
Haddebyer Chaussee 14
24866 Busdorf
v.klems@web.de

Dr. Stefanie Klooß
Archäologisches Landesamt Schleswig-Holstein
Brockdorff-Rantzau-Str. 70
24837 Schleswig
stefanie.klooss@alsh.landsh.de

Dr. Jutta Kneisel
Christian-Albrechts-Universität zu Kiel
Institut für Ur- und Frühgeschichte
Johanna-Mestorf-Straße 2–6
D-24118 Kiel
jutta.kneisel@ufg.uni-kiel.de

Dr. Andreas Kotula
Georg-August-Universität Göttingen
Seminar für Ur- und Frühgeschichte
Nikolausberger Weg 15
37073 Göttingen
andreas.kotula@posteo.de

Marc Kühlborn M.A.
Berliner Str. 6
29451 Dannenberg
marc-kuehlborn@t-online.de

Prof. Dr. Ben Krause-Kyora
Christian-Albrechts-Universität zu Kiel
Institut für Klinische Molekularbiologie
Niemannsweg 11
24105 Kiel
b.krause-kyora@ikmb.uni-kiel.de

L

Dr. Susanne Landis
Science Communication Lab
Heiligdammerstr. 15
24106 Kiel
sl@scicom-lab.com

Dr. Nina Lau
Stiftung Schleswig-Holsteinische Landesmuseen Schloss Gottorf
Zentrum für Baltische und Skandinavische Archäologie
Schlossinsel 1
24837 Schleswig
nina.lau@zbsa.eu

Dr. Thorsten Lemm
Stiftung Schleswig-Holsteinische Landesmuseen Schloss Gottorf
Zentrum für Baltische und Skandinavische Archäologie
Schlossinsel 1
24837 Schleswig
thorsten.lemm@zbsa.eu

Dr. Sebastian Lorenz
Universität Greifswald
Institut für Geographie und Geologie
Friedrich-Ludwig-Jahn-Str. 16
17487 Greifswald
sebastian.lorenz@uni-greifswald.de

Dr. Harald Lübke
Stiftung Schleswig-Holsteinische Landesmuseen Schloss Gottorf
Zentrum für Baltische und Skandinavische Archäologie
Schlossinsel 1
24837 Schleswig
harald.luebke@zbsa.eu

Dr. Ingo Lütjens
Archäologisches Landesamt Schleswig-Holstein
Außenstelle Neumünster
Gartenstr. 10
24534 Neumünster
ingo.luetjens@alsh.landsh.de

M

Dr. Bente Sven Majchczack
Christian-Albrechts-Universität zu Kiel
Cluster of Excellence ROOTS
Institut für Geowissenschaften
Olshausenstraße 80a
24118 Kiel
bmajchczack@roots.uni-kiel.de

Matthias Maluck M.A.
Archäologisches Landesamt Schleswig-Holstein
Brockdorff-Rantzau-Str. 70
24837 Schleswig
matthias.maluck@alsh.landsh.de

Dr. John Meadows
Stiftung Schleswig-Holsteinische Landesmuseen Schloss Gottorf
Zentrum für Baltische und Skandinavische Archäologie
Schlossinsel 1
24837 Schleswig
jmeadows@leibniz.uni-kiel.de

Aleksandar Medović
Muzej Vojvodine
Dunavska 35–37
21101 Novi Sad
Republik Serbien
aleksandar.medovic@muzejvojvodine.org.rs

Dr. Dietrich Meier
Projekt Siedlungen der Bronzezeit
Arbeitsstelle der Akademie der Wissenschaften und der Literatur
Haddebyer Chaussee 14
24866 Busdorf
dietrich.meier@landesmuseen.sh

Heiner Menzel
Archäologisches Landesamt Schleswig-Holstein
Brockdorff-Rantzau-Str. 70
24837 Schleswig
heiner.menzel@alsh.landsh.de

Dr. Ludovic Mevel
Université Paris 1
CNRS, UMR 7041 ArScAn
Ethnologie préhistorique
21, allé de l´Université
92023 Nanterre cedex
Frankreich
ludovic.mevel@cnrs.fr

Prof. Dr. Doris Mischka
Friedrich-Alexander-Universität Erlangen-Nürnberg
Institut für Ur- und Frühgeschichte
Kochstr. 4/18
91054 Erlangen
doris.mischka@fau.de

Eric Müller M.A.
Archäologisches Landesamt Schleswig-Holstein
Außenstelle Neumünster
Gartenstr. 10
24534 Neumünster
eric.mueller@alsh.landsh.de

Prof. Dr. Johannes Müller
Christian-Albrechts-Universität zu Kiel
Institut für Ur- und Frühgeschichte
Johanna-Mestorf-Straße 2–6
24118 Kiel
johannes.mueller@ufg.uni-kiel.de

Prof. Dr. Ulrich Müller
Christian-Albrechts-Universität zu Kiel
Institut für Ur- und Frühgeschichte
Johanna-Mestorf-Straße 2–6
24118 Kiel
umueller@ufg.uni-kiel.de

Dr. Nils Müller-Scheeßel
Christian-Albrechts-Universität zu Kiel
Institut für Ur- und Frühgeschichte
Johanna-Mestorf-Straße 2–6
24118 Kiel
nils.mueller-scheessel@ufg.uni-kiel.de

N

Priv.-Doz. Dr. Oliver Nakoinz
Christian-Albrechts-Universität zu Kiel
Institut für Ur- und Frühgeschichte
Johanna-Mestorf-Straße 2–6
24118 Kiel
oliver.nakoinz@ufg.uni-kiel.de

Nadežda Nedomolkina
Staatliches Museum für Geschichte, Architektur und Dekorative Künste
160000, oblast' Vologda
S. Orlov Str. 15
Vologda
Russische Föderation

O

Prof. Dr. Martin Oczipka
Hochschule für Technik und Wirtschaft Dresden
Fakultät Geoinformation
Friedrich-List-Platz 1
01069 Dresden
martin.oczipka@htw-dresden.de

Dr. René Ohlrau
Christian-Albrechts-Universität zu Kiel
Roots Cluster of Exzellence
Leibnizstraße 3
24118 Kiel

Dr. Monique Olive
Université Paris 1
UMR 7041 ArScAn
Ethnologie préhistorique
21, allé de l´Université
92023 Nanterre cedex
Frankreich
monique.olive@wanadoo.fr

P

Annalena Pfeiffer M.A.
Christian-Albrechts-Universität zu Kiel
Institut für Ur- und Frühgeschichte
Johanna-Mestorf-Straße 2-6
24118 Kiel
a.pfeiffer@ufg.uni-kiel.de

Prof. Dr. Henny Piezonka
Christian-Albrechts-Universität zu Kiel
Institut für Ur- und Frühgeschichte
Johanna-Mestorf-Straße 2-6
24118 Kiel
hpiezonka@ufg.uni-kiel.de

Olga Pošechonova
Russische Akademie der Wissenschaften, Institut für Probleme der Entwicklung des Nordens
Abteilung Physische Anthropologie
Malygina st. 86
625026 Tjumen
Russische Föderation
poshehonova.olg@gmail.com

Q

R

Dr. Wolfgang Rabbel
Christian-Albrechts-Universität zu Kiel
Institut für Geowissenschaften
Otto-Hahn-Platz 1
24098 Kiel
wolfgang.rabbel@ifg.uni-kiel.de

Dr. Andreas Rau
Stiftung Schleswig-Holsteinische Landesmuseen Schloss Gottorf
Zentrum für Baltische und Skandinavische Archäologie
Schlossinsel 1
24837 Schleswig
andreas.rau@zbsa.eu

Dipl.-Prähist. Anna Elena Reuter
Christian-Albrechts-Universität zu Kiel
Institut für Ur- und Frühgeschichte
Johanna-Mestorf-Straße 2-6
24118 Kiel
a.reuter@ufg.uni-kiel.de

Dr. Kenneth Ritchie
Stiftung Schleswig-Holsteinische Landesmuseen Schloss Gottorf
Zentrum für Baltische und Skandinavische Archäologie
Schlossinsel 1
24837 Schleswig
kenneth.ritchie@zbsa.eu

Dr. Felix L. Rösch
Georg-August-Universität Göttingen
Seminar für Ur- und Frühgeschichte
Nikolausberger Weg 15
37073 Göttingen
felixlennart.roesch@uni-goettingen.de

S

Stefanie Schaefer-Di Maeda M.A.
Christian-Albrechts-Universität zu Kiel
Johanna-Mestorf-Str. 6–8
24118 Kiel
sschaefer@ufg.uni-kiel.de

Prof. Dr. Thomas Schenk
Hochschule für Technik und Wirtschaft Berlin
Campus Wilhelminenhof
WH Gebäude A, Raum 033
Wilhelminenhofstraße 75 A
12459 Berlin
Thomas.Schenk@HTW-Berlin.de

Dr. Ulrich Schmölcke
Stiftung Schleswig-Holsteinische Landesmuseen Schloss Gottorf
Zentrum für Baltische und Skandinavische Archäologie
Schlossinsel 1
24837 Schleswig
ulrich.schmölcke@zbsa.eu

Prof. Dr. Franz Schopper
Brandenburgisches Landesamt für Denkmalpflege und Archäologisches Landesmuseum
Wünsdorfer Platz 4
15806 Züssen OT Wünsdorf
franz.schopper@bldam-brandenburg.de

Dr. Martin Segschneider
Niedersächsisches Institut für Historische Küstenforschung
Viktoriastraße 26–28
26382 Wilhelmshaven
segschneider@nihk.de

Dipl.-Prähist. Eicke Siegloff
Archäologisches Landesamt Schleswig-Holstein
Brockdorff-Rantzau-Str. 70
24837 Schleswig
eicke.siegloff@alsh.landsh.de

Dr. Jens-Peter Schmidt
Landesamt für Kultur und Denkmalpflege Mecklenburg-Vorpommern
Landesarchäologie
Domhof 4/5
19055 Schwerin
j.p.schmidt@lakd-mv.de

Dr. Manfred Schneider
Hansestadt Lübeck
Bereich Archäologie und Denkmalpflege
Abteilung Archäologie
Meesenring 8
23566 Lübeck
manfred.schneider@luebeck.de

Dr. Robert Staniuk
Christian-Albrechts-Universität zu Kiel
Institut für Ur- und Frühgeschichte
Johanna-Mestorf-Straße 2–6
24118 Kiel
rstaniuk@gshdl.uni-kiel.de

Tijana Stanković Pešterac
Muzej Vojvodine
Dunavska 35–37
21101 Novi Sad
Republik Serbien
tijana.pesterac@muzejvojvodine.org.rs

T

Dr. Nicole Taylor
Institut für Ur- und Frühgeschichte
Christian-Albrechts-Universität zu Kiel
Johanna-Mestorf-Str. 2-6
24118 Kiel
nicole.taylor@ufg.uni-kiel.de

Prof. Dr. Thomas Terberger
Niedersächsisches Landesamt für Denkmalpflege
Scharnhorststraße 1
30175 Hannover
und
Georg-August-Universität Göttingen
Nikolausbergerweg 15
37073 Göttingen
thomas.terberger@phil.uni-goettingen.de

Dr. Astrid Tummuscheit
Archäologisches Landesamt Schleswig-Holstein
Brockdorff-Rantzau-Str. 70
24837 Schleswig
astrid.tummuscheit@alsh.landsh.de

U

V

Dr. Boris Valentin
Université Paris 1
UMR 7041 ArScAn
Ethnologie préhistorique
Institut d'Art et d'Archéologie
3, rue Michelet
F-75006 Paris
valentin@univ-paris1.fr

Prof. Dr. Michail Videiko
Borys Grinchenko Kyiv University
Faculty of History and Philosophy
st. M. Tymoshenko, 13-B
04212, Ukraine, m. Kyiv

Prof. Dr. Andreas Vött
Johannes-Gutenberg-Universität Mainz
Geographisches Institut (Naturrisikoforschung und Geoarchäologie)
Johann-Joachim-Becher-Weg 21
55128 Mainz
voett@uni-mainz.de

W

Dr. Mara-Julia Weber
Stiftung Schleswig-Holsteinische Landesmuseen Schloss Gottorf
Zentrum für baltische und Skandinavische Archäologie
Schlossinsel 1
24837 Schleswig
mara.weber@zbsa.eu

Christian Weltecke M.A.
Archäologisches Landesamt Schleswig-Holstein
Brockdorff-Rantzau-Str. 70
24837 Schleswig
christian.weltecke@alsh.landsh.de

Dr. Matthias Wemhoff
Museum für Vor- und Frühgeschichte
Geschwister-Scholl-Str. 6
10117 Berlin
m.wemhoff@smb.spk-berlin.de

Dr. Magdalena Wieckowska-Lüth
Christian-Albrechts-Universität zu Kiel
Johanna-Mestorf-Straße 2– 6
24118 Kiel
mwieckowska@ufg.uni-kiel.de

Dr. Markus Wild
Stiftung Schleswig-Holsteinische Landesmuseen Schloss Gottorf
Zentrum für Baltische und Skandinavische Archäologie
Schlossinsel 1
24837 Schleswig
markus.wild@zbsa.eu

Dr. Dennis Wilken
Christian-Albrechts-Universität zu Kiel
Institut für Geowissenschaften (Angewandte Geophysik)
Otto-Hahn-Platz 1
24118 Kiel
dennis.wilken@ifg.uni-kiel.de

Dr. Maria Wunderlich
Christian-Albrechts-Universität zu Kiel
Institut für Ur- und Frühgeschichte
CRC 1266 – Scales of Transformation
Johanna-Mestorf-Straße 2-6
24118 Kiel
m.wunderlich@ufg.uni-kiel.de

X

Y

Z

Dr. Ilga Zagorska
University of Latvia
Institute of Latvian History
Kalpaka bulvāris 4
Riga LV-1050
Latvia
ilga.zagorska@gmail.com

Dr. Daniel Zwick
Archäologisches Landesamt Schleswig-Holstein
Brockdorff-Rantzau-Str. 70
24837 Schleswig
d.zwick@archaeologia-navalis.org